武進年鉴 2024

WUJIN YEARBOOK

常州市武进区地方志办公室 编

方志出版社
Publishing House of Local Records

图书在版编目（CIP）数据

武进年鉴. 2024 / 常州市武进区地方志办公室编.
北京 ： 方志出版社，2024.10. -- ISBN 978-7-5144
-6365-1

Ⅰ. Z525.34

中国国家版本馆CIP数据核字第2024GH3402号

责任编辑：陈菁
责任校对：张玉霞
责任印制：梅中英
出 版 者：方志出版社
地　　址：北京市朝阳区潘家园东里 9 号（国家方志馆4层）
邮　　编：100021
网　　址：http://www.zgfzcb.cn
发　　行：方志出版社图书营销中心（010-67110500）
印　　刷：常州市通华印刷有限公司
开　　本：889毫米×1194毫米　1/16
印　　张：24
字　　数：978千字
版　　次：2024年10月第1版
印　　次：2024年10月第1次印刷
定　　价：180.00元

1

2

武进以绿色低碳发展为理念，积极推进绿色城区示范区建设，打造主中心、新中心城市建设与生态文明相融合的宜居新城。

1. 武进·夜未央，璀璨迷人（摄于 2023 年 8 月）
2. 城市新中心——“两湖”创新区绿意盎然（摄于 2023 年 7 月）
3. 武进主城区市民广场（摄于 2023 年 6 月）

1

2

3

武进持续践行“与人才共生长”的发展理念，成立政府直投、总规模1亿元的科创人才基金，为青年人才创新创业注入“金融活水”，提供人才落户、子女入学、医疗健康等30项“十全”服务。“一企来”企业服务微信小程序获评2023年度中国优化营商环境十佳创新案例。

1. 未来之城·长三角青年发展型城市——湖湾夜色静谧之美（摄于2023年5月）
2. 常州西太湖科技产业园首个五星级国际人才公寓（摄于2023年6月）
3. 11月3日，海内外青年代表数百人相聚“湖湾”青年发展论坛，分享青创未来
4. 9月19日，武进区新能源产业高层次人才引进政策推介会暨“市监柠”IP会客厅启动
5. 10月22日，2023武进人才专员聘任暨人才开发资金发放仪式
6. 6月6日，2023“龙城英才计划”粤港澳大湾区邀请赛新能源专场

1

2

3

武进锚定新能源之都首位区建设，高质量推进太阳能、光伏、动力及储能电池、新型电力装备以及智电汽车等产业链的优化转型，推动新能源“发、储、送、用”各环节融合发展。

1. 1月30日，武进区“聚焦新能源之都建设、聚力高质量项目攻坚”发展大会召开
2. 2023年度国家级绿色工厂、服务型制造示范企业——江苏晶雪节能科技股份有限公司车间一角（摄于2023年10月）
3. 江苏洛凯机电股份有限公司研制的可日供1.4万千瓦时绿电的智能微电网“两充两放”超级“充电宝”（摄于2023年11月）
4. 11月23日，2023年度中国独角兽企业万帮数字能源公司获国家级工业设计中心认定。图为该公司PCBA车间一角
5. 4月19日，获评德国iF产品设计大奖的星星充电桩
6. 常州百利锂电智慧工厂锂电智能制造项目获评2023年度国家科学技术奖二等奖。图为该工厂车间一角（摄于2023年10月）
7. 9月25日，理想汽车第50万辆量产车在武进高新区智能制造基地下线

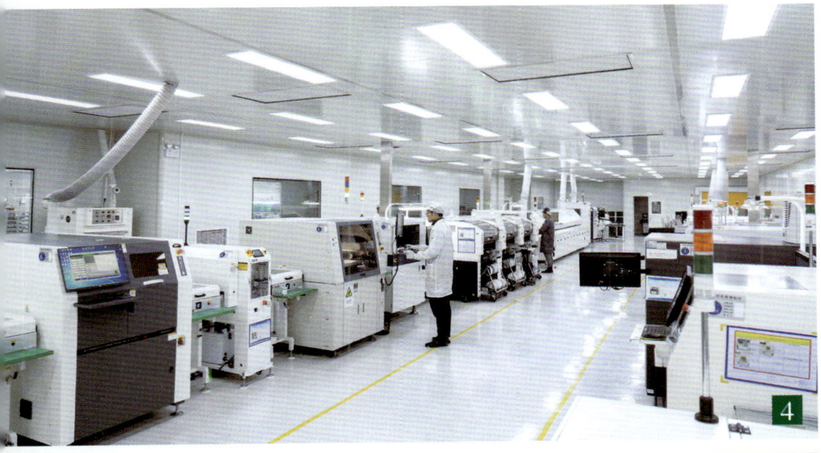

4

5

6

7

1

2

3

武进精心培育产业体系，在高端装备制造、新材料、医疗健康产业、机器人制造领域具有独特优势，5G工厂智能制造、双碳服务生态圈建设亮点纷呈。

1. 国家专精特新“小巨人”企业、中国制造业单项冠军示范企业凯达重工车间一角 （摄于2023年7月）
2. 11月18日，常州东方特钢被工业和信息化部评为5G智慧钢厂。图为“5G＋原料场堆取料机远程控制”应用示范项目
3. 4月19日，柳工首台国内百吨级矿用装载机8250H在东部研发制造基地武进高新区下线，实现多项高端技术突破
4. 10月19日，《碳管理体系要求及使用指南》（英文版）、《碳中和园区碳管理体系要求和使用指南》、碳管理体系综合服务平台、碳管理体系数字化协同系统正式发布
5. 7月17日，朗轩斯微创手术器械精密组件项目投产
6. 10月，以“科技＋资本＋产业”为核心的创投型环保设备产业园——长三角低碳循环创研谷投用
7. 2023年全国民营企业科技创新基地——常州西太湖科技产业园国际智慧园区 （摄于2023年10月）

《碳管理体系要求及使用指南》（英文版）
碳管理体系综合服务平台
《碳中和园区碳管理体系要求和使用指南》
碳管理体系数字化协同系统
正式发布
共建双碳服务生态圈　赋能“新能源之都”建设
4

5

6

7

2023年，作为江苏唯一的“三块地”改革地区和全省首批农村综合性改革试点试验地区之一，武进率先取得12项重大突破，继续走在全国、全省第一方阵。科学谋划“三农”工作，稳住农业基本盘，加快乡村振兴步伐，建设农业强、农村美、农民富的新时代鱼米之乡。

1. 2023年，江苏武进水稻研究所有14个水稻新品种通过省级以上审定（摄于2023年6月）
2. 省级生态文明建设示范村——湟里镇西墅村（摄于2023年3月）
3. 前黄镇丁舍村农民自建区（摄于2023年10月）
4. 省级农业重大项目——武进区滨湖现代农业产业园“鱼、蟹、稻”循环养殖示范基地（摄于2023年8月）

2023 年，武进将新一轮太湖综合治理作为全区生态文明建设“一号工程”，立足生态整体性和流域系统性，坚持“治湖先治河、治河先治浜”，生态绿城加速呈现。

5. 新沟村武进段获评全省幸福河道建设示范样板
（摄于 2023 年 3 月）
6. 区级小微水体优秀片区——嘉泽镇丰杨村
（摄于 2023 年 4 月）
7. 武进首个村级生态湿地公园——湟里镇葛庄村
（摄于 2023 年 5 月）
8. 滆湖退田还湖高新区片区先导段 （摄于 2023 年 5 月）

1

3

4

9月28日，随着沪宁沿江高铁开通，武进在长三角地理中心的“中轴枢纽”优势更加凸显。依照“四好农村路”全国示范县创建标准，武进科学谋划建设便捷“出行交通圈”，打造“快进慢游”惠民交通网。

1. 水“陆”相宜西太湖
（摄于2023年10月）
2. 沪宁沿江高铁30分钟内东可抵上海、西可达南京
（摄于2023年10月）
3. 6月19日，武进环太湖公路被评为全国十大最美农村路
4. 武进精品示范道路
（摄于2023年4月）
5. “四纵四横”快速化路网青洋快速路实现全程无红绿灯畅快出行
（摄于2023年5月）

2

5

1

2023年，武进区以思想之光引领，凝心铸魂聚力，激扬“万亿之城再出发”。“听吾说”细述党的光辉历程，润养清风正气，讲好武进故事。以史育人，传承红色基因，激发文化自信。

1. 12月21日，中共早期革命活动家文献纪录片《董亦湘》首发
2. 9月1日，常州西太湖外国语学校校区
3. 12月17日，南京大学未来技术创新研究院在西太湖科技产业园投用
4. 江苏省最美公共文化空间——武进区第三图书馆投用　（摄于2023年4月）
5. 10月19日，第四届阳湖学习达人挑战赛决赛
6. 6月8日，端午民俗文化周锡剧巡演雪堰镇专场
7. 11月3日，“尼好武进”尼勒克文化交流周开幕式
8. 3月27日，浙大·东大·洛阳欧美同学会青年人才相约洛阳桃花雅市

2

3

4

5

6

7

8

1

2

3

2023年，武进区推动文旅、农旅、体旅、商旅高质量融合，全力推进国家级全域旅游示范区创建工作，获评“江苏省乡村旅游创新发展先进区”。

1.“五一”期间，近10万名乐迷涌入太湖湾嬉戏谷参加第六届太湖湾音乐节
2.9月8日，第三届常州德国啤酒节“美食+演出”在西太湖揽月湾举办
3.10月15日，2万名跑者相约花博园，共赴西马十年之约
4.10月11日至13日，长三角百辆房车嘉年华在武进举行，领略“两湖”之美。图为“全国十大露营打卡地”之一——太湖湾露营谷
5.车友自娱自乐“嗨”起来
6.100辆房车入驻长三角百辆房车嘉年华起点——西太湖国际露营岛（摄于2023年10月）
7.春秋淹城旅游区（国家AAAAA级旅游景区）（摄于2023年6月）

4

5

6

7

《武进年鉴（2024）》审稿人

（排名不分先后）

于洋洋	王 信	王 勇	王 淼	王 燕
王小伟	王伟华	王伟庆	王志刚	王丽莉
王栋梁	王保华	王敬高	王照江	王燕萍
尤宵峰	卞曙光	左朝辉	左燕钢	叶彩萍
冯 宇	朱宏英	庄代远	许中华	许敏华
牟晓彤	纪佩来	苏圣茜	李 甜	李 康
李 媛	李云辉	李建林	杨 琳	杨 露
杨丹珂	杨育才	杨美英	束建刚	吴 恬
何伟杰	何启华	何泽宇	佘 挺	狄旭东
冷亚春	羌云庆	汪志南	沈 叶	沈 轲
沈惠芬	张 群	张小锋	张永相	张建新
陆 尧	陆卫东	陆玉学	陆红林	陈 勇
陈 涛	陈 萍	陈 曦	陈名恭	陈科伟
陈晓阳	陈黎云	武绍光	林春雷	季 峰
金丽莫	周 杰	周 婷	周晓忠	周嫣倩
单志伟	孟 瑶	皇甫海鸥	姚文虎	姚绍洋
袁 涛	莫 珺	夏建飞	顾祺波	钱 瑜
钱建忠	钱继东	倪文达	徐晋生	徐鸿飞
徐新波	奚惠芳	翁路英	高 吉	谈亚东
谈海燕	陶春健	陶美娟	黄 慧	曹雨桐
龚 琪	符 伟	章 钧	巢剑锋	董Ꮃ燕
蒋 燕	蒋云波	蒋建华	曾文军	谢 健
强 雨	熊 琦	潘 军	潘 凌	薛 飞
薛文伟	魏 峰			

武进区主要机构全称、简称对照表

全称	简称	全称	简称
中国共产党常州市武进区委员会	区委	常州市武进区住房和城乡建设局	区住建局
常州市武进区人民代表大会常务委员会	区人大常委会	常州市武进区城市管理局	区城管局
常州市武进区人民政府	区政府	常州市武进区文体广电和旅游局	区文体广旅局
中国人民政治协商会议常州市武进区委员会	区政协	常州市武进区卫生健康局	区卫健局
中国共产党常州市武进区纪律检查委员会	区纪委	常州市武进区市场监督管理局	区市场监管局
常州市武进区监察委员会	区监委	常州市武进区地方金融监督管理局	区金融监管局
中国共产党常州市武进区委办公室	区委办	常州市武进区生态文明建设办公室	区生态办
常州市武进区人大常委会办公室	区人大办	常州市自然资源和规划局武进分局	武进自然资源和规划分局
常州市武进区政府办公室	区政府办	国家税务总局常州市武进区税务局	区税务局
中国人民政治协商会议常州市武进区委员会办公室	区政协办	中国人民银行常州市武进支行	人民银行武进支行
常州市武进区人民武装部	区人武部	共青团常州市武进区委员会	团区委
常州市武进区人民法院	区法院	常州市武进区妇女联合会	区妇联
常州市武进区人民检察院	区检察院	常州市武进区科学技术协会	区科协
中国共产党常州市武进区委组织部	区委组织部	常州市武进区文学艺术界联合会	区文联
中国共产党常州市武进区委宣传部	区委宣传部	常州市武进区工商业联合会	区工商联
中国共产党常州市武进区委统一战线工作部	区委统战部	常州市武进区残疾人联合会	区残联
中国共产党常州市武进区委政法委员会	区委政法委	武进区关心下一代工作委员会	区关工委
中国共产党常州市武进区委网络安全和信息化委员会办公室	区委网信办	中国共产党江苏常州经济开发区工作委员会	常州经开区党工委
常州市武进区委机构编制委员会办公室	区委编办	江苏常州经济开发区管理委员会	常州经开区管委会
中国共产党常州市武进区委巡察工作办公室	区委巡察办	中国共产党武进高新技术产业开发区工作委员会	武进高新区党工委
中国共产党常州市武进区委老干部局	区委老干部局	武进高新技术产业开发区管理委员会	武进高新区管委会
中国共产党常州市武进区委党史工作委员会	区委党史工委	中国共产党常州西太湖科技产业园（江苏武进经济开发区）工作委员会	西太湖科技产业园（武进经发区）党工委
常州市武进区地方志办公室	区地方志办	常州西太湖科技产业园（江苏武进经济开发区）管理委员会	西太湖科技产业园（武进经发区）管委会
中国共产党常州市武进区委员会党校	区委党校	中国共产党常州市武进绿色建筑产业集聚示范区工作委员会	武进绿建区党工委
常州市武进区行政学校	区行政学校	武进绿色建筑产业集聚示范区管理委员会	武进绿建区管委会
常州市武进区融媒体中心	区融媒体中心	中国国民党革命委员会武进区基层委员会	民革武进区基层委员会
常州市武进区发展和改革局	区发改局	中国民主同盟武进区基层委员会	民盟武进区基层委员会
常州市武进区科学技术局	区科技局	中国民主建国会武进区基层委员会	民建武进区基层委员会
常州市武进区工业和信息化局	区工信局	中国民主促进会武进区基层委员会	民进武进区基层委员会
常州市公安局武进分局	武进公安分局	中国农工民主党武进区委员会	农工民主党武进区委
常州市武进区财政局	区财政局	中国致公党武进区基层委员会	致公党武进区基层委员会
常州市武进区人力资源和社会保障局	区人社局		

编辑说明

一、《武进年鉴》以马克思列宁主义、毛泽东思想、邓小平理论、“三个代表”重要思想、科学发展观、习近平新时代中国特色社会主义思想为指导，坚持辩证唯物主义和历史唯物主义的立场、观点和方法。其宗旨是全面、客观、系统地记述年度武进区自然、政治、经济、文化、社会和生态文明等方面的基本情况和发展状况，为决策者提供参考依据，为社会多层面提供资讯。

二、《武进年鉴》是由中共武进区委、武进区人民政府主管，区委党史工委、区地方志办公室主办，有关部门共同参与编纂的年度资料性文献，首次出版于 1988 年，逐年出版发行，2024 卷是总第 37 卷。

三、《武进年鉴》采用分类编辑法，主体内容分为类目、分目、条目 3 个层次，部分信息资料较少的行（事）业合设一个类目，部分分目设子分目，条目为记述内容的主要形式。《武进年鉴（2024）》卷首设“图片专辑”，有类目 35 个。

四、《武进年鉴（2024）》“人物·荣誉”类目设“新任区级领导”“先进个人”“逝世人物”“先进集体名单”“先进个人名单”分目。“新任区级领导”收录 2023 年 4 月 1 日至 2024 年 4 月 30 日任职的武进区委、人大、政府、政协领导。“组织机构与负责人名录”收录时间下限为 2024 年 4 月 30 日。为记述方便，设“武进区主要机构全称、简称对照表”。行文中“党”特指中国共产党；江苏省简称省、全省，常州市简称市、全市。

五、《武进年鉴（2024）》稿件、资料均由区各级、各部门和驻武进单位提供，部门和单位负责人审稿，经《武进年鉴》编纂委员会和区委保密委员会办公室审核。全书采用法定计量单位，由区统计局提供，地区生产总值、增加值、工农业产值（除注明者外）均按当年价计值。因统计口径等原因，年鉴供稿单位提供的个别数据与区统计部门的统计数据或不一致；部分数据因四舍五入等原因，总计和分项之间存在合理范围内误差。

六、数字用法、标点符号用法分别采用国家标准《出版物上数字用法》（GB/T 15835—2011）、《标点符号用法》（GB/T 15834—2011），计量单位采用国家技术监督局 1993 年 12 月发布的《量和单位》系列国家标准。

七、为方便读者阅读，《武进年鉴（2024）》在卷首、卷尾配备多重检索系统；全书文字和图片链接由武进区人民政府网站（网址：wjsz.cz.js.cegn.cn）发布。

总　目

目 录

专 记

大事记

区情概览

中共常州市武进区委

常州市武进区人大

常州市武进区政府

常州市武进区政协

常州市武进区纪委监委

民主党派 · 工商联

群众团体

法　治

军 事

产业园区

农　业

工　业

商贸服务业

对外及对港澳台经济合作

旅游业

金融业

城乡发展

交通·水利

生态环境

信息化建设

经济管理

科技创新

教　育

文　化

体 育

卫生健康

社会生活

应急管理

镇·街道

人物·荣誉

附　录

索　引

Contents

Other Parties · The Association of Industry and Commerce

Mass Organizations

Rule of Law

Military

Industrial Parks

Agriculture

Industry

Commercial and Trade Service Industry

Foreign and Hong Kong, Macao and Taiwan Economic Cooperation

Tourism

Sports

Hygiene and Health

Social Life

Emergency Management

Towns & Sub-district Offices

Figures & Honors

Appendices

Indexes

专 记

Special Records

栏目编辑　万向阳

全面深化改革

【概况】 2023 年，武进区深入贯彻中共中央总书记习近平关于全面深化改革的重要指示精神，认真落实中央和省委、市委关于全面深化改革的决策部署，聚焦“532”发展战略，聚力“两湖”创新区、新能源之都建设，深入推进一批改革攻坚的重点，承接一批“含金量”高的试点，打造一批全国有影响、全省走在前的亮点，有效推动改革和发展深度融合、高效联动。年内，新增国家级试点项目 6 项（全国农村宅基地两项试点、全国深化农村集体经营性建设用地入市试点、全国科普示范区、国家级市域产教联合体建设、清洁生产审核创新试点、联合国生态设计理念应用项目试点）和省级试点项目 11 项，创成“四好农村路”全国示范县，环太湖公路获评全国“十大最美农村路”，知识产权工作连续三年获得省政府督查激励；农村“三块地”改革（农村土地征收、集体经营性建设用地入市、宅基地管理制度改革）经验材料和新能源之都首位区建设经验分别被中央改革办《改革情况交流》和省委《改革参考》录用；青年发展型县域试点建设、新能源产业建设、数字孪生滆湖建设、优化营商环境等重点改革工作多次被央视、《人民日报》、《新华日报》等高层级媒体报道。武进区连续十年位居全国综合实力百强区第三，并获全国投资潜力、科技创新、绿色发展、新型城镇化质量 4 个第一。

【推进青年发展型城市（县域）建设】 2023 年，武进区以深化青年发展型县域全国试点建设为引领，坚持将青年优先发展理念全面融入城市发展战略，发起成立全省首家“两湖”青年发展研究中心，编制发布 2023“湖湾”青年发展指数，深入实施优秀大学生研学行、青年驿站等一批青年实事项目，为青年高水平成长与城市高质量发展“双向奔赴”创造机遇、搭建平台、做优环境。

城市能级持续跃升　举办 2023“湖湾”青年发展论坛，发起成立全省青年发展型城市建设“星火红盟”，集聚各领域专家学者、各行业青年代表，共同搭建关心青年发展、持续赋能城市发展的高层级对话平台。充分释放“两湖”创新区核心区集聚辐射效应，打造更多硬核创新平台，长三角青年创新创业港一期（南京大学未来技术创新研究院）高标准建成，滆湖科学城等工程加速推进，“青年之城”“创新之城”名片愈加闪亮。

成长生态更加优化　紧盯新能源、碳材料、人工智能等重点领域，迭代出台“一行业领域一人才政策”，为青年人才梦想腾飞提供坚实保障。丰富众创空间、加速器等青创载体，成立由政府直投（直接作为投资人向被投资企业进行股权投资）、总规模 1 亿元的科创人

“两湖”创新区揽月湾风光　　（供图 / 区生态办　摄于 2023 年 4 月）

5月，花 YOUNG PARK 青年口袋公园建成开放　　（摄影/李昱　朱梦琪）

才基金，完成7家科技人才企业投资近2200万元。厚植实践沃土，发布“揭榜挂帅”企业创新需求11条，技术需求总金额3430万元；开展“新工科”科创训练营四季营、行业实训等定向培养课程，探索校（地）企联合培养人才新模式。

友好氛围愈发浓厚　坚持问题导向、需求导向，将青年所想所需、所思所盼转化为政策服务的优质供给。持续优化公共资源布局，新（改、扩）建学校10所，增加学位1.2万个，建成精品“青年驿站”6家，2021—2023年累计完成2.2万套人才公寓建设，构建“国际人才社区—高层次人才公寓—蓝领人才公寓—青年驿站”全域格局。丰富休闲设施，精心设计长沟河儿童体育公园和区域口袋公园，新增“花 YOUNG PARK”青年主题口袋公园和“FLY YOUNG”滑板体育公园，高水准举办太湖湾音乐节、西太湖国际音乐节、西太湖马拉松、西太湖国际赛艇赛、中国大学生帆船联赛等重点活动、赛事，满足青年人才个性化需求。

【深入推进“两湖”创新区建设】　2023年，武进区总部项目接连落地，上海·常州“两湖”创新区核心区城市推介会、全市上市企业和金融机构“两湖”行等活动成功举行，总部经济项目招商政策发布，首个总部项目苏澳大厦开工，海慕基金总部、铁四院区域总部等项目持续跟进。配套工程稳步推进，总部经济区综合配套工程主要包括中央公园、地下空间、能源中心。中央公园一期11.33公顷地块启动建设；地下空间一期工程支护和管廊施工图设计初稿完成；能源中心建设与运营方案、特许经营权招标方案深化研究，供能方案进一步比选。

【自主改革探索】　2023年，武进区在高质量完成上级交办的重点改革任务同时，还围绕当前发展过程中的突出问题，进一步补短板、创特色、增优势，积极开展一系列自主改革探索，有效化解一批发展难题。

经济体制改革　深耕新能源领域，出台《关于加快打造新能源之都首位区的实施意见》《新能源产业高层次人才引进专项政策》，大力推进产业发展，全区新能源领域完成规模以上产值2171亿元，增长36.2%，总量增幅均居全市第一。前瞻布局氢能产业，出台武进区《加快推动氢能产业发展的实施意见》《关于支持氢能产业发展的若干措施》，全面推进“常州氢湾”建设，引进氢能项目23个，常州氢湾国际创新社区开工建设。全力助推机器人产业卓越发展，实施支持机器人产业发展保险项目，组织开展机器人产业高层次人才政策奖励申报，积极推动服务和应用模式创新，行业新增国家级专精特新“小巨人”企业2家，孟腾机器人产品获省首台（套）重大装备认定。打造知识产权保护“市监柠”IP会客厅，开展知识产权案例交流活动，加强知识产权条线队伍建设，武进区知识产权工作连续三年获省政府督查激励。制定《2023年武进区新时代“两个健康”先行区创建行动计划》，优化“武商服务卡”实施办法，开展红盟共建、法治讲座、金融对接会等活动超200场次，助力企业健康发展。开展第五次全国经济普查工作（简称五经普），完成62家五经普投入产出调查企业信息核实填报、业务培训等工作，全覆盖、快反应、稳跟进“三维”协作方式在全市推广，数字经济统计工作得到国家统计局核算司相关领导肯定。

民主法治领域改革　深化“武进云上人大”平台建设，全区首个以营商环境为主题的全过程人民民主实践点正式启用，全过程接受人大代表检阅。加强和改进全区政协工作，打造“‘两湖’创新区·有事好商量”协商议事品牌，成立全市首家“YOUNG HOO 青年委员工作室”，对重点提案办理落实情况开展“回头看”活动，做好提案“后半篇”文章。

民生领域改革　深入开展城乡居民基本养老保险集体补助试点工作，年内补助220万元、惠及2.6万人，试点工作得到人力资源和社会保障部副部长李忠肯定，相关经验在全国推广。开展小学生综合素质评价改革区域探索，合力推动全区基础教育高质量发展，区教育局“素养导向的区域实验教学创新实践”获省义务教育课程与教学改革项目立项，星河实验小学“深化作业管理改革”案例入选教育部第六批学校落实“双减”典型案例。在4家农村区域性医疗卫生中心试点单位稳步推进消化内镜诊疗中心等十大功能中心建设，试点医院均有功能中心建成投用，武进第五、第六人民医院积极争取省级功能中心。围绕妇儿维权多元需求，试点打造妇女儿童维权“15分钟综合服务圈”，该项目获评全市平安建设优秀案例；组织“阳湖女声”理论宣讲员开展“巾帼心向党、建功二十大”等主题宣讲，组建公益律师讲师团开展普法送课活动，惠及妇女儿童6000余人。

社会治理与司法体制改革　高效推进全区城市运行“一网统管”工作，区城运中心于10月20日投运，“一心十联新机制、一网统管新格局”加速构建。开展基层治理“精微善治”改革，举办

"睦邻善治"论坛12期，马鞍村"文明积分"、葛庄村"击鼓议事"等经验获《人民日报》报道。深化行政执法体制改革，打造"IN急红盟"党建品牌，深入推进"公职律师＋公益诉讼＋法律援助"工作，持续营造"学法、懂法、守法、用法"良好法治氛围。建设"司法送达、执行＋网格"平台，开发完成司法专项送达App，打通司法送达和执行工作在基层村（居）的"最后一公里"。

文化体制改革　持续推进文旅产业项目建设，太湖湾旅游度假区提档升级工程取得阶段性成效，武进1条乡村旅游精品线路（水稻研究所—城西回民村—雅浦村—新康村—太湖湾耕读大学堂）被文化和旅游部推介为全国乡村旅游精品线，太湖湾音乐节、西太湖马拉松等活动成功举办，文旅品牌逐步打响。深入推进文旅产业链党建，在雪堰镇先行先试，组建文旅专班，借力湾镇旅游协会，统筹红色旅游资源，推出"红色风景线"，将党建优势转化为发展胜势。

生态文明体制改革　建设数字孪生滆湖，完成滆湖及周边河网水上水下监测体系建设，开发数字孪生滆湖数字大厅与"四预"（预报、预警、预演、预案）业务体系，构建滆湖区域河网水文—水动力—湖泊健康评价模型，数字孪生滆湖系统运行顺畅。推动环太湖地区城乡有机废弃物处理利用示范区建设，编制完成实施方案，创新运用"政府部门＋民营企业"模式，建立统一"收储运"体系，推进全过程智慧平台监管，"武进区城乡有机废弃物综合利用体系建设"项目被列为2022年太湖治理省级统筹资金项目，并获省级专项资金2000万元，洛阳、前黄、嘉泽分中心建设稳步推进。开展"两湖"创新区核心区建筑领域绿色发展联动工作，参与并编制完成"省级城乡建设碳达峰碳中和先导区"实施方案，推进南医大常州医疗健康科技园等项目绿色建筑、海绵城市建设方案审批优化，培育江苏省绿色建筑产业技术研究院等科研平台，探索形成具有武进特色的建筑科技体系。年内，核心区新建绿色建筑约50万平方米。

党的建设制度改革　扎实开展学习贯彻习近平新时代中国特色社会主义思想主题教育，分层分类举办"头雁领学""基层促学""红色研学"等活动，打造6条党员教育精品路线，打响"听吾说"理论宣讲品牌。聚焦典型案例解剖式调研，深入企业项目一线调研122次，形成调研报告45篇，推动主题教育成果转化为高质量发展实绩。强化干部队伍建设，开展年轻干部"雄鹰计划"训练营，推荐4名年轻干部到国家部委、群团机构借调锻炼，选派14名新录用选调生到村任职，干部队伍结构不断优化、活力有效激发。

纪律检查体制改革　持续深化"首位廉盟"建设，创新开展清官廉吏故事巡讲暨新时代廉洁文化讲坛，营造风清气正的政治生态。健全完善监督体系，坚持"全周期管理"，一体推进"三不腐"（不敢腐、不能腐、不想腐），持续擦亮"武廉助力"系列专项监督品牌，深入开展"国资租借规范""镇村工程建设"等专项治理，打造全方位、深层次、立体化互通联动的廉洁共同体。

（方青恬）

3月26日，常州西太湖半程马拉松举行　（供图／区融媒体中心）

"两湖"创新区建设

【概况】　2023年，武进区紧扣"生态创新区、最美湖湾城"的目标，按照"五年成势、十年成形、十五年成城"的方向，勇当"两湖"创新区建设主力军，持续推进规划设计引领、重大项目建设、交通枢纽构建、改革创新赋能、生态环境优化、品质生活创造，全面推动"两湖"创新区建设起势见效。"两湖"创新区核心区29个重点建设项目全年完成投资69.3亿元，沪宁沿江高铁武进站综合交通枢纽、南大未来技术创新研究院、蓝湾国际人才公寓、烯望创智港、西太湖国际露营岛（一期）、西太湖外国语学校、星湖机关幼儿园、果香路等8个项目竣工，滆湖东岸地区、长沟河沿岸、沟南片区等加快提升，"两湖"创新区框架格局一体构筑。

【规划设计引领】　2023年，武进区坚持规划纲要的战略引领功能，配合市自然资源和规划局开展"两湖"创新区各项规划编制工作，完成《"两湖"创新区总部经济区城市设计》《常州南站中央枢纽概念性方案设计》，编制《"两湖"创新区核心区城站活力轴沿线城市设计深化》《常州"两湖"创新区核心区规划建设导则》，《"两湖"创新区核心区总部经济区控制性详细规划》《中以常州创新园区核心区控制性详细规划（修改）》获市政府审批，"两湖"创新区核心区人防、水利等专项规划取得成果，亮化、能源等专项规划加快编制，江苏省首例"用地清单制"改革项目落地"两湖"创新区核心区。

【重大项目建设】　2023年，武进区加码投资"两湖"创新区，招引理想三基地、屹创新型储能、普罗吉重组人血白蛋白3个投资超100亿元项目，入库总投资10亿元以上项目16个，新增入库省重大项目11个、市重大项目43个。打造总部经济，举办上市企业"两湖"行活动，招引位于常州的上市企业、后备企业及金融机构总部。首个总部大楼苏澳大厦试桩工程启动，铁四院总部等央企、民企总部项目持续跟进；配套工程中央公园及地下空间国际设计方案基本完成，一期工程年内开工；能源中心建设方案和运营模式加快研究。打造“两湖”创新区核心区“一湾一谷一港一岛”（常州氢湾、东方碳谷、细胞科技港、合成生物岛），布局四大未来产业。常州氢湾国际创新社区一期开工。布局合成生物产业，西太湖合成生物创新产业园揭牌，合成生物产业天使投资基金成立，中国科学院深圳先进技术研究院—常州合成生物化学联合研究中心签约，合成生物学联合创新实验室、医美产品工业设计研究中心、泰美瑞医美产品临床实验基地签约成立。壮大产业集群，全区534家新能源企业完成产值超2100亿元，江南石墨烯研究院牵头建设的新型碳材料入选国家45个先进制造业集群。

【交通枢纽构建】 2023年，武进区围绕“两湖”创新区，坚持一体化构建现代综合交通体系，实现交通枢纽功能新突破。沪宁沿江高铁武进站综合交通枢纽于9月28日投用，武进迈入高铁时代；常州地铁5号线武进先导段开工建设，完成市政配套工程范围内绿化迁移，管线迁改基本完成；常州南站枢纽概念方案通过评审，周边会展、体育、商业等功能布局方案持续优化，南站配套工程果香路建成通车；腾龙大道全线、花海大道延政西路至湟村线提速建设，中吴大道西延加快推进；常泰、盐宜、苏锡常城际等铁路前期工作展开；宁常、丹金、沪武高速扩建工程同步推进。

【改革创新赋能】 2023年，武进区积极打造“A武进”营商环境品牌，成立“两湖”创新区重大项目交易服务工作营，在全市率先开展集群注册登记改革，取得“放管服”改革明显成效。持续激发金融活力，新引进QFLP基金3家，认缴规模超20亿元；组建天使投资基金，规模达5000万元。推进创新平台集聚，西太湖科技产业园获评中国科协海智国际研发社区（全国共7家）；长三角青年创新创业港一期（南京大学未来技术创新研究院）建成投用；南医大常州校区（南医大常州医疗健康科技园）开工建设，先期工程“两桥一路”完工投用；江理工武进绿建区协同创新园加快建设；常州医药国际创新中心一期主体工程在建；智能装备产业园招标启动；金新西太湖创新创业港有序推进；细胞研究院4个院士级项目入驻；石墨烯创新中心5G移动设备散热系统关键材料等研发项目进展顺利；南大数据能源研究院、吉大技术转移中心、组织工程国家研究中心等科创资源引进投用。中以常州创新园、智能制造龙城实验室等高端平台发挥作用，为创新驱动发展再添新动能。

【生态环境优化】 2023年，武进区持续推进生态综合治理，优化生态环境。环城公园五大片区方案基本明确，示范段场北河景观廊道设计完成。湖滨水厂一期、滨湖污水处理厂二期、滆湖退田还湖二期、武南河立交枢纽、洮滆片区（武进）水环境综合整治工程等生态水利项目加快推进，滆湖（武进）生态清淤及修复工程累计完成湖体清淤200万立方米。大气、土壤、水环境持续转好，生态环境质量持续改善。

【品质生活创造】 2003年，武进区推进全国青年发展型县域建设。举办各类人才招聘会200余场，为“两湖”创新区提供就业岗位超8万个。支持“两湖”创新区自主创业3095人，引领大学生创业592人。新建国家级博士后科研工作站3个、市级博士后创新实践基地5家，申报省级博士后创新实践基地8个；引进博士后30人，5个博士后创新创业项目挺进国赛，1名博士后获全国银奖，均居全市第一。武进欧美同学会率先实现全省镇级欧美同学会全覆盖。蓝湾国际人才公寓建成，烯望青年社区焕新蝶变，累计建设筹集人才公寓10327套（间），引进人才超1.27万人。完善功能配套，星湖荟1号店投用，2号店主体工程封顶；星湖机关幼儿园、西太湖外国语学校于9月竣工投用，常州大学三期、华师大附属学校加快建设，省常中西太湖校区初拟选址方案，市委党校新校区完成选址；国际露营岛（一期）建成投用。扩大“两湖”影响范围，举办西太湖国际半程马拉松、“威雅杯”国际赛艇赛、“两湖创新杯”龙舟赛、全国摩托艇青少年U系列大赛常州站、常州西太湖杯帆船赛暨中国大学生帆船联赛等赛事和诗词名家“两湖行”等特色活动，开展“非武不栖、进无止境”人才周活动，打造“武进英才计划”邀请赛和“名城名校合作行”等品牌活动，搭建起海内外各路人才“比武场”。“两湖”创新区规划展示馆累计接待参观人员超8万人次。

（周　佩）

4月，“星湖荟”西太湖人才服务中心1号店建成开业　（摄影/徐芊卉）

大事记

Chronicle of Main Events

栏目编辑　陈　诚

1 月

2—3 日　武进区政协十五届二次会议举行。会议审议并通过区政协主席、党组书记郑政平代表区政协十五届常委会所作的工作报告，区政协副主席、党组成员徐宁代表区政协十五届常委会所作的提案工作情况报告，赞同区政府工作报告以及其他书面报告。

3 日　江苏明月软件技术股份有限公司和江苏嗨购网络科技有限公司入选首批“江苏省数字贸易创新案例”。

4 日　武进区公共资源交易工作入选第四届“新华信用杯”全国优秀信用案例。

4—6 日　武进区十七届人大二次会议举行。会议表决通过关于政府工作报告的决议、关于人大常委会工作报告的决议、关于人民法院工作报告的决议、关于人民检察院工作报告的决议、关于 2022 年国民经济和社会发展计划执行情况及 2023 年计划的决议、关于 2022 年预算执行情况和 2023 年预算的决议。会议选举李旌巍为区监察委员会主任。

11 日　武进区摄制的电视剧《爱上特种兵》《王牌部队》获江苏省第十二届精神文明建设“五个一工程”奖。

12 日　武进区首只 QFLP（合格境外有限合伙人）基金常州春华智科股权投资合伙企业（有限合伙）落户龙城金谷（南区），总认缴规模 1 亿美元。

17 日　中车戚墅堰机车有限公司、江苏顺风新能源科技有限公司、贝内克长顺生态汽车内饰材料（常州）有限公司等 12 家公司入选 2022 年（第三批）江苏省绿色工厂。

18 日　滆湖水利风景区创成武进区首个国家级水利风景区。

19 日　武进区创成 2021—2025 年度全国科普示范区。

28 日　中天钢铁集团有限公司“高性能特种合金钢智能工厂”入选 2023 年江苏省智能制造示范工厂名单。

31 日　西太湖科技产业园与江苏省特检院国家氢能产品质量检验检测中心项目、常州氢湾中石化油氢合建项目、氢湾国际创新社区项目等 8 个氢能产业项目签约，常州氢湾正式启动。

2 月

5 日　江苏省第五届百城联动招聘会暨武进区退役军人、随军家属春季专场招聘会在武进区人力资源市场举行。

9 日　常州中以数字谷等 8 个重大项目入选 2023 年度江苏省重大项目清单，总投资超 230 亿元，数量为全市第一。

是日　在工业和信息化部发布的《2022 年度绿色制造公示名单》中，武进高新区被评定为国家级绿色园区，光宝科技（常州）有限公司等 3 家企业被评定为国家级绿色工厂，旷达汽车饰件系统有限公司被评定为国家级绿色供应链管理企业，江苏瓯堡纺织染整有限公司等 4 家企业的产品被评定为国家级绿色设计产品。

10 日　湖塘镇、横林镇获评“江苏省生态文明建设示范乡镇”，武进区实现省级生态文明建设示范镇全覆盖。

13 日　中核智慧环境科技有限公司揭牌启动仪式在武进高新区举行。

是日　新沟河延伸拓浚工程武进段、新孟河延伸拓浚工程漕桥河标段武进段入选江苏省 2022 年度幸福河道（段）建设示范工程名单。

15 日　常州市律师协会武进分会成立，系市律协首家分会。朱红为分会会长，顾青、王立、马旭东、张泽远为副会长，王明锋为秘书长，毛加俊为派驻监事。

17 日　常州先进制造知识产权交易平台上线启动仪式在戚墅堰轨道交通产业园举行。

是日　武进区青洋路、揽月路获评省级“美丽农村路”样板路。

18 日　中国关工委主任顾秀莲在牛塘镇青云村调研关心下一代工作。

20 日　江苏恒立液压科技有限公司、浙江大学的“高动态数字先导独立控制多路阀”项目，中车戚墅堰机车车辆工艺研究所有限公司的“时速350公里‘复兴号’动车组齿轮传动系统研发及应用”项目，常州第六元素材料科技股份有限公司的“薄层石墨烯粉体的研发及产业化”项目入选“科创中国”先导技术榜，常州益锐医疗器材有限公司入选“科创中国”2022新锐企业榜。武进上榜企业、项目数居全市第一。

21日 2023年武进区新能源重点项目集中开工暨苏文电能智能电气项目奠基仪式举行，总投资30亿元。

28日 司法部和省司法厅组成的调研组在西湖街道湖滨社区和湟里镇西墅村调研法治乡村建设工作推进情况。

3月

2日 2023苏台新能源汽车产业对接会在武进区举行，80余家台企及近20家国企、民企与会。

8日 省政协副主席、省财政厅厅长张乐夫率队在理想汽车常州基地和中以科创学院调研。

9日 省委常委、政法委书记刘建洋在牛塘镇丫河村专题调研“五治”融合工作。

9—10日 湖北省荆州市人大常委会副主任邓应军，荆州区委书记、荆州高新区党工委书记万玲玲率党政代表团在武进区调研城市规划、产业发展和科技创新等工作。

10日 琥崧微纳米材料高端装备制造基地在西太湖畔奠基，项目总投资11亿元，用地面积约7.3万平方米。

14日 江苏省河湖长制研究院武进分院揭牌仪式在牛塘镇枢纽水韵园举行。

是日 武进区工伤医疗服务平台项目启动，为全区工伤医疗服务开辟“绿色通道”，系全市首个。

15日 武进区“信用网格”、作风效能评价系统两项创新举措获省信用办推广。

16日 武进绿建区被省发改委评为省级现代服务业高质量发展集聚示范区。

是日 2023年武进区被省政府认定为2022年江苏省职业教育改革发展成效明显的地区。

17日 武进区首张个人独资企业全程电子化办理的营业执照在湖塘镇行政审批局窗口发出。

20日 全球视角下的电化学储能发展研讨会在武进区举行。

是日 武进区入选第二批江苏省数字乡村试点地区（乡村数字经济类）名单。

21日 中车戚墅堰机车车辆工艺研究所有限公司举行混合所有制改革引入战略投资者暨大兆瓦风电装备产业化基地项目签约仪式。

22日 全国妇联书记处书记杜芮带队在常州经开区调研妇女创业就业、科技创新及乡村振兴巾帼行动等情况。

24—26日 2023中国国际家庭花卉园艺展览会暨第二十二届中国花卉零售业交流会在西太湖国际博览中心举行。

26日 “两湖创新·江南农村商业银行”2022常州西太湖半程马拉松暨大运河马拉松系列赛（常州站）举行。

28日 津巴布韦大使馆代表团在武进洽谈农业合作。津巴布韦大使馆与常州国荣农业股份有限公司签署合作备忘录，津巴布韦共和国驻华公使格拉希亚·尼亚古斯进行投资推介。

是日 常州中进医疗器材股份有限公司在纳斯达克上市。

是日 国网常州供电公司打造的国内首个电力系统新型站网互动示范中心落户武进区。

31日 武进“00后”赛艇小将方晨雨获澳洲赛艇锦标赛女子轻量级比赛冠军，成为世界大型赛艇赛事中首位常州籍冠军。

是日 武进区获评2022年度“15分钟医保服务圈”省级示范县（市、区），常州经开区医疗保障横山桥服务站、嘉泽镇为民服务中心获评2022年度“15分钟医保服务圈”省级示范点。

4月

8日 2023特色工艺半导体产业发展常州峰会在武进区举行。会上，宽禁带半导体国家工程研究中心常州分中心揭牌。

12日 武进区行政审批局颁发全市第一张以“集群注册”模式登记的营业执照，全区市场主体集群注册登记改革工作启动。

是日 贝内克长顺生态汽车内饰材料（常州）有限公司三期扩建项目在武进高新区奠基。

13日 武进区博物馆、横林镇市民文化中心等5家单位获评2023年度江苏最美公共文化空间。

是日 万帮数字能源家庭储能系统获2023年德国iF设计奖。

是日 武进区农业农村局畜牧兽医中心汤泽在第五届全国农业行业职能技能大赛动物检疫检验决赛中获一等奖，被授予“全国技术能手”称号。

15日 总部位于常州科教城的智能制造龙城实验室首届专家委员会成立。中国工程院院士郭东明担任龙城实验室第一届专家委员会主任，中国科学院院士丁汉、中国工程院院士马玉山担任副主任。

16日 第二届苏台青年潮流文化节在武进区启动。本次活动以“文化交流”与“创新创业”为主线，由省台办、市政府主办，市台办、常州大学、团市委、西太湖科技产业园管委会承办，近3000名两岸青年参加活动。

18日 “旅游中国、美好生活”2023工业旅游暨大运河工业遗产峰会在武进区举行，省委常委、宣传部部长张爱军，市委书记陈金虎等参会领导共同启动峰会开幕。

19日 伯仪生物微球及相关核心生物制剂研发及产业化基地项目开工奠基仪式举行，项目总投资3亿元。

22日 武进人民医院三级甲等综合医院揭牌仪式在武进人民医院南院举行。

是日 首届国家骨科与运动康复临床医学研究中心骨科融合创新生态驱动高质量发展大会在武进区召开。

是日 武进经贸代表团在以色列开展经贸交流活动，就中以常州创新园创新发展与大使馆公使衔科技参赞彭斯震开展会谈，并走访知名孵化器企业趋势线集团。

24日 省人大常委会副主任张宝娟率队在武进区开展提升民生保障水平专题调研，实地察看就业促进、重点群体就业帮扶、“一老一幼”服务、多元化体育服务体系建设等情况。

25日 挪威驻沪总领事丽莎一行在武进区访问英特曼电工（常州）有限公司。

26日 省委书记信长星在武进区调研，先后走进“两湖”创新区规划展示馆、万帮数字能源股份有限公司，并作出重要指示。他提出要深入践行新发展理念，坚持世界眼光、对标国际一流，在长三角一体化发展战略中找准定位、科学规划，集聚创新资源、完善公共配套、汇聚更多人才、培育未来产业，以匠心打造“生态创新区、最美湖湾城”。

是日 首届“两湖创新杯”女子曲棍球国际邀请赛在武进曲棍球训练基地落下帷幕，江苏省女子曲棍球队以全胜战绩夺冠。

是月 武进区公路事业发展中心机关党支部获“2022年度全省交通运输现代化示范区建设先锋队暨党建引领‘四个在前’标兵党支部”称号。

5月

7日 江苏恒立液压股份有限公司入选2022年全国爱心托育用人单位名单，全省仅5家单位入选，系全市唯一。

10日 全国政协副主席、全国工商联主席高云龙率调研组在武进区开展“积极发挥民营企业在恢复和扩大消费中的作用”的重点考察调研。

12日 武进区位列“2023市辖区高质量发展百强（地级城市市辖区）”榜单第三名。

16日 武进区颁发全省第一本新版土地承包经营权不动产权证书。

是日 武进区万臻生态科技有限公司、江苏枫华农业集团有限公司、江苏立华牧业股份有限公司3家企业获评“农业产业化国家重点龙头企业”。

21日 第三届江苏发展大会“常州之芯——两湖澎湃”活动在“两湖”创新区规划展示馆举行。

23日 中欧蔚蓝谷项目签约落户武进绿建区，总投资2.5亿美元。

是日 省政协主席张义珍率队在武进国家高新区开展“加快制造业数字化转型、更大力度推动高端化智能化绿色化”专题调研。

24—25日 “日资制造业企业武进行”活动在武进区举行，FNA工场网、日电产（上海）国际贸易有限公司等13家日资企业的19位客商代表到访武进。

25日 副省长徐缨率队在武进区调研，参观考察“两湖”创新区规划展示馆。

是日 武进经贸团组与瑞士大苏黎世地区经济促进署开展经贸洽谈。

26日 常州科教城大学生创新创业园获评省级大学生创业示范园A级，系全市唯一。

30日 江苏立华牧业股份有限公司的“农业农村部华东优质禽育种重点实验室”入选农业农村部企业重点实验室名单。

是日 市委常委、区委书记乔俊杰率武进经贸代表团在德国拜访格罗瑙市政厅以及FUNKE（风凯）集团公司。

是日 第五届太湖湾音乐节获2022年度中国演出市场票房榜单音乐节、演唱会类票房亚军。

是日 全市第一支森林消防队——武进区雪堰森林专职消防救援队正式挂牌执勤。

是月 常州天正工业发展股份有限公司、快克智能装备股份有限公司和新纶新能源材料（常州）有限公司获批设立国家级博士后科研工作站。

6月

1日 武进绿建区获联合国工业发展组织“生态设计理念在中国工业设计领域应用项目”试点单位授牌。

2日 易电行电动科技中国区总部基地项目开工仪式在武进高新区举行，总投资3亿元。

是日 农业农村部总畜牧师、农村合作经济指导司司长张天佐在武进区调研农村宅基地制度改革试点工作。

是日 位于常州科教城的中国（常州）知识产权保护中心入选第三批海外知识产权纠纷应对指导中心地方分中心名单。

2—5日 RoboMaster2023机甲大师超级对抗赛·区域赛（中部赛区）在武进区举办，哈尔滨工程大学、桂林电子科技大学、上海工程技术大学分别获得冠军、亚军、季军。

3—4日 第一届西太湖水上运动季——2023“两湖”创新·“威雅杯”西太湖国际赛艇赛举行。

5日 武进区入选2023年省级农村综合性改革试点试验项目名单，承担第三类项目“大集成改革”。

是日 江苏首个“APS一键启停顺控项目”在江苏华电戚墅堰发电有限公司投用。

8日 省人大常委会副主任周广智率队在武进区调研基层治理工作开展情况。

10日 中国美术家协会主席、中央美术学院院长范迪安参观“两湖”创新区规划展示馆。

13日 江苏先诺新材料科技有限公司高性能聚酰亚胺纤维新建项目在西太湖科技产业园奠基，总投资5亿元。

14日 新城控股2023年第一期面向专业投资者公开发行公司债券完成簿记发行，标志着江苏省首笔、全国第5单“央地合作”民营房企融资支持试点项目落地武进区。

16—17日 2023常州台湾青年创新创业特训营活动在西太湖国际社区举办。

19日 位于武进绿建区的上海交大设计研究总院木结构研究中心、华亚设计院总部1号楼木结构示范楼项目获批2023年度省级城乡建设发展专项资金（绿色建筑）项目。

20日 万帮星星充电科技有限公司获评“中国独角兽企业”。

是日 环太湖公路获评全国“十大最美农村路”。

是日 省委副书记邓修明在武进区调研“三农”工作。

27日 涉外商事法律中欧（常州）绿色创新园服务中心在武进区揭牌。

28日 常州石墨烯小镇获第一批省级特色小镇授牌。

29日 万帮数字能源股份有限公司的“大规模电动汽车智能高效充电系统关键技术及应用”、江苏嘉轩智能工业科技股份有限公司的“高效智能自驱动永磁滚筒关键技术研发及应用”等14个项目获江苏省科学技术奖。

是日 武进区星辰实验学校学生承睦杰获评2023年“新时代江苏好少年”。

7月

1日 第一届全国学青会（公开组）曲棍球决赛在武进曲棍球训练基地开赛。

3日 两岸企业家峰会智能制造及装备产业合作推进小组在武进区调研。

6日 礼嘉镇采用数字人民币方式支付“礼嘉大河景观提升工程”项目评审费，实现数字人民币在限额以下公共资源交易项目领域的应用，成为全国首笔限额以下公共资源交易的数字人民币结算项目。

6—7日 武进锡剧“第七代传人”汇报演出在凤凰谷大剧院举行。

是日 “常州名人系列——冯仲云”纪录片《从数学才子到抗联名将》（两集）在央视四套《国家记忆》节目首播。

8日 江苏国经私募基金管理有限公司入选FOFWEEKLY“2023投资机构软实力排行榜新锐政府引导基金TOP30”。

9—10日 联合国工业发展组织副总干事邹刺勇带队在武进区调研重点行业绿色转型、新能源产业创新发展、循环经济实践等情况。

10日 湖南省宁乡市委书记张作林率党政代表团在武进区考察城市规划建设、产业转型升级等情况。

11日 江苏省首次保卫管理员职业技能等级认定考试在江苏（武进）技能人才服务产业园举行。

14日 省长许昆林在武进区新孟河北干河交汇处、漕桥河太滆运河分水桥汇合点、武进竺山湖清淤现场及百渎口水文站调研。

是日 武进区有35家企业入选第五批国家级专精特新“小巨人”企业榜单，连续5年位列辖市区第一。累计培育国家级专精特新“小巨人”企业55家，数量位居全市第一。

18日 全国首个“中国医学装备协会医用气体系统实践培训基地”在西太湖科技产业园揭牌成立。

19日 市委常委、区委书记乔俊杰会见比利时IGW集团首席执行官Stefaan Dewaele一行，就推进常州工厂转型、拓展新业务等进行深入交流。

是日 省残联党组书记、理事长姜爱军率队在武进区调研残疾人康复、辅助性就业等工作。

是日 台湾工商业代表团在武进区参访西太湖医药科技国际创新中心和“两湖”创新区规划展示馆。

21日 庆祝中国人民解放军建军96周年暨武进区第三届“最美退役军人”颁奖典礼在凤凰谷大剧院举行。

23日 2023“花都水城·浪漫武进”文化旅游节开幕式在春秋淹城旅游区举行。

25日 太湖湾露营谷获评2023年江苏省体旅融合发展示范基地。

26日 常州科教城创新基地入选“科创中国”创新基地示范项目。

30日 第九届苏台青少年科技创意创新活动在武进区举办。

8月

3日 “古运新生、活力经开”2023常州经开区文化旅游节暨夜生活节正式启动。

4日 武进高新区清洁生产审核创新试点项目入选生态环境部第二批清洁生产审核创新试点项目，系全市首个。

是日 雪堰镇入选农业农村部办公厅、财政部办公厅联合发布的首批国家农业产业强镇名单。

是日 常诚车业智能车灯制造基地项目签约仪式在武进区举行，总投资10亿元。

是日 武进区女企业家协会第四次会员大会召开。选举产生新一届协会领导班子，今创集团股份有限公司副总裁胡丽敏当选为新一届会长。

是日 武进区列赛迪顾问城市经济研究中心发布的“2023赛迪百强区”榜单第十一位，居全省第二、全市第一。

14日 “中以青年科创训练营”在中以国际创新村开营。

是日 武进区生鲜雪山鸡、“阳湖”水蜜桃入选江苏省“苏韵乡情、百优乡产”推介名单。

15日 安徽省芜湖市经开区党政代表团在武进区考察交流。

是日 常州市科丰葡萄专业合作社获江苏省最美绿色优质农产品（葡萄）企业奖。

18日 常州第二人民医院阳湖院区二期大楼启用。

19日 常州氢湾国际创新社区项目集中开工仪式举行，常州氢湾国际创新社区一期启动建设。

25日 国台办副主任潘贤掌在武进区调研，省台办主任练月琴、市委书记陈金虎参加调研。

是日 2023海峡两岸青年创新创业大赛在武进区落幕。经过预赛、决赛两个阶段角逐，超低损耗6G毫米波基板新材料等4个项目获一等奖，车用高温稳定性积层陶瓷电容开发等8个项目获二等奖，基于区块链的双向小功率直流设备等16个项目获三等奖，MLCC离型膜开发等22个项目获优胜奖。

31日 太湖流域综合治理项目协调会暨上海、巢湖流域综合治理考察调研收获座谈会在武进区召开。

是日 广东省英德市委副书记、市长翟永鸣，市委常委、副市长潘斌率代表团在武进区考察交流。

9月

3日 2023第二届西太湖细胞与基因治疗前沿技术发展大会在武进区开幕。

5日 武进南京大学未来技术创新研究院理事会成立暨第一届理事会第一次会议举行，南京大学副校长陆延青当选为武进南京大学未来技术创新研究院第一届理事会理事长。

7日 理想汽车常州工厂入选智能制造研究咨询机构e-works组织评选的2023第二届中国标杆智能工厂百强榜。

8日 常州德国啤酒节暨“两湖”国际嘉年华在武进区开幕。

是日 由舍弗勒、大陆、大众、伟巴斯特等德资企业代表组成的“德企高管武进行”团组到访武进区。

是日 武进区首届乡村振兴摄影大赛圆满收官，评选出一等奖1名、二等奖3名、三等奖6名和优秀奖20名。

9日 第二届面源污染治理与管控高峰论坛在武进区举行，来自全国各地的71家单位共246人参会，共筑农业绿色转型的“四梁八柱”。

10日 《武进史稿》出版发布会在武进图书馆举行。该书是武进地区首部地方史，填补武进通史研究的空白。

12日 中天钢铁集团有限公司、东方润安集团有限公司、江苏江南实业集团有限公司入选2023中国制造业民营企业500强。

是日 2023第五届未来能源大会全球CTO论坛暨未来能源科创大赛颁奖典礼在武进区举行。

14日 全国政协常委、省工商联主席刘聪率调研组在武进区进行专项调研。

15日 “创客中国”暨2023年江苏省中小企业创新创业大赛高端装备制造专题赛在武进区举行。

是日 第二届江苏产学研合作对接大会——2023年常州市“科创中国”海智面对面活动暨武进国家高新区集成电路产业专题对接会在武进高新区举行。

16日 常州博瑞电力自动化设备有限公司董事长、研究员级高级工程师严伟获2023年江苏省“最美科技工作者”称号，系全市唯一。

21日 江苏最美教师庄惠芬先进事迹发布会在武进区星河实验小学举行。

22日 春秋淹城旅游区入选省“文旅消费人气目的地”榜单。

23日 2023武进区“中国农民丰收节”正式启动。活动现场，中国式苏南乡村现代化研究院正式揭牌，武进粮食物流园建设项目、武进区农产品加工集聚区项目、岑村村千万工程试点项目签约。

24日 江苏（武进）水稻研究所水稻示范基地入选第三批国家农作物品种展示评价基地名单，系全市唯一。

26日 常州“两湖”创新区总部经济区综合配套工程、武进中央车站片区更新项目等6个项目被列入江苏省向民间资本推介最新项目清单。项目总投资超100亿元，数量及总投资均居全市第一，项目单体平均投资约16.7亿元。

27日 武进区新城帝景、星河国际二期、新城花苑东区、新城花苑西区4个小区获评2022年度省级宜居示范居住区。

是日 常州工程职业技术学院李雄威教授及常州机电职业技术学院张波教授入选新时代职业学校名师（名匠）名校长培养计划（2023—2025年）。

28日 沪宁沿江高铁建成通车现场会在武进站举行，省委书记信长星出席并宣布开通。

是日 中天钢铁集团有限公司获2023年江苏省省长质量奖。

是日 常州太湖湾露营谷“户外运动+休

闲度假”特色场景被评为江苏省体育消费场景精品案例；常州西太湖半程马拉松被评为江苏省体育消费场景典型案例。

是日 湟里镇葛庄村水情教育馆正式开馆，成为全省首个村级水情教育馆。

10 月

7 日 武进籍运动员张影、李新欢助力中国女曲以 2—0 战胜韩国队获得第十九届亚运会女子曲棍球冠军。

是日 武进首部影像志《雪堰，好放扁舟觅灵秀》发布。

9 日 全国工商联副主席安立佳带队在武进区调研民营企业科技创新情况。

10 日 安川（中国）机器人有限公司量产开始 10 周年暨累计出货 10 万台达成庆典在武进高新区举行。

11 日 乌兹别克斯坦代表团在武进区先后考察江苏常发农业装备有限公司、江苏小牛电动科技有限公司等企业。

是日 “两湖”创新区重大项目交易服务工作营揭牌仪式举行。

12 日 理想汽车 2023 全球合作伙伴大会在常州智能制造基地举行。

13 日 2023 新时代江苏旅游发展论坛在武进区举行。

15 日 2023 常州西太湖半程马拉松暨大运河马拉松系列赛（常州站）在常州“两湖”创新区西太湖花博园鸣枪开跑，来自 32 个省、市、自治区和肯尼亚、美国、日本等 9 个国家和地区的 26775 名跑友参赛。

18 日 武进（上海）国际创新中心在上海复旦科技园大厦成立，武进（上海）国际创新中心“沪上星链”计划同日启动。

是日 武进区“武进轨道交通技术员”劳务品牌在银川市参加全国劳务协作暨劳务品牌发展大会，系全省唯一。

19 日 首届“双碳”服务大会暨碳管理体系合作伙伴大会在武进区举行。

是日 孙冶方经济科学基金会理事长、中国证监会原常务副主席、国务院发展研究中心原副主任李剑阁一行在武进区实地考察理想汽车（常州）制造基地、万帮数字能源股份有限公司及“两湖”创新区规划展示馆，详细了解武进产业发展状况。

是日 “学习新思想、奋进新征程”武进区第四届阳湖学习达人挑战赛总决赛在武进人民商场举行，来自各分站赛的 14 支冠军队参赛，自然先锋队、财政青年战队、青堰逐梦队分别获得冠军、亚军、季军。

是日 常州西太湖科技产业园获评“全国工商联民营企业科技创新园区”，系全省唯一。

23 日 江苏省前黄高级中学国际分校与加拿大威廉高中缔结友好合作学校签约仪式举行。

25 日 “芬兰企业进江苏”中芬低碳节能产业创新合作交流会在武进区举行，12 家芬兰绿色企业和超过 50 家常州企业参与。

是日 江苏省首例磁波刀治疗——子宫肌瘤磁波刀治疗在武进区健一医院顺利完成，开启江苏省子宫肌瘤“无创治疗”时代。

是日 市委常委、区委书记乔俊杰会见芬兰驻华大使馆商务参赞、芬兰国家商务促进局中国区负责人田马可一行，双方就进一步深化合作进行交流。

是日 湖塘镇府东社区“悦·成长”爱心暑托班、丁堰街道港龙社区“筑梦经开，幸福丁堰”爱心暑托班等 5 家爱心暑托班获评江苏省 2023 年“爱心暑托班”优秀示范班点；区卫健局团委、南宅实验学校、常州经开区故知妇女儿童关爱中心获评集体优秀支持单位。

26 日 常州科德水处理成套设备股份有限公司在“新三板”正式挂牌。

是日 徐州医科大学实践教学基地在武进区疾控中心正式揭牌。

是日 武进区国经资本荣登“2023 最受赞赏的早期投资机构 TOP30”榜单。

是日 武进区礼嘉镇何墅村、遥观镇留道社区获评 2023 年全国示范性老年友好型社区。

27 日 EnerVenue 公司投资建设的屹创新型储能项目签约暨开工仪式在武进高新区举行。

28 日 G312、S232 快速路工程在常州经开区正式开工。

是日 武进区位列“2023 年中国市辖区高质量发展百强（地级城市市辖区）”榜单第三名。常州经开区位列“2023 中国省级开发区高质量发展百强”榜单第一名。在“2023 中国镇域高质量发展 500 强”中，湖塘镇位列第 19 名，遥观镇位列第 47 名。《实干争先，砥砺奋进，全力打造高质量“创智”武进标杆》入选《中国县域（市辖区）高质量发展研究报告 2023》发展案例。

是日 武进区 6 名博士代表江苏省参加第二届全国博士后创新创业大赛总决赛，其中裴宇昕获创业类银牌，创常州市历史最好成绩。

是日 第七届国际藏书票博览交流会在武进区举行。

29 日 常州地铁 5 号线开工动员会在“两湖”创新区核心区举行。

30 日 西太湖合成生物创新产业园揭牌仪式举行。细胞研究项目、智肽生创生物材料项目等产业化项目入驻，中国科学院深圳先进技术研究院—常州合成生物化学联合研究中心签约，蛋白质技术国家工程研究中心转化基地揭牌。

31 日 武进区实验小学获评“长三角之声红领巾广播站”称号，系全市唯一。

是月 武进区在江苏省 2022 年废旧农

膜回收工作成效评估中获得“先进区”荣誉称号和“工作积极，成效突出”的主要评价，区供销合作联合社岳益超获评“先进个人”。

11 月

1日　国家药监局党组成员、副局长雷平在武进区江苏创健医疗科技股份有限公司调研。

是日　在第48届国际质量管理小组会议（ICQCC）上，由中天钢铁集团有限公司“六轧力量”QC小组发布的《提升六轧二线人本轴承钢一次探伤合格率》QC课题获国际质量金奖。

是日　武进区图书馆、常州经开区图书馆获评“国家一级图书馆”。

是日　常州龙骏天纯环保科技有限公司获评第十一届“母亲河奖”“绿色贡献奖”，系全省唯一。

3日　2023“尼好武进”尼勒克文化交流周系列活动在武进区举行。

是日　“只此湖湾、青创未来”2023“湖湾”青年发展论坛在武进区举行。

是日　武进区非遗项目调犟牛、杨桥捻纸、常州糕团堆花入选第五批省级非物质文化遗产代表性项目名录；马杭木雕、雅浦酒酿造技艺入选省级非物质文化遗产代表性项目名录扩展项目名录。

4日　全国动力冲浪板“奔跑吧·少年”U系列比赛常州站开幕。

是日　武进人民商场助农馆正式开馆，“伊犁州尼勒克县—常州市武进区消费帮扶馆”“安康市汉滨区—常州市武进区消费帮扶馆”及“盐城市阜宁县—常州市武进区消费帮扶馆”现场揭牌。

7日　星星充电2023须弥山大会在武进区开幕。院士、专家学者、产业链龙头等1000余人齐聚一堂，围绕“双碳”目标，共话“零碳”未来。

是日　2023年智能制造国家级技能大师工作室带头人研修交流活动在江苏（武进）技能人才服务产业园举行。

8日　夏溪花木市场入选“中国商品市场综合百强”榜单，同时入围首次发布的“时尚市场”榜单，成为全省唯一一家获得两项荣誉的市场。

9日　福建省泉州市委书记张毅恭率领泉州市党政代表团在武进区考察交流。

是日　武进区行政中心片区（城区）宜居建设项目入围2022年度中国“全域海绵”典范项目。

10日　国家新型碳材料先进制造业集群（常州）创新发展大会暨石墨烯产业研讨会在武进区开幕。诺贝尔物理学奖获得者康斯坦丁·诺沃肖洛夫，中国工程院院士王海舟、蒋剑春，中国科学院院士朱美芳出席大会。会上成立国家新型碳材料先进制造业集群（常州）产业投资联盟，为纳米技术及应用国家工程研究中心（常州）分中心、先进碳基电子材料联合实验室揭牌。

12日　江苏（武进）技能人才服务产业园太湖湾分园基地揭牌仪式暨“青春留常”大学生劳动技能实践研学活动在太湖湾耕读基地举行。

13日　中柬交通人才高级研修班在武进区考察交流。

是日　武进区政府与中国花卉协会签订战略合作协议，围绕花卉产业开展全方位、深层次的战略合作，共同推进家庭园艺产业高质量发展。

14日　武进区人社局联合区行政审批局推出的特殊工时“信用＋审批”模式获评第五届“新华信用杯”全国优秀信用案例。

15日　武进（深圳）重点产业暨园区推介会在深圳市举行。

16日　农业农村部第三评估组在武进区开展农村宅基地制度改革试点评估工作，先后对礼嘉镇何墅自建区、嘉泽镇成章自建区和嘉泽镇西城自建区进行实地评估。

17日　2023年常州西太湖杯帆船赛暨中国大学生帆船联赛总决赛在武进区拉开帷幕，系常州市首次举办全国最高级别的大学生龙骨帆船赛事。

是日　礼嘉镇何墅村、横山桥镇五一村入选第三批全国乡村治理示范村名单。

是日　常州经开区大明幼儿园、横山桥镇山水实验幼儿园获评省优质幼儿园。

是日　东方特钢5G智慧钢厂入选全国首批5G工厂。

18日　2023年中国中小城市高质量发展指数研究成果发布，武进区包揽绿色发展、投资潜力、科技创新、新型城镇化质量4个第一，并连续十年获全国综合实力百强区第三。

20日　常州市迄今为止单体投资规模最大的日资项目——太阳诱电（常州）电子有限公司一期在武进高新区正式投产，项目总投资15亿美元，其中一期6亿美元。

是日　武进高新区7个精品外资项目进行集中签约，总投资4.1亿美元，其中超1亿美元项目3个，超3000万美元项目2个，涵盖高端机械、新能源、医疗器械等领域。

是日　牛塘镇丫河村与江苏城乡建设职业学院、中建八局第三建设有限公司工程研究院签署友好合作协议，全省首个3D打印乡村振兴展示基地揭牌成立。

22日　万帮数字能源股份有限公司（星星充电）入选2023年江苏省独角兽企业榜单。

24日　江苏恒立液压股份有限公司创成武进区首家国家级智能制造示范工厂。

是日　江苏常发农业装备股份有限公司、万帮数字能源股份有限公司获评国家级工业设计中心。

28日 2023常州新能源产业知识产权国际论坛在常州科教城举办。

是日 武进入选第三批长三角高铁旅游小城。

是日 中天钢铁集团有限公司、江苏晶雪节能科技股份有限公司入选工业和信息化部第五批服务型制造示范名单。

29—30日 安康市委书记武文罡率领党政代表团在武进区考察交流，实地走访"两湖"创新区规划展示馆及万川园林乡村振兴产业学院等地。

是月 江苏省三八红旗手庄惠芬工作室、刘萍工作室、卜雅倩工作室，江苏省三八红旗集体武进区人民检察院春晖工作室获评江苏省三八红旗手（集体）示范工作室；嘉泽镇"花木兰"文明实践巾帼志愿阳光站、横山桥镇五一村文明实践巾帼志愿阳光站获评江苏省第二批"在你身边"文明实践巾帼志愿阳光站。

是月 武进区星河实验小学学生毛青桐入围富兰克林柯维教育全球自我领导力大赛20强，系中国地区唯一。

12月

5日 中华全国总工会女职工委员会2023年"玫瑰书香"全国女职工主题阅读典型成果通报发布，秋白书苑遥观光大环境馆获"玫瑰书香·最美女职工阅读点"荣誉称号，系全市唯一。

7日 武进区在中国信息通信研究院发布的2023年"中国工业百强区"榜单中位列第7，排名全省第一。

是日 武进区星河实验学校、常州经开区小学入选第二批江苏省师德师风建设宣传基地校名单。

是日 武进区产业投资基金入选"投中2023年度中国最佳私募股权投资引导基金TOP20"榜单，国经资本入选"投中2023年度中国最佳私募股权投资领域有限合伙人TOP20"榜单。

是日 常州联德电子有限公司在受让西太湖果香路南侧、锦丰路东侧地块国有土地使用权的同时，一并收到武进区工改编制的《用地服务清单》，全省首个"用地清单制"改革项目落地武进。

9日 武进区"一企来"企业服务微信小程序获评2023年度中国优化营商环境十佳创新案例。

10日 武进区获评"四好农村路"全国示范县称号，系全市唯一。

是日 首届全国大学生职业规划大赛江苏省选拔赛暨"武进人才杯"江苏省第十八届大学生职业规划大赛收官。

是日 省委常委、南京市委书记韩立明率领南京市党政代表团在武进区考察，代表团先后前往"两湖"创新区规划展示馆、理想汽车常州基地以及万帮数字能源股份有限公司实地调研。

11日 前黄镇卫生院消化内镜诊疗中心、洛阳镇卫生院消化内镜诊疗中心、横山桥镇卫生院消化内镜诊疗中心、横林镇中心卫生院康复疼痛诊疗中心获评2023年"江苏省农村区域性医疗卫生中心十大相关功能中心"。洛阳镇卫生院获评2023年"江苏省社区医院"。

15日 2023武进区境外人士新年联谊会举行。现场，为秋本欣男、费德乐、费尔南多等12名境外友人颁发"2023武进区荣誉市民"荣誉牌。

17日 南京大学未来技术创新研究院启用仪式举行。

19日 中国花卉协会家庭园艺分会成立大会在武进区成立。

是日 位于武进高新区北区的李公朴旧居入选江苏省革命文物名录。

20日 武进区集成电路产业重点项目集中开工暨龙城芯谷奠基仪式在武进高新区举行。涵盖14个重点集成电路产业链项目，总投资约85亿元。

是日 武进区江苏格林保尔光伏有限公司等96家企业通过认定省级专精特新中小企业，总数居全市第一。

是日 武进区创成全省首批省级婚俗改革实验区，系全市唯一。

22日 武进区国经·湖塘科技产业园、拨云汇智慧产业园等4家基地获江苏省小型微型企业创业创新示范基地认定。

26日 泰美瑞生物科技合成生物学联合创新实验室、医美产品工业设计研究中心及临床实验基地签约仪式在常州西太湖科技产业园举行。

28日 区委十三届六次全体会议在区行政中心召开。市委常委、区委书记乔俊杰代表区委常委会作题为《勇挑大梁走在前，勇攀新高再出发，奋力推进中国式现代化武进新实践》的报告。全会要求全区上下坚持稳中求进工作总基调，完整、准确、全面贯彻新发展理念，统筹高质量发展和高水平安全，聚焦全市"532"发展战略，聚力新能源之都、"两湖"创新区建设等重点工作，以"三大任务"(在"万亿之城再出发"中提升"贡献度"、在"新能源之都"建设中扩大"首位度"、在"两湖"创新区发展中干出"显示度")为突破口，加快展现中国式现代化的武进实景，为全市"万亿之城再出发"贡献首位力量。全会还审议通过《中共常州市武进区委常委会2023年度落实全面从严治党主体责任情况的报告》。

29日 2023—2024年度武进区基层党员冬训部署推进会暨《董亦湘》文献纪录片首发仪式在雪堰镇举行。

是月 武进区星火爱心助学协会入选省社会组织参与乡村振兴优秀案例名单，系全市唯一。

是月 常州经开区"鲁冰花妈妈"服务队获评2023年江苏省文化科技卫生"三下乡"活动优秀团队。

区情概览

Overview of Wujin District

栏目编辑　万向阳

自然地理

【地理位置】 武进区位于长江三角洲太湖平原西北部，北纬31° 20′ ~ 31° 48′、东经119° 40′ ~ 120° 12′，濒太湖，衔滆湖，东邻无锡，西毗常州金坛、镇江丹阳，南接无锡宜兴，北靠常州天宁、钟楼，总面积1065.26平方千米。

【地貌地形】 武进境内形成剥蚀和湖积的基本地貌，地形总体呈西南高、北东低。有海拔30米及以上的山丘39座，最高的牛肩顶头179.4米，均分布在东南、东北诸镇，为天目山余脉。大椒山、小椒山位于太湖之中。有大小河流1048条，每平方千米陆地有1.82千米河道，是典型的江南水网地区。京杭运河横贯东西，新孟河、德胜河、藻江河、北塘河、舜河形成南北向运北水系，孟津河、扁担河、武宜运河、采菱港、武进港等形成南北向运南水系。湟里河、北干河、中干河西起金坛洮湖，东入滆湖。太滆运河西起滆湖，东入太湖。众多次级河道与骨干河道相接，形成较为完善的灌排、航行系统。

【自然资源】 武进位于亚热带北缘，光温适宜，雨水充沛，土地肥沃，物产丰富，素有“鱼米之乡”之称。植物资源丰富，东部雪堰、潘家低山丘陵地区盛产茶叶和桃、梨、葡萄等水果。有滆湖、阳湖、宋剑湖等自然湖泊，河港汊荡纵横交错，淡水渔业资源丰富，适宜于鱼、蟹、虾、蚌等水产养殖。矿产资源主要有潘家、芙蓉等地的优质矿泉水，新安等地的白泥、紫砂、陶土等。

（方　志）

【气候】 气温　2023年（1—12月），全区平均气温为17.6℃，较常年偏高1.0℃，位列历史第二（仅次于2021年和2022年的17.8℃）。冬季（2022年12月至2023年2月）平均气温5.2℃，与常年持平；春季（3—5月）平均气温17.5℃，比常年偏高1.6℃，与2022年并列历史第二（仅次于2018年的17.6℃）；夏季（6—8月）平均气温28.0℃，比常年偏高0.7℃；秋季（9—11月）平均气温19.2℃，比常年偏高0.9℃。一年中，3月气温异常偏高（位列历史第二），1月、4月、6月、9月偏高，其余月份正常（偏均值小于1℃）。年极端最高气温38.1℃（8月12日），年极端最低气温−9.3℃（1月25日）。日最高气温≥35.0℃的高温日为16天，日最低气温≤0℃的低温日为32天。

降水　2023年（1—12月），全区降水量1217.7毫米，与常年持平，属正常年份。冬季（2022年12月至2023年2月）降水量119.4毫米，比常年偏少34.5毫米；春季（3—5月）降水量171.7毫米，比常年偏少90.6毫米；夏季（6—8月）降水量759.1毫米，比常年偏多156.5毫米；秋季（9—11月）降水量147.3毫米，比常年偏少50.2毫米。各月降水时间分布不均，6月异常偏多，7月、9月偏多；1月、4月、10月、11月显著偏少，3月、5月、8月偏少；其余月份正常。梅雨期正常，6月17日入梅（常年6月18日），7月11日出梅（常年7月12日），梅雨期长24天（常年24天）；梅雨量为529.4毫米，较常年偏多88.7%。

日照　2023年（1—12月），全区日照时数1862.4小时，比常年偏少105.0小时，属正常年份。冬季（2022年12月至2023年2月）日照时数451.6小时，比常年偏多56小时；春季（3—5月）日照时数487.1小时，比常年偏少35.1小时；夏季（6—8月）日照时数436.1小时，比常年偏少116.6小时；秋季（9—11月）日照时数493.2小时，比常年偏少5.6小时。1月显著偏多，11月偏多；5月、7月、9月偏少；其余月份均正常。

（雷正翠）

历史文化

【建置沿革】 武进在5000多年前就有人类定居、繁衍生息。横林青墩、郑陆寺墩出土的文物表明，武进境内在新石器时代已形成原始村落。到春秋时期已有城池出现，淹城（在今武进中心城区）是国内迄今为止保存最为完整的西周至春秋早期地面城池遗址。春秋战国时期，武进称延陵邑，为吴国季札封地。秦置延陵县，汉改称毗陵县、毗坛县，西晋太康二年（281年）置毗陵郡、县，分丹徒、曲阿以东地区置武进县，西晋永嘉五年（311年）改称晋陵郡、晋陵县。此后，晋陵、武进两县时分时合。清雍正四年（1726年）分置武进、阳湖两县，清宣统三年九月（1911年11月）合并为武进县。1949年4月23日，武进解放，县城析出建立常州市。1983年3月，实行市管县体制，武进属常州市管辖。1993年7月18日，武进县政府驻地由常州市区迁至湖塘镇。1995年6月8日，国务院批准武进撤县设市。2002年4月，武进撤市设区。2015年4月28日，国务院批准撤销常州市武进区和戚墅堰区，设立新的武进区，以原武进区（不含奔牛镇、郑陆镇、邹区镇）和戚墅堰区的行政区域为新设立的武进区行政区域。

【地名由来】 三国吴大帝孙权崇尚武功，曾以统一大业为己任，于嘉禾三年（234年）诏复丹徒为武进，取以武而进之意，故名。西晋太康二年（281年），晋武帝恢复丹徒旧称，并分丹徒、曲阿以东地区置武进县。

【历史名人】 武进历史上曾出过1500多名进士，其中科考状元佘中、霍端友、陈祖仁、杨廷鉴、吕宫、赵熊诏、钱维城、庄培因、孙廉（武状元）9人和特科状元萧立、刘纶2人，名列全国县级城市前三名。春秋时期政治家、外交家、音乐鉴赏家季札受封延陵（今武进属之），南朝齐高帝萧道成、梁武帝萧衍故里在南兰陵（武进，今常州市新北区），梁昭明太子萧统组织编纂《昭明文选》。至清代，武进有以庄存与为代表的今文经学派、以恽敬为代表的阳湖文派、以张惠言为代表的常州词派、以恽南田为代表的常州画派等。中医孟河医派名家众多，清末民国初有“吴中名医甲天下，孟河名医冠吴中”之说。清代史学家、诗人赵翼所著《廿二史札记》为清代三大史学名著之一，其诗句“江山代有才人出，各领风骚数百年”至今传诵。李宝嘉的《官场现形记》开创中国近代谴责小说之先河。现代有中共早期领导人、革命活动家瞿秋白、张太雷、恽代英，中共早期革命活动家董亦湘，抗日救国“七君子”中的李公朴、史良，东北抗日联军著名将领冯仲云，著名外交活动家章汉夫、冯铉和谢启美，两院院士秦仁昌、吴阶平、许学彦等57人，著名画家刘海粟、谢稚柳、吴青霞，著名戏剧家洪深、吴祖光、阿甲，小说家高晓声，诗人严辰等，誉满中外。

【方言】 武进方言属吴语，是北吴语片（太湖片）中常州小片的代表，在语音上较完整地保留古全浊声母的体系，诸如冻≠洞、富≠父、记≠忌。有声母28个、韵母42个和声调7个（阴平、上声、阴去、阴入、阳平、阳去、阳入），古代平、上、去、入4个声调各以声母清浊为条件分成阴、阳2个调类，只是阳上和阳去不分，诸如稻＝盗、妇＝附、舅＝旧。武进方言与其他吴语一样，有一部分字有文、白两读的现象，文言读舌面音声母，白话读舌根音声母。一般来说，文言音接近普通话，有少数词语受北方方言影响带有“官话”色彩。语助词“佬”出现频率较高，可以附在名词性成分、动词性成分和形容词成分的后面，构成“佬”字短语，表示不同的语法功能，诸如铁佬、木头佬、晓得佬、开心佬及好佬、甜佬等。武进地方话内部差别表现在语音上，东部的横林、崔桥等地有些字带有无锡口音，南部的漕桥、东安等地有些字音与宜兴相近，西南部的夏溪、湟里等地语音受到金坛话影响。武进方言受到日益普及的普通话影响，尤其是年轻人口音发生一定的变化。

（方　志）

区划·人口

【行政和经济区划】 2023年，全区（含常州经开区）有镇11个、街道5个，辖行政村182个、社区139个；有国家级高新区1个、综合保税区1个、省级高新区（筹）1个、省级经济开发区2个、省级旅游度假区1个、省级现代农业产业园区1个，以及住房和城乡建设部首个授牌的绿色建筑产业集聚示范区。

【人口】 2023年年末，全区（含常州经开区）常住人口172.41万人，户籍总人口100.75万人，人口密度946人／平方千米（按户籍人口计算）。户籍总人口中，男性48.51万人，女性52.24万人。户籍人口出生率5.33‰，死亡率9.28‰，人口自然增长率−3.96‰。

2023年武进区区划和人口情况一览表

表1

镇、街道和开发区	面　积（平方千米）	行政村（个）	社　区（个）	年末户籍人口（人）
湖塘镇	59.04	—	45	203398
牛塘镇	36.64	9	6	49176
洛阳镇	55.75	18	3	50903
雪堰镇	104.75	25	4	75978
前黄镇	103.59	20	4	65556
礼嘉镇	57.84	14	3	47917
嘉泽镇	101.49	19	5	74033
湟里镇	86.10	16	4	61278
横林镇	46.67	15	6	51181
遥观镇	44.70	13	9	46399
横山桥镇	58.23	19	5	58933
武进高新区（含高新区北区、南夏墅街道）	78.22	12	20	118708
西太湖科技产业园（含武进经发区、西湖街道）	48.21	2	5	27896
丁堰街道	10.18	—	6	15666
潞城街道	16.77	—	7	27818
戚墅堰街道	4.73	—	7	32708

（方　志）

民族 · 宗教

【民族】 武进区居民以汉族为主。2023年，全区有户籍登记的少数民族族别36个，常住少数民族人口近2万人，外来流动少数民族人口1.6万人。回民聚居村1个（雪堰镇城西村），回民聚居组1个（雪堰镇夏墅村后承村民小组），水族聚居点1个（丁堰街道蓝山湖社区）。

【宗教】 武进宗教有佛教、道教、伊斯兰教、天主教和基督教。西晋泰始年间（265—274年），道教传入武进。南北朝时期，佛教在武进已广泛流传。元初，伊斯兰教随陇、豫等地回族迁徙武进而传入，大部分人居住在雪堰镇的陡门塘和仁庄村小坞里。天主教于清道光年间（1821—1850年）传入武进。基督教于清光绪二十八年（1902年）由苏州教会派宣教士罗格恩到常州传教而传入。“文化大革命”期间，宗教场所被拆毁或占用，民间散居道士纷纷转业，宗教活动停止。中共十一届三中全会后，武进宗教事业得到恢复性发展，宗教信仰受到尊重和保护，寺庙、教堂恢复开放。2023年，武进区有依法登记的宗教活动场所41个，其中佛教25个、道教5个、基督教11个。

（方　志）

风景名胜

【太湖湾旅游度假区】 位于武进区雪堰镇境内，南濒太湖，面积39.6平方千米。以低山丘陵为主，山丘占总面积的66%。大气环境达国家一级标准，植物生长茂盛，植被良好，有乔木、灌木、草本植物百余种，鸟类70多种。太湖湾沿湖岸线长7.8千米，有山头19座、山坞11个，大、小水库8座，临湖山湾7个，湖中大、小椒山2座。文化底蕴深厚，有春秋五霸之一吴王阖闾的都城、全国重点文物保护单位阖闾城遗址，晋代蓼莪禅寺，宋代龟山书院和王孝子墓、陈烈帝墓等古迹，以及中共早期革命活动家董亦湘故居、中国近代资产阶级思想家吴稚晖故居。2007年获“国家旅游名片”称号，2009年5月被命名为“全国龙舟竞赛基地”，2020年12月被文化和旅游部认定为国家级旅游度假区。区内环球动漫嬉戏谷2012年11月创成国家AAAA级旅游景区，中华孝道园2014年12月创成国家AAAA级旅游景区。

【春秋淹城旅游区】 位于武进中心城区，规划总面积7.6平方千米，分为春秋淹城遗址、淹城春秋乐园、淹城野生动物世界、淹城传统商业街坊和宝林禅寺五大旅游景区。春秋淹城遗址占地面积300公顷，为国内保存最为完整的西周至春秋早期地面城池遗址。1988年被列为全国重点文物保护单位，2007年被国家旅游局命名为“中国第一水城”。淹城春秋乐园是一个以文化游乐与文化休闲相结合的人文主题公园，2010年4月29日开园，景点淹城春秋王宫2011年5月1日建成开放，“春秋水战”水上互动游乐项目2014年5月1日开放。淹城野生动物世界占地面积133.33公顷，是以野生动物生态散养为特色，集动物野趣观赏、休闲娱乐、科普教育于一体的大型综合性主题公园。淹城传统商业街坊由丰乐坊、常乐坊、怡乐坊3条古街组成。宝林禅寺位于淹城遗址西北约1000米处，始建于南朝梁武帝时期，2015年10月重建开放，宝林观音阁高91.9米，供奉39.9米高的三面十方观世音菩萨。春秋淹城旅游区于2010年5月通过国家AAAA级旅游景区认定，2012年9月获“全国低碳旅游示范区”称号，2017年4月国家AAAAA级旅游景区揭牌。

【西太湖旅游度假区】 武进区依托苏南第二大淡水湖——滆湖，打造西太湖旅游度假区，规划总面积约24平方千米（水域面积14平方千米、揽月湾8平方千米、花博园2平方千米），拥有黄金水岸线14千米，绿化覆盖率超过40%，是西太湖科技产业园独具滨湖生态优势的核心地带，被誉为“城市后花园”。该度假区分布有西太湖揽月湾、“滆湖之星”观光塔、中国花卉博览园、西太湖影视基地、雅集园等精品旅游景点，拥有刘海粟夏伊乔艺术馆、油灯博物馆、陈履生美术馆等文化旅游载体，集聚武进曲棍球基地、武进网球馆、奇峰水上运动俱乐部、米兰游艇俱乐部、DS赛车场等体育旅游体验项目，承办第八届中国花卉博览会、西太湖国际马拉松赛、环太湖国际公路自行车赛、中国热气球公开赛、西太湖国际音乐节等品牌赛事活动，成为常州武进地区环境质量佳、文化体育氛围浓郁、广受游客青睐的户外休闲旅游度假胜地。

（方　志）

太湖湾风光　　（供图 / 区生态办　摄于2019年9月）

地方特产

【淡水鱼类】 武进是苏南著名的淡水鱼养殖基地，主要淡水鱼除鲢、鳙、草、青、鲤、鲫、鳊等大宗鱼类外，还精养和温控养殖大口黑鲈、鳜鱼、鲟鱼等10多种名贵鱼类。2023年，生产成鱼2.73万吨。

虾蟹类养殖品种主要有中华绒螯蟹、日本沼虾等。2023年，全区虾蟹类产量2164吨。

【太湖“三白”】 太湖“三白”即银鱼、白鱼、白虾，为中国五大淡水湖之一的太湖特产。银鱼无刺，鲜嫩爽口，主要出口到日本和东南亚国家，供应沪、宁、杭等大中城市高档饭店。白鱼肉质细腻，刺软。白虾壳薄、晶莹，味道鲜美。

【茶叶】 主要产区为雪堰、潘家、漕桥、横山桥等地的丘陵地区。以高品质绿茶碧螺春茶、“阳湖新月”绿茶为主。潘家城湾茶场所产“阳湖新月”绿茶是江苏省名牌产品，“雪堰”碧螺春茶为中国名牌产品。2023年，全区茶园面积160.27公顷，茶叶产量28.5吨。

【水蜜桃】 主要产区为雪堰、潘家、洛阳、漕桥等地。雪堰、潘家两地在民国时期种植水蜜桃，桃子色润汁丰、口感甜爽，因临近无锡而被称为“无锡水蜜桃”。2023年，全区桃园面积2480公顷，桃产量3.9万吨。武进“阳湖”水蜜桃于2018年6月通过中国森林认证，2021年6月获国家农产品地理标志产品授牌。

【葡萄】 全区各地普遍种植葡萄，主要产区为礼嘉、洛阳等地。在推广种植“巨峰”“藤稔”等丰产品种的同时，引进种植“夏黑”“黑峰”等新品种，果肉坚实味甜。礼嘉镇葡萄文化小镇入围省农业特色小镇培育名单，“礼嘉”葡萄于2020年4月获得地理标志证明商标专用权。2023年，全区葡萄种植面积1240公顷，产量2万吨。

（方　志）

经济社会发展

【经济建设】 2023年，武进区围绕加快构建以先进制造业为骨干的现代化产业体系，坚守实体经济，做优传统产业，壮大优势产业，培育新兴产业。工业经济量质齐升，完成规模以上工业总产值3984.67亿元、十大产业链产值2573.17亿元，其中新能源汽车及汽车核心零部件产业链产值1146.26亿元，分别增长14.2%、27.5%、148.7%。集成电路产业蓄势发力，龙城芯谷建设启动，承芯半导体、纵慧芯光等重点企业质态良好。未来产业持续布局，常州氢湾、合成生物创新产业园相继起航。项目攻坚有力突破，招引理想三基地、屹创新型储能、普罗吉创新生物医药3个投资超100亿元项目，入库总投资10亿元及以上项目16个，新增入库省重大项目11个、市重大项目43个，太阳诱电一期、移远通信制造基地、豪森润博智能装备等重大项目建成投产。引进外资项目71个，完成进出口总额978亿元。企业发展亮点纷呈，江苏恒立液压股份有限公司创成全区首家国家级智能制造示范工厂，常州东方特钢有限公司入选全国5G工厂，江苏常发农业装备股份有限公司、万帮数字能源股份有限公司获国家级工业设计中心认定，中天钢铁集团有限公司、江苏晶雪节能科技股份有限公司获评国家级服务型制造示范企业，武进获评国家级专精特新“小巨人”企业35家，创历史新高，上市挂牌企业11家。现代农业加快发展，建设改造高标准农田1486.67公顷，通过省级及以上审定水稻新品种14个，江苏立华牧业股份有限公司“华东优质禽育种实验室”创成农业农村部企业重点实验室，中国花卉协会家庭园艺分会落户。创新平台“矩阵”持续壮大，南京大学未来技术创新研究院建成启用，宽禁带半导体国家工程中心常州分中心开工建设。重点园区支撑有力。中以常州创新园获批省级功能园区，入选全省国际合作园区发展案例，创新村二期主体封顶，广东以色列理工学院常州研究院、跨境技术交易平台高点建设。武进高新区创成国家级绿色园区，工业协作机器人产业跻身省级中小企业特色产业集群，理想汽车零部件产业园加快建设，芯砺车载中央计算平台芯片等重大项目落户。西太湖科技产业园入选首批全国工商联民营企业科技创新基地（园区类），常州细胞港、氢湾国际创新社区一期等项目有序建设。武进绿建区获联合国工业发展组织生态设计理念应用项目试点单位授牌，创成省级绿色生态城区高品质建设示范区。创新主体动能充沛，全区获独角兽及潜在独角兽企业认定11家、省级瞪羚企业认定43家，净增高新技术企业382家，累计1800家；万人有效发明专利84.8件，武进区连续三年获省政府知识产权工作督查激励。引进各类人才3.66万人，新增国家级博士后科研工作站3个、国家级人才17人，建成人才公寓1.6万套。青年发展型县域建设试点纵深推进。武进区获评全国科普示范区。全区完成地区生产总值3222.84亿元（按

雪堰桃园花海　　（供图／雪堰镇　摄于2016年3月）

不变价格计算），增长4.9%。其中，第一产业增加值42.91亿元、第二产业增加值1716.20亿元、第三产业增加值1463.73亿元，分别增长3.5%、4.7%、5.2%。武进区连续十年位居全国综合实力百强区第三，并获得全国投资潜力、科技创新、绿色发展、新型城镇化质量4个第一，常州经开区在“2023中国省级开发区高质量发展百强榜”中位列全国第一。

【政治建设】 2023年，武进区坚持以习近平新时代中国特色社会主义思想为指导，开展主题教育，全面加强党的建设。落实理论学习首位任务，创设“集中学、班子研、书记评”研学载体，举行理论学习中心组专题研讨会10场。分层分类举办“头雁领学”“基层促学”“红色研学”等活动，开设习近平新时代中国特色社会主义思想专题课程20堂，参加学习超2万人次。深入挖掘红色资源，完成江抗指挥部旧址修复工程，文献纪录片《董亦湘》在江苏新闻频道播出。以武进区党群服务中心为枢纽，以“两带三圈”党员教育阵地集群为基础，统筹王诤故居等红色阵地，打造党员教育精品路线6条。深耕“听吾说”理论宣讲品牌，推出理论直播间、宣讲在线、理“响”主播团等线上传播载体，开展“党的二十大精神进万家”等主题宣讲超3000场，“追光”“歌声里的中国”等艺术思政课巡讲巡演超200场。开展“学习创新理论、感悟实践伟力”活动，组织“牢记嘱托、感恩奋进、走在前列，奋力书写好中国式现代化武进答卷”大讨论，聚焦典型案例解剖式调研，形成调研报告45篇，谋划重点攻坚项目58个，实施“书记项目”92个。开展“千名干部助千企”专项行动，收集梳理企业诉求2330件，解决率达90.2%。严守政治纪律和政治规矩，坚决落实中央八项规定及其实施细则精神，持续深化“首位廉盟”建设，创新开展清官廉吏故事巡讲暨新时代廉洁文化讲坛，营造风清气正的政治生态。推深做实“四下基层”活动，县处级干部接待信访群众627人，落地党建联建项目203个，帮助群众解决各类问题3260件；开展“践初心、做表率、建新功”活动，将“学习榜样、争当榜样”融入各领域实践。全力以赴抓好省委巡视反馈意见整改和成果运用，实行清单化管理、项目化落实、节点化推进，高标准完成省级环保督察反馈问题整改，“整治涉磷企业助力太湖治理”“壮大集体经济谋求强村富民”等具有武进特色的经验做法分别被《人民日报》、《新闻联播》、中央主题教育官网录用。充分发挥民主集中制的组织领导优势，强化力量统筹，形成实干合力。“武进云上人大”围绕服务中心大局，监督成效明显。区政协创新打造“‘两湖’创新区·有事好商量”协商议事平台，成立全市首家YOUNG HOO青年委员工作室。党外代表人士队伍建设全面加强，有效推动“两个健康”先行区建设走深走实。群团组织优势充分发挥，国家级青年发展型县域建设试点通过中期评估，“湖湾”青年发展论坛成功举行。

【文化建设】 2023年，武进区推进文旅融合，承办新时代江苏旅游发展论坛、大运河工业遗产峰会、锡剧发展大会等重大活动，太湖湾音乐节、西太湖马拉松等文旅IP爆火出圈。春秋淹城旅游区入选省“文旅消费人气目的地”，太湖湾国家级旅游度假区、嬉乐湾国家AAA级旅游景区加速提档升级。华视网聚（常州）文化传媒有限公司、江苏时光信息科技有限公司连续两次入选“国家文化出口重点企业”。武进第三图书馆建成投用，第二图书馆、武进博物馆、熹平美术馆获评江苏省最美公共文化空间。武进文化特质更加凸显，《衣锦绣青城》等30多件书画作品入围入展省级和国家级展览，太湖湾教育大营地获评全国中小学生研学实践教育基地，遥观镇被授予“江苏省锡剧之乡”称号。

【社会建设】 2023年，武进区统筹推进城乡融合一体化发展，持续提升城市承载力、吸引力。城乡建设稳步提升。沪宁沿江高铁武进站综合交通枢纽建成投用，常泰铁路、沪武高速、312国道、232省道、腾龙大道快速路等基建设施加速推进。苏澳大厦等总部项目落地推进，“两湖”创新区核心区展现新姿。省级农村综合性改革试点试验项目落户，中国花卉协会家庭园艺分会入驻。武进区创成“四好农村路”全国示范县，环太湖公路入选全国“十大最美农村路”，湖塘、湟里等11个镇获评2023年度全国千强镇，雪堰镇入围省生态宜居美丽示范镇，礼嘉镇何墅村西巷头、牛塘镇丫河村强家、横山桥镇周刘家村创成省级特色田园乡村，洛阳镇岑村村、嘉泽镇跃进村等6个村创成省乡村振兴示范村，前黄镇运村村、横林镇狄坂村等16个村创成省生态宜居美丽示范村。城乡融合深度发展，“三定一动”（一次认定、相对固定、长期稳定、动态管理）宅基地资格权长效管理制度成果开创全国先河。教育资源不断优化，宋剑湖高级中学、科教城幼儿园、西太湖外国语学校等23个新（改、扩）建重点教育项目落地，新增学位2.3万个。医疗水平稳步提升，武进人民医院获评省高质量发展试点医院，武进中医医院通过“三甲”创建评估。民生福祉持续增进，新增城镇就业4.4万人，发放慈善救助金、社会公益事业补助金共计9000万元。

【生态建设】 2023年，武进区始终把良好的生态环境作为最普惠的民生福祉，扛起新形势下生态环境治理新任务，推进太湖综合治理“一号工程”，谋划部署“1+8+5”治理体系，相关工作获央视《新闻联播》栏目报道，在全省率先开展新一轮太湖清淤，洮滆片区生态保护修复、涉磷企业整治提升、污水处理基础设施建设、支流支浜治理等重点工作深入开展，国、省考断面优Ⅲ类占比达84.2%。空气质量持续改善，$PM_{2.5}$平均浓度31.6微克／立方米。绿色低碳呈现新貌，武进高新区创成国家级绿色园区，长三角碳管理体系研究院、长三角绿色建筑与韧性城市联合创新中心实体化运营，武进绿建区成为联合国工业发展组织生态设计理念应用项目试点单位，江苏绿和环境科技有限公司“废旧混凝土再生利用”获国家科技进步奖二等奖。聚焦碳达峰、碳中和目标任务，全面推进传统产业绿色转型，新增国家级绿色工厂6家、国家绿色供应链管理企业7家、省级绿色工厂15家。城乡公园绿地、生态绿道等6个方面11项工程顺利完成，武进绿色发展“金字招牌”全面打响。

（方　志）

中共常州市武进区委

Changzhou Wujin District Committee of CPC

栏目编辑　王国新

决策部署

【区委十三届五次全会】 8月2日，在区行政中心召开，区四套班子领导出席会议。市委常委、区委书记乔俊杰代表区委常委会向全会作题为《全面落实首要任务，全力展现首位担当，在推进中国式现代化中走在前做示范》的报告，区委副书记、区长恽淇丞部署工作。全会坚持以习近平新时代中国特色社会主义思想为指导，深入学习贯彻中共二十大精神和习近平总书记对江苏工作重要讲话精神，认真落实省委、市委全会精神，总结上半年工作，部署下阶段任务，动员全区上下真抓实干、奋发进取，以当表率、做示范、走在前的果敢担当，奋力书写好中国式现代化武进答卷。全会要求全区上下深刻领悟“两个确立”的决定性意义，更加自觉做到“两个维护”，切实把习近平总书记对江苏的关怀厚爱转化为真抓实干的强大动力。明确新定位，为江苏高质量发展和现代化建设做出武进贡献，更有针对性地补短板、强弱项、固底板、扬优势，聚力打造“一园一城一示范”，加快建设“六个现代化强区”，展现武进作为、贡献武进力量。把握新期待，坚定不移推动高质量发展走在前列，坚持把创新作为引领高质量发展的第一动力，在更多科技领域实现自立自强；紧扣“95X”产业体系，在强链补链延链上展现新作为；保护传承历史文脉，全面提升武进的城市吸引力、辐射力和影响力；坚持以人民为中心的发展思想，擦亮“十个吾优”民生名片。拿出新作为，以学促干不折不扣狠抓落实，把学习贯彻习近平总书记考察江苏重要讲话精神与贯彻落实党的二十大精神结合起来，与深入开展主题教育结合起来，深入开展“学思想见行动，五先行五示范”“三访三问三促”活动，推动习近平总书记重要讲话精神在武进落地生根、开花结果。全区上下要争产业升级之先，在实体经济壮大上求突破；争城乡融合之先，在文明品质提升上求突破；争生态建设之先，在绿色低碳宜居上求突破；争民生幸福之先，在共建共治共享上求突破。全区上下要旗帜鲜明讲政治，坚定理想信念；巩固基层筑堡垒，厚植发展根基；改进作风强队伍，昂扬创业斗志；从严治党不放松，永葆清廉本色；同心同向促团结，汇聚前行合力，为奋力谱写中国式现代化武进答卷保驾护航。全会动员全区上下认真贯彻落实中央政治局会议关于下半年经济工作的部署安排，全面落实省委、市委全会决策部署，坚持稳中求进工作总基调，完整准确全面贯彻新发展理念，聚焦全市“532”发展战略，聚力新能源之都、“两湖”创新区建设等重点工作，加快打造“一园一城一示范”、全面建设“六个现代化强区”，高质量完成全年目标任务，奋力在开局之年交出一份优异答卷，为全市冲刺“GDP万亿之城”贡献首位力量。

8月2日，中国共产党常州市武进区第十三届五次全会在区行政中心召开
（供图／区融媒体中心）

【区委十三届六次全会】 12月28日，在区行政中心召开，区四套班子领导出席会议，区委委员、候补委员、区纪委委员、有关方面负责人、部分基层一线的市党代表列席会议。全会听取并分组讨论通过市委常委、区委书记乔俊杰代表区委常委会所作的题为《勇挑大梁走在前，勇攀新高再出发，奋力推进中国式现代化武进新实践》的报告，审议通

过《中国共产党常州市武进区第十三届委员会第六次全体会议决议》，书面审议通过《中共常州市武进区委常委会2023年度落实全面从严治党主体责任情况的报告》。区委副书记、区长恽淇丞部署工作。全会充分肯定区委常委会2023年的工作，明确2024年全区工作总体要求，相关内容参见“附录”类目p318—324相关条目。

【全区党建工作暨作风建设会议】 2月18日，在区行政中心召开，区四套班子领导参加会议。区委副书记、区长恽淇丞主持会议，市委常委、区委书记、区委党建工作领导小组组长乔俊杰发表讲话。会议总结2022年全区党建工作及作风建设主要成绩，要求全区各级党组织和党员干部要深入学习宣传贯彻习近平新时代中国特色社会主义思想和党的二十大精神，以高质量党建引领高质量发展，为勇当新能源之都建设主力军、争做“GDP万亿之城”排头兵提供坚强保障。要牢固树立“抓好党建是最大政绩”的理念，以更高标准、更严要求、更实举措，全面加强党对各项工作的集中统一领导，切实把党建成果转化为发展成果。要同心同行，牢牢把握正确方向。要走深走实，厚植为民情怀。要落地落细，提升发展实效。要担当作为，提振各级干部“勇挑大梁”的精气神。要见行见效，抓牢巡视整改。全区各级党组织和党员干部要知重负重，全面落实党建重点任务。要唱好主旋律，进一步夯实思想根基。坚持和加强党对思想工作的全面领导，强化教育、宗教、文化等重点领域意识形态工作，精心策划主题宣传，发挥媒体融合发展优势，讲好武进故事、发出武进声音。要增强组织力，进一步筑牢战斗堡垒。不断夯实基层堡垒，着力建强干部队伍，集聚优秀人才。要持续整治“四风”，大力正风肃纪。要画好同心圆，进一步团结各方力量。更好发挥统一战线的重要法宝作用，推动统一战线各领域工作全面进步。要防范化解民族宗教领域各类风险，形成社会各阶层友好互助的良好风尚。随着“两湖”创新区、新能源之都建设等一系列重大战略机遇加快落地，武进已站上跨越发展的绝佳“风口”。全区各级党组织和党员干部要锚定首位追求。放眼全市全省找标杆，以每个板块、每个领域的“领先率先”，汇聚起全区高质量发展的“最强矩阵”。要展现首位担当。要践行“真抓实干、马上就办”的优良传统，不折不扣将省、市、区委决策部署落到实处。要引领首位风气。坚持全面从严治党永远在路上、自我革命永远在路上，让忠诚干净担当成为武进干部的共同标识。要围绕年度30项重点民生实事开展督查，确保把好事实事办到群众心坎上。全区各级党组织要把全面从严治党作为首要之责，进一步压实党建责任，创新特色亮点，强化督查考核，形成工作合力，以永远在路上的定力和韧劲，把全面从严治党抓紧、抓实、抓出成效。会上，区委表彰2022年度武进区“十佳书记项目”“优秀书记项目”，通报表扬2022年度“阳湖先锋”；区纪委监委和区委组织部、宣传部、统战部分别作工作报告，部署相关工作。

【区委常委会2023年工作要点】 4月23日，《中共常州市武进区委常委会2023年工作要点》出台，明确要求全区上下必须坚持以习近平新时代中国特色社会主义思想为指导，全面学习全面把握全面落实党的二十大精神，深入贯彻落实中央、省委经济工作会议精神和省委、市委全会精神，坚决肩负起“争当表率、争做示范、走在前列”光荣使命，在全市“国际化智造名城、长三角中轴枢纽”城市定位和“532”发展战略引领下，坚持稳中求进工作总基调，完整、准确、全面贯彻新发展理念，更好统筹疫情防控和经济社会发展，更好统筹发展和安全，坚决扛起“两湖”创新区建设主力军、主战场重任，聚力打造“一园一城一示范”，加快建设“六个现代化强区”，奋力书写好中国式现代化的武进答卷。

【区委常委会主题教育调研成果交流会暨领导干部研讨会】 12月9日，在区行政中心召开，区四套班子领导，区法院院长、检察院检察长以及武进国家高新区、西太湖科技产业园、各镇（街道）、相关部门负责人参加。会议深入学习领会习近平新时代中国特色社会主义思想的科学体系、精髓要义、实践要求，对标对表习近平总书记对江苏工作重要讲话重要指示精神，对明年的工作思路进行研讨与交流，凝聚思想共识、明确奋斗目标、谋划重点举措，切实把党的创新理论转化为推进中国式现代化的武进新实践。会上，区委常委交流主题教育调研成果，区四套班子领导结合分管工作，交流工作成绩和目标计划。会议指出，全区上下要把调研成果转化为推动发展的具体行动，形成大抓落实、攻坚克难的生动局面。要把调研成果转化为服务群众的务实举措，积极探索基层治理现代化的有效路径。要把调研成果转化为管党治党的有力抓手，拿出更多管党治党的新举措新实效。摸清家底才能正确决策，要在总结成绩中坚定发展信心。知重负重才能勇挑重担，要在认清形势中扛起首位担当。要当好“GDP万亿之城”排头兵，推动地区生产总值含金量、含新量、含绿量不断提升。要做强新能源之都首位区，下好整车配套“优势棋”、智能网联“关键棋”和氢能储能“先手棋”。要扮靓“两湖”创新区主战场，加快推进一批标志性、地标性工程，放大枢纽价值、创新价值、生态价值。抓住关键才能纲举目张，要在明确目标中实现重点突破。要以新型工业化为牵引，推动产业结构更加高端。要构建高水平产业集群、高质量项目矩阵、高层次人才梯队，在全省新型工业化道路上勇立潮头、勇挑重担。要以新质生产力为导向，推动创新引擎更加强劲。要以“两湖”创新区为引领，推动城乡发展更加协调。要以可持续发展为路径，推动生态环境更加优美。要以群众获得感为目标，推动民生事业更加厚实。要以治理现代化为保障，推动社会大局更加安定。要推进主题教育走深走实，凝聚推动发展强大合力。要坚持工业立区、产业强区不动摇。要坚持创新驱动、人才引领不停步。要坚持城市更新、品质提升不懈怠。要坚持生态优先、绿色发展不退让。要坚持城乡统筹、全域协同不松劲。要优化公共服务供给，深入践行共同富裕，提升各领域治理能力。

【学习贯彻习近平新时代中国特色社会主义思想主题教育】 9月14日，区委组织区四套班子领导收听收看全市学习贯彻习近平新时代中国特色社会主义思想主题教育（简称主题教育）动员会议，并召开续会，市委常委、区委书记、武进国家高新区党工委书记乔俊杰讲话，

12月9日，区委常委会主题教育调研成果交流会暨领导干部研讨会在区行政中心召开
（供图/区委组织部）

部署全区主题教育工作。9月22日，区委主题教育领导小组成立，印发《关于深入开展学习贯彻习近平新时代中国特色社会主义思想主题教育的实施方案》，明确全区主题教育时间为2023年9月到2024年1月，总要求是"学思想、强党性、重实践、建新功"；根本任务是坚持学思用贯通、知信行统一，把习近平新时代中国特色社会主义思想转化为坚定理想、锤炼党性和指导实践、推动工作的强大力量，使全党始终保持统一的思想、坚定的意志、协调的行动、强大的战斗力，努力在以学铸魂、以学增智、以学正风、以学促干方面取得实实在在的成效；具体目标是凝心铸魂筑牢根本、锤炼品格强化忠诚、实干担当促进发展、践行宗旨为民造福、廉洁奉公树立新风。区级领导干部主题教育读书班分别于9月21—23日、9月26—27日、10月9—10日举办3个阶段的学习培训。10月16日下午，区委主题教育领导小组第二次会议召开，市委常委、区委书记、领导小组组长乔俊杰主持会议并讲话，深入学习领会习近平总书记关于主题教育的重要讲话和重要指示批示精神，认真贯彻落实中央最新部署和省委、市委要求，听取全区主题教育进展情况汇报，研究下一阶段重点工作。会议指出，要坚持对标对表，推动理论武装"再深化"。要坚持学思用贯通、知信行统一，始终把"读原著、学原文、悟原理"摆在突出位置，教育引导广大党员干部从思想上正本清源、固本培元，在本领上勤学苦练、学用相长，自觉做习近平新时代中国特色社会主义思想的坚定信仰者和忠实实践者。要进一步加强督学促学，组织开展"牢记嘱托、感恩奋进、走在前列，奋力书写好中国式现代化武进答卷"大讨论，推动领导干部上讲台、讲党课等工作，切实发挥领导干部领学带学促学作用。12月12日上午，区委主题教育领导小组第三次会议召开，深入领会习近平总书记关于主题教育的最新重要讲话和重要指示批示精神，认真贯彻落实中央最新部署和省委、市委要求，听取全区主题教育进展情况，研究下一阶段重点工作。市委常委、区委书记、领导小组组长乔俊杰主持会议并讲话。会议指出，主题教育必须拧紧发条、把握节奏，推动主题教育各项工作再对标、再细化，确保全区主题教育高标准、高质量。会议强调，要聚焦主题主线，思想再深化、责任再压实。坚持把"学思想"作为首要任务贯穿主题教育始终，增强抓好主题教育的责任感、使命感、紧迫感。严格政治把关，切实把主题教育成果深化为不可撼动的理想信念、内化为对党忠诚的政治品质、转化为坚如磐石的人民立场。树立和践行正确政绩观，坚定理想信念，把为老百姓办了多少好事实事作为检验政绩的重要标准，把"当下改"和"长久立"相结合，查改并重、标本兼治，从源头上杜绝"面子工程"。12月15日上午，市委常委、区委书记乔俊杰围绕"树立和践行正确政绩观"，为全区领导干部讲授专题党课。强调要深入学习领会习近平总书记关于树立和践行正确政绩观重要论述，落实省委"四个防止"要求，进一步树牢正确政绩观。恽淇丞、石伟东、郑政平、吴震宇、赵钢等区四套班子领导参加活动。12月17日下午，主题教育整改整治工作推进会召开，市委主题教育领导小组办公室第一联络组领导到会指导。区委常委、组织部部长、统战部部长，区委主题教育领导小组副组长兼办公室主任胡泊参加会议。会上，区教育局、武进公安分局、区卫健局、牛塘镇、洛阳镇代表作交流发言。会议指出，全区主题教育已经到了纵深推进、检验成效的关键阶段，时间紧、任务重、要求高。全区上下要提高政治站位，把牢整改整治思想"总开关"，深化思想认识，细化工作举措，坚持动真碰硬；要突出问题导向，树立整改整治精准"风向标"，密切联动按序推进，聚焦重点专项攻坚，下沉一线真解难题，对单销号高质高效；要强化组织领导，压紧整改整治责任"全链条"，发挥"统"的动能，强化"聚"的势能，突出"实"的效能，以"不达目标绝不收兵"的决心，善始善终抓好整改整治工作。会议要求各级各部门要结合自身实际，研究贯彻落实具体措施，抓好问题整改，真正将"问题清单"转化为"成效清单"，总结提炼基层在整改整治中探索形成的好经验、好做法，把群众满意作为整改落实的最好标尺。

（杨　勉）

组织工作

【概况】 2023年，区委组织部全面贯彻落实全国、省、市组织部长会议精神，紧扣市委"532"发展战略、区委"一园一城一示范"部署要求，统筹推进基层党建、干部、人才工作。年末，武进区有党组织2714个。其中，基层党委111个、党总支231个、党支部2372个；有党员58658名，其中女性党员18844名，占32%。发展党员593名，其中35岁以下369名，占62%；女性党员266名，占45%；大专及以上文化程度党员544名，占92%。庄亚娟获评全省"百名示范"村（社区）书记，万如生、毛建玉、岳建波、蒋荣刚、薛云杰、史春杰、高阳、钱伟明、周萍华、时进峰、邹松获评全省"千名领先"村（社区）书记。

9 月 5 日，市委书记陈金虎（左三）调研道路货运行业党群服务中心

（供图 / 区委组织部）

【学习贯彻习近平新时代中国特色社会主义思想主题教育】 2023 年，区委组织部制定全区主题教育实施方案，指导全区领导干部制定“五项重点措施清单”，形成调研课题 780 余个；“四下基层”（宣传党的路线、方针、政策下基层，调查研究下基层，信访接待下基层，现场办公下基层）开展调研 570 余次，解决群众揪心事、烦心事 3200 余件。分级分类开展指导，全区 83 家参学单位、2700 余个基层党组织、5.8 万余名党员全面参与主题教育，开展党性教育 380 余次，受教育超 3 万人次。一体推进“发展提质、能级跃升、民生改善、干部铸脊”四大工程，制定检视问题清单 40 余项，确定 29 个方面 150 余项整改措施，各级各类 190 余个问题完成销号。相关亮点成果被央视《新闻联播》、中央主题教育官网及《人民日报》专题报道。

【武进区党群服务中心建成投用】 9 月 7 日，区党群服务中心启用，市委常委、区委书记乔俊杰等领导出席仪式并讲话。中心面积 2400 余平方米，设置党建展厅、初心礼堂、共享空间、临展区等功能区域，提供党性教育、党建指导、党员活动、人才服务等全方位服务。全力打造党员群众身边有温度、受欢迎、聚能量的红色阵地、先锋阵地、民心阵地，集中展示武进基层党建的实践和探索。

【“学千万工程经验、谱鱼米之乡新篇”系列活动】 2023 年，区委组织部深入学习浙江省“千万工程”（千村示范、万村整治）经验，举办“走村看振兴”暨“学千万工程经验、谱鱼米之乡新篇”活动，发布 2023 年重点村党群服务中心提升项目 11 个、村集体重点增收项目 3 个。实施推进党建引领村级集体经济发展“双百”行动（从 2023 年开始，常州市提出按照“一年过半、两年基本完成、三年扫尾”进度，全面消除经营性收入 100 万元以下村 100 个左右，新增经营性收入超 500 万元的村 100 个以上），出台《学习运用“千万工程经验”，加快推动集体经济高质量发展指导意见》等文件，制定强村富民“一村一策”，切实增强村级造血功能。承办全市强村富民“双百攻坚”行动擂台赛，牛塘镇塘口村获全市一等奖。

【推进产业链党建“红链工程”】 2023 年，区委组织部成立全区产业链综合党委，探索推行“部门牵头、属地配合”“属地牵头、部门指导”等模式，打造绿色建筑、新能源汽车、氢能源等 16 条党建引领“示范红链”。制定《2023 年度武进区产业链党建重点工作实施方案》，整合全区近 20 个部门 40 余项服务产业发展资源，发布产业链党建“红色帮帮团”助企服务资源库。以“武新号”人才公寓为主体，建成启用全区产业链党建馆，在常发集团布局全市农机装备产业链党群服务中心。推出绿色建筑、农机装备等一批省市级产业链党建先行点、创新点，相关工作获央视新闻、人民网、中国共产党新闻网等媒体报道。

9 月 7 日，市委常委、区委书记乔俊杰（左）为武进区党群服务中心揭牌

（供图 / 区委组织部）

【加强新业态新就业群体党建】 2023 年，区委组织部加强新业态新就业群体党建，高标准建设小哥之家，222 家龙城红色驿站、服务吧建成投用，常州市道路货运行业党群服务中心落户武进。承办全市新业态新就业群体党建工作推进会暨“最美”人物表彰活动，13 名新业态从业人员被评为全市“最美”人物。开展新兴领域党组织党务工作者的专题轮训和“学思想 · 强党性 · 提本领”活动，举办“小哥说”“司机说”“主播说”等活动 20 余场次，党员外卖小哥许耀松在全区理论宣讲“百姓名嘴”风采展示活动中获三等奖，并获常州市五一劳动奖章。组织开展第二轮新业态新就业群体“百人万里行”体验式调研和“暖

新关爱”健康行动，为外卖小哥、快递员、货运司机等提供免费体检和健康讲座。

【实施“两新”组织“双有双强”目标提升行动】 2023年，区委组织部实施“两新”组织（新经济组织、新社会组织）“双有双强”（“双有”指从业人员50人以上企业有党员和从业人员100人有单独党支部；“双强”指党建强、发展强）目标提升行动，“一企一策”加强党组织组建，推动发展党员指标向链上企业倾斜，新发展非公有制企业党员266名，新建党组织75个，从业人员50人以上非公有制企业有党员的比例达93%，100人以上非公有制企业有单独党组织的比例达95%，理想汽车常州分公司、万帮数字能源股份有限公司企业党组织升格为党委。选派党工建指导员30名，非公有制企业党组织书记由中层及以上管理层人员担任比例达90%，完成“两新”组织党务工作者资格认证和等级晋升50人。积极推进非公有制企业党建品牌建设，涌现出常发农装“赤牛先锋”、洛凯机电“洛e红”、万帮新能源“星火互联”等一批典型代表。蒋中敏、戈亚琴获评江苏省优秀企业家。邵丹薇在省委宣传部艺术党课“追光”中开展主题宣讲，获《江苏新时空》报道关注。

【四大机制激励干部担当作为】 2023年，区委组织部建立健全“选人用人、考核评价、赋能培育、关心关爱”四大正向激励机制，出台《武进区关于进一步激励干部担当作为的十六条举措》，重点配强城市建设、民生服务等职能部门的正职，充实多名专业型干部到重要单位，选派年轻干部到重大项目建设、基层治理、招商引资等一线岗位淬火历练、压担成长。强化考用结合，坚持实绩导向和基层导向，对年度考核前3名的镇党政正职领导给予记三等功奖励；对考核成绩靠前、受省级层面以上表彰的单位，增加考核优秀名额；对担当作为、实绩明显的干部优先晋升职级。常态开展谈心谈话，了解干部的所思、所想、所盼。完善与各部门、基层单位的联动沟通机制，加大先进典型的挖掘力度，积极宣传和总结报送高品质案例。

【加强年轻干部培养选拔】 2023年，武进区进一步提高基层一线招录公务员数量比例，源头改善年轻干部队伍结构。结合国企改革发展需要，选拔优秀年轻干部到国有企业发展一线挂职锻炼。持续实施“菁选计划”，招录年轻干部一般岗位40人、基层岗位12人，覆盖产业招商、金融投资、信息技术等领域。举办“雄鹰计划”训练营和青年突击队调研培训班，持续选派年轻干部到科技部、国家发展改革委、华中科技大学等单位跟学，选派“90后”干部参加“第一书记”实践锻炼，全面加强各单位“90后”“95后”中层干部的配备力度。拓宽“就在吾径”党政实习项目合作院校，创新开展研学活动，吸引全国10所重点高校的70名实习生、200余位研学生到武进实习研学。

【构建干部监督新格局】 2023年，区委组织部牵头成立武进区干部监督工作联席会议领导小组，制定干部监督工作联席会议制度，全面优化干部监督协调机制。区纪委监委、区信访局、武进公安分局等联席会议成员单位，围绕群众信访举报、立案查处、选人用人等情况，专人负责工作推进，定期召开联席会议，定时“点对点”报送监督信息，有效形成渠道畅通、覆盖面广、反馈及时、信息共享的干部监督管理新格局。小组办公室收到成员单位通报的各类监督信息300余条，动态更新干部监督信息，及时对相关人员“亮灯预警”，为干部选拔任用工作把好关、兜住底。

【机关作风效能建设】 2023年，武进区实施“一把手”作风建设重点项目77个，以“项目化＋清单化”推进年度重点民生实事项目30个，推动作风围绕项目转、工作聚焦项目干。统筹区级机关部门、第三方监察员、特邀监督员、察访员等资源力量，察访机关部门120余次，严肃问责重点作风问题14起，教育提醒230余人次。用好作风效能监督码，有效促进机关服务群众办事的态度更好、效率更高。将考核工作融入日常、抓在平时，完善“三色预警”机制，定期组织召开考核部署会议、政策培训会议、工作分析会议，按月组织考核指标调度会议、指标督察会议。逐月开展考核指标监测，印发考核工作专报4期、指标监测“三色榜”4期，强化指标跟踪调度和重点管理。获2023年高质量发展综合考核全市第一等次。

【“人才强区”项目实施】 9月，区委组织部出台《深入实施新时代人才强区战略、加快建设长三角重要人才中心和创新高地的实施办法》，实施人才工作“书记项目”，压实“一把手抓第一资源”责任。引入基金力量，构建“三招三引”人才招引体系，举办“名城名校合作行”活动3场、“龙城英才计划”异地邀请赛6场，14个项目通过异地邀请赛落地武进。10月，《武进区新能源产业高层次人才引进政策》出台，特别设置“企业荐才奖”，充分释放用人主体引才用才活力。举办“非武不栖、进无止境”2023

11月21日，“非武不栖 进无止境”2023常州·武进人才周开幕

（供图／区委组织部）

常州·武进人才周系列活动19场，科创人才项目签约50个，获央视网、新华社、《人民日报》等20余家媒体关注报道，点击量超1700万人次。

【"龙城英才计划"中以专项计划】 3月，《常州市"龙城英才计划"中以专项计划实施办法》出台，面向在中以常州创新园创办领办企业的相关人才提供一系列激励政策，其中，对领军型创业人才给予专项创业资金资助，同时参照"龙城英才计划"标准，给予"综合贡献"奖励、创业场所和住所、低息贷款、股权融资奖励和配套基金等其他奖励。年内，中以常州创新园依托该专项政策，共引进相关领军人才创业企业4家。

（汤　悦）

5月31日，武进区"行走的电影思政课"启动仪式在湖塘桥实验小学举行

（供图／区委宣传部）

宣传工作

【概况】 2023年，武进区宣传工作牢牢把握举旗帜、聚民心、育新人、兴文化、展形象的使命任务，突出学习宣传贯彻习近平新时代中国特色社会主义思想，突出学习贯彻落实中共二十大精神主线，扎实推进理论武装、新闻宣传、文明创建、文化发展等工作，为建设中国式现代化武进提供坚强思想保证、强大精神力量。组织"贯彻二十大 奋进新征程""听吾说·党的二十大精神进万家"等主题宣讲活动3000余场。在《人民日报》、《新华日报》、央视等主流媒体发稿2000余篇，获"学习强国"学习平台录用有效稿件475篇，文艺作品获全国"五个一工程"奖1部、省"五个一工程"奖11部。累计建成市级秋白书苑6家、区级阳湖书房9家、实体书店193家、农家书屋208个、阳湖微书房12个。评选表彰2023年度"阳湖先锋"集体8个、个人12人。实现文化产业增加值140.65亿元，占地区生产总值比重的6.28%。获评江苏省冬训工作示范县（市、区）。

【理论学习教育】 2023年，区委理论学习中心组开展集体学习17次，其中交流研讨9次、重点交流50人次、专题辅导7次。统筹指导各级党委（党组）理论学习中心组，坚持中心组纪实管理、"巡学旁听"等制度，开展"巡学旁听"活动42次，实现"两年内巡学"全覆盖，推动中心组学习的规范化、制度化。创新基层党员冬训形式，发布"以真学蓄能、善讲赋能、笃行释能"冬训"333"系列行动，坚持跟着菜单、交流互动、沉浸体验三学联动，紧扣发展成就、使命担当、榜样故事三个重点内容，办好群众关心、暖心、烦心三类实事，冬训工作连续16年获评江苏省冬训工作示范县（市、区）。微视频《一粒种一颗芯》入选全省"我是冬训主讲人"优秀视频。学好用好"学习强国"学习平台，稿件获录用475篇。举办"阳湖学习达人"挑战赛14场，党员群众线上、线下活动参与数十万人次，武进代表队获全市比赛冠军。持续开展三级"书记荐书"活动，汇编印发《区委中心组学习参考文选》200册。用好用活全媒体传播矩阵，推出"沉浸式"电视理论节目——《"新思想 听吾说"理论直播间》7期，入选省级专项资金扶持项目，累计点播收看超3万人次、转发量突破1000次；打造理"响"主播团，推出《"典"读党的二十大报告》等系列作品8期；在《武进日报》开设"听吾说"理论周刊50期，全视角推送"学思践悟"小短文。持续扩容"听吾说"理论宣讲品牌，打造"家门口"的宣讲路线，组织"贯彻二十大、奋进新征程""听吾说·党的二十大精神进万家"等主题宣讲活动3000余场。推出"行走的艺术思政课"品牌项目，打磨"经典诵读进校园""歌声唱响新征程""光影育人向复兴"等系列化思政课程，设计"吾美家乡路""生态文明路"等特色化思政路线。成立"季文斌理论宣讲工作室"，壮大"890青年说"宣讲队伍，定期培训宣讲骨干。举办"百姓名嘴风采展示""我是冬训主讲人"等比赛活动，推送的选手在市级"百姓名嘴"风采展示活动中获一等奖。

【新闻宣传】 2023年，区委宣传部紧扣贯彻落实中共二十大精神、习近平文化思想，推出"新时代新征程新伟业"系列报道、中共二十大精神解读宣讲节目——《"新思想 听吾说"理论直播间》。在《武进日报》开设"'我们这么干'一把手笔谈"专栏，刊发各部门、板块一把手署名文章；开设"理论窗"栏目，刊发区委党校教师署名文章，突出反映中共二十大精神在武进的传播、落地、见效；围绕主题教育，开设"学思想、强党性、重实践、建新功"专栏。3月24日，启动"贯彻党的二十大，书写武进新答卷"融媒体新闻行动，围绕"六个聚焦、四季篇章"持续推进。累计在《人民日报》、《新华日报》、央视等主流媒体发稿2000余篇。发布宣传片《与吾共进》，从人文演进、产业精进、城市韧劲等不同维度，宣传"四敢担当"（干部敢为、地方敢闯、企业敢干、群众敢首创）和"四千四万"（走遍千山万水、说尽千言万语、想尽千方百计、吃尽千辛万苦）精神，展示奋进武进的时代足迹。聚焦武进深化"放管服"改革，在《人民日报》推出《江苏常州市武进区深化放管服改革——压缩办理流程、提升服务质量》,《新华日报》头版推出《经营主体总量突破20万户,武进营商环境“进”无止境》,《新华每日电讯》推出《“进”无止境,江苏武进以干部硬作风做优营商“软环境”》。武进率先实施新一轮太湖清淤工程,“治太先治滆、治湖先治河”的理念和举措先后获《人民日报》、央视《新闻联播》、《新华日报》、江苏广电《江苏新时空》专题报道、点赞。指导区融媒体中心开设《打造新能源之都首位区》《聚力打造“一园一城一示范”加快建设“六个现代化强区”》《数实融合进行时》等一批专题专栏,特别推出《武进智造,我的骄傲》全媒体系列报道。

【“阳湖先锋”推选活动】 2023年,武进区围绕打造“一园一城一示范”,稳步推进“六个现代化强区”等重点工作,开展“阳湖先锋”推选活动。通过推荐申报、评委评审、资格审核、社会公示等程序,区委、区政府发文通报表彰,授予马康、马艳东、万如生、王丽雯、王尼竹、卢平、冯宇、刘建刚、陈古一、周华、高荣、蒋洪江12人“阳湖先锋”个人称号,江苏省武进高级中学、武进区农业援陕工作团队(陕西省安康市汉滨区农业对口协作帮扶团队)、常州市公安局武进分局网络安全保卫大队、武进中医医院、区审计局伟驰项目审计小组、武进区外卖送餐行业联合工会、武进区府东路消防救援站、前黄镇农村工作局8个集体“阳湖先锋”集体称号。

【新闻出版管理】 2023年,区委宣传部坚持把新闻出版发行产品的内容安全放在首位,完成印刷企业年检312家,核验出版物零售单位205家,备案出版物网上销售单位8家,依法注销营业不正常的出版物零售单位7家。会同市文化市场综合行政执法支队、区应急管理局等单位,开展新闻出版安全生产专项检查,发现安全隐患418个,责成相关单位限期整改。4月27日,举行武进区印刷行业安全生产培训暨消防演练活动,邀请各镇、开发区印刷行业安全员及企业代表现场观摩,并进行直播。

【“扫黄打非”工作】 2023年,武进区全面落实中央和省、市、区委关于“扫黄打非”工作的决策部署,以专项行动为抓手,深入推进“扫黄打非”工作。联合区委网信办、武进公安分局、区文体广旅局等职能部门,开展内外勾连有害出版传播活动整治、涉政有害电子出版物整治等专项行动,破获涉黄涉非案件10起,抓获犯罪嫌疑人13人。深入推进护苗“绿书签行动”,基层站点“护苗”海报张贴率100%、“护苗”信息上传率100%;指导各镇(开发区、街道)及基层站点,开展“‘护苗’进社区,书香伴成长”系列活动50余场次;组织221个基层站点工作人员,参加全省“扫黄打非”业务知识网上学习培训活动,考试合格率达100%。洛阳镇岑村村创成江苏省“扫黄打非”进基层示范点、武进公安分局治安大队获评江苏省“扫黄打非”先进集体。区“扫黄打非”办获评2023年常州市“扫黄打非”先进集体;俞伟、汤红艳、邱红娟获评先进个人。

【区域文化建设】 2023年,区委宣传部不断探索新时代下宣传工作的新途径、新方法、新举措,大力实施“文化品牌提炼”行动。

文化惠民工程　依托“紫金文化艺术节”“中吴艺术节”“市民艺术节”,集中开展展演、展示、比赛等系列活动,并推出“全民艺术普及周”“残疾人文化周”系列活动。在市民艺术节期间,区、镇、村三级联动,充分利用图书馆、文化馆(站)、博物馆、美术馆等公共文化服务设施,集中开展群文广场演出、精选惠民展演、文艺志愿辅导和群文成果展示等活动420多场。启动实施“光影里、文明+”主题影院建设工程,对全区14家影院提质焕新。举办第六和七届太湖湾音乐节、西太湖半程马拉松、西太湖国际赛艇赛等重磅赛事。太湖湾露营谷入选“全国十大露营打卡地”,武进第二图书馆、武进区博物馆、常州熹平美术馆获评江苏省“最美公共文化空间”。

文化产业发展　有规模以上文化产业企业232家,完成文化增加值140.65亿元,文化产业增加值占地区生产总值比重的6.28%。视觉(中国)文化发展股份有限公司位列江苏省民营文化企业30强,捷成华视网聚(常州)文化传媒有限公司、江苏时光信息科技有限公司连续两度入选“国家文化出口重点企业”。联合区财政局修订区级文化产业发展引导资金使用管理办法,助力企业申报省、市、区三级文化产业引导资金,4家企业获市级文化产业引导资金120万元。

文艺精品生产　电视剧《爱上特种兵》《王牌部队》获江苏省第十二届精神文明建设“五个一工程”奖(优秀作品奖),电影《冬雪暖阳》、广播剧《永远的誓言》、歌曲《逐梦532》获常州市第十届精神文明建设“五个一工程”奖。锡剧小戏《天下乡亲》获2023全国民间文艺展演“最佳节目”奖。电视纪录片《董亦湘》及歌曲《最美的重逢》获2023年度常州市优秀精神文化产品创作

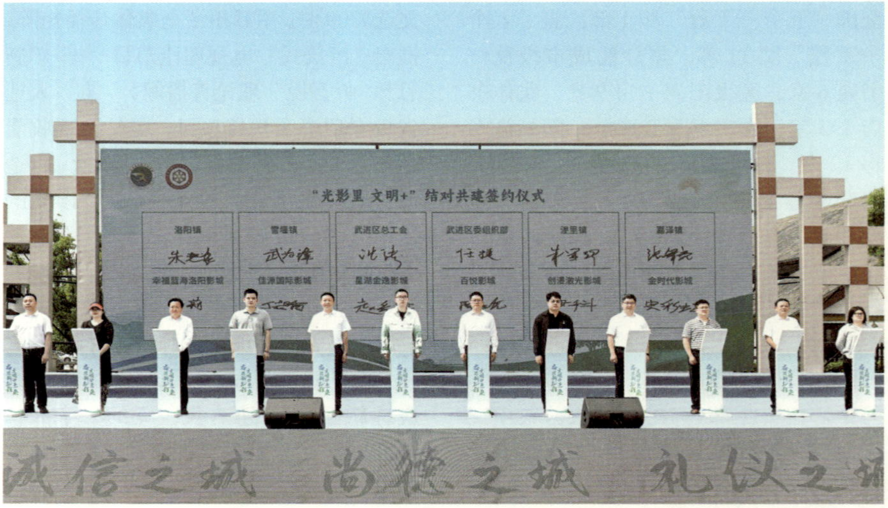

5月20日,武进区启动实施“光影里 文明+”主题影院建设工程,对全区14家影院提质焕新

(供图/区委宣传部)

资金扶持，入选下一届“五个一工程”奖评选储备作品。开展江苏省群众文化“百千万”工程项目申报，入选群文活动品牌1个、优秀群文团队3支和优秀群文骨干4名。创作锡剧《中国式现代化》，情景剧《软实力》《办喜酒》，女声表演唱《二十大精神天下扬》等地域性强、口碑度高的节目作品，在全区巡回演出。武进锡剧团22人从江苏省戏剧学校“武进锡剧班”学成归队，举办专场汇报演出，成为武进锡剧“第七代传人”。西太湖影视基地的“招引精品影视剧，助力高质量城市文化推广”项目获2023年度常州市高层次文化人才资助。

【全民阅读系列活动】 2023年，武进区承办2023年常州市“秋白读书节”暨武进区第六届读书节活动，成立“听吾说·武爱朗诵”主播团，开展诵读活动7期；开展阅读活动和精准志愿服务，为困境儿童赠送强国图书角及图书30份；举办“我们的节日”经典诵读进校园，开展各类阅读活动262场；武进区乡村读书节入选江苏省公益阅读推广活动。制定《武进区农家书屋“蝶变计划”三年行动方案》，实施农家书屋“蝶变计划”，牛塘镇游塘书苑、丫河村农家书屋、嘉泽镇周庄书苑3个项目完成改造，对外开放；嘉泽镇拾光小院、湟里镇武宜村农家书屋、后坊村农家书屋3个项目有序推进。新增高品质示范农家书屋10个，湖塘镇东方社区、长安大巷社区获评江苏省五星级农家书屋，礼嘉镇华渡村农家书屋入选《科技日报》“全国100家农家书屋巡展”。进一步摸排社会阅读组织信息，备案登记第一批社会阅读组织32家，登记阅读推广人16人。在第一届常州市全民阅读“五十佳”推选活动中，庄慧芬、赵树建、陆焱、王晓刚入选常州市全民阅读推广人；“读书育人指‘航向’”获评十佳阅读成果；“弘扬伟大建党精神，用好用活红色资源”获评十佳阅读活动；“100个家庭图书馆点亮一片”获评十佳阅读推广项目。

【主题宣传教育】 2023年，区委宣传部组织开展学雷锋先进典型全媒体巡礼活动，召开纪念毛泽东等老一辈革命家为雷锋同志题词60周年，深入开展学雷锋活动座谈会。开展“强国复兴有我”群众性主题宣传教育活动，举办“唱响主旋律，奋进新时代”庆祝中国共产党成立102周年歌咏展演等活动。围绕国防教育，结合“八一”主题开展“献礼八一，热血军魂逐梦新时代”融媒体专题报道，举办“踔厉奋发强国防，勇毅前行向复兴”武进区九一八防空警报试鸣活动暨国防教育进校园活动。组织开展红色故事宣讲、道德讲堂、电影思政课等群众性主题宣传教育特色活动118场。对全区6个爱国主义教育基地开展3批次调研，完成省级及以上爱国主义教育基地年报工作；梳理核查革命历史类纪念设施4个，建立台账。开展“红心共享，联建互学”主题教育学习研讨活动，各爱国主义教育基地组织开展培训、讲座、研讨活动。推进爱国主义教育基地重点项目，武进博物馆投入1099.38万元改造提升“春秋淹城”展厅，武进烈士陵园管理中心维修翻新澄西烈士陵园纪念设施，春秋淹城旅游区管理委员会投入500余万元改善淹城遗址公园景区基础。各爱国主义教育基地结合自身工作特点，开展成人仪式、入党宣誓、清明烈士纪念等主题活动81场，累计接待10万人次，其中未成年人超2万人次。

（张银超）

【网络宣传】 2023年，区委网信办围绕全面贯彻落实中共二十大精神，聚焦“一园一城一示范”、迈入“GDP万亿之城”、“两湖”创新区建设等重大主题，开展网上重大主题报道，传递网络正能量。“今日武进”视频号视频累计播放量超过2000万人次。做好网上重大主题宣传稿件推送工作，精心打造一批主题鲜明、内容创新的融媒体产品向上推送，《常州武进：数字经济赋能擦亮党建“智慧”底色》《常州武进：以“氢”赋能探索高质量发展“新路径”》等12篇稿件被全省推送，获交汇点新闻推送稿件80多篇。创作发布《习近平关于网络强国论述摘编》特色漫评70幅；在省、市网评专栏刊发网评文章212篇，数量位列各辖市区第一。区委网信办获评2023年度常州市网络正能量宣传工作先进单位、常州市网评工作先进单位。

【网络空间治理】 2023年，区委网信办推进“网信＋网格”双网融合工作，实行信息网上、网下联动监管机制，有力保障网络安全。3—12月，联合区委宣传部、区委政法委、武进公安分局、区市场监管局等部门开展清朗网络打击整治电信诈骗、整治虚假违法广告、互联网销售危险化学品专项治理等专项行动，清理网络有害信息4808条，关停账号2个，阻断处置社交账号1个，约谈账号持有人24人；查处互联网虚假违法广告案件185件，罚没38.15万元；组织网络文明志愿者在全网举报有害信息1296条，完成专项举报200余条；整改或上报关停涉黄涉赌网站21家。4月，举行“网格＋网信”双网融合启动仪式，高质量推进区域社会治理现代化。4—12月，举办网格员网络管理专题培训7场，参训500人。7月，印发《关于清理规范面向村级组织的移动互联网应用程序的通知》，深入整治“指尖上的形式主义”问题，累计清理面向村级或者延伸网络工作群组16个。编发网络信息分析报告268期，供区委、区政府决策参考。武进区获评2023年常州市网络综合治理体系建设成效突出地区，区委网信办获评2023年全市网络市场监管工作先进单位、全市网络举报工作先进集体。

【网络文明传播】 2023年，区委网信办实施网络文明品牌示范工程，积极打造网络文明阵地，推进网络文明建设，提升市民网络文明素养。5月，网络文明主题口袋公园建成开放，横店影城网络文明主题影院建成投用，南都社区网络文明示范社区提升改造工程实施。6月，开展网络文明宣传月、全民数字素养与技能提升月活动。7月，选拔组建区代表队参加市网络安全竞赛，获得团体三等奖、优秀组织奖。8月，与区人社局协同开展首批网络与信息安全管理员培训评价工作，55名学员全部通过网络与信息安全管理员（中级）的职业技能鉴定。9月，以网络安全宣传周为主要载体，策划开展“E起护网”“E起护苗”“E起护园”“E起护企”“E起护家”“E起护老”6大主题活动20多场次，打造全省首条网络安全主题徒步打卡线路；联合区教育局、团区委等部门开展“学习新思想，争做接班人”青少年网络文明优秀绘画作品征集活动；中央网信办法治局调研武进网络普法工作，清朗E站相关工作受到肯定。11月，举办“网安天下、数见未来”2023年武进区学习贯彻党的二十大精神网络安全知识（技能）竞赛，增设高校组，引入AWD（红蓝对抗）赛，近300人报名参赛；启动“E法护网，思政‘童’行”网络普法进校园活动，在李公朴小学和前黄高级中学开展网络普法教育2场。开展“清朗网络E起来”志愿服务活动38场。继续推进省级网络综合治理试点项目“E起护苗”，形成“红蓝绿”三色工作法，为青少年健康、文明上网保驾护航。联合区检察院开展未成年人网络犯罪心理疏导2次。示范工程相关信息被市级及以上媒体录用22篇，其中中央网信办录用2篇、省级媒体录用10篇。

【网络社会工作】 2023年，区委网信办实施互联网行业党建引领工程，开展“E企心向党”同心行动、“E企当先锋”创优行动和“E企做贡献”奋进行动，引领互联网行业高质量发展。2月，启动武进区2023年“网络主播第一课”，送课10余场。3月，深入视觉（中国）文化发展股份有限公司、江苏南方通信科技有限公司等重点企业，开展行业党建调研，开展武进区网络主播行业“百人万里行”体验式调研，破解难点问题。4月，邀请区委宣讲团讲师，到江苏峰度控股集团有限公司、视觉（中国）文化发展股份有限公司开展送党课活动。6月，常州匠心花卉园艺有限公司总经理孙涛、“80后”新农人陈小雨获评2023常州十大“最美主播”。7月，开展武进区互联网行业沉浸式道德讲堂暨“e心向党，e路奋进”主题党日活动，宣讲江苏易天集团有限公司党支部书记、武进人民商场总经理曹丽红和网络主播陈小雨互联网行业道德模范的事迹。12月，连续四年开展“E企当先锋”创优行动，天悦新媒体电商孵化器、前黄镇农合联党群服务中心获评重点党建阵地，万帮新能源“星火互联”等5个品牌获评特色党建品牌，嘉泽镇满墩村党委等8个单位的项目获评优秀党建项目。持续拓展“吾网说”品牌效应，将牛塘镇“金牛优选”、湟里镇“黄鹂四五声”等直播品牌纳入“吾网说”网络直播矩阵。联合区文明办实施“主播助力文明实践”专项行动，推动3个“龙城红色直播间”融入新时代文明实践站（所），并邀请网络名人和网红主播到新时代文明实践站（所）开展直播活动数十场；组织嘉泽镇“花漾跃进兴农直播间”、礼嘉镇“五色花先锋直播间”、武进人民商场“龙城红色直播间”开展各类助农直播活动100余场。

（沈　嫣）

精神文明建设

【概况】 2023年，武进区各级围绕宣传贯彻中共二十大精神主线，以文明城市建设和新时代文明实践建设为重点，强化公民思想道德建设和未成年人思想道德建设，积极开展各类群众性精神文明创建活动，着力提升城乡社会文明程度和市民文明素质。在市级文明城市综合考评中列全市各辖市区第1名。闵浩焕当选“中国好人”，杨秀秀当选“江苏好人”，魏凯等6人当选“常州好人”；入选“江苏最美人物”1人、“常州最美人物”9人。至年末，有志愿服务组织2370多个，在线注册志愿者超20万人。

【公民思想道德建设】 2023年，武进区贯彻落实《新时代公民道德建设实施纲要》和《新时代爱国主义教育实施纲要》，围绕提升市民素质和道德水平，运用媒体宣传、道德讲堂宣讲、善行义举榜、展览展板等进行分众化、多样化传唱榜样动人故事。不断拓展道德典型关爱礼遇领域，组织开展春节慰问活动和宣传活动，及时更新市民广场“好人长廊”内容。闵浩焕当选“中国好人”，杨秀秀当选“江苏好人”，魏凯、吴奇龙、华再清、王广波、黄淑君、王菊仙6人当选“常州好人”。庄惠芬入选“江苏最美人物”，许敏锐、徐晓辉、廖育联、周振峰、郁军、庄惠芬、徐红芬、武美兰、高丽9人入选“常州最美人物”。武进高新区投资促进服务局获评市第八批“学雷锋活动示范点”，许榴琴、韩澈获评市“岗位学雷锋标兵”，庄惠芬入选江苏省最美教师。创新道德讲堂宣讲方式，灵活采取总堂承办和分堂举办相结合的办法，开拓网上道德讲堂。开展道德讲堂精品课培育工程，举办“争创全国文明城市”等主题系列道德讲堂。举办“桑榆守初心，银发亦生辉”——2023年武进区“我们的节日·重阳”道德讲堂活动，传播爱鸟护林志愿者闵浩焕等“桑榆”模范事迹，凝聚砥砺奋进力量。将道德讲堂学习与各类道德实践相结合，组织开展“你我共携手，文明向未来”第十六届社区邻里节等活动，组织市民参与全市“我的楼道我的家”文明楼道展示活动，推行文明积分制试点，不断推进乡风文明建设。

【新时代文明实践建设】 2023年，武进区持续深化新时代文明实践中心（所、站）提升行动，全面推进资源下沉共享，不断提升建设水平和运行质效。制定印发“1+2”政策文件（《武进区新朝代文

5月20日，“奋进新征程、文明向未来”常州市新时代文明实践集中行动日暨武进区第四届新时代文明实践现场交流展示活动在武进博物馆广场举行（供图/区委宣传部）

明实践中心（所、站）提升行动实施方案》《武进区新时代文明实践“一示范两优秀”评选活动（2023—2025年）实施方案》《武进区学雷锋志愿服务“四个先进典型”评选活动（2023—2025年）实施方案》），持续开展新时代文明实践所、站“一示范两优秀”和志愿服务“四个先进典型”等评比活动。在牛塘镇实践所组织召开全区新时代文明实践提升行动现场推进会，在嘉泽镇、湖塘镇和礼嘉镇分别召开分片区交流研讨会，推动基层所、站互学互促，全面提升。积极探索新时代文明实践发展新路径，多方引入社会力量。西湖街道实践所引入繁星公益爱心组织，牛塘镇游塘书苑邀请江苏理工学院“马凌工作室”合作运营，嘉泽镇文明实践所通过“志愿者＋购买服务”的方式开展常态化公益课程。围绕文明实践集中行动日，以及“我们的节日”“二十四节气”等特殊时间节点，开展文明实践活动6600余场，惠及群众20余万人次。征集建立新时代文明实践志愿服务项目库，发布年度志愿服务项目256项。全区有志愿服务组织2370多个，在线注册志愿者超20万人。依托融媒体中心，构建“吾网说”网络直播宣讲矩阵，打造“小北直播间”“云上乡村”等特色直播平台。组织全区首届优秀志愿服务项目路演大赛暨品牌展示活动，宣传展示“吾有优学彩虹桥”“蓝精灵消防小卫士”等优秀品牌项目14个。开展学雷锋先进典型全媒体巡礼活动，开设专题专栏、刊播公益广告、深入基层宣讲等多种形式，持续打造“彩虹舟”“把爱带回家”“同心助残”等服务品牌。连续四年打造“520公益日”品牌，开展“文明实践，志愿同行”公益大集市和志愿服务项目交流展示。摸查西太湖板块新时代文明实践阵地、项目、人才等资源，形成环常州“两湖”创新区新时代文明实践圈阵地建设项目15个。

10月19日，“桑榆守初心 银发亦生辉”——2023年武进区“我们的节日·重阳”道德讲堂在区融媒体中心举办
（供图／区委宣传部）

【文明城市建设】 2023年，武进区围绕文明城市建设要求，将目标任务纳入“532”战略重点项目清单和“一把手”作风建设重点项目，抓落实、攻难关、促整改，全面提升文明城市建设水平。进一步深化文明城市、城镇长效综合管理、农村人居环境整治“三标”深度融合机制，印发《文明城市季度测评考核细则》《加强文明城市建设督查问题整改落实工作实施意见》等文件。组织开展各级各类常态巡查、重点督查，围绕领导督查、市级常态巡查、“红黑榜”反馈问题等下达整改通知书，着力整治容易失分和问题集中区域。制定印发行动方案，组织重点部门开展城乡公益广告、空中线缆、非机动车治理等18项重点项目攻坚，梳理解决一批重点难点问题，夯实文明城市建设基础。部署“文明来敲门”活动，通过社区天天乐、送电影下乡、新时代文明实践“夜模式”等活动，向群众普及文明城市建设相关知识，进一步倡导科学、文明、健康的生活方式。印发《关于进一步加强文明城市市级常态巡查及“红黑榜”所列问题整改落实工作的通知》，建立全域、全员、全天候直报通道，形成问题整改的“短平快”工作模式。

【未成年人思想道德建设】 2023年，武进区深入开展“新时代好少年”推选宣传，发掘未成年人向上向善、孝老爱亲、忠于祖国、忠于人民的先进典型。向省、市文明办推荐常州市“新时代好少年”候选人12人，星辰实验学校承睦杰上榜。开展武进区“新时代好少年”评选活动，表彰潘家小学李鹏辉、刘海粟小学管文山、人民路小学朱辰鸣、武进区实验小学分校钱星月、采菱小学唐盼盼、湖塘桥第二实验小学王艺潼、清英外国语学校桂少璞、常州市高级职业技术学校陈天耀、江苏省前黄高级中学国际分校戴天仪、洛阳高级中学宋润10人。以“绿色畅想”为主题，继续举办青少年爱国主义读书教育活动，组织开展征文、摄影、手抄报竞赛。举办“传承中华文明，品味端午诗情”经典诵读进校园等活动。承办常州市“四仪”（入学仪式、成长仪式、青春仪式和成人仪式）示范教育入学仪式观摩活动，全面推进文明礼仪新实践，鼓励青少年走进爱国主义教育基地、社会实践基地和新时代文明实践中心（所、站），参与志愿服务行动。引导各类爱国主义教育基地、文博场馆、乡村（城市）学校少年宫做好校馆衔接，丰富活动形式，提升服务质量。加强未成年人成长指导中心建设，开展心理健康宣传月活动。

（张银超）

统战工作

【概况】 2023年，区委统战部坚持以习近平新时代中国特色社会主义思想为指导，全面贯彻落实中共二十大和二十届二中全会精神，充分发挥统一战线强大法宝作用，守正创新、强基固本、凝炼品牌，推动全区多党合作、“两个健康”、民族宗教、党外知识分子和新的社会阶层人士、港澳台同胞、海外侨胞、光彩事业等统一战线工作提质增效。围绕“学思想、强根基、重履职、建新功”的总要求，在各民主党派、无党派人士和党外知识分子、新的社会阶层人士中深入开展“凝心铸魂强根基、团结奋进

8月22—25日，2023海峡两岸青年创新创业大赛在武进举行（供图/区委统战部）

新征程”主题教育，不断坚定理想信念、筑牢思想根基、巩固政治共识。持续推进党外代表人士培养选拔“双百计划”（培养100名左右党外后备干部培养对象、100名左右党派团体负责人培养对象），全面强化党外代表人士队伍建设。召开创建新时代“两个健康”先行区专班工作会议，发放“武商服务卡”，实施年轻一代企业家培养工程，表彰“爱国敬业创新诚信守法贡献”先进企业家90人，不断深化新时代“两个健康”先行区创建工作。启动精准、文化、教育、健康、生态五大惠民行动，助力民生幸福；设立“武英”光彩奖学金，培育和服务武进英才。引导统一战线助力乡村振兴，深化村企结对共建，实施产业、人才、文化、环境、民生五大共建行动，启动“同心共创”行动，在辖市区层面率先实现党派团体与镇（开发区、街道）结对共建全覆盖，赋能乡村振兴迈上新台阶。发挥区欧美同学会（留学人员联谊会）优势，成立海归志愿者联盟，建成海归驿站2个。承办、协办海峡两岸青年创新创业大赛等省级及以上活动近20场。获评2023年度全市统战工作实践创新成果奖、统战宣传工作先进单位一等奖及统战信息工作先进单位。

【新时代“两个健康”先行区创建】 2023年，区委统战部发挥统筹职能，牵头召开武进区2023年创建新时代“两个健康”先行区专班工作会议，印发《2023年武进区创建新时代“两个健康”先行区工作要点》，探索开展“两个健康”实践基地创建，深化新时代“两个健康”先行区创建工作。2月和9月，召开全区重点企业家座谈会2次，面对面了解企业情况、倾听企业心声，进一步增进政企共识、凝聚发展合力，助力打造一流营商环境。持续开展“武商服务卡”发放工作，为100名做出突出贡献的民营企业家颁发第二批“武商服务卡”，提供政务服务、体检就诊、通行便利等公共服务，营造尊商重商良好氛围。深化“易企赢商”党建红盟，举办惠企政策宣讲会、政融企对接交流会、安全生产观摩活动等，发挥“党建+”服务“红色引擎”作用，优化营商环境。聘任清廉民企监督员，推进清廉民企建设，构建亲清新型政商关系。完善“万所联万会”法律服务机制，构建“线上法律培训+线下法治体检”服务渠道，举办线上法律讲座6期8场，为468家企业提供精准法治体检和法律咨询，打造“政策解读+法条宣讲+实务操作”全体系服务模式。5月，举办2023年武进区民营经济代表人士“学思想、强党建、促发展”专题培训班，弘扬新时代企业家精神。6月，常州市民营企业家队伍建设“百千万工程”武进万人班顺利结业。7月，举办武进区“爱国敬业创新诚信守法贡献”先进事迹报告会，通报表扬先进企业家90人，引导民营经济人士争做“爱国敬业、守法经营、创业创新、回报社会”的典范。加强年轻一代企业家培养，围绕《武进区年轻企业家培养工作方案（2022—2025年）》，持续优化年轻一代企业家培养机制。7月，组织年轻一代企业家到延安开展“走长征路·筑强国梦”主题教育活动。9月，在深圳举办为期一周的2023年武进区“创新与坚守”年轻一代企业家培训班。11月，举办“与先锋同行”——走进万帮数字能源活动，帮助年轻一代企业家提高理论素养、提升业务能力、拓展眼界思路，引导青年企业家做有立场、有理想、有情怀、有坚守、有匠心的“新武商”。

【推进多党合作事业发展】 2023年，区委统战部坚持落实每季各民主党派、党外知识分子联谊会负责人联席会议制度，召开武进区纪念中共中央发布“五一口号”75周年暨多党合作座谈会，推动多党合作事业健康发展。开展“凝心铸魂强根基、团结奋进新征程”主题教育，组织各党派团体举办主题教育学习会、交流会16场次，撰写主题征文、调研报告56篇。不断引导广大成员增进对中国共产党和中国特色社会主义的政治认同、思想认同、理论认同、情感认同，协助区委制定落实《2023年度中共常州市武进区委与区各民主党派政治协商计划》，印发《2023年度区各民主党派、党外知识分子联谊会工作指导意见》，明确并落实党派团体全年政治协商内容和重点工作，提升各民主党派团体的履职能力。召开各民主党派、工商联、无党派人士情况通报会、《政府工作报告》征求意见座谈会，征求意见建议，推动科学民主决策。完善特约人员工作制度、对口联系制度等工作，与区城管局、审计局、金融局等部门分别开展座谈会、汇报会、实地调研等活动15场次。各民主党派、党外知识分子联谊会聚焦“532”发展战略、新能源之都建设、“两湖”创新区建设等方面，提交提案96件，完成调研课题26个。报送社情民意信息330条，其中被中央层面录用3篇、省级录用12篇、市级录用51篇。支持党派团体加强自身建设，成立民革常州大学支部、武进区党外知识分子联谊会湖塘镇分会，新建设“致公之家”“中山博爱之家”阵地2个。组织党派团体成员参加武进区统战理论政策培训班，举办武进区2023年度党派团体新成员培训班，指导农工党武进区委会举办2023

年骨干培训班，提升成员能力素质。鼓励各党派团体发挥优势特色，擦亮“同心助残”“中山兴农”“同心护蕾”等工作品牌，开展义诊讲座、助残助困、非遗传承等社会服务活动近百场次。民进武进区基层委员会获评民进江苏省委会宣传思想工作先进集体。

【党外代表人士队伍建设】 2023年，区委统战部不断强化党外代表人士队伍建设，为多党合作事业发展提供坚实人才保障。拓宽党外代表人士发现渠道，在党外人士较为集中的高等院校、科研院所、国有企事业单位及政府部门等，多领域、多层次积极主动发现人才，最大范围把党外知识分子、党外高层次人才纳入组织视野，支持各民主党派和党外知识分子联谊会积极稳妥吸纳成员，新增党派团体成员68名。至年末，全区共有党派团体成员974名。完善党外代表人士培养体系，深化武进区党外代表人士培养选拔“双百计划”，召开党外年轻干部座谈会，区委组织部、统战部领导联合听取党外青年干部的工作、学习和思想情况汇报，区委专项督查全区党外代表人士队伍建设贯彻落实情况，全面督查全区党外人才培养、储备和使用情况，推动建设高质量党外人才队伍。推进党外代表人士的实践锻炼，2名民盟盟员分别挂职生态环境部和参与苏陕协作工作，1名农工党党员挂职江苏省药监局审评核查中心，1名九三学社社员受中组部委派至新疆伊犁州尼勒克县人民医院工作并挂职副院长，4名党外人士担任区监委特约监察员，5名党外人士担任区法院特约监督员，32名党外人士担任“益心为公”检察云平台志愿者，参加太湖水域非法捕捞、消费者集体诉讼等听证会10场次。至年末，全区共有党外领导干部46人，实职安排36人，区属学校、医院相当于科级及以上党外干部4人，其中2023年新提拔正科职领导干部2人、副科职领导干部2人。党外人士政治安排方面，区人大代表148人（常委3人），区政协委员255人（常委41人），特约人员57人。

【统一战线助力乡村振兴】 2023年，区委统战部深入贯彻落实习近平总书记关于浙江“千万工程”重要批示指示精神和党中央关于乡村振兴的决策部署，协助区委、区政府制定落实《关于深化开展村企结对共建助力乡村振兴的实施意见》，以民营企业和村（社区）为结对共建对象，以签约结对、村企共建为主要形式，通过产业、人才、文化、环境、民生五大共建，力争在5年时间内，完成乡村振兴村企结对共建项目100个，并完成光彩基金签约1亿元。全面启动“同心共创”行动，结合党派团体界别优势与乡镇板块资源禀赋，推进结对共建，在辖市区层面率先实现党派团体与镇（开发区、街道）结对共建全覆盖，赋能乡村振兴迈上新台阶。

【推进民族团结进步事业发展】 2023年，区委统战部坚持以铸牢中华民族共同体意识为主线，推进民族团结进步创建工作。5月9日，承办“风劲帆满图新志、团结奋进开新局”——常州市民族团结进步宣传月启动暨城西同心创业园开园仪式。城西同心创业园占地2.89公顷，曾为闲置厂房，由城西回民村委收购、修缮，改造危旧厂房9000平方米，新建行车车间1.15万平方米，招引新能源产业配套、工业智能装备制造等企业入驻园区。至年末，入园企业8家，完成销售总额超亿元。6月，礼嘉镇坂上小学举办第二届民族文化节活动，西太湖（西湖街道）举办“风劲帆满图新志、团结奋进开新局”民族团结进步主题活动，湟里镇开展“粽叶飘香迎端午·民族团结一家亲”民族团结进步端午节主题活动，通过内容丰富、形式多样的活动推动铸牢中华民族共同体意识进服务平台、进社区、进企业、进校园。7月，联合团区委举办“民族团结手拉手、童心共筑中国梦”武进·尼勒克青少年夏令营活动，促进民族交流交往交融。开展省级“红石榴家园”精品培育，城西回民村创成省级“红石榴家园”。争取省财政资金500万元，助力城西回民村建设民族特色村寨。发挥“红石榴村村结对”共建引领作用，雪堰镇城西回民村向金坛区指前镇丰产村捐赠帮扶资金40万元，促进城西回民村与金坛丰产村优势互补、资源共享、共同提升。召开少数民族联络员学习座谈会，帮助少数民族群众解决经营的政策优惠和子女入学等实际困难，做好全区回族等10个少数民族居民清真食品补贴审核、申报工作，涉及居民690人，补贴资金12.42万元。

【宗教工作】 2023年，区委统战部积极引导宗教与社会主义社会相适应，举办武进区民族宗教界爱国主义培训班，组织宗教界代表人士开展缅怀英烈祭扫活动，推动花神宫、宝林寺、宝相寺等场所爱国主义基地建设。加强宗教团体建设，印发《武进区区级宗教团体年度考评办法（试行）》《武进区区级宗教团体负责人和驻会工作人员年度考核办法（试行）》。联合区财政局对宗教活动场所开展财务检查，指导寺观教堂完成法人登记2家。加强中华优

11月29日，武进区启动“同心共创”行动，助力乡村振兴（供图/区委统战部）

秀传统文化浸润，配合做好杨桥庙会、首届花神文化节、花朝节等民俗活动，打造花神道德讲堂、宝林寺南山律院。推进宗教领域安全生产工作，6月，开展“人人讲安全，个个会应急”安全生产宣传月活动；7月，举办“宗安365”数字化监管平台使用培训班，推广应用“智慧监管＋网格化”模式；10月，举办全区宗教领域“两员”（统战条线监管人员、宗教活动场所主要负责人和安全员）安全培训班。推进场所C（Ⅲ）、D（Ⅳ）类既有建筑整改闭环36个，推动场所完成“气改电”工程10个、安装工业及商业用途燃气泄漏安全保护装置14个，开展燃气泄漏事故应急演练、森林防火演练、消防灭火及疏散演练等36场次。

【新的社会阶层人士统战工作】 2023年，区委统战部组织区新的社会阶层人士联合会开展学习贯彻中共二十大精神宣讲会、“凝心铸魂强根基、团结奋进新征程”主题教育等活动，加强政治引领。2月，组织“梧桐同心、春风送岗”公益专场招聘会。3月，组织自由职业者分会代表人士到宜兴交流考察。6月，召开武进区新的社会阶层人士联合会第二次会员代表大会，选举产生新一届领导班子，常州新奥燃气发展有限公司党支部书记徐葭当选为会长。成立“梧桐新创”新能源产业人才联盟，并召开联盟第一次会议，助力武进聚力打造新能源之都首位区。“新新聚能”行动获市委统战部“同心聚能”行动“十佳案例”二等奖。12月，举办武进区新的社会阶层人士联合会2023年“永远跟党走、奋进新征程”年会。

【港澳台统战工作】 2023年，区委统战部立足于争取人心，不断汇聚力量，切实做好港澳台工作。引导港澳政协委员积极参政议政，做好两会期间接待沟通工作。服务中心大局，举办各类创新创业活动，承办（协办）2023海峡两岸青年创新创业大赛、“奋进在江苏——台商沙龙”活动、2023苏台新能源汽车产业对接会等活动。联合区法院、区司法局、区应急管理局开展安全宣传进台企·法律服务促发展活动。以艺术和科技为载体，加强与港澳台的交流交往，尤其是与港澳台年轻一代的交往交融，承办2023海峡两岸青年环太湖交流活动暨第二届苏台青年潮流文化节、第九届苏台青少年科技创意创新活动、苏港澳台青少年书法绘画书画展、“两岸情”常台摄影交流33周年等活动，组织香港小学生中文夏令营体验制作常州非遗堆花糕团活动。以乡情为纽带，加强与港澳台乡亲和在武进港澳台同胞的情感交流，依托香港武进同乡会组织“春茗”活动，依托台北市武进同乡会开展新春团拜活动。接待香港江苏社团总会参访“两湖”创新区规划展示馆，邀请香港知名人士在武进举办儿童财商培养亲子讲座，开展“两岸一家亲、融合促发展”2023年武进台资企业新春联谊会、台企台胞“大美祖国”寻美踏春、中秋联谊等活动。

6月21日，“梧桐新创”新能源产业人才联盟成立　（供图／区委统战部）

【侨务工作】 2023年，区委统战部强化侨务工作政治引领，凝侨心、汇侨智、聚侨力，不断深化为侨服务各项举措，优化为侨公共服务体系，举办“百名海外博士江苏行”常州站暨梧桐同心海归人才市集活动，近50名海归高层次人才与武进区16家重点企事业单位进行深度对接。落实常州市走百家侨资企业、访百名侨界人才“双百”行动，走访侨界企业家和人才60余人，畅通政企沟通，推动惠企人才政策落地。持续开展“四季四送”品牌活动，走访慰问困难归侨侨眷、侨界代表人士200余人次，发放困难补助、慰问金7万余元。组织开展归侨侨眷看武进、中医惠侨、侨界青年人才联谊交友等活动。开展侨联艺术团“奋进新征程、同心向未来”送戏下乡活动，走进全区8个镇。区委统战部副部长、区侨办主任、侨联主席杨美英获评2023年全国归侨侨眷先进个人。武进区中医医院主任中医师薛红良被江苏省侨联评为“亲情中华、魅力江苏”中医文化海外推广“杏林使者”。

【欧美同学会工作】 2023年，区委统战部不断激发区欧美同学会（留学人员联谊会）优势和活力，开展读书分享会、亲子教育分享会、学习贯彻习近平总书记致欧美同学会成立110周年重要贺信精神座谈会，举办冬至消寒喜乐会——海归遇见非遗专场等活动。成立“海归青年志愿者联盟”，建立牛塘镇、嘉泽镇海归驿站，开展志愿服务5场。区欧美同学会（留学人员联谊会）获评区“争当现代化建设标杆突出贡献奖”先进集体，会长张翀昊获评江苏省归国留学人员先进个人、武进区“争当现代化建设标杆突出贡献奖”先进个人。

【海外统战工作】 2023年，区委统战部发挥海外统战工作争取人心的作用，抢抓共建“一带一路”机遇，促成乌兹别克斯坦企业代表团到武进区交流考察，并与常发集团、常州市江山新型建筑材料有限公司等企业达成项目合作意向。4月，接待全英中国学生学者联谊会到武进区考察交流。8月，开展“至味阳湖”

中餐繁荣交流活动，促进加拿大多伦多和武进中餐业签订友好合作协议，引导和扶持海外中餐繁荣推广，加快中餐“走出去”的步伐。10月，指导江苏省前黄高级中学国际分校与加拿大威廉高中缔结友好学校，共同推动海外华文教育。

【光彩事业】 2023年，武进区光彩事业促进会积极引导全区广大民营企业家投身光彩事业、参与光彩行动、推进共同富裕，启动精准惠民、教育惠民、文化惠民、生态惠民、健康惠民五大光彩行动。8月8日，区“武英”光彩奖学基金成立，首届28名优秀学子获奖励。12月，召开武进区光彩事业促进会第五次会员代表大会，选举产生新一届领导班子，区委统战部副部长、区工商联党组书记、常务副主席蒋建平当选为会长。新建千万光彩基金2只、百万光彩基金17只，实际到账光彩资金4445万元。实施光彩项目307个，投入使用光彩事业资金4298万元。

【“梧桐同心”统战品牌建设】 2023年，区委统战部始终坚持按照品牌工作项目化发展方向，指导统一战线各领域深化“梧桐同心”品牌建设，推动实施重点品牌项目11项。党外代表人士培养选拔“双百计划”“红石榴就业行动”“新新聚能”行动等品牌项目被《新华日报》报道，“一家亲、武台情”工作经验被省委统战部杂志《挚友》刊登，充分彰显品牌项目成效。在全区统一战线开展“梧桐同心红盟”提质增效行动，全力推动“党建＋统战”深度融合，完成《强化党建引领、聚力“党建＋统战”互促双提》专题调研报告1篇。深入开展学习贯彻习近平新时代中国特色社会主义思想主题教育，召开专题学习会4次、部长上党课1次、大讨论1次，举办“梧桐同心讲堂”道德专场、廉政专场2场。组织党员干部参加全区统战理论政策培训班等能力提升培训，推荐党员干部参加省委统战部学习锻炼、市委巡察、区委主题教育工作和担任非公有制企业党工建指导员，全方位多渠道锤炼党性、增长才干，打造干部队伍过硬素质。区委统战部机关党支部被命名为全区第三批“五星党组织”，“‘1+5+N’梧桐同心红盟”获评全区第三批“党支部工作名片”。

（顾珂迪）

机构编制管理

【概况】 2023年，区委编办围绕全区中心工作，坚持创新挖潜增效，深化重点领域改革，优化资源配置结构，提高编制使用效益，积极服务保障民生。按学段下达中小学编制使用计划371名，幼儿园备案聘用计划使用150名，形成总体平衡、随势而动的动态机制。保障医疗卫生人才招录，核准使用事业编制133名、备案制员额使用计划157名、村医村护员额61名。开展事业单位法人公示信息抽查，发现并督促整改具体问题4类18个。联合区法院、财政局、人社局等10家单位，对区教育局、卫健局所属101家事业单位开展信用等级评价工作，推动事业单位规范运行。信息获省委、市委编办网站录用60余条。《“指挥协调”聚合力，共绘治理“新图景”——武进区创新基层治理联动机制》获全市机构编制工作创新创优项目一等奖，《区域人口发展趋势下“一老一小”机构编制资源配置的研究》获全市机构编制系统调研成果二等奖，《政府职能转变背景下关于优化购买服务的武进探索和思考》获全市机构编制系统调研成果三等奖，《党建业务“双轮驱动”助力机构编制“双强发展”》入选2023年度武进区级机关（区属企业）“党建与业务深度融合”十佳调研报告。

【机构编制管理调整】 2023年，武进区扎实推进国防动员、公共卫生和疾病预防控制等相关行业体制和机构编制改革，在区发改局增挂区国防动员办公室牌子，在区卫健局增挂区疾病预防控制局牌子，促进机构功能重塑再造和整体效能提升。全力推动落实中小学校党组织领导的校长负责制，完成全区76所中小学党组织专职书记（副书记）的核定，切实加强党对教育工作的全面领导。按照全市城市运行“一网统管”和政府数字化转型推进会部署要求，在区区域社会治理现代化指挥中心增挂区城市运行管理中心牌子，调整内设机构设置，推动城市运行管理中心实体化运行。优化开发区管理体制，明确中以常州创新园、中以常州科创服务中心“三定”方案，将西太湖科技产业园管委会下属事业单位国家康复辅具研究中心西太湖分中心更名为武进区西太湖创新发展中心，将武进高新区管委会下属3家事业单位整合设置为武进高新区创新发展中心，不断增强开发园区内生动力和创新活力。制定《常州市武进区派驻机构属地管理实施办法》，强化基层对派驻机构的指挥协调、考核管理和任免建议权，实现人员高效管理、条块联动顺畅。

【经济发达镇改革与培育】 2023年，武进区以经济发达镇改革为抓手，推进基层治理转型升级。建立经济发达镇联席会议、工作季报制度，指导雪堰镇、湟里镇制定年度实施方案，加强党建品牌建设，开通政务服务网上“旗舰店”，打造“一站式”矛盾纠纷多元调解中心。湟里镇、雪堰镇通过2022年度考核。以经济发达镇为试点，联合相关区级部门出台《武进区关于试点建立基层指挥协调机制指导方案》，形成上下贯通、执行有力的工作体系。

【机构编制管理评估模式创新】 2023年，武进区在全市率先实施养老服务行业领域专项评估，依据评估共性和行业特点，构建一套“13项共性指标+38项个性指标”的评估体系，梳理11个涉及部门的养老职能清单，健全工作机制，明晰责任链条，助力全区养老服务事业健康发展。高效开展常规评估工作，科学研判、精准测算区民政局、水利局和住建局内部岗位设置情况，有效冻结3家事业单位的9名事业编制。相关做法被区委《调查与研究》刊发。统筹开展关联评估工作，联合评估具有关联职能的部门，有效破除职责边界不清问题。

（王　沁）

台湾事务

【概况】 2023年，区台办坚持以习近平新时代中国特色社会主义思想为指导，深入学习贯彻中共二十大精神、新时代党解决台湾问题的总体方略和党中央对台工作决策部署，践行“两岸一家亲”工作理念，深化武台经济文化交流合作，落实落细惠台政策措施，优化涉台发展环境，推动武台融合发展迈上新台阶。新增台资项目11个，总投资2535.17

万美元，合同利用台资1394.15万美元，完成实际利用台资4074.01万美元。59家台资企业实现营业收入118.82亿元人民币，完成出口贸易额11.1亿美元。报送涉台宣传信息稿件70余篇，获《两岸关系》刊物录用2篇、市两办录用2篇、《常州统战》杂志录用1篇、市台办网录用59篇。获评2023年中央台办“两刊”对台宣传工作先进单位，在2023年度常州市辖市（区）台办工作综合考评中获优胜单位。

【武台经贸融合发展】 2023年，区台办围绕武进加快打造“新能源之都首位区”和“两湖”创新区建设目标，聚焦新能源、健康和半导体集成电路产业，助推武台经贸融合发展。3月2日，协办苏台新能源汽车产业对接活动，全省台企、民企、专业机构等160多名代表参加，参观理想汽车常州基地、万帮数字新能源股份有限公司，开展产业发展分析交流、产品推介、供需合作对接等活动。4月11日，常州承芯半导体有限公司高端滤波器项目投产。5月12日，与常州信息职业技术学院共同举办2023集成电路设计技术科技大师技术交流论坛，国际电气与电子工程师学会会士、台籍教授刘俊杰及台湾成功大学工学院原院长王骏发教授与常州有关台企及武进高新区参会代表进行交流分享。9月22日，组织7家企业参加苏台新能源产业发展研讨会。9月22日，在西太湖科技产业园举办2023两岸（常州）健康产业融合发展对接会，两岸生技和健康产业的专家、学者、企业家代表、风险创业投资机构代表等80余人参会，5个常台合作项目签约。11月4日，承办“奋进在江苏——台商沙龙”活动。11月14日，组织武进企业参加2023两岸企业家紫金山峰会常州分会场活动——两岸新能源产业发展高层论坛。

【武进区对台交流交往】 2023年，区台办深化“一家亲·武台情”品牌活动，聚焦台湾青年，开展交流活动12项。2月17日，举办“一家亲·武台情”2023年武进台资企业新春联谊会。3月16日，组织台企联理监事学习全国两会精神。4月16日，协办2023海峡两岸青年环太湖交流活动暨第二届苏台青年潮流文

2月17日，武进区举办“一家亲·武台情”2023年武进台资企业新春联谊会

（供图/区台办）

化节，两岸青年近3000人参加活动。4月16日，协办“两岸情”常州·台湾摄影交流33周年活动暨“彼岸”常州·台湾青年摄影家作品联展，两岸摄影家及台湾青年代表约150人参加。4月16日，台湾青年代表、全省13市台办分管领导以及常台两地摄影家代表到春秋淹城遗址公园参观采风。5月19—20日，组织台谊会理事、两岸婚姻家庭代表参访宜兴太华山新四军和苏南抗日根据地纪念馆。5月26—28日，组织台企、台胞到安徽泾县开展“大美祖国”寻美活动，感悟中华民族传统文化之美。6月24日，举办常州市台湾青年创新创业特训营，全市25名申报项目代表、各创业基地负责人、部分台湾青年代表参加活动。7月29日，举办台湾青少年交流参访团“行读常州”活动。7月30日，协办第九届苏台青少年科技创意创新活动，60余名台湾中小学生、科技老师以及江苏省500多名师生参加。8月17日，开展“一家亲·武台情”亲子夏令营活动，11组两岸婚姻家庭及子女30余名大小朋友参加。8月22—25日，协办2023海峡两岸青年创新创业大赛，102名台湾选手参赛，促成12个项目与常州西太湖科技产业园签约。9月23日，举办“一家亲·武台情”台企台胞中秋联谊活动，50余名台胞参加。11月13—17日，台湾地区宜兰县体育会代表团参访武进。接待中国国民党副主席夏立言，武进台企晶品光电母公司富采投资控股股份有限公司董事长彭双浪，台北市武进同乡会理事长吴曼英，台北市武进同乡会前理事长、台北市两岸交流委员会主委秦文港，台北市武进同乡会理事、两岸联络小组主委赵国庆，台湾新北市三重区同济会代表，台湾云林同乡文教基金会代表，江苏、浙江、安徽三地台协会会长和台商代表等16批530余人次。

【优化涉台发展环境】 2023年，区台办着力健全完善服务台胞台商台企制度机制，持续优化涉台发展环境，助力台企高质量发展。全国、省、市、区各级领导10多次调研光宝科技（常州）有限公司、晶品光电（常州）有限公司、常州承芯半导体有限公司等重点台企，了解情况，解决问题。组织开展各类服务台商台企创新发展活动6次。2月10日，区台办、区台企联与区人社局联合开展“一家亲·武台情”台企专场公益招聘会。3月16日，组织台胞、台企代表参观中以常州科技产业园，以期在台企创新发展、人才培养、产学研对接等方面寻求启发与合作。“五一”前夕，联合市台办等单位走访常州威材新材料科技有限公司、常州市瑞发科技有限公司等台企。5月，走访重点台企、高校、园区，组织动员11个项目参与2023海峡两岸青年创新创业大赛。7月13日，联合区法院、司法局、应急管理局开展“一家亲·武台情”安全宣传进台企·法律服务促发展活动，为台胞、台企提供一对

一精准的法律服务，发放安全生产、涉台法律法规的“口袋书礼包”20余份。9月，开展武进区台资企业新能源类企业问卷调查，了解企业情况和发展需求。帮助协调解决台胞子女学籍、台企租赁延期等困难10件次，帮助11名台胞子女解决入学问题，办理赴台商务签证34件76人次。

（寿鹤婷）

侨　务

【概况】 2023年，武进区秉承“以人为本，为侨服务”的宗旨，凝聚侨心，汇集侨智，维护侨益，发挥侨力，画好最大同心圆。区侨务部门持续开展“春送健康、夏送清凉、秋送亲情、冬送温暖”品牌活动，走访慰问困难归侨侨眷、侨界代表人士200余人次，发放困难补助、慰问金7万余元。开展走百家侨资企业、访百名侨界人才“双百”行动，走访侨界企业家和人才60余人，畅通政企沟通，推动惠企政策落地。服务200余名留学人员到武进创新创业，毕业于伦敦帝国理工学院的方凝博士入选第二十三批“常州市龙城英才”。4月，区侨联艺术团启动“奋进新征程、同心向未来”送戏下乡活动，送戏下乡8场。5月21日，儿童财商培养亲子教育分享会在区博物馆报告厅举行，区侨青会、区欧美同学会（区留学人员联谊会）的30余个家庭参加。9月，牛塘镇海归驿站成立。10月，区侨联、区华侨活动中心组织开展“重阳佳节敬桑榆、同心共圆谋发展”归侨侨眷看武进活动。12月，组织海归青年参加“冬至消寒喜乐会”活动，嘉泽镇海归驿站成立。全区侨界人大代表、政协委员及侨界代表人士积极参政议政，提交议案16件。区欧美同学会（区留学人员联谊会）获区“争当现代化建设标杆突出贡献奖”（党建引领奖），政协侨联组获评区政协优秀界别活动组。杨美英获评2023年全国归侨侨眷先进个人，杨美英等提交的《关于常州市电动汽车充电桩建设与管理的建议》获评2023年市政协优秀提案，《关于重视海外高层次人才引进工作的建议》获评2023年区政协优秀提案；汤国荣获评2023年武进区优秀政协委员。西太湖侨联主席顾锁娟被《华人时刊》收录，牛塘镇金东方社区侨联选送的《为世界儿女尽孝》获市第五届红色故事宣讲大赛三等奖。武进籍加拿大侨胞祝小清当选为江苏省侨联国际文化交流促进会理事，海归人士张翀昊、刘鲸当选为江苏省欧美同学会理事，钱松被列入中国侨联《华侨华人家风故事集》。武进区中医医院主任中医师薛红良获评“亲情中华、魅力江苏”中医文化海外推广“杏林使者”。嘉泽镇花神宫入选市华侨文化交流基地。至年末，常驻人口中有归侨13人、侨眷5000余人。在海外的华侨2000余人，分布在世界近40个国家和地区，相对集中于美国、加拿大、日本、英国等国家和地区。

【“龙城她力量”读书分享会】 3月6日，区侨联组织的“龙城她力量”读书分享会在常州科教城金凤凰人才公寓举行，来自区欧美同学会、留学人员联谊会、侨青会的30余名会员参加活动。主讲人通过领读、分享、聆听三位一体的方式，带领会员沉浸式体验感受书中的世界，跳出思维局限，感受本我的力量，学会掌控情绪，真正活在当下。会员们畅谈对《当下的力量》的理解和感悟，通过共读分享，一起收获“心灵”的成长。

【武进区海归青年志愿者联盟成立】 6月2日，该联盟由嘉泽、洛阳、湟里三镇欧美同学会（嘉泽镇留学人员联谊会）共同发起成立，服务宗旨是促进“两湖”创新区青年企业家和归国留学人员联谊交流、创业合作，增进海归青年群体的交流融合。全区青年归国留学人员充分发挥自身特长、专业优势、技术资源，在经济、文化、法律、医疗等领域，深入开展普及、传播、援助、服务类志愿服务活动，展现海归青年的社会责任。7—8月，湖塘镇欧美同学会与常州市儿童福利院开展共建，携手常州市河北商会为涿州抗洪救灾捐赠物资，组织16名福利院儿童开展公益扬州行暑期夏令营活动。牛塘镇欧美同学会结对服务金东方社区的老年侨胞侨眷。9月18日，海归青年志愿者慰问金东方抗美援朝老兵。

【武进区海外学子看常州活动】 7月5日，区侨办组织举办“逐梦前行、扬帆未来”2023年武进区海外学子看常州活动，40余名武进籍海外学子参访万帮数字能源股份有限公司、理想汽车（常州）基地、中以常州创新园，感受新质生产力的蓬勃发展；参观常州梳篦博物馆、青果巷历史文化街区，寻访文脉、了解历史，切身感受家乡经济社会文化新发展新变化。

【“百名海外博士江苏行”常州站暨梧桐同心海归人才市集活动】 11月21日，在武进区举办。活动以“携手天下英才、创响江苏未来”为主题，邀请全球高端装备制造领域的近50名海归人才参加活动，其中博士人才超过60%。龙城实验室、联泓新材料科技股份有限公司等16家重

6月2日，武进区海归青年志愿者联盟成立　　（供图 / 区委统战部）

7月5日，武进区举办2023年“逐梦前行 扬帆未来”武进区海外学子看常州活动 （供图/区委统战部）

点企事业单位与海归人才深度对接。区欧美同学会（区留学人员联谊会）会长、常州天正工业发展股份有限公司董事长、海归博士张翀昊分享创新创业故事和心得感悟。举行2023年度全国博士后创新创业大赛颁奖仪式、常州市博士后创新实践基地授牌仪式。领军人才李辉、王健分别作《车辆智能诊断仪》《全固态电解质的规模化量产》项目路演，并与常州科教城、武进高新区等园区进行落地洽谈，达成初步合作意向。活动期间，海外博士团参加武进人才周开幕式，考察“两湖”创新区规划展示馆，深入了解武进的创新创业生态和发展规划。

（王　艳）

老干部工作

【概况】 2023年，区委老干部局一体推进离退休干部党的建设、服务管理、作用发挥，团结带领全区广大离退休干部讲政治、献余热、做贡献，为全区经济社会发展增添正能量。门户网站发布信息831篇，“武进桑榆”微信公众号推送消息432条，被“学习强国”学习平台、《人民论坛》、《光明日报》和省委老干部局网站及微信公众号等录用95篇，《银发赋能、助力发展》在《中国老年报》头版头条刊发，短视频《追光而遇、沐光而行》入选“学习强国”江苏学习平台。结合年度重点工作任务，申报区级书记项目专项课题各1个和老干部工作创新项目省、市级各1个。发放“桑榆爱心基金”帮扶款15.9万元。深化离退休干部“桑榆进基层，治理当先锋”志愿服务，新增试点村（社区）17个，开展活动306次，参与老干部1240人次，服务9.7万人次。全区获评第二批省级“六好”离退休干部示范党支部1个、市级“六好”离退休干部示范党支部4个。区委老干部局获评市、区两级关心下一代工作优秀集体，《助力新发展、银发启新程》获评全区“十佳”书记项目。至年末，有离休干部62人，其中武进直属48人、代管（含垂直条线部门）12人、易地安置2人；副处级以上退休干部126人。有主管单位建制式离退休干部党支部（总支）89个和卫健系统、教育系统、区级机关事业单位退休干部协会3个。

【离退休干部党建工作】 2023年，区委老干部局（离退休干部工委）围绕“学思想、强党性、重实践、建新功”的总要求，加强离退休干部党建工作。印发《关于加强新时代离退休干部党的建设工作的实施办法》，新增区商务局、洛阳高级中学2个建制式退休党支部，在区经研会（老促会）、区老干部诗词小组、区老科技工作者协会成立功能型党组织3个。开展离退休干部党支部书记培训，组织全区离退休干部党员参加学习贯彻中共二十大精神主题教育活动。开展线上＋线下理论宣讲，举办退休干部专题辅导会暨全区“银发头雁”培训班和第十期副处级退休干部培训班各1期；为基层党支部（退干协会）开展“桑榆”宣讲24场次，播映红色电影19场次；依托“桑榆云讲堂”每周推送“党员学习教育资源包”。组织线上、线下中共二十大精神知识竞赛3次，组织收看网上专题报告会5场次。组织离退休干部“学习贯彻新思想、奋力谱写新篇章”主题活动，征集主题征文125篇（获《武进日报》刊登29篇），书画、诗词、摄影作品380多件；各离退休干部党支部开展形式多样的主题党日活动30余次。开展“话传统、谈复兴、聚力量”专题调研活动，组织四套班子老领导实地调研礼嘉镇何墅村、雪堰镇新康村。举办武进区推进“晚霞映龙城”品牌集群建设暨湖塘镇“余晖映湖”发布仪式，集中展示全区离退休干部党建成果。湖塘镇湖塘老干部党支部获评第二批省级“六好”示范党支部，湖塘镇永定社区银晖党支部、牛塘镇金东方社区党支部、区检察院第六党支部、武进高新区机关退休干部党支部获评市级“六好”示范支部，全区评选表彰第三批“桑榆堡垒”10个、先进老干部党支部38个、优秀党建骨干19人。

【离退休干部服务管理】 2023年，区委老干部局全面落实离退休干部政治待遇和生活待遇，提升离退休干部服务管理质量。举办区级老干部情况通报会、“光荣在党50年”纪念章颁发、住院离休干部看望慰问等活动。举办第四期区管干部荣退仪式，为30名新退休区管干部颁发荣退纪念章。组织体检报告解读和健康咨询活动3场。结合“反诈宣传月”，通过微信公众号推送反诈视频，组织开展线上反诈知识竞赛。贯彻省委老干部工作领导小组《关于进一步加强老干部活动学习阵地工作的意见》精神，指导有条件的单位建好基层老干部活动室，提升区老干部活动中心软硬件条件，区老干部活动中心获评全省示范性老干部活动中心。为离退休干部订阅党报党刊和老年刊物，组织开展离退休干部书画诗词摄影展、游园活动、乒乓比赛等活动13场次。开展第八轮“桑榆爱心基金”帮扶，向53户有特殊困难的离退休干部家庭发放帮扶款15.9万元。

2023年区委老干部局组织实施“银发人才进安康 苏陕协作共发展”活动

（供图/区委老干部局）

【离退休干部作用发挥】 2023年，区委老干部局深入区司法、教育、农业农村等部门开展专题调研，召开银发人才座谈会3场。组织实施“银发人才进安康、苏陕协作共发展”活动，全区66个离退休干部党支部与陕西省安康市汉滨区的66名优秀困难学生建立长期帮扶关系，首期捐款3.96万元，区老科技工作者协会和科协老干部党支部捐赠图书款1万元；农业、医疗、教育等领域的老专家分别开展座谈交流、业务指导等活动，把银发力量贡献在对口帮扶第一线。组建“吾鹰讲习团”，选拔近三年退休的9名正科级领导，牵手17名武进籍优秀高中毕业生，实施“雏鹰守护计划”。印发《关于进一步深化离退休干部“桑榆进基层，治理当先锋”志愿服务项目的通知》，继续推进“桑榆进基层，治理当先锋”和“桑榆”河长护航“武水”长清项目，新增志愿服务试点村（社区）17个，开展活动306次，参与老干部1240人次，服务9.7万人次。全区面上实现“时间银行”积分管理等社区治理新模式的镇级全覆盖，湟里镇葛庄村、嘉泽镇嘉新社区、雪堰镇漕桥社区的“时间银行”互助养老服务模式取得实际成效，武进高新区北区的龚家社区“时间银行”居家养老照护项目受到省委老干部局领导的充分肯定。开展2023年度“最美桑榆”推荐宣传工作，征集候选人（含团队）54个，联合区融媒体中心开设“最美桑榆”巡礼专栏，宣传2023年度“最美桑榆（团队）”17个。命名第二批区级“银发生辉”志愿服务团队（个人工作室）13个，拍摄制作全区银发人才援陕短视频《追光而遇、沐光而行》1部。

（陈　兮）

关心下一代工作

【概况】 2023年，区关工委贯彻实施《2023年武进区关心下一代工作意见》，举办成立30周年纪念会，与区文体广旅局联合开展校外教育辅导站青少年春季健身活动。3月27日，召开关工委全体会议，布置2024年度工作。年内，开展“老少心向党、奋斗新征程”主题教育系列活动；组织实施“五有五好”基层关工委建设；通过复评验收示范辅导站19个；在全区213个村（社区）关工委设置“阳光心灵驿站”，为青少年心理健康成长保驾护航；获评市“五有五好”民营企业关工委51家、市“五星级五有五好”民营企业关工委5家；39名学生获江苏省《关心下一代周报》“冰凌花”奖学金，12名学生获省关心下一代基金会资助。中国关工委主任顾秀莲、省关工委常务副主任李明朝先后考察调研武进关工委工作，并给予充分肯定和高度评价。太湖湾教育大营地获评江苏省关工委校外劳动教育基地。至年底，有各级关心下一代工作组织686个，常态化参与关心下一代志愿活动的“五老”（老干部、老专家、老模范、老教师、老战士）人员2095人；各级校外教育辅导站257个，参加校外辅导的志愿者1515人，辅导学生9.06万人次。

【顾秀莲考察武进区关心下一代工作】 2月18日，中国关工委主任顾秀莲考察牛塘镇青云村校外教育辅导站，实地调研武进区关心下一代工作，市、区领导季培东、乔俊杰、徐新民、赵天晟参加活动。顾秀莲一行参观青云村党建文化广场、校外教育辅导站和党群服务中心，观看体育社团活动，旁听国学课堂和智慧父母课堂，与孩子和家长亲切互动。在村校外教育辅导站，顾秀莲一行观看《青云村的小美好》辅导站活动视频，听取牛塘镇党委副书记、关工委主任翁路英，青云村关工委常务副主任蒋惠刚及东方润安集团董事长蒋中敏汇报关心下一代工作。顾秀莲充分肯定武进区、牛塘镇青云村的关心下一代工作，指出，各级关工委要学深悟透中共二十大精神，落实“急党政所急、想青少年所需、尽关工委所能”的工作方针，坚持党建带“关”建，以立德树人为工作导向，努力推动关心下一代事业高质量发展；要自觉将关工委工作放到中国式现代化进程中谋划和推进，找准工作的结合点和着力点，团结带领广大青少年坚定不移听党话、跟党走；要发挥好家庭、学校、社会、政府“四位一体”作用，引导青少年传承好红色基因，争做时代新人；要不断扩大关工委影响力，发挥好“五老”队伍作用，继续为青少年提供关爱服务。顾秀莲鼓励牛塘镇继续结合实际、总结经验，创造性地开展关心下一代工作，在新时代的新征程上为孩子们创造更多“大美好”。

【武进区关工委成立30周年纪念会】 10月17日，在区行政中心举行，市关工委常务副主任赵忠和，区四套班子领导，以及各级关工委代表130人参加会议。区关工委主任朱建康作题为《守正创新育新人，老少携手向未来》的工作报告。市委常委、区委书记乔俊杰到会讲话，充分肯定全区关工委工作及所取得的成绩，要求各级关工委和广大“五老”人员进一步强化使命意识和责任意识，主动作为、创新实干，不断开创全区关心下一代工作的崭新局面。会议表彰全区关心下一代工作优秀集体63个、优秀个人98人。会上，区关工委向代表发放编印的《老少携手向未来》专题纪念册。

【“老少心向党、奋斗新征程”主题教育系列活动】 2月22日，区关工委与区文明办、教育局联合印发通知，启动“老少心向党、奋斗新征程”主题教育活动。3月23日，区关工委在嘉泽中心小学举行主题教育启动仪式，推进活动深入开展。各基层关工委启动推进相关工作，南夏墅街道关工委等单位召开推进会，礼嘉镇关工委等单位举行活动成果集中展示。5月6日，全区“老少同台”演讲比赛在星河实验小学举行，各镇（街道）11个节目参赛，《万疆》等节目获一等奖。5月19日，区关工委与星河实验小学共同承办全市“老少同台”演讲比赛，湖塘镇关工委和武进区实验小学分校联合推出的《姜茶飘香，红心向党》获一等奖；区教育局关工委、星河实验小学联合推出的《星河娃的飞天梦》获特等奖，并代表市参加省展示，获特等奖。各基层关工委主动联合辖区学校，组织青少年参加省、市关工委组织的读书征文活动，牛塘初级中学等9所学校获省“我是强国小主人”征文活动优秀组织奖，成章小学等2所学校获市“文化塑造未来、读书点亮人生”征文活动优秀组织奖。嘉泽镇关工委制作的视频《爱心小站》被省关工委评为校外教育辅导站活动视频一等奖。全区“思想道德教育宣讲团”撰写党史报告进校园、进社区讲稿130篇，开展宣讲850场次，受教育人数4.7万人。

【新时代“五有五好”关工委建设】 2023年，区关工委开展“五有五好”（有组织、有队伍、有制度、有活动、有效果；领导班子建设好、“五好”作用发挥好、制度健全执行好、活动经常效果好、探索创新成果好）基层关工委建设，不断夯实关工委工作根基，提升关工委工作水平。4月4日，在牛塘镇青云村召开全区“五有五好”基层关工委建设巩固深化年活动动员会，明确工作任务、要求和步骤。5月5日，印发《武进区“五有五好”基层关工委建设巩固深化三年行动规划（2023—2025）》，目标是通过三年的努力，积极争当省基层关工委建设先进县（区）；各镇（街道）、村（社区）关工委普遍达到“五有五好”基层关工委建设新标准，争当省、市、区“五有五好”基层关工委建设先进单位。5月起，区关工委先后调研洛阳镇、雪堰镇、南夏墅街道基层关工委建设情况。各镇（街道）关工委根据工作安排，对照省“五有五好”基层关工委建设标准，指导所辖村（社区）关工委按照三年建设比例分别为25%、35%、40%的要求，逐一认定达标情况，制定方案，对标落实。9月，区关工委现场集中考评各镇（街道）列入年度建设规划的基层关工委，经综合评定，认定雪堰镇关工委等10家单位为“武进区新时代‘五有五好’关工委先进镇（街道）”，认定雪堰镇雪西村关工委等65家单位为“武进区新时代‘五有五好’关工委先进村（社区）”。

（陈　辅）

8月，区教育局关工委、星河实验小学联合推出的《星河娃的飞天梦》获江苏老少同台演讲展示活动特等奖

（供图／区关工委）

党校工作

【概况】 2023年，区委党校（区行政学校）坚持围绕中心、服务大局，践行为党育才、为党献策的初心使命，聚焦主课主业，规范办好主体班次，为推进中国式现代化武进实践积极贡献党校力量。牵头成立全区性党建联盟“求是红盟”。联盟工作聚焦区委、区政府中心工作和重大决策部署，以“党员教育＋干部培训”为主抓手，以“调查研究＋智库咨政”为主要模式，借助于“常州市城市党建头雁学院”等全区优质平台和载体，建强百名红雁骨干、打造百场精品课程、提升百个现场教学点，全面总结武进党建引领经济社会发展经验，全面讲好武进各级党组织和广大党员“初心故事”。开发专题新课程11门，举办主体班次34期，受训3506人次；承接外来班次64期，参训4401人次。开展理论主题宣讲216场次，听众2.2万余人次。完成区级及以上科研课题13个，在区级及以上刊物发表学术论文25篇，印发《区情研究》9期。不断提升综合保障服务，投资2000余万元用于住宿楼修缮、会议室LED电子屏安装、校内充电桩安装等设施设备改造。通过2023年度江苏省公共机构节能低碳示范单位复核。

【干部教育培训】 2023年，区委党校根据《2023年全区干部（人才）教育培训工作要点》，与相关部门紧密协作，有针对性地优化课程设置，形成涵盖党史与党性教育、改革发展与城乡治理、专业能力与人文素养等单元板块共80个专题的课程体系。灵活运用破冰教学、沙盘推演等启发、互动教学模式，探索推进主体班研究式教学，以结构化研讨、案例教学、专题研讨等方式，有效发挥学员的主体性，增强教学效果。

2月5日，全区区管乡科级干部学习贯彻习近平新时代中国特色社会主义思想和中共二十大精神集中轮训班（第一期）在区委党校开班。市委常委、区委书记、区委党校校长乔俊杰出席并作

9月16日，2023年武进区年轻干部“雄鹰计划”训练营在区委党校开班

（供图/区委党校）

专题辅导报告。年内，该轮训班共举办5期，参训965人。

3月23—29日，尼勒克县中青年干部培训班在武进区委党校举办，参训学员30人。培训内容涵盖武进经济发展、基层社会治理现代化、“532”发展战略与武进打造“一园一城一示范”等领域，课程采用理论教学和现场教学相结合的方式，紧扣乡村振兴主体、基层治理需要，精心开展“点单式”培训，并安排实地观摩、沉浸式体验等环节，有效增强学员在培训过程中的获得感。

4月10—14日，全区科技人才干部综合能力提升专题培训班在武进区委党校太湖湾分校举办，参训50人。该培训班采用集中授课和实境课堂的方式进行培训，课程内容有中共二十大精神、全国两会精神、干部自我修养等相关理论课程，以及科技招商、科技人才、科技载体等相关赋能课程。通过“请进来教”与“走出去学”相结合的方式，促使理论学习与实践体验互为补充。

6月11日，武进区党政主要领导履职能力提升培训班在区委党校正式开班。市委常委、区委书记、区委党校校长乔俊杰作开班动员。该培训班分2期开展，除理论学习外，还组织外出学习，助力学员在革命传统教育中坚定历史自信，从“他山”先进经验中汲取发展智慧，为“新能源之都”和“两湖”创新区建设储备能量。

9月16日，2023年武进区年轻干部“雄鹰计划”训练营教学活动在区委党校举办，参训71人。培训聚焦“科技创新”“绿色低碳”两大主题，安排“科技成果转化创新生态体系打造”“碳中和愿景下的能源绿色转型”等专题讲座4场、区情课程2堂，通过鹰视角研讨、现场教学等多种方式，深化广大学员对科技创新、绿色发展的认识。教学中创新采用团体沙盘的教学方式开展团队破冰活动。

10月18日—11月1日，2023年武进区新任乡科职领导干部培训班在区委党校举办，参训45人。该培训班设置理论强基、他山之石和多元视角3个单元，内容涵盖政治理论、经济产业、社会治理等主题。学员通过专题讲座、自学研讨，深刻领会习近平新时代中国特色社会主义思想的核心要义。通过学习相关法律法规、政策要求和先进经验，进一步掌握履职的“底线”要求和“高线”愿景。

【主题理论宣讲】 2023年，区委党校聚焦“学思想、强党性、重实践、建新功”的总要求，立足党校独特优势，开展“七进”理论宣讲、“读原著、悟原理”理论宣传，讲全讲准讲深讲透习近平新时代中国特色社会主义思想。以“红雁”宣讲队为主体，结合“890青年说”进行师徒结对孵化提升，持续完善宣讲课程准入制度。持续完善七彩课程，把省、市、区党代会精神等专题纳入宣讲内容，以改革发展、区情教育等课程，紧贴基层干部群众的教育需求，引导教师注重宣讲形式，以群众性、亲近式宣讲做到课程大众化、通俗化。开展宣讲216场次，听众2.2万余人次，切实发挥全区理论宣传阐述的主力军作用。

【调查研究和决策咨询】 2023年，区委党校围绕全区中心工作和经济社会发展的热点、难点与重点开展调研，构建及时高效的决策建议报送渠道，形成与党委、政府联系汇报的“直通车”。与区政协、区法院、武进自然资源和规划分局等单位开展课题合作，深化集成改革研究，为相关职能部门提供决策性和政策性研究支持。刊发《区情研究》9期，其中《全国村党组织书记和村委会主任视频培训班武进分课堂专题研讨综述》《从基础研究“深蹲助跑”到科技创新“跳跃起飞”——武进区加快推进基础研究发展的建议》两篇调研报告被区委研究室采纳并刊登于《调查与研究》。完成课题省级2个、市级4个、区级7个，入选环太湖发展研究中心2023年年会征文活动文章3篇，其中1篇获评优秀论文。发表论文25篇，其中省级论文1篇，在《常州日报》《武进日报》理论专栏发表理论文章23篇。

【对外开放办学】 2023年，区委党校加强对外开放办学平台建设，形成区级分校、基层现场教学点及兄弟党校合作办学的对外开放办学体系。10月，组建区委党校武进高新区分校，举办全区区级领导干部主题教育读书班。区委党校太湖湾、武进高新区2所分校共举办培训班19班次，参训1600余人次。提升并确立区内干部教育培训现场教学点100个，重点打造牛塘镇丫河村、壹社区和万帮星星充电现场教学点3个。开辟以红色教育为重点的求真之路、以产业发展为重点的求新之路、以“两湖创新”发展为重点的求实之路精品线路3条。参访长三角地区兄弟党校12所，深入交流合作办学、教学科研、后勤保障等工作，建立巩固长期办学合作关系。

（师　伟）

常州市武进区人大

Changzhou Wujin District People's Congress

栏目编辑　王国新

重要会议

【区十七届人民代表大会第二次会议】 1月3—5日，区十七届人民代表大会第二次会议在武进假日酒店召开。听取和审议《武进区人民政府工作报告》《武进区2022年国民经济和社会发展计划执行情况及2023年计划安排报告》《武进区2022年预算执行情况和2023年预算草案》《武进区人大常委会工作报告》《武进区人民法院工作报告》《武进区人民检察院工作报告》，批准以上报告并通过相应决议。选举李旌巍为区监察委员会主任，补选丁文柯、潘一沁为区十七届人大常务委员会委员；表决通过区十七届人大法制委员会、监察和司法委员会、社会建设委员会主任委员人选；票决产生30项2023年民生实事项目。

【区十七届人大常委会会议】 2023年，区十七届人大常委会召开常委会会议7次，听取和审议政府、监察委员会、法院、检察院专项工作报告19项，作出决议、决定19项，任免国家机关工作人员72人次。邀请区人大代表28人、选民14人列席各次会议。

第九次会议　3月9日，在区行政中心召开。审议通过人事任免案。审议《区人大常委会2023年工作要点及主要工作安排表》《关于加快推动新能源之都首位区建设的议案》《武进区2023年第一批政府投资项目建设计划的议案》《"人大代表在行动"主题活动2023年度工作计划》。听取《区人民政府执行〈关于扎实推进"一园一城一示范"建设的决议〉2023年工作计划》《关于建设人大代表全过程人民民主监督平台的实施意见》《关于开展2023年度全区人大系统"十优"评选工作的通知》。

第十次会议　5月5日，在区行政中心召开。审议通过人事任免案，决定接受李德森辞去区人民政府副区长职务的请求，并报区十七届人民代表大会第三次会议备案。审议《关于调整武进区第十七届人大常委会代表资格审查委员会组成人员的决定（草案）》《关于个别代表的代表资格的报告》《常州市武进区人民代表大会常务委员会关于加强国有资产管理情况监督的决定（草案）》。审议通过代表辞职有关事项。

第十一次会议　7月18日，在区行政中心召开。审议通过人事任免案，决定接受徐俊辞去区人民政府副区长职务的请求，并报区十七届人民代表大会第三次会议备案。决定任命朱小平为区人民政府副区长。审议《关于调整常州市武进区人大常委会潞城街道工作委员会组成人员的决定（草案）》、《常州市武进区人民代表大会常务委员会关于区人民政府重大决策出台前向区人民代表大会常务委员会报告的决定（草案）》、《常州市武进区人民代表大会常务委员会关于加强我区历史文化遗产保护与利用的决定（草案）》、全区国有资产管理情况、区法院执行工作开展情况、全区就业促进工作情况。听取关于成立武进国家高新技术产业开发区（南夏墅街道）议政代表会和武进经济开发区（西湖街道）议政代表会有关情况的汇报、《关于加快湖塘老街保护与利用的建议》、《关于加

1月4日，区十七届人大二次会议在武进假日酒店会议中心开幕

（供图／区人大办）

快杨桥古村保护与利用的建议》。集体学习习近平总书记视察江苏重要讲话重要指示精神和全国、省、市人大常委会负责同志学习班学习资料。

第十二次会议　9月1日，在区行政中心召开。审议通过人事任免案，决定接受刘志峰辞去区人民政府副区长职务的请求，并报区十七届人民代表大会第三次会议备案。决定任命孙益锋、朱慧峰为区人民政府副区长。审议2023年上半年国民经济和社会发展情况，2022年财政决算、同级审计和2023年上半年预算执行情况，代表辞职有关事项和《关于个别代表的代表资格的报告》。

第十三次会议　11月2日，在区行政中心召开。审议通过人事任免案，决定接受王晓航辞去区人民政府副区长职务的请求，并报区十七届人民代表大会第三次会议备案。决定任命盛世麟为区人民政府副区长。审议代表辞职有关事项、委员辞职有关事项、《关于个别代表的代表资格的报告》、第二批政府投资项目计划、打击治理电信网络新型违法犯罪工作情况、乡村振兴促进“一法一条例”贯彻实施情况和区十七届人大二次会议代表建议办理情况，听取部分市人大代表和部分区人大常委会委员报告履职情况。

第十四次会议　12月1日，在区行政中心召开。审议通过人事任免案。审议确定人民陪审员名额事项、2023年度环境状况和环保目标完成情况的报告、2023年财政预算调整情况的报告、2023年预算执行和2024年预算编制情况的报告。评议区工信局、司法局、住建局、文体广旅局等部门及国家机关工作人员，开展满意度测评；听取法官、检察官履职情况报告，开展评议和满意度测评。

第十五次会议　12月26日，在区行政中心召开。审议通过人事任免案。审议《关于个别代表的代表资格的报告》、《关于召开区十七届人大三次会议的决定（草案）》、《常州市武进区人大常委会任命的有关人员向区人大常委会报告履职情况办法（草案）》、市人大代表辞职有关事项、武进区2022年度本级预算执行和决算草案审计查出问题整改情况报告、区“十四五”规划纲要实施情况中期评估报告，以及2023年民生实事完成情况的报告，并开展满意度测评。表决通过提请区十七届人大三次会议审议《常州市武进区人民代表大会议事规则（修订草案）》的议案。讨论区人大常委会工作报告，区人大法制委员会、监察和司法委员会、财政经济委员会、社会建设委员会工作报告和2023年度规范性文件备案审查工作情况报告。补选市十七届人大代表3名。

【区十七届人大常委会主任会议】 2023年，区人大常委会召开主任会议10次，听取讨论决定重大事项、年度工作安排、重点建议办理、工作评议、民生实事、环境保护、经济发展、城市建设等专题汇报17项。

（田扬中）

人大监督

【实施人大监督“六个三”工作机制】 2023年，区人大常委会推进实施“六个三”（三公开、三报告、三清单、三跟踪销号、三对照、三统筹）监督制度，公开征集议题、监督议题、监督结果，报告监督计划、监督进度、监督成果；制定发现问题清单、审议意见清单、问题整改清单，跟踪推进、落实、整改环节；对照法律、规定、建议，统筹开展综合监督、专项审议、调查研究，着力提升人大监督的实效性。确定监督议题60余项，督促开展工作130余项，指出问题185个，提出意见200余条，报送专项建议7件，获区委、区政府主要领导批示6次。

【宣传成果】 2023年，区人大常委会的《常州市武进区人大：乘“云”而上　构建履职新生态》入选2023年江苏省市县人大十大新闻，在人民日报客户端、《人民代表报》、“学习强国”学习平台、中国人大网等国家级媒体发表文章18篇，在《人民与权力》、江苏人大网、江苏人大微信公众号等媒体发表文章68篇，在《武进日报》、武进电视台专题报道工作24期。

【执法检查】 4月，区人大常委会配合省人大常委会开展《江苏省太湖水污染防治条例》贯彻实施情况执法检查。6月，配合市人大常委会开展《中华人民共和国湿地保护法》《江苏省湿地保护条例》贯彻实施情况执法检查。7—8月，区人大常委会执法检查组到雪堰、前黄、嘉泽等镇视察《中华人民共和国乡村振兴促进法》《江苏省乡村振兴促进条例》（简称一法一条例）贯彻落实情况，召开座谈会，解读“一法一条例”的法理意义与时代价值，了解贯彻落实中存在的主要困难和问题，听取人大代表及干部群众对深入贯彻实施“一法一条例”的意见建议。

【调研视察】 2023年，区人大常委会围绕经济社会、民生事业、社会治理、乡

7月13日，省人大常委会常务副主任、党组副书记樊金龙（左四）一行调研武进区人大经济运行情况

（供图/区人大办）

3月20日，市人大常委会主任白云萍（后排右四）到武进区开展《常州市劳动教育促进条例》立法调研（供图/区人大办）

村振兴，组织开展专题调研4次、视察活动9次。

3月15日，视察全区推进市域社会治理现代化试点工作。视察牛塘镇综治中心、牛塘镇丫河村、嘉泽镇派出所，了解综治中心一体化建设、“五治融合”（政治、法治、德治、自治、智治融为一体）治理品牌、“援法议事”工作、矛盾“协调”治理模式等方面的经验做法。

6月14日，调研全区既有住宅加装电梯工作。实地查看阳湖世纪苑12−1幢乙单元完工项目和湾里新村26幢甲、乙、丙单元正在施工项目，听取区住建局关于全区既有住宅加装电梯工作情况的汇报。

6月27日，视察全区高标准农田建设和水产养殖生态化改造工作情况，赴前黄镇高标准农田建设项目现场，了解项目概况、建设规划以及改造前后的效果对比。

6—10月，调研全区律师行业高质量发展情况。考察学习苏州市、上海市、深圳市在律师行业高质量发展经验，实地走访武进区部分律所，形成《四十不惑再出发、乘风破浪正当时——武进区律师行业高质量发展调研报告》，推动《关于促进全区律师行业高质量发展的若干意见（试行）》出台。

7月13—21日，视察2023年区级民生实事项目。视察西湖街道综合市场、牛塘镇沈家花苑等民生实事项目现场，听取项目推进情况的汇报，了解全区民生实事项目推进情况。

7月19—20日，调研全区农业产业园区发展状况。考察浙江省湖州市德清县、苏州市吴江区、无锡市锡山区等县区农业产业园区发展情况，学习借鉴政策联动、资金扶持、土地保障等方面的经验做法。

7月28日，视察全区“八五”普法规划落实情况。视察洛阳初中青少年法治教育基地、湖塘派出所，听取区司法局关于“八五”普法规划中期落实情况的汇报。

7—10月，视察全区农产品品牌建设情况。联合区农业农村局深化农产品品牌化建设工作，着力提升全区农产品市场竞争力。

8月17日，视察全区优化营商环境工作情况，视察湖塘镇便民服务中心、区政务服务中心，听取区行政审批局关于全区优化营商环境工作情况的汇报。

8—10月，专项监督“推进新一轮太湖综合治理‘1+8’三年行动计划”。实地督查西太湖蓝藻打捞点、武南河水利枢纽工程等项目，听取区生态局等有关部门汇报项目进展情况。

9月19日，视察全区群租房整治工作开展情况。视察部分租赁房屋现场，听取区整治办关于2023年全区出租房整治工作情况的汇报。

10月中旬，视察新能源之都首位区建设工作。视察汇川新能源汽车技术（常州）有限公司、万帮数字能源股份有限公司等企业，了解企业的经营发展情况，听取区工信局关于企业关切问题的解答。

11月23日，调研全区民宗侨台工作。听取区委统战部、区民宗局、侨办（侨联）、台办关于2023年主要工作及2024年重点特色工作思路的汇报。

【专题询问】 9月1日，召开“民生实事项目实施情况”专题询问会，区教育局、武进公安分局等有关部门接受区人大常委会委员和人大代表的现场询问。11月2日，“新能源之都首位区”建设情况专题询问会召开，区发改局、工信局等有关部门接受区人大常委会委员、人大代表和选民代表的现场询问。

12月13日，区人大常委会组织开展人大代表集中视察活动（供图/区人大办）

【人大常委会对政府部门工作评议】 4—10月，区人大常委会对区工信局、司法局、住建局、文体广旅局、行政审批局、统计局及其局长开展工作评议和履职评议，成立6个评议工作组，形成动员部署、调查反馈、集中评议、整改督查的监督闭环。12月1日，区十七届人大常委会第十四次会议对评议对象进行集中评议和满意度测评，测评结果均为满意。

【法官和检察官履职评议】 2023年，区人民法院7名员额法官、人民检察院6名员额检察官向区人大常委会报告履职情况。5月，区人大常委会制定出台《常州市武进区人民代表大会常务委员会关于法官、检察官报告履职情况办法》，印发《常州市武进区人大常委会2023年度法官、检察官报告履职情况工作实施方案》。5月下旬至9月底，考评小组共组织旁听庭审15次，收回旁听庭审评议表198份。12月，区十七届人大常委会第十四次会议进行集中评议和满意度测评，区人民法院7名员额法官、人民检察院6名员额检察官的测评结果均为满意。

【"听百案、议百事、评百员"活动】 2023年，区人大常委会组织开展"听百案、议百事、评百员"活动，组织全国、省、市、区、镇五级人大代表210人次，旁听庭审案件15件，监督评议员额法官、检察官13人，律师30人，评议结果均为优良。

（田扬中）

代表工作

【代表建议意见办理】 2023年，武进区有各级人大代表531人，其中全国人大代表1人、省人大代表7人、市人大代表105人、区人大代表418人。区十七届人大二次会议期间，收到代表建议134条，均在法定时限内办结并答复代表，其中在年内解决的建议107件，建议办理满意或基本满意率达100%。

【"武进云上人大"优化升级】 3月16日，"武进云上人大代表家、站、点"，增设"武进云上人大代表全过程人民民主监督平台"。4月6日，正式更名为"武进云上人大"；9月12日，增设"太湖综合治理"栏目。平台召开"云上"会议2次，举办"云上"代表讲堂6期，邀请代表分享履职经验12人次，开展线上培训6场次，收听收看近5万人次，"云解决"诉求150余件，"云监督"政府重点投资项目133项、民生实事项目和优化营商环境工作161项、太湖综合治理项目173项，收到评论建议5819条，获点赞23511次，访问量70000余人次。

5月22日，陕西省安康市汉滨区人大常委会主任郭正锋（左）来武进区考察"武进云上人大"建设情况

（供图/区人大办）

【"人大代表在行动"主题活动】 2023年，区人大常委会开展"为民办实事""代表问政"等活动370余次，接待选民群众4300余人次，征集议题和意见建议436件，办实事155件。代表向原选区选民述职72人，邀请人大代表参与人大重要会议、调研视察、专题询问等活动2100余人次，组织代表列席"一府一委两院"有关会议和活动100余人次。

【民生实事项目票决】 1月5日，区十七届人民代表大会第二次会议票决确定"吾优所育""吾优所教""吾优所得""吾优所医""吾优所养""吾优所居""吾优所扶""吾优所行""吾优生态""吾优平安"十大类30个2023年度区级民生实事项目，涵盖医疗卫生、文明城市创建、文体惠民、交通出行等多个方面。3—11月，区人大常委会按照《武进区重点民生实事监督办法（试行）》《2023年武进区重点民生实事项目实施情况督查工作方案》要求，开展实地督查、专题询问等活动，推进民生实事项目落地见效。12月，区十七届人大常委会第十五次会议听取和审议区人民政府关于区重点民生实事项目实施情况报告，并进行满意度测评，30个民生实事项目的测评结果均为满意。

【《人民代表报》理论研习实践武进基地揭牌】 3月30日，《人民代表报》理论研习实践武进基地揭牌。该基地是人民代表报社在常州市设立的第一个理论研习实践基地。《人民代表报》是全国人大及其常委会指定的独家专业采访媒体，也是全国各地人大常委会机关和人大代表交流学习的重要平台，具有广泛的传播力和影响力。人民代表报社与武进人大通过基地开展深度合作共建，实现双方资源共享，共同打造新时代人大理论学习、研究、传播的特色平台，不断丰富和发展全过程人民民主基层实践，为实现武进高质量发展提供坚强的保障。

（田扬中）

常州市武进区政府

Changzhou Wujin District People's Government

栏目编辑　王国新

重要会议与活动

【区政府常务会议】 1月11日，区政府第十三次常务会议在区行政中心召开。会议集体学习中央纪委国家监委第三批执纪执法指导性案例，听取关于区人民政府与南京大学共建“武进南京大学未来技术创新研究院”合作协议相关情况、2022年度市级星级企业评定情况、区安全生产三年专项整治工作情况、区2022年法治政府建设工作和2022年度信访工作情况的汇报，审议并原则同意《常州市武进区第二轮中央生态环境保护督察反馈问题整改方案》《2023年区级重点产业项目投资计划》《2023年武进区民生实事项目责任分解落实方案》《武进区加快推动氢能产业发展的实施意见》《关于支持武进区氢能产业发展的若干措施》《武进区关于加快打造新能源之都首位区的实施意见》《2022年度武进区经济工作先进集体和个人光荣册》《关于表扬武进区第三届优秀中国特色社会主义事业建设者的决定》。

2月13日，区政府第十四次常务会议在区行政中心召开。会议集体学习国务院《促进个体工商户发展条例》，听取2022年区长质量奖评审工作汇报和武进区2022年行政复议应诉案件分析报告，审议并原则同意《〈2023年区政府工作报告〉目标任务分解落实方案》《2023年全区主要经济社会发展预期目标任务分解表》。

3月21日，区政府第十五次常务会议在区行政中心召开。会议集体学习《中国共产党处分违纪党员批准权限和程序规定》，传达全省重点行业领域安全生产风险专项整治巩固提升年行动部署会及市续会精神，听取常泰高铁中央车站片区综合开发项目实施情况和武进区2022年政务公开工作汇报，审议并原则同意《常州市武进区乡村建设行动实施意见（2023—2025年）》《关于做好2023年全面推进乡村振兴重点工作的实施意见》《2023年武进区防止耕地“非粮化”稳定粮食生产工作实施方案》《2023年武进区太湖、滆湖安全度夏应急防控实施方案》《2023年武进区生态文明建设工作方案》《关于支持集成电路产业发展若干政策》《武进区工程建设项目“拿地即开工”实施方案》《租赁住房安全管理专项整治行动实施方案》《2022年度全区争当现代化建设标杆突出贡献奖先进集体和先进个人评选表彰工作方案》。

4月7日，区政府第十六次常务会议在区行政中心召开。会议集体学习《常州市水生态环境保护条例》，传达习近平总书记关于统计工作重要讲话指示批示精神和省、市消防工作会议精神，听取2023年武进区食品安全重点工作安排汇报，审议并原则同意《2023年武进区重点企业、高成长企业名单》《2023年常州市武进区人民政府行政规范性文件制定计划》《2023年常州市武进区法治政府建设工作要点》。

5月9日，区政府第十七次常务会议在区行政中心召开。会议集体学习《江苏省消防条例（修订）》，听取区住宅小区火灾防范工作情况和信访突出矛盾化解“百日会战”情况汇报，审议并原则同意《武进区绿色智造产业园综合开发项目总体实施方案概要》《武进区牛塘智造产业园一期综合开发项目总体实施方案概要》《关于开展“争当现代化建设标杆”活动的实施意见》《武进区“532”发展战略2023年重点项目（工作）清单》《关于切实做好第五次全国经济普查工作的通知》《武进区贯彻落实江苏省统计局2022年第1统计督察组对常州市督察反馈意见整改方案》《武进区重点行业领域安全生产风险专项整治巩固提升年行动实施方案》《武进区2023年度对口支援协作合作工作要点》。

6月13日，区政府第十八次常务会议在区行政中心召开。会议传达全国、全省打击治理电信网络新型违法犯罪工作电视电话会议精神，听取区“四好农村路”（建好、管好、护好、运营好农村路）全国示范县创建工作开展情况、2023年武进区“安全生产月”活动进展情况和全区“争当现代化建设标杆突出贡献奖”先进集体和先进个人评选情况汇报，审议并原则同意《常州市武进区创新信用管理与服务试点工作实施方案（2023—2025年）》《武进区新能源产业高层次人才引进政策（试行）》《武进区普惠托育服务三年行动方案（2023—2025年）》。

7月7日，区政府第十九次常务会议在区行政中心召开。会议集体学习《中共中央办公厅关于深化拓展整治形式主义为基层减负工作的通知》精神，听取武进区北部片区城乡融合生态发展建设项目总体实施方案概要和区政府表彰奖励“区见义勇为先进个人”情况汇报，审议并原则同意《武进区推进新一轮太湖综合治理“1+8”三年行动计划》《2023年武进区新一轮太湖综合治理工作任务清单》《2023年武进区新一轮太湖综合治理工程项目清单》《常州市武进区生活废弃物收运处置一体化特许经营项目实施方案》《关于深入实施新时代人才强区战略、加快建设长三角重要人才中心和创新高地的实施办法》《关于印发赋予经济发达镇和培育镇政务服务事项清单的通知》《关于调整镇（开发区）财政管理体制的通知》《常州市武进区创建国家食品安全示范城市实施方案》。

8月8日，区政府第二十次常务会议在区行政中心召开。会议集体学习《常州市租赁住房安全管理条例》，传达学习全国生态环境保护大会会议精神，听取全区城镇燃气安全工作情况、全区农村道路交通安全管理工作情况和2023年上半年度全区信访工作情况汇报，审议并原则同意《常州市武进区水系规划（2021—2035）》《常州市武进区农村集体经营性建设用地入市管理办法（试行）》《武进区住宅小区消防安全专项整治方案》《常州市武进区行政事业性国有资产管理办法》《常州市武进区国有企业投资监督管理办法》《2023年度常州市武进区人民政府重大行政决策事项目录》。

9月6日，区政府第二十一次常务会议在区行政中心召开。会议集体学习《关于建立领导干部应知应会党内法规和国家法律清单制度的意见》，听取第五届未来能源大会（FEC2023）工作方案、太湖综合治理进展情况和关于区档案新馆规划选址及建设模式情况的汇报，审议并原则同意《武进区加快构建新能源汽车零部件产业生态工作方案》《武进区2023年第二批政府投资项目建设计划》《武进区2023年打造一流营商环境重点任务清单》《武进区金融服务科技创新工作实施方案》《关于进一步推进基层应急管理体系和能力建设的实施意见》《武进区统筹整合财政资金优先支持农业农村重大项目建设意见（2023—2025年）》。

10月13日，区政府第二十二次常务会议在区行政中心召开。会议集体学习国务院《私募投资基金监督管理条例》，传达全省生态环境保护大会精神，听取全区信访工作情况汇报，审议并原则同意《武进区推进长三角一体化发展2023年工作要点》《武进区推动长江经济带发展2023年度目标任务清单》《常州市武进区推进实施乡村建设行动扶持办法（2023—2025年）》《关于规范建筑渣土管理的实施意见》《关于优化耕地占补平衡和城乡建设用地增减挂钩工作的通知》《2023—2025年武进区引导涂料生产企业（项目）转型发展的若干政策》。

11月10日，区政府第二十三次常务会议在区行政中心召开。会议集体学习《政绩观问题典型案例通报》，听取关于重大事故隐患专项排查整治行动推进情况及“回头看”阶段排查重点和全区安全生产工作情况的汇报，审议并原则同意《常州市武进区关于征收集体土地住宅房屋实行房票安置的实施办法（试行）》《常州市武进区关于征收国有土地上住宅房屋实行房票安置的实施办法（试行）》《关于学习运用“千万工程”经验 加快推动集体经济高质量发展的指导意见》《武进区农房集中更新试点工作实施办法》《武进区农民自建区存量农房盘活利用实施办法》《关于成立区金融风险化解委员会的通知》。

11月29日，区政府第二十四次常务会议在区行政中心召开。会议集体学习《中华人民共和国行政复议法》，听取江苏省食品安全示范城市创建工作汇报，审议并原则同意《常州市武进区国民经济和社会发展第十四个五年规划和二〇三五年远景目标纲要实施情况中期评估报告》《2023年预算收支计划调整草案》《2023年预算执行情况和2024年预算计划草案》《武进区农村集体经营性建设用地土地增值收益调节金征收使用管理办法（试行）》《常州市武进区农村集体经营性建设用地入市净收益管理办法（试行）》《关于统筹国有经营性建设用地入市收益的通知》。

12月25日，区政府第二十五次常务会议在区行政中心召开。会议听取2023年武进区重点民生实事项目实施情况、2023年武进区区长质量奖评审工作、常州市武进区2023年度法治政府建设情况、常州市武进区2022年度本级预算执行和决算草案以及其他财政收支情况审计查出问题整改情况、2023年国民经济和社会发展计划执行情况及2024年计划草案、2023年对口支援协作合作工作情况、2023年武进区粮食和物资储备工作情况和全区信访工作情况汇报，审议并原则同意《2024年武进区重点民生实事候选项目》《武进区2024年第一批政府投资项目建设计划》《常州市武进区政务信息化项目建设管理办法》《常州市武进区基层审批监管执法协调联动暂行办法》《2024年政府工作报告》。

【经济协作与招商活动】 2023年，区政府组织开展经济协作与重大招商活动近30次，开工、签约产业重点项目230多个，总投资近550亿元；落实对口援疆、援陕经济协作项目41个。

2月21日，2023年武进区新能源重点项目集中开工仪式举行，16个新能源产业项目集中开工，总投资158亿元。2月21—23日，武进经贸代表团赴沪交流，签约高新技术项目4个，总投资206亿元。6月12日，2023（第五届）高工氢电产业峰会举办，企业领袖、行业专家及精英人士600多人参会，签约

4月12日，贝内克长顺生态汽车内饰材料（常州）有限公司三期扩建项目奠基

（供图/武进高新区）

入驻常州氢湾国际创新社区8个项目。11月20日，重大外资项目投产暨精品外资项目集中签约，总投资15亿美元的太阳诱电（常州）电子有限公司一期投产，集中签约精品外资项目7个。12月20日，集成电路产业重点项目集中开工仪式举行，1个特色集成电路产业园、2个集成电路产业平台、14个重点集成电路产业链项目开工。

开展国内外重大招商活动10余次。理想汽车三基地涂装和冲压车间特构、EnerVenue新型镍氢气储能系统、芯砺车载高性能中央计算平台芯片等30个项目签约落户武进高新区，总投资334亿元。重组人血白蛋白、科尔珀恩智能热力装备、国家氢能装备产品质量检验检测中心等12个项目落户西太湖科技产业园，总投资215亿元。中欧蔚蓝谷项目签约落户武进绿建区，总投资2.5亿美元。

开展重大经济协作18次。1月12日，常州春华智科股权投资合伙企业（有限合伙）注册，成为首只入驻武进的QFLP基金，认缴规模1亿美元。3月8日，武进区—西安电子科技大学产学研对接交流会召开。3月24—26日，新疆维吾尔自治区伊犁州尼勒克县委书记马健率党政代表团在武进考察交流。4月14—17日，武进区党政代表团考察尼勒克县。4月22日，首届国家骨科与运动康复临床医学研究中心骨科融合创新生态驱动高质量发展大会在武进召开。5月24日，高标准工业园区建设项目融资合作签约活动举行，江苏武进经发集团与工行、建行、交行、中信银行武进支行，江苏先行控股集团有限公司、江苏国经控股集团有限公司与工行、建行、交行武进支行分别签订融资合作协议。6月5—7日，武进—汉滨2023年苏陕协作工作联席会在武进举行，签订2023年对口协作框架协议，安康市汉滨发展投资集团有限公司与万帮数字能源股份有限公司签订投资合作战略协议。7月19—21日，武进区党政代表团考察汉滨区，召开汉滨—武进2023年苏陕协作工作联席会议，武进区政府向汉滨区政府捐赠帮扶资金100万元，西太湖科技产业园与五里工业集中区（安康城东新区）管委会签订苏陕协作对口帮扶战略合作框架协议。7月26日，武进区党政代表团在盐城市阜宁县开展支援合作考察交流。9月8日，由舍弗勒、大陆、大众等德资企业代表组成的“德企高管武进行”团访问武进区。10月12日，举行理想汽车2023全球合作伙伴大会。10月18日，武进（上海）国际创新中心在上海复旦科技园大厦投入运营。11月1—3日，尼勒克县党政代表团考察武进区。11月10日，国家新型碳材料先进制造业集群（常州）创新发展大会暨石墨烯产业研讨会在武进区举办。11月13日，武进区与中国花卉协会签订战略合作协议。12月7日，武进区智能微电网产业联盟揭牌，智能微电网领域的重点企业、龙头企业和产业链上下游配套型企业27家单位加盟。12月17日，南京大学未来技术创新研究院启用仪式举行。12月19日，中国花卉协会家庭园艺分会成立大会举行。

（鲍　阔）

人才人事管理

【概况】 2023年，武进区深入实施“人才强区”战略，持续推动人才链、产业链、创新链深度融合，引进各类人才3.1万人，签约落户“龙城英才计划”优质人才项目129个。创新实施“博士后腾飞专项行动”，新建国家级博士后科研工作站3家，新增省级博士后创新实践基地6家、市级博士后创新实践基地5家，设站单位招收博士后32人，均创历史新高。全省首个高层次人才服务联盟扩容提质，发布十大类30项人才服务菜单，举办各类人才活动31场次，服务各类人才1.4万人次。年末，全区人才资源总量42.88万人。

【事业单位人事管理】 2023年，区人社局有序推进教育系统“区管校聘”第四轮岗位竞聘工作，全区中小学幼儿园直属事业6774人参加，其中升级2304人、降级133人、岗位级别不变4265人、交流轮岗72人。积极创新基层岗位聘任，对基层医疗卫生机构的卫生专业技术人员实行定向设岗、按需设置、动态调整，不受结构比例限制，全区基层卫生机构按服务人员数设岗3193个，新增岗位1376个。妥善做好事业单位管理岗位职级晋升工作，制定《武进区事业单位管理岗位职员等级晋升制度操作口径》，全面形成与岗位等级晋升制度并行的职员等级晋升通道，晋升八级职员58人。全面提升公开招录水平，公开招聘事业单位人员817人，其中普通事业人员60人、高层次人才2人、中小学编内教师337人、备案制幼儿园教师150人、卫健系统人才268人。配合组织部完成2023年“菁选计划”公开招聘工作，招录优秀青年干部人才50个岗位，共计52人。完成事业单位工作人员考核，确定记功85人、优秀等次2480人、合格等次9191人、基本合格等次2人、不合格等次5人、不定等次338人。人事考试规范化管理达标率和考试安全率保持100%。做好全区13181名事业单位工作人员年度调资，调整事业单位工作

6月14日，“名城名校合作行、创新创业赢未来”厦门站专场活动在厦门大学举行

（供图/区人社局）

人员岗位津贴1272人，特岗津贴［教(护)龄津贴］992人。完成事业单位岗位设置工资调整2768人，职级晋升58人。完成事业单位1.2万名工作人员奖励性绩效工资审批，增核19个事业单位绩效工资。完成事业单位“1+X”绩效工资审批7家、工作人员带薪年休假审批5524名。组织189名优秀事业单位人员参加健康疗养、2.5万名在职和离退休人员参加健康体检。办理事业单位人员抚恤金、遗属补助等审批283人次。做好全区争当现代化建设标杆突出贡献奖表彰工作，表彰先进集体100个、先进个人200人；向市推荐“实施‘532’发展战略，推动高质量发展”先进集体15个、先进个人22人。做好区创建示范活动工作清理规范工作，对面向村级组织的创建示范活动开展清理。

8月11日，“筑梦‘两湖’职引未来”2023年武进区人才夜市暨离校未就业高校毕业生专场招聘活动在武进吾悦广场火热“开张”　　（供图／区人社局）

【人才引进和培育】 2023年，区人社局联合组织、发改、工信、科技等部门和开发园区，主动出击，开展组团式引才，精准引进急需紧缺专业人才，先后在上海、深圳、西安、厦门、大连等地区和城市，举办“龙城英才计划”邀请赛6场、“名城名校合作行”活动3场，吸引500余个项目报名参赛，成功对接落户项目39个，聘请引才专员24人，发布“揭榜挂帅”创新需求榜单总计3400余万元，引进各类人才3.1万人，创历年之最，开启“以赛引才”的新模式，相关做法被中新社、新华社、澎湃新闻等媒体报道。打造人才平台矩阵，在全省率先举办新能源和装备制造“海外博士江苏行”专场活动，活动模式全省推广，并获省人社厅通报表扬；举办博士后论坛活动，邀请东南大学、河海大学、江苏大学和市13家优秀博士后设站单位参加，宣传城市形象、推介人才政策、服务企业发展；组织参加首届江苏省博士后创新创业大赛，项目获奖5个，其中获全国总决赛银奖1个；新建国家级博士后科研工作站3个、省级博士后创新实践基地6个、市级博士后创新实践基地5个，设站单位招收博士后32人，均创历史新高。夯实人才项目“基本盘”，推荐报送省“双创计划”创业类项目45个，入选9个，居全市第一；推荐报送省“双创博士”人才4人，入选4人；组织对接“龙城英才计划”第二十二、二十三、二十四批领军人才创业项目和中以专项领军人才创业项目面谈评估活动，聚焦“人才＋项目＋资本”，引进领军型创业人才项目129个，累计引进项目1513个，企业年销售额468亿元、纳税7.8亿元，人才企业已上市5家、“新三板”挂牌9家、上市后备17家。

【人才发展环境优化】 2023年，武进区“真金白银”广纳英才，在全市率先兑现集成电路、机器人专项产业人才政策，完成生活资助、租房资助、购房资助、猎头补贴的审核发放；以“非申即享”模式发放生活补贴7.8万人次，资助额度3647万元；线上、线下受理审核1000余名高层次紧缺人才、高层次薪酬人才资助申报材料，拨付相关资金2195万元；走访领军人才企业10批次97家，拨付各类扶持资金5590万元。创优人才发展生态，全力打造“人才与城市相互成就”的创新创业生态圈，为高层次人才提供十大类30项人才服务菜单；新增人才发展联盟单位7家，累计80家；开展人才融入城市发展、文化生活等活动31场，服务人才1.4万人次。强化人才配套服务体系，根据人才实际需求，通过“人社红盟”提供体检、联谊、疗养等系列服务，为高层次人才提供综合服务和共享平台。依托“长三角青年发展友好型示范城区”建设，进一步延伸人才服务触角、完善人才服务功能，与6家人才公寓签订年度人才活动服务协议，在常州科教城金凤凰人才公寓、西太湖国际人才社区设立人才综合服务站（人社服务站），按照“四有”标准建设投运，制定规范化工作制度，提供人才政策申报、发布招聘信息、开展人才沙龙等系列报备。“全周期”服务人才创新创业，及时维护江苏省人才服务“云平台”、常州“政企通”、武进惠企政策“一企通”等平台的人才政策信息；持续更新优化人才政策一码通、科创企业创业全周期服务手册等宣传材料，开展系列政策宣讲会、对接会17场，印发各类宣传册超5000份；定期开展“资者见智”银企对接活动，为人才企业新增无抵押“人才贷”9000万元，累计6.2亿元。

（张连惠）

信访工作

【概况】 2023年，区信访工作部门坚持以人民为中心，用心用情办理群众来信来访，信访总量下降7%，信访生态持续向好。组织开展突出矛盾“百日会战”、突出问题“双月攻坚”，全力维护信访秩序。组织开展信访问题源头治理三年攻坚行动，建立“控增量、减存量、防变量”三张清单工作制度，推动信访问题在镇级及以下妥善化解。注重初信初访办理质量，通过纳入满意评价、领导包案等方式提升办理质量，全区初次信访化解率达98%，省、市、区长信箱网上投诉量分别同比下降4%、3%、33%。武进区获评全国信访工作示范县（市、区），区信访局获评全国治理重复信访、化解信访积案专项工作优秀集体。

【落实信访工作责任】 2023年，武进区建立区、镇两级党委、政府每月研究信访工作制度，区委常委会、区政府常务会专题研究信访工作16次。区委书记、区长专题调研信访工作14次，带头接待信访群众、阅批群众来信。弘扬“四下基层”（宣传党的路线、方针、政策下基层，调查研究下基层，信访接待下基层，现场办公下基层）作风，落实区、镇两级领导干部接访下访制度，区、镇两级党政主要领导人均包案化解区级重点积案或疑难复杂信访事项8件以上，其他领导人均包案化解2件以上。

【信访积案化解攻坚】 2023年，武进区开展“信访突出问题攻坚化解巩固提升年”行动，排查信访积案30件，以“一案一策”推动“事心双解”，至年末，实体化解9件，其中五年以上积案7件。对常州市信访工作联席会议办公室交办的27件重点矛盾逐案明确区、镇两级包案领导，明确化解方案、化解时限，至年末，实体化解交办案件7件，超额完成市定年度任务。开展重点领域信访问题专项攻坚行动，围绕涉法涉诉、金融、房地产等7个重点领域，每半月开展滚动排查1次，超前介入推动化解，妥善处置武进高新区三盛璞悦湾楼盘房屋交付、前黄镇玖樟府楼盘开发商欠薪等突出矛盾。

【信访代理工作制度建设】 2023年，武进区创新建立信访代理工作制度，聘用网格员成为信访代理员150名，探索形成矛盾排查、信息预警、信访代理等工作机制，组建含“三官两师”（法官、检察官、警官、律师和心理咨询师）、党员代表、部分社会组织等为成员的信访代理员工作室，为网格内依法解决信访问题提供保障支撑，构建“小事不出网格、大事不出社区、矛盾不向上交”的局面，初次信访化解率达98%。

（魏海波）

外　事

【概况】 2023年，武进区因公出国（境）自组团团组26批119人，市组团团组7批9人，跨地区、跨部门的出国、出境团3批3人。区外事部门从严审批因公出国团组，确保出访团组精简高效。加强因公出国人员政治纪律、外事纪律、财经纪律等方面的学习教育。武进与各国驻沪总领馆联系，涉外接待16批次，扩大武进影响力。

【对外交流与合作】 3月27—29日，津巴布韦驻华大使馆格拉希亚·尼亚古斯公使率代表团一行3人访问武进区，洽谈农业合作事宜，出席常州国荣农业股份有限公司农副产品进口交易中心揭牌仪式，并与常州国荣农业股份有限公司签署合作备忘录。4月25日，挪威驻沪总领事丽莎带队访问位于礼嘉镇的英特曼电工（常州）有限公司。市委常委、区委书记乔俊杰，市人大常委会副主任戴士福，市外办主任张宇等领导参加活动。7月9—10日，联合国工业发展组织副总干事邹刺勇一行访问武进，武进绿建区获该组织“生态设计理念在中国工业设计领域应用项目”试点单位授牌。市委常委、区委书记乔俊杰在武进九洲喜来登酒店会见副总干事一行，工业和信息化部、市外办领导参加会见。8月1日，韩国驻上海总领事金英俊一行考察武进区，参观春秋淹城，副区长朱书阳陪同参观。9月6日，外交部“驻华使节江苏行”代表团考察武进区，参观理想汽车常州基地和万帮数字能源股份有限公司。以色列驻华大使潘绮瑞、新西兰驻华大使毛瑞以及蒙古、芬兰、澳大利亚等9个国家的驻华使节代表参加活动。9月7日，《耶路撒冷邮报》记者沙哈尔·克雷曼以及《今日以色列》等以色列主流媒体代表团一行访问武进区，参观嘉泽镇跃进村、中以常州创新园和万帮数字能源股份有限公司，看望在万帮公司实习的以色列学生。9月12日，2023“对话德国”合作交流大会在中德（常州）创新产业园举行，活动以“聚焦新能源、共享新机遇”为主题，进一步推进双方在经贸合作、新能源产业、数字经济等领域深化合作、共赢发展。9月13日，“对话德国”代表团40多人参观万帮数字能源股份有限公司和春秋淹城。10月16日，日本青少年代表团到武进区开展友好交流活动，参观安川机器人有限公司、“两湖”创新规划展示馆、西太湖国际社区、春秋淹城旅游度假区。10月20日，英国驻华贸易副使专施睿耀一行访问武进区，双方就开展多领域合作进行交流。10月25日，芬兰驻华大使馆商务参赞田马可一行到武进区参加“芬兰企业进江苏”中芬低碳节能产业创新合作交流会。市委常委、区委书记乔俊杰会见田马克一行。10月31日，英国商业贸易部贸易副使节、英国驻上海总领事馆公使衔参赞施睿耀带队在武进绿建区参加“中英职业技能与教育交流研讨会”。工业和信息化部国际经济技术合作中心副主任李毅锴，英国商业贸易部、英国驻上海总领事馆、英方职业教育机构、常州相关高校、园区人才培养机构代表以及武进绿建区有关领导参加活动。11月14日，奥地利驻华大使馆商务处商务副参赞尚曼恩率团在武进区参加中奥绿色建筑产业合作交流会。11月16日，乌兹别克斯坦卡什卡达里亚州政府秘书长库尔博诺夫率团参观万帮数字能源股份有限公司。11月17日，乌兹别克斯坦塔什干州投资、工业和贸易厅副厅长沙姆西耶夫率团参观万帮数字能源股份有限公司。

（何伟杰）

港澳事务

【概况】 2023年，武进区与香港特别行政区、澳门特别行政区在经济、科技、文化、旅游、青年交流等领域的交流与合作不断提质，与港澳地区开展经贸、科技和文化交流活动10余批次，推动双边合作，实现互利共赢。武进经贸团组在香港、澳门开展经贸交流活动，推进产业合作、校地合作；区政府团组到澳门开展经贸招商活动，举办常州市“两湖”创新区（苏澳合作园区）推介会和项目签约仪式。接待澳门城市大学毕业生代表团、粤澳深度合作区秘书处代表团、香港贸发局南京代表处等团组参访活动，承办苏港澳青少年书法绘画书画展、苏港澳青年创新创业大赛决赛，深化苏港澳（国际）青年创新创业基地建设。

【武进与港澳交流合作】 3月20—27日，市委常委、区委书记乔俊杰率经贸团组在香港、澳门开展经贸交流活动，围绕产业合作、校地合作、基金投资等主题，探讨青年交流和创新创业事宜。4月21日、24日，应苏澳办邀请，澳门城市大学毕业生代表团、粤澳深度合作区秘书处代表团访问武进区，苏澳办与来访团体（单位）就青年就业、园区产业发展、政府高校合作等问题进行广泛交流，代表团参观“两湖”创新区和武进科创企业。5月20日，苏澳园区接待澳门科技大学酒店与旅游管理学院院长吴国民一行参访，市委常委、区委书记乔俊杰参加会见，双方就青年人才交流事宜进行深入洽谈。6月15日，香港贸发局南京代表处代表佘培培带队考察常州固立高端装备创新中心。7月19日，苏澳园区建设办邀请澳门科技大学校董许敖敖一行访问园区，双方就高校学生交流和园区合作项目交换意见。8月28日，澳门科技大学月球与行星科学国家重点实验室主任张小平一行访问苏澳园区，参观“两湖”创新区核心区。双方就两地高层次人才交流和高新技术发展等事宜交换意见。9月25日，南光置业董事长邓耀民一行访问武进区，参观“两湖”创新区规划展示馆，实地考察苏澳大厦拟开发地块，市委常委、区委书记乔俊杰参加活动，双方就“两湖”核心区开发建设等事宜交换意见。10月16日，武进区政府团组到澳门开展经贸招商活动，举办常州市“两湖”创新区（苏澳合作园区）推介会和项目签约仪式。

（何伟杰）

【第六届澳门国际当代插画大赛优秀作品巡展】 6月8—20日，“城市记忆：森林物语——第六届澳门国际当代插画大赛优秀作品巡展”在西太湖美术馆展出。展览活动以“城市记忆：森林物语”为主题，展出全球设计师、艺术家及创意人士优秀插画作品194件。作品聚焦城市记忆的时代话语，关注城市空间中“人”身心复返森林意象所赋予的时代深意。展览现场还呈现特邀设计师靳埭强的动态投影作品《意在山林》和海报设计作品。

【苏港澳台青少年书法绘画交流赛颁奖典礼暨展览开幕式】 11月23日，在武进举行，由江苏省学前教育学会艺术教育专业委员会、香港国际文化融合基金会江苏分会主办，区委统战部、西太湖科技产业园管委会、区海外联谊会承办，市海外联谊会、香港武进同乡会等支持协办。交流赛设素描、水粉、儿童画、卡通动漫、线描等10个赛项。经过初赛筛选，共选拔出87家机构和35所学校的1153人参加现场书画比赛，最终常州市获特等奖8个、金奖16个、银奖25个、铜奖36个。

【苏港澳台青少年书画展】 12月20日，苏港澳台青少年书画展暨刘海粟小学第23届学生书画展在武进区刘海粟小学开幕，由区委统战部、区教育局联合举办。刘海粟女儿、著名书画家、刘海粟小学名誉校长刘蟾，香港国际文化融合基金会江苏分会秘书长晏博，刘海粟夏伊乔艺术馆馆长张安娜，市、区相关领导以及辖校区各村委主任、各小学美术教师代表、家长代表和学生代表300余人参加开幕式。展出港澳台青少年书法绘画作品181件、武进区学生作品600余件，主要包括书法、国画、版画、剪纸、儿童画等。

（王　艳）

对口支援与合作

对口支援

【概况】 2023年4月7日，根据省委、市委和区委统一安排，武进区第十一批援疆骨干成员先行到达尼勒克县，其余干部人才于4月22日全部到位，共20人，其中行政管理干部6人、专业技术人才14人。工作组始终坚持以习近平新时代中国特色社会主义思想为指导，完整准确全面贯彻新时代党的治疆方略，按照省前指、市委、区委和尼勒克县委的工作部署，第一时间建立完善组织机构，设立“一办六组”（办公室、财务审计组、干部人才组、产业项目组、安全保障组、教育教研组和医疗卫生组），主动承接第十批工作组各项工作和项目，不断深化智力援疆、产业援疆、医疗援疆、文化润疆、民族交往交流等工作，持续提升对口支援综合效益，顺利高效地完成压茬交接，实现第十一批“三年援疆”的良好开局。投入援疆资金8222万元，实施援疆项目21个，完成精酿啤酒、低气水等项目开发建设，尼勒克县人才公寓落成。引进科研、医疗、教育人才46人，培训各类干部人才2073人，创建县级及以上专家工作室24个。

【智力援疆】 2023年，武进援疆工作组坚持把人才援疆作为提升受援地发展软实力的关键，突出需求导向，统筹人才引进，实施专业化、高层次的人才培养计划，帮助当地建设一支带不走的高素质干部人才队伍。实施“人才安居”计划，投入3600万余元建成尼勒克县人才公寓，落实高层次紧缺人才安家费和柔性引才项目资金115万元。推动开展党政干部、教育医疗、创业就业等交流培训项目7类33个，培训各类干部人才2073人。聚焦受援地各工作条线所急

2022—2023年，武进工作组累计投入3600万元，实施尼勒克县民生产业园四、五期（人才公寓）建设项目 （供图/武进援疆工作组）

所需，实施尼勒克县柔性引才引智项目，持续做好柔性人才援疆工作，引进医疗、教育、招商、文旅、农业等领域柔性人才近 70 人，解决技术上的难题，发挥示范帮带作用。继续开展教师、警察等组团式援疆，其中支教教师 15 人、援疆警察 20 人。深入推进优秀专家工作室建设和拔尖人才队伍建设，扶持创建专家工作室州级 4 个、县级 14 个，申报县级拔尖人才 14 人，引进高层次紧缺人才 19 人、企业创新研发人才 1 人、医疗人才 1 人、退休名师 11 人，成功申报自治区“2+5”重点人才计划集体项目 1 个、个人项目 3 个，获各类扶持资金 780 万元。

【产业援疆】 2023 年，武进援疆工作组实施尼勒克县援疆项目 21 个，总投资 8222 万元，项目完成度及资金拨付率位列伊犁州前三。科学编排项目，借助“十四五”规划中期调整契机，优化 2024—2025 年援疆项目（2023 年实施项目 21 个，民生项目占比为 90.57%；2024 年、2025 年各安排项目 18 个，民生项目占比为 96.38%）秋白书苑项目列入省前指重点文化项目。打造亮点特色，支持县农产品研发中心完成精酿啤酒、低氘水等项目的开发建设，带动相关产业上下游联动链式发展，实现更多当地就业。唐布拉旅游度假区获评自治区级旅游度假区，孟克特古道成为网红打卡点。全县累计接待游客 786.81 万人次，比 2022 年增长 162.67%；实现旅游收入 32.254 亿元，比 2022 年增长 160.95%。精准产业招商，围绕优势产业，组织相关部门和企业到北京、成都、上海等地区开展招商活动 8 次，对接企业 48 家。与万帮新能源投资集团有限公司、新农发实业有限公司等公司对接洽谈，并签订合作框架协议。援疆馆首次入驻武进大型综合体，帮助尼勒克县销售特色农产品超 4000 万元。江苏援疆（武进）产业园实现营业收入破亿元阶段性目标。

【教育援疆】 2023 年，武进援疆教育教研组对照援疆“三问”（进疆为什么、在疆干什么、离疆留什么），积极思考，主动作为，发挥桥梁纽带作用，深化武进、尼勒克两地教育合作。组织开展新疆尼勒克县第一中学和江苏省前黄高级中学“视频连线面对面”结亲交友活动，两校教师、学生进行热烈的线上交流互动。开展“万里鸿雁传真情”手拉手书信交友活动，尼勒克县乌赞中学与武进区运村实验学校等 24 所学校结对，2400 余名学生进行书信交流。暑期，尼勒克县教育系统一行 21 人先后到武进区各学段 7 所学校和江苏太湖湾教育大营地（龙城常州）交流学习，为共同打造高质量教育凝聚武、尼智慧和力量。武进区教育系统派出援疆教师（含柔性）21 位，开设公开课 15 节，听、评课 290 堂，举行讲座 49 场，组织研讨活动 89 次，对话教师 440 人，文化共建 12 项。利用寒暑假，积极对接两地教育系统，以武进所能支援尼勒克所需，举行“订单式”云端名师送培训活动 86 场。通过结对共建，两地教育结对实现各学段全覆盖，真正变“输血”支教为“造血”兴教。援疆教师分别担任受援学校尼勒克县武进高中三个年级的一线教学工作，打造名师工作室，规范备课组合作，通过师徒结对、课堂示范、专题培训等形式，以教兴研、以研促教，促进受援学校尼勒克武进高中教师专业成长。在第九届“苏伊杯”教师教学能力大赛中，援疆教师受聘指导尼勒克武进高中参赛教师，参赛教师获州二等奖 3 人、州三等奖 2 人。积极落实大学生资助项目，发放武进援疆助学金 145.5 万元，惠及困难大学生 245 人。协助“星火”“筑梦”等社会爱心助学组织，资助 69 名困难中小学生 6.9 万元。成立“武尼教育微心愿圆梦基金”，积极筹措善款，助力尼勒克孩子实现成长微心愿。

【医疗援疆】 2023 年，武进援疆工作组结合尼勒克实际，创新推进组团式医疗援疆。充分利用援疆项目资金购置的大型医疗设备数字减影血管造影机（简称 DSA），积极推进医院胸痛中心建设，完成各类心脏介入手术近 500 例，其中急性心肌梗死急诊 PCI 手术 42 例，首次开展左束支起搏、腔内电生理检查、导管射频消融术等新技术新项目。配合省前指伊犁州援疆专家“专科联盟”工作，多次受兄弟工作组邀请至新源县、巩留县人民医院帮扶冠脉介入手术，完成巩留县历史第一台冠脉内支架植入术及球囊扩张术。为尼勒克县人民医院采购价值 140 余万元的一台关节镜投入临床使用，开展关节镜下膝关节半月板切成术、关节镜下膝关节盘状半月板成型术、关节镜下胫骨平台骨折复位内固定术等关节镜手术，均填补当地的技术空白。麻醉科医生开展无痛分娩、超声引导下坐骨神经阻滞等新技术。注重开展临床服务，心内科、骨科援疆医生坚持每周上专家门诊 1 ～ 2 次、参加教学查房 2 次以上，每次重点查房 3 ～ 5 个病人；围绕 DSA 介入治疗制定“传帮带”计划，提升受援地心内科介入医护人员的专业水平。选派尼勒克县 10 名医护人员到武进区相关医院开展为期 3 个月的跟班学习，促进专业技术水平提升。引进医疗柔性人才 13 人，尼勒克县人民医院名誉院长、武进人民医院骨科主任朱建国 2 次到尼勒克，共完成膝关节置换、腰椎骨折术等骨科四级手术 20 余

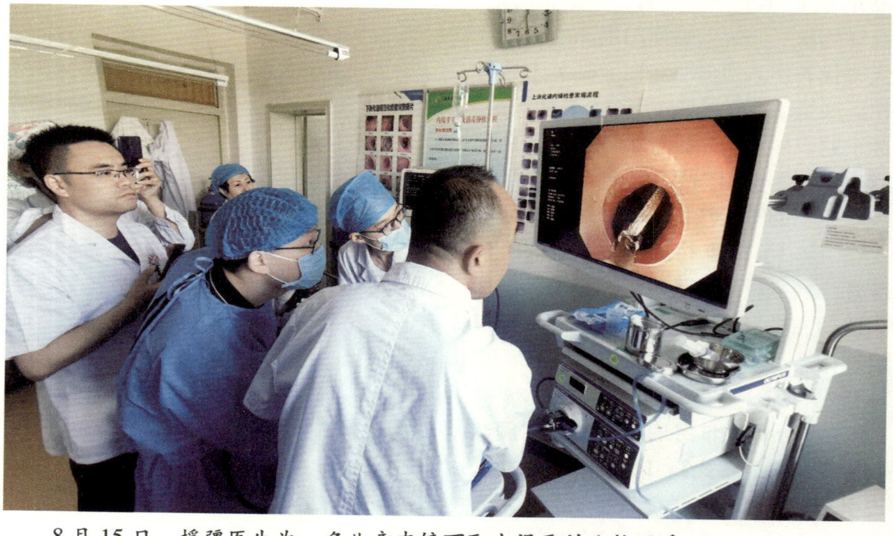

8 月 15 日，援疆医生为一名儿童内镜下取出误吞的 1 枚硬币

（供图 / 武进援疆工作组）

台，手术均取得良好效果。尼勒克县中医医院名誉院长、武进名中医陈古开展义诊工作，诊治尼勒克县各族干部群众近100人次。柔性引进武进人民医院质控科科长、第4次援疆的主任医师王丽雯，配合尼勒克县人民医院二甲复评工作，促进尼勒克县人民医院加强医疗管理，提高医疗质量；柔性引进武进人民医院普外科、消化内科、妇产科、放射磁共振、脊柱外科5名专家，至尼勒克县人民医院开展短期帮扶；柔性引进武进中医医院中医内科、中医骨伤科、儿科、中医妇科、针灸科5名专家，分别至尼勒克县中医院、尼勒克县妇幼保健院帮扶，做好“传帮带”工作。武进援疆医疗组深入各社区、学校等单位，开展送医下乡义诊、举行健康知识讲座等活动，用实际行动增进民族团结。

【武进与尼勒克县两地交往交流】 2023年，武进援疆工作组积极推动武进、尼勒克两地党政机关、乡镇街道、园区板块结对共建，细化对口援疆“三结对四共建”方案，当好两地交往交流的桥梁，努力实现乡镇、村（社区）、医院、学校、企业等结对全覆盖。牵头组织13批次尼勒克县各级领导干部、群众到武进区学习考察。尼勒克县卫健系统派85名骨干到武进区结对单位跟班学习，党群、人大、政协等单位组织55名干部到武进区学习先进工作经验。举办“尼好武进”文化交流周活动以及尼勒克旅游推介会、农产品推荐会，让新疆文化、新疆产品“飞入”武进百姓家。武进工作组把交流合作范围扩展到全常州，牵头市总工会、图书馆、一院、中医院、妇产医院等单位在尼勒克县开展项目合作。

（蒋云波）

对口协作与合作

【概况】 2023年，武进区与陕西省安康市汉滨区东西部协作成效显著，落实省级苏陕协作资金2.12亿元，实施项目20个。落实镇、村对口帮扶资金109万元，捐款及捐物折价合计227万元，采购、帮助销售汉滨区农畜牧产品4308万元。6月，两地共同举办“武进汉滨一家亲、齐心协力促振兴”汉滨富硒农特产品展销推介活动，线上、线下同时发力，签订招商项目合同5个，金额10.5亿元。11月，武进人民商场“汉滨—武进消费助农馆”开馆，主动对接江苏百姓农产品需求，展示销售汉滨特色产品。武进区部分企业在汉滨设立苏陕交流中心和富硒农产品收购点，通过电商办、832平台等知名线上平台推进消费帮扶。

对口援疆工作稳步推进，实施援疆项目21个，安排援疆资金8222万元。聚力打造亮点特色，支持尼勒克县农产品研发中心完成马奶、肉类产品、低氘水等方面的开发并实施小试基地建设。通过教育评估、集中备课等形式，为当地输出新的教育模式和有效的教学方法。新建DSA介入治疗中心，帮助县人民医院更新硬件、提升软件，促进组团式援疆走深走实。结对部门、乡镇、学校、企业等开展特色援疆10余次，“尼好武进”尼勒克文化交流周暨特色文化街市活动在武进举办4场。

南北挂钩合作取得新进展，按照《武进区和阜宁县关于进一步深化结对帮扶合作框架协议》，进一步深化对阜宁县结对帮扶合作，及时拨付结对帮扶资金2000万元。推进实施科技创新、教育、医疗卫生、文化旅游等六大领域投资与建设项目12个，带动资金投入2914万元。“武阜科创飞地”正式揭牌运营，双方落实联投联建资金40万元，协议招引科技企业10家，共享高企、技术交易额等3个方面科创指标成果，推动武进与阜宁产业链创新链双向融合。拨付重庆云阳县帮扶款30万元。

（戴言鼎）

【融入长三角一体化发展】 11月，武进区发布《武进区推动长江经济带发展2023年度目标任务清单》《武进区推进长三角一体化发展2023年工作要点》，并明确相关单位牵头推进落实。任务清单主要包括共抓长江生态环境保护、推动长江经济带绿色发展、全力构建新发展格局、保护传承弘扬长江文化四大类62项任务；工作要点包括产业协作、平台载体、基础设施、生态环境四大类34个项目，总投资623.7亿元，年度计划投资100.3亿元。年内，武进区推进长三角一体化发展重大项目32个、长江经济带发展任务64项，其中列入长三角一体化发展重大项目库（国家库）项目3个、江苏省推进长三角一体化发展重大项目库项目3个、常州市推进长三角一体化发展重大平台项目21个，项目整体进展顺利。

（潘冬兰）

经济研究

【概况】 2023年，武进区经济研究会（简称区经研会）与武进区老区开发促进会（简称区老促会）有分会10个。区经研会（老促会）紧贴全区中心工作和民生期盼，深入调查研究，积极建言献策，为区委、区政府决策提供服务。开展革命老区交流交往活动6次，完成重点和专项调研课题6个，编发《建言献策》7期、《研究与参考》4期，被市级及以上刊物录用稿件23篇。其中，《关于推动武进区共同富裕的几点建议》被《中国老区建设》全文刊发，被《江苏老区》录用5篇、常州市《农村发展参考》录用8篇、《常州老区》录用11篇。《关于加快推进我区家庭园艺产业高质量发展的调查与思考》被区委、区政府研究室《调查与研究》录用，区政府主要领导作专门批示。推进革命老区开发建设和红色资源保护利用，成立并运行江苏省乡村发展基金会·武进区恒信基金。区老促会洛阳分会启动编撰《红色岑村》，成立“嘤鸣”乡村童声红色合唱团和“嘤鸣”同声宣讲团。冯仲云教育基地获评中国老区建设促进会、江苏省老区建设促进会“老区精神教育基地”。

【区经研会（老促会）第五届第三次会员代表大会】 3月17日，武进区经济研究会（武进区老区开发促进会）第五届第三次会员代表大会在区行政中心召开，区委办、政府办、民政局等部门，各镇（街道）分管领导，各行各业代表62人参加会议。区委副书记吴震宇、常务副区长刘志峰出席会议，吴震宇在会议上讲话。会议增选符伟、张志华为理事，表彰2022年度先进集体、先进工作者、优秀调研报告和建言献策优秀成果。

【革命老区交流交往活动】 2023年，区经研会（老促会）积极开展革命老区交流交往，推动老区开发建设。3月28日，组织各镇（街道）分会会长和部分理事到金坛区考察黄金村的绿色生态种植业、仙姑村的新农村建设情况，学习红色资源开发利用和乡村振兴的经验和做法，并参观茅山新四军纪念馆。4月21日，接待盐城市老区建设促进会理事长王锦胜一行10人，参观横林镇冯仲云纪念馆，考察武进红色资源保护及开发利用情况。5月5日，会长史建国一行到陕西省安康市汉滨区，开展苏陕对口合作考察交流，武进对口帮扶汉滨联络组组长、汉滨区委常委、副区长许文涛，汉滨区老促会会长吴双宏等陪同考察。武进团先后参观考察汉滨区月河忠诚农业园区、县河镇牛蹄岭战斗遗址等，并在牛岭社区召开工作座谈会，互赠老区红色书籍，在加强两区深度合作、共同打造红色文化旅游品牌、推动乡村振兴等方面达成共识。9月15日，会长史建国带领部分理事和各乡镇老促会工作人员14人到南京市高淳区学习考察，参观淳高县抗日民主正度大会旧址（西舍红色壁垒）、漆桥街道双游村电商农产品加工中心、青松水产专业合作联社，并交流加强基层分会建设、建立挂钩联系点制度等工作。11月15日，江苏省老区建设与乡村发展“三会”副会长袁斌、老区部部长吕祥生、《江苏老区》主编崔晓先后考察横林镇冯仲云纪念馆、洛阳镇王诤故居，调研“弘扬老区精神，传承红色基因”示范基地建设情况。11月16日，省“三会”副会长张晓未、募捐部部长孙京兰等考察武进，指导武进慈善扶贫冠名基金和红色文化品牌建设工作。

【“嘤鸣”合唱团、宣讲团成立】 3月24日，洛阳镇“嘤鸣”乡村童声红色合唱团和“嘤鸣”同声宣讲团在洛阳中心小学成立，由区老促会洛阳镇分会牵头创建，旨在打造“嘤鸣”红色品牌。“嘤鸣”源于岑村小学中共地下组织创办的抗日刊物《嘤鸣》，寓意在白色恐怖形势下，虽然不能大声怒吼，也要发出正义的声音。“嘤鸣”乡村童声合唱团以歌为媒传递红色精神，吸引更多的青少年儿童了解红色文化，赓续红色基因。“嘤鸣”同声宣讲团由洛阳镇老干部、党员、青少年等社会力量组成，向青少年宣讲红色故事，发扬老区精神，传播红色文化，厚植爱国情怀。

（张　龙）

机关事务管理

【概况】 2023年，区机关事务管理中心积极推进区行政事业单位公物仓星级创建，开展党政机关办公用房专项巡检、公务用车专项监督检查，提升机关资产资源高效集约利用能力。严格落实党政机关习惯过紧日子要求，打造以租赁为主体、购置为辅助、共享为补充的“三位一体”新能源公务用车推广模式，全区新能源公务用车占比达23.86%。调查党政机关、学校及医院新能源充电桩需求，在区行政中心新建新能源充电桩26个。深入推进“无废机关”建设，45家党政机关单位开展“无废机关”创建工作。持续推进节约型机关建设，创建单位健全节约能源资源管理制度，推行绿色办公，创建率达100%。实时监测和动态管理全区274家公共机构的水、电、气使用情况。行政中心机关食堂实施“江南智餐”项目，践行“光盘行动”，杜绝“舌尖浪费”。

【创建市五星级公物仓】 2023年，区机关事务管理中心按照“实体先行、智慧赋能、有序推广”的思路，打造“以集中仓为基础、专业分仓为补充、公益分仓为提升”的“三仓融合”公物仓平台，构建形成省、市（辖市区）、镇（街道）、村（社区）四级联动调剂机制，推动资产跨层级、跨部门调剂共享。区行政事业单位公物仓资产累计入库3220件，金额496.9万元。从区市场监管局、区交通局、区工信局等45家单位归集资产2579件（套），归集资产再利用调拨1170件（套），借调至80余家单位，累计节约资金197.19万元，资产二次利用率达45%。公益分仓资产累计入库8763件（套），资产金额27万元，实现捐赠业务1笔。10月，区行政事业单位公物仓创成全市首家五星级公物仓。

【党政机关办公用房专项巡检】 2023年，区机关事务管理中心开展全区党政机关办公用房专项巡检，针对权属管理、租用情况、党政机关办公用房使用情况，通过查阅已有管理资料、对接财政部门、电话微信询问、上门调研等方式，全面掌握全区及镇（开发区、街道）办公用房管理的有关情况。至年末，全区区级机关及派出机构共计135家，办公用房总面积147万平方米，自有办公用房168栋，租用11栋，办公用房权属登记率达72%。

【公务用车专项监督检查】 2023年，区机关事务管理中心配合市机关事务管理局，会同区财政局、区纪委，专项监督检查全区机关事业单位36家，落实春节、“五一”、端午、中秋、国庆期间公务用车使用管理制度，依托公务用车信息化管理平台抽查核查65个部门、350辆车的基本信息及580车次行车轨迹，并反馈相关信息，对公务用车监督检查常态化管理。

（顾　叶）

10月24日，副区长张小虎（右）和常州市机关事务管理局党组书记、局长蒋鹏飞（左）共同为星级公物仓揭牌　（供图/区机关事务管理中心）

常州市武进区政协

Chinese People's Political Consultative Conference in Wujin District of Changzhou

栏目编辑　王国新

重大会议与活动

【政协常州市武进区第十五届委员会第二次会议】 1月2—3日，在武进假日酒店会议中心召开，政协委员359人出席，在武进的省、市政协委员及各镇（街道）统战委员列席。市委常委、区委书记乔俊杰在会上作题为《砥砺奋进新征程，凝心聚力谱华章，为书写好中国式现代化的武进答卷而努力奋斗》的讲话。会议审议并通过区政协主席、党组书记郑政平代表区十五届政协常委会所作的工作报告和区政协副主席、党组成员徐宁代表区十五届政协常委会所作的提案工作情况报告。与会委员列席人大常州市武进区十七届二次会议，听取区委副书记、区长恽淇丞所作的《政府工作报告》，并参与分组讨论。会议审议通过区政协十五届二次会议提案审查报告和区政协十五届二次会议决议。

【政协常州市武进区常委会会议】 2023年，政协常州市武进区十五届常委会共举行5次会议，即第四至第八次会议。1月3日，第四次常委会会议在武进假日酒店会议中心召开，听取各讨论组汇报讨论情况，审议区政协十五届二次会议关于提案审查情况的报告（草案）和区政协十五届二次会议决议（草案）。3月6日，第五次常委会会议在区行政中心召开，协商讨论并通过《武进区政协2023年工作要点及年度协商计划》和有关人事任免事项。7月14日，第六次常委会会议在区行政中心召开，听取2023年上半年全区经济社会发展情况通报，传达学习习近平总书记视察江苏重要讲话重要指示和省、市、区委传达贯彻相关要求等，协商通过有关人事任免事项。11月16日，第七次常委会会议在区行政中心召开，协商讨论“加快氢湾建设，打造新能源之都”常委会调研课题。12月27日，第八次常委会会议在区行政中心召开，听取常务副区长孙益锋代表区政府所作的区政协十五届二次会议以来提案办理情况通报，协商讨论区政协十五届委员会常务委员会工作报告、提案工作情况报告（讨论稿）等区政协十五届二次会议有关事项。会议决定区政协十五届三次会议于2024年1月2—4日召开。

1月2日，区政协十五届二次会议在武进假日酒店会议中心开幕

（供图 / 区政协办）

【政协党组扎实开展主题教育】 2023年，区政协坚持以习近平新时代中国特色社会主义思想统揽全局，健全多层次宣贯机制，扎实开展主题教育。组织党组理论学习中心组学习、党组会议和主席会议专题学习、常委会集体学习12次，党组成员面向机关干部、政协委员和基层群众讲授专题党课5次。一体推进理论学习、调查研究、检视整改、建章立制，弘扬“四下基层”（宣传党的路线、方针、政策下基层，调查研究下基层，信访接待下基层，现场办公下基层）优良传统，落实“八个一”工作要求（深化一个初心意识、抓实一条为民主线、办好一场慰问活动、搭建一个智慧平台、巩固一批履职阵地、组织一次主题培训、开展一项专题宣讲、树立一群委员典型），开展专题学习、集中研讨7次；聚焦产业发展、生态环境等课题，组织考察调研、座谈交流25次，开展调研成果交流，形成高质量调研报告11篇。

（王　勋）

专题协商

【概况】 2023年，区政协充分发挥专门协商机构作用，聚焦协商主业，创新打造“‘两湖’创新区·有事好商量”协商议事平台，紧扣“两湖”创新区建设的目标愿景和三大主题定位，构建“1+3+X”协商议事体系，广泛开展2项常委会协商、3项主席会议专题协商、3项协商式监督以及46项对口协商、界别协商和基层协商，以“武协建”形式报送协商成果6篇，均得到区委、区政府重视并转交相关部门落实。

【政协常委会会议协商】 2023年，区政协常委会聚焦区委中心工作，紧扣“两湖”创新区建设主力军、主战场重任，围绕课题“推进‘青年发展友好型示范城区’建设”“加快氢湾建设，打造新能源之都”，组织“‘两湖’创新区·有事好商量”专题协商议事活动。4—8月，区政协常委会组建调研组，围绕“推进‘青年发展友好型示范城区’建设”开展调研协商。通过实地走访、座谈交流等形式，多方面吸收意见和建议，形成《关于推进“青年发展友好型示范城区”建设的调研与建议》，提出“坚持高起点谋划，凝聚青年发展工作合力”“坚持多渠道引育，实施青年人才集聚行动”“坚持全方位服务，构建青年权益保障体系”“坚持特色化发展，满足青年美好生活期盼”4个方面的建议，并获市委常委、区委书记乔俊杰批示，转交相关部门落实。8—11月，区政协常委会围绕“加快氢湾建设，打造新能源之都”开展调研协商，形成《关于“加快氢湾建设,打造新能源之都”的调研与建议》，提出“科学擘画发展蓝图”“精心绘制产业图谱”“大力培育行业标杆”“聚力畅通金融活水”“着力构建科创矩阵”“加快打造应用场景”6个方面的建议。

【政协主席会议协商】 6月30日，区政协召开主席会议，围绕“激活海归人才力量，赋能‘两湖’创新发展”课题开展协商，副区长张小虎应邀参加。会议听取区委组织部、区侨办、区人社局等部门负责人的意见建议，形成《关于激活海归人才力量，赋能“两湖”创新发展的调研与建议》，提出的“优化制度优势,下好引才先手棋”“完善服务体系，打好求才主动仗”“建好人才生态，跑出留才加速度”等相关建议被区政府吸收采纳。10月31日，区政协召开主席会议，专题协商“持续改善我区环境空气质量”“加大非遗保护传承力度，助推文旅深度融合”2个课题，副区长朱岩应邀参加。会议形成调研报告《关于“持续改善我区环境空气质量”的调研与建议》《关于“加大非遗保护传承力度,助推文旅深度融合”的调研与建议》，均获区委副书记、区长恽淇丞批示，并转交相关部门落实。

【对口协商和界别协商】 2023年，区政协各专委会、界别组开展对口协商和界别协商活动，其中“优化卫生医联体建设，高水平促进百姓健康”“推进安置小区充电桩建设”等课题协商成效显著。7月，区政协医药卫生界别组开展“‘两湖’创新区·有事好商量”——“优化卫生医联体建设，高水平促进百姓健康”专题协商活动，实地考察嘉泽镇卫生院，并开展专题座谈，提出创新工作思路、延伸组织架构、规范运行方式、强化服务体系等建设性意见和建议。9月，区政协侨联界别组、社会福利和社会保障界别组围绕“推进安置小区充电桩建设”课题，实地考察南夏墅社区南隆家园小区和南塘社区南淳家园小区，并召开专题座谈，提出“多方配合系统推进工作”“强化管理保障充电安全”“积极探索私桩共享模式”“大力推广有益经验”等意见建议，被区工信局、区住建局等相关部门吸收采纳。区政协24个界别活动组聚焦产业发展、医疗卫生、乡村振兴、基层治理等方面，认真开展调查研究并积极建言献策，为党委、政府决策提供参考。

【推进政协委员工作室建设】 2023年，区政协拓宽委员联系界别群众的服务路径，探索提升28个政协委员工作室，体现界别特色、党派特点、专业特长，辐射教育医疗、乡村振兴、社会服务、党派活动等领域，推动委员常态化驻点履职。突破界别限制，成立全市首家“YOUNG HOO青年委员工作室”，举办线上＋线下读书沙龙15场，组织集中调研33次，开展为民服务活动36场，青年委员“帮帮团”解决青年急难愁盼问题86个，市委常委、区委书记乔俊杰点赞青年委员工作室，《人民政协报》专题报道该项工作。中共界别委员工作室侧重聚焦思想政治引领，发挥先锋模范作用。农工民主党武进区委会委员工作室侧重用好党派组织化程度高的优势，开展调查研究，积极服务群众。政协名医工作室、谈剑波委员工作室等依托不同行业背景，深耕专业领域、延伸工作触角，广泛开展政策咨询、医疗服务、调解矛盾、科普宣传等履职活动。礼嘉镇何墅民生茶社委员工作室、横山桥镇季札善治工作室等融合委员专业力量优化基层治理，打通联系服务群众的“最后一公里”。

（王　勋）

民主监督·文史研究

【概况】 2023年，区政协围绕增强人民获得感、幸福感、安全感的具体问题，推进民主监督、提案办理和反映社情民意信息工作，推动解决区重点工作和民生实事问题。完成提案立案207件，区领导领办和区政协领导督办重点提案25件，评选优秀提案30件。编报社情民意信息203条，编印区级社情民意简报11期。牵头编印出版《匠心智造话武进》，讲好武进故事，增强文史工作传播力、感染力和影响力。

【推进协商式民主监督】 2023年，区政协创新方式方法，通过深入调查研究、拓宽协商平台，做实监督过程，推进协商式民主监督。围绕“构建保供体系，确保种业安全”“提升学生社会实践活动及劳动教育课程品格”“加快党政机关公职律师队伍建设，提高依法治区水平”等课题，向区农业农村局、区教育局、区委政法委等部门派驻民主监督小组，开展走访交流、协商调研，寓监督于参与服务、支持助推之中。各民主监督小组通过召开专题座谈会、学习考察等方式，开展常态化、全过程民主监督，形成《关于“构建保供体系，确保种业安全”的调研与建议》等监督成果，获市委常委、区委书记乔俊杰批示，有效促使受派部门改进工作，助力区委、区政府重要决策部署落实到位。

【政协提案督办】 2023年1月2—3日，区政协十五届二次会议期间，收到提案265件，立案207件。区政协健全重点提案领办督办机制，确定区政协重点提案25件，分别由区领导领办和区政协领导督办。11月10日，市委常委、区委书记乔俊杰领办“关于加强常州氢湾建设”重点提案并召开专题会议，区政协主席、党组书记郑政平参加，听取西太湖科技产业园管委会等单位提案办理情况汇报，并与提案人座谈交流。11月15日，区委副书记、区长恽淇丞领办“关于强化智改数转建设推进，提升效果”重点提案并召开专题会议，区政协主席、党组书记郑政平参加，听取区工信局等单位提案办理情况汇报，并与提案人座谈交流。11月，区政协对2020—2022年办理的15件提案开展“回头看”，以现场查看、现场评议的方式，“检验”政府公物仓建设、老旧小区电梯加装、安置小区社区治理等提案的办理成果。年内，区领导吴震宇、赵钢、赵天晟、刘志峰、薛红霞、徐治国等领办“多措并举增加农村集体资产，全力推进乡村振兴”“在全区电镀企业园区规划建设中重点支持村级集体企业”等重点提案，以调研视察、协商座谈、领导批示等方式，与承办单位、提案人协商解决提案办理中的有关问题，有效推动区重点工作和民生实事的落地落实。在各方共同努力下，提案办理满意率达100%。区政协联合区人民检察院共同开展委员提案与公益诉讼检察建议双向衔接转化工作，构建政协与检察机关多元监督新格局。年底，区政协评选出《关于常州市高端技术研发人才及领军型创新人才引进的建议》等优秀提案30件。

【社情民意信息办理】 2023年，区政协坚持把反映社情民意信息工作当作履职的重要基础和关键环节，深入发挥社情民意“直通车”作用，编报社情民意信息203条，被上级政协录用86条。其中，被全国政协录用4条，被市委、市政府主要领导批示4条，《应调整统一我市交通灯左转和直行顺序》被市政府采纳，已在全市范围内实施。编发《关于打破招商领域“信息孤岛”，助力“两湖”创新区建设的建议》《关于加快推进我区农村地区充电桩建设的建议》等区级社情民意简报11期，其中《关于加强洛园保护和改造提升的建议》被区委副书记、区长恽淇丞批示，为党委、政府及时了解、分析、化解社会矛盾，解决实际问题提供参考。

【牵头编纂出版文史资料著作】 2023年，区政协牵头区融媒体中心、工信局、商务局和常州经开区经济发展局等部门联合编纂《匠心智造话武进》，于12月由江苏人民出版社发行。全书共33万字，收录82家武进企业的发展故事，彰显企业在武进经济社会发展中的作用和价值，为扛起“争当表率、争做示范、走在前列”的使命担当，奋力书写中国式现代化武进答卷贡献精神力量。

表2 2023年度武进区政协优秀提案情况表

提案人	案　　由
杨美英等5人	关于重视海外高层次人才引进工作的建议
蒋　健等6人	关于在全区电镀企业园区规划建设中重点支持村级集体企业的建议
庄　明	关于强化“智改数转”建设推进，提升效果的建议
李树白等3人	关于进一步提升武进区科研诚信建设能力的建议
吴嘉禄等5人	我区高新技术企业创新能力培育提升的建议
须红霞	关于吸引产业工人落脚武进的建议
是幼峰等5人	关于加强武进区特色农产品的品牌培育和市场推广的建议
葛永丰	多措并举增加农村集体资产，全力推进乡村振兴
民进武进区基层委员会	关于加快发展新型农业经营主体的思考和建议
共青团青联组	关于加快发展乡村旅游，助推乡村振兴的思考和建议
许云初	关于对国际PCT专利及国际认证申请企业重点政策扶持的建议
孙　煜	关于充分发挥商会引领作用，融入“两湖”创新区建设的建议
储美萍等5人	关于加强常州氢湾建设的建议
方　利	关于西太湖生物医药产业发展的建议
郭建琴等2人	关于将“两湖”创新区打造为超低能耗建筑示范区的建议
李媛等11人	关于加强既有住宅区周边公共汽车充电桩建设的建议
顾燕等5人	关于促进我区既有建筑安全隐患排查工作的建议
唐黎刚	关于规范居民屋顶光伏发电项目建设的建议
聂朝阳	关于维护和保障全区小区业主公共收益的建议
石剑虹	关于加快大运河北侧丁堰湾城片区规划和城市更新步伐的建议
梅可佳等2人	关于加强干部应对新媒体能力培训的提案
刘尧等2人	关于实现图书馆“云端服务、快递到家”的建议
杨芝香等2人	关于快速调整武进区医疗机构救治资源、促进分级诊疗、提升乡镇医院救治能力的建议
周义红	加强武进区心理和精神卫生健康体系建设的建议
龚黎等10人	关于后疫情时期加强公共卫生体系建设的若干建议
万庆东等2人	关于推进常州经开区中小学心理专业教师配备的建议
邵庆茹	关于发挥社区网格化服务和管理作用的建议
李昇学	关于尽快启动非学科类培训机构审批许可的建议
曹海音	关于加强武进区非机动车辆道路交通安全管理的建议
夏　雨	加强“网约房”合规监管刻不容缓

（王　勋）

常州市武进区纪委监委

CPC Wujin District Committee for Discipline Inspection
Supervision Commission of Wujin District of Changzhou

栏目编辑　王国新

综　述

【概况】 2023 年，区纪委监委全面落实中央、省、市纪委监委和区委部署要求，深入贯彻党的自我革命战略部署和全面从严治党战略方针，忠诚履行党章和宪法赋予的职责，坚定不移正风肃纪反腐，持续营造风清气正的政治生态，促进全区经济社会高质量发展。全区各级纪检监察组织共立案 352 件，留置 19 件、19 人，移送检察机关 17 件、17 人，追赃挽损 6000 余万元；查处违反中央八项规定精神问题 34 起、39 人，处分 37 人，通报曝光典型案例 10 批、33 起、42 人；查处群众身边腐败和作风问题 43 起、57 人，党纪政务处分 52 人。

【开展主题教育和教育整顿】 2023 年，区纪委监委深入开展学习贯彻习近平新时代中国特色社会主义思想主题教育和纪检监察干部队伍教育整顿，教育引导党员干部自觉接受革命性锻造和精神洗礼，不断增强对党忠诚的政治自觉、思想自觉、行动自觉。严格落实“第一议题”制度，区纪委常委会深入学习贯彻习近平总书记重要讲话、重要指示批示精神 19 次，理论学习中心组集体学习研讨 13 次，提高政治站位，保持战略定力。开展“四重温四强化”（重温入党申请，强化爱党意识；重温入党志愿，强化忧党意识；重温入党誓词，强化护党意识；重温党章规定，强化兴党意识）专题研讨，举办“清风铸魂”赋能提升培训班 3 期，教育引导纪检监察干部筑牢思想防线。组织开展旁听庭审，在常州看守所开展“沉浸式”现场警示教育，推动纪检监察干部引以为戒、警钟长鸣。围绕“六查六看”“三查摆三强化”要求，督促全体纪检监察干部自查个人问题 1245 个、部门问题 162 个，及时落实整改措施。出台《武进区纪检监察干部网络言行“十不准”》，引导纪检监察干部保持清醒头脑，规范网络言行。开展一对一谈心谈话、“携手廉内助、共正好家风”家庭大走访、“天使助廉、亲情守护”亲子教育等活动，构建“单位＋家庭”严管厚爱双阵地。坚持刀刃向内、动真碰硬，起底梳理中共十八大以来涉及纪检监察干部问题线索，共查处 3 人。对照市委巡察反馈意见，制定整改任务 58 项，认真抓好整改，提升纪检监察工作规范化、法治化、正规化水平。全面完成 116 名监察官等级首次确定工作。完善案件查办、干部监督、内部管理等制度，强化刚性执行，严格自我约束。开展技能竞赛，评选“岗位之星”，发挥先进典型榜样引领作用。实施“青蓝工程”，推行“师徒带教”，搭建年轻干部成长平台。出台《关于对全区党纪政务案件实施集中统一审理的工作办法》，同步做好案件审理与前端案件质量评查试点工作。高标准建设大数据查询研判中心。2 名干部参加全省纪检监察系统信息化比武竞赛，分获二、三等奖。

11 月 24 日，区委常委、区纪委书记、区监委主任李旌巍（前排右二）到基层开展全面从严治党专题调研活动　（供图 / 区纪委监委）

【强化政治巡察】 2023 年，区委巡察机构深入贯彻落实中央和省、市、区委巡视巡察决策部署，推动巡察工作向深拓展、向专发力、向下延伸。开展三轮巡察，稳步推进十三届区委巡察全覆盖。

对区应急管理局、区委教育工委、江苏先行控股集团有限公司等12家单位开展常规巡察。上下联动开展卫健系统专项巡察。坚持“常规巡察、专项打法”，查找贯彻落实党中央决策部署方面的偏差和群众身边腐败，精准查找国企、教育、群团等领域共性问题，共发现问题324个，移交问题线索51条，推动落实助企惠民事项20件，形成专题报告9篇。制定《纪检监察监督、巡察监督与审计监督协作联动机制（试行）》，进一步推动纪检监察监督、巡察监督与审计监督工作联通、协同高效。探索完善工作方法，根据巡察对象特点，实施“组办联动”“组组联动”，采用“开放式谈话”“递进式清单”，全面精准高效查找问题。协助区委制定出台《关于加强区委巡察整改和成果运用的实施办法》，督促被巡察党组织把反馈问题整改融入日常，确保整改工作持续深化、持续见效，坚决杜绝管党治党责任“虚空转”。协助区委推进省委巡视反馈意见整改，155项整改任务均取得明显整改成效。出台《巡察整改监督工作流程》，完善纪委监委、组织部、巡察机构对巡察整改情况“三方会审”机制，明确整改监督责任要求，做深做实巡察“后半篇文章”。

（李　琦）

政治监督

【保障中心大局】 2023年，区纪委监委充分发挥协助职责和监督专责，加强对省政府《关于推动经济运行率先整体好转的若干政策措施》落实情况的监督，督促各职能部门积极向上对接争取，推动政策落地见效。协助区委书记集体约谈区委常委会班子成员、镇党委书记，推动各镇（开发区、街道）党（工）委书记约谈下级“一把手”273人次，层层压实全面从严治党主体责任。对照市纪委监委《关于切实加强对“一把手”和领导班子管理监督的纪检监察建议》要求，协助区委、区政府制定整改工作方案，切实抓好整改。深化安全生产领域监督执纪问责，严查生产安全责任事故中存在的问题，追责、问责7起、9人，推动职能部门防范化解风险隐患。督促做好中央、省环保督察反馈问题整改，共查处生态环境领域相关问题32起、32人。监督推进新一轮太湖综合治理，建立问题移送、情况通报机制，做到专责监督与职能监督贯通协同，相关经验做法被省纪委内网专刊推广。

【深化“首位廉盟”建设】 2023年，区纪委监委聚焦“532”发展战略、“两湖”创新区、新能源之都建设等中心工作，持续推进“首位廉盟”建设，构建全方位、立体化、全覆盖的有效监督体系，专设工作站，推动上级各项决策部署落到实处、见到实效。6月，制定出台《关于深化“首位廉盟”，助力“五个环境建设”的实施方案》，围绕政策、市场、政务、法治、人文5个方面，探索打造全方位、深层次、立体化互通联动的廉洁共同体。8月，开展“优化营商环境‘首位廉盟’派驻行”活动，区纪委监委派驻机构及相关科室联合部分“首位廉盟”成员单位分片走访廉情监测点企业，发放调查问卷，了解企业需求，就相关政府部门服务企业的态度、质量等听取意见建议，帮助企业纾困解难。围绕省纪委推动解决的营商环境领域10个突出问题开展专项督查，党纪政务处分35人，督查专报获市委常委、区委书记乔俊杰批示肯定。

【激励担当作为】 2023年，区纪委监委坚持严管与厚爱相结合，充分调动保护党员干部积极性、主动性、创造性，营造干事创业的良好氛围。落实“三个区分开来”，容错纠错8人，澄清正名2人。规范审慎回复党风廉政意见，回复186批6198人次。强化思想教育与正面疏导，对76名被处分党员干部开展回访教育，激励干部重振旗鼓、轻装上阵。

【处置信访举报】 2023年，区纪委监委深入开展“十百千”（十场民情座谈会，听民声、知民情；百名干部下基层，解民忧、纾民困；千名群众共评议，集民意、聚民心）工程，妥善化解矛盾，促进基层治理，纪检监察组织信访举报比2022年下降30.9%。用好小微权力“监督一点通”平台，听民意、解民忧、暖民心，收到群众投诉2617件，办结2603件，办结率99.5%，群众满意率96.31%。印发《强化监督执纪推进基层治理的实施意见》，开展重复举报化解不力专项整治工作，推动信访举报形势平稳向好。

【深化专项治理】 2023年，区纪委监委聚焦群众急难愁盼问题，选准选精“小切口”，常态化运用“组组协同”监督、“室组联动”监督、“室组地”联合办案机制，开展“武廉·吾有优学”“武廉·公卫经费使用”“武廉·镇村工程建设”等系列专项治理。其中“吾有优学”专项治理立案66人，留置2人；安监中介服务专项治理立案34件，挽回经济损失40余万元；国有资产保值增值专项治理立案7人。聚焦惠农补贴资金和农村“三资”失管、脱管、漏管等方面问题开展专项治理“回头看”行动，坚决惩治损害群众利益的腐败行为，让群众更多感受到全面从严治党的实际成果，共发现问题48起，党纪政务处分40人，通报曝光典型案例3批、7起、9人。根据上级部署，配合开展全区医药领域腐败问题集中整治，立案23人；整治固体废物非法倾倒占用耕地污染环境问题，立案9人；开展居家养老援助服务领域专项监督，立案1人。

（李　琦）

正风肃纪

【压实作风建设责任】 2023年，区纪委监委把落实中央八项规定及其实施细则精神纳入全面从严治党责任清单，压紧压实作风建设责任。推动各级党委（党组）认真落实区委《关于进一步落实中央八项规定精神锲而不舍纠“四风”树新风的若干措施》，形成一级抓一级、层层抓落实良好局面。督促区财政、审计、商务、市场监督管理等部门切实履行监管职能，聚焦相关制度规定执行情况，常态化开展监督检查，及时移送问题线索。

【党风廉政监督检查】 2023年，区纪委监委坚持日常监督和节点监督相结合，重点关注违规收送礼品礼金、违规吃喝、违规发放津补贴等问题，深入开展联合督查和明察暗访，派出监督检查组62个次，检查党政机关、企事业单位等184家次，检查商场、超市、烟酒店等1206家次。紧盯元旦、春节、“五一”、端午、中秋、国庆等时间节点，向全区科级以上干部常态化发送廉政提醒短信，在“武廉网”微信公众号上连载“节气说廉”专栏文章，教育引导党员干部坚守廉洁底线，弘扬清风正气，促进全区党风政风持续向好。

【严肃查处“四风”问题】 2023年，区纪委监委集中整治“12345”政府服务热线诉求处置中的突出问题，相关工作得到省委巡视组认可。梳理党员干部道路交通违法线索94条，其中公职人员道路交通违法线索12条，及时跟踪督办，深挖彻查酒驾醉驾违法案件背后的“四风”问题。深入整治违规公款吃喝、违规发放津补贴等享乐主义、奢靡之风问题39个，党纪政务处分43人；坚决纠治履职不力、不担当不作为等形式主义、官僚主义问题15个，党纪政务处分18人。

（李　琦）

审查调查

【违纪违法案件查处】 2023年，全区纪检监察组织坚持严的基调不动摇，坚定稳妥、实事求是查办案件，立案352件。严肃查处贪污贿赂、滥用职权等职务违法犯罪，留置19件、19人，移送检察机关17件、17人，追赃挽损6000余万元。坚持行贿受贿一起查，查处行贿案件25件。紧盯重点对象、重点问题，共查处“一把手”案件18件、18人，涉及科级及以上干部33人；查处医药、国企、金融等重点领域案件62件，依纪依法查办有影响、有震慑的案件2件、2人。精准有效运用“四种形态”，批评教育帮助和处理550人次，其中运用第一、二种形态占比89.1%，做到抓早抓小、防微杜渐。

【腐败问题源头治理】 2023年，区纪委监委把案件查办与完善制度、促进治理、推动发展贯通起来，构建办案、治理、监督、教育完整闭环。规范创新以案促改工作机制，制定《纪检监察建议运用中涉及相关文书模板》，进一步明确纪检监察建议适用情形，规范建议范围、制发程序、执行标准、监督管理及结果运用等内容，明晰各部门以案促改职责分工，印发纪检监察建议操作流程图，健全纪检监察建议提出、督办整改、评估、反馈流程。邀请市纪委法规研究室领导开展纪检监察建议制发工作专题培训，加强检查督促力度，增强纪检监察建议运用主动性、精准性、规范性、实效性。剖析典型案例，深挖问题根源，制发纪检监察建议书30份，督促相关单位落实整改、建章立制，做到举一反三、标本兼治。针对涉粮领域存在的工作人员失职渎职、国有资产出租不规范、基层粮库财务管理不严格等问题，督促主管部门全面排查整改，健全完善长效机制，真正用制度管权、管粮、管人。找准国有平台公司在财务融资、招标采购、工程管理等方面的突出问题，推动修订完善《党委会议事规则》《董事会议事规则》《“三重一大”决策制度实施办法》等制度54项，进一步加强廉政风险防控。

（李　琦）

廉洁文化建设

【打造廉洁文化矩阵】 2023年，区纪委监委贯彻落实《关于建立领导干部应知应会党内法规和国家法律清单制度的意见》和二十届中央纪委二次全会精神，以“党内法规建设”为主线，提档改建武进清廉馆，打造高质量清廉地标。深化“一镇一品”廉洁文化阵地建设，将“清廉之美”融入旅游景点、口袋公园、健身广场、社区长廊，拓展“群众家门口的微阵地”，彰显区域特色、形成规模效应。丰富活动载体，会同区委党史工委开展“寻根说廉、涵养清风”清官廉吏故事巡讲暨新时代廉洁文化讲坛，深入挖掘武进历史文化资源，开展清官廉吏故事宣讲20期。联合区妇联举办“武廉清风进万家”系列活动，通过“述家风”“传家训”“立家规”“倡廉洁”等方式，引导党员干部守好家庭“廉洁门”，以清廉家风涵养清朗党风政风社风。联合省演艺集团创编“廉政主题锡剧”，用传统戏曲讲好廉洁故事，教育引导党员干部廉洁修身、廉洁齐家、廉洁从政。联合区委宣传部、区教育局等单位举办“翰墨书正气、丹青绘清廉”廉洁书画大赛作品展，通过传统书画艺术形式宣传廉洁文化，弘扬清风正气。

【强化警示教育】 2023年，区纪委监委把开展警示教育作为落实全面从严治党“两个责任”的重要内容，强化以案为鉴、以案明纪、以案促改，让广大党员干部在思想上划出红线、在行为上明确界限。高标准拍摄专题警示教育片《国企之蚀》，以身边事教育身边人。面向重点人群重点领域讲廉政党课，持续拓展“播”“讲”“看”平台，不断深化警示教育内容、丰富警示教育载体。在微信公众号开设“清风说纪”“以案示警”栏目，剖析重点案例，解析纪法知识。督促推动全区各单位紧盯“关键少数”、重要节点，分层分类开展专题教育，警示党员干部知敬畏、存戒惧、守底线。

（李　琦）

7月13日，“寻根说廉、涵养清风——武进区清官廉吏故事巡讲暨新时代廉洁文化讲坛”活动专家访谈

（供图／区纪委监委）

民主党派·工商联

Other Parties · The Association of Industry and Commerce

栏目编辑　王国新

民主党派

【概况】 2023年，武进区各民主党派、党外知识分子联谊会全面贯彻中共二十大精神，深入开展“凝心铸魂强根基、团结奋进新征程”主题教育，聚焦“532”发展战略、新能源之都建设、“两湖”创新区建设等中心任务，为奋力书写好中国式现代化武进新答卷贡献党派团体力量。年末，有民革武进区基层委员会、民盟武进区基层委员会、民建武进区基层委员会、民进武进区基层委员会、农工民主党武进区委员会、致公党武进区基层委员会、九三学社武进区基层委员会7个民主党派组织和武进区党外知识分子联谊会。民主党派和党外知识分子联谊会共有成员974人，其中省人大代表1人（常委会委员1人）、省政协委员2人，市人大代表10人、市政协委员20人（常委4人），区人大代表13人（常委会委员3人）、区政协委员134人（常委26人），特约人员57人、区监委第二届特约监察员4人、区法院第一届特约监督员5名；“益心为公”检察云平台志愿者32人。民主党派、无党派人士担任领导干部48人，其中副厅级1人，副处职4人、正科职（级）6人、副科职（级）26人，另有区属学校、医院相当于科级及以上党外干部4人。民进会员顾燕获评民进全国宣传思想工作先进个人。民进武进区基层委员会获评民进江苏省委会宣传思想工作先进集体。

【民主党派主题教育活动】 2023年，武进区各民主党派、党外知识分子联谊会相继召开动员部署会、推进会等，深入开展“凝心铸魂强根基、团结奋进新征程”主题教育，举办学习会、交流会16场次，撰写主题征文、调研报告56篇。5月10日，致公党武进区基层委员会举办第十九期“致公讲堂”，党员张翀昊做“高质量发展背景下的创新能力提升对策”讲座。5月23日，民盟武进区基层委员会参观华罗庚纪念馆，传承民盟精神。5月24—26日，民革武进区基层委员会调研组先后调研考察诸暨市杜黄新村、富阳区黄公望村等地乡村治理情况，学习乡村现代化治理先进经验，形成调研报告《构建“多元”治理体系，筑牢乡村振兴基石》。6月21—23日，农工党武进区委会调研广州养老医疗产业，形成调研报告《推动我区养老事业和养老产业高质量发展的建议》并在区政协大会发言。7月8日，民建武进区基层委员会举办主题教育培训班，听取市委党校教授李卫平所作的“新能源之都·GDP万亿之城”专题讲座，并到中天钢铁（南通）有限公司、南通博物苑开展现场教学实践活动。10月14—15日，九三学社武进区基层委员会在浙江德清、嘉兴开展“追先贤足迹、传九三精神、奋楫新航程”暨“凝心铸魂强根基、团结奋进新征程”主题教育总结会，参观俞平伯纪念馆、褚辅成史料陈列馆，追寻九三学社先贤足迹，振奋“爱国民主科学”优良传统，探索新时代“学思想、强根基、重履职、建新功”路径。10月20日，区党外知识分子联谊会开展武进高新区新能源汽车产业链考察活动，参观考察北京理想汽车常州分公司的智能化装配车间等，激发会员们在新能源之都首位区建设中贡献智慧和力量。民进武进区基层委员会结合集体学习、专题调研、主题活动等形式，把理论学习、调查研究、助力发展、检查整改、建章

4月，农工党武进区委会举办2023年度骨干培训班　（供图／区委统战部）

表 3

2023 年武进区民主党派、党外知识分子联谊会基本情况表

单位名称	成员（人）							提案、议案（件）	
	人数	人大代表			政协委员			件数	优秀提案
		省	市	区	省	市	区		
民革武进区基层委员会	71	—	0	2	—	—	10	12	1
民盟武进区基层委员会	140	—	1	3	1	2	11	9	—
民建武进区基层委员会	145	—	2	1	—	5	20	8	1
民进武进区基层委员会	132	1	3	1	—	3	22	18	6
农工党武进区委员会	238	—	2	3	—	5	28	17	2
致公党武进区基层委员会	71	—	—	1	1	2	8	13	1
九三学社武进区基层委员会	64	—	1	—	—	2	10	6	—
武进区党外知识分子联谊会	113	—	1	2	—	1	25	13	1

立制等主要任务相互融通、整体推进，主题教育实现预期目标。

【民主党派团体参政议政】 2023 年，武进区各民主党派、党外知识分子联谊会积极履行参政议政职能，提交提案 96 件，完成调研课题 26 个，报送社情民意信息 330 条。致公党武进区基层委员会主委吴嘉禄撰写的《我区高新技术企业创新能力培育提升的建议》等 14 件提案被区政协评为优秀提案。农工党武进区委会《推动我区养老事业和养老产业高质量发展的建议》、民建武进区基层委员会《关于助推武进区医保定点药店“智慧监管”的思考与建议》在区政协大会作重点发言。九三学社社员杜光瑜参与撰写的信息《关于提升我省儿童医疗服务水平的建议》获江苏省副省长赵岩批示。民革党员杨忆舟撰写的《着力打通城市垃圾收运堵点，助推常州“无废城市”建设》、民进会员顾燕撰写的《建议加大对我市机动车维修行业危废处置的监管力度》获市委书记陈金虎批示。民革党员张珞馨撰写的《应积极有序推进家庭养老照护床位试点工作全面开展》、民进会员顾燕撰写的《学生群体动漫卡片盲盒消费问题亟待关注》获市长盛蕾批示。

【民主党派团体民主监督】 2023 年，武进区各民主党派、党外知识分子联谊会认真履行职能，围绕区政府工作报告、全区经济运行、人事变动、党风廉政建设等重大事项，参加各类协商、征求意见座谈会 7 场，并提出意见建议。常态化开展对口联系活动和特约人员工作 15 场次。区监委特约监察员、区法院特约监督员的民主党派团体成员认真听取相关工作通报并发表意见建议。区检察院“益心为公”检察云平台志愿者参加消费维权等公益诉讼听证会、现场会等 10 场次。区委常委、党员副区长与 33 名党外代表人士常态化联谊交友，结成联谊交友对子、畅通联谊交流渠道、建立信息反馈制度，发挥民主党派和无党派人士的民主监督作用。

4 月 10 日，民进武进区基层委员会在卢家巷实验学校举办“非遗校园行”活动
（供图 / 区委统战部）

【民主党派团体社会服务】 2023 年，武进区各民主党派、党外知识分子联谊会深化社会服务品牌建设，启动实施“同心共创”行动，开展社会服务 140 场次。民革武进区基层委员会助力“中山兴农”乡村振兴，在新疆尼勒克县成立王晖名医工作室，开展义诊活动，并向尼勒克县捐赠医疗物资价值 15 万元。民盟武进区基层委员会持续开展“霞光同心”助老活动，在卢家巷、大巷等社区开展公益活动 22 次，服务社区老年居民 2000 余人次，慰问空巢老人和困难家庭 60 多户。民建武进区基层委员会拓展“思源”品牌内涵，继续结对帮扶孤独症孩子家庭 4 户，开展助力乡村振兴、捐资助学、扶危济困等志愿服务活动 12 次。民进武进区基层委员会持续开展“春风行动”社会服务，先后走进礼嘉、湟里、前黄和嘉泽等镇的中小学，将心理辅导、优质教学资源送进乡村学校。农工党武进区委员会围绕“健康武进”主题，发挥医卫界特色优势，利用妇女节、学雷锋日等时间节点，在常州石墨烯小镇、嘉新社区等开展健康义诊服务 15 场次。致公党武进区基层委员会以“致福乡村·致富礼嘉”为切入点，为江苏泛亚微透科技股份有限公司、江苏常发实业集团有限公司等重点企业提供科技创新、产学研合作、知识产权等服务方案。九三学社武进区基层委员会助残服务覆盖全区乡镇、街道 11 个，举办第八届康普瑞杯“同心助残、与爱同行”慈善义卖作品展，筹集资金 192 万元，全部用于助残项目；在洛阳镇、南夏墅街道开展德康驿站建设，全面提升精神障碍社区康复服务水平。武进区党外知识分子联谊会创新开展“校＋园知盟”活动，深入北京理想汽车常州分公司、常州机电职

业技术学院、常州大学西太湖校区等单位，开展参观学习及产学研交流。

【民主党派基层组织建设】 2023年，武进区各民主党派、党外知识分子联谊会紧紧抓住领导班子建设这个关键点，不断完善规章制度，深化阵地建设，加强代表人士队伍建设，组织基础更加坚实。民革武进区基层委员会第二个“中山博爱之家”在江苏立华牧业股份有限公司成立；新成立民革常州大学支部，选举孔文为支部主委。民盟武进区基层委员会举行“盟”新有约——新盟员交流活动，新老盟员交流互动、分享经验，增强盟员的归属感、责任感和使命感。民建武进区基层委员会与民建上海金融工作委员会结对共建，进一步加强双方在金融科创领域沟通交流，共同提升履职能力。民进武进区基层委员会持续加强内部机构建设，在“5支部5处室”基础上，遵循“下任务、提要求、重质量”工作方针，明确各支部和处室的职责，加强各机构之间的联系和协同，优化骨干成员配置培育，充分激发基层组织履职积极性、主动性。农工党武进区委员会举办骨干党员培训班，近三年发展的30名新党员参加培训，进一步增强组织凝聚力。致公党武进区基层委员会第4个“致公之家”在常州天正工业发展股份有限公司成立。九三学社武进区基层委员会试点实施社员年度工作考评制度，对社员实行参政议政、思想建设、组织建设、社会服务、岗位贡献5个方面全面考评。武进区党外知识分子联谊会增补杨烁、蔡虹宇为理事，并聘请蔡虹宇为副秘书长；成立武进区党外知识分子联谊会湖塘镇分会，选举沈嘉晨为会长。

（安永彬）

武进区工商业联合会

【概况】 2023年，区工商联聚焦“两个健康”工作主题，开展“铸魂领航、赋能接力、提质创新、改革强基”四大行动，打造“武商心向党、政企新空间、创新赢未来”工作品牌，加强政治引领，强化改革创新，夯实服务举措，健全组织基础，加力年轻一代企业家培养，展现工商联商会组织在全区经济社会发展中的作用和地位。新增会员308家，共计4900余家。年末，全区有镇（开发区、街道）商会10家、行业商会（同业公会）19家、青商会11家、异地商会5家、专业商会3家、市场商会1家，会员企业经济总量超全区经济总量的80%。会员企业入围中国民营企业500强3家、中国制造业民营企业500强3家、中国服务业民营企业500强1家、民营企业研发投入500强4家、民营企业发明专利500强5家、江苏民营企业200强11家、江苏民营企业制造业100强5家、江苏民营企业创新100强5家、绿色发展领军企业7家、江苏民营企业社会责任领先企业12家。区工商联主席桑遥获评全国工商联系统先进工作者，并在全国工商联成立70周年庆祝大会上作汇报发言。获评全国“五好”县级工商联、全国工商联民营企业劳动关系监测调查工作示范单位、江苏省区域民营经济营商环境满意度调查工作突出单位、江苏省民营企业调查点工作先进单位、江苏省“构筑民营经济舆论阵地”先进单位等荣誉。

9月18—23日，区工商联组织37名青年企业家参加“创新与坚守”年轻一代企业家深圳培训班 （供图/区工商联）

【商会组织规范化建设】 2023年，区工商联强化自身建设，夯实组织基础。2月25日，区工商联十一届二次执委会召开，免去陈祥彬、孟鲁伟、埜林峰执委职务，增补郑曙明、徐鸿飞、黄桂荣为执委。9月23日，武进区蚌埠商会成立，韩成友当选为会长，有会员单位56家。8家商会完成换届工作。加强所属商会党建工作，组建商会党组织40家，开展各类党建活动77场次。湖塘镇商会、建筑业协会获评全国“四好”商会，湖塘镇商会、建筑业协会、合肥商会获评省“四好”商会，湖塘镇商会、建筑业协会、合肥商会、酒店业商会、花木园林商会获评市“四好”商会，15家商会被评为武进区“十佳”社会组织、优秀社会组织。武进区合肥商会党群服务中心入选区委组织部“五亮五优工程”重点扶持项目。区工商联所属商会AAAA级及以上社会组织共计14家。

【民营经济人士主题教育】 2023年，区工商联围绕贯彻习近平新时代中国特色社会主义思想，持续加强全区民营经济人士主题教育。2月25日，举办民营经济人士中共二十大精神专题培训会，学习宣传贯彻落实中共二十大精神。5月17—19日，举办民营经济代表人士“学思想、强党建、促发展”专题培训班，50名企业家和商会秘书长参加学习。7月20日，召开2022年度全区“爱国敬业创新诚信守法贡献”先进事迹汇报会，常州铭赛机器人科技股份有限公司董事长曲东升、江苏德速智能机械股份有限公司董事长彭子平作交流发言，通报表扬先进会员90人。开展理论学习、理想信念教育、革命传统教育等主题教育活动60多场。

【推进新时代“两个健康”先行区建设】 2023年，武进区推进新时代“两个健康”（非公有制经济健康发展、非公有制经济人士健康成长）先行区建设，区工商联承担领导小组办公室职责，落实“532”发展战略，实施“武商荣誉工程”，推进“两湖”创新区建设。1月29日，在全区“聚焦新能源之都建设、聚力高质量项目攻坚”发展大会上，表扬武进区第三届优秀中国特色社会主义事业建设者53人。2月4日和9月26日，分别举办新春、中秋重点企业家座谈会，加强政企沟通交流，营造“亲清”政商关系。5月31日，召开先行区专班工作会议，通报工作情况，布置新能源产业引才专项行动、“易企帮”助企专项行动、企业家薪火传承专项行动等行动计划10项。6月，公布2023年度“武商服务卡”持卡人名单，为100名民营企业家和创新创业者颁发“武商服务卡”。

6月27日至7月1日，区工商联举办年轻一代企业家“学思想、强素质”暨“走长征路、筑强国梦”主题教育延安培训班 （供图/区工商联）

【服务民营企业高质量发展】 2023年，区工商联通过多种形式服务，助推民营经济高质量发展。加强党建共建，发挥“易企赢商”党建红盟优势，举办联建部门交流会和民营企业家座谈会，梳理行业发展困难13类17条，推进行动项目7项；开展社团组织安全生产协调管理，开展安全隐患排查、环保政策学习等活动15场，参加企业近200家次。“易企赢商”党建红盟获评全区“十佳红盟”。开展青年企业家培育，落实年轻一代企业家“1+3+X”培养机制，6月27日至7月1日，举办年轻一代企业家“学思想、强素质”暨“走长征路、筑强国梦”主题教育延安培训班，24名青年企业家参加学习；9月18—23日，组织37名青年企业家参加“创新与坚守”年轻一代企业家深圳培训班；11月24日，开展“对话邵丹薇、融入双循环”对话时代先锋活动，组织青年企业家学习万帮数字能源股份有限公司董事长邵丹薇创新创业经验。组织青年企业家培训活动19场，参训企业家超600人次。开展政企沟通和政策宣传，举办区工商联—区政府职能部门座谈会11场、商会政企座谈会和联谊会60余场、“线上线下”政策讲座8场次，组织“进企业、进商会、进园区”政策宣讲4场，企业参加学习咨询2900家次。开展教育服务，6月23日，“百千万工程”2022武进万人班结业，完成6期13场培训，202位学员结业。推荐57名千人班学员报名，开展商会培训活动25场，培训各类经营管理人才2200余人次。加强法律服务，走访企业343家，为124家企业开展法治体检，发现法律风险隐患70条，提出风险防控法律建议117条；举办“线上”法律讲座6场、法治讲座130场，提供其他法律服务364次。推动科技创新，开展“走进企业、学习先进”活动11场，举办“院企双走进”活动4场，发布23所大学创新成果3956项，开展商会院企产学研对接33场。举办商会金融对接会24场，宣传金融机构服务项目，推介“领航保Ⅲ”惠企政策。组织800多名企业家及家属参加健康体检，邀请15名上海华山医院专家开展健康回访，为企业家提供免费健康咨询近1000人次。

4月28日，区工商联与常州市科教城联合主办的“产业联科教 创新链未来”——“院企双走进”活动在常州科教城举行 （供图/区工商联）

【企情调研】 2023年，区工商联围绕全区经济发展大局，加强企情调研，努力提升服务水平。关注企业内外贸问题，形成《“双循环”新发展格局下武进民营企业高质量发展路径研究》报告，被评为全区重点课题。牵头开展“2022年度区域民营经济营商环境满意度调查”，完成有效问卷111份。组织开展全国工商联民营企业数字化转型典型、社会责任等优秀案例申报推荐工作，申报推荐14例。配合开展上规模民营企业调研、民营企业履行社会责任调研、绿色发展调研等调研统计27项，完成问卷1000余份。

（许建勋）

群众团体

Mass Organizations

栏目编辑　王国新

武进区总工会

【概况】 2023 年，区总工会围绕中心大局，聚焦主责主业，扎实开展学习贯彻习近平新时代中国特色社会主义思想主题教育，统筹推进理论学习、调查研究、推动发展等工作，开展“牢记嘱托、感恩奋进、走在前列”大讨论，完成重点调研课题 9 个。深入相关企业开展调研 20 余次，召开调研成果交流汇报会，推动调研成果转化。自觉主动接受巡察监督检查，形成区委第一巡察组巡察区总工会党组问题清单，梳理出问题 50 个，明确整改内容、整改目标、责任主体和整改时限。推进经审工作的规范化建设，接受省总工会审计 2 次，区总工会及 4 个乡镇总工会接受市总工会延伸审计 1 次，各镇（开发区、街道）及各系统（局）、直属单位工会组织经审覆盖率均达 100%。新建市级劳模创新工作室 2 个、示范性劳模创新工作室 1 个。开展“奋进万亿之城、创新赢得未来”——常州职工科技创新周武进专场活动，分享武进劳模创新故事，发布武进区职工科技创新成果。在全区职工队伍中开展职工优秀创新成果和工会“五小”（小革新、小发明、小改造、小设计、小建议）评比活动，评选优秀创新成果 17 件、优秀结对师徒 10 对。全区获评常州市职工十大发明专利 1 件、十大科技创新成果 3 项、十大先进操作法 1 项、“五小优秀项目”7 项，新誉集团有限公司陆斌的“一种电容异常检测系统及其工作方法”获省职工十大科技创新成果奖。区职工服务中心入选“赋能创优”省级试点示范单位，东方润安集团有限公司入选“幸福企业建设”省级试点示范单位，江苏唯德康医疗科技有限公司等 6 家单位入选“幸福企业建设”市级示范单位。庄惠芬获全国五一劳动奖章，刘艳艳获评全国五一巾帼标兵，李立凯获省五一劳动奖章，江苏唯德康医疗科技有限公司获省五一劳动奖状，柳工常州机械有限公司钳工二级廖育联获评江苏省文明职工、“最美常州人”。江苏恒立液压股份有限公司制造总监马艳东作为区一线职工代表出席中国工会第十八次全国代表大会。区总工会获 2023 年度各辖市区总工会高质量发展综合评价第一等次，获评“攻坚百人以上企业建会入会”优胜单位。至年末，区总工会下辖镇总工会 8 个、街道总工会 2 个、国家级开发区总工会 1 个、省级开发区总工会 1 个、旅游区管委会工会 2 个、系统（局）工会 17 个和直属单位工会 5 个。有独立基层工会 2934 个、联合基层工会 281 个，覆盖单位 10973 家。职工总数 47.41 万人，会员 44.84 万人，入会率 94.56%。

8 月 23 日，区总工会举办常州职工科技创新周武进专场活动（供图/区总工会）

【工会基层组织建设】 2023 年，区总工会持续深化工会改革创新，不断增强工会组织吸引力凝聚力战斗力。开展百人以上企业，外资、港澳台资企业和新业态企业建会攻坚战，出台《武进区集中建会奖补实施办法》，形成未建—即建—已建的动态建会闭环。至年末，全区新建百人以上企业工会 162 个，外资、港澳台资企业工会 127 个，专题园区、商务楼宇、商圈市场工会 11 个，行业性工会 7 个，新就业形态劳动群体工会 27 个，新增工会会员 12287 人。武进区道路货运行业工会获评 2023 年度江苏省“工作成效明显的县级及以下新就业形态劳动者区域性行业性工会”。全区基层工会创成“江苏省模范职工之家”6个、“江苏省模范职工小家”4个，获评“江苏省优秀工会工作者”6人。新建牛塘镇职工活动中心及西太湖韭田创客公寓工会服务阵地，洛阳镇、湟里镇、礼嘉镇、牛塘镇获评市总工会“五好”乡镇。区总工会推进服务阵地“六个规范化”（制度建设、服务职工、参与管理、安全生产、文化体育、公益慈善）建设，获评县级工会规范化“一县一品”建设示范单位。实施工会组织和工会会员实名制管理，入库工会组织2069个、会员27.48万人。组织2批次100余名工会干部到厦门大学参加业务培训，不断提升工会干部队伍素质。举办全区新上岗工会干部培训班2期，参训220人。加强社工队伍管理建设，出台《武进区社会化工会工作者管理考核及薪酬待遇办法》。

【职工思想政治引领】 2023年，区总工会坚持正确政治方向，广泛学习宣传习近平新时代中国特色社会主义思想、中共二十大精神，引领广大职工听党话、跟党走。通过党课、学习海报等形式专题学习《习近平关于工人阶级和工会工作论述摘编》。组织参加“凝心铸魂跟党走、团结奋斗新征程”职工理论宣讲比赛，徐洁芬、周祎枫获省二等奖。组织开展“劳模工匠进校园、思政教师进企业”30场。在12家企业试点开展“班前十分钟·车间话奋斗”活动，把“大学习”的课堂搬到工厂车间、生产一线。组织万名职工观看电影《觅渡》，举办职工大讲堂206场。树立大宣传理念，强化微信公众号、抖音等新媒体宣传，构建立体化宣传格局。《江苏龙城精锻集团深化“产改”，打造高素质职工队伍》《常州市武进区举行快递行业首次集体协商恳谈会》等24篇文章被“学习强国”学习平台、《工人日报》等省级及以上媒体录用。创建省职工书屋示范点1家、书香企业1家，区总工会获“江苏职工读书月”活动优秀组织奖。

【关爱职工行动】 2023年，区总工会积极推进区政府为民办实事项目——关爱职工行动。组织爱岗敬业优秀职工19628人参加免费体检，其中新业态劳动者700人。为年满35周岁已婚优秀女职工6534人提供免费“两癌”（乳腺癌和宫颈癌）筛查。在职职工参加职工医疗互助保障76661人，向7023人发放补助820.59万元。完成心理体检4150人、心理咨询431人次。新建户外劳动者驿站22个，东安户外劳动者驿站被命名为全国最美户外劳动者驿站，4家单位被命名为全省最美户外劳动者驿站。推进女职工康乃馨服务站建设，新增康乃馨服务站8个，累计38个。13家单位开展工会职工子女暑期托管活动，为509名职工子女提供托管服务，江苏恒立液压股份有限公司获评全国爱心托育用人单位。开展“相约工会·牵手幸福”青年职工相亲交友联谊活动16场，服务青年600多人次。

【维护职工权益】 2023年，区总工会举办贯彻落实《江苏省集体协商条例》暨集体协商工作培训班，开展集体协商模拟竞赛，签订职工（劳模）技术创新专项集体合同105家，建立集体协商制度2000余家。洛阳镇获评常州市和谐劳动关系先进乡镇、江苏鸿儒人才有限公司等17家单位获评常州市和谐劳动关系先进企业。以“尊法守法·携手筑梦”为主题，开展法治宣传活动24场次。接待职工来信、来电、来访141件（次），结案率达98.5%。区劳动人事争议四方联合调处中心获评2023年度全国工作突出基层劳动人事争议调解组织、江苏省金牌劳动人事争议调解组织。湖塘职工服务中心法律服务站被市总工会、市司法局命名为市“三化”建设法律援助站。组织开展“安康杯”职工安全生产知识竞赛，报名参加企业931家，参赛班组3309个，参赛职工达10万余人。开展安全隐患随手拍活动，征集各类作品100件。全面贯彻落实全国工会维护劳动领域政治安全工作座谈会精神，成立武进区维护劳动领域政治安全工作小组，建立区委政法委、网信、公安等10余家区级机关单位部门参与的联动工作机制。开展武进区企业劳动用工监督评估专项服务行动，评估企业109家，发出工会劳动法律监督意见书109份、建议书15份，纠正违法用工101人次。区总工会“企业支付病假工资不能低于法定最低标准”“员工可因企业未缴医保主张医保待遇赔偿”入选全市工会劳动法律监督十大典型案例。推动各类企业健全以职代会为基本形式的企事业单位民主管理制度，创建“全省厂务公开民主管理工作先进单位”3家、“全省厂务公开民主管理工作示范单位”1家、“全省推动厂务公开民主管理工作先进单位”1家，入选“全省优秀职工代表提案”1个。

【职工技能素质提升行动】 2023年，区总工会联合区人社局开展2023年度“技行武进”职工职业技能大赛，完成新能源装备零部件设计、锂电池智能制造、光伏组件安装等高新技术工种技能大赛14个，102家企业的1300余名职工报名参赛，124名选手获各类竞赛奖项。举办无人机职业技能等竞赛12场次，近万名职工参加活动。成立武进工匠学院、劳模（工匠）专技联盟、技能人才驿站，

5月26日，区总工会举办2023年武进区工会集体协商竞赛　（供图/区总工会）

推荐武进洛凯学院等6家单位创建常州市职工学堂，深化产教融合，引领更多职工特别是青年职工走技能成长、技能报国之路。组织订单式培训206期，惠及职工10322人次。665人报名学历提升，向237人发放学历补贴13.37万元。

【新时代武进产业工人队伍建设改革】 2023年，新时代武进产业工人队伍建设改革工作（简称产改）被纳入2023年度区委全面深化改革工作要点、全区党建工作要点和全区督查检查工作计划，区总工会印发《2023年武进产改工作要点及责任分工方案》，推进产改试点扩面工作。召开新时代武进产业工人队伍建设改革第五次联席会议暨工作推进会、全区产改创新案例交流会，表彰产改工作区级先进单位10个、先进个人10人、"十佳产改实践案例"10个。编纂《武进产业工人队伍建设改革典型案例汇编》及《产改应知应会》手册，专题调研走访国企6家，专项督查基层工会产改工作11次，接受常州市专项检查，推进市产改办各项工作落实落细。至年末，累计创成产改工作特色产业园区试点单位2家、省级试点单位3家、市级17家、区级97家、镇级74家，初步形成四级工作体系。

【职工文体活动】 2023年，区职工服务中心精心打造"吾韵"形体队、"吾声"合唱团、"吾弦"乐团、"吾动"舞蹈队"吾"系列职工文化队伍，展现武进职工风采。"吾韵"形体队在第四届龙城芳华旗袍大赛中获团体冠军，在2023年"艺美武进、民星大舞台"才艺大赛上获成人组一等奖，在全市"唱响新时代'咱们工人有力量'"职工文艺汇演上获二等奖。"吾声"合唱团进入第二届常州市公共文化"青果奖"合唱类决赛，在市"唱响新时代'咱们工人有力量'"合唱比赛中获三等奖。武进"吾弦"乐团获2023年"艺美武进、民星大舞台"才艺大赛成人组三等奖。4支职工文化队伍多次应邀参加市、区活动。开展"职工文艺轻骑兵送文化进基层"活动15场，组织羽毛球、乒乓球、扑克牌掼蛋、象棋比赛各一场。组队参加市第十六届运动会职工部比赛5项，获篮球比赛冠军。

（陈　欢）

共青团常州市武进区委员会

【概况】 2023年，团区委坚持把学习宣传贯彻习近平新时代中国特色社会主义思想作为首要政治任务，强化青少年思想引领，扎实推进团员和青年主题教育，在深学细悟中擦亮信仰底色。深入推进国家级青年发展型县域试点、"长三角青年发展友好型示范城区"建设，推出青年普惠性政策21项，实施青年实事项目38个，圆满完成县域共青团基层组织改革任务。在全省共青团工作考评中位列第一，被市委、市政府评为常州市优化营商环境工作（深化改革）先进集体。全区各级基层团组织获省级及以上荣誉5个，其中西太湖江苏韭田创客空间有限公司团支部获评"全国红旗团组织"，嘉泽镇团委和西太湖团工委获评"江苏省五四红旗团委"，湖塘镇星河社区团支部和康普瑞团支部获评"江苏省五四红旗团支部"。获评省优秀共青团员3人、省优秀少先队辅导员3人、省优秀少先队员155人。至年底，全区有团（工）委119个、团总支127个、团支部2885个、专（兼）职团干部4403人、团员31430人。其中，新建基层团组织160个，新发展团员3020人。

【县域共青团基层组织改革】 2023年，团区委纵深推进共青团改革，坚定不移全面从严治团，完成县域共青团基层组织改革任务。推进实施青锋锻造、堡垒提质、菁英培育、党建领航"四大工程"，在深化党建带团建实效、团干队伍管理、团教协作等方面牵头或参与制定出台改革制度21条，团建工作首次纳入全区党建工作考核。"青春闪耀在YOUNG HOO——探索青年发展型县域建设新路径"项目获2022年度全省共青团工作"10100"创新创优工程三等奖，改革做法被《中国共青团》《中国青年报》等主流媒体报道51次，全区共青团的战斗力、组织力、向心力、引领力显著提升。统筹区镇两级共青团资源，联动打造30个小而实的团建品牌项目，有效助力中心工作，该工作经验做法2次受到团中央基层建设部《团建头条》点赞。不断提升"两新"（新经济组织和新社会组织）领域团组织的组织覆盖和工作覆盖，新建社会领域团组织160个，新建数位列全市第一。深化"青年之家"阵地建设，挂牌"青年之家"28个，实现镇（街道）开发区全覆盖；评定星级"青年之家"14个，有效激活"青年之家"的活力。强化团干部队伍建设，制定出台《武进区加强团组织干部队伍管理实施办法》，完善"选育管用"机制，探索形成"目标＋述职＋考评"基层团干部激励约束机制，经验做法在全省团干部教育培训相关工作专题调研座谈会上交流。严格执行"推优入团"政策，把好入团关口、规范入团程序，推动党、团、队育人链条相衔接、相贯通，规范发展团员3020人、"推优入党"60人。探索社会领域团员发展新路径，承接"揭榜挂帅"团省委团员队伍建设探索创新重点项目，取得初步成果，同时吸纳返乡大学生、非公有制企业、新业态新就业群体等领域青年2051人成为团的基层工作力量。

【青少年思想引领】 2023年，团区委严格落实意识形态工作责任制，规范管理各类青少年阵地，防范化解青年意识形态领域风险隐患。用习近平新时代中国特色社会主义思想武装团员青年，做到真学真懂真信真用，在反复研读中深化思考，在联系实际中学以致用。推动团员和青年主题教育纳入第二批党的主题教育"总盘子"，形成"党委牵头管总、团委主抓落实"的工作格局。各级团组织团员细化青年主题教育实施方案，分层分类抓实理论学习，3108个团组织、3.1万名团员参与青年主题教育，"思想旗帜"等4个专题学习率均达100%。区委常委会听取专题汇报，团省委副书记熊俊和市委常委、区委书记乔俊杰开展专题调研，并给予充分肯定。特色经验做法多次刊登团省委和区主题教育办简报。打造从少先队员、团员到党员的全链条思政育人体系，广泛开展"五彩靓武进""争做新时代好队员""集中入团示范仪式"等学习实践活动100余场，教育引导青少年听党话、跟党走，相关做法被《中国少年儿童》《中国少年报》等媒体宣传推广。建优用活"青年学习社"阵地，创新打造"青年巴士""YOUNG HOO·青春走读"青年学习社线路，创设"YOUNG HOO"青年文化体验线路，上好"行走的思政课"。依托"890"青

7月，团区委举办“相约来湖湾、共创青年城”优秀大学生暑期研学活动

（供图 / 团区委）

年说理论宣讲团、红领巾巡讲团2支青年讲师队伍，向青少年讲好红色故事、武进故事，开展宣讲150余场，覆盖青少年万余人次。推出原创情景剧《爱在湖湾》、“青春游武”系列视频、“只此湖湾、青创未来”系列视频等，获得社会各界的好评。持续组织开展“青年大学习”，打造具有影响力的“武进青年”新媒体矩阵，“武进青年”微信公众号、抖音号新增粉丝2万余人，获赞1.2万次。强化正向引导，武进共青团工作获新华社、中国新闻网、《中国青年报》等媒体报道50余篇，武进青年首次亮相《中国共青团》杂志封面。

【青春建功行动】 2023年，团区委紧扣市委“532”发展战略、区委“一园一城一示范”等重大战略部署，团结带领广大团员青年施展才华、奋发进取，为武进高质量发展走在前列凝聚青春力量。全域打好“急难险重新”攻坚战，广泛开展“青”字号品牌建功行动，40多个青年文明号、55支青年突击队、1300多名青年在重大项目建设中冲锋在前、奋力拼搏。组织“创青年之城、建青春之功”青年突击队主题调研活动，形成调研报告19篇，为地区发展引入更多青年视野。开展青年安全生产示范岗“千岗走千企”行动，推动青安岗与安全生产重点岗位结对，排查整改安全隐患170多条，守牢安全底线。2000余名青年志愿者参与“青禾”科技志愿服务、西太湖马拉松、武进高铁站春运保障等志愿者服务活动，彰显武进青年的责任与担当。延伸共青团服务触角，赋能城市社区治理，组织开展“低碳同行、时尚生活”垃圾分类及环保主题系列活动、“河小青”巡河护河志愿服务等行动，武进各界青年积极响应城市社区“青治青享”号召，投身基层一线，累计服务群众700余人次，为基层治理服务凝聚青年力量。扎实推进乡村振兴青春建功行动，持续推进“大学生志愿服务乡村振兴计划”“共绘苏乡”规划师下乡行动等；发放“新农菁英”贷款6000余万元，为乡村振兴注入“青春动能”。南夏墅街道三河村入选江苏省第三届“青绘乡村”青年文化创意设计大赛基地。

【“长三角青年发展友好型示范城区”建设】 2023年，团区委持续推进“长三角青年发展友好型示范城区”建设，践行青年优先发展理念，服务青年成长成才。全力建设“青年之城、未来之城”，纵深推进国家级青年发展型县域试点建设，系统实施启动建设“长三角青年创新创业港”、联合成立“两湖青年发展研究中心”、常态开展“青春朋友圈”主题社交活动等“十大青年实事工程”，其中8项被纳入区委和区政府工作督导。发起成立“两湖”青年发展研究中心，发布“湖湾”青年发展指数，举办“湖湾”青年发展论坛，迭代升级“星火红盟”党团共建品牌，全区年轻指数持续上扬，青年发展生态持续优化。试点工作高质量通过中期评估，“YOUNG HOO青年之城”品牌影响力位居全省前列。加快构筑“国际人才社区＋高层次人才公寓＋蓝领菁英公寓＋青年驿站”全域人才公寓格局，建成金凤凰青年驿站等精品青年驿站6个，入住率超93%。开展“YOUNG HOO”青年主题月活动，推出思想引领、创新创业、文体休闲等活动30项，满足青年“最需求”。重点打造太湖湾音乐节、西太湖马拉松、淹城古风夜市等高热度文旅IP，用心引领城市文旅潮流。以“两湖”青年发展研究中心为核，全域布局“武青柠”青年会客厅8个，拓展青年城市生活场景，增强青年城市“归属感”。配合承办2022年苏港澳青年创新创业大赛决赛，深化苏港澳（国际）青年创新创业基地建设。参与联办“挑战杯”“新工科”科创训练营等活动，探索校（地）企联合培养人才新模式。组织省内外高校300余名学子参加优秀大学生暑期研学、“青眼看武进”、学子新春“回乡行”等活动，吹响就业创业服务“前哨”。成立“青武创客帮帮团”，打造“武青柠”青年服务工作站1个，持续开展就业指导、创业帮扶、联谊交友等暖心服务50余场，支持青年自主创业1700余人，引领大学生创业300余人，推动更多青年创业实践。

【青少年权益维护】 2023年，团区委积极发挥青年工作联席会议机制作用，切实维护青少年合法权益。推动出台青年普惠性政策21项，实施青年实事项目38个。擦亮“梦想改造＋”关爱名片，为困境青少年提供精准链式、持续贴心的服务，建成“梦想小屋”70间。面向中小学生，特别是农村留守儿童、城市外来务工人员子女等青少年开设爱心暑托班32个班次，为2000余人次青少年提供优质课外服务。在全区中小学开展青少年法治公开课、青春自护教育等活动，覆盖人数超20万人。

（王洁茹）

武进区妇女联合会

【概况】 2023年，区妇编制完成《常州市武进区家庭教育工作专项规划（2023—

2025年)》，建立区家庭教育工作联席会议制度，以注重家庭、注重家教、注重家风“三个注重”支撑社会文明新风尚。实施巾帼好声音思想引领项目，开展中共二十大精神宣讲720余场，覆盖妇女群众2.8万余人次。积极推进女性发展、妇女儿童维权、困境妇女儿童关爱帮扶等工作，相关改革经验、妇女发展成果及优秀巾帼典型获《人民日报》、新华网、“学习强国”学习平台、江苏女性网等媒体宣传报道395次。区妇联获第五届江苏女性融媒体创意大赛优秀组织奖、优秀工作案例奖。嘉泽镇“花木兰”文明实践巾帼志愿阳光站入选江苏省“在你身边”文明实践巾帼志愿阳光站（第二批），武进区人民检察院春晖工作室获评2022年度江苏省三八红旗集体。武进高新区税务局纳税科获评全国巾帼文明岗，徐洁芬获评全国巾帼建功标兵、江苏省三八红旗手、江苏最美巾帼奋斗者。区妇联兼职副主席、今创控股集团副总裁胡丽敏获评江苏省妇联系统劳动模范。庄惠芬工作室、区人民检察院春晖工作室获评江苏省三八红旗手（集体）示范工作室。满庆家庭获评全国“最美家庭”。许文君、季委、赵晨茜获评2023年常州市三八红旗手，湖塘镇府南社区、洛阳镇岑村村民委员会获评2023年常州市三八红旗集体。至年末，全区有镇（开发区、街道）妇联13家、机关事业单位妇联43家、村（社区）妇联231家。

【妇联基层组织建设】 2023年，区妇联加强产业链、新领域妇联组织建设，新建武进高新区新能源汽车、武进高新区工程机械、嘉泽镇花木电商等产业链妇联3家，武进人民商场妇联、常州浦发机械有限公司妇联等新领域妇联组织15家，“清风悦柳”“满庭含芳”“烯·望”等妇女微家43家。发挥行业妇联作用，举办新领域行业妇联主席“回娘家”系列活动，开展新领域女性关爱行动、主题沙龙等。指导区律师行业妇联打造“巾帼红律”品牌，举办“一案一人生·我是女律师”系列活动。加强机关妇联组织建设，指导区委宣传部、区审计局等单位新建妇联。发布2023年度武进区妇联执委领办项目清单，区妇联55名执委带动全区3500多名执委办好“一执委一实事”工程，聚力打造服务妇女儿童项目集群。5月8—12日，区妇联在湖南省中南大学举办武进区“晨曜计划”训练营暨基层妇联干部能力素质提升培训班，通过理论学习、研学参观、总结讨论等形式，进一步提升基层妇联干部改革创新、参与决策管理、融入基层治理的能力和水平。年内，盐城市盐南高新区妇联、新疆伊犁州妇联、张家港市妇联等先后调研区妇联思想引领、新领域妇联组织、家风建设等工作，中华女子学院副院长周应江带队专题调研武进区妇联访企拓岗促就业工作。

【“阳湖女声”巾帼好声音思想引领项目】 2023年，区妇联组织“阳湖女声”巾帼好声音宣讲团，走进基层美丽庭院示范点、妇女议事会、巾帼志愿阳光站等，开展中共二十大精神宣讲720余场，覆盖妇女群众2.8万余人次。广泛开展学好用好《习近平走进百姓家》《习近平关于妇女儿童和妇联工作论述摘编》系列活动，通过分享会、基层调研、走访慰问等形式开展活动280余场。开展常阿姐大讲堂“巾帼好声音”分享会暨“两湖·新声women课堂”，在“比学赶超”中拓宽视野和格局，坚定干事创业的信心决心。三八节期间，市委常委、区委书记乔俊杰走访慰问区“最美母亲”、女性“双创”人才、新领域行业女性等优秀典型，激励广大妇女积极投身武进现代化建设新征程。11月6日，区妇联召开专题会议，学习习近平总书记同全国妇联新一届领导班子成员集体谈话时的重要讲话精神，传达中国妇女第十三次全国代表大会精神，邀请全国妇女代表戈亚琴分享参会心得。实施“在你身边”文明实践巾帼志愿阳光行动，引导各地妇联形成“一地一品”志愿服务特色。落实意识形态工作责任制，加强网宣员、网评员队伍建设，推选省、市级巾帼好网民4名，网络正能量音视频8部。选树区级三八红旗手20名、集体10个，获评市级三八红旗手3名、集体2个和省级三八红旗集体1个。

【“慧创未来”女性发展工作】 2023年，区妇联推动出台《武进国家高新区关于支持女性科技人才发展的若干意见》、江苏（武进）水稻研究所《关于支持女性科技人才六条意见》等政策措施，赋能女性创新创业和发展，促进女企业家成长，相关工作成果和经验被新华网、《人民日报》等媒体报道。2月27日，区女企业家代表与以色列驻上海总领事馆总领事白乐潍共同探讨全球女性领导力话题。4月22—28日，武进区女企协高科技商务考察团在以色列开展科技项目对接活动。8月8日，区女企业家协会完成换届。培育共建共享、纵横贯通、项目引领的妇女创新创业服务发展体系，组织“乡村振兴巾帼行动”专项就业创业培训班，发布“家门口的小店”——水果门店经营理念及实操、“管家养成”——家政服务培训、“我家的院子”——庭院经济管理实用技术等培训项目3个；举办“美丽庭院、幸福花开”家庭园艺训练营，激活区域经济新亮点；联合区人社局开展职业技能培训5期，帮助女性提升就业技能、拓宽就业渠道。常州固立高端装备创新中心、大连理工江苏研究院获评省女大学生创业就业实践基地。江苏先诺新材料科技有限公司张梦颖研发的“高强高模聚酰亚胺纤维产业化及应用项目”获江苏巾帼科技创新大赛最具商业价值奖，张梦颖获评市级巾帼建功标兵。中讯半导体（江苏）有限公司执行董事郭锐、常州回天新材料有限公司总经理、技术总工石娜获评常州市“最美女科技工作者”。“金凤凰”女性人才公寓服务站获评市级服务站，江苏韮田创客空间获评市级丁香女性创新创业服务基地。命名表彰区级巾帼文明岗38个。嬉乐湾生态农业示范园有限公司获评省级巾帼新业态助农创新基地，雪堰镇建林家庭农场获评市级巾帼示范专业合作组织（家庭农场），江苏桃掌柜农业发展有限公司获评市级巾帼现代农业科技示范基地。雪堰镇雪东村获评“美丽家园”省级示范点，雪堰镇城西回民村获评“美丽庭院”市级示范村。

【“绽放爱的希望”维权工作】 2023年，区妇联持续深化暖心关爱服务，打造全省首个妇女儿童权益“15分钟综合服务圈”，通过“三同闭环”（信息协同共享、案件协同调处、部门协同联动形成闭环）强化机制保障、“四维矩阵”（街道功能阵地、学校阵地载体、村社区阵地、社会组织阵地）强化阵地覆盖、“五方团队”（妇联干部、三官一律、“常阿姐”领头雁、网格员、专业社工）凝聚共治力量、“N个项目”联动社会组织，“零距离”精准服务妇女儿童，项目获评常州市平安建设优秀案例。南夏墅司法所负责人上官佳英获评江苏省“十佳妇女议事能手”。开展“妇儿权益维护与安全守护”课堂进村（社区）、企业活动98场。走进全区17所中小学，开展“生命关爱·法润心语”公益课堂进校园普法活动，预防校园欺凌。开展“五个一”（一村一户、一户一策、一策一组、一户一岗、一户一档）困境家庭关爱行动，帮助4户困境女童家庭改造学习生活“花蕾空间”。组织“巾帼建功‘532’”“两湖”创新向未来“吾爱武家、幸福加码”项目推介会，开展“women慧治理”论坛、发布“家育户晓”家庭教育工作项目，聚势汇能护航家庭港湾。南夏墅街道大学新村三社区“常阿姐”、湖塘南都社区“壹＋和”等4个家事调解室获评市优秀家事调解村（社区）工作室，于家竹等3名调解工作者获评市优秀家事调解能手。

【“吾爱武家·幸福万家”家庭文明建设项目】 2023年，区妇联贯彻实施“一法一条例”（《中华人民共和国家庭教育促进法》《江苏省家庭教育促进条例》），高标准编制《常州市武进区家庭教育工作专项规划（2023—2025年）》，以注重家庭、注重家教、注重家风“三个注重”服务社会文明新风尚。3月17日，省政府妇女儿童发展规划实施工作联合调研组、市政府妇儿工委专题调研区“十四五”妇女儿童发展规划中期评估工作，并给予充分肯定。5—7月，举办“妇联好声音、家庭好故事”巡讲、“阅读启童智、书香立少年”等亲子活动。7月6日，召开全区家庭教育工作推进会，发布“吾好家教”家庭教育品牌，建立健全家校社协同育人机制，进一步提高全区家庭教育工作质量；举办“石榴花·武尼一家亲”与“最美家庭”交往交流交融活动，通过武尼两地“最美家庭”结对走亲，共同推动两地妇儿事业的高质量发展。8月，联合区纪委监委、区委组织部等部门开展区第二届“武廉清风进万家”党员领导干部家庭廉洁教育系列活动，筑牢反腐倡廉家庭防线。多维度办好“一米高度”民生实事，指导古方社区建成市级儿童友好社区。10月19日，国务院妇儿工委办调研组调研区预防未成年人犯罪工作。夯实“最美家庭”工作品牌，指导全国五好家庭黄亚惠家庭成立“最美家庭”工作室。推动南夏墅街道大三社区“阳光心灵”驿站开展家风家教服务，打造“1+2+N”工作模式（社区党支部带领小区党支部，连接业主委员会、楼栋长共同参与小区综合治理）。选树区级“最美家庭”336户、五好家庭71户，培育全国“最美家庭”1户。

7月6日，区妇联举办“石榴花·武尼一家亲”“最美家庭”交往交流交融活动

（供图/区妇联）

【“圆梦微心愿”困境妇女儿童关爱帮扶】 2023年，区妇联实施“99公益”“家庭图书馆”爱心募捐项目，推动家庭共读成长、城乡携手共进。共募集资金20万余元，开展“两癌”（乳腺癌和宫颈癌）低收入妇女、困境儿童等关爱慰问活动，发放慰问物资价值10万余元；向651名低保家庭、军属家庭育龄妇女赠送“美丽人生”妇女健康公益保险，保额3.91万元。发动各界爱心人士认领困境儿童家庭“微心愿”129个，汇聚各方力量护航儿童健康成长。

（濮梦佳）

武进区科学技术协会

【概况】 2023年，武进区全区各级科协及所属团体根据《武进区科协系统深化改革实施方案》要求，积极为科技工作者服务，为创新驱动发展服务，为提高全民科学素质服务，为党委政府科学决策服务。开展科普宣传、学术交流、科技对接等活动200余次。创成市级科普教育基地7个、科学教育综合示范学校省级和市级各1所、市级科普惠农服务站1个，新增区级科普教育基地7个。武进区通过全国科普示范区创建验收，西太湖科技产业园获评中国科协海智国际研发社区。至年底，有区科协1个、镇科协8个、街道科协2个、开发区科协2个、企业科协55个、区级学（协）会17个；有科普教育基地183个，其中国家级8个、省级14个，区科技智库专家38人。

【武进区科协第十次代表大会】 10月28日，在武进假日酒店召开，到会代表240人。市委常委、区委书记乔俊杰，市科协党组书记、主席任洪兴，区委副书记、区长恽淇丞，区人大常委会主任石伟东，区政协主席郑政平，区委副书记吴震宇，区委副书记、副区长赵钢等区四套班子领导参加活动。大会回顾总结区科协第九届委员会在科技创新、科学普及、平台建设、人才招引等方面的工作成果，表彰武进高新区科协、西太湖科技产业园科协等“2017—2022年度武进区科协系统先进集体”30个，王亮、何园等先进个人50人。选举产生区科协第十届委员会，周敏当选为科协主席。

10月28日，武进区科协第十次代表大会在武进假日酒店会议中心召开

（供图/区科协）

会议明确今后五年的奋斗目标和主要任务，并向全区各级科协组织和广大科技工作者发出号召，要紧扣中心大局，深入贯彻落实区委、区政府的决策部署，以更加昂扬的斗志、更加过硬的本领，为武进的现代化建设提供坚实的科技支撑和人才保障。

【武进区第35届科普宣传周】 2023年，区科协围绕"热爱科学、崇尚科学"主题，举办2023年全国科技活动周系列活动，广泛开展科普基地开放、科技志愿服务、科技报告等80多项形式多样的科普宣传活动，举办科普宣传周重点活动发布、科普科创荣誉榜单发布、科普科创导师聘书颁发等专项活动；联合区应急安全局、区城管局开展"安全生产月""推动垃圾分类成为低碳生活新时尚"等科普宣传活动；在全区聘请"科普大使"，1名科普志愿者被聘为常州市"科普大使"；打造"光影里文明+"科普特色主题影院；组织社区（村、学校）开展"科普电影进社区"活动40场；联合红十字会在企业、社区、学校举办应急救护科普讲座及培训20余场。

【引才引智服务】 1月13日，武进区科技顾问北京座谈会在北京召开，市委常委、区委书记乔俊杰出席会议，与相关武进在京科技顾问进行座谈交流，并向中国科学院院士崔铁军、清华大学自动化系教授王凌等院士专家颁发新一届科技顾问聘书。武进在京科技顾问表示愿意发挥各自专业所长和桥梁纽带作用，结合武进产业发展所需，在科创平台建设、科研成果转化、科技人才培养等方面提供更多服务，助力武进高质量发展。区科协聘请国家级、省级学会专家以"科技服务团""首席科学家""引才合伙人"等形式开展引才引智服务，先后邀请8名院士到武进洽谈合作。

【"科创江苏"试点区建设】 2023年，武进区持续推进"科创江苏"试点区建设，全力争取国家级、省级学会支持，引导各类科技创新资源落地武进。举办承办常州市"科创中国"海智面对面活动、第二届江苏产学研合作对接大会暨武进国家高新区集成电路产业专题对接会、第九届苏台青少年科技创意创新活动等活动。2月20日，在2023"科创中国"年度会议上，中车戚墅堰机车车辆工艺研究所有限公司的"时速350公里'复兴号'动车组齿轮传动系统研发及应用"，清华大学、同方威视技术股份有限公司、常州第六元素材料科技股份有限公司的"薄层石墨烯粉体的研发及产业化"，江苏恒立液压科技有限公司、浙江大学的"高动态数字先导独立控制多路阀"入选"科创中国"先导技术榜；万帮数字能源股份有限公司、常州益锐医疗器材有限公司入选"科创中国"2022新锐企业榜。高质量通过2023"科创江苏"专项行动计划中期检查和"科创江苏"三年行动计划规范化建设与成果化评估。围绕新能源之都首位区建设，参与绿色低碳城市发展论坛暨建筑科技与新能源"龙城英才计划"上海、东北等邀请赛、中俄"先进材料与技术"学术会议、苏南国际技术转移机构研讨会暨中德新能源创新成果路演等活动。积极参与第五届未来能源大会，100余位知名院士、专家和近700位代表参会，逾十万人在线观看大会直播。11月2日，武进区承办2023年"科创江苏"创新创业大赛新材料领域总决赛，颁奖仪式上，"科创江苏"创新创业项目常州西太湖路演基地揭牌，签约新材料领域项目5个、省级学会合作项目4个。区科协扩大省照明学会普罗斯电器（中国）科技服务站、省人工智能学会中以常州创新园服务站等省级科创服务站会地合作成果，金石机器人常州股份有限公司与省人工智能学会联合开展企业创新发展行动。持续发挥区科技成果转移中心作为学会、院校与地方合作的平台作用，凝聚入驻高校院所的科研资源，推进政产学研深入协同发展。至年末，武进区科技成果转移中心入驻高校分中心24家，全年共采集企业需求104项，汇聚行业专家顾问85位，高校成果2956个，开展各类产学研活动47场，邀请专家277人次，达成各类合作意向48项，签订产学研合同2972万元。

【科技人才服务工程】 2023年，加大对科技工作者政治引领力度，全面学习贯彻落实二十大精神，举办全区科协系统学习贯彻党的二十大精神宣讲报告会，坚持把党的领导贯穿于科协工作全过程；推荐3名科技人员申报市科技人物，并全部入选或提名；推荐10名青年科技人员申报市龙城英才计划——青年科技人才托举工程资助培养对象；推荐1名高层次人才申报中国科协科技人才工程领域评审专家；组织"5·30"全国科技工作者日宣传活动；组织优秀专家（人才）国情研修活动；认真履行全国科技工作者调查站点职责，开展调研活动，汇集意见和建议，调动科技工作者投身科技创新的积极性；走访慰问江苏旷达科技集团股份有限公司、武进水稻研究所、常州现代医疗器械产业研究院等一线科技工作者，并为旷达科技“四长工作室”、常州现代医疗器械产业研究院“常州市科技工作者之家”授牌，让广大科技工作者切实感受到组织关怀和“家”的温暖。

【科普阵地建设】 2023年，区科协积极打造“科普武进”品牌模式，构建立体科普格局，实现科普阵地建设新发展。淹城野生动物世界、环球动漫嬉戏谷、武进区疾病预防控制中心入选“2021—2025年第一批全国科普教育基地”，新增太湖湾青少年实践教育基地、地质矿物科普馆2个省级科普基地、旷达汽车饰件科普教育基地等6个市级科普教育基地。联合市科普服务中心、区农技协在雪堰镇共建亚夫科技工作站，持续提升服务乡村振兴的能力。至年末，全区累计建成国家级科普基地7个、省级科普基地16个、市级科普基地44个、科技教育特色学校38所、农村科普示范基地85个、青少年教育基地69个。

【“双进”助力“双减”科普行动】 2023年，区科协开展科普资源进校园、青少年进科普基地“双进”活动，推动“双减”政策落地落实，打造武进区地质矿物科普馆、太湖湾耕读大学堂等一批特色科普基地和青少年科普活动品牌。前黄高级中学、前黄实验学校、星河实验小学入选全国首批中小学科学教育实验学校。积极推进科普资源进校园，面向全区中小学推广“菜单式”科教资源服务，推动“青少年心灵护航科普行动”“科普魔幻秀”“科普大篷车”“流动科技馆”等常态活动走进校园，创新青少年科普供给手段；德伊门矿物博物馆在湖塘桥实验小学建设“苗苗少年科学院”，探索“校馆共建”新思路；企业家百万光彩基金捐助运村实验学校建设近视防控科普馆，探索社会资金助力校园科普馆建设新路径；主动衔接省科协、省科技传播中心，多维度争取省级科技竞赛资源落地，全力支持8所青少年科技竞赛工作站建设，支持承办苏台青少年科技创意创新活动、江苏省青少年人工智能大赛、常州市科普科幻作文大赛等各类科技竞赛近20场，参与学生超2万人。

（戴冬蕾）

武进区文学艺术界联合会

【概况】 2023年，区文联围绕学习宣传贯彻中共二十大精神的主线，服务中心大局，团结和带领广大文艺工作者，积极践行“举旗帜、聚民心、育新人、兴文化、展形象”的使命任务，推动武进文艺事业发展。印发《“武艺”人才培养计划实施意见（2023—2025年）》，推进建设一支德艺双馨、内外兼修、富有潜质的文艺人才队伍。9月28日，在区行政中心5号楼三楼，成立区文联“文艺家之家”，主要功能是展示协会亮点工作，展陈会员优秀作品，为文艺家协会和基层文联提供活动场所。举办“节日里的中国”经典诵读进校园活动、“湖湾升明月”2023武进区中秋戏曲晚会等主题性文艺活动20场次，观众达5万人次。戏剧曲艺家协会开展文化惠民、送戏下乡、戏曲进校园演出200余场，观众达20万人次。刊发《武进文艺》2期，获省级及以上奖项作品138件。区作协会员散文集《旧雨》、刘康诗集《万象》出版发行，区工艺美术家协会会员王明盛、张琪获评首届江苏十佳青年民间工艺美术家。区文联文艺惠民工作获评2023年全省文艺志愿服务工作先进单位。至年底，有文艺家协会8个、基层文联10个、挂靠社团3个，会员2000余人。其中，国家级协会会员60余人、省级协会会员200余人、市级协会会员1000余人。

【“聚力‘两湖’创新区、文艺装点新农村”主题活动】 2023年，区文联聚焦市委“532”发展战略，围绕乡村振兴、新时代文明实践中心建设等重大战略，团结引领广大文艺家和文艺工作者深入生活，扎根人民，用文艺的力量助力乡村振兴和文明实践，为“新能源之都”和“两湖”创新区建设提供文化支撑和精神动力。5月13日，组织区作协会员在湟里镇陆涛声陆颖墨文学馆和葛庄安全大塘湿地公园采风创作，接地气、聚能量，提高文学作品创作质量。6月9日，组织区美协、摄协、恽南田书画会会员在沿江高铁武进站施工现场采访，感受高铁工地火热的建设场景，感受一线建设者精神风貌。8月11日，组织区戏曲协会联合牛塘镇举办“聚力‘两湖’创新区、文艺装点新农村”结对共建汇演，推出一批新时代文艺精品，弘扬主旋律，传递正能量。区文联通过指导所属协会和乡镇文联结对共建活动，组织会员近距离指导群众创作，推出优秀作品，助推乡村文化振兴和武进经济社会高质量发展，持续将党的方针政策传递到百姓中去。区文联获评2023年全省文艺志愿服务工作先进单位，《全力开展“文艺装点新农村”主题活动、聚力“两湖”创新区建设》获2022年全省文联工作创新提名奖。

【“听吾说·武爱朗诵”主播团成立】 2月2日，区“听吾说·武爱朗诵”主播团成立。主播团由区朗诵艺术协会骨干会员和培训班优秀学员组成，包括教师、创业青年等群体。成员通过线上、线下读原文讲故事、读金句释古语、读美文悟文化等形式，开展文化普及、阅读推广、宣传宣讲活动。开展活动8期，通过“武进文联”微信公众号和武进有线广播电视，宣传萧剑波、闵浩焕、钮中一等武进先进典型的事迹，传播党的创新理论、传承优秀传统文化、传扬人间真善美，助力全区干部群众深刻领悟中共二十大精神。

【主题性文艺活动】 *“礼赞新时代”武进区书画作品展巡展* 1月8日至2月27日，先后在环太湖艺术城、金东方颐养园、湖塘桥第二实验小学等单位巡展，由区文联、区委统战部联合举办。展出书画作品88件，作品以书法、国画等形式，题材贴近百姓生活、赞美大好河山，反映武进经济建设、政治建设、文化建设、社会建设、生态文明建设等方面取得的成果，生动展现人民群众的幸福生活和昂扬风貌，礼赞伟大新时代。

“节日里的中国”经典诵读进校园活动 6月21日至12月12日，区委宣传部、区文明办、区教育局、区文联等单位联合围绕端午节、中秋节、重阳节和第十个南京大屠杀死难者国家公祭日等时间节点，先后在武进区实验小学分校、清英外国语学校、牛塘实验学校、省前中国际分校举行“节日里的中国”经典诵读进校园活动。活动邀请区朗诵艺术协会会员，与学生共同朗诵《读中国》《浣溪沙·端午》《水调歌头·明月

9 月 28 日，“湖湾升明月”2023 武进区中秋戏曲晚会在西太湖揽月湾广场举办

（供图 / 区文联）

几时有》《采桑子 · 重阳》等经典作品，让学生领略中国传统文化的魅力，激发向上、向善、向美的力量，营造“爱读书、读好书、善读书”的校园文化氛围。

“湖湾升明月”2023 武进区中秋戏曲晚会　9 月 28 日，在西太湖揽月湾广场举办，由区委宣传部、区文联主办，区戏剧曲艺家协会承办，西太湖科技产业园党工委、管委会，西湖街道党工委、办事处协办，2000 余人观演。晚会节目有锡剧经典《双推磨》《珍珠塔》《玉蜻蜓》，黄梅戏《夫妻双双把家还》，京剧《水调歌头 · 明月几时有》等选段。锡剧名家沈惠兰表演的《双珠凤》选段，小百花越剧团周艳、屠少桦表演的越剧《梁祝》选段，上海京剧院国家一级演员傅希如表演的京剧《智取威虎山》选段，赢得观众热烈的掌声。

【《“武艺”人才培养计划实施意见（2023—2025 年）》出台】　9 月 20 日出台，由区文联联合区委组织部、区委宣传部、区委统战部制定。该意见从 2023 年 9 月启动实施，计划用 3 年左右时间，在文学、书法、音乐舞蹈、民间文艺及网络文艺等众多领域储备一批优秀文艺人才，通过理论培训、采风创作、名师结对、成果展示、奖励扶持、签约创作、荣誉推荐、宣传推介 8 大措施，建立 100 名左右的区优秀文艺人才库，其中文艺名家培养对象 10 名左右、骨干文艺人才培养对象 30 名左右、青年文艺人才培养对象 30 名左右、“文艺两新”人才培养对象 30 名左右。对入库人才给予相应的培训、培养和重点支持，引导其积极践行“爱国、为民、崇德、尚艺”的文艺界核心价值观，自觉将社会主义核心价值观体现到文艺创作和文艺活动中，为全区经济社会事业发展提供坚实的文艺人才保障。

【高层次文艺人才素质提升活动】　2023 年，区文联通过理论培训、采风创作、名师结对、成果展示、奖励扶持、签约创作等方式，重点培养和支持优秀文艺人才，引导文艺家积极践行“爱国、为民、崇德、尚艺”的文艺界核心价值观，自觉将社会主义核心价值观体现到文艺创作和文艺活动中，服务全区经济社会高质量发展。4 月 13 日，区戏剧曲艺家协会邀请江苏省剧协副主席、著名昆剧丑角表演艺术家、国务院特殊津贴专家、梅花奖和紫金文化奖章获得者李鸿良作“至美的昆丑——戏曲表演艺术的当下表现”专题讲座。4 月 24 日，区工艺美术家协会邀请苏州大学艺术研究院原副院长、苏州大学工艺美术研究所所长袁牧作“从第六届东博会看工艺美术的创新发展”专题讲座。10 月 8—13 日，区文联组织中青年文艺骨干 33 人，到千年瓷都景德镇研学。其间，邀请江西省陶瓷艺术大师、非物质文化遗产传承人程正喜讲授“景德镇陶瓷的传承与发展”，在中国文联“文艺两新”集聚区实践基地、中国陶瓷博物馆、御窑遗址博物馆、名坊园八大美院景德镇基地等场所开展现场教学，提升学员的理论素养和创作能力。10 月 21 日，区摄影家协会邀请国家一级美术师、中国摄影金像奖得主汤德胜作“胶片上的运河六十年”专题讲座。区音乐舞蹈家协会邀请南京师范大学博士后、教授、博士生导师施咏作“当代音乐创作中的中国民歌”专题讲座。

【荆枫长篇儿童小说《星河镇见》研讨会】　8 月 15 日，在希尔顿大酒店举行，由省作协、市文联主办，市作协、区文联承办。省作协党组成员、书记处书记、副主席丁捷视频致辞，省作协副主席、儿童文学委员会主任祁智，市文联党组书记、主席舒文，市文联党组成员、副主席蒋志文，区文联主席龚黎、副主席羌云庆，专家张光芒、翟业军、李徽昭等出席会议。研讨会上，荆枫分享创作经历，与会专家对作品依次点评并进行分组研讨。

荆枫毕业于上海戏剧学院戏剧影视文学专业，为武进籍“95 后”女作家，省作协会员、鲁迅文学院青年作家班学员（2021 年）、省作协第四届“雨花写作营”学员，在《中国作家》《中国校园文学》《西部》《绿洲》《飞天》等杂志发表多部小说、剧本，参与编剧的广播剧《谋将来永远幸福——张太雷》获第十六届全国精神文明建设“五个一工程”优秀作品奖。儿童小说《星河镇见》以学校“双减”工作为背景，以少男少女学习生活为题材，贴近青少年，可读性强，行文中蕴藏大量常武地域文化元素，涉及乡村振兴、共同富裕等新时代重大主题，入选《文学报》2023 年 5 月“童书好书榜”。

【文艺惠民系列活动】　1 月 8—16 日，区文联组织开展“春天的问候”文艺惠民系列活动，组织书法家协会、美术家协会会员到区级机关、武进高新区、柳工常州机械有限公司、丰乐社区、岑村村等单位送春联，送出春联 2000 余副、“福”字 1000 份，为广大干部群众送上温馨的新年祝福；组织开展书协青年会员“书法茶生活”雅集、恽南田书画会公益培训、戏曲艺术下基层等活动，通过交流展示、笔会雅集、惠民展演等方式，满足人民群众精神文化需求。

（葛　岩）

武进区残疾人联合会

【概况】 2023年，区残联持续深化残联改革，进一步健全完善残疾人社会保障制度和关爱服务体系，维护残疾人尊严，保障残疾人权利，增进残疾人民生福祉。表彰先进集体12个、先进个人16人。区残疾人法律援助工作站通过省级验收，获评规范化建设达标单位，区残联获评常州市2023年度残疾人工作综合业绩评价先进单位。武进残疾人运动员沈俊彤在杭州亚残运会100米自由泳项目中获第五名。新建区级康复辅具中心1家。新增残疾人661人，累计持证残疾人16829人。其中，肢体残疾9723人，视力残疾1905人，听力残疾1234人，言语残疾61人，智力残疾2056人，精神残疾1635人，多重残疾215人。

【残疾人社会保障】 2023年，区残联聚焦民生幸福，健全残疾人社会保障及服务体系，让残疾人的生活更美好。向困难残疾人和重度残疾人发放“两项”补贴经费7730.79万元。其中，向6823名残疾人发放生活补贴6821.62万元，向6534名残疾人发放护理补贴909.17万元，向115名残疾人机动轮椅车主发放燃油补贴2.99万元，向83名残疾车主发放养老金补贴94.56万元；落实49名残疾学生和低保残疾人家庭子女助学金7.4万元。向380名生活不能自理的困难智力残疾人及重度肢体残疾人提供托养服务，共计发放补贴44.65万元。区、镇两级走访慰问贫困残疾人家庭4964人次，发放慰问金323.21万元。为16786名持证残疾人办理意外伤害团体险73.76万元，理赔41.05万元。常态化推进持证残疾人基本状况调查工作，共计采集16769人，入户16547人，入户登记率99.27%。排查全区已纳入保障服务范围的对象以及未纳入保障、可能存在特殊困难或风险的残疾人对象，联系有关部门、相关企业合力解决残疾人的迫切需求。组织集中评残12次、上门评残20人次，新增残疾人661人，期满复核换证611人，残疾证变更等级86人。

【残疾人精准康复】 2023年，区残联聚焦残疾人救助，建立精准康复服务机制，组织实施“三助一免”（助行、助听、助视，持证精神病人免费服药）康复救助工程、0～14周岁残疾儿童及15～17周岁残疾少年康复救助工程、五类人群复明工程和贫困残疾人家庭无障碍改造。全面开展儿童残疾筛查、诊断、评估、康复、随访等工作，将符合条件的残疾儿童及时转介到康复机构进行训练，建立残疾儿童早期干预一体化服务体系。为447名儿童办理康复救助手续，其中0～6周岁278人、7～14周岁163人、15～17周岁6人。向全区残疾人发放轮椅、拐杖等通用型辅具53件，为30名残疾人安装矫形鞋，为武进特殊教育学校残疾学生配发各类辅具92件、康复器材40件，为986名贫困精神病患者办理免费服药手续、279名贫困和肇事肇祸精神病人办理入院治疗手续，为低保、五保、低保边缘、七级及以下伤残军人、持证残疾人实施白内障免费复明手术5人，完成残疾人家庭无障碍改造41户。开展残疾预防宣传和残疾人康复活动12场，为35名听力障碍患者提供听力筛查服务、150名视力障碍患者提供视力筛查服务。新建区级康复辅具中心1家，展示康复辅具150件。

【残疾人就业创业】 2023年，区残联多渠道推介就业方式，走访企业15家，开拓残疾人职位28个、岗位57个。根据企业用人需求开展残疾人定岗和跟岗培训，3家企业为参加定岗培训的残疾人提供就业岗位20个。区、镇两级完成培训残疾人就业创业15场次，参训257人。新增实名制就业102人，其中农村就业78人、城镇就业24人，净增就业163人。扶持残疾人自主创业9人，发放扶持金14.3万元。主动对接地税、财政等部门，健全残保金征收机制，宣传按比例安置残疾人就业政策，深入企业面对面宣传安置残疾人税收减免政策并指导申报，完成企业残保金申报审核357家，相关企业累计安置残疾人1712人。规范完善已建成的25个“残疾人之家”，以集团化管理、站点模式带动全区“残疾人之家”正常运营，指导9个“残疾人之家”完成“三化三提升”任务，完成“残疾人之家”集团化建设站点11个。

【助残志愿服务活动】 5月16日，围绕第三十三次“全国助残日”，区委统战部、慈善总会、红十字会和同心助残驿站等单位联合组织“同心助残、与爱同行”大型义拍活动，筹得善款192万元，全部用于帮扶贫困残疾人。依托“心家园公益助残服务中心”开展各类群体性文体活动20余场，进一步丰富残疾人的精神文化生活。9月12日，举办区“残疾人文化周”文艺汇演。10月31日，组织残疾人人才参加常州市残联文艺汇演，获组织奖。11月25日，举办区第七届残疾人趣味运动会。联合残疾人工作委员会成员单位，进一步健全无障碍服务体系，不断完善区政务服务

11月25日，武进区第七届残障人趣味运动会在武进区学府小学健身中心广场举行（供图／区残联）

大厅、公共建筑等无障碍设施，助力城市无障碍环境建设；联合农工党区委办、区司法局、区卫健局等近20家机关企事业单位走进村（社区），开展“送政策、送法律、送健康”进村（社区）系列活动，服务残疾群众600余人；联合区同心助残驿站开展关爱精神障碍群众及亲友活动，667人次参加，并开展春节、端午送温暖活动，营造扶残助残良好氛围。

（谢　悦）

武进区红十字会

【概况】 2023年，武进区各级红十字组织贯彻落实《中华人民共和国红十字会法》《中国红十字会章程》，以省、市红十字会核心业务体系建设要求为指导，发扬“人道、博爱、奉献”精神，开展“三救三献”（灾害救援、人道救助、应急救护，献血、捐献造血干细胞、捐献遗体与器官）核心业务工作，充分发挥党委政府在人道工作领域的助手作用，服务百姓，助困群众。举办红十字应急救护知识竞赛、“博爱送万家”“博爱光明行”及线上应急救护培训等活动，加强红十字人道救助和应急救护培训。区红十字会先后被国家卫生健康委、中国红十字会总会、中央军委后勤保障部卫生局授予“全国无偿献血促进奖特别奖”“2023年应急救护知识竞赛单位组织一等奖”“中国红十字会总会报刊宣传先进集体”等奖项与称号，常州星河协通房地产开发有限公司获得中国红十字会会长陈竺签发的“人道勋章”，区星火爱心助学协会被江苏省红十字会授予“江苏红十字人道奖”。至年底，全区有各级红十字组织115个，红十字志愿者服务基地17个、特色志愿服务队6个、志愿服务项目5个；新注册志愿者836人，累计6400余人。

【人道救助】 2023年，区红十字会推进“博爱天使、爱心驿站”红十字“双癌”（一个家庭有2个或2个以上成员罹患癌症）、白血病大病特困家庭专项救助活动，对新增符合救助条件的55户“双癌”家庭和24名白血病患者分别给予爱心救助5000元／户和3000元／人，共发放爱心救助款34.7万元。持续开展“博爱送万家”救助活动，元旦、春节期间，发放慰问金60万元，救助1200户困难家庭；向博爱家园、太湖医院和武进三院，配送8万余元的生活物资，用于困难群体慰问；在建党节和重阳节期间上门慰问困难党员和困难老人。持续开展对口援建工作，向安康市汉滨区红十字会对口拨付帮困资金5万元，用于当地困难群众救助。实施武进“博爱光明行”救助项目，帮助辖区内建档立卡贫困人员和75岁以上白内障患者实施复明手术，减轻医疗负担，至年底，共救助153人，按500元／人的救助标准发放救助金7.65万元。

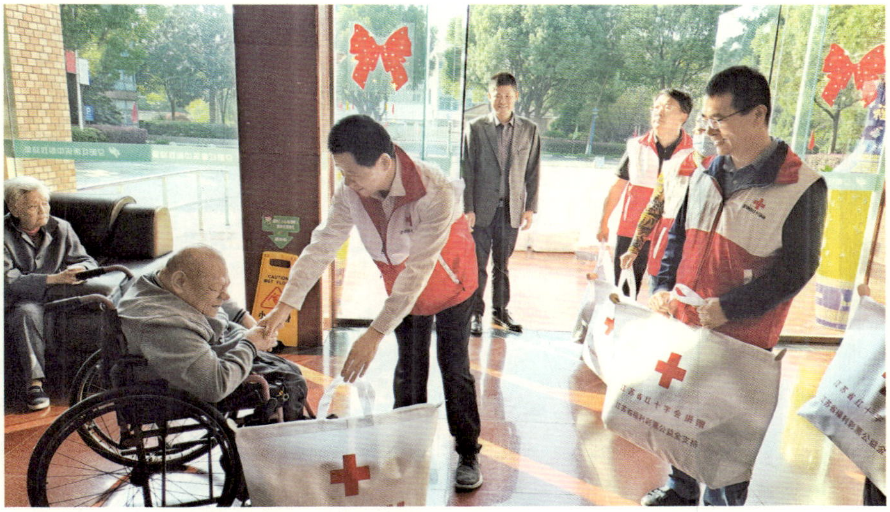

10月23日，武进区红十字会开展“重阳敬老”活动　　（供图／区红十字会）

【世界红十字日系列活动】 5月8日，区红十字会结合纪念第76个“世界红十字日”，以“生命教育‘救’在身边”为主题，组织全区各镇（开发区、街道）广泛开展“红十字博爱周”广场义诊、爱心义剪、中医按摩、应急救护知识技能普及等活动。联合区教育局围绕“携手人道、救在身边”主题，在学校开展红十字知识传播、“我与红十字的故事”征文、红十字知识竞赛、应急救护培训和红十字青少年志愿服务活动，30所学校、42名先进个人受到市、区红十字会通报表彰。联合区委统战部和区慈善总会、残联、工商联举办“同心助残、与爱同行”大型义卖活动，精准助残，弘扬红十字人道精神。9月，获评2023年度中国红十字会总会报刊宣传先进集体、应急救护知识竞赛单位组织一等奖。

【红十字“三献”活动】 2023年，区红十字会通过武进电视台、《武进日报》等媒介宣传无偿献血、捐献造血干细胞志愿者典型事迹和捐献知识，组织“天使相髓”志愿队队员参与“三献”宣传活动，增强志愿者捐献自豪感。协助市中心血站开展献血宣传73场次，动员10308人献血365.4万毫升，献血总量居全市首位。造血干细胞捐献入库登记300人，2名志愿者成功捐献非血缘关系造血干细胞，累计25例。2月，获“全国无偿献血促进奖特别奖”。

【应急救护培训】 2023年，区红十字会加强救护师资队伍的培训技能，选派1名救护培训师参加省师资复训班、4名红十字骨干志愿者参加省师资初训班。牵头实施区“532”发展战略“全民自救互救能力提升”项目，制定年度总培训人数不少于1.1万人的目标，细化实施方案，编制培训课件，安排救护培训师进企业、进学校、进社区、进农村、进机关，开展公益性应急救护培训，普及救护知识。通过线上理论＋线下实操相结合的方式，完成初级救护员培训1083人、CPR+AED证书（心肺复苏术认证证书和自动体外除颤器操作认证证书）培训1052人、普及救护知识培训12097人次。

（郝　培）

法 治

Rule of Law

栏目编辑　张怡菁

政法委及综治

【概况】 2023 年，武进区践行中共二十大精神，履行维护国家政治安全、确保社会大局稳定、促进社会公平正义、保障人民安居乐业职责使命，推进政法工作现代化。护航中心发展，圆满完成维稳安保任务，化解不良债权，打造一流法治化营商环境。维护安全稳定，推进扫黑除恶常态化，依法打击治理电信网络诈骗，提高人民群众获得感、幸福感、安全感。强化法治建设，规范执法监督检查，协调办理疑难案件，优化法律服务供给。创新社会治理，累计上报“枫桥式”工作法 26 条，嘉泽镇“执善治之笔，答好基层治理答卷”经验被中央政法委长安评论推介。优化网格服务管理，专属网格治理系统累计流转处置专属网格内各类事项 3200 余件。加强政法队伍建设，严明纪律作风，增强履职能力，常态化开展政治忠诚剖析。2023 年度武进区平安建设、从严管党治警、网格化治理达标率等考核指标，均位居全市第一等次，政法工作综合绩效全市第一，嘉泽镇、湟里镇、牛塘镇、雪堰镇获评全市平安建设绩效突出镇。武进区创成全国信访工作示范县，嘉泽人民法庭获评全国法院先进集体，区信访局获评国家信访局重复访化解专项工作优秀集体，区委政法委获评全国维护青少年权益创建单位和全市“优化营商环境工作”先进集体。区委政法委委员吴焰获评全省国家安全人民防线特殊贡献奖。

【发展大局护航】 2023 年，武进区围绕社会稳定大局，做好防风险、保安全、护稳定工作，完成全国两会、杭州第 19 届亚运会等维稳安保任务，受到省、市领导肯定。挂牌成立全省首个驻企公检法知识产权保护工作室，妥善办理全市首例假冒电子注册商标案。深化“1+2+3”社会稳定风险评估机制，组建重大决策社会稳定风险评估专家库，参与风险评估项目 116 个，成功备案 110 个。打造滆湖水域、夏溪花木市场、东方润安集团有限公司等专属网格样板阵地。牵头制定《建立民营企业涉税违法犯罪打防工作机制的实施方案》，江苏春晖乳业有限公司等破产清算案有序推进。聚焦民生福祉，累计保障流动人口子女入学近 6000 人，流转办理网格事项 26.4 万件，受理处置“12345”平台工单 8.9 万件，比 2022 年增长 33.36%，工单按时办结率 100%，及时签收率近 100%。强化严重精神障碍患者服务管理，累计发放奖补资金 538.67 万元。

12 月 3 日，武进区第十个国家宪法日主题活动在西太湖揽月湾举行

（供图 / 区委政法委）

【平安建设】 2023 年，武进区加强案件协调处理，落实关爱帮扶等措施，持续推进教育转化攻坚与强巩固等系列专项行动。防范化解矛盾纠纷，三盛璞悦湾成为全省首个通过部分让渡抵押权完成“保交楼”任务楼盘。开展信访突出问题攻坚化解巩固提升年、信访突出问题“双月攻坚”等行动，信访事项及时受理率、按期办结率均为 100%。推进常态化扫黑除恶，全区命案、“两抢”（抢劫、抢夺）等大要案件保持全破，重点地区综合整治全面摘牌。开展无诈社区（村）、无诈校园等反诈“四无创建”，成功劝阻受骗人员 8.6 万人，避免群众经济损失 4.1 亿元。开展群众安全感和满意度双提升行动，群众安全感达 99.5%，位居全市第一。

【社会治理】 2023年，武进区发布社会治理创新重点项目30个，通过省级现场考核，《常州“武进之治”观察报告》被新华社内参刊发，获省委常委、政法委书记刘建洋批示肯定。创办全省首个由财政资金保障的严重不良行为青少年专门教育机构，开展严重不良行为青少年行为规范教育、道德教育、法治教育。推进区矛盾纠纷调处化解中心建设，加快打造武进区矛盾纠纷多元化解“一站式”平台，选址改造办公大楼6350平方米，整合12个平台近20个部门资源。开展千名调解员入网格进万家活动，人民调解组织共化解纠纷20159件，调解成功率99%。成立区城市运行管理中心，统筹布局指挥、调度、展示、会商、值守、办公六大功能区，梳理四大类别74项治理场景，其中网格共治、专属网格、租赁房屋、校园安全等社会治理场景20项实现上屏投运。

【网格服务】 2023年，武进区以网格治理能级突破年为主题，围绕党建引领网格化、指挥运行系统化、网格覆盖全域化、网格管理精准化、热线服务高效化、网格工作专业化等重点，提升网格服务管理水平，夯实网格基层治理根基。“武进区‘信用网格’为社会治理注入‘诚信基因’”被纳入全省政务诚信建设创新举措。开展新一轮网格优化调整，划分综合网格1032个，配备专职网格员1032人，划分微网格4587个，配备微网格联络员4857人。推进“一网格一支部一阵地”建设，统筹推进网格党群直通站、网格工作站、网格员工作室等载体建设，在西湖街道聚新家园社区建成全省首个网格员工作室——罗敏网格员工作室。在全市率先组织开展网格示范链精品项目评审会，最终评选出精品项目14个。优化升级“武创邦”微信小程序，为企业纾难解困。将参与企业服务、社会治理事项“一口收集、一网通办、一体考核”，共解决企业及个体工商户诉求6000余件。“一企来”微信小程序获评2023年度中国优化营商环境一佳创新案例。联合区民政局、司法局、人社局、应急局、总工会等部门，在全市首创开展2023年武进区首届“金牌网格员”暨“金牌全科社工”技能竞赛，全区11个板块1032名网格员经过理论测试初赛、安全隐患排查复赛以及总决赛，最终评出一、二、三等奖共6个，提升网格员队伍综合素质和服务水平。

【政法队伍建设】 2023年，武进区深化理论武装，准确把握主题教育根本任务，推动主题教育在政法系统走深走实。贯彻落实《中国共产党政法工作条例》，严格重大事项报送制度，配合开展市、区联动政治督察和纪律作风督查巡查，提请区委常委会、区政府常务会议听取讨论政法工作19次25件。巩固深化政法队伍教育整顿成果，肃清流毒影响，紧扣政治忠诚教育，高标准推进政法单位政治忠诚馆建设。落实《领导干部干预司法活动、插手具体案件处理的记录、通报和责任追究规定》《司法机关内部人员过问案件的记录和责任追究规定》等防止干预司法“三个规定”，常态化排查整治违反“三个规定”问题，提升执法司法公信力。开展跟班先进找差距活动，全覆盖开展政治轮训，获评省级政法英模12人、市级政法英模48人。

（张　鑫）

10月24日，2023年武进区首届“金牌网格员”暨“金牌全科社工”技能竞赛决赛在雪堰镇举行
（供图／区区域社会治理现代化指挥中心）

【法治武进建设】 2023年，武进区落实中央依法治国办市县法治建设工作实地督察反馈意见整改，开展全面依法治区“双提双评”（提高地方立法公众参与度、提升现代公共法律服务水平、重点领域行政执法案卷评查、司法案件法律文书和卷宗评查）专项行动。推动政府职能转变，根据法律法规立改废、部门职能调整等情况，动态调整行政权力事项。深化联席会议工作机制，健全行政执法、刑事司法紧密联动机制，强化多部门联合执法，协调办理李某某等人涉房诈骗案等重点案件10余件。维持社会大局和谐稳定，出台风险摸排、工作督查等文件，健全工作机制，构建起上下贯通、左右协同、前后协作的工作格局。成立全市首个“一站式”轻罪治理中心，优化繁简分流、简案快办机制，做到速裁案件“侦、诉、判”无缝衔接、矛盾化解端口前移。区法院出台司法举措15条，服务保障“新能源之都”首位区建设，推进“周结案”、超长期案件清理、破产积案清理3项重点工作，审判质效指标呈现良好态势。武进公安分局在执法办案中心增设律师值班室，制定值班律师法律帮助实质化工作实施办法，创新探索引导律师在侦查阶段参与刑事和解等机制。落实“谁执法谁普法”责任制，开展民法典宣传月、宪法宣传周等系列法治宣传活动200余场，通过省、市“八五”普法中期评估验收。实施农村“法律明白人”和“学法用法示范户”培育工程，培育“法律明白人”1646人。成立全市首个区级公职律师办公室，实现区级党政机关公职律师全覆盖，创新探索“公职律师＋公益诉讼＋法律援助”工作机制。开展村（社区）公共法律服务站点覆盖提升工程，建成村（社区）法律援助示范联络点13个，“法治小区”试点创建通过验收。建设区、镇两级矛盾纠纷多元化解“一站式”平台，完善多元预防化解机制，化解矛

盾纠纷2万余件。区委全面依法治区委员会办公室推动基层打造“援法议事”品牌，指导各地开展议事活动600余场，化解居民停车难、村庄环境整治等民生问题150余件次。

（吕剑箫　张　鑫）

法治政府建设

【概况】 2023年，武进区贯彻习近平法治思想，建设职能科学、权责法定、执法严明、公开公正、智能高效、廉洁诚信、人民满意的法治政府。将党对全面依法治区的领导纳入全区综合考核指标和党政领导班子及其主要负责人政绩考核指标，每季度组织市考核指标牵头单位召开工作推进会，靶向督导各项指标任务完成情况。将法治政府建设列为武进区“532”发展战略2023年重点项目（工作）和区政府2023年度工作计划，与经济社会发展大局一起统筹谋划、整体推进。区政府常务会议和区委全面依法治区委员会办公室全体（扩大）会议研究部署重大行政决策事项、优化法治化营商环境、道路交通安全和运输执法领域突出问题专项整治等法治政府建设年度重点工作。全面启动创新信用管理与服务试点，编制《常州市武进区创新信用管理与服务试点工作实施方案》，加强政府诚信建设。开展“行政复议能力提升年”活动，全链条完善复议办案机制，提升行政复议质量。深化基层综合行政执法体制改革，强化行政执法队伍建设，举办全区行政执法人员和执法监督员公共法律知识培训班，提高执法人员专业素养。

【行政决策行为规范】 2023年，武进区严格落实《常州市武进区人民政府重大行政决策程序规定》要求，遵循民主决策原则，加强重大行政决策合法性审查，区政府和各部门重要决策、合同由政府法律顾问、公职律师把关审核，依法出具审查意见，确保重大事项科学决策、依法决策，区政府3个重大行政决策事项均落实公众参与、专家论证等法定程序。严格规范性文件管理机制，落实规范性文件合法性审核和备案审查制度，实行部门法制机构和政府法制机构双重审核、全面审查机制，对未经合法性审核或合法性审核未通过的，一律不提交集体审议。加强规范性文件制定事前、事中、事后全过程管理，按照“谁起草、谁梳理”和“谁制定、谁清理”原则，坚持依法清理、全面清理，清理现行有效行政规范性文件和2019—2022年区政府及其办公室发布的现行有效政策措施类文件。出台《关于规范建筑渣土管理的实施意见》等区政府规范性文件3个，均向市政府和区人大备案。

【行政权力运行监督】 2023年，武进区深化政务公开，召开新闻发布会7场，举办在线访谈19场，开展意见征集和网上调查38次，网上直播21次。主动公开带索引号的政府信息1840条、重点领域信息985条，收到依申请公开404件。畅通社会监督机制，通过政风热线、“12345”热线等渠道，主动接受群众诉求和建言献策，按时办结率100%。落实建议提案办理工作责任制，确保每件建议提案按时答复办结，办复市人大代表建议和政协委员提案30件、区人大代表建议134件、区政协委员提案194件，满意率100%。自觉支持人民法院依法受理行政案件，履行法院生效判决，落实法院司法建议和检察院检察建议。发挥审计专门监督作用，通过“巡审联动、纪审联动”，实现政治监督与经济监督优势叠加，完成本级预算执行和决算草案情况审计、公共资金投资项目跟踪审计等审计项目21个。转变执法理念、创新执法方式，发布《武进区探索包容审慎监管推进重点领域涉企常用轻罚免罚工作专项行动方案》《常州市武进区重点领域涉企常用行政处罚行政裁量标准和免罚清单（2023年版）》。

【行政复议应诉】 2023年，武进区启动行政复议高质量发展提升工程，围绕办案场所标准化、办案流程规范化、办案方式多元化、办案人员专业化等方面，推进行政复议规范化建设，发挥行政复议公正高效、便民为民制度优势和实质性化解行政争议的主渠道作用。办理行政复议案件222件（包括上期结转14件），其中不予受理60件、维持66件、驳回46件、确认违法8件、撤回终止31件、责令履行2件、撤销9件。组织听证4次，制发行政复议意见书20份，抄送复议决定120份。行政应诉案件行政机关负责人出庭应诉率100%，发生区政府为被告的行政诉讼案件40件，其中驳回起诉9件、驳回诉讼请求23件、撤诉8件。

【法治营商环境优化】 2023年，武进区印发《关于进一步优化武进区营商环境工作机制的通知》，成立法治营商环境专项小组。制定《常州市武进区法治化营商环境提升行动计划（2023—2024年）》，综合运用法治方式和法治手段推进法治化营商环境建设。拓展“放管服”改革成效，试点推行“两清单一制度”，编制镇级权力清单和职责清单，实施属地管理事项准入制度，推动构建科学规范、分工合理、权责清晰的机构职能体系。印发“放管服”改革重点任务方案，开展6个方面18项任务。打造便民利民服务环境，推出“一件事”套餐办事项79个。严格实行行政许可事项清单化管理，出台《常州市武进区行政许可事项清单（2023年版）》，公布行政许可事项224项，加速政务服务事项、标准、模式、功能前移下沉。在全省首创临时广告事项“极速六合一”（承诺办、简易办、批发办、套餐办、自选办、清单办）审批，探索“信用审批—审管联动—信用管理”完整闭环。开展集群注册登记改革，降低创业成本，破解市场主体发展初期瓶颈。“政企通”服务平台实现惠企政策一键兑现，平台政策上传、事项拆解、申报指南及企业注册数量均全市领先。

（吕剑箫）

公　安

【概况】 2023年，武进公安机关以争当全省县域公安高质量发展典范为目标，履行护稳定、保平安、促发展等主责主业，推进“市县主战、派出所主防”实战化职能体系建设，开创武进公安高质量发展新局面。命案、“两抢”（抢劫、抢夺）、强奸等大要案件保持全破，诈骗和“两抢一盗”（抢劫、抢夺、盗窃）移诉数分别比2022年上升128.3%、45.6%，群众安全感、扫黑除恶满意率全市最高，电信网络诈骗、街面侵财、打架斗殴、寻衅滋事等警情稳中有降，交通亡人事故数和死亡人数分别下降15%和13.5%，侦破妨害药品管理、传播虚假视频、违

11月3日，武进公安分局南夏墅派出所民警联合网格员和保安开展夜间巡逻
（供图/区融媒体中心）

规转租、短信通道批量发送钓鱼短信盗号等案件分别获公安部贺电表扬、省领导批示肯定。入选省厅典型库民警1名，入选市局“星火计划”库民警19名、集体6个，受到区级及以上表彰奖励集体19个、民警169名，立集体二等功单位2个，南夏墅派出所获评省级安保维稳工作成绩突出集体，湖塘派出所所长张志伟被评为全省优秀派出所所长。

【社会治安防控体系升级】 2023年，武进公安分局主动融入市局智慧警务一体化建设发展，调优顶层设计，做实支撑项目，强化实战应用。新建全结构化监控，组建数据实战赋能战队，新开发重点地区整治、网约房管理、水域治理等专题应用场景21个，搭建警情分析、人员管理等方面预警模型15个，上线移动警务应用1个。武进公安分局首批通过全省智慧版技防城评估验收，入选全省公安机关“苏警数智”行动首批试点单位。

【电信网络诈骗打击治理】 2023年，武进公安分局以反诈视频“五进”（进校园、进企业、进社区、进党政机关、进行业场所）宣传为重点，组建“反诈红盟”和反诈宣讲团，发展警企、警校、警社反诈联盟55个和反诈志愿者队伍20余支，组织各类宣传活动3600余场次，播放视频1.4万场次，反诈知晓率全市靠前。组建预警劝阻专班和预警劝阻专职队伍，配套制定重点警情劝阻流程图，开展劝阻话术培训，在7个派出所建设反诈宣教室、唤醒室，组建警网融合劝阻队伍10支，预后被骗率持续下降。增加反诈作战单元2个、专职反诈警力8人和网侦民警2人，加强网络研判、资金分析等技战法研究，打掉电信网络诈骗犯罪团伙9个443人，移诉电信网络诈骗犯罪嫌疑人354人。

【未成年人违法犯罪防范治理】 2023年，武进公安分局依托“点睛”平台未成年人管控模块，加大未成年重点人员违法犯罪打击和挤压力度。未成年违法犯罪嫌疑人抓获总数比2022年上升31%，武进未成年人传统侵财作案数下降24.1%，重复犯罪率下降31个百分点。组建武进未成年重点人员帮教领导小组和指导委员会，借助未成年人阳光教育培训中心，教育矫治未成年人31人，9人结业，其中5人重返校园、4人回归社会。推进“四包一”（社区干部、公安部门分管领导、社区民警、心理咨询师承包一个未成年人）帮教工作，帮扶未成年人134人，回归社会15人。

【新业态领域违法犯罪源头治理】 2023年，武进公安分局针对网约房管理难题，开发“网约房智能管理”模块，结合智能门锁推广应用，搭建高危行为预警模型27类，创新“物理门锁＋人脸比对＋身份核验＋信息采集”管理机制，排摸网约房1712间，采集信息9万余条，抓获违法人员89人，查处违规经营行为18件，依法取缔网约房10个、责令关停97个。针对商住楼整治难题，推动属地党委政府搭建工作专班，成立公安主导、镇综治和社区协同的整治工作小组，联合开展电话核查、走访排查和集中清查，涉及商住楼宇违法犯罪警情比2022年下降47.4%，其中涉黄警情下降60%，重点楼宇实现涉黄警情零发生。针对茶吧、剧本杀店、私人影院等新业态涉黄问题，坚持露头就打、主动挤压，抄告文旅部门上述问题场所4个，挤压关停6个。

【公安专项行动】 2023年，武进公安分局重点围绕污染环境犯罪，开展“昆仑2023”专项行动，突出本地、民生主基调，发挥专业优势，重点排查可能产生非法倾倒、偷排超排等重点区域，查处污染环境犯罪案件5件，抓获违法犯罪人员11人。围绕长江流域十年禁捕，严厉打击破坏资源、非法捕捞等案件，破获非法捕捞案件12件，抓获犯罪嫌疑人29人。破获危害国家重点保护植物案件2件，抓获犯罪嫌疑人4人。破获非法狩猎、危害珍贵或濒危野生动物案各1件，抓获犯罪嫌疑人2人。开展“清源2023”专项行动，以省级“黄赌”打击战略支撑点建设为契机，建立场所巡查暗访、线索异地查处、案件提级办理等工作机制，加大线索经营、场所管理等工作力度，“黄赌”移诉数、治安查处数分别比2022年上升36.1%、80.8%。针对“黄赌”问题、“边治边冒”问题，将“就案查案”“发一打一”提升为“面上整治挤压＋人员管控经营”多维发力，侦办5人及以上涉黄实体店案件2件，通过“非现场抓捕”打掉涉黄犯罪团伙3个9人。累计破获“黄赌”类刑事案件106件，移送起诉324人，分别上升11.6%、47.2%。移诉5人及以上“黄赌”案件22件。办理“黄赌”治安案件745件，上升67.9%，治安处罚1705人，上升18.1%。

【见义勇为表彰奖励】 2023年，武进区认定见义勇为行为28件、43人，有2784人次在抢险救灾救人、参与社会治理中获得见义勇为奖励，累计颁发奖金215.63万元。奖励网格员10.75万元，奖励物业服务从业人员185人次2.3万元，其中协助警方抓获犯罪嫌疑人74人、

6月7日，武进公安交警部门为高考学子保驾护航　　（供图／武进公安分局）

救助28人、开展抢险救灾8次，获评第三届常州市“十佳二十优”见义勇为物业管理员7人。持续支援帮扶贵州省黔东南苗族侗族自治州黎平县、海南省陵水黎族自治县见义勇为家庭困难人员，向两地各援助10万元。

【**出入境管理**】 2023年，武进区受理各类出入境证件申请55388件次，查处涉外行政案件28件26人，其中“三非”（非法入境、非法居留、非法就业外国人）案件23件24人，遣送出境6人，监护出境1人。侦办妨害国（边）境管理刑事案件移送起诉57人。累计走访涉外单位175家，约谈外籍人员51人次，掌握企业外派员工情况251人次。为12家企业解决问题15个，建立警企联络员制度，企业联络员127人与武进公安分局出入境管理大队形成互动机制，针对“走出去”企业、新能源企业开设商务专窗，服务企业7家，办理加急证件23人次。制定“一人一策”引才方案，为3名符合条件外籍专家申报永久居民。

（周世民）

【**道路交通安全管理**】 2023年，武进公安交警部门坚持生命至上，推进事故预防“减量控大”。强化机制建设，建立区、镇二级道路交通安全工作委员会和交通安全综治联动机制，部署开展隐患排查治理、精准执法管理、治理创新应用、交通安全宣教、条块协同共治“五大提升行动”，确保安全形势持续平稳。强化隐患治理，整改道路交通安全隐患151处，增设中央隔离护栏，优化完善道路沿线标志、标线以及重点路口和路段标线，增设交通信号灯和智能哨兵系统。强化源头监管，做好危化品运输、客运、工程运输和校车等重点运输企业交通安全源头管理，督促企业及时办理车辆和驾驶证业务，推进隐患清零工作，重点清理逾期未报废相关车辆。加强电动自行车全链条安全监管，会同市场监管部门建立电动三、四轮车销售“三告知”（公示告知、车身告知、书面告知）和电动自行车、电动摩托车分区销售制度，部署开展骑乘电动自行车“戴盔行动”，骑乘电动自行车戴盔率、守法率保持全省前列。强化路面管理，开展“春季守护行动”、电动自行车百日行动、飙车炸街整治、夏季治安打击整治行动等专项行动，常态开展夜间集中整治，严查酒驾醉驾、电动自行车重点交通违法、货车超限超载、违法载人等交通违法行为，现场查处19.7万件，其中酒驾醉驾1680件、超限超载2350件、超员186件、疲劳驾驶103件、电动自行车违法14.7万件、工程运输车违法2200件，查获飙车炸街违法车辆374辆，查扣三、四轮电动车746辆。依托非现场抓拍数据，查处工程运输车闯红灯等违法行为498件。自行开发涉案车辆管理系统App，完善涉案车辆处置全流程信息登记，强化涉案车辆规范处置，减少不必要车辆扣留，缩短扣留时长。强化宣传警示，依托武进高新区交通安全主题公园，打造沉浸式交通安全宣传平台。联同区文化馆和锡剧团，结合文化下乡演出活动，播放《老有所乐、平安是福》警示教育片，延伸宣传触角。

【**交通畅行工程**】 2023年，武进公安交警部门实施交通畅行工程，提升疏堵保畅能力。推进交通组织精细化，实施交通设施提升、组织方式优化、科技设备覆盖等措施，常武路“潮汐机器人”提升高峰期通行能力36%，BRT沿线高峰期优化调整提升社会车辆通行效率，重要节点路口“可变车道”适应不同时段出行需求。提升勤务安排科学化，针对学校等重点区域、早晚高峰等时间节点以及进出城主干道等动态变化区域，分别加强常态高峰勤务、等级响应勤务以及动态假日勤务，确保交通平稳有序。加强数据应用实战化，依托武进公安治安防控云平台，实现交通安全防控体系要素上图展示和实时调度；依托无人机全程指挥，完善立体化指挥体系，弥补固定监控视野盲区；依托过车抓拍数据、视频监控和高德大数据分析，掌握辖区交通态势。武进主城区早晚高峰交通拥堵指数比2022年下降11.2%；平均车速上升11.5%。重点路口高峰拥堵状况改善，早晚高峰平均延误时间分别下降8.6%、10.4%。

（陆　恒）

检　察

【**概况**】 2023年，区检察院全面贯彻习近平法治思想，坚持为大局服务、为人民司法、为法治担当，以检察工作现代化服务保障中国式现代化武进新实践。办理刑事检察案件2626件、民事检察案件69件、行政检察案件47件、公益诉讼检察案件117件、刑事执行检察案件和控告申诉检察等案件549件。公开案件程序信息3169件、法律文书1222份，接待律师查询759人次。举办检察开放日、公开听证等67次，人民监督员监督检察办案160人次。聚焦公共服务、社会治安、安全生产等领域，制发社会治理类检察建议15份，推动整改特种设备安全隐患236处。办理维护残疾人权益执行监督案入选最高人民检察院维护弱势群体合法权益民事执行检察监督典型案例，办理非法经营、骗取出口退税、虚开增值税专用发票案入选最高人民检察院和国家外汇局惩治涉外汇违法犯罪典型案例。区检察院获评全省“五好”基层检察院、江苏省检察机关第八次“双先”表彰先进集体，“春晖”工作室获评江苏省三八红旗手（集体）集体示范工作室。

【刑事检察和刑事检察监督】 2023年，区检察院刑事检察部门依法履行指控犯罪主导责任，办理审查批准逮捕案件469件602人，审查起诉1525件2208人。起诉涉枪涉爆、重大责任事故等危害公共安全犯罪13人，起诉故意杀人、抢劫等严重暴力犯罪40人，起诉合同诈骗、串通投标、职务侵占等侵害企业权益犯罪19人，办理侵犯商标权、专利权、著作权及商业秘密等侵害知识产权案件87人。从严惩治电信网络诈骗以及关联犯罪，起诉电信网络诈骗118件224人，批准逮捕88件120人，批准逮捕缅北移交跨境电信网络诈骗犯罪嫌疑人26人。加强刑事侦查活动监督，监督立案50件，督促撤案56件。联合武进公安分局打造侦查监督与协作配合办公室，共促监督更有力、配合更有效。加大行刑衔接力度，与公安、渔政等建立行政执法与刑事司法、检察监督衔接机制，督促行政执法机关移送涉嫌犯罪案件20件。强化刑事执行监督，针对不规范收取犯罪嫌疑人体检费用等问题发出检察建议等11份。专项检察判处实刑未收押人员情况，依法收押70人，网上追逃11人。在全市首次试点开展社区矫正巡回检察，核查纠正社区矫正对象脱管漏管6人。协助上级检察机关查办异地监狱系统民警职务犯罪窝串案，以徇私舞弊减刑罪提起公诉3人。

【未成年人检察】 2023年，区检察院未成年人检察部门坚持“关爱又严管、宽容不纵容”原则，依法惩治未成年人犯罪，最大限度教育挽救涉罪未成年人，对涉嫌轻微犯罪、有悔罪表现的，附条件不起诉50人。对性侵、遗弃等严重侵害未成年人犯罪“零容忍”，起诉67人。加强未成年人权益综合司法保护，以公益诉讼推动未成年人犯罪记录有效封存，调研报告获最高人民检察院主要领导批示、相关案例入选全省检察机关典型案例。依托“春晖”红盟创新融通“六大保护”（司法保护、学校保护、政府保护、网络保护、社会保护、家庭保护），推行“少年沐阳”罪错未成年人分级处遇等重点项目，“春晖”工作室被命名为江苏省“苏童成长”社会践习基地示范点。持续打造“金球驿站”观护帮教基地，2010—2023年观护帮教涉罪未成年人202人，无一人再犯罪。

【民事行政检察】 2023年，区检察院民事行政检察部门审查办理民事检察案件69件、行政案件47件，提请抗诉或提出再审检察建议9件，均获法院支持。加大虚假诉讼打击力度，与区法院共建虚假诉讼信息共享机制，合力惩治民间借贷、劳资纠纷等领域虚假诉讼行为，依法纠正14件。与武进公安分局、区法院协同配合突破窝串案，同步监督民事裁判案件2件、劳动仲裁案件5件，追究刑事责任1人。加强多部门协作联动，推进行政争议实质性化解，化解行政争议案件40件。其中，针对双胞胎姐妹冒名顶替办理婚姻登记无法离婚案件，制发检察建议促成撤销婚姻登记，行政争议得以实质性化解。

【公益诉讼检察】 2023年，区检察院公益诉讼检察部门构建协同高效区域公益司法保护体系，立案办理民事、行政公益诉讼案件146件。与相关部门联合开展噪音污染整治、河湖安全保护等专项行动，督促解决问题隐患30余个。从严惩治排污企业违规改变检测数据等污染环境犯罪，办理相关刑事案件17件33人，提起民事公益诉讼14件，敦促涉案企业或责任人缴纳应急处置、环境修复费用380余万元。落实食品药品“四个最严”（最严谨的标准、最严格的监管、最严厉的处罚、最严肃的问责）要求，与区市场监管局会签协作机制，办理相关案件3件8人，针对食品安全从业禁止令执行不严等问题制发检察建议，堵塞从业禁止监管漏洞。协同区委政法委、区司法局在全省率先建立“公益诉讼＋公职律师”协作机制，聘请公职律师33人参与公益诉讼案件办理。依托“益心为公”志愿者检察云平台，邀请志愿者56人参与公益保护，依靠公众力量发现和解决公益损害问题。依法维护特殊群体合法权益，携手区住建局、区残联开展无障碍环境建设公益诉讼专项行动，协力消除问题隐患20余处，为残疾人创造“有爱无碍”社会环境。加强文物文化遗产公益保护，多方联动推动雪堰镇魁星阁古建筑群、湟里镇镇龙古桥修缮修复。

【控告申诉检察】 2023年，区检察院控告申诉检察部门践行新时代“枫桥经验”，办理控告申诉检察案件19件；受理群众来信来访73件，均给予回复；院领导包案办理首次涉检信访，矛盾化解率100%；“12309”为民服务中心获评常州市优质服务品牌。加大司法救助力度，向因案致生活困难受害方发放司法救助金92人次45万元。在办理朱某民事执行监督案件中，深入调查朱某16年前被未成年人侵权致残未获赔偿案件，通过制发检察建议推动法院追加成年后且

5月12日，区检察院在淹城野生动物世界开展公益诉讼宣传（供图／区检察院）

有收入来源侵权人为被执行人，促成双方和解，该案入选最高人民检察院维护弱势群体合法权益典型案例。

【全市首个轻罪治理中心成立】 9月7日，武进区“一站式”轻罪治理中心在区刑事案件快速办理中心成立，是全市首个轻罪治理中心。区检察院、武进公安分局、区法院、区司法局联合在中心办公，创新“繁简分流、简案快办”模式，实现轻罪案件全流程办理，同步开展矛盾化解、犯罪研判、社会治理等工作。针对轻罪案件中非羁押人员较多等情况，开发运用“云嘉管”App实施大数据监管。不起诉情节轻微犯罪嫌疑人487人，向相关行政执法部门移送线索，被不起诉人123人受到行政处罚。至年末，共办理轻罪案件908件，简易、速裁程序适用率达92.8%，以17%办案力量完成60%刑事办案数。严格落实认罪认罚从宽制度，检察环节适用率达93.8%，量刑建议采纳率97%，一审服判率98.3%，上诉、申诉减少。

【非法经营、骗取出口退税、虚开增值税专用发票案入选最高人民检察院、国家外汇局典型案例】 2023年，区检察院办理张某、吴某等人非法经营、骗取出口退税、虚开增值税专用发票案入选最高人民检察院、国家外汇局惩治涉外汇违法犯罪典型案例。张某等人以低劣电子产品冒充高价货物，串通某外贸公司实施虚假货物出口，骗取国家出口退税人民币3600余万元。办案过程中，区检察院注重梳理行为人控制账户资金流向，引导侦查机关根据取证情况做好资金分类统计工作，综合银行流水、聊天记录、言词证据等，准确认定非法经营数额。全面取证，全链条打击金融外汇犯罪黑灰产，全面查清非法买卖外汇链条全部犯罪事实，明确各行为人在犯罪链条中充当的角色和所起的作用，一并查处骗取出口退税、虚开增值税专用发票等犯罪行为。

（潘人杰）

法　院

【概况】 2023年，区法院贯彻习近平法治思想，围绕“公正与效率”工作主题，攻坚全市法院“五大行动”（“532”战略护航行动、审判质效进位行动、宣传调研突破行动、智慧法院升级行动、机关作风提升行动）。受理案件28449件（其中新收案件26763件），审执结25467件，分别比2022年上升28.08%和24.07%，解决争议标的额71.27亿元。其中，审结刑事案件1622件，上升32.6%，判处罪犯2535人；审结普通民商事案件14967件，上升19.3%；审结行政案件（含非诉行政案件的审查）824件，上升7.29%；执结案件（含恢复执行案件）8126件，执行到位金额9.25亿元。融合对接区矛盾纠纷多元化解“一站式”平台建设，发挥人民法院调解平台集成作用，重塑升级多元解纷体系。拓展商事纠纷解决渠道，协同区工商联、纺织业商会探索“商会调解＋司法确认”新机制，诉前调解纠纷1657件。深化法官进网格活动，“左邻右理”“小庭大院”“微法驿站”等品牌深受群众认可，指导诉前化解纠纷1532件。立足人民法庭前沿阵地，审结案件4745件。推进“优＋”诉讼服务标准化建设，实现诉讼事务一网通办、跨域联办，网上立案10585件，跨域立案34件。完善基层诉讼服务网络，“家门口式”诉讼服务持续深化，推广应用“龙城e诉中心”服务网点4个，提供立案、交费等诉讼服务280件次。获省级及以上表彰集体6个、个人12人。嘉泽人民法庭获评全国法院先进集体。入选全省法院百场优秀庭审1场，获评全省法院行政诉讼案件优秀裁判文书2篇。

【民商事审判】 2023年，区法院坚持能动履职，护航高质量发展，审结合同、公司、票据、保险等商事案件8872件，标的额50.12亿元。出台构建高质量诉讼服务体系、服务保障重大项目建设、助力盘活存量资源要素等司法服务举措15条。高效化解新能源企业涉诉纠纷68件。推进信用修复暖企行动，为78家企业修复信用，新增失信企业比2022年下降79.65%。发挥知识产权审判激励创新职能作用，审结知识产权案件265件，集中销毁依法没收假冒商品300余种20余万件。化解常州科教城存量租赁纠纷42件，释放国有房产面积1.7万平方米。受理破产案件94件，化解不良债权25.27亿元，盘活土地房产面积9.42万平方米，上缴税收1357.67万元。审结金融借款案件1334件，帮助金融机构收回不良贷款6.73亿元。聚焦民生司法需求，审结民生领域案件8594件。保障群众住有所居，审结房屋买卖、租赁等案件573件。保障劳动者合法权益，打造“薪桥·驿站”劳动争议多元解纷品牌，调判结合，妥善化解纠纷909件，追回薪资1548.15万元。保障群众生活幸福，审结婚姻家庭、赡养、继承等家事案件1120件。加大司法救助力度，向生活困难当事人22人发放救助款73万元。

【刑事审判】 2023年，区法院依法惩治刑事犯罪，保持打击犯罪高压态势，审结刑事案件1622件，比2022年上升

4月24日，区法院联合区检察院、武进公安分局开展侵权假冒商品集中销毁行动
（供图／区法院）

32.6%。其中，审结“盗抢骗”“黄赌毒”“食药环”等刑事案件1590件2375人。常态化开展扫黑除恶斗争，审结涉恶案件2件10人，打掉朱某某、陈某某等暴力催债犯罪团伙。推进“打财断血”，负责全国扫黑除恶斗争领导小组办公室挂牌督办的蒋某某案黑财清底工作，执行到位金额4967.68万元。推进反腐败斗争，审结职务犯罪案件23件24人。配合“净网”“断卡”专项行动，全链条打击电信网络诈骗及其上下游犯罪，审结相关案件357件626人。妥善审理涉案人数多、社会影响大的网络考证诈骗和“套路运”诈骗案，整治“考证躺赚”“以聘骗押”行业乱象。维护执法秩序，审结暴力袭警、妨害公务犯罪16件16人，依法保障公务活动有序开展。依法审理“乾坤众筹”“易乾宁”等非法集资案件，追回赃款142.98万元，有效阻断金融风险向社会面传导。

【行政审判集中管辖】 2023年，区法院深化行政诉讼案件集中管辖，审结行政诉讼（含行政赔偿）案件742件，审查非诉行政案件82件。实施行政争议审前调解暨实质性化解工程，推动近20%行政案件以调解撤诉方式结案，入选武进区域社会治理创新重点项目。参与全市各区征地拆迁纠纷调处工作，保障长荡湖防洪大堤工程建设、苏南运河东龙路片区城市更新、溧阳至宁德高速公路江苏段建设等重大项目顺利推进。依法支持行政机关自我纠正，助推原告主动撤诉案件47件，一体实现权益维护、依法行政、实质解纷三重效果。加强司法与行政良性互动，发布行政审判白皮书，协助培训行政执法人员1100余人次，提升行政执法水平。运用简易程序审理行政案件75件，协同常州市中级人民法院开展行政案件速裁工作入选全省法院行政审判十大创新工作。

【执行攻坚】 2023年，区法院坚持常态化执行攻坚，执结案件（含恢复执行案件）8126件，执行到位金额9.25亿元。聚焦“人难找、财难寻”问题，首创“执行＋网格”工作机制，网格员1262人协查财产线索399条。推进“执转破”工作，移送破产无财产可供执行企业56家，“一揽子”化解执行案件639件、债务8.79亿元。配合开展腾退不动产集中执行月专项行动，常州西太湖科技产业园、武进高新区北区、湖塘镇、礼嘉镇等板块腾出土地面积8.6万平方米、房产面积4.45万平方米。聚焦逃避执行、抗拒执行问题，司法拘留88人次，追究严重失信被执行人刑事责任13人。聚焦中小企业账款回笼难问题，开展涉企专项执行行动24场，执结拖欠中小企业账款案件1639件，执行到位金额4.35亿元。办理常发集团执行案，执行交付设备全部投产，年产值预计增加25亿元，入选全省法院护航民营经济优秀执行案例。

【审判改革】 2023年，区法院坚持司法改革和科技应用双轮驱动，推动审判体系和审判能力现代化。细化办案人员8类、职责80项，强化院庭长“六类案件”（重大、疑难、复杂、敏感的案件；涉及群体性纠纷或者引发社会广泛关注，可能影响社会稳定的案件；与本院或者上级人民法院的类案裁判可能发生冲突的案件；有关单位或者个人反映法官有违法审判行为的案件；超长期未结案件；重点信访督办案件）监督管理。压实法官办案主体责任，员额法官人均结案374件，院庭长带头办案14306件。打造智慧服务平台，运用江苏法院诉讼服务网、人民法院律师服务平台为群众提供在线服务。依托智慧审判系统，在线开庭266场、调解3837次。构建智慧执行模式，研发应用司法专项送达App，实现网格员协助执行“网上办”“码上办”，获评全市政法工作创新创优优秀奖。依托智能中间库，应用“智慧执行”App、“5G单兵”执法记录仪、移动办案平板等终端，为无纸化办案提供技术支持。完善智能辅助办案系统，为法官提供庭审语音自动转录、文书辅助制作和自动纠错等工具，提升办案质效。

（潘　羽）

司法行政

【概况】 2023年，区司法行政系统开展线上、线下法治宣传教育活动200余场，培育“法律明白人”1645人。区法律援助中心受理法律援助案件1223件，仲裁、判决支持受援人请求的支付劳动报酬、赔偿、补偿等金额1600余万元。各级调解组织受理矛盾纠纷22565件，调解成功22343件，调解成功率99%。律师代理案件1.86万件，担任企业（单位）法律顾问1758家（个）。基层法律服务工作者代理诉讼案件678件，办理法律事务1099件。至年底，武进区有基层司法所11个，其中区司法局垂直管理司法所1个；有公证处1个、律师事务所44个、基层法律服务所7个、人民调解组织（机构）239个；有公证员8人、执业律师（含兼职律师、公司律师、公职律师）586人、基层法律服务工作者36人、专职和兼职人民调解员941人。

【普法宣传】 2023年，武进区严格落实“八五”普法规划，高标准通过省级、市

12月4日，区司法局组织开展国家宪法日宣传活动　（供图／区司法局）

级中期评估验收。采取“2+1+N”（2指重点宣传习近平法治思想和宪法、培育全民法治理念；1指学习民法典守护一生；N指普及与群众生产生活密切相关的法律法规）模式，提升全社会法治文化意识和水平，推进法治宣传教育工作。聚焦民法典、防范电信网络诈骗等重点领域，结合“优质法治宣传·法律服务进基层”“农民工学法活动周”“法治夜市”等主题活动，开展线上、线下普法宣传活动200余场，创作法治文化作品1000余件。培育“法律明白人”1646人，组织开展集中法治培训45场次，提升“法律明白人”依法履职能力。加强基层民主法治建设，累计创成民主法治示范村（社区）国家级3个、省级100个。拓展实体阵地，因地制宜建设具有武进特色的法治公园、法治广场、法治长廊等法治文化阵地65个，在星河丹堤、湖滨花苑、学府家苑3个小区打造“法治小区”建设试点，在富克斯广场苏宁影城打造“法润武进·法映苏宁”法治主题影院。武进区洛阳初级中学青少年法治教育基地获评第十批省级法治文化建设示范点。

【法律服务】 2023年，武进区实施“您身边的公共法律服务”项目，提供上门服务17125小时，开展反诈和法律援助入户宣传20次1100余户，解答法律咨询1500余人次，发放宣传资料5000余份。推动“村（居）法律顾问深度覆盖”民生实事项目，推广组团式服务，开展法治讲座652场，受众1.5万人。完善“万所联万会”工作机制，开展“送法送政策进企业”活动，走访企业343家，为124家企业开展法治体检，发现法律风险隐患70条，提出风险防控法律建议117条，开展法治讲座130场、线上公益法律直播课5堂，提供其他服务364次。聚焦民生需求，强化公共法律服务供给，接待来访群众咨询1万余人次，解答“12348”电话咨询4200余人次，受理法律援助案件1223件，仲裁、判决支持受援人请求的支付劳动报酬、赔偿、补偿等金额达1600余万元。打造“产业链+法律服务”联盟，定制产业链法律服务产品3个，走访产业链企业60家，提出针对性法律意见建议50条。

【行政执法监督】 2023年，武进区启动“一把手”作风建设重点项目——“精武之盾”执法效能提升行动，发布行政执法协调监督工作计划。开展行政执法案卷评查专项活动，抽取行政执法案卷139本，加强重点领域行政执法监督检查。制定发布《常州市武进区重点领域涉企常用行政处罚行政裁量标准和免罚清单（2023年版）》，开展探索包容审慎监管推进重点领域涉企常用轻罚免罚工作专项行动。推进企业行政合规建设工作，确定常州华创航空科技有限公司、江苏大众投资实业有限公司、万帮星星充电科技有限公司、常州金德纺机科技有限公司4家企业为行政合规全过程指导实践基地。推进镇域综合执法规范化建设，召开镇域综合行政执法联席会议，会同区城管局每季度执法检查镇（开发区）综合行政执法局。建立协同高效的基层指挥协调机制，出台《武进区关于执法监管诉求处置工作办法（试行）》，推行镇域综合行政执法监管“一件事”制度，统筹推进跨部门、跨领域“综合查一次”，提高事中、事后监管整体效能，打造一流法治化营商环境。举办行政执法人员和执法监督员公共法律知识培训班，会同区委编办、区城管局举办镇域综合行政执法培训2期，组织执法人员考试，严把执法“入口关”。

【社会矛盾化解】 2023年，武进区结合春节、两会、杭州亚运会等时间节点，开展矛盾纠纷排查化解，摸排辖区内矛盾纠纷6845件，均依法及时就地化解。组建区律师专家团，推出“菜单式”培训课程41项，组织“枫桥经验”宣讲等培训44场，参训910人次。开展“法润江苏·情暖民工”专项行动，联动区劳动、住建等部门，排查农民工劳资隐患396个，解决农民工劳资纠纷163件。组织开展“千名调解员入网格进万家”活动，协助举办金牌网格员技能竞赛。开展先进调委会、调解能手评比，评选先进调委会22个、调解能手46人。调解组织受理矛盾纠纷22565件，调解成功22343件，调解成功率99%，区劳动人事争议四方联合调处中心获评2023年江苏省金牌劳动人事争议调解组织。

【特殊人群管理】 2023年，武进区接收社区矫正对象658人，解除矫正574人，在册社区矫正对象865人；接收刑满释放人员223人，在册刑满释放人员1503人，接回重点刑满释放人员19人；在册后续照管对象205人。区社区矫正机构开展审前调查181件、释前评估2件、居住地变更53件；请假报备862人次，未发生重大重新犯罪案件。组织开展不假外出、人机分离专项排查整治活动，依托嘉泽矫正分中心严格落实社区矫正对象每日信息核查，严防社区矫正对象脱管漏管和重新犯罪。运行智慧矫正3.0系统，建立矫正对象数字档案，科学定制个性化矫正方案，加强心理测评和线上学习平台应用。强化社区矫正和安置帮教社工队伍配备，制定出台《关于进一步加强全区社区矫正和安置帮教工作者队伍建设的实施意见》《全区社区矫正和安置帮教专职社会工作者队伍建设实施方案》。开展后续照管贯标示范点创建工作，武进后续照管服务站创成省级后续照管贯标示范点，湖塘后续照管服务站创成省级后续照管贯标示范点和“一体两翼”工作示范点，洛阳、南夏墅后续照管服务站创成市级后续照管示范点。

【公证业务】 2023年，武进公证处办理公证事项8057件，比2022年增加46.8%。其中国内民事公证4445件、经济公证146件，涉外民事公证1941件、经济公证77件，涉港澳台公证126件，公证业务收费703万元，增加45%。服务民生实事，为各级人民政府办理安置房抽签公证5000余套、定向商品房选房公证800余套，为湖塘镇、横林镇、遥观镇安置户办理安置房、定向商品房确权公证1322件。开展“公证为民·法惠民生”系列活动，在医院、监狱、养老院等场所开展上门服务60余次，为70周岁及以上老年人办理遗嘱公证10余件，为群众免费办理小额继承公证50余件。加强公证质量监管，自查互查公证卷宗360余本。在全市公证卷宗质量检查活动中，武进公证处卷宗合格率100%。在镇（街道）公共法律服务中心部署远程公证系统，对接远程公证办证点13个（其中武进区9个、常州经开区4个），办理远程公证案件98件。

（吕剑箫）

军 事

Military

栏目编辑　张怡菁

人民武装

【概况】 2023年，武进区坚持以习近平新时代中国特色社会主义思想为指导，深入贯彻习近平强军思想，围绕学习宣传贯彻中共二十大精神主线，聚焦高质量发展主题，强化思想引领，拓展主题教育实践活动成果，确保民兵队伍高度集中统一和纯洁巩固。扎实推进练兵备战，突出实战化军事训练，构建平时服务、急时应急、战时应战的指挥和力量体系。完善兵员征集、国防教育、军事设施保护等工作机制，摸底调查动员潜力，提升动员援战能力。推进基层规范化建设全面达标工程，确保党管武装落实、阵地建设规范、队伍建用合理、工作完成出色、保障措施到位。按照属地负责原则，采取驻训和走训相结合方式，遴选基干民兵66人担任学生军训教官，8月中旬至11月中旬，承训全区（含常州经开区）13所普通高中（职业教育学校）学生1.2万人。

【思想政治建设】 2023年，武进区学习贯彻习近平强军思想，学习习近平主席关于国防动员重要论述，为武进区人民武装部（简称区人武部）全面建设提供坚强思想政治保证。区人武部严格落实党委中心组理论学习制度，以上级领学、本级研学和个人自学相结合的学习模式，强化理论武装，提升理论素养。分层分类抓好军委主席负责制学习教育。开展“四反”（反渗透、反心战、反策反、反窃密）教育，坚定理想信念，确保思想纯洁稳定。开展国防教育进机关、进社区、进校园等活动，在武进区第三少年军校、武进区实验小学和湖塘镇等镇（街道）开展“我爱国防”主题演讲、国防知识竞赛，拓宽教育辐射面，推动国防教育常态化。3月，组织预定新兵参加“向革命英烈报告”仪式。6月，参加常州“龙城国动大讲堂”“学习常州舰护航事迹”活动，激励践行强军使命。年内，任命牛塘镇党委书记、西湖街道党工委书记为基层武装部政治教导员，并举行任职仪式。

【国防后备力量建设】 2023年，区人武部根据形势任务要求，完善重点潜力核查，修订完善动员计划方案，规范健全战备值班制度，完善报情体系建设，与地方共享重大社情民意信息，军地联合国防动员指挥所完成辖区重要民生目标协防演练，提升国防动员援战能力。调整民兵工作领导小组成员，健全工作机制，加强军地沟通协作，推进民兵整组落实，完成上级赋予的普通民兵、基干民兵编建任务，基干民兵队伍党员比例、退役军人比例均比2022年提升10个百分点，新质新域力量比例超出上级要求近6个百分点。创新征兵工作方法，严格体检、政治考核和廉洁征兵监督，精准动员，落实积分定兵制度规定，圆满完成春、秋季2次征兵任务。武进区在江苏省军区检查验收民兵整组工作中获优秀等次。

【战备训练】 2023年，区人武部严格按照军事训练大纲要求，落实年度训练任务。严格首长机关训练，每周组织机关干部开展军事理论、动员业务学习和体能训练，固强补弱，强化指挥员备战打仗能力，综合成绩居全市第一名。强化专武干部训练，选派拟任职武装部部长2批4人参加全省专武干部资格认证培训，提升个人专武意识和履职能力素质，其中2名拟任职武装部部长的专武干部获评优秀学员。联合区委组织部、常州经开区组织部下发通知，将专武干部军事理论、个人体能考核纳入年终考核项目。抓实民兵训练，组织基干民兵分队9个专业10批次，完成集中轮训备勤和“跨区域联训，分专业轮训”训练演练任务。5月，民兵应急连参加上级突击拉动考核演练，人员装备组织有序，考核总评优秀。9月，基干民兵分队高质量完成上级赋予的机场抢修抢建军地联演联训任务。

【基层武装部规范化建设】 2023年，区人武部贯彻落实上级基层武装部规范化建设达标评定检查细则文件精神，部机关每月利用专武干部例会，跟进检查各单位建设进度，采取集中全面检查、不定期重点抽查等形式，检查督导全区各基层武装部规范化建设情况。各镇（街道）加大基层武装部建设资金和资源投入，解决场地不足、功能区域分散等实际问题，优先升级改造镇（街道）“三室一库”（办公室、资料室、活动室，战备物资器材库）、村（社区）“两室一家”（办公室、器材室，青年民兵之家）硬件设施，规范标牌设置，配齐战备物资器材，全区16个基层武装部全部完成江苏省军区基层规范化达标建设。加强专武干部队伍建设，会同区委组织部、常州经开区组织部，结合上级党管武装工作督查反馈问题清单，提升专武干部转退军人比率，严格人才储备库建设。11 月，联合区委组织部、常州经开区组织部考核专武干部履职情况，湖塘镇、洛阳镇、南夏墅街道、横山桥镇武装部部长获优秀等次。武进区武装工作年度成绩在江苏省军区综合考评中列全省第一方阵。

（周建平）

武　警

【概况】 2023 年，武警常州支队武进中队（简称武警武进中队）坚持以习近平强军思想为引领，围绕学习贯彻中共二十大精神主线，坚持举旗铸魂、向战为战、守正创新，为官兵忠实履行使命任务提供坚强思想政治保证。常态高效抓好执勤战备工作，立足国内外形势和社会面情况，结合任务实际修订完善处置方案，常态化开展应急拉动训练，提高官兵实战化处置能力。突出文化氛围，改造书香军营，组建民族舞、乒乓球、羽毛球等兴趣小组，调动官兵积极性。多措并举抓安全工作，坚持每周排查安全隐患，定期开展专项教育和案例警示，定期检查和分析安全形势，在常学常查中守牢安全底线。

【执勤战备】 2023 年，武警武进中队聚焦全面贯彻中共二十大精神开局之年时代背景，立足主责主业，抓好执勤战备工作，将执勤战备作为思考问题站立点、开展工作着眼点、检验成效基准点，提高遂行任务能力，确保中心工作万无一失。持续推动“智慧磐石”工程建设，推进执勤哨位文化、指纹查勤系统、执勤信息系统升级。协助武进区看守所完成各类勤务百余次，出动警力百余人次，各项任务均圆满完成。

【军事训练】 2023 年，武警武进中队结合任务实际，严格按照新修订的军事训练大纲要求，坚持训练循序渐进、科学组织，注重转化教练员集训成果，及时分析训练形势，查找短板弱项，明确目标思路，将射击、军事体育等五大技术课目作为基础开展复训补训；通过军事训练“龙虎榜”、群众性比武等载体，营造“比、学、赶、帮、超”浓厚氛围，有效提升训练水平。在上级军事训练比武竞赛中名列前茅。

（张　健）

国防动员

【概况】 2023 年，武进区按照国防动员体制机制改革落地要求，将原区人民防空办公室调整组建为区国防动员办公室，在区发改局挂牌。区国防动员办公室加强制度建设，出台武进区国防动员联合办公室运行规则，编制《武进区国防动员建设实施计划（2023—2025）》，确保国防动员工作运行机制高效畅达。推进指挥通信建设，组织参加上级训练演练，提升国防动员核心能力。规范人防工程建设管理，完善城市防护体系，夯实国防动员安全防线。加强宣传教育，开展主题宣传活动，深化国防教育和人防知识普及，营造良好氛围。武进区国防动员办公室获评 2023 年度江苏省国防动员工作先进单位。

【国防动员指挥通信建设】 2023 年，武进区完善和提升人民防空指挥所功能，常态化开展指挥场所联通训练和巡查管理。区国防动员办公室参加市级每季度跨区域机动指挥通信保障演练以及无线电、无人机等训练演练，在南京国防园组织开展准军事化训练，组织参加全省国防动员演习，高标准完成人防专业队整组和骨干集训工作。新安装电声防空警报器 5 台，开展每季度警报器巡查和“9 · 18”警报试鸣，鸣响率 100%。

【人防工程建设管理】 2023 年，武进区推进《常州市武进区城市人防工程专项规划（2021—2035 年）》《常州“两湖”创新区核心区人防工程控制性专项规划》编修。完成“十四五”城市建设规划人防规划中期评估并通过专家评审，人防工程建设管理和平战转换水平提升，城市防空体系完善。加强和完善人防工程建设质量监督“巡查社会化、维修专业化、监管网络化”三项机制。制定出台《武进区人防工程电动汽车充电设施安装的实施意见》，规范充电桩使用和安装工作。组织开展人防工程冬春火灾隐患专项整治，节前开展重点项目安全检查，汛期实施人防工程防汛安全检查专项行动，累计开展人防工程巡查 500 余趟（次），发放安全提示函 272 份，完成隐患整改 57 处，人防行业安全生产零事故。

【国防和人防宣传教育】 2023 年，武进区结合“3 · 1”国际民防日、“5 · 12”防灾减灾日等重要时间节点，组织镇（街道）在村（社区）、学校、企业开展防空防灾主题宣传教育活动。9 月 18 日，区国防动员办公室联合区委宣传部、区人武部在武进区实验小学开展国防教育活动和防空袭疏散演练。开展全区人防教育先进学校评比活动，湖塘桥实验小学、武进区实验小学、人民路初中、前黄实验学校、夏溪小学获评 2023 年全区人防教育先进学校。加强国防动员工作信息宣传报道，利用媒体平台发布宣传信息 96 篇，其中获省级及以上媒体平台录用 6 篇。

（陆文强）

9 月 18 日，武进区防空警报统一试鸣日活动暨国防教育进校园活动在武进区实验小学举行

（供图 / 区国防动员办公室）

产业园区

Industrial Parks

栏目编辑　陈　蓉

江苏常州经济开发区

【概况】 江苏常州经济开发区（简称常州经开区）于2015年6月挂牌成立，位于江苏省常州市东部，东邻无锡市，与江阴市、惠山区接壤。土地总面积181.3平方千米，辖横林镇、遥观镇、横山桥镇、潞城街道、丁堰街道、戚墅堰街道，有行政村47个、社区40个，户籍人口23万人，常住人口42.7万人。2023年，常州经开区聚焦产业发展、改革创新、城乡建设、民生实事等方面，累计有规模以上工业企业851家、高新技术企业496家、潜在独角兽企业4家、瞪羚企业116家（含苏南国家自主创新示范区瞪羚企业6家）、境内外上市企业15家、"新三板"挂牌企业25家、股改企业137家。固定资产投资增长8.2%，服务业投资增长27.5%。实现地区生产总值983.26亿元、一般公共预算收入53.7亿元，分别比2022年下降0.2%、增长2.2%；农林牧渔业总产值5.46亿元，规模以上工业总产值1862.26亿元，分别增长1.6%、下降13.6%；社会消费品零售总额136.98亿元，增长7.1%，服务业增加值409.58亿元，增长2.9%，占地区生产总值的41.7%；进出口总额379.1亿元，外资及港澳台资协议注册资本1630万美元，实际利用7969万美元，下降34.48%；居民人均可支配收入63955.1元，增长5.0%。在省商务厅发布的2022年度全省经济开发区高质量发展综合考核评价中，经济发展指标连续四年保持第1位，获评"年度经济总量十强经开区"。

【常州经开区"四特三新三潜"产业发展】 2023年，常州经开区强化产业发展顶层设计，出台产业发展五年规划，以"三改"（工改、股改、村改）推动产业和园区"二次创业"，调整确立"四特三新三潜"产业，即做大做强绿色优特钢、轨道交通、绿色家居、智能电机四大特色产业，做优做精汽车电子、光电材料、新能源装备三大新兴产业，谋篇布局关键战略材料、生命健康、安全应急装备三大未来潜力产业。新增法人企业1523家，注册资本58.21亿元。制定印发《常州经开区2023年数字化单项应用诊断服务工作方案》，免费诊断工业企业390家。加速推进园区更新，绿色家居产业园、表面处理循环产业园、万沣科技众创城、智能装备产业园二期、数字经济产业园二期、宋剑湖创新智慧三期6个项目加快主体施工，运河智创湾、宋剑湖创新智慧港二期、电子科创港、东方汽车电子产业园一期、东方三新产业科创园、跨境电商产业园6个高质量园区载体建成投运。新增国家级专精特新"小巨人"企业8家、国家级服务型制造示范企业1家（中天钢铁集团有限公司）；新增省智能制造示范工厂1个（中天钢铁集团有限公司的高性能特种合金钢智能工厂）、省级智能制造示范车间4个；新增国家级绿色工厂3家、国家级绿色供应链管理企业2家；新增省星级上云企业87家，中车常州车辆有限公司获评省工业互联网标杆工厂；江苏星源新材料科技有限公司、江苏天启建设有限公司获评省产教融合试点企业；哈焊所华通（常州）焊业股份有限公司、常州神力电机股份有限公司获评省两业融合示范企业；江苏戚墅堰轨道交通产业园获评省级现代服务业高质量发展集聚示范区；江苏华电戚墅堰发电有限公司获评首批江苏省工业遗产。

表4　2023年常州经开区新增国家级专精特新"小巨人"企业情况表

企业名称	所在地
江苏翰琪电机股份有限公司	横林镇
江苏宏亿精工股份有限公司	遥观镇
哈焊所华通（常州）焊业股份有限公司	遥观镇
常州恒锌禹晟智能装备股份有限公司	横山桥镇
常州星源新能源材料有限公司	潞城街道
常州欣盛半导体技术股份有限公司	潞城街道
江苏德尔福医疗器械有限公司	潞城街道
常州神力电机股份有限公司	潞城街道

【常州经开区重大项目招引建设】 2023年，常州经开区重点项目有力推进，签

约产业项目77个，总投资超300亿元。其中，投资50亿元及以上项目1个，投资30亿元及以上、50亿元以下项目1个，投资10亿元及以上、30亿元以下项目6个；招引中天新能源汽车零部件产业园、CU1958文化创意产业园、西班牙百利来食品轧辊贸易中心等服务业项目11个，总投资超50亿元。3个省级重大项目、20个结转市重大项目全部开工；新增入库市重大项目12个，其中开工建设12个；竣工市重大项目8个。推进重点产业项目122个，完成投资237.39亿元。其中，新建项目开工35个，竣工投产63个。

常州长海玻纤及复合材料二期项目 是省重大项目，由江苏长海复合材料股份有限公司建设，于3月开工，新增用地面积34.67公顷，新建池窑拉丝联合厂房、制品和粉料加工厂房、仓库及配套生产辅房等建筑47.8万平方米。引进全自动丝饼拉丝机250台（套），购置耐高温单元窑、纯氧燃烧系统、自动物流及包装系统等国产设备2.74万台（套）。总投资65亿元，达产后可年增产高强度高模量玻纤复合材料、低介电玻纤及织物60万吨。

鼎智科技智能微电机项目 是市重大项目，由江苏鼎智智能控制科技股份有限公司建设，于3月开工，新增用地面积3.33公顷，新建办公楼、生产车间、研发中心、综合楼等建筑7.8万平方米，搬迁利用原有生产设备，购置磨齿机、螺旋拉床、气相色谱仪等先进的生产设备124台(套)。总投资3.1亿元，达产后可年增产微电机及新能源无人车电机等79.8万台。

鸿钜锂电精密结构件一期项目 是市重大项目，由鸿钜控股有限公司建设，于6月开工，新增用地面积5.67公顷，新建单层厂房2栋、三层厂房和七层厂房各1栋，总建筑面积9.4万平方米，购置注塑机、冲床等主要生产设备约150台（套），建设动力电池金属配件自动生产线、电极自动生产线、电芯壳体自动生产线等产线数十条。总投资1亿美元，投产后可实现为15吉瓦时锂电提供配套精密结构件的生产能力。

协和新能源汽车智电系统部件项目 是市重大项目，由江苏协和电子股份有限公司建设，于11月开工，利用存量用地面积约1公顷，新建车间及配套辅助设施等3.5万平方米，购置片对卷对片自动贴膜机、大平台片状辅料贴合机、光学检查机等设备158台（套）。总投资3亿元，投产后可年产新能源汽车座舱显示屏20万件、新能源汽车动力电池部件720万件、毫米波雷达5万件。

【常州经开区科技创新】 2023年，常州经开区坚持培育高质量创新主体，汇聚高层次科技人才，建设高能级平台载体，以科技创新推动产业创新。召开科技创新发展大会，发布科技创业载体建设发展规划及政策。新增高新技术企业105家，累计有效高新技术企业496家，完成高新技术产业产值871.25亿元，占规模以上工业总产值的46.8%。新增授权专利4124件，其中发明专利614件，万人有效发明专利拥有量73.63件。申报科技项目26个，立项科技项目国家级2个、省级16个。中天钢铁集团有限公司获评国家技术创新示范企业。获评苏南国家自主创新示范区瞪羚企业6家。新增省级工程技术研究中心4个，与省产业技术研究院共建企业联合创新中心1个，累计拥有省级及以上研发机构128个。新增市级科技企业孵化器、加速器各1个，累计有市级及以上科技企业孵化器13个（含国家级1个、省级1个）、科技企业加速器3个、众创空间7个（含国家级1个、省级3个）。组织、参加2023“宋剑湖智造之星”创新创业大赛等产学研活动5场，达成产学研项目82个，合同金额3855.97万元。引进市“龙城英才计划”领军型创业人才项目33个、创新人才项目4个，推荐入选省“双创计划”人才类项目6个、团队类项目1个。

【常州经开区营商环境优化】 2023年，常州经开区以提升项目服务能力为重点，打造“精诚办”项目审批帮代办服务品牌，组建帮代办员队伍29人，完善线上、线下服务功能。开展“服务进园区”，在产业园区设立政务服务便利点，开展上门帮办代办。推进工程建设项目审批改革创新，围绕项目审批全阶段，实施“拿地即开工”“桩基先行”“竣备即发证”等全周期服务，实现“拿地即开工”项目9个，实现“竣备即发证”项目8个。发放建筑工程施工许可证95份，其中工业项目58份，审批环节平均总用时6.8个工作日，比2022年缩短5%。围绕企业开办，完善专区服务，优化“一件事一次办”改革服务举措，全流程办结内资企业1123家，基本实现8小时内办结，自4月1日起，潞城、丁堰、戚墅堰街道个体工商户登记事项由所在街道办事处办理。新增市场主体5957家，注册资本63.34亿元。其中，新增个体工商户4388户，注册资本4.22亿元；新设各类企业1569家，注册资本59.12亿元。提升服务品质，制定《关于推动常州经开区镇（街道）、村（社区）帮办代办服务规范化建设的实施方案》，规范开展帮办代办服务。加强政务服务合作，与江南农村商业银行共同打造“政银合作”优

鼎智科技智能微电机项目外景 （供图／常州经开区 摄于2023年12月）

质网点，与常州市天宁区、无锡市江阴市开展“跨域通办”合作。优化网上审批服务，推进电子印章等省数字政府政务中台与“免证办”“精诚办”“好办快办”专栏对接应用，在苏服办App打造常州经开区移动端旗舰店。

【常州经开区城乡环境建设】 2023年，常州经开区完成全域乡村空间规划编制，“常州经济开发区乡村空间布局规划研究（含农村居民点详细规划）”通过常州经开区规划设计审查委员会审查。完成征迁面积82.5万平方米，新增建设用地面积120.73公顷，出让商住地块面积60.4公顷。推进城建项目88个，其中重大交通基础设施建设项目312国道、232省道快速路工程开工，城东路、观湖路等72个项目完工。实施绿化项目20个。建成观湖路、常州经开区初级中学南侧等口袋公园4个，东方大道、大明路等“花漾景观路”，园东路、华喜路等生态绿廊建设；实施花溪公园、大运河遗址公园综合提升改造，丁剑路、华丰路等道路林荫化。新增绿地面积54.2万平方米，改建绿地面积4.81万平方米。推进VOCs（挥发性有机物）、重点行业污染和大气污染源治理，$PM_{2.5}$浓度为33.3微克／立方米，连续两年达到国家二级标准；优良天数比率75.7%，比2022年改善0.1个百分点。国省考断面水质达Ⅲ类比例为100%，五牧断面连续三年达Ⅲ类，10个市考断面水质优Ⅲ类比例为100%。整治河道13条，新建、改建农村公厕25座，新建污水管网15千米，84个自然村完成农村生活污水治理，实施完成工房南小区、剑湖街北区雨污分流改造。横山桥镇五一村获评全国乡村治理示范村，横山桥镇梁家桥村周刘家创成江苏省特色田园乡村；横林镇狄坂村、双蓉村，横山桥镇东柳塘村、金丰村、五一村、省庄村，遥观镇洪庄社区创成江苏省首批宜居宜业和美乡村；横林镇狄坂村、横山桥镇五一村入选2023年江苏省乡村振兴示范村创建名单，潞城街道获评省级生态文明建设示范街道，江苏华电戚墅堰发电有限公司、常州博瑞电力自动化设备有限公司、今创集团股份有限公司、江苏长海复合材料股份有限公司获评江苏省2023年度绿色发展领军企业。

常州经开区文化活动中心　（供图／常州经开区　摄于2023年12月）

【常州经开区社会事业发展】 2023年，常州经开区继续推进教育、卫生、文体旅事业高质量发展。教育强区建设不断赶超，制定部署《常州经开区深入推进“教育强区”三年行动方案（2023—2025年）》，常州经开区实验初级中学、常州市宋剑湖高级中学等10个教育项目竣工投运，新增学位9810个、省优质幼儿园2所，常州经开区智慧教育大数据云平台投运。推进常州市基础教育综合改革实验区建设，全国学前教育普及普惠区、全国义务教育优质均衡发展区两项创建监测达标率均列全省第一。卫生强基建设不断提质，制定出台《常州经开区深入推进“卫生强基”两年行动方案（2024—2025年）》，成立医疗、护理、院感、药事区级管理质量控制中心4个，建成农村区域性医疗卫生中心功能分中心8个。常州经开区公共卫生管理服务中心、遥观镇卫生院改扩建项目投运，新增村卫生室（社区卫生服务站）3个。横林人民医院创成全市首个基层医疗机构二甲中西医结合医院，横山桥人民医院创成全市首个基层二级甲等综合医院，常州经开区街道社区卫生服务中心创成省社区医院。文体旅品牌打造不断升级，推进重点文旅项目5个，常州经开区文化活动中心建成投运，形成“1+6+6+N”公共文化设施体系（即区级文化活动中心1个，镇、街道文化站6个，秋白书苑6个，以及其他公共文化空间）。新增省“最美公共文化空间”2个、省优秀群众文化培育团队1个。送戏送综艺下乡150场。新增省级工业旅游区2个，累计有国家工业遗产2个、省级工业旅游区4个。举办宋剑湖马拉松比赛等品牌赛事4项、“追光新城·看东方”健步行等群众体育赛事7项，持续推进“体育+”融合发展体系。

【新增国家级绿色制造奖项5个】 2023年11月，经工业和信息化部认定，江苏常宝钢管股份有限公司、中车戚墅堰机车有限公司、江苏长海复合材料股份有限公司获评国家级绿色工厂，光大环保技术装备（常州）有限公司、常州博瑞电力自动化设备有限公司获评国家级绿色供应链管理企业。

江苏常宝钢管股份有限公司专业制造特种专用管材，坚持推进绿色化改造，2017年启动产线加热炉“煤改气”项目，实施屋顶光伏发电项目，2020年建成能源管理平台，可实时监控各车间水、电、气等用能情况，2023年投资5.2亿元实施新能源车用精密管项目，达产后可年产新能源汽车用精密管5万吨。

中车戚墅堰机车有限公司坚持“智能、绿色、安全”的品牌内涵和发展理念，提升绿色制造水平，建立健全绿色制造管理体系，新建2期储能项目、光伏发电项目、天然气替代项目、蒸汽工艺优化项目、绿色照明项目，淘汰高耗能工序和高耗能设备，试生产氢能源机车、混合动力机车、纯电动机车等新能源机车，能源消耗下降8.8%，碳排放总量下降5.5%。

江苏长海复合材料股份有限公司建立生产能耗管理系统，全面监控生产过程中能耗情况，实现低碳排放绿色生产；采用先进的工艺装置、合理的设备选型及设计，达到节能减排目的；加大实施节能项目，改造重点耗能设备，建成光伏电站，推动使用可再生能源。

光大环保技术装备（常州）有限公司拥有供应商600多家，通过供应链，带动上下游产业绿色协同发展，推进上下游开展绿色生产、绿色采购、绿色平台建设，助力环保行业低碳发展。

常州博瑞电力自动化设备有限公司实施供应商绿色管理，实施供应链绿色研发、工艺制造深入协同，与800余家供应商共同推进资源能源节约化、原料无害化、生产洁净化、废物资源化、能源低碳化绿色发展。

【新增国家知识产权优势企业3家】 2023年，常州市凯迪电器股份有限公司、江苏鼎智智能控制科技股份有限公司和常州中车瑞泰装备科技有限公司被国家知识产权局认定为国家知识产权优势企业。3家企业均贯彻《企业知识产权管理规范》国家标准（GB/T 29490—2013），从知识产权管理、创造、保护、运用四方面，完善企业相关知识产权管理制度，开展知识产权战略研究和实施，加大知识产权培训力度，科学建立知识产权管理流程，根据企业自身发展需求及时调整知识产权发展战略规划，坚持专利与商标相结合的知识产权市场布局。其中，常州市凯迪电器股份有限公司坚持智能科技制造核心，集线性驱动系统的研发、生产、应用研究、海内外营销于一体，提供全流程服务，设立知识产权部门、公司律师事务部，有知识产权专兼职人员8人，其中省知识产权骨干人才1人，在德国OKIN公司发起的“337”调查中胜诉，国内外品牌知名度提升，海外业务发展迅猛；江苏鼎智智能控制科技股份有限公司以步进电机为基础、无刷电机为拓展、音圈电机为前导，构建精密运动控制创新发展平台，拥有有效专利119件、注册商标12件、软件著作权2项，建有完善的知识产权管理体系，实现知识产权从获取、维护、运用到保护的闭环管理，开展行业态势专利微导航分析，将专利导航分析贯穿于产品研发立项、方案制定、过程设计、批产评审全过程。常州中车瑞泰装备科技有限公司知识产权管理体系完善，围绕核心产业板块开展高价值专利布局和系统风险管控，累计申请各类专利300余件，获授权200余件，其中发明专利104件，曾获中国专利优秀奖、国家科学技术进步奖各2项。

【中天钢铁集团有限公司获评国家级服务型制造示范企业】 11月，由工业和信息化部认定。该公司围绕先进制造业与生产性服务业融合发展，推进传统工业产业转型升级，建立信息化制造管理平台、依托模拟仿真实验室、加大产学研合作力度，为客户提供个性化定制产品和服务，实现从产品到钢铁综合解决方案服务商的转型。其中，构建基于深度交互设计的柔性化制造体系，挖掘客户对产品和服务的一体化需求及偏好，根据需求设计并优化与产品匹配的服务模块，实现售前、售中及售后全方位技术服务，满足客户个性化、体验化需要。实施5G园区改造、5G产线改造，以及基于区块链和CA认证（电子认证服务）的产品质量保证书等项目，打造全流程智能生产线，加强供应链管理，开设ERP系统（企业管理系统）工艺排单、质量控制等新功能，实现以客户为中心的柔性化生产、定制化服务。集团曾获评2022年工业和信息化部工业互联网平台＋供应链协同解决方案试点示范、国家技术创新示范企业等。

（洪绯阳）

武进国家高新技术产业开发区

【概况】 武进国家高新技术产业开发区（简称武进高新区）地处常州市南翼，1996年3月获省政府批准设立，1997年7月挂牌成立，2012年8月经国务院批准升级为国家高新技术产业开发区。行政区域面积81平方千米，规划控制面积182平方千米，总人口24万余人，下辖社区20个、行政村12个。2023年，武进高新区聚焦高端装备、电子信息、绿色能源、新型交通、机器人、智电汽车和集成电路“4+2+1”主导产业，打造特色产业集聚、创新创业生态、科产城人融合、协调联动发展、专业干部队伍“五大样板”。至年底，累计引进30多个国家和地区的企业1万多家，有世界500强企业投资项目28个，上市及“新三板”挂牌企业36家，纳税超亿元企业14家，独角兽企业1家，潜在独角兽企业6家，瞪羚企业69家，高新技术企业474家，科技型中小企业473家。拥有武进综合保税区、高新区众创服务中心、工研荟科技产业园、固高智能装备协同创新中心、中汽研（常州）汽车工程研究院等平台。完成全社会固定资产投资143.5亿元，其中工业投资107.2亿元，比2022年增长3.47%；地区生产总值623.9亿元，增长9.1%；规模以上工业总产值2112.6亿元，增长41.3%，占全区比重首次超过50%；限额以上批零住餐业销售额540.3亿元，增长4.1%；规模以上服务业营业收入68.8亿元，增长4.4%；一般公共预算收入51亿元，增长31%；实际到账外资及港澳台资4.11亿美元；城乡居民人均可支配收入6.26万元，增长5.4%。获评国家级绿色工业园区。

【武进高新区“4+2+1”主导产业聚势发展】 2023年，园区继续聚焦“4+2+1”主导产业，推动主导产业“链式”集聚。新签项目中主导产业项目超90%，主导产业实现产值1986.2亿元，占规模以上工业产值的94%。

高端装备产业 重点发展现代工程机械、数控机床、智能纺机、智能农机、机器人和关键零部件领域，探索智能制造集成服务，加快建设常州固立高端装备创新中心等创新载体，推动重点企业做大做强，成为全国有影响力的高端装备产业集聚地。新引进德国BHS高端造纸机械项目、快克智能半导体封装设备研发及制造项目、日本小鲷高端工程机械零部件项目等重点项目5个。规模以上企业完成产值411.1亿元，下降9.9%。江苏恒立液压股份有限公司获第七届中国工业大奖（企业），跻身2023年江苏民营企业200强、2023年江苏民营企业创新100强，其高端液压元件智能制造示范工厂入选工业和信息化部2023年度智能制造示范工厂揭榜单位和优秀场景名单，牵头完成的“高压大流量整体式液压多路阀关键技术与

产业化”项目获2022年度江苏省科学技术奖；常州中车柴油机零部件有限公司、常州市南方电机有限公司、常州创胜特尔数控机床设备有限公司、江苏容天乐机械股份有限公司、中国机械总院集团江苏分院有限公司、常州纳捷机电科技有限公司、博世力士乐（常州）有限公司入选国家级专精特新“小巨人”企业；柳工常州机械有限公司、江苏龙城精锻集团有限公司入选2023年江苏省智能制造示范工厂；柳工华东研究院、柳工大学华东分校揭牌，突破多项高端技术的柳工首台百吨级特大型混动矿用装载机8250H下线；江苏国茂减速机股份有限公司获评国家级绿色供应链管理企业，并与江苏龙城精锻集团有限公司一同获评江苏省2023年度绿色发展领军企业。

电子信息产业　紧抓5G产业发展机遇，推动电子元器件等产品升级，向5G器件、通信终端设备和工业信息服务领域拓展，构建电子和智能信息产业差异化竞争优势。新引进芯砺智能大算力芯片项目等重点项目5个。规模以上企业完成产值220.8亿元，下降13.7%。常州安费诺福洋通信设备有限公司入选国家级专精特新“小巨人”企业。瑞声光电科技（常州）有限公司跻身江苏民营企业200强、江苏民营企业制造业100强、江苏民营企业创新100强。

绿色能源产业　重点发展LED照明、太阳能光伏、绿色电力装备等领域，拓展能源互联网领域，有常州顺风太阳能科技有限公司、江苏咯林保尔光伏有限公司等太阳能光伏行业全国领军企业。新引进重点项目盛开钙钛矿项目。规模以上企业完成产值89.7亿元，下降37%。万帮数字能源家庭储能系统系列产品获2023年德国iF设计奖，万帮数字能源股份有限公司举办第四届须弥山大会，发布星星能碳SaaS平台，万帮数字能源有限公司入选2023年江苏省智能制造示范工厂；常州龙骏天纯环保科技有限公司、常州华数锦明智能装备技术研究院有限公司（简称华数锦明公司）入选国家级专精特新“小巨人”企业，华数锦明公司发布“THE ONE”模组生产线技术，电池生产效率提高3～4倍；常州回天新材料有限公司获评国家级绿色工厂。

新型交通产业　重点发展轨道交通、智电汽车等领域，形成产业集聚优势，新引进常诚智能车灯项目、誉球新能源汽车天窗总成项目、格拉默车辆内饰项目等重点项目17个。规模以上企业完成产值1264.5亿元，增长145.4%。新誉集团有限公司承担的“轨道交通绿色驱动整体解决方案与智能化控制系统应用示范”项目获第七届中国工业大奖（项目）；万帮数字能源股份有限公司的“基于移动能源网的智能充电装备研发及产业化”项目获第七届中国工业大奖表彰奖，“大规模电动汽车智能高效充电系统关键技术及应用”项目获2022年度江苏省科学技术奖，公司跻身2023江苏民营企业创新100强；常州今创风挡系统有限公司入选国家级专精特新“小巨人”企业。

机器人产业　顺应人工智能发展趋势，加快工业机器人、服务机器人领域优质项目集聚，打造全国工业机器人“智谷”和长三角地区具有国际影响力的机器人产业高地，形成涵盖机器人本体、核心零部件、系统集成产品、配套服务的全产业链模式，机器人本体产量占全省的70%，占全国的近四分之一，其中安川（中国）机器人有限公司出货量累计10万台。规模以上企业完成产值68.7亿元，下降32%。园区工业协作机器人产业成为全区首个通过省级认定的中小企业特色产业集群，金石机器人常州股份有限公司首创柔性智能装卸车平台2.0，实现仓储、装卸整体自动化，RoboMaster 2023机甲大师超级对抗赛·区域赛（中部赛区）在武进高新区举行。

智电汽车产业　重点打造智电汽车产业生态，加快建设江苏省新能源汽车能源与信息创新中心，拓展车联网市场，开展智慧出行服务，形成涵盖新能源整车、动力及传动系统以及新能源核心零部件等环节的产业链条，建设有全国影响力的智电汽车生产和服务基地。新引进理想汽车三基地项目、新泉汽车外饰件总成项目、博俊汽车热成型车身件项目等重点项目17个。规模以上企业完成产值1215.6亿元，增长159.5%。重庆理想汽车有限公司常州分公司获评国家级绿色供应链管理企业，获MSCI ESG全球最高AAA评级，成为首个获此评级的中国车企，“全栈自研智能电动车企业数字化体系”项目获IDC中国年度未来企业大奖优秀奖，理想汽车常州智能制造基地跻身中国标杆智能工厂百强企业，理想汽车第40万辆量产车下线，新品L7亮相；万帮数字能源股份有限公司连续三年入选独角兽企业榜单；今创新能源研发的3款新能源矿山机械产品（52吨换电挖掘机、108吨纯电动非公路宽体自卸车、6吨电动装载机）下线；赛格威科技有限公司发布全球首款混动全地形车。

集成电路产业　聚焦化合物半导体，以化合物半导体制造、特色集成电

6月2日，RoboMaster 2023机甲大师超级对抗赛·区域赛（中部赛区）启动仪式举行
（供图/武进高新区）

路设计、半导体核心材料与设备为产业发展重点方向，布局终端应用制造产业，形成产业配套齐全、服务功能完善、上下游贯通、规模效应明显的集成电路产业集聚区。规模以上企业完成产值11.6亿元，下降17%。常州纵慧芯光半导体科技有限公司牵头完成的“3D传感VCSEL芯片的研发及产业化”项目获2022年度江苏省科学技术奖；博睿康科技（常州）股份有限公司入选国家级专精特新“小巨人”企业。

【武进高新区招商引资】 2023年，园区运用基金引导、股权投资、境外招商等招投结合的方式，新签约项目30个。其中，总投资100亿元（或10亿美元）及以上项目2个，总投资30亿元（或3亿美元）及以上、100亿元（或10亿美元）以下项目1个，总投资10亿元（或1亿美元）及以上、30亿元（或3亿美元）以下项目6个。外资及港澳台资实际到账4.11亿美元，占全区的79.3%。

【武进高新区重大项目建设】 2023年，园区集聚优势资源，有序推进项目建设，实施省重大项目4个，总投资56.52亿元，其中新建项目3个，全部开工；市重点项目49个，总投资862.63亿元，其中新建项目20个，开工15个；区重点项目107个，总投资995.5亿元，其中新建项目61个，开工55个。

豪森新能源汽车核心零部件智能装备项目　是省重大项目，由豪森润博智能装备常州有限公司实施，占地面积20公顷，规划建设厂房26万平方米，主要生产新能源汽车用动力锂电池智能装备线、驱动电机智能装备线、混合动力总成智能装配线等。于2月23日开工建设，总投资30亿元。

中科深蓝汇泽固态锂电池项目　是省重大项目，由中科深蓝汇泽新能源（常州）有限责任公司实施，占地面积3公顷，规划建设厂房3.5万平方米，购置正（负）涂布机、正（负）极辊压机、切叠一体机等生产、试验设备及电气系统、给排水系统、暖通系统等公辅设施53台（套）。于5月26日奠基，总投资6亿元，达产后可年产固态锂电池1吉瓦时。

海晨新能源汽车供应链物流基地　是省重大项目，由海晨物流股份有限公司实施，用地面积13.13公顷，规划建设智能自动化立体仓及分拣中心、数字供应链中心、电商物流中心等建筑12.7万平方米（计容面积22.2万平方米），打造新能源汽车供应链综合服务平台，约可满足每年15万辆新能源汽车制造的供应链物流需求。于9月25日开工，总投资10亿元。

华森医疗器械及骨科植入物项目　是市重点项目，由常州华森医疗器械股份有限公司实施，占地面积3.3公顷，新建生产用房及辅助用房6.4万平方米，购置加工中心、线切割机、走芯机等设备及设施共662台（套）。于3月21日开工建设，总投资10亿元，达产后可年产人工关节及器械25万件（套）、脊柱等骨科植入物25万件（套）、运动医学器械及微创医疗器械25万套。

格林保尔高效TOP−Con太阳能电池项目　是市重点项目，由江苏格林保尔光伏有限公司实施，利用原有土地新建厂房面积2.1万平方米，购置制绒设备、硼扩散设备、激光SE设备等设备282台（套），形成TOP−Con双面太阳能电池生产线4条。于4月24日开工建设，总投资8.5亿元，达产后可年产高效TOP−Con太阳能电池2吉瓦时。

新泉外饰智能制造基地　是市重点项目，由常州新泉志和汽车外饰系统有限公司实施，用地面积4.9公顷，总建筑面积6.6万平方米，购置注塑机、仪表板冲切设备、仪表板超声焊接设备等设备223台（套），生产汽车内外饰件产品。于9月25日开工建设，总投资10亿元，建成可年产汽车保险杠50万套、汽车轮眉饰板50万套、尾门／翼子板总成50万套和门内护板总成50万套。

太阳诱电（常州）电子有限公司　是市重点项目，由太阳诱电株式会社投资，是其在常单体投资规模最大的日资项目，主要生产5G通信、电动汽车用超薄多层陶瓷电容。分3期实施，用地面积43公顷，其中一期用地面积21.7公顷、建设面积约25万平方米，建设生产车间2栋、办公楼1栋及部分配套用房。于7月12日竣工、11月20日投产，总投资15亿美元，其中一期投资6亿美元。

EnerVenue屹创新型储能项目　由储能电池行业新军EnerVenue公司投资建设，租赁厂房3万平方米，预留土地23.33公顷，利用全球首创技术生产新型镍氢气储能电池，提供产品系统化解决方案。于10月27日开工，总投资17亿美元，分2期建设。

龙城芯谷项目　是区重点项目，锚定第二代、第三代化合物半导体，重点布局和新能源汽车、机器人、智能装备等常州市重点产业关联度高的细分领域。规划面积29.5公顷，其中一期占地面积6.67公顷，建设展示交流中心、总部办公、研发中试中心、科创孵化中心等。于12月20日奠基，总投资约85亿元。

【武进高新区科技创新】 2023年，园区加快培育创新型企业，打造创新平台载体，优化创新创业生态。完成高新技术产业产值771.5亿元，占规模以上工业总产值的36.5%，企业R&D投入占地区生产总值比重超4.9%。科技项目支撑明显，立项省级科技成果转化项目3个、省级国际科技合作项目2个，分别争取项目资金2600万元、270万元。创新型企业加快建设，新认定高新技术企业94家，高新技术企业保有量增至474家，累计拥有苏南国家自主创新示范区独角兽企业1家、潜在独角兽企业6家、瞪羚企业69家。制定《武进国家高新区科技招商工作实施方案》，签约落户“三高一资”（高新技术、高端人才、高成长性、有社会资本投入）项目35个，其中落地融资科技项目8个，融资额3.13亿元。出台《关于建立武进国家高新区知识产权协同保护体系的实施意见》，与中以常州创新园、市知识产权保护中心、武进公安分局、区检察院、区法院等部门共同推进知识产权保护工作，新增授权发明专利1726件，有效发明专利拥有量8524件，万人有效发明专利拥有量355件，高价值发明专利2678件，获批国家知识产权优势示范企业5家，武进高新区管委会获批承担2023江苏省专利转化（产业知识产权运营中心）项目。江苏恒立液压股份有限公司成立全省首个公检法知识产权保护工作室，江苏恒立液压股份有限公司、万帮数字能源股份有限公司、柳工常州机械有限公司获第24届中国专利优秀奖。平台建设日趋完善，制定出台《武进国家高新区创新创业载体建设三年行动计划》，新增江苏省产业技术研究院企业联合创新中心2个（江苏君华特种高分子材料股份有限公司、常州回天新材料有限公司），快克智能装备股份有限公司入选国家级博士后工作站，累计有省级及以上“三站三中心”227个、科技企业孵化器7个、加速器1个、众创空间15个。人才引培成效显著，出台《武进国家高新区人才公寓建设三年行动计划》，新建、收储人才公寓3715套，新增国家重大人才工程B类专家3人、国家级海外人才6人，新培育省“双创计划”项目15个，引进市“龙城英才计划”领军型创业人才项目25个、创新人才11人，召开人才强区发展大会，加快招才引智推进。产学研合作有效推进，围绕科技重点项目攻关和破解制约产业发展的“卡脖子”技术难题，推进与智能制造龙城实验室、驻常高校双向对接，达成产学研合作意向65个，实施50个，完成技术合同认定登记成交额25.81亿元，增长18%。

【武进高新区营商环境建设】 2023年，园区持续深化项目全流程跟踪服务制，实施一个项目、一个专班、一个项目推进群、一套流程、一张时间表“五个一”服务机制，帮助企业理清从项目进区、土地摘牌、立项赋码、规划设计、施工许可、到竣工验收各环节程序，讲清每个审批标准要求，辅导企业明确工作关键节点，倒排时间进度表，合理安排相关工作并联同步，推动项目高质量落地，推进服务项目93个。实施信用承诺预审和“标准地＋承诺制”，通过企业承诺投入产出、政府承诺绿色通道服务的“双承诺”机制，实现“拿地即开工”并办理项目5个，通过“信用承诺预审制”项目11个，通过“标准地＋承诺制”项目6个，通过低风险项目简易审批实现开工项目1个。常州海晨新能源汽车供应链物流基地项目一次性领取“四证三书”，实现“拿地即开工”。各类减税降费、助企纾困资金18.3亿元；“园区保”合作累计授信14.51亿元，累计放款12.96亿元，服务企业102家，其中小微普惠类企业占比92%。“帮吾办”政务服务品牌服务范围拓展至项目建设、市场准入等领域，采用陪办、帮办、代办等形式，提高企业投资项目审批效率。充分利用区域评估结果，拓展评估范围，扩充评估事项，增加样本容量，加强成果运用，简化项目建设审批手续，降低项目建设制度性交易成本，全年区域评估成果运用涉及项目36个，节约费用约350万元，平均每个项目节省时间15～30天。江苏恒立精密传动有限公司、龙城智电新能源汽车零部件（江苏）有限公司等25家企业争取供电公司业扩配套项目支持资金约3600万元，常州新泉志和汽车外饰系统有限公司、常州海晨供应链管理有限公司等8个项目实现“开工即送电”。

（董菲菲）

【武进综保区】 位于武进高新区，东至凤林路、南至武进大道、西至淹城路、北至阳湖路，前身是武进出口加工区，2015年1月升格为综合保税区（简称综保区）。批准面积1.15平方千米，实际围网验收面积1.08平方千米，2018年因企业发展需要，面积缩减至0.95平方千米，实际围网验收面积0.88平方千米。有公路转关监管点、进口商品展示中心两大平台，具有仓储物流对外贸易、国际采购、分销配送、商品展示等功能。2023年，武进综保区推进招商引资，优化企业通关环境，加快产业转型升级和对外开放合作，累计有各类企业56家，产品涵盖电脑周边产品、半导体照明、网络通信等领域。进口商品交易展示中心展示十多个进口商入区业务以及澳大利亚、美国、西班牙等国家的商品200余种。联合海关、税务部门，落实《国务院关于促进综合保税区高水平开放高质量发展的若干意见》要求，落地实施拓展“两个市场”、释放企业产能、强化市场主体地位、优化信用管理、简化进出区管理、便利货物流转等11项制度。首次通过进区开展新能源产品“海事异地监装”业务完成出口额1.57亿元。开展分类监管业务，实现进区非保税货物货值1.65亿元，进区保税货物货值1595万美元。完成实际进出口额7.06亿美元，下降31.5%；工业总产值85.76亿元，下降11.6%。根据海关绩效评估结果，武进综保区绩效评估结果为B类。

（衡　波）

【武进高新区获评国家级绿色工业园区】 3月23日，由工业和信息化部认定。2023年，园区完成新能源产业产值1281.7亿元，增长119.2%，累计有国家级绿色供应链管理企业2家、绿色工厂30家（含国家级6家）。园区坚持绿色、低碳、循环、节能发展道路，提升产业层次，优化产业结构。在产业结构方面，构建绿色产业体系，突出新能源汽车、太阳能光伏、绿色充电设备等产业。以清洁生产技术改造为主要途径，拆除园区内燃煤锅炉，全面淘汰创建区内燃煤锅炉，组织企业实施节能技术改造工程、循环水和中水回用工程，园区重点企业100%通过清洁生产审核验收，鼓励企业创建绿色工厂，通过环境管理体系认证、能源管理体系认证。在能源利用方面，利用武南标准厂房、创新园区企业加速器、凤墅标准厂房、武进综保区等工业厂房建筑屋顶建设太阳能光伏电站，总装机容量27.4兆瓦，所发电量由用户自发自用，余电上网，实现减排惠及园区目标。在资源利用方面，根据不同行业、产品、工艺的用能质量需求，规划和设计能源梯级利用技术方案，推广节能减排技术，提高能源利用效率。建设固废处理处置中心，统一回收、严格控制、分类筛选利用废旧物资，按需引进固废处理设备及技术，实施资源化再利用。2012—2022年，累计投运绿色配套设施实施LED、CSP路灯替代2433盏。至2023年年底，累计建设太阳能公交候车厅18个、大型电动汽车充电站1座，改造公交站台灯箱LED14个，引进纯电动汽车3辆，在生态环境方面，推进企业清洁生产审核工作，加强企业“三废”污染治理力度；制定完善园区危废回收和资源化管理办法，规范集中收集、集中运输和集中处理机制，建立有毒、有害废物强制性回收处理制度，引导园区危险废物无害化处理的健康发展。在运行管理方面，编制发布《武进国家高新区绿色发展五年行动方案（2021—2025年）》，制定《能源利用绿色化标准》（Q/WIZ001—2019）、《基础设施绿色化标准》（Q/WIZ003–2019）、《资源利用绿色化标准》（Q/WIZ002—2019）、《产业绿色化标准》（Q/WIZ004—2019）和《生态环境绿色化标准》（Q/WIZ005—2019）五大绿色标准体系，建立污染防治综合监管平台、重点污染源在线监控系统、环境风险管理系统等绿色生产信息平台。曾获评国家级生态工业示范园区、国家级绿色建筑产业集聚示范区、江苏省低碳示范区等。

【武进高新区人才强区发展大会】 3月29日，在武进高新区举办，由武进高新区主办，园区重点企业、受表彰人才代表等100余人参加。活动现场，“凤栖梧桐树、智汇武高新”人才工作品牌发布；海湖人才科创基金揭牌，基金总规模5000万元，重点面向处于种子期、初创期，拥有创新技术、具有成长潜力的人才创业企业，是园区首个政府主导的人才科创基金。基于磁控溅射技术的生物传感器等5个人才项目、海纳川海拉智能车灯等5个科技项目分别与武进高新区签约；南京航空航天大学常州校区、河海大学常州校区等9所学校获武进高新区“引才合伙人”授牌。会上，常州纵慧芯光半导体科技有限公司、万帮数字能源股份有限公司、快克智能装备股份有限公司等企业的创新创业人才作交流发言。

【2023常州市“科创中国”海智面对面活动暨武进国家高新区集成电路产业专题对接会】 9月15日，在武进高新区举行，是第二届江苏产学研合作对接大会地方园区系列分会。由市科技局、市科协、武进高新区主办，武进高新区科协、常州弗劳恩霍夫IOSB技术展示转化基地承办，省科协、省生产力促进中心、第十六批科技镇长团武进分团团员、科技型企业和“引才合伙人”企业代表以及高校、科研机构代表120余人参会。活动中，武进高新区管委会与第十六批科技镇长团武进团开展战略合作签约，高倍无损数据压缩设备项目、AI高速视觉分选机器人项目等5个科技项目签约，常州瑾汐科技服务有限公司、常州力中投资管理有限公司、上海红塔众鑫企业管理有限公司等6家单位获武进高新区“引才合伙人”授牌。武汉大学电气与自动化学院、工业科学研究院教授、储能与新能源系主任郭宇铮发布最新技术成果“机器学习驱动的多尺度电子材料与器件模拟”，中国科学院微电子所研究员阎跃鹏发表“微波集成电路、无线通信及毫米波芯片应用”主旨演讲，德国弗劳恩霍夫制造与信息技术研究院北京代表处首席代表穆宏介绍德国弗劳恩霍夫创新体系与创新成果，“关于半导体在充电技术上的应用介绍”等4个项目举行路演。

【RoboMaster 2023机甲大师超级对抗赛·区域赛（中部赛区）】 6月2—5日，在常州大学体育馆举办。由深圳市大疆创新科技有限公司发起，武进区政府、全国大学生机器人大赛组委会主办，武进高新区管委会、深圳市大疆创新科技有限公司、常州大学、华火互娱数字科技（江苏）有限公司联合承办，四川大学、哈尔滨工业大学、天津大学、同济大学等知名院校的36支队伍、近1000名选手参赛。经过数万次测试和74场赛事的激烈角逐，哈尔滨工业大学代表队获得中部赛区冠军，6支队伍晋级复活赛，9支队伍晋级全国赛。

【常州回天新材料有限公司获评国家级绿色工厂】 11月15日，由工业和信息化部评定。公司成立于2011年，是高新技术企业，有全自动化复合生产线7条、氟膜生产线2条，产线产能高、能耗低、智能化程度高，年产复合型太阳能电池背膜9600万平方米，产品国内市场占有率居行业第一。坚持技术创新，建有江苏省高性能含氟材料薄膜工程技术研究中心、江苏省研究生工作站，成功研制国内首块自主背板，自主研发关键核心原材料聚偏氟乙烯薄膜，在行业内首先掌握聚偏氟乙烯薄膜生产工艺，拥有从核心原料到背膜合成的全套技术。引领和践行绿色发展理念，提升绿色能源应用比例，建设总装机容量0.88兆瓦的太阳能光伏发电系统，布设电能服务平台，优化生产工艺流程，建立绿色供应链管理制度，加大智能设备和节能设备投资力度等，推动绿色低碳和可持续发展。实施车间智能化、科技化改造，根据产品特点，引进89号线涂布复合机、50000风量RTO设备配备余热回收系统、RTO系统配套废气处理浓度检测设备等设备141台（套），将设备与工业软件互联互通，提高车间效率和能源使用效率。减少胶粘剂使用，实施废边回收、车间清洗液乙酸乙酯替代方案、造粒机冷却循环水改造，配置换热器及循环水泵，有效利用蒸汽冷凝水加热生产线配液系统锅套，节省模温机电加热耗电量。与原生产方式相比，产量提升53.85%，生产效率提高50%，能源资源利用效率提高25%，用工减少15.79%，成品合格率提高1.5%，单位能耗降低32.06%。

【快克智能装备股份有限公司获批设立国家级博士后工作站】 5月，由全国博

常州回天新材料有限公司建成的RTO有机废气焚烧炉

（供图/武进高新区　摄于2023年12月）

士后管理委员会批准。公司创立于1993年，是上交所主板上市公司，为SMT（表面组装技术）、精密电子组装、半导体封装检测领域提供智能装备解决方案，是国内精密电子焊接领域龙头企业。有在站博士后1人，主要从事半导体封测相关技术研究。2023年立项国家博士后基金项目1个。至2023年，公司累计与清华大学、南京航空航天大学等高校建立良好合作关系，承担省部级科研项目9个，曾获江苏省科学技术奖二等奖，“焊锡机出锡异常监控机构和方法、出锡装置及焊锡机”获国家专利优秀奖，拥有授权专利233件，其中发明专利33件，主导或参与制定国家及行业标准7项。

（董菲菲）

中国以色列常州创新园

【概况】 中国以色列常州创新园（简称中以常州创新园）位于常州市南部的“科创走廊”，规划总面积72.5平方千米。2014年5月由科技部、江苏省政府与以色列经济产业部三方签约共建，2015年1月揭牌成立，是全国首个由中以两国政府共建的创新示范园区。2023年1月5日，中以常州创新园被省政府批复设立为省级园区。2023年，园区坚持“中以共建”理念，与以色列驻华使领馆、以色列创新署等单位保持常态化沟通，制定《中国以色列常州创新园“十四五”发展规划》，出台《中以常州创新园全面提升三年行动方案》，推出“中以常州创新园共建计划”，共同筛选优质创新项目落户园区，合作打造江苏省中以产业技术研究院、以色列江苏创新中心、中以科创学院、以色列模式孵化器、中以园—趋势线联合实验室、“中以创新汇”技术合作网站等特色创新平台。投入使用各类创新载体面积近15万平方米，累计促成中以科技合作项目55个，引进以色列独资及中以合作企业238家，涉及智能制造、生命健康、数字经济、新能源、现代农业等新兴产业领域，初步形成“创新项目集聚园区、技术合作向外辐射”发展格局。

【中以常州创新园推进机制】 2023年，园区建立国内外多维联动工作机制，在中以创新合作联委会机制框架下，与以色列驻华使领馆、以色列创新署等单位保持常态化沟通，在中以常州创新园发展工作协调小组和中以常州创新园工作领导小组机制推动下，省、市联动统筹推进园区建设。8月，促成科技部和江苏省政府建立部、省推进中以常州创新园建设专责小组，成为全国中以合作领域唯一建有此类机制的园区。在科技部指导下，建立健全中以创新园区“6+6”合作联盟工作机制，即常州、上海、青岛、广州、酒泉、南京的6个中以合作园区与以色列6个孵化器结成“中以创新园区合作联盟”，与中以（上海）创新园签订战略合作协议，成立园区硅谷中心、大湾区创新中心，构建“海内外科创资源共享＋共同孵化”创新生态链，共谋全球科技创新发展。

【中以常州创新园双招双引】 2023年，园区坚持项目导向，企业人才加速集聚。新增高科技、国际化、“犹太＋”注册企业40家，其中以色列独资企业5家；“共建计划”申报企业11家，通过以色列创新署审核5家，达成签约6家；海外高层次人才申报7人，入选国家级人才1人；新增持来华工作许可证外籍专家3人、常驻园区外籍人才10人；中以国际人才社区启用，首批吸引13名国际人才申请入驻。通过线上、线下相结合方式，推动中以企业创新技术合作，开展中以技术合作对接150次，促成中以技术合作项目8个。健一医疗科技常州有限公司引进以色列Insightec公司磁波刀无创治疗技术，于10月完成首台手术，系全省首例。

【中以常州创新园规划建设】 2023年，园区建设稳步推进。《中国以色列常州创新园核心区控制性详细规划（修改）》通过市国土空间规划委员会办公室审议，核心区国土空间、交通线网等21个专项规划和2个专项成片开发方案编制完成，中以国际创新村三期、创新文化中心等5个重点工程规划设计继续深化。启动核心区基础设施建设及前期动迁工作，制定南夏墅片区拆迁安置方案，拆迁工作完成量过半。省重大项目中以国际创新村二期工程完成主体封顶，三期工程完成初步设计，启动地块土壤检测、压覆矿及地质灾害调查等供地前期工作。推进南田湾基础设施建设，包括马杭中路建设、菱港南路等地文保勘探等。

【中以常州创新园创新生态打造】 2023年，园区加快打造平台矩阵，促进创新生态更加开放融通。中以产业技术研究院完成体制调整，固立高端装备创新中心、国家骨科与运动康复临床医学研究中心、基于荧光RNA的分子检测与即时诊断平台等下属平台完成建设进度目标。推进“新工科”人才联合培养，开展科创训练营、科创沙龙等人才培养活动18场次，参与中、以学员超1000人，其中8人被本·古里安大学录取。以色列江苏创新中心推动以方项目到访园区30余批次，储备项目40多个。举办重点活动8场，对接以色列创新资源160余次。强化政策支撑，与以色列创新署联合发布《中国以色列常州创新园共建计划实施评估报告（2017—2022）》，推进共建计划优化升级；加快天使投资专项资金运作，评审项目6个，扶持企业4家，累计支持金额1300多万元。联合市科技局发布中以国际合作“揭榜挂帅”专项政策，上榜企业8家，其中园区企业5家。拓展合作网络，与上海技术交易所、上海国际技术交易市场签订合作协议，共建中以跨境技术交易服务平台；与孵化器OurCrowd签订合作协议，合作共建孵化器，共同成立离岸创投基金，共办创新创业大赛等；与广东以色列理工学院签约共建广以常州创新研究院，打造集人才培养、项目孵化、成果转化于一体的科创平台。

【中以常州创新园合作交流】 2023年，园区派遣2批共10人团队驻以工作，服务或组织市、区赴以科技经贸团组3批次、人才团组2批次，累计完成项目、企业、机构拜访对接32批次。深化“你好，以色列”“中以园公开课”等文化交流品牌，举办2023常州市“以色列夏季电影周”、第二届中以融合美食汇、以色列友人常州行等对外交流活动10余场，打造“Go Israel”品牌，在中以两地联动举办中以生命健康产业对接交流会等活动。强化与国内主流媒体合作，联合新华社推出“以色列企业家看好中国高质量发展”视频，与省、市电视台

8月17日，2023常州市“以色列夏季电影周”启动　（供图/中以常州创新园）

推出“一带一路”等主题报道，获国家级媒体报道10余篇、省级媒体报道20余次。

【中以常州创新园工作入选省国际合作园区发展典型案例】 8月，“中以常州创新园：持续培育创新发展动能”被省商务厅认定为江苏省国际合作园区发展典型案例，成为全省创新性强、成效明显的9个省级国际合作园区之一。园区致力打造“创新浓度最高、创业热度最高、人才密度最高”的国际化科创园区，制定发布常州市“龙城英才计划”中以专项政策，参照“龙城英才计划”标准，面向在中以常州创新园创办领办企业的以色列人才、犹太人才，提供创业资金、创业场所、投融资、综合贡献、住房补贴等系列激励政策。至年底，累计引进以色列独资及其他企业238家，促成中以科技合作项目55个，建成江苏省中以产业技术研究院、以色列江苏创新中心等创新平台，在能级提升、创新驱动、生态构建、交流合作等方面取得新突破，被科技部认定为国家医疗器械国际创新园，被国家发展改革委认定为中以高技术产业合作重点区域。发展成效获得中以双方高度评价，获得科技部、科技评估中心及以色列驻华大使馆、以色列经济与产业部等单位的肯定。

【中以生命健康产业对接交流会暨常州市中以国际合作“揭榜挂帅”专项政策发布仪式】 5月23日，在中以常州创新园举办，市、区政府部门和30余家中以生命健康企业代表参加。会上，发布常州市中以国际合作“揭榜挂帅”专项政策，重点面向新能源、新材料、新一代信息技术、高端装备制造、生命健康、现代农业等产业领域征集的重大技术需求，发掘优质中以技术合作项目，给予研发经费补助总计最高130万元。发布中以常州创新园“Go Israel”活动品牌，围绕特定产业主题，结合以色列重点展会、中以创新合作活动等，组织国内企业、机构赴以交流对接，推动中以两国间形成更多技术合作。西太湖科技产业园、华森医疗器械股份有限公司、中以常州创新园代表就产业政策、合作案例等展开专题分享。

（何秋梅）

常州西太湖科技产业园（江苏武进经济开发区）

【概况】 常州西太湖科技产业园（江苏武进经济开发区），位于西太湖（滆湖）北侧核心地带，管辖面积70.5平方千米（含滆湖水域14平方千米），沿江高速、常泰高速、312国道等干线公路，常州城市西高架、延政西路、长虹西路等城市主干道和京杭大运河穿境而过，交通便捷。2006年成立武进经济开发区，2013年常州市武进生态休闲区更名为常州西太湖科技产业园，实行“一套班子、两块牌子”的管理体制，2015年获批筹建省级高新区，拥有国家石墨烯新材料高新技术产业化基地、常州国家医疗器械国际创新园、江南石墨烯研究院、常州西太湖细胞治疗前沿技术研究院、南京工业大学常州西太湖产业学院等产业载体与科创平台，是苏南国家自主创新示范区、苏南现代化建设示范区的重点平台。2023年，园区锚定“生态创新区、最美湖湾城”发展定位，高效统筹新城市建设、新产业发展、新人才引育，推动科产城人融合发展。拥有境内外上市企业12家、高新技术企业228家，实现地区生产总值231.86亿元，比2022年增长11.89%；完成工业总投资37.68亿元、规模以上工业产值401亿元，分别增长20.0%、9.7%；实现规模以上服务业营收98.61亿元、限额以上批零住餐销售额99.2亿元，分别增长18.8%、3.1%；一般公共预算收入23.52亿元，增长19.2%，居民人均可支配收入60599元，增长5.29%。入选首批全国工商联民营企业科技创新园区，获评中国科协海智国际研发社区，常州石墨烯小镇获全省首批省级特色小镇授牌。

【西太湖科技产业园“一高四新”产业发展】 2023年，园区加快产业优化升级步伐，发展高端医疗健康、新材料、新能源、新智造、新经济“一高四新”产业，强化产业链重大项目、头部企业招引，完善促进产业高质量发展、企业股改上市、鼓励外资企业利润再投资等政策，提升发展质效。招引各类优质项目121个，其中投资超100亿元项目1个、30亿元及以上100亿元以下项目1个、10亿元及以上30亿元以下项目3个。

高端医疗健康产业　集聚江苏南方卫材医药股份有限公司、江苏东星智慧医疗科技股份有限公司、江苏亚邦药业集团股份有限公司等健康制造业企业270多家，常州市星空医疗美容门诊有限公司、江苏蒙彼利生物科技有限公司、国药集团基因科技有限公司等健康服务业企业近150家，累计获医疗器械产品注册证二类497张、三类195张，实现销售收入超108亿元。签约蛋白质药物基地项目、迪瑞尔医用新材料研发及生产项目、赛恩贝生物技术项目等37个。江苏东星智慧医疗科技股份有限公司、常州中进医疗器材股份有限公司上市；

布局合成生物产业，西太湖合成生物创新产业园揭牌，西太湖合成生物产业投资联盟及产业天使投资基金成立，中国科学院深圳先进技术研究院—常州合成生物化学联合研究中心签约，蛋白质技术国家工程研究中心转化基地揭牌。召开第二届西太湖细胞与基因治疗前沿技术发展大会，第十届中国骨科、再生医学及康复医疗产业投资峰会等。

新材料产业　引进清研储能超级电容器等石墨烯龙头企业产业化项目5个，累计拥有石墨烯碳材料相关省级专精特新中小企业2家、国家级专精特新"小巨人"企业5家，石墨烯相关产业年产值近45亿元。江苏江南烯元石墨烯科技有限公司承担的江苏省创新中心试点三期建设通过省工业和信息化厅验收。江南石墨烯研究院、常州大学分析测试中心、天目湖先进储能技术研究院、常州检验检测标准认证研究院签约共建碳材料新能源应用检验检测平台，合作推动建设检测、标准、认证等评价体系，共建共享检测仪器设备。

新能源产业　布局氢能产业，牵头制定《关于支持武进区氢能产业发展的若干措施》，规划建设常州氢湾，引进加拿大西港氢能阀门研发制造、中海电力氢能核心部件等氢能项目25个，总投资21亿元。常州氢湾国际创新社区项目开工，主要建设氢能产业核心零部件及检验检测设备的研发中心和生产基地，面向行业企业开展技术推广、技术检测、工程化应用等公共服务；国科领纤新材料（常州）有限公司获千万级天使轮融资；举办西太湖科技产业园"两湖"创新突破年暨新能源之都——氢湾启航大会、2023（第五届）高工氢电产业峰会暨2023氢燃料电池产业TOP50颁奖典礼。

新智造产业　集聚江苏海鸥冷却塔股份有限公司、江苏嘉轩智能工业科技股份有限公司、新纶电子材料（常州）有限公司等行业龙头企业和隐形冠军。江苏晶雪节能科技股份有限公司入选国家级服务型制造示范企业、国家级绿色工厂，常州腾龙汽车零部件股份有限公司获评国家级绿色供应链企业，常州百利锂电智慧工厂有限公司等7家企业通过工业和信息化部两化融合管理体系贯标评定企业；常州孟腾智能装备有限公司研制的动力电池电芯自动混合模组装配线CTP-S300S A/B获省首台（套）重大装备认定，新纶新能源材料（常州）有限公司承担的"高安全高冲深环保型软包动力锂电池用铝塑膜的研发及产业化"项目获评省关键核心技术（装备）工程化攻关项目，江苏久煜智能制造股份有限公司挂牌"新三板"。

新经济产业　发展城市经济、文化旅游和科技金融等生产性服务业，建有西太湖电子商务产业园、西太湖影视产业基地、龙城金谷（南区）等新经济产业平台。市级金融平台龙城金谷（南区）累计集聚基金投资等机构860个，认缴注册资本746.6亿元，对外投资项目1112个、投资额299亿元。西太湖电子商务产业园集聚电商等平台类企业416家。西太湖国际露营岛建成投用。西太湖影视产业基地全年接待各类剧组40余个、游客超10万人次。2023西太湖半程马拉松、全国摩托艇青少年U系列赛、中国大学生帆船联赛决赛等6场大型赛事活动成功举办。

"两湖"创新区核心区——常州西太湖科技产业园

（供图/西太湖科技产业园　摄于2023年12月）

【西太湖科技产业园重大项目建设】 2023年，园区持续优化重点项目建设全程代办服务制度、重点项目领导挂钩联系机制，每月集中调度、重点推进，加快项目建设投产。新增省重大项目3个，实施区级及以上重点项目40个，其中新建项目14个。新增入库市重点项目9个、区重点项目47个。至年底，累计竣工47个，其中年初在库项目竣工22个、当年新增入库重点项目竣工25个。

苏文电能新型智能电气项目　是省重大项目，由苏文电能科技股份有限公司实施，用地面积33.13公顷，建设工业厂房、办公楼、研发车间等67万平方米，购置真空断路器、万能式框架断路器、塑壳断路器、环网柜总装等生产线，以及钣金组装线、数控冲床、折弯机器人、智能工厂信息化系统等生产检测设备2917台（套）。于3月开工，总投资30亿元，达产后可年增产智能电气设备产品78.27万台（套）。

琥崧微纳米材料高端装备制造基地项目　是省重大项目，由琥崧微纳米科技（常州）有限公司实施，用地面积7.13公顷，建设厂房、办公楼、研发中心等11万平方米，购置数控车床、加工中心等生产设备81台（套）。于3月开工，总投资11亿元，达产后可年增产智能分散及研磨设备500台，产线配套设备、模块及智能化生产线10套。

先诺高性能聚酰亚胺纤维项目　是省重大项目，由江苏先诺新材料科技有限公司实施，用地面积3.33公顷，建设办公楼、厂房、仓库等5万平方米，购置反应釜、消泡釜、储料釜、计量泵、热处理炉等生产设备50台（套）。于4月开工，总投资3.25亿元，达产后可年增产高性能聚酰亚胺纤维700吨。

天奈导电浆料及导电母粒项目　是市重点项目，由江苏天奈科技股份有限公司实施，用地面积6.67公顷，建设厂房、办公用房、生产辅助用房等8.63万平方米，购置高温纯化、复合产品导电浆料、导电塑料母粒设备1000台(套)。于11月竣工，总投资10亿元，达产后可年增产导电浆料5万吨、导电塑料母粒5000吨、碳管纯化加工3000吨。

【西太湖科技产业园科技创新】 2023年，园区持续做强企业创新主体，强化先进技术转移，推进重大平台建设，进一步集聚创新资源。常州大学科技园、上海交通大学（常州）科技园、南京工业大学常州西太湖产业学院合作共建的大学科技园招引科技项目22个，常州西太湖细胞治疗前沿技术研究院获批挂牌“常州市区域细胞中心”，江南石墨烯研究院建设常州碳材料质量基础设置“一站式”服务平台，吉林大学技术转移中心、长三角青年创新创业港一期（南京大学未来技术创新研究院）投用。新增省级科技立项2个，经费2100万元，常州朗合医疗器械有限公司承担的“十四五”国家重点研发计划——“经呼吸道多模式智能精准诊疗机器人系统研发”重点专项启动，常州百利锂电智慧工厂有限公司参与的“锂电池材料智能化生产线关键技术、成套装备及产业化”项目获全国商业科技进步奖二等奖。入选省“双创计划”4个、省“双创博士”2人、市“龙城英才计划”28个，组建“湖博士”俱乐部。新纶新能源材料（常州）有限公司获批设立国家级博士后科研工作站，苏文电能科技股份有限公司、江苏嘉轩智能工业科技股份有限公司成为江苏省博士后创新实践基地，新增市级及以上企业工程技术研究中心、工程研究中心、企业技术中心、工业设计中心29个，新建江苏省产业技术研究院联合创新中心4个，累计有博士后创新实践基地国家级4个、省级3个；省级企业工程技术研究中心28个、工程研究中心7个、企业技术中心20个、工业设计中心8个；科技企业孵化器国家级3个、省级4个，科技企业加速器省级1个，众创空间国家级3个、省级2个。新增专利授权1837件，其中发明专利338件，有效发明专利拥有量1255件。新增潜在独角兽企业3家、瞪羚企业14家，净增高新技术企业52家，有效高新技术企业累计228家，完成规模以上高新技术产业产值356.1亿元，占规模以上工业产值的88.8%。

【西太湖科技产业园产城融合】 2023年，园区融入“两湖”创新区建设，参与规划研究设计核心区人防、水利、照明、能源、交通等9个专项规划。轨道交通5号线先导段开工，腾龙大道智慧快速路（武进区段）全线开工，果香路（凤苑南路—西太湖大道）竣工通车，西太湖外国语学校、区机关幼儿园星湖实验园开学，华东师范大学附属西太湖学校加快建设，江苏省常州高级中学西太湖校区签约入驻。湖滨水厂一期、滨湖污水处理厂二期工程加快建设，“两湖”创新区核心区首个邻里中心“星湖荟”1号店开业运营。国际露营岛、中天西太湖度假酒店建成投用，星湖“美丽街区”改造完成。

【西太湖科技产业园获海智国际研发社区授牌】 4月26日，在2023年海智论坛开幕式上获中国科协海智国际研发社区授牌，有效期自2023年5月至2026年4月，全国共7个。该研发社区服务场地面积超1万平方米，集海外人才接待洽谈、创业路演、沙龙活动于一体，为海外人才提供政策导航、出入境签证咨询、法律咨询等全面配套服务。至年底，承办2022年“天下英才汇龙城、创新创业在常州”海智面对面武进专场活动、第二届长三角两岸青年创新创业大赛等，设立长三角两岸青年创新创业培训中心及成果转化中心，推动产业项目落地发展。

【西太湖科技产业园入选全国工商联民营企业科技创新基地】 10月19日，在2023全国民营企业科技创新与标准创新大会暨知名民企助力现代化新湖南建设大会上，园区入选首批全国工商联民营企业科技创新基地（园区类），系全省唯一。园区是苏南国家自主创新示范区重点平台、“两湖”创新区核心区，创建“以创新创业者为中心”工作品牌，围绕科技创新相继出台《关于促进创新发展的若干政策意见（试行）》《关于促进产业高质量发展的若干政策意见》等政策性文件，在创新产业孵化、创新平台建设、创新主体培育和创新环境提升四方面，深化优化服务机制。汇聚常州大学科技园、上海交通大学（常州）科技园、南京工业大学产业学院、南京大学政务数据资源研究所数据能源研究院、吉林大学（常州）技术转移中心，组织工程国家工程研究中心江苏分中心等科创平台，服务“一高四新”产业特色。组建科创天使基金1只、产业投资基金2只，形成“母基金＋子基金＋天使基金＋直投”创新投资生态圈，构建烯望青年社区、蓝湾国际人才公寓、蓝领人才公寓西湖家园、影视基地人才公寓为主的多层次多元化人才公寓体系，打造“金谷π”活动品牌，举办人才项目路演、金融对接、交流培训活动，助推人才创新创业。至年底，累计入驻企业近600家。其中，规模以上工业企业201家，有效高新技术企业228家，市级及以上专精特新企业154家，科技型中小企业318家。建有各类人才公寓7200余套，高新技术产业产值占规模以上工业产值的88%。

【常州石墨烯小镇获评首批省级特色小镇】 6月28日，在第八次全省特色小镇建设工作推进会暨第一批省级特色小镇授牌仪式上，由省发展和改革委评定。该小镇位于园区中部，规划面积3.22平方千米，2017年入选江苏省首批特色小镇创建名单，是国内唯一以石墨烯为主题的省级特色小镇。小镇突出发展以石墨烯为代表的先进碳材料产业，围绕“一轴一港两廊五区”总体发展框架，建设烯望创智港，打造集总部、研发、办公、商务等功能于一体的石墨烯双创社区，整合石墨烯产业相关要素，构建“创业苗圃—众创空间—孵化器—加速器—产业园”集成化企业培育生态链，集聚石墨烯企业数量多、应用成果好、产业配套全、综合影响大，曾入选国家发展改革委第二轮全国特色小镇典型经验。2017—2023年，入驻企业200多家，集聚石墨烯相关企业180家，累计完成投资73.28亿元，其中产业类投资62.62亿元。2023年，完成营业收入50.1亿元，特色产业占比93.67%。

【中进医疗上市】 内容参见“金融业”类目p135相关条目。

【新纶新能源材料（常州）有限公司获批设立国家级博士后科研工作站】 5月，由全国博士后管理委员会批准，与东南大学、四川大学等高校开展研发合作，联合培养博士后人才。公司成立于2016年，是国家级专精特新“小巨人”企业新纶新材料股份有限公司的全资子公司，建有江苏省锂电池电芯用高性能封装材料工程研究中心、常州市锂电池电芯用高性能封装材料工程技术研究中心、常州市企业技术中心等研发机构，拥有研发团队成员61人（含外籍专家2人），其中博士3人、硕士10人，专业从事高分子、材料等领域研究，生产平板显示用、锂电池用薄膜制品等高分子复合材料制品，应用服务于动力电池、储能电池等领域。

【2023第二届西太湖细胞和基因治疗前沿技术发展大会】 9月3—4日，以线下、线上结合的方式在西太湖科技产业园举办。由中国农工民主党中央健康中国工作委员会、常州市政府共同主办，武进区政府、常州西太湖细胞治疗前沿技术研究院、常州西太湖细胞治疗前沿技术发展基金会联合承办，中国医学科学院北京协和医学院、农工党常州市委会协办，现场参会700余人，线上参会856.08万人次。会上，22名学术专家和21名企业家交流分享细胞与基因治疗领域最新进展，推动科技成果转化与应用。常州市区域细胞中心揭牌，中心由常州市西太湖细胞生物技术有限公司主体运营，联合常州西太湖细胞治疗前沿技术研究院、常州市第一人民医院、第二人民医院等专业医疗机构，支持常州市乃至长三角范围内各医疗机构、科研单位与企业等在细胞基因领域科研、临床与未来应用方面所需的合规技术和细胞制品，引领、参与制定细胞产业国家标准。常州修正医药产业投资基金、深创投红土医疗二期基金、常州星湖创业投资基金三大细胞治疗领域产业合作基金签约，间充质干细胞生产研发项目、干细胞和CAR-T细胞实验室系统和制剂生产系统项目、重组胶原蛋白干预干细胞退化研究及其转化应用项目、细胞新型靶向再生医学技术应用项目、通用型UNKT细胞药物研发项目与园区管委会签约。

11月9日，国家新型碳材料先进制造业集群（常州）产业投资联盟成立
（供图/西太湖科技产业园）

【国家新型碳材料先进制造业集群（常州）创新发展大会暨石墨烯产业研讨会】 11月9—10日，在园区举办，由省工业和信息化厅、常州市政府主办，武进区政府、市工业和信息化局承办，中国计量科学研究院、常州大学、江苏省新材料产业协会、江南石墨烯研究院、江苏省石墨烯创新中心等单位协办。主题是“东方碳谷、赢领未来”，诺贝尔物理学奖获得者康斯坦丁·诺沃肖洛夫，中国工程院院士王海舟、蒋剑春，中国科学院院士朱美芳，全国新材料与纳米计量技术委员会专家，国内石墨烯领域重点高校和科研机构代表，石墨烯龙头企业代表，省内新型碳材料重点企业和行业组织代表，常州市新型碳材料龙头企业负责人等300多人参加。会上，康斯坦丁·诺沃肖洛夫被常州市政府聘为常州石墨烯产业特聘科学家；国际碳材料联盟（ICMU）长三角分部筹委会启动仪式举行，分部旨在开展产业信息收集、资源整合和信息发布，组织有展示度的行业活动，推动标准工作与产业融合；纳米技术及应用国家工程研究中心（常州）分中心、先进碳基电子材料联合实验室揭牌；国家新型碳材料先进制造业集群（常州）产业投资联盟成立。新能源领域石墨烯创新应用发展论坛、全国新材料与纳米计量技术委员会年度会议、生物质基碳材料在新能源领域应用高峰论坛、新型碳材料技术成果供需对接活动暨2023年常州市“科创中国”海智面对面活动分别举办。

（周　健）

住房和城乡建设部（武进）绿色建筑产业集聚示范区

【概况】 住房和城乡建设部（武进）绿色建筑产业集聚示范区（简称武进绿建区），位于武进中心城区西南部、西太湖东岸线，紧邻龙江路高架和江宜高速，核心区面积约3平方千米，是部省共建、全国唯一的绿色建筑产业集聚示范区。2023年，园区聚焦提质增效、擦亮品牌、精细管理，核心竞争力和影响力不断增强。瞄准“两湖”创新区核心区新城市建设要求，与西太湖科技产业园管委会共同制定《“两湖”创新区核心区建筑领域绿色发展联动工作机制》，探索城乡建设绿色生态新模式。引进常州海亿创新基地项目等重大项目5个，三维光固化新材料、基于装配式新型等效钢混组合技术的智能生产装备开发、城市能碳云等优质科技项目11个。新增区重点项目6个，新增投资7.5亿元，全年开工总面积近10万平方米、竣工总面积近17万平方米。招引科技型中小微企业31家，新增瞪羚企业1家、高新技术企业13家、市级专精特新企业1家。长三角碳管理体系研究院与上海环境能源交易所开发碳管理体系贯标平台、国际绿色贸易服务平台，江苏绿建韧性城市研究院有限公司获评高新技术企业、常州市博士后创新实践基地。上市企业实现零的突破，江苏申达检验股份有限公司挂牌“新三板”。新增绿色建筑面积超200万平方米、装配式建筑面积超150万平方米，海绵城市占地面积超150万平方米。在核心区科技辐射和示范带动下，全区绿色建筑产业规模以上及资质企业增至480家，绿色建筑产业完成总产值1003.8亿元、开票销售收入138亿元，分别比2022年增长8.3%、45%。被认定为联合国工业发展组织生态设计理念应用项目试点单位（全国三个、全省唯一），获评省级现代服务业高质量发展集聚示范区、省级绿色生态城区高品质建设示范区，双碳数字孪生园区案例入选2023长三角数字化绿色化协同转型发展典型案例。

【武进绿建区重大项目招引与建设】
2023年，武进绿建区围绕“绿建＋智联网”“绿建＋新材料”“绿建＋新能源”“绿建＋现代金融”四大产业方向，进一步强链补链延链。组建欧洲招商引资代表团在维也纳市奥地利联邦商会总部举办投资说明会，签订产业投资协议，与奥地利联邦商会建立信息共享长效机制，围绕绿色低碳产业项目合作，共建中欧（常州）绿色创新园。招引常州海亿创新基地项目、亿拓智创总部项目、新元联创总部项目等优质重大项目5个。至年底，项目开工建设3个，完成年度投资7.5亿元,开工总面积近10万平方米；长三角低碳循环创研谷等5个重大项目竣工，竣工总面积近17万平方米，其中，西安联美（常州）环保设备研发总部项目一天办齐五证（不动产权证、建设用地规划许可证、建设工程规划许可证、施工图设计文件审查合格书、建筑工程施工许可证），实现“拿地即开工”。江苏理工学院武进绿建区协同创新园全面开工建设，启动区主体封顶，完成整体进度的30%，完成总投资15亿元。

常州海亿创新基地　由青岛海慕智家投资合伙企业（有限合伙）投资建设，用地面积约5公顷，引入国家级知识产权运营中心，构筑新能源、智慧家庭专利池；引入国家级双创示范基地——海创汇双创基地，打造新能源产业加速平台；引入智慧家庭、新能源板块上下游产业链公司以及基金产业链延伸企业，打造以智慧能源为核心的研发、智能制造总部基地。于8月签约，总投资10亿元，达产后可实现年产值25亿元。

正彦数码智造融合创新中心　由江苏正彦数码科技有限公司投资建设，用地面积2.74公顷，规划建筑面积6.66万平方米，建设标准化生产车间、办公研发用楼等，同步购置数码彩印机、罩光机、内喷机等设备。一期项目于3月开工，计划总投资5亿元，达产后可年产数码打印罐7000万个。

亿拓智创总部　由绿恒新型建筑材料科技（常州）有限公司投资建设，用地面积1.67公顷，聚焦智能建造、绿色低碳产业，攻克传统砂浆机质量难题和高能耗、高排放等环保问题，研发生产新型低碳砂浆智能化生产设备。于3月签约，总投资3亿元，打造建筑工程公司总部及智能建筑装备、建筑新能源等研发产业基地。

新元联创总部基地　由新元联创（山东）数字科技有限公司、常州市锦弘智能科技有限公司共同投资建设，计划用地面积1.33公顷。于6月签约，总投资3亿元，打造长三角地区大型动力电池检验检测基地及配套运营服务中心，推动国创中心车用材料技术创新中心落户武进区。

绿色环保聚合物改性与应用技术研发项目　由常州聚合物改性与应用技术研究院有限公司投资建设，计划用地面积2.4公顷。于6月签约，总投资3亿元，将聚合物改性与应用技术研究院及其产业化公司总部迁至武进绿建区，开展高性能高分子材料研发及中试，产品主要用于公共建筑、电子电器、新能源、汽车制造等领域。

贝赛尔产业基地二期　由贝赛尔科技（常州）有限公司投资建设，规划建筑面积2.31万平方米，建设标准化生产车间、研发车间和配套用房等，同步购置锯床、钻床、行吊等生产设备及加气混凝土板材生产线样机。于7月开工建设，计划总投资1.02亿元，达产后可年增产加气混凝土生产线设备和地下综合管廊生产线设备10套。

【绿色建筑技术运用示范与实践推广】
2023年，武进绿建区审查绿色建筑项目建筑面积超200万平方米，其中二星级及以上项目面积占比超95%；审查装配式建筑面积超150万平方米，占新开工民用建筑比例超50%；专项审查海绵城市项目占地面积超150万平方米。获评省级绿色生态城区高品质建设示范区，上海交通大学设计研究总院木结构研究中心、江苏华亚工程设计研究院总部1#木结构示范楼获批2023年度省级绿色建筑品质提升项目，江理工武进绿建区协同创新园校史馆项目获国际主动式建筑中国区竞赛二等奖，《常州市武进区海绵城市专项》获中国城市规划协会优秀城市规划设计奖三等奖，武进区丰乐公寓一期海绵化改造项目、府西路海绵化改造道路及老年大学广场项目分获江苏省海绵城市优秀工程案例一、二等奖。

6月1日，绿建区获联合国工业发展组织生态设计理念应用项目试点单位授牌
（供图／武进绿建区）

【《“两湖”创新区核心区建筑领域绿色发展联动工作机制》发布】 2月，由武进绿建区管委会与西太湖科技产业园管委会共同制定出台，在加强党建引领、完善顶层设计、协同管理机制、全程服务创新等方面建立工作机制，发挥武进绿建区在绿色建筑、智能建筑、韧性城市、数字城市等建筑科技领域方面的优势，加快推进“两湖”创新区建设成为建筑领域和谐共生绿色发展典范。武进绿建区在工作机制框架下，推进“两湖”创新区核心区建设项目方案优化和专项审查工作。“两湖”创新区核心区新建绿色建筑总面积约50万平方米，二星级及以上绿色建筑比例100%，装配式建筑比例超50%。在市住建局主导下，武进绿建区管委会与西太湖科技产业园管委会共同编制完成省级城乡建设碳达峰碳中和先导区实施方案，梳理完成绿色建筑与韧性城市领域先进产品（技术）第一批推广清单。

【武进绿建区成为国际生态设计理念应用项目试点单位】 6月1日，在2023年工业绿色发展大会上，由联合国工业发展组织、工业和信息化部国际经济技术合作中心、中国国际经济技术交流中心认定，获生态设计理念在中国工业设计领域应用项目试点单位授牌，为全国3个试点单位之一、全省唯一。武进绿建区是住房城乡建设部授牌成立的全国唯一绿色建筑产业集聚示范区，深耕绿色建筑产业，运用生态设计赋能绿色建筑产业转型升级，形成上游设计研发，中游绿色建材、设施设备生产制造，下游检验检测及建材循环利用的完整产业链。2020年获工业和信息化部国际经济技术合作中心批复成立中欧（常州）绿色创新园，重点围绕资源再生利用、零碳技术、清洁能源、智慧城市、建筑和建材数字化等产业领域加强中欧合作，促成技术、项目落地，形成以绿色低碳为特色的产业形态。试点期间，园区开展绿色工业产品全生命周期评估（LCA）、生态设计理念在工业设计领域的培训等试点项目内容，服务中欧工业对话磋商机制，形成可复制可推广的绿色生态发展模式，支持国内工业领域绿色制造水平提升，为生态设计理念嵌入工业提供实践支撑。

【武进绿建区获省级示范荣誉2个】 *省级现代服务业高质量发展集聚示范区* 3月，经省发展和改革委认定，获此荣誉。园区突出发展绿色建筑领域科技创新服务，打造中节能（常州）环保科技园、江苏拨云智能科技园等服务业支撑平台，形成科技研发、设计检验、智慧城市、低碳服务等服务业产业链，拥有完整公共服务体系，为入区企业提供投融资、合作交流、人力资源、法律服务、知识产权保护、研发设计等公共服务。年服务企业1000多家次，曾获评省级生产性服务业集聚示范区。2022年，实现服务业营业收入70多亿元，占总营业收入的近80%。

省级绿色生态城区高品质建设示范区 4月27日，经省住房和城乡建设厅验收，获此荣誉。园区执行绿色建筑全过程监管体系要求，编制《常州市武进绿色建筑产业集聚示范区“十四五”时期发展规划》《武进绿建区核心区城市设计》《武进区海绵城市建设综合规划》并获批实施，引领绿色生态城区高品质建设。在绿色建筑产业发展、海绵城市项目运营评估、区域碳排放监测管理等方面开展创新探索，坚持“产城互动、以产兴城、以城促产”理念，推动特色区域发展，建设新兴产业集聚、传统产业升级、体制机制灵活、人文气息浓厚、生态环境优美的高品质生产生活区。在全省率先统筹生态专项规划体系，编制绿色生态规划、绿色建筑发展规划、绿色建筑产业发展规划、能源利用专项规划等专项规划7个。构建贯穿部、省、区的特色组织模式，首创绿色建筑、装配式建筑、海绵城市“三合一”机制，推行绿色建筑全过程闭环管理机制。推动绿色建筑规模化发展，制定深绿化、运行化发展新思路，融入政府出资项目建设，建成出口加工区综合服务楼、莲花馆等三星级运行标识项目，长河花园、聚湖雅苑等保障房一星级运行项目，取得良好效果。

【双碳数字孪生园区案例入选2023长三角数字化绿色化协同转型发展典型案例】 12月，由上海、江苏、浙江、安徽“三省一市”党委网信办联合评定。案例由武进绿建区、江苏绿筑数字城市与智能建造研究院有限公司、江苏绿弘科技发展有限公司共同实施，曾入选省委网信办双化（数字化绿色化）协同典型案例。将数字孪生技术与“双碳”目标融合，对武进绿建区核心区域实施精细化建模，以时空和“双碳”数据为基础，结合GIS（地理信息系统）、BIM（建筑信息模型）、3D建模等技术手段，综合构建区域层级的碳排放、碳抵消、碳分析、碳账户等功能模块。结合年度减排目标，科学预测和分解园区数百家企业年度减排任务，通过碳减排计划制定、碳减排项目管理、企业产品工艺流程优化，优化园区及企业用能情况，助力园区和企业实现碳减排和碳中和目标，综合降低园区和企业双碳业务成本超50%，实现碳排数据“采上来”“算出来”“降下来”。

【《常州市武进区海绵城市建设综合规划（2017—2030）》获全国优秀城市规划设计奖三等奖】 3月31日，由中国城市规划协会认定。该规划由江苏省城市规划设计研究院编制，于2017年正式实施。依据“绿色优先、新老有别”原则，通过基底条件适宜性分析，制定具有地方特色的管理指标体系。以径流控制和污染削减双重需求为导向，在公共空间中融入海绵城市功能，将绿色建筑源头控制与海绵城市深度融合，实现绿色建筑与海绵城市同步推进。规划指导思想明确、技术路线合理、管理指标适宜、系统方案全面，符合编制要求，满足地区需求，指导性、科学性、实施性和系统性较好，在海绵城市建设项目技术审查中具有较强指导作用，有效保障海绵城市试点区内、外项目推进。

【2个项目入选省海绵城市优秀工程案例】 5月12日，在2023年省海绵城市联盟年会暨海绵城市高质量发展论坛上，由武进区绿色建筑和建筑产业现代化推广办公室申报的武进区丰乐公寓一期海绵化改造项目、府西路海绵化改造道路及老年大学广场项目被省海绵城市联盟、省海绵城市技术中心认定为江苏省海绵城市优秀工程案例，分获一、二等奖。

武进区丰乐公寓一期海绵化改造项目 总投资581万元，占地面积4.7万平方米，其中住宅面积11.37万平方米，均为多层建筑，绿化率21%。重点解决小区积水点，提升小区环境品质，改造

后年径流总量控制率 77%，污染去除率 55%，雨水再利用率大于 5%，实现雨污分流 100%。改造的生态停车场、生物滞留带、装配式雨水花园等海绵设施起到滞留、消纳及净化功能，解决场地雨水排放的径流控制问题。运用低维护材料，打造植物景观，保障小区改造后的长期效果。

府西路海绵化改造道路及老年大学广场项目　总投资 385 万元，占地面积 2.03 万平方米。改造后年径流总量控制率 77%，污染物去除率 54%。道路机动车道雨水通过测试开孔横向盖板沟接入雨水花园、调蓄净化设施，另一侧为不影响停车通过竖向地面花坛，绿地雨水就地消纳，即大部分下垫面降雨产流均通过海绵设施溢流排入市政雨水管网。老年大学广场改造将场地内雨水排入雨水花园内，消纳净化后流入市政管网，建筑物雨水通过雨水管落入调蓄净化沟后，通过无动力缓释装置溢流至雨水管网。通过源头分散设施实现道路径流的滞留，有效错峰。

上海交大设计研究总院木结构研究中心、华亚设计院总部 1# 木结构示范楼项目
（供图 / 武进绿建区　摄于 2023 年 12 月）

【上海交大设计研究总院木结构研究中心、华亚设计院总部 1# 木结构示范楼项目获省级城乡建设发展专项资金】　7 月，经省住房和城乡建设厅专家评审和现场答辩，该项目获批 2023 年度省级城乡建设发展专项资金（绿色建筑）项目——绿色建筑品质提升项目（高品质绿色建筑示范类型），获专项资金 260 万元，系全区唯一。曾入选常州市绿色建造试点工程。项目位于漕溪路以东、高家路以南、横溪路以北，用于开展现代木结构建筑技术应用研发及产品开发。楼栋总建筑面积 1.18 万平方米，组合木结构建筑，按照《绿色建筑评价标准》(GB 50378—2019）三星级绿色建筑要求设计，综合运用胶合木框架结构、高性能围护结构、雨水回用、屋顶绿化等绿色技术，建筑可调节遮阳设施面积比例 82%，一年可节约能耗 61.82 万千瓦时，全寿命周期碳排放较同类建筑降低 50%。项目将 BIM（建筑信息模型）技术贯穿应用于设计、施工及运维阶段，从设计优化、施工管理、成本控制等方面降本增效，实现木材资源化利用与低碳化建造。

【江理工武进绿建区协同创新园零碳校史馆项目获国际建筑设计大赛奖项】
11 月，该项目获 2023 年第四届 Active House Award 中国区建筑设计竞赛职业组（方案设计）二等奖。项目建筑面积 1613.94 平方米，规划高度 11.30 米，光伏面积 2050 平方米，总功率 205 千瓦，年发电量 22.06 万千瓦时。采用“光储直柔”系统，即“光伏 + 直流 + 储能 + 柔性直流家电”模式，实现建筑全过程节能低碳运转。屋顶采用种植屋面，借助绿色覆盖为建筑遮阳，降低城市热岛效应。运用主动式天窗和屋面导光管，减少室内空调照明耗能设备使用。有效利用自然通风采光，降低主动照明需求，从源头降低建筑运行能耗，降低建筑全生命周期碳排放。项目综合节能率 100%，光伏系统安装容量为建筑总用地负荷 100%。

【申达检验挂牌“新三板”】　内容参见“金融业”类目 p136 相关条目。

【首届双碳服务大会暨碳管理体系合作伙伴大会】　10 月 19 日，在武进绿建区举行，由常州市发改委、武进区政府主办，武进绿建区管委会、长三角碳管理体系研究院承办，相关领域企业、科研机构、高校代表 400 多人参加。通过主旨发言、主题论坛、圆桌交流等形式，分享碳管理体系建设和低碳经济发展、积极应对国际贸易绿色规则等热点话题。现场，《碳管理体系要求及使用指南》英文版、《碳中和园区碳管理体系要求及使用指南》预发布，碳管理体系综合服务平台、碳管理体系数字化协同系统、国际绿色贸易服务平台发布，帮助企业建立碳管理机制，植入绿色信用理念。碳管理体系拟贯标企业、碳管理体系数字化协同系统以及国际绿色贸易服务平台签约仪式举行，中天钢铁集团有限公司、桐乡泰爱斯环保能源有限公司、中国巨石股份有限公司等 21 家行业龙头企业与长三角碳管理体系研究院签约，加入碳管理体系建设合作伙伴生态圈。国网江苏省电力有限公司泰州供电公司、韩泰轮胎有限公司、内蒙古伊利实业集团股份有限公司等 11 家企业，以及通标标准技术服务有限公司、上海质量管理科学研究院有限公司、华测认证有限公司等 9 个机构分别获颁 EATNS 碳管理体系评定企业、评定机构证书。

（张　丽）

农 业

Agriculture

栏目编辑　万向阳

综　述

【概况】　2023年，武进区加快发展现代农业，完善基础农业设施，建设高标准农田600公顷，完成国家级高标准农田建设项目3个。全区粮食播种面积6.87千公顷，其中水稻种植面积3907.3公顷、小麦种植面积1789.5公顷，粮食生产全程机械化水平98.6%，特色农业机械化率78.7%；花木种植面积近8000公顷，中国花卉协会家庭园艺分会在武进成立，夏溪花木市场完成交易额198.87亿元；引进种植水蜜桃、葡萄、梨等品种10余个，果品栽培面积4100公顷，蔬菜播种面积（含复种）5053公顷；水产养殖面积1666.67公顷，实现水产品总量2.94万吨、产值11亿元；全区生猪存栏2.75万头，其中能繁母猪存栏0.55万头，年内生猪出栏7.97万头，实现畜牧业总产值2.45亿元。重点实施省级农业农村重大农业项目4个，形象进度101%。推进水稻等重要农业品种科技创新，14个水稻新品种通过省级及以上审定。培育新型农业经营主体，新增区级农业龙头企业11家，区级及以上龙头企业全年实现销售额（交易额）超370亿元。打造优势农产品品牌，举办阳湖果品节、农民丰收节、年货节等活动，有效提升"阳湖果品""夏溪花木""滆湖鲜"等特色品牌知名度。组织新认证、续展绿色食品31个、有机农产品10个，全区累计有"二品一标"（绿色食品、有机农产品和农产品地理标志）农产品112个；创成省级绿色优质农产品基地7个，总面积6296.85公顷；全区绿色优质农产品占比达80.18%。深入实施《"武进农家"品牌矩阵打造三年行动方案（2022—2024）》，完成"阳湖吾家菜"等商标注册3个，打造武进乡村专属IP——小挖鸭"小武"和"小进"。建设绿色农业，创建稻麦和园艺省级化肥减量增效示范区各1个，实施面积156.67公顷。推广电子商务，举办电商专题培训2期，实现线上、线下电商销售额超21.87亿元。推进政策性农业保险，累计开展农业保险品种23个，全年累计签单保费4308.66万元，增长6.58%；处理农业保险理赔案件2786件，赔款1809.18万元。推进农业信息化建设，武进区入选第二批江苏省数字乡村试点地区（乡村数字经济）。

【重点实施省级农业重大项目4个】　滨湖现代农业产业园项目　由江苏灵湖现代农业科技发展有限公司实施，建设前黄镇灵台现代渔业园区面积266.67公顷，包括池塘清淤和规整、湿地净化设施建设、养殖尾水收集设施建设、管区建设和电力、道路及生产用房建设等，总投资1亿元，年内完成投资5424万元，项目进入收尾阶段，待验收。

高标准农田项目　由雪堰镇、前黄镇政府分别实施，完成国家级高标准农田建设项目3个（新建项目2个、改造提升项目1个），分别为2022年度前黄镇高标准农田建设项目、雪堰镇王允片高标准农田零散地治理项目和2023年度雪堰镇王允等片高标准农田建设改造提升项目，建设规模600公顷（新建333.33公顷、改造提升266.67公顷），总投资2419.85万元，2023年建设高标准农田366.67公顷（新建100公顷、提质更新266.67公顷），完成投资1270万元。

前黄粮食物流园建设项目　由江苏武进绿色建筑产业投资有限公司实施，建设现代化粮食仓库、综合物资储备库14850平方米、散装平房仓9360平方米、大米加工厂房6600平方米、地下设备用房280平方米，总投资3.1亿元，年内完成投资1亿元，推进主体施工。

智慧冷链物流加工中心建设　由江苏杰记农业科技有限公司实施，建设5000平方米冷链中心及配套设备，总投资1000万元，年内完工。

【武进区入选省数字乡村试点地区】　2023年3月，武进区入选第二批江苏省数字乡村试点地区（乡村数字经济）。年内，区农业农村局围绕打造乡村数字经济发展新高地，落实省、市推进数字农业建设等决策，推进农业"智改数转"，以加快数字技术融合为目标，稳步开展农业信息化工作。推进全域数字平台，建成种植业物联网大数据平台一期、区农产品质量安全智慧监管平台一期等平台，其中种植业物联网大数据平台入选常州市首批数字应用示范案例。推动物联网建设，新建成常州市苏常鲜精品水果种植园、江苏余年农林生态发展有限公司物联网示范点2个。江苏余年农林生态发展有限公司依托以渔控藻项目、数字化信息平台，开展生态防控区水质智慧监控，推动生态农业发展。

【农业绿色发展】　2023年，武进区围绕质量兴农、绿色兴农，有效管理化肥农药使用，保障食物安全、资源安全和生态安全，推动农业绿色可持续发展。

推进化肥农药减量增效行动 在雪堰镇、前黄镇、礼嘉镇、湟里镇、嘉泽镇、南夏墅街道建立粮食化肥减量增效示范区，面积140公顷，集成示范种肥同播、测土配方施肥技术、机械化施肥技术和叶面肥喷施等技术；在雪堰镇、前黄镇、礼嘉镇、洛阳镇建立林果化肥减量增效示范区，面积16.67公顷，集成示范增施有机肥、优化施肥等化肥减量增效技术。建设2023年度省级农作物病虫害绿色防控基地、省级稻麦田草害综合治理示范区各1个，辐射面积1333.33公顷。在全区范围内补贴推广测土配方专用肥500吨，每吨补贴1000元，覆盖面积1000公顷。

“肥药两制”试点区建设 积极探索化肥农药实名制购买、定额制使用（简称肥药两制）改革，在前黄、雪堰、礼嘉、洛阳4个重点涉农镇开展规范化农资店创建工作，建成规范化农资店11家，开放“肥药两制”大数据平台，探索实名制购销模式，基本实现主要农作物规模种植户农药销售实名制。

推进绿色农药零差价配供 按照“集中采购、财政补贴、统一配供、零差价销售、信息化管理”的原则，紧扣绿色农药“统一采购、安全存储、高效配送、规范经营、智能管理”等主要环节，强化全流程质量监管，全区共安装销售一体机60余台，53个绿色农药零差价配供销售门店实现绿色农药销售金额1002.15万元。

【农产品质量安全监管】 2023年，武进区推进食用农产品“治违禁、控药残、促提升”三年行动，出台豇豆农药残留问题专项治理实施方案、“两鱼两药”专项整治行动方案、水产品质量安全专项整治行动方案等文件，组织开展联合执法，加强“行刑链接”（行政执法和刑事司法衔接），取得专项整治显著成效，其中武进区半陶山庄生态休闲度假村销售兽药残留量超过标准的食用动物产品案获评全省农产品质量安全典型案例。区农业农村局以提升农产品质量安全水平为导向，探索建立“数字化＋网格化”精准监管模式，建成武进区农安智慧监管平台一期。编制武进区水蜜桃全产业链标准，构建水蜜桃全产业链标准化体系，率先探索建立农产品收储运环节监管机制。开展经纪人摸底调查，开发收储运监管软件，为农产品经纪人提供合格证查验、农户评价等服务，推动农产品全链条监管。组织巡查农业主体7190余家，出动执法检查人员2400余人次。开展宣传活动100余次，发放宣传资料10万余份，告知短信8000余条。全区累计建成农产品质量安全村级服务站40个。全年完成各级各类定量抽检2100批次，定性检测2.4万批次，其中采用胶体金快速检测方法抽检2.2万批次，有效提升基层风险预警能力。全区各类农业主体累计开具合格证429万张。全区农产品质量安全总体合格率稳定超98%。南夏墅街道农产品质量安全监管站获评常州市四星级农产品质量安全监管站。

【农产品线上、线下电商销售额增长5%】 2023年，围绕有效提高农业效益、农民收入，区农业农村局积极探索农产品产销对接新的发展模式，完善产品集散、辐射带动、信息传播和商品化处理功能，推动品牌创建和推广工作，助力农产品产销两旺。举办第十五届阳湖果品节系列活动、武进区“中国农民丰收节”、武进特色农产品年货节活动，结合文化送周末、阳湖有好市、湖湾生活节等资源，开展供销周末夜（集）市展销活动22场，累计参展企业400余家次。组织近百家企业参加农交会（中国国际农产品交易会）、绿博会（中国绿色食品博览会）、上交会（中国上海国际技术进出口交易会）、农洽会（中国农产品加工业投资贸易洽谈会）等重大展会，有效提升武进名优农产品知名度和影响力。出台进一步发展农产品电商的扶持政策，评选2023年度电商示范平台、企业15个（家），累计奖补电商示范单位182.6万元。抓住苏货新农人万人电商培训契机，联合区农业综合管理服务中心举办电商专题培训2期，累计培训300余人次。至年底，全区实现农产品线上、线下电商销售额超21.87亿元，增长5%。

【高素质农民培育】 2023年，围绕发展壮大高素质农民队伍，区农业农村局坚持生产技术技能、产业发展能力、农民素质素养协同提升，组织各级各类培训班33个，累计培训1973人，为农业高质量发展提供坚实人才保障。其中，参加部级高素质农民培训班3个，参训190人，专题学习经营管理、创业创新和乡村治理课程。参加省级高素质农民培训班16个，参训943人，专题学习包括粮油种植、新型农业经营主体、学法用法、农产品品牌建设和电子商务等课程。举办区级农业职业技能培训班11个，培训750人，专题学习葡萄、水蜜桃、水产、粮油、苗木等各镇农业主导产业课程。举办新型职业农民制度改革拓展（水稻、螃蟹产业）专项培训16期，培训49人。举办学历提升拓展班4期，教学33人，学历提升试验班30人毕业。

【农业品牌建设】 2023年，武进区深入落实优势农产品推广三年行动计划，强化农业品牌意识，增强农产品市场竞争力。新认证、续展绿色食品31个、有机农产品10个，全区累计“二品一标”农产品112个；新增雪堰镇省级绿色优质农产品（水蜜桃）基地1个，累计7个，总面积6296.85公顷，全区绿色优质农产品占比达80.18%。重点聚焦阳湖果品、夏溪花木两个市级区域公用品牌培育，兼顾其他企业品牌、产品品牌培育与发展。江苏立华牧业股份有限公司“立华鲜”入选“苏垦杯”第二届江苏省农业企业知名品牌30强；常州市科丰葡萄专业合作社获评2023江苏最美绿色优质农产品（葡萄）企业、“五有”（生产有标准、管理有规范、过程有记录、产品有追溯、宣传有标识）示范企业。

【推进供销“十百千万”工程建设】 2023年，围绕有效促进优势产业集聚抱团发展，武进区于8月17日成立稻米产业农村合作经济组织联合会（简称农合联），加上水蜜桃、花木2个产业供销联盟，形成特色产业供销组织3个，带动产业经营主体超100家，进一步推进全区农业产业化发展。建设供销综合为农服务中心6家，其中综合超市1家（武进供销湖塘镇综合超市）、农资配送服务中心2家（武进供销前黄农资配送服务中心、武进供销洛阳农资配送服务中心）、村级综合服务社3家（武进供销新康村综合服务社、武进供销厚余村综合服务社、武进供销跃进村综合服务社）。开展农业社会化服务、农产品进城、消费品下乡、农资统一配供、庄稼医院、“两废”（农药包装废弃物和废旧地膜）回收处置、信用金融、电商物流等便民服务，实现“一点多能、一网多用”。

【2023 武进区“中国农民丰收节”】 9月23日，在洛阳镇岑村村启动，区领导吴震宇、朱岩、朱慧峰出席。活动以“学千万工程经验，谱鱼米之乡新篇”为主题，由武进区政府与南京农业大学联合组建的中国式苏南乡村现代化研究院揭牌，武进粮食物流园建设项目、武进区农产品加工集聚区项目、岑村村千万工程试点项目签约，武进乡村形象 IP“小挖鸭”发布。此外，通过武进区首届乡村振兴摄影大赛作品展示区、洛阳镇千万工程项目展示区、武进区农产品展销区三大板块，分享农业丰收喜悦，见证农村建设硕果，展望农民美好未来。

（祁宇豪）

粮油作物种植业

【概况】 2023 年，武进区推广以武粳、南粳系列为主的优质高效水稻品种和以扬麦、镇麦系列为主的中、弱筋小麦品种，稻麦良种覆盖率 100%；推广机插稻面积 3613.3 公顷，占水稻种植总面积的 92.5%。组织各镇开展粮食“绿色、高质、高效”创建活动，全区建设水稻千亩示范片 4 个，累计创建面积 267 公顷；创成市级稻麦吨粮方 2 个，稻茬小麦产量突破 500 千克／亩；首次开展 50 亩以上规模种植主体粮油单产提升行动，推动全区粮油单产稳中有升。开展轮作休耕，完成国家耕地轮作试点面积 1320 公顷，主要以稻油轮作为主，搭配稻绿轮作。秋播季在全区范围内落实国家耕地轮作试点面积 1000 公顷，主要以水稻油菜轮作为主、搭配水稻绿肥为辅。加强粮油生产重大病虫害防治，发布粮食作物病虫草防治信息 9 期，指导开展粮食作物病虫害总体防治 6 次，发放各类技术资料约 6 万余份，组织电视宣传 6 期，全区粮食作物病虫损失率控制在 0.73%。全区粮食播种面积 6.87 千公顷，完成粮食总产 4999.7 万千克，均比 2022 年略增。其中，水稻种植面积 3907.3 公顷，平均亩产 632.3 千克，较 2022 年增长 1.3 千克；小麦种植面积 1789.5 公顷，平均亩产 320.1 千克，较 2022 年增长 0.4 千克。

表 5 2023 年武进区粮油作物生产情况表

类 别	面 积（千公顷）	比 2022 年（±%）	总 产（万千克）	比 2022 年（±%）	亩 产（千克）	比 2022 年（±%）
粮 食	6.87	1.78	4999.7	1.03	485.3	−0.63
夏 粮	1.95	7.14	898.4	7.27	307.5	0.39
小 麦	1.79	7.19	859.2	7.44	320.1	0.13
秋 粮	4.92	−0.20	4101.3	−0.24	555.6	−0.04
稻 谷	3.91	−1.26	3705.6	−1.09	632.3	0.21
油 料	0.53	47.22	111.6	52.67	140.0	4.48
油菜籽	0.41	28.13	97.5	48.63	158.0	16.18

【水稻品种通过省级审定 14 个】 2023 年，江苏（武进）水稻研究所培育的水稻新品种武香粳 900、武香粳 9050、武运粳 145、泰香粳 999、越光 518、武粳 8367、软玉中科、中垦香 5 号、武科 668、武香粳 196、武运粳 929、武香粳 9127 通过江苏省农作物品种审定委员会审定，审定编号分别为“苏审稻 20230005”“苏审稻 20230010”“苏审稻 20230013”“苏审稻 20230017”“苏审稻 20230021”“苏审稻 20230022”“苏审稻 20230053”“苏审稻 20230060”“苏审稻 20230061”“苏审稻 20230062”“苏审稻 20230067”“苏审稻 20230069”；武运粳 7224、武运粳 8351 通过安徽省农作物品种审定委员会审定，审定编号分别为“皖审稻 2023T019”“皖审稻 2023T024”。

武香粳 900　由盐粳 16 号／武粳 363 杂交育成，属中熟中粳稻品种。省区试平均结果：全生育期 150.8 天，株高 100.9 厘米，结实率 91.2%，千粒重 28.7 克。中感稻瘟病、白叶枯病、条纹叶枯病，感纹枯病，米质达农业行业《食用稻品种品质》标准二级。2022 年参加生产试验，平均亩产 669.4 千克，比对照徐稻 3 号增产 5.5%。适宜在江苏省淮北地区种植。

武香粳 9050　由 7019／武运粳 31 号／／南粳 46 杂交育成，属迟熟中粳稻品种。省区试平均结果：全生育期 149.7 天，株高 101.8 厘米，结实率 93.7%，千粒重 27.4 克。中抗稻瘟病，中感白叶枯病、条纹叶枯病，感纹枯病，米质达农业行业《食用稻品种品质》标准三级。2022 年参加生产试验，平均亩产 660.1 千克，比对照淮稻 5 号增产 5.7%。适宜在江苏省苏中及宁镇扬丘陵地区种植。

武运粳 145　由 4204／沪运粳 4326 杂交育成，属迟熟中粳稻早熟品种。省区试平均结果：全生育期 148.0 天，株高 100.8 厘米，结实率 94.0%，千粒重 26.7 克。中感稻瘟病、白叶枯病，抗条纹叶枯病，感纹枯病，米质达农业行业《食用稻品种品质》标准二级。2022 年参加生产试验，平均亩产 646.0 千克，比对照武运粳 27 号增产 6.2%。适宜在江苏省苏中及宁镇扬丘陵地区种植。

泰香粳 999　由武运粳 80／武 546 杂交育成，属早熟晚粳稻品种。省区试平均结果：全生育期 156.2 天，株高 100.8 厘米，结实率 93.1%，千粒重 24.8 克。中感稻瘟病、白叶枯病、条纹叶枯病，感纹枯病，米质达农业行业《食用稻品种品质》标准三级。2022 年参加生产试验，平均亩产 682.7 千克，比对照武运粳 23 号增产 4.8%。适宜在江苏省沿江和苏南地区种植。

越光 518　由嘉 58／武运 29185／／武运 4300 杂交育成，属早熟晚粳稻品种。省区试平均结果：全生育期 154.8 天，株高 104.4 厘米，结实率 93.3%，千粒重 25.0 克。中感稻瘟病、白叶枯病、条纹叶枯病，抗纹枯病，米质食味品尝分达到半糯粳稻品种审定标准。2022 年参加生产试验，平均亩产 669.8 千克，比对照武运粳 23 号增产 3.7%。适宜在江苏省沿江和苏南地区种植。

武粳 8367　由 7019／武运粳 31

号//繁103杂交育成，属早熟晚粳稻早熟品种。省区试平均结果：全生育期150.7天，株高96.9厘米，结实率94.2%，千粒重27.2克。中抗稻瘟病，中感白叶枯病，抗条纹叶枯病，感纹枯病，米质达农业行业《食用稻品种品质》标准三级。2022年参加生产试验，平均亩产665.1千克，比对照常农粳8号增产4.5%。适宜在江苏省沿江和苏南地区种植。

软玉中科　由武香粳113/丰粳3227杂交育成，属迟熟中粳稻品种。联合体区试平均结果：全生育期150.9天，株高98.9厘米，结实率90.1%，千粒重24.4克。中感稻瘟病、白叶枯病、条纹叶枯病，感纹枯病，米质食味品尝分达到半糯粳稻品种审定标准。2022年参加生产试验，平均亩产669.1千克，比对照淮稻5号增产5.7%。适宜在江苏省苏中及宁镇扬丘陵地区种植。

中垦香5号　由7019/武运粳31号//武粳5037杂交育成，属迟熟中粳稻早熟品种。联合体区试平均结果：全生育期148.4天，株高100.8厘米，结实率94.4%，千粒重27.1克。中抗稻瘟病，中感白叶枯病，抗条纹叶枯病，感纹枯病，米质达农业行业《食用稻品种品质》标准二级。2022年参加生产试验，平均亩产673.5千克，比对照武运粳27号增产6.2%。适宜在江苏省苏中及宁镇扬丘陵地区种植。

武科668　由3264/2431//5199杂交育成，属迟熟中粳稻早熟品种。联合体区试平均结果：全生育期147.0天，株高98.8厘米，结实率93.8%，千粒重26.0克。中感稻瘟病、白叶枯病、条纹叶枯病，抗纹枯病，米质达农业行业《食用稻品种品质》标准二级。2022年参加生产试验，平均亩产688.6千克，比对照武运粳27号增产8.6%。适宜在江苏省苏中及宁镇扬丘陵地区种植。

武香粳196　由2340/丙09-3//苏秀298杂交育成，属迟熟中粳稻早熟品种。联合体区试平均结果：全生育期146.5天，株高99.8厘米，结实率95.0%，千粒重28.1克。中感稻瘟病、白叶枯病、条纹叶枯病，感纹枯病，米质食味品尝分达到半糯粳稻品种审定标准。2022年参加生产试验，平均亩产674.8千克，比对照武运粳27号增产6.4%。适宜在江苏省苏中及宁镇扬丘陵地区种植。

武运粳929　由7060-2/S14101杂交育成，属早熟晚粳稻品种。联合体区试平均结果：全生育期156.1天，株高102.4厘米，结实率91.5%，千粒重27.9克。中抗稻瘟病，中感白叶枯病，抗条纹叶枯病，感纹枯病，米质达农业行业《食用稻品种品质》标准二级。2021年参加生产试验，平均亩产737.3千克，比对照武运粳23号增产9.1%。适宜在江苏省沿江和苏南地区种植。

武香粳9127　由南粳46/武粳7059杂交育成，属早熟晚粳稻品种。联合体区试平均结果：全生育期152.4天，株高98.0厘米，结实率94.1%，千粒重25.9克。中抗稻瘟病，中感白叶枯病、条纹叶枯病，感纹枯病，米质食味品尝分达半糯粳稻品种审定标准。2022年参加生产试验，平均亩产729.9千克，比对照武运粳23号增产6.5%。适宜在江苏省沿江和苏南地区种植。

武运粳7224　由秀水123/淮稻5号杂交育成，属中粳常规水稻品种。省区试平均结果：全生育期153.1天，株高99.2厘米，结实率89.5%，千粒重27.0克。中感稻瘟病，感白叶枯病、稻曲病，米质达农业行业《食用稻品种品质》普通标准。2022年参加生产试验，平均亩产590.7千克，比对照增产4.38%。适宜在安徽省一季中粳稻区扩大种植。

武运粳8351　由武育粳3号/武运粳29杂交育成，属晚粳常规水稻品种。省区试平均结果：全生育期131.5天，株高89.7厘米，结实率87.5%，千粒重28.3克。中感稻瘟病、稻曲病，感白叶枯病，米质达农业行业《食用稻品种品质》标准三级。2022年参加生产试验，平均亩产602.12千克，比对照增产4.48%。适宜在安徽省双季晚粳稻区扩大种植。

【省级水稻病虫绿色防控基地及稻麦田草害综合治理示范区建设】 2023年，武进区在前黄镇建设省级水稻病虫绿色防控基地及稻麦田草害综合治理示范区。

前黄镇省级水稻病虫绿色防控基地　核心区在大成、杨桥、祝庄、联庆、农场村，累计面积80公顷，辐射水稻面积667公顷。在核心区示范应用农业、物理、生物等多种防控措施，设立技术展示牌，向广大项目区农户宣传绿色防控技术，组织技术培训1次、现场观摩会1次，在辐射区大力推广性迷向、性信息素生物农药和专业化统防统治等绿色防控技术。示范区较常规防治区减少化学农药用量37.1%，生物、物理等非化学农药的绿色防控技术覆盖率36.3%，绿色防控产品使用面积占比达100%。

前黄镇省级稻麦田草害综合治理示范区　核心区在大成、杨桥、祝庄、联庆、农场村，建设面积33.3公顷，辐射面积667公顷。向广大项目区农户宣传草害综合治理技术，组织技术培训1次、现场观摩会1次。在辐射区大力推广精选种子、深耕深翻、物理和生态控草、选用高效低毒低残留除草剂、重视封闭处理、推行截留网捞等杂草综合防控技术，成效显著。示范区较常规区单位面积除草剂使用量减少16.9%，示范区农产品农药残留检测合格率100%。

（祁宇豪）

林果园艺业

【概况】 2023年，武进区引进种植水蜜桃、葡萄、梨等品种10余个，果品栽培面积4100公顷，其中种植桃树2480公顷、梨树230公顷、葡萄1240公顷，形成以水蜜桃、葡萄为代表的应时鲜果产业，以雪堰、洛阳、礼嘉、前黄4个镇为核心的林果特色板块，年产果品6800万千克，实现产值5.65亿元。全区茶园面积160.27公顷，茶叶产量2.85万千克，实现产值1437.98万元。全年蔬菜播种面积（含复种）5053公顷，产量14900万千克，实现产值5.0亿元。以“树立一个品牌，带动一个产业，致富一方百姓，推动一方经济”为总体思路，举办第十五届阳湖果品节，推进林果蔬菜品牌建设，新建精美小菜园4个（雪堰镇城湾村、礼嘉镇何墅村、湟里镇西墅村、前黄镇丁舍村），建设水蜜桃省级园艺作物标准园1个（常州市漕桥路青水蜜桃专业合作社）。武进区“菜篮子”工程绿色蔬菜保供基地规模种植补贴资金84.8万元，补贴面积348.48公顷，共涉及镇（街道）6个、行政村35个、规模种植户（企业）254户。根据“补助资金总额／全区应补助总面积”的补贴标准，2023年

“阳光玫瑰”葡萄采摘　（摄影／陆新　徐晶玮　摄于2023年7月）

度亩均补贴金额为162.23元。

全区花木种植面积近8000公顷。其中，种植盆栽植物类285.6公顷，鲜切花5.6公顷，种子、种球、种苗花卉40公顷。销售盆栽植物类1234.64万盆，销售额10878.2万元；销售鲜切花21.74万支，销售额108.7万元。夏溪花木市场完成交易额198.87亿元。12月19日，中国花卉协会家庭园艺分会在武进成立。

【第十五届阳湖果品节】 7月4日，第十五届阳湖果品节启动仪式在洛阳镇举行，发布“洛阳杯”阳湖水蜜桃评比大赛、2023广州国际水果展暨“走出去”专场推介等系列活动6项，2023阳湖果品“千店计划”和“乡村振兴工会助农”洛阳镇优秀外来职工慰问供货在现场签约，推动全区果业向品牌化、标准化、精品化发展。果品节期间，举办武进区“洛阳杯”阳湖水蜜桃评比大赛，有45家单位、70余份样品参评，评选出金奖12个、银奖18个。区果品协会组织参加2023广州国际水果展暨“走出去”专场推介，对接目标客商，开展产销对接及宣传推介。推行阳湖果品包装形象统一工程，形成统一包装视觉效应。携手邮政，开展邮政助农产销对接，设置邮政收寄点位20余个，提供上门收寄、包装等配套服务，实现邮政寄递服务延伸到每个农户。开展IP塑造推广，通过常州馆、武进农家等平台宣传推广，在常州奔牛机场设立展销专柜宣传推介阳湖水蜜桃。深入实施阳湖果品“千店计划”，扩大水蜜桃销售半径，实现品牌化销售，助力阳湖水蜜桃远销上海、广州、杭州、温州、西安、临沂、青岛等地，累计进驻品牌水果企业门店或批发档口超1000家。年内，礼嘉果品集散地实现水蜜桃年交易额近2500万元。

【中国花卉协会家庭园艺分会在武进成立】 12月19日，中国花卉协会家庭园艺分会成立大会在武进召开，省农业农村厅二级巡视员巫建华，市、区领导狄志强、恽淇丞、吴震宇、朱岩出席。会议审议并通过《中国花卉协会家庭园艺分会工作条例》《中国花卉协会家庭园艺分会第一届理事会产生办法》和《中国花卉协会家庭园艺分会第一次会员大会选举办法》，为分会会长、副会长、秘书长、副秘书长颁发牌匾和证书。武进是享誉全国的“花木之都”，已形成以基地为依托、以公司为龙头、以市场为窗口、以经纪人为纽带的完整产业链。武进区政府与中国花卉协会签订战略合作协议，双方本着“诚实守信、加强合作、共同促进、互利共赢”原则，合作开展全国家庭园艺行业调研、展览展示、论坛评比、培训交流，共同促进中国家庭园艺业发展，提升中国家庭园艺业在国际上的影响力。

（祁宇豪）

畜牧业

【概况】 2023年，武进区认真贯彻省、市关于做好生猪稳产保供的决策部署，强化生猪产能调控政策措施落实，保持生猪生产平稳发展态势。全区生猪年末存栏2.75万头，年内出栏7.97万头，出栏数同比上升13.7%；家禽年末存栏

表6　2023年武进区畜牧业生产情况表

项　目		单　位	指　标	比2022年（±%）
生猪	年末存栏	头	27451	−40.57
	能繁母猪	头	5498	−35.65
	年内出栏	头	79698	13.70
	猪肉产量	吨	7810	13.70
羊	年末存栏	只	1121	60.60
	年内出栏	只	842	−37.77
	羊肉产量	吨	12.63	−36.85
家禽	年末存栏	万羽	83.33	24.00
	鸡	万羽	79.65	25.63
	鸭	万羽	2.70	−5.37
	鹅	万羽	0.98	3.07
	年内出栏	万羽	274.39	−8.07
	禽肉产量	吨	4169	−7.99
	禽蛋产量	吨	565	0.18

83.33万羽，年内出栏274.39万羽，出栏数同比下降8.07%；年产肉类1.19万吨、禽蛋565吨，实现畜牧业总产值2.45亿元。围绕稳定能繁母猪存栏和规模猪场存量，区农业农村部门有序推进区内龙头企业常州志华牧业平稳生产，做好生猪生产情况调度和猪场生产各项业务技术服务。统筹中小规模场的生猪生产，指导养殖场户科学安排生产计划，提高饲养管理水平，促进养殖生产节本增效，最大限度稳定全区现有生猪产能，确保生猪产业健康持续发展。结合本地实际，组织实施武进区生猪生产调控项目，安排60余万元省级财政资金补助2022年发生亏损的千头以上规模猪场。落实区级奖补政策，统筹区级资金486.69万元，根据2022年生猪出栏数量对发展生猪规模养殖的镇、村给予奖补。做好动物防疫工作，开展重大动物疫病集中防疫行动3次；开展免疫抗体监测，累计监测血清学样品1万余份次，各病种免疫抗体合格率均达到省、市规定标准。

表7　2023年武进区渔业指标完成情况表

项目			单位	指标	比2022年（±%）
基本情况	养殖面积		公顷	1689	−35.71
	其中：池塘养殖		公顷	1689	−35.01
	河沟养殖		公顷	0	−100.00
	水产品产量		万千克	2944	−8.68
	渔业产值		亿元	7.03	−0.28
	鱼池改造面积		公顷	806	126.40
	工厂化养殖面积		立方米水体	7217	−54.60
特种水产养殖	总面积		公顷	919	−46.29
	总产量		万千克	398.2	15.99
	河蟹	面积	公顷	901	−21.86
		产量	万千克	176	−20.00
	青虾	面积	公顷	660	−36.78
		产量	万千克	40.4	33.77
苗种生产	淡水鱼苗产量		亿尾	1.06	−11.67
	扣蟹育苗量		千克	16400	−11.83

【重大动物疫病防疫】 2023年，区农业农村部门开展重大动物疫病春季防疫和犬类狂犬病防疫、夏季高温消毒及补免、重大动物疫病秋季集中防疫行动，累计免疫猪口蹄疫9.32万头次、高致病性蓝耳病2.32万头次、猪瘟8.35万头次、家禽高致病性禽流感500.84万羽次、新城疫700.34万羽次、羊口蹄疫0.25万只次、羊小反刍兽疫0.25万只次、其他禽新禽二联39.94万羽份，累计免疫犬3.13万只。实施强制免疫“先打后补”，全区规模养殖场全部实现“先打后补”，其中规模猪场3家、规模禽场49家，共补助企业“先打后补”资金107.09万元。

【立华牧业获批设立农业农村部企业重点实验室】 2023年7月，根据农业农村部办公厅《关于印发农业农村部企业重点实验室名单的通知》，江苏立华牧业股份有限公司（简称立华牧业）申报的“农业农村部华东优质禽育种重点实验室”获批建设。该实验室以立华牧业为依托，与中国农业大学、江苏省家禽科学研究所共建，由中国农业大学教授杨宁担任主任，江苏省家禽研究所研究员邹剑敏、江苏立华牧业股份有限公司总工程师张海涛担任副主任，拥有固定研发人员55人，其中博士11人、硕士26人。主要以优质禽产业需求为导向，重点开展育种平台建设、育种新技术研发以及优质禽品种（系）创建与推广等任务，着力提升中国优质禽种业科技水平。

【畜禽粪污资源化利用】 2023年，区农业农村部门推进畜禽粪污资源化利用巩固提升行动，开展常态化巡查，加强技术指导，持续巩固和提升畜禽粪污资源化利用水平。积极运用省“智慧畜牧”系统，对规模养殖场定期开展信息化畜禽粪污资源化利用巡查指导。通过发放明白纸、技术培训、入户指导等方式，多样化开展畜禽粪污资源化利用宣传培训活动，充分发挥舆论导向作用，促进畜禽养殖场户增强环保意识，落实粪污资源化利用措施，依法履行粪污资源化利用的主体责任。至12月底，全区规模养殖场粪污处理设施装备配套率100%，畜禽粪污综合利用率99.09%。

（祁宇豪）

渔　业

【概况】 2023年，武进区以创建国家农业绿色发展先行区为契机，推动滨湖现代农业产业园与“两湖”渔区建设，实施滆湖“以渔控藻”生态修复工程，开展水产养殖标准化改造，探索和熟化“稻鱼循环种养”“底栖动物池塘集约化养殖试验示范”等绿色养殖技术与模式。区农业农村部门加强水产品技术指导，举办乡镇培训2期和绿色健康养殖武进专题培训、渔业绿色发展尾水达标排放专题培训、乡村渔医专题培训、水产品质量安全专题培训、渔业安全生产专题培训，开展入户指导、水产养殖用药减量行动，加强区、镇两级水产实验室建设，设立病害测报点6个，促进全区水产养殖户科学养殖水平提升。参加农业农村部水生动物防疫系统实验室检测能力验证，鲫造血器官坏死病、白斑综合征、锦鲤疱疹病毒病3个项目均通过验证。加大水生动物疫病防控与水产品质量管控力度，完善水产苗种产地检疫制度，确保辖区内力争不发生、不流行重大水生动物疫情和重大水产品质量安全事故。做好禁捕退捕工作，区禁捕退捕专班多次与省滆湖渔政监督支队、省太湖渔政等部门开展禁渔执法联动，全年出动执法人员1019人次，累计收缴地笼网715个、搬罾20个、撒网40个，清理渔簖10余个、电捕器7套。全区水产养殖面积1689公顷。完成水产品总量2.94万吨，实现水产一、二、三产总产值11亿元，其中一产产值7.03亿元。

【实施滆湖“以渔控藻”生态修复工程】 2023年，武进区以修复湖区环境、优化资源为目标，在滆湖实施净水控藻试点工程。开展净水鲢鳙增殖放养，根据5万亩试验区鲢鳙鱼种生长情况及2023年增殖放养方案，年内累计增殖放养净水鲢鳙380万尾；余年苗种培育基地引进鲢鳙苗种230万尾，并开展新一轮鲢鳙苗种培育工作。在试验区网内和网外合理布点，指导开展水质理化指标、放流生物的采样检测，进行对比分析，建立净水控藻区生态效益评估机制。

【水产良种引进与推广】 2023年，区农业农村部门积极推进全区水产业良种更新和新品种引进试养。引进“太湖3号”青虾优质苗种，加快推进“合方鲫2号”、斑点叉尾鮰“江丰一号”和淡水中心改良鳙鱼品种试验示范。根据年底测算，“合方鲫2号”亩产单品种超1000千克，抗病和适应能力增强，其他试验品种生长性状优良，群体规格整齐，可进一步拓展试养规模。推进河蟹降温技术、大宗淡水鱼低抗（无抗）技术、底栖动物集约化养殖技术和大水面增殖放养品控技术试验示范。完成市级地方标准2项，新申报立项2项，推广中草药与发酵技术1项。与江苏省渔业技术推广中心、南京师范大学联合推进河蟹肝胰腺坏死病防控技术，申报省农业技术推广奖。滆湖生态渔业科技创新示范基地被全国水产技术推广总站认定为水产绿色健康养殖技术推广“五大行动”骨干基地。

（祁宇豪）

农业产业化

【概况】 2023年，武进区稳步推进农业产业化进程，通过项目带动、创先评优等形式，助力新型农业经营主体成长。新增乐贝豆电子商务（常州）有限公司等区级农业龙头企业11家，累计区级及以上重点农业龙头企业45家，其中国家级3家、省级9家、市级9家，实现销售额（交易额）超370亿元。发展新型农业经营主体，培育市级“双百”示范农民专业合作社1家、市级“双百”示范家庭农场13家，培育区级示范农民专业合作社1家、区级示范家庭农场14家。发展休闲观光农业，全区有休闲农业经营主体61家，入选中国美丽休闲乡村1个、省休闲农业精品村3个、省休闲观光农业示范村3个、省乡村休闲旅游农业康美基地3个、省乡村休闲旅游农业农耕实践基地2个、省主题创意农园10个，获评全国休闲农业与乡村旅游三星级示范企业3家、五星级示范企业2家，全年接待游客267.52万人次，实现综合经营收入5.17亿元。

【“武进农家”品牌矩阵打造】 2023年，按照《“武进农家”品牌矩阵打造三年行动方案（2022—2024）》，区农业农村部门进一步激发乡村产业发展新动能，助力乡村振兴。精心建设核心品牌，完成“阳湖有礼”“阳湖吾家菜”“WU家花园”商标注册；推出“阳湖吾家菜”中秋礼盒，打造武进农家菜新名片；打造武进乡村专属IP，以“IP内容+IP产品+IP赋能”的三轨发展模式，推动IP生态发展。

（祁宇豪）

农业机械化

【概况】 2023年，武进区新增各类先进适用补贴农业机械132台（套），其中大中拖拉机1台、高性能联合收割机2台、高性能插秧机6台、植保无人机1架，享受补贴农户68户。2023年建成省级“全程机械化+综合农事”服务中心1家、省级特色农业生产全程机械化示范基地2家、市级特色农业生产全程机械化示范基地1家，共投入中央及省级财政补贴资金68.5万元。全区有农机专业合作社、农机作业服务公司等农机服务组织25个，农机服务组织作业面积超机械作业总面积的85%。至年底，全区农机总动力19.32万千瓦，其中柴油机动力8.41万千瓦、汽油机动力2.44万千瓦、电动机动力8.47万千瓦；机插秧面积0.36万公顷，占水稻种植面积的92.5%。粮食生产全程机械化水平98.6%，特色农业机械化率达78.7%，农业机械化水平在全省保持领先地位。

【秸秆机械化还田】 2023年，全区各级按照《武进区推进秸秆机械化还田工作实施意见》要求，推进秸秆机械化还田工作。全区拥有大中型拖拉机387台、大中型秸秆还田机355台、秸秆打捆机45台，配置秸秆切碎装置收割机156台，保有生态型犁耕深翻还田作业配套机具133台，机具装备能全部满足还田作业需求。全年实际完成秸秆机械化还田面积4880公顷，其中小麦秸秆机械化还田面积1686.67公顷、水稻秸秆机械化还田面积3193.33公顷。

（祁宇豪）

水稻机械化收割俯瞰　　（供图/区融媒体中心　摄于2023年10月）

工 业

Industry

栏目编辑　陈　蓉

工业经济运行

【概况】 2023年，武进区有工业产业园区国家级1个、省级1个，年主营业务收入2000万元以上（简称规模以上）工业企业1688家、超100亿元企业5家，高新技术企业1340家，制造业上市企业累计27家。聚焦“95X”产业体系（“9”指高端装备、智电汽车、新一代信息技术、新材料、新能源、医疗健康、节能环保、纺织服装、绿色精品钢9个重点产业，“5”指机器人、智电汽车、集成电路、医疗健康、以石墨烯为代表的碳材料5张产业名片，“X”指数字经济等未来产业），加大龙头企业培育力度，从要素供给、上下互补等方面入手，推动核心产业链不断完善。全区“162”产业集群（高端装备、智电汽车、新一代信息技术、新材料、新能源、医疗健康、节能环保、纺织服装、绿色精品钢产业集群）累计完成规模以上产值3515.56亿元，比2022年增长18.4%。武进区被认定为江苏省制造业智能化改造和数字化转型成效明显地区。据中国信息通信研究院发布的2023年中国工业百强县、中国创新百强县、中国工业百强区榜单，武进区位列中国工业百强区全国第七、全省第一。东方润安集团有限公司、江苏万帮金之星车业投资集团有限公司入选2023年中国民营企业500强，中天钢铁集团有限公司、东方润安集团有限公司入选2023中国制造业民营企业500强，江苏万帮金之星车业投资集团有限公司入选2023中国服务业民营企业100强。瑞声（中国）投资有限公司、万帮数字能源股份有限公司被省委、省政府评为江苏省优秀企业，东方润安集团有限公司董事长蒋中敏、新誉集团有限公司党委书记戈亚琴被省委、省政府评为江苏省优秀企业家。

2023年，武进区工业经济呈现稳中有进、稳中向好发展态势，发展韧性进一步增强。工业投资逐步回升，全区工业投入增长7.9%，其中工业技改投入增长27.6%，工业技改投入占工业投资的65.8%。工业生产高位运行，全区规模以上工业累计完成产值3984.9亿元，增长14.2%，完成工业增加值1048.90亿元，增长9.0%；十大产业链完成产值2573.17亿元，增长27.5%，其中新能源汽车及汽车核心零部件产业链产值1146.26亿元，增长148.7%；高新技术产业产值1950.19亿元，占规模以上工业总产值的48.9%。完成工业开票销售收入5064.14亿元，增长19%。重点企业支撑有力，销售百强工业企业实现产值2834.8亿元，完成销售收入3001亿元、利税253亿元，分别增长26.8%、30.5%、40.8%，其中产值增幅较全区规模以上工业企业高12.6个百分点。新增长点贡献稳定，全区43个市级新增长点企业新增产值626亿元。节能降耗形势良好，全区规模以上工业能源消费量658.11万吨标煤，下降22.5%，单位GDP能耗下降6.09%。

（郭华亚）

【工业企业运行监测】 2023年，武进区完善工业企业经济运行立体监测体系，坚持“日监控、周调度、月分析”机制，关注重点行业和骨干企业运行态势，及时消除影响企业稳定运行不利因素，发挥骨干企业“压舱石”作用。完成工业开票销售收入5064.14亿元，增长19%，增速位居全市第一，超出全市平均11.4个百分点。1688家规模以上工业企业实现工业产值3984.9亿元，增长14.2%，总量及增速均列全市第一，增速高出全市7.7个百分点。十大产业链规模以上企业产值增长22.6%。“162”产业集群完成规模以上产值3515.56亿元，增长18.4%。其中，智电汽车产业集群增长120%，新型节能环保、绿色精品钢集群增长平稳，高端装备、纺织服装集群发展总体平稳，新一代信息技术、新材料、新能源和医疗健康产业集群受国内外影响均有不同程度下跌。年内监测的100家重点企业（集团）实现工业产值2834.8亿元，增长26.8%，占全区规模以上工业总产值的71%。

（王海波）

【区级工业重点项目建设】 2023年，武进区实施区重点工业项目351个，完成投资345.21亿元，完成年度目标的103.1%。其中，总投资额超10亿元项目28个，列入省重大工业投资项目7个；“162”产业集群涉及区重点项目185个，含总投资超100亿元项目2个、50亿～100亿元项目2个、10亿～50亿元项目16个。至年底，移远通信模组智能制造基地项目、格林保尔高效单晶电池片项目、百世威智能电力装备项目等210个项目竣工投产。

（朱梦斐）

表 8

2023 年武进区销售收入百强工业企业主要经济指标完成情况统计表

主要经济指标 / 企业名称	产值		营收		利税		利润	
	2023 年（万元）	比2022年（±%）	2023 年（万元）	比2022年（±%）	2023 年（万元）	比2022年（±%）	2023 年（万元）	比2022年（±%）
重庆理想汽车有限公司常州分公司	9597692.00	186.90	9990915.00	178.40	725555.00	1600.90	201225.00	亏转盈
东方润安集团有限公司	4998121.20	2.63	5294143.00	9.11	280677.80	8.43	181461.30	7.33
瑞声科技控股有限公司	991298.20	−8.75	1122618.60	−8.52	48638.40	−41.35	29684.80	−46.16
江苏恒立液压股份有限公司	759619.26	−9.67	966916.20	10.54	324731.30	11.12	285844.80	9.57
江苏常发实业集团有限公司	949486.00	4.29	832810.80	2.65	58705.50	2.09	48644.60	2.90
光宝科技（常州）有限公司	615843.20	−10.79	615842.90	−10.83	25434.80	−7.84	25415.20	−7.91
汇川新能源汽车技术（常州）有限公司	481039.82	800.97	449298.20	971.99	9760.70	1635.67	9091.80	亏转盈
江苏顺风光电科技有限公司	339827.82	−59.18	440769.70	−50.27	56255.60	28.02	47824.70	26.19
常州九盈铜业有限公司	396613.60	−4.90	386522.70	−5.71	14106.90	121.10	12492.60	128.09
常州卓骏汽车系统有限公司	363291.41	468.79	380571.30	613.04	28133.80	1426.82	20741.40	1066.87
柳工常州机械有限公司	364193.10	14.56	367833.40	−23.24	−1187.60	−180.73	−2759.40	−2642.94
万帮数字能源股份有限公司	181407.40	1.02	329959.50	17.79	48951.10	52.69	38857.80	36.45
常州新奥燃气发展有限公司	315865.30	6.89	302916.90	5.92	52816.20	2.58	46262.90	−0.22
新誉集团有限公司	275038.36	2.95	290364.60	5.89	74102.50	60.80	61411.30	76.71
腾龙科技集团有限公司	176430.06	14.23	266422.20	24.33	28784.70	18.05	24789.30	30.12
江苏国茂减速机股份有限公司	251430.40	−1.15	265419.20	−0.70	56092.60	−7.26	44526.60	−3.81
江苏小牛电动科技有限公司	240140.80	−30.55	254216.30	−29.71	7126.20	−73.36	1467.70	−92.03
今创集团股份有限公司	199868.30	4.64	242932.10	2.73	37504.30	13.89	28473.40	9.99
纳恩博（常州）科技有限公司	194418.90	−61.52	241159.20	−55.39	21940.80	9.69	18376.30	1.00
常州汇想新能源汽车零部件有限公司	231175.90	—	230579.00	—	7164.80	—	609.50	—
百兴集团有限公司	202512.90	−36.96	208697.60	−35.47	5804.30	−56.29	2768.90	−67.72
天铂电力集团有限公司	197041.99	−2.63	207857.30	−7.07	7401.70	−31.23	5914.60	−31.05
爱科（常州）农业机械有限公司	179968.70	−27.53	198304.90	−18.83	9805.20	−64.40	9144.30	−44.15
江苏丰润电器集团有限公司	242895.71	−25.92	183869.10	−23.16	823.30	−95.06	−154.60	−100.96
旷达控股集团有限公司	184342.02	0.18	181293.30	0.37	19472.40	5.32	14256.20	3.78
常州市凯宏铝业有限公司	179904.60	26.20	179357.90	39.22	10214.80	−20.68	7290.20	−27.68
常州移远通信技术有限公司	32467.00	−23.35	176978.20	126.99	−1949.70	−100.05	−3222.60	−11.89
常州申鸿汽车零部件有限公司	172203.20	183.37	170266.50	182.79	3346.20	220.36	3228.50	288.55
江苏格林保尔光伏有限公司	144206.40	−5.67	155294.80	−9.54	2125.20	−87.36	−774.80	−105.13
卡尔迈耶（中国）有限公司	143243.50	−2.33	152443.30	−1.66	18985.10	−19.25	15458.40	−24.43
安川（中国）机器人有限公司	144121.88	−25.72	146291.40	−19.58	29251.50	−15.51	23634.90	−19.74
常州九天新能源科技有限公司	129299.00	−6.27	131521.60	2.21	8538.40	84.89	8042.70	94.74
贝内克长顺生态汽车内饰材料（常州）有限公司	128963.40	0.96	131459.80	2.36	25377.90	27.76	19998.00	4.55
三鑫重工机械有限公司	121328.35	−0.21	117735.30	8.41	2267.30	29.13	7483.70	244.05
常州博俊科技有限公司	95579.20	837.02	113220.80	309.82	22673.60	311.45	20142.40	267.94
利优比压铸（常州）有限公司	110787.70	−6.28	112482.70	−7.17	7087.40	199.16	1797.90	1079.72
海纳川海拉（常州）车灯有限公司	71744.20	837.32	108058.20	—	23055.60	—	18641.30	—
斯泰必鲁斯（江苏）有限公司	68565.50	−33.23	105171.20	−0.88	13149.00	−2.80	9623.70	3.31
江苏龙城精锻集团有限公司	113069.40	12.28	103327.10	9.73	9301.70	−7.14	8134.20	11.44
常州百利锂电智慧工厂有限公司	134796.10	1.71	103124.20	−10.65	4214.40	−66.18	1347.40	−76.10

续表 8

主要经济指标 / 企业名称	产值		营收		利税		利润	
	2023 年（万元）	比2022年（±%）	2023 年（万元）	比2022年（±%）	2023 年（万元）	比2022年（±%）	2023 年（万元）	比2022年（±%）
博世力士乐（常州）有限公司	91209.80	−6.48	102471.70	−6.00	25557.50	1.93	18900.10	2.01
江苏九洲包装科技有限公司	100041.00	−3.70	102352.00	15.42	8384.00	104.85	5543.00	73.41
江苏晶雪节能科技股份有限公司	95645.30	−10.78	100543.90	10.37	5937.70	−39.40	4137.50	−31.12
江苏洛凯机电股份有限公司	97867.00	14.79	98507.00	12.58	8772.00	36.82	6008.00	49.09
江苏嘉轩智能工业科技股份有限公司	83319.83	−14.17	96137.80	45.20	14641.20	150.63	9925.90	204.79
安费诺（常州）连接系统有限公司	93263.70	−25.30	94092.70	−25.58	13543.60	−37.53	12981.70	−39.13
恩格尔注塑机械（常州）有限公司	87894.50	−6.45	90486.80	−5.63	12163.50	−21.52	12163.50	−21.33
江苏海鸥冷却塔股份有限公司	92755.70	7.11	89470.30	3.65	7234.80	15.18	5301.10	23.61
常州中钢精密锻材有限公司	69764.40	−19.96	83296.40	−11.08	4283.40	−53.95	2346.80	−68.43
安费诺（常州）高端连接器有限公司	71251.76	−56.98	81786.40	−50.56	11326.20	−82.78	10301.50	−78.08
全棉乐家科技（江苏）有限公司	71034.50	25.65	80731.00	45.46	2995.80	37.49	1879.50	39.02
中铁建电气化局集团轨道交通器材有限公司	80384.70	−5.38	78415.60	8.39	11108.50	68.04	6220.90	46.33
灏讯电缆连接器制造（常州）有限公司	78109.20	−18.87	78109.20	−18.87	7929.70	−35.47	7292.30	−37.23
常州华数锦明智能装备技术研究院有限公司	74395.50	80.47	74456.40	80.62	3444.70	2.89	1827.20	−20.00
快克智能装备股份有限公司	63170.40	−16.80	72005.40	−14.21	12163.10	−61.50	10349.70	−64.72
常州武进中瑞电子科技股份有限公司	66251.10	−7.68	68921.20	−9.96	18546.00	−21.80	15403.80	−24.48
赛格威科技有限公司	59883.40	28.45	68659.30	13.45	4911.80	178.05	4693.60	171.32
江苏格林保尔新能源有限公司	60182.20	−5.96	68215.20	8.21	2686.90	54.07	2561.60	36.12
江苏圣贤锻造有限责任公司	69724.90	−18.50	67706.70	−1.87	4684.50	−1.07	3296.70	−2.71
江苏南方精工股份有限公司	70200.80	13.88	67229.40	14.17	17469.20	23.71	12942.60	6.89
兴勤（常州）电子有限公司	71466.10	−17.43	66551.10	−8.16	9651.00	−27.06	8205.30	−35.22
常州群达纺织原料有限公司	69064.30	5.05	66468.40	2.03	3620.70	11.82	2702.30	8.95
曼恩机械有限公司	64033.17	−10.35	65349.90	−10.45	6362.80	−8.91	3922.70	−35.98
常州回天新材料有限公司	64170.20	−19.56	65345.10	−23.29	5594.10	−30.56	4383.10	−43.87
常州市威普电子科技有限公司	66355.00	−28.41	65186.00	−25.52	24367.00	−23.84	18008.00	−30.51
常州欧凯电器有限公司	64157.00	21.23	63604.00	27.47	5389.00	50.08	3248.00	40.08
纳博特斯克（中国）精密机器有限公司	61835.10	−17.40	62717.80	−16.36	8282.00	−21.23	6380.40	−27.08
常州市武进顺达精密钢管有限公司	61350.80	11.38	62257.20	14.00	5385.10	9.30	3797.90	15.10
常州奥智高分子集团股份有限公司	57406.62	4.54	60612.30	2.66	6263.60	65.34	6111.70	65.62
江苏南方通信科技有限公司	56828.00	−14.20	58596.00	−14.47	4059.00	1134.05	2846.00	−377.13
常州科普动力机械有限公司	59751.30	−0.39	56413.80	11.09	2220.70	274.80	1839.00	219.66
伊蒙妮莎（常州）发电设备有限公司	57369.10	54.28	56396.20	49.60	11176.30	125.51	10921.70	121.61
江苏华丽智能科技股份有限公司	62956.00	−9.61	54798.00	−52.69	1362.30	−69.27	1003.30	−75.77
江苏道金智能制造科技股份有限公司	38663.74	36.85	54047.00	28.04	5820.10	0.72	5167.90	3.75
常州达亚汽车零部件有限公司	50969.00	36.11	54007.00	31.05	12159.00	289.02	10582.00	435.50
江苏中科朗恩斯车辆科技有限公司	51092.50	38.69	53474.40	51.32	10251.00	88.32	9695.20	92.68
常州富桐纤维新材料有限公司	61397.50	36.42	52679.30	26.50	4915.20	10.09	3821.80	70.79
世特科流体动力系统（常州）有限公司	52199.70	33.91	52346.00	31.09	10372.00	118.16	9715.80	119.73

续表 8

主要经济指标 / 企业名称	产值		营收		利税		利润	
	2023年（万元）	比2022年（±%）	2023年（万元）	比2022年（±%）	2023年（万元）	比2022年（±%）	2023年（万元）	比2022年（±%）
晶品光电（常州）有限公司	49668.76	−11.99	52296.00	−9.02	−4842.70	−16.63	−5623.90	−15.37
常州市湖塘热电有限公司	39872.90	11.23	51813.80	58.18	10653.40	66.68	10459.90	80.15
新科环保科技有限公司	55863.60	−17.84	51485.20	−5.40	2314.60	384.70	840.30	187.80
江苏大禹水务有限公司	32794.46	−7.85	50471.20	7.14	2058.70	−9.00	1405.40	−28.90
江苏月仙冷藏设备集团有限公司	45923.00	−23.41	47492.00	−20.80	6709.00	6.36	4385.00	7.25
常州江南鼎业混凝土有限公司	47198.60	2.48	47198.60	2.48	4273.40	−2.88	2687.60	−5.79
常州市蓝托金属制品有限公司	47461.00	−21.61	47055.00	−20.54	5202.00	−9.07	3502.00	−13.68
江苏汤姆智能装备有限公司	45968.70	1.05	46960.40	6.65	4524.80	49.16	3321.70	40.14
江苏南方卫材医药股份有限公司	47911.90	−12.63	46345.20	−1.55	3593.10	9.03	966.80	52.59
浙泰金属科技（常州）有限公司	56641.00	−25.03	46134.20	−20.69	33.30	137.80	−60.80	71.54
诺马连接技术（常州）有限公司	44379.40	4.66	45774.50	3.17	5562.40	30.08	4903.90	28.00
江苏东方龙机车集团有限公司	50008.00	1.98	45408.50	2.07	1112.00	−44.82	503.50	−11.28
常州市武进广宇花辊机械有限公司	45324.80	18.34	45404.10	18.29	8802.20	−10.90	7567.90	6.48
江苏凯达重工股份有限公司	42888.90	3.86	44700.60	16.10	8417.10	23.64	7795.80	37.21
江苏瓯堡纺织染整有限公司	45181.28	−11.99	44443.50	−11.43	4527.20	4.60	1048.10	68.32
常州市武进大元色织布有限公司	32736.30	−24.15	44362.50	2.78	2315.80	6.32	1921.30	11.81
常州浙博钢铁贸易有限公司	43008.50	—	44134.40	—	207.40	—	121.30	—
江苏常虹钢结构工程有限公司	51600.00	−4.07	44097.10	−13.34	1001.90	−27.67	240.90	−22.66
普罗斯电器（中国）有限公司	43968.15	−4.12	43976.70	31.34	1804.10	138.35	1190.20	326.29
常州斯道拉恩索包装技术有限公司	31341.90	−5.27	43806.00	−7.28	−967.40	51.85	−1762.70	13.52
江苏华申申龙纺织集团有限公司	33818.80	−20.52	43354.80	1.90	3300.20	8.48	2654.50	1.75
征图新视（江苏）科技股份有限公司	47419.10	−32.01	42165.40	−13.63	2647.50	−54.60	−94.50	盈转亏

说明："—"表示无上年同期数，不计算增长率

（王海波）

工业转型升级

【概况】 2023年，武进区推进"532"发展战略，聚势"新能源之都"首位区建设，推进提质增效、数字赋能、创新转型、绿色制造，产业质态不断提升，工业经济呈现稳中有进、进中提质发展态势。

核心产业支撑有力。抢抓新能源风口，锚定"新能源之都"首位区建设，高质量推进太阳能光伏、动力及储能电池、新型电力装备以及智电汽车等产业链的优化转型，推动新能源"发、储、送、用"各环节融合发展。基本形成以重庆理想汽车有限公司常州分公司（简称理想汽车）为龙头，汇川新能源汽车技术（常州）有限公司、万帮数字能源股份有限公司等单项冠军企业为主力的智电汽车完整产业链。新能源汽车及零部件产业加速崛起，产值规模首次突破千亿元，整车销量37.6万辆，占全市销量的55.6%。全区新能源领域规模以上企业完成产值2171亿元。

专精特新卓有成效。鼓励中小企业朝专业化、精细化、特色化和新颖化方向发展，挖掘优质中小企业入库培育，完善和强化"创新型中小企业—市级、省级专精特新中小企业—国家级专精特新'小巨人'企业—制造业单项冠军企业"的优质中小企业梯度培育体系。在库创新型中小企业982家，新增制造业单项冠军企业2家、国家级专精特新"小巨人"企业27家、省级专精特新中小企业96家。

智改数转走深走实。把握数字经济与实体经济深度融合大趋势，以智能化改造数字化转型为关键，推进产业数字化、数字产业化，推进制造业由"大"到"强"。实现全区规模以上企业"智改数转"免费诊断全覆盖，江苏恒立液压股份有限公司（简称恒立液压）的高端液压元件智能制造示范工厂获评国家级智能制造示范工厂，实现零的突破，新增省级智能制造示范工厂4家、省三星级以上上云企业77家、省级工业互联网标杆工厂1家。通过工业和信息化部两化融合管理体系升级版评定企业20家，其中AAA级2家。通过省两化融合贯标示范试点企业认定11家。常州东方特钢有限公司（简称东方特钢）入选工业和信息化部5G工厂名录。

创新活力不断激发。鼓励企业坚持自主创新，掌握核心技术，引领转型发展。江苏晶雪节能科技股份有限公司入选2023年度国家服务型制造示范企业名单。新增工业设计中心国家级2个、省级3个，新认定省级企业技术中心14个。

7家企业纳入2023年省重点技术创新项目导向计划，8家企业的10个产品入围省重点推广应用新技术新产品目录。新增省级首台（套）重大装备1个、苏锡常首台（套）重大装备6个。

提质增效纵深推进。促进经济绿色化、低碳化发展，推动形成绿色低碳的生产方式。进一步完善工业企业资源集约利用综合评价体系，在全区开展工业用地和工业企业调查，精准掌握企业及用地家底。升级工业企业评价模型，更新武进区工业经济高质量发展平台，汇集全区16909家工业企业、8300多个工业地块数据。加强绿色制造体系建设，为110家重点用能企业提供免费节能诊断服务，新增国家级绿色供应链管理企业5家和绿色工厂国家级3家、省级11家。

（郭华亚）

【新增制造业单项冠军企业2家】 2023年，江苏恒立液压科技有限公司、江苏凯达重工股份有限公司被工业和信息化部认定为制造业单项冠军企业，全区累计有12家。

江苏恒立液压科技有限公司　位于武进高新区，成立于2013年，是工业和信息化部制造业单项冠军示范企业恒立液压的全资子公司、高新技术企业，建有江苏省高精密智能化液压元件工程技术研究中心、江苏省高压液压泵阀工程研究中心，在德国、日本建有研发中心。主导产品为高压轴向柱塞泵，配套应用于1.5～90吨级挖掘机，其中小型挖掘机用斜盘式轴向柱塞变量泵HP3V80，首次实现国内35兆帕核心液压元件的自主化研制及量产，打破国外垄断。产品销售客户主要有三一重机有限公司、徐工集团工程机械股份有限公司、广西柳工集团有限公司等国内工程机械领军型企业，以及美国卡特彼勒公司、日本日立建机株式会社、德国利勃海尔集团等国际工程机械巨头。主导产品质量品质、关键性能指标、生产工艺行业水平国际领先，市场占有率国内第一、国际第二，百公里质量问题小于10PPM（百万分之一），不良率低于千万分之一，准时交付率高于98%，连续5年获卡特彼勒优秀供应商质量认证铂金奖。

江苏凯达重工股份有限公司　位于湟里镇，成立于2007年，前身是武进轧辊厂，是高新技术企业，与大连理工江苏研究院建立国家级技术研究院——轧辊联合创新中心，建有省级企业技术中心、工程技术研究中心、研究生工作站、博士后创新实践基地。专业研发各类轧辊、辊环和辊轴，可年产各类型钢轧辊5万吨，参与制定修订《GB/T 15546—2022冶金轧辊术语》等国家标准3项、行业标准1项；获授权专利58件，其中发明专利27件。产品以生产中高端型材轧辊为主，带材、棒材轧为辅，最大轧辊单重达50吨，其中，高硬度石墨钢离心辊环，填补国内高端铁轨轧机用轧辊领域空白；用铸造法生产的改进型模具钢粗轧辊、新型石墨钢R1粗轧辊，与传统锻钢辊相比，节省四分之一材料，耐磨性、抗疲劳性更强，抗拉强度大于1000兆帕，最大可达1320兆帕。产品配套中国宝武钢铁集团有限公司、鞍山钢铁集团有限公司、法国安米集团等30多个国家和地区的大中型钢铁企业，市场占有率居同行业国内第一、世界前三。

【获评国家级专精特新“小巨人”企业27家】 7月，常州中车柴油机零部件有限公司等27家企业被工业和信息化部认定为第五批专精特新“小巨人”企业，累计55家。其中，常州中车柴油机零

表9　2023年度武进区新增国家级专精特新“小巨人”企业情况表

企业名称	所在地
常州中车柴油机零部件有限公司	武进高新区
常州安费诺福洋通信设备有限公司	武进高新区
常州龙骏天纯环保科技有限公司	武进高新区
常州今创风挡系统有限公司	武进高新区
常州华数锦明智能装备技术研究院有限公司	武进高新区
常州市南方电机有限公司	武进高新区
常州创胜特尔数控机床设备有限公司	武进高新区
江苏容天乐机械股份有限公司	武进高新区
中国机械总院集团江苏分院有限公司	武进高新区
常州纳捷机电科技有限公司	武进高新区
博睿康科技（常州）股份有限公司	武进高新区
博世力士乐（常州）有限公司	武进高新区
江苏先诺新材料科技有限公司	西太湖科技产业园
常州富烯科技股份有限公司	西太湖科技产业园
常州磐诺仪器有限公司	西太湖科技产业园
常州华阳检验检测技术有限公司	西太湖科技产业园
江苏中科朗恩斯车辆科技有限公司	西太湖科技产业园
常州第六元素材料科技股份有限公司	西太湖科技产业园
常州市武进第二法兰锻造有限公司	雪堰镇
江苏泛亚微透科技股份有限公司	礼嘉镇
江苏腾驰科技有限公司	礼嘉镇
常州市艾迈斯电子有限公司	礼嘉镇
常州九天新能源科技股份有限公司	前黄镇
江苏智马科技有限公司	湖塘镇
沃沛斯（常州）能源科技有限公司	湖塘镇
常州市联谊特种不锈钢管有限公司	洛阳镇
常州多维电气股份有限公司	洛阳镇

部件有限公司位于武进高新区，成立于1994年，是中国中车集团有限公司全资重点二级子公司、唯一中大缸径内燃机活塞和活塞环研究开发与生产基地，从事铁路机车车辆配件制造。与中船动力研究院、昆明理工大学、武汉理工大学、大连海事大学等高校科研院所合作，打造中低速大缸径动力组件技术研究和工程化基地，设有江苏省大缸径活塞组件工程技术研究中心。自主研发可控密度镀层网纹电镀技术、抗拉缸性能试验方法，蠕墨铸铁材料蠕化率达80%，填补低速船用柴油机等柴油机零部件领域国内技术空白。主导产品中大缸径活塞国内市场占有率60%，排名第一，拥有相关有效专利26件，其中发明专利16件、实用新型专利10件，参与编制行业标准1项，制定企业标准5项。江苏智马科技有限公司位于湖塘镇，成立于2016年，是高新技术企业，专业研发、生产、销售、服务高端智能装备专用伺服系统，是国内交流感应伺服系统（机床主轴伺服）细分市场龙头企业。掌握成熟完备的高效伺服系统设计、研发、制造等一系列核心技术，产品技术达国际先进水平，实现同类产品进口替代，主导产品国内市场占有率16.5%。自主研发生产超高效永磁辅助磁阻电机，采用铁氧体材料替代稀土材料，结合同步磁阻电机设计特点，实现高效节能、低速大扭矩、高速恒功率宽泛等特性，可广泛应用于新能源汽车、锂电池搅拌、风电变桨、太阳能追日系统及风机、水泵等行业。承担省、市级重大科研项目6个，有省、市级高新技术产品2个，累计拥有授权专利33件，其中发明专利5件。曾获评江苏省专精特新中小企业、江苏省民营科技企业、瞪羚企业等。

【获评省级专精特新中小企业96家】 12月，江苏格林保尔光伏有限公司等96家企业被省工业和信息化厅评为2023年度江苏省专精特新中小企业，累计264家。其中，江苏格林保尔光伏有限公司位于武进高新区，成立于2008年，主要研发、生产和销售超级多主栅双面高效G12电池片，是高新技术企业，主导产品是太阳能光伏电站组件的核心部件。建有省企业技术中心、省工程技术研究中心等，与南京大学、河海大学等科研院校合作研究太阳能电池制备方法。承担2022年省战略性新兴产业发展专项资金项目，运用背钝化和局部铝背场技术以及SE+PERC（正面激光重掺杂技术＋局部接触背钝化技术）高效电池制备技术制备高效太阳能电池，平均转换效率超23%，达世界先进水平。主导产品填补大尺寸单晶硅太阳能电池片领域国内空白，打破国外垄断。江苏南方通信科技有限公司位于洛阳镇，成立于1992年，是高新技术企业，主要开发生产应变传感光缆、感温传感光缆以及复合传感光缆，建有CNAS国家实验室、省企业技术中心、省工程技术研究中心等，利用独创工艺制备高密度大芯数光缆，产品集成度高、光纤传输性能好、光缆结构尺寸小、机械性能和温度特性良好，广泛应用于大芯数及超大芯数要求的接入网、局间通信等，主要服务移动、电信等运营商。累计拥有专利106件，其中发明专利22件，参与制定国家标准及行业标准。

2023年度武进区新增省级专精特新中小企业情况表

表10

企业名称	所在地	企业名称	所在地
江苏格林保尔光伏有限公司	武进高新区	常州顺创电气科技有限公司	武进高新区
江苏莱宝电力股份有限公司	武进高新区	常州市清潭特种轴承有限公司	武进高新区
常州灵达特种纤维有限公司	武进高新区	江苏万众精密工具有限公司	武进高新区
捷诺传动系统（常州）有限公司	武进高新区	微传智能科技（常州）有限公司	武进高新区
常州比太科技有限公司	武进高新区	创辉医疗器械江苏有限公司	武进高新区
常州华岳微创医疗器械有限公司	武进高新区	德检（江苏）检测技术有限公司	武进高新区
常州东杰自动化设备有限公司	武进高新区	中汽研汽车检验中心（常州）有限公司	武进高新区
江苏海鋆自动化技术有限公司	武进高新区	江苏尚纯自动化技术有限公司	武进高新区
江苏天佑路航认证检测有限公司	武进高新区	常州佑佳新材料科技有限公司	武进高新区
常州南苑塑料有限公司	武进高新区	世特科流体动力系统（常州）有限公司	武进高新区
常州工利精机科技有限公司	武进高新区	江苏佰腾科技有限公司	武进高新区
常州华森医疗器械股份有限公司	武进高新区	江苏双辉环境科技有限公司	西太湖科技产业园
常州市武进金城齿轮股份有限公司	武进高新区	江苏安特尔医疗科技有限公司	西太湖科技产业园
联泓（江苏）新材料研究院有限公司	武进高新区	江苏科标医学技术集团有限公司	西太湖科技产业园
江苏圣创半导体科技有限公司	武进高新区	常州瑞阡液压成套设备有限公司	西太湖科技产业园
常州节卡智能装备有限公司	武进高新区	常州益锐医疗器材有限公司	西太湖科技产业园
常州易尔泰智能传动技术有限公司	武进高新区	常州天龙医用新材料有限公司	西太湖科技产业园
江苏智邦精工科技有限公司	武进高新区	江苏创英医疗器械有限公司	西太湖科技产业园
常州高尔登科技有限公司	武进高新区	江苏海立普电力科技有限公司	西太湖科技产业园
常州凯泽环保科技有限公司	武进高新区	常州神鹰碳塑复合材料有限公司	西太湖科技产业园

续表 10

企业名称	所在地	企业名称	所在地
常州百利锂电智慧工厂有限公司	西太湖科技产业园	常州市武进亚太机电配件有限公司	前黄镇
常州恒利宝纳米新材料科技有限公司	西太湖科技产业园	常州龙泰铸造有限公司	前黄镇
江苏变色龙微粉技术有限公司	西太湖科技产业园	常州日月机械有限公司	前黄镇
天衍医疗器材有限公司	西太湖科技产业园	常州艾博格电器有限公司	前黄镇
常州康鼎医疗器械有限公司	西太湖科技产业园	常州铸鼎机械有限公司	前黄镇
常州富丽康精密机械有限公司	西太湖科技产业园	常州市克劳得布业有限公司	湖塘镇
朔崛（江苏）医疗科技有限公司	西太湖科技产业园	江苏旭泉电机股份有限公司	湖塘镇
常州酷冷制冷设备有限公司	西太湖科技产业园	江苏冠创医疗科技有限公司	湖塘镇
常州迪瑞尔医用新材料有限公司	西太湖科技产业园	江苏秋泓环境检测有限公司	湖塘镇
江苏科利恩净水科技有限公司	西太湖科技产业园	江苏欧密格光电科技股份有限公司	湖塘镇
江苏博隆锦欣环保设备有限公司	雪堰镇	江苏瓯堡纺织染整有限公司	湖塘镇
常州金海防静电地板有限公司	雪堰镇	美卓伦仪表（常州）有限公司	牛塘镇
江苏天兴环保股份有限公司	雪堰镇	江苏创立康医疗器械有限公司	牛塘镇
常州市常武欣摄石化配件有限公司	雪堰镇	江苏新华陵汽车电器有限公司	牛塘镇
常州爱克普换热器有限公司	雪堰镇	江苏苏迅精密电子有限公司	牛塘镇
江苏万盛铸造有限公司	雪堰镇	常州市钧达轴承有限公司	牛塘镇
江苏惠斯通机电科技有限公司	雪堰镇	常州丁丁纺织科技有限公司	牛塘镇
常州锡润机械制造有限公司	雪堰镇	江苏申达检验股份有限公司	牛塘镇
江苏圣贤锻造有限责任公司	雪堰镇	江苏聚荣制药集团有限公司	洛阳镇
江苏恒鑫润翔机电制造有限公司	雪堰镇	江苏南方通信科技有限公司	洛阳镇
江苏武东机械有限公司	雪堰镇	江苏九洲包装科技有限公司	洛阳镇
江苏丰顺新材料科技有限公司	礼嘉镇	江苏常意电机科技有限公司	洛阳镇
江苏华凌机电科技有限公司	礼嘉镇	江苏晨光涂料有限公司	湟里镇
常州洛克曼医疗器械有限公司	礼嘉镇	江苏新福乐威涂料有限公司	湟里镇
江苏友奥电器有限公司	礼嘉镇	常州超峰胶线科技有限公司	湟里镇
常州市盛辉药业有限公司	礼嘉镇	常州富桐纤维新材料有限公司	湟里镇
常州南鹏机械有限公司	礼嘉镇	江苏双菱链传动有限公司	湟里镇
江苏常力电器有限公司	礼嘉镇	江苏东方龙机车集团有限公司	湟里镇

（吴　洁）

【恒立液压高端液压元件智能制造示范工厂获评国家级智能制造示范工厂】 12 月 6 日，该工厂被工业和信息化部、国家发展改革委、财政部、国务院国有资产监督管理委员会、国家市场监督管理总局联合认定为 2023 年度智能制造示范工厂，系全区首个。工厂通过高端装备的应用协同信息化软件等，搭建数字化研发设计、虚拟试验与调试、工艺数字化设计、智能在线检测、质量精准追溯、生产计划优化、车间智能排产、产线柔性配置、精益生产管理、智能协同等环节典型场景 18 个，建立多品种液压元件智能工厂，大幅降低能耗、材耗，提高产品质量和生产效率，降低生产制造成本和产品不良率，形成系列标准文件，为通用装备机械加工、离散型制造加工业、金属热处理加工工序领域智能工厂建设提供标准化参考依据，形成示范效应。

（石　敏）

【新增省级智能制造示范工厂 4 个】 1 月，经省工业和信息化厅认定，万帮数字能源股份有限公司新能源汽车充电设施智能工厂、柳工常州机械有限公司土方机械智能工厂、江苏龙城精锻集团有限公司汽车高精锻件智能工厂、常州康普瑞汽车空调有限公司旋叶式车用空调压缩机智能工厂获评 2023 年江苏省智能制造示范工厂，全区累计有省级智能制造示范工厂 6 个。

万帮数字能源股份有限公司新能源汽车充电设施智能制造工厂　包含智能化交流总装车间、PCBA（印制电路板）生产车间、直流总装车间、充电枪车间等，车间采用自主研发制造的伺服 30T 六边免换铆压设备、全自动端子铆压设备、全自动烧录校表设备、AGV（自动导向车）运输机器人、交流自动包装线等智能制造设备，配备 PLM（产品生命周期管理）、WMS（仓储管理系统）、APS（高级计划排程）、OMS（订单管理系统）星充平台、SCADA（智能数据采集与监视控制系统）在内的制造执行全智能化制造管理系统。

柳工常州机械有限公司土方机械智能工厂　利用5G、云计算、大数据、物联网等新一代信息技术及人工智能技术，形成基于工业互联网技术的生产与管控，基于云技术的远程运维服务，实现工厂内外部全业务全流程协同运行，打造高品质、高可靠、快速产品交付的土方机械智能工厂。通过智能工厂整体规划、产品全球协同研发体系构建，实现研发设计协同可视化。打造柳工智慧远程运维服务平台，实现土方机械装备全球化智能高效服务，引领智慧远程运维服务新模式。

江苏龙城精锻集团有限公司汽车高精锻件智能工厂　引入智能制造模式与技术，广泛采用数字化智能化生产、检测设备，运用物联网技术，建立工厂内部工业互联网，实现设施高度互联。建立以ERP（企业资源计划）为核心的产品全流程生产管控，PLM为核心的数字化产品工艺设计与模拟仿真，MES（生产执行系统）为核心的生产过程智能化管控系统，实现系统高度互通。运用大数据处理技术建立系统间的多源异构数据共享平台，实现数据高度互享。采用机器学习等新技术，构建设备生产能力工业云、计算与存储基础设施云、数据与业务应用云等基于云计算的集成共享服务平台，实现可面向个性化定制的柔性化生产转变，建立以数据驱动、优化生产的智能化工厂。

常州康普瑞汽车空调有限公司旋叶式车用空调压缩机智能工厂　引进精益生产管理体系，打破传统离散型生产方式，实现车间生产线“一个流”模式（即各工序只有一个工件在流动，使工序从毛坯到成品的加工过程始终处于不停滞、不堆积、不超越的流动状态），大幅提高生产效率和产品质量，缩短生产周期。实施机器换人项目，运用数据自动采集分析、故障自动分析、线内防错、误操作自动报警等技术，打造智能化生产线，提升品质和效率。运用ERP、OA、制造MES、仓库WMS、供应商SRM等系统，从接单到计划排产、采购到仓储物流、生产到交付实施信息化管理，缩短生产周期，提升订单交付能力。

（顾舒康）

【新增省级智能制造示范车间6个】 12月，省工业和信息化厅认定武进区江苏国茂减速机股份有限公司的齿轮减速机智能制造总装车间、常州移远通信技术有限公司的通信模组智能制造车间、上药康丽（常州）药业有限公司的盐酸伐昔洛韦智能制造车间、常州盈德气体有限公司的工业气体智能生产车间、汇川新能源汽车技术（常州）有限公司的新能源汽车电装车间、江苏苏新轴座有限公司的飞轮壳智能生产车间为2023年度省级智能制造示范车间。至年底，累计通过省级智能制造示范车间认定65个。以上6家企业在智能装备全面应用、生产物料精准配送、生产过程实时管控、生产信息跟踪追溯、能源消耗智能管控、安全环保智能管控、综合效益明显提升、车间内外联动协同八方面开展智能设备投入和改造，建成智能化制造车间。重点是建设仓储管理系统，并应用条形码、二维码等技术，实现物料自动出入库；应用智能物流装备等技术，实现动态配送、自动配送和路径优化；依据生产计划、工艺等自动生成车间作业计划，持续调度和动态优化车间作业，并实现异常事件自动预警、快速响应与自动恢复；生产过程广泛采用识别传感、物联网、5G等技术，实现车间物料单件或批次跟踪与防错校验，实现生产过程信息追溯。关键工序采用智能检测设备，实现产品质量在线检测、自动判读和趋势分析；根据车间实际建立水、电、气等重点能源消耗动态监控和计量，统计与分析高能耗设备能耗数据，制定合理的能耗评价指标。车间采用先进安全生产工艺、智能装备和防护装置，降低安全风险，消除事故隐患。采用物联网、大数据、人工智能等技术手段，采集与分析车间环境等安环数据，自动监测工业环境，提升企业本质安全水平。企业根据生产和经营管理实际需求，集成生产管理系统与计划、采购、仓储、工艺（研发）、财务等信息系统，达成车间和企业其他部门之间数据共享和管理流程一体化，实现车间内外联动协同，安全生产水平和经济效益得到明显提升。

（谢晓燕）

【新增省级及以上工业设计中心5个】 9月，江苏常发农业装备股份有限公司、万帮数字能源股份有限公司的工业设计中心被工业和信息化部认定为国家级工业设计中心，江苏唯德康医疗科技有限公司、江苏嘉轩智能工业科技股份有限公司、江苏博人文化科技有限公司的工业设计中心被省工业和信息化厅认定为省级工业设计中心，全区累计有工业设计中心国家级2个、省级27个。

江苏常发农业装备股份有限公司工业设计中心　拥有专职工业设计团队70人，其中硕士研究生4人、高级职称8人，专业研发农用柴油机、传动系统、智能控制系统等关键核心零部件和拖拉机、收获机械等整机装备，制定国家、行业标准33项。拥有有效专利288件，其中发明专利20件、外观设计97件，产品曾获中国外观设计优秀奖、中国优秀工业设计奖、紫金奖工业设计大赛银奖等。2015年，中心获评江苏省工业设计中心。

万帮数字能源股份有限公司工业设计中心　专业研发交直流充电设备、电源模块、智能电柜、充电零部件等新能源汽车充电设备，拥有有效专利173件，其中发明专利43件、外观设计专利37件。2021年，核心产品星星充电“极光”交流充电桩获德国IF设计大奖。

江苏唯德康医疗科技有限公司工业设计中心　下设消化内镜CMF（色彩、材料、工艺）设计中心、运营中心、市场调研中心等。其中，消化内镜CMF设计中心包含结构设计组、外观设计组、功能设计组、包装设计组，先后开发无源类产品鲲鹏刀（一次性使用黏膜切开刀）、麒麟夹（一次性使用止血夹装置）、朱雀针（一次性内镜用注射针）、乾坤圈（一次性使用电圈套器）等产品。

江苏嘉轩智能工业科技股份有限公司工业设计中心　研发智能永磁直驱滚筒、智能永磁电机、散状物料智能输送系统、变频驱动、工业云智能设备状态管理系统、能效优化整体解决方案等产品和技术，为客户提供生产线智能运维解决方案和工业生产数字服务。

江苏博人文化科技有限公司工业设计中心　主要研发制造数字化文旅尖端装备，包括飞行影院、轨道车、动感平台模拟器、无轨车、串联式机器人、并联式机器人等，产品主要面向主题公园、特色文旅小镇、城市商业综合体（家庭娱乐中心）、主题场馆等客户群体。

【新增省级及以上服务型制造示范企业2家】 11月，江苏晶雪节能科技股份有限公司被工业和信息化部认定为第五批服务型制造示范企业，江苏中科朗恩斯车辆科技有限公司被省工业和信息化厅认定为第八批江苏省服务型制造示范企业。全区累计有省级及以上服务型制造示范企业34家，其中国家级2家。

江苏晶雪节能科技股份有限公司 位于西太湖科技产业园，创立于1993年，专业研发、设计、生产和销售冷库围护系统节能隔热材料（节能隔热/保温夹芯板及门类配套产品），涉足工业建筑围护系统领域，是高新技术企业。以客户需求为导向，制定需求了解、市场调研、产品定制设计、深化设计、产品试生产、配套设施开发、安装、售后维护、客户使用反馈“一站式”服务流程，构建标准健全、绿色安全、应用广泛的产品服务体系。以数字化为手段，集成和实施系列核心智能制造装备和3D建模及仿真，提高个性化定制服务能力、快速建设和快速交付能力。打通产品设计、制造和管理的纵向集成，加快提高冷库围护系统设计、生产、安装和维护一体化服务能力。

江苏中科朗恩斯车辆科技有限公司 位于西太湖科技产业园，成立于2009年，定向研发生产各类LED视觉控制模块、车灯控制器等汽车电子产品，是高新技术企业，建有省级企业技术中心、省级智能车间。通过供应链协同实现精准服务，面向下游客户，通过企业管理系列软件与下游客户无缝对接，获取订单信息，形成排产计划，面向上游供应商，通过系统联动，实时获取物料需求和消耗进度数据，形成产品采购计划和外协加工计划，帮助获取采购信息。通过ISO 14001、IATF 16949、ISO 45001、两化融合AA级评定，曾获评国家专精特新“小巨人”企业、江苏省专精特新中小企业、瞪羚企业等，为奔驰、吉利、江淮等品牌汽车提供配套。

【智慧水务一体化工业互联网平台获评省服务型制造示范平台】 11月，由省工业和信息化厅认定。平台由江苏中盈高科智能信息股份有限公司建设，基于物联网、互联网理念完善智慧城市排水体系，采用信息化手段，结合GIS（地理信息系统）展示，实施排水管网、污水厂、泵站、污染源企业、排污口、村镇污水全要素管理，全面掌握排水系统运行情况，监测河流（湖泊）、企业排污口、农村污水、泵站、管网、污水处理厂等设施指标，合理调度“厂、网、站”等排水设施，建立完善运行监管和运维服务，保证排水系统安全高效运行。具备数据存储、实时监控、报警预警、数据分析、能耗分析、远程管控等基本功能，通过“一网统管”，保障城市排水设施正常运转，缓解城市内涝，提升污水处理质效，逐步达到城市排水业务精细化、科学化、智慧化运营效果。

（王海波）

【新增省级小微企业创业创新示范基地4个】 12月，拨云汇智慧产业园、国经·湖塘科技产业园、常州科教城国际创新基地、常州信息产业园被省工业和信息化厅认定为江苏省小型微型企业创业创新示范基地。其中，常州信息产业园位于武进高新区，成立于2014年，以常州信息职业技术学院为依托，利用其在电子信息、软件技术、智能制造、文化创意、工业互联网等领域人才和技术优势，引企入园，孵化集聚信息技术中小企业，搭建校企深度合作、产学研创结合、科研成果转化重要平台，培养信息技术高技能人才，为地区经济发展提供支撑。2023年，常州信息产业园组织技术洽谈会和技术对接会活动9次，服务企业400余家，促成技术合作协议5项，获得企业一致好评。

【新增省级中小企业公共服务示范平台7个】 12月，常州科教城智能信息产业服务平台、江苏省石墨烯中小企业公共服务平台等7个平台被省工业和信息化厅认定为江苏省中小企业公共服务示范平台，有效期3年，全区累计有省级中小企业公共服务示范平台17个。其中，常州科教城智能信息产业服务平台位于武进高新区，由长江龙城科技有限公司运营，是全市唯一一个五星级中小企业公共服务示范平台，面向常州科教城机器人、人工智能、新一代信息技术三大产业为代表的小微企业，转化科技成果，培育科技企业，发展高新技术产业。采取自建、共建、引进等方法建设各类服务平台，提供科技金融、企业创新管理、公共技术、法律咨询、知识产权等服务，推动技术创新和资源整合，助推企业做大做强做优。利用公共服务中心、门户网站、信息服务系统等线上、线下联动，推广宣传企业，传达双创扶持政策，通告各类项目申报信息，组织开展培训活动，达成平台信息数据共享。2023年，累计举办信息、投融资、创业、人才与培训、技术创新和质量、管理咨询等服务活动20场，服务企业756家次，培训人员889人次，获得企业广泛好评。江苏省石墨烯中小企业公共服务平台位于西太湖科技产业园，成立于2016年，依托江苏江南烯元石墨烯科技有限公司，瞄准石墨烯行业市场需求，为企业提供技术开发、技术咨询、技术服务、融资服务、检验检测、标准定制等共性技术研发和行业公共服务，帮助企业攻克技术难题，实现技术创新和升级。平台推动建成专业实验室9个、先进碳材料分析测试中心1个、中试线5条，联合南京工业大学、常州大学、江南石墨烯研究院等制备石墨烯原材料，开发石

表11 2023年度武进区新认定省级中小企业公共服务示范平台一览表

星　级	平　台　名　称	所在地
五星级	常州科教城智能信息产业服务平台	武进高新区
四星级	星星充电智慧运维平台	武进高新区
	佰腾科技创新成果（知识产权）电子商务平台	武进高新区
	百通“创新＋智能制造”平台	武进高新区
	江苏省石墨烯中小企业公共服务平台	西太湖科技产业园
	新能源发电、储能系统检验检测公共服务平台	西太湖科技产业园
三星级	江苏中科智能科学技术应用研究院	武进高新区

墨烯在热、力、电及复合材料领域的共性技术，推动技术成果转移转化。2023年服务企业456家次，培训人员755人次，企业满意度超99%。至2023年，累计申请专利210余件，其中发明专利114件，牵头或参与制定石墨烯产业相关标准5项，建设分中心2个、分基地2个。

（吴　洁）

"162"集群产业

高端装备产业

【概况】 2023年，武进区高端装备产业主要研发生产智能制造装备、轨道交通装备、高端农机装备、工业机器人和其他专用装备。有核心企业253家，完成产值919.64亿元，比2022年下降4.5%；实现主营业务收入948.44亿元，下降2.4%；实现利税114.46亿元、利润91.80亿元，分别增长4.3%、5.3%。恒立液压的高端液压元件智能制造示范工厂获评国家级智能制造示范工厂，常州中车柴油机零部件有限公司等7家企业获评国家级专精特新"小巨人"企业，江苏万盛铸造有限公司、江苏友奥电器有限公司等22家企业获评省专精特新中小企业，常州孟腾智能装备有限公司的动力电池CTP-S300S A/B电芯自动混合模组装配线获评省首台（套）重大装备。江苏常发农业装备股份有限公司获国家级工业设计中心、江苏省工程研究中心认证，江苏凯达重工股份有限公司获评国家级绿色工厂，江苏国茂减速机股份有限公司获评国家级绿色供应链企业。轨道交通行业因国内客运量恢复、高铁新增线路增长，叠加货运"公转铁"发展趋势，逐步迎来复苏，新誉集团有限公司、江苏今创车辆有限公司、中铁建电气化局集团轨道交通器材有限公司等重点企业产值增长明显；得益于新能源汽车发展，常州百利锂电智慧工厂有限公司、常州孟腾智能装备有限公司等新能源生产装备制造企业订单大幅增加；工程机械行业整体有所下滑，除恒立液压在欧洲地区订单大幅增加，柳工常州机械有限公司、江苏常发农业装备股份有限公司等企业订单都有不同程度减少。

【常州孟腾智能装备有限公司一装配线被认定为省首台（套）重大装备】 9月，该公司研制的动力电池电芯自动混合模组装配线（CTP-S300S A/B）被省工业和信息化厅认定为2023年度江苏省首台（套）重大装备。装备主要包含电芯自动上料、侧面贴胶、小单元成组、大面贴胶、塑料端板撕离型纸等模块，将电池直接集成至电池包中，省去中间模组架构，简化PACK（锂离子电池模组）结构。经该产线生产，电池包体积利用率提升10%～20%，生产效率提高30%～50%，能量密度达到200瓦时/千克，降低电池的制造周期和成本。产线打破国外企业垄断，专为CTP技术（计算机直接制版技术）设计，使更多车型在车身底部空间有限情况下提升电池包容量，提高空间利用率。

（石　敏）

【工业协作机器人产业集群被认定为省级中小企业特色产业集群】 7月，武进区工业协作机器人产业集群被省工业和信息化厅认定为江苏省中小企业特色产业集群，是省首批认定的中小企业示范集群，有效期3年。该集群位于武进高新区，占地面积21平方千米，以工业机器人为主导产业，聚集机器人产业链企业131家，其中中小企业129家，具备"关键零部件—整机生产—系统集成"完整机器人产业链，国内每4台工业机器人本体中有1台在武进生产。拥有技术创新中心（平台）70余个，引入中国机械总院江苏分院、哈尔滨工业大学等高校院所，与集群企业开展产学研合作，培育机器人领域智能制造系统集成商十余家，鼓励企业瞄准国际产业创新资源集聚区深化国际合作，在海外设立研发机构，建有全国首个知识产权保护中心，成为机器人产业"一站式"知识产权综合服务平台。集群产业治理和服务遵循"共商、共建、共享、共赢"机制，通过机器人产业联盟强化企业交流合作，推出支持机器人产业发展保险项目，有效降低企业经营风险，服务质量和治理成效较高。曾获批科技部机器人及智能装备创新型产业集群试点，获评江苏省机器人特色产业基地、江苏省机器人及智能装备科技成果产业化基地等。

（吴　洁）

【捷诺高精密减速机项目竣工】 该项目由捷诺传动系统（常州）有限公司于2021—2023年度实施，用地面积5公顷，新建厂房6.5万平方米，购置数控加工中心、全自动涂装线、数控磨齿机等设备153台（套），7月竣工，总投资4亿元，达产后可年产高精密减速机9万台。

【恒立电磁插装阀及集成阀组项目竣工】 该项目由江苏恒立液压科技有限公司于2022—2023年度实施，利用公司原有土地，规划建设车间2栋，总建筑面积4.4万平方米，购置珩磨机、无心磨床、加工中心等设备407台（套）。11月竣工，总投资10亿元，达产后可年产电磁插装阀1150万件、集成阀组50万件。

【常发大马力发动机及全动力自动换挡系统项目竣工】 该项目由江苏常发农业装备股份有限公司于2021—2023年度实施，利用原有厂房，购置大马力加载磨合台、轮胎拧紧机、制动器壳体自动线、变速箱壳体自动线、伞齿配对检查机、龙门加工中心等设备383台（套），与原有产线和设备相配套。11月竣工，总投资4亿元，达产后可年产300马力发动机、全自动动力换挡传动系统500台（套）。

【纳恩博智能服务机器人研发生产基地项目竣工】 该项目由纳恩博（常州）科技有限公司于2021—2023年度实施，用地面积3.17公顷，新建生产研发大楼、工业厂房等8万平方米，购置生产线10条，包括自动打包线、机器人码垛机等生产设备70台（套）。12月竣工，总投资5亿元，达产后可年产平衡车、电动滑板车、卡丁车等智能短途交通产品和配送机器人等服务类机器人产品100万台。

【铭赛高性能智能装联设备研发及产业化项目竣工】 该项目由常州铭赛机器人科技股份有限公司于2021—2023年度实施，用地面积2.58公顷，新建车间及配套用房、研发中心等建筑3.3万平方米，购置精密磨床、数控加工中心、流体清洗机、激光跟踪仪、振动测试系统等研发生产与检测设备99台（套）。

12月竣工，总投资3.4亿元，达产后可年增产高性能智能装联设备835台。

（朱梦斐）

智电汽车产业

【概况】 2023年，武进区智电汽车产业核心企业97家，完成产值1258.75亿元，增长121.5%；实现主营业务收入1311.85亿元、利税101.77亿元、利润42.10亿元，分别增长119.6%、303.5%、1479.5%。区政府办印发《武进区加快构建新能源汽车零部件产业生态工作方案》，通过龙头企业引领工程、重大项目招引工程等十大工程，推动智电汽车产业规模上台阶。江苏中科朗恩斯车辆科技有限公司等6家企业获评国家级专精特新“小巨人”企业，江苏东方龙机车集团有限公司等7家企业获评省专精特新中小企业，常州博帝汽车零部件有限公司获评苏南国家自主创新示范区瞪羚企业，汇川新能源汽车技术（常州）有限公司通过省级智能制造示范车间认定。理想汽车获评国家级绿色供应链企业，常州腾龙汽车零部件股份有限公司获评省级绿色工厂。理想汽车全系累计销售371923辆，12月单月销售突破5万辆。汇川新能源汽车技术（常州）有限公司生产的新能源汽车动力总成系统包括驱动电机系统、自动变速系统，适用于不同动力驱动的新能源汽车，客户需求量较大，合同订单数量增速较快。常州腾龙汽车零部件股份有限公司、江苏龙城精锻集团有限公司等企业订单数量稳步上升。

（石　敏）

【普世达汽车精密零部件项目竣工】 该项目由江苏普世达精密科技有限公司于2021—2023年度实施，用地面积2公顷，新建厂房3.4万平方米，购置CNC（数控机床）车铣复合中心、CNC加工中心、空压机等设备434台（套）。5月竣工，总投资3.6亿元，达产后可年产汽车零部件200万套。

【富维海诺智能车灯光源模组项目竣工】 该项目由常州亿诺光电科技有限公司于2022—2023年度实施，用地面积1.8公顷，新建厂房1.8万平方米，购置模组生产线、SMT（表面组装技术）生产线、注塑机等生产设备19台（套）。10月竣工，总投资3亿元，达产后可年产模组300万颗、PCBA（印制电路板）800万片。

【汇想新能源汽车动力总成系统项目竣工】 该项目由常州汇想新能源汽车零部件有限公司于2022—2023年度实施，租用厂房6000平方米，购置端子压接机、等离子清洗机、EOL（生产线下线检测仪）测试设备等设备及设施183台（套）。6月竣工，总投资2.1亿元，达产后可年产新能源汽车动力总成系统70万套。

【燕龙世润轻量化汽车部件项目竣工】 该项目由燕龙世润汽车零部件（常州）有限公司于2022—2023年度实施，租用厂房约9760平方米，装修改造后添置机器人、集成及焊接夹具、涂胶机、弧焊除尘设备、能源改造及设备、空压机、三坐标测量机、材料试验机等主辅设备304台（套）。9月竣工，总投资2亿元，达产后可年产轻量化汽车部件1156万件。

【新纶环保型软包动力锂电池用铝塑膜项目竣工】 该项目由新纶新能源材料（常州）有限公司于2023年度实施，利用原有厂房2300平方米，购置涂布机、挤出复合机、空调箱等生产设备10台（套），建设自动化生产线1条，11月竣工，总投资1.2亿元，达产后可增产动力电池铝塑膜3000万平方米。

（朱梦斐）

新一代信息技术产业

【概况】 2023年，武进区有新一代信息技术产业核心企业130家，完成产值392.15亿元，下降9.8%；实现主营业务收入441.50亿元、利税29.52亿元、利润21.52亿元，分别下降5.3%、29.3%、33.1%。区政府办印发《关于支持集成电路产业发展若干政策》，实施完善产业链、升级产业政策、打造产业园区、建设创新平台、创建特色基地等“七位一体”赋能行动计划，加速龙城芯谷建设。万帮数字能源股份有限公司获国家级工业设计中心、江苏省优秀企业、江苏省智能制造示范工厂、江苏独角兽企业等荣誉。常州安费诺福洋通信设备有限公司、常州磐诺仪器有限公司获评国家级专精特新“小巨人”企业，江苏南方通信科技有限公司、江苏圣创半导体科技有限公司等8家企业获评省专精特新中小企业，常州罗盘星检测科技有限公司等6家企业获评苏南国家自主创新示范区瞪羚企业。常州移远通信技术有限公司通过省级智能制造示范车间认定，瑞声光电科技（常州）有限公司、光宝科技（常州）有限公司、安费诺（常州）连接系统有限公司等重点企业市场需求比2022年同期下降明显，受中美贸易争端影响，部分项目转至海外，国内订单大幅减少。

（石　敏）

【移远通信模组智能制造基地项目竣工】 该项目由常州移远通信技术有限公司于2021—2023年度实施，用地面积7.2公顷，新建厂房10万平方米，购置SMT生产线40条、配套高自动化测试线136条，包含贴片机、屏蔽盖镭雕机、锡膏检测机等各类设备15824台（套）。10月竣工，总投资30亿元，达产后可年产4G/5G物联网模组、智能通信模组、窄带物联网模组及GPS等通信模组2亿片。

【宝仁5G光通信高精密元器件项目竣工】 该项目由江苏宝仁通信科技有限公司于2020—2023年度实施，用地面积3.33公顷，建设封装车间、装配车间、精加工车间、研发中心等建筑5.8万平方米，购置自动化耦合设备、高精密磨床、全自动切割机、全自动测试设备等设备约560台（套）。4月竣工，总投资5亿元，达产后可年产光无源通信器件系列产品3450万个（套）。

【圣创泛半导体封装设备项目竣工】 该项目由江苏圣创半导体科技有限公司于2021—2023年度实施，用地面积2.57公顷，新建车间及配套用房等建筑5.7万平方米，购置CNC加工中心、全自动钣金折弯机、激光切割机、数控冲压等生产研发与检测设备93台（套）。9月竣工，总投资2.65亿元，达产后可年产半导体引线键合机3000台。

【瑞声光电车载功放产品项目竣工】 该项目由瑞声光电科技（常州）有限公司于2023年度实施，租用厂房5700平方米，装修改造后购置自动点胶机、涂覆机、UV固化炉（用紫外线辐射实现固化和干燥的设备）等设备74台（套）。12月竣工，总投资3000万元，建成可年产车载功放产品35万件。

（朱梦斐）

新材料产业

【概况】 2023年，武进区新材料产业核心企业56家，完成产值107.38亿元，下降11.1%；实现主营业务收入108.97亿元、利税8.09亿元、利润5.29亿元，分别下降7.4%、12.4%、20.3%。江苏泛亚微透科技股份有限公司等4家企业获评国家级专精特新“小巨人”企业，常州富桐纤维新材料有限公司等7家企业获评省专精特新中小企业。常州回天新材料有限公司获评国家级绿色工厂、省级企业技术中心，常州百佳年代薄膜科技股份有限公司获评省级绿色工厂。受智电汽车产业增长拉动，新纶新能源材料（常州）有限公司铝塑膜产品合同订单增长较快，国外市场逐步打开，出口增长较多。由于3C市场需求疲软，常州富烯科技股份有限公司等企业订单大幅减少。

（石　敏）

【石墨烯先进碳材料产业】 武进区石墨烯先进碳材料产业主要布局在西太湖科技产业园，建有江南石墨烯研究院、江苏省石墨烯创新中心、常州大学碳材料研究院、南京工业大学西太湖产业学院等新型研发平台，具备集“研究院—众创空间—孵化器—加速器—产业园—特色小镇”于一体的创业孵化载体体系，形成涵盖研发设计、创业孵化、检验检测、标准制定、产品认证、知识产权等功能于一体的公共服务体系，累计形成原创性石墨烯产品150余种、全球首创成果14个。2023年，武进区持续提升石墨烯产业综合发展水平，引进深圳清华大学研究院石墨烯高比能量超级电容器项目、江苏钠博恩硬碳负极材料项目、国科领纤碳纸项目等石墨烯应用项目7个，入选市“龙城英才计划”项目3个。江南石墨烯研究院作为主要起草单位，完成地方标准2项，帮助企业申报地方标准2项、CSTM（中国材料与试验团体标准委员会）团体标准1项，承担全省先进碳材料标准化工作行动计划项目，通过先进碳材料全产业链标准体系建设，重点推动国际标准、国外先进标准、国内重要标准明细及实施工作计划。江南石墨烯研究院测试中心新增透射电子显微镜、水蒸气透过率测试仪、电感耦合等离子质谱仪等检测设备6台，中心在微纳领域检测与分析能力得到增强；与常州大学测试中心、天目湖先进储能技术研究院、常州检验检测标准认证研究院四方签约共建碳材料-新能源应用检验检测平台，合作推动建设检测、标准、认证等评价体系，共建共享检测仪器设备；中国检验检测学会创新科技服务站、常州碳材料质量基础设施“一站式”服务平台揭牌运营。江苏省石墨烯创新中心立项省重点研发计划产业前瞻及关键共性技术项目1个。新增国家级专精特新“小巨人”企业4家、省级专精特新中小企业3家，通过潜在独角兽企业、瞪羚企业认定2家。新增省级企业研发机构2个、省级中小企业服务平台1个，获省级科学技术奖一等奖1个、三等奖1个。举办国家新型碳材料先进制造业集群（常州）创新发展大会、全国石墨烯龙头企业闭门会议、常州碳材料质量基础设施“一站式”服务平台推介会等活动15场，诺贝尔物理学奖获得者康斯坦丁·诺沃肖洛夫、剑桥大学石墨烯研究中心主任安德里亚·卡罗·费拉里等国际知名石墨烯科学家在武进区考察对接。

（朱江宁）

位于石墨烯小镇中心区域的烯望创智港（供图/区融媒体中心　摄于2023年1月）

【天奈碳基导电材料复合产品项目竣工】 该项目由常州天奈材料科技有限公司于2021—2023年度实施，用地面积6.67公顷，新建厂房、办公用房、生产辅助用房等5.4万平方米，购置高温纯化、复合产品导电浆料、导电塑料母粒设备1080台（套）。11月竣工，总投资10亿元，达产后可年产导电浆料5万吨、导电塑料母粒5000吨、纯化碳纳米管3000吨。

【奥智显示模组用超薄导光板项目竣工】 该项目由常州奥智高分子新材料有限公司于2021—2023年度实施，用地面积2.67公顷，新建厂房4.3万平方米，新增生产线13条，购置裁板机、成型机等相关生产设备，采用国际领先高温高压融压技术开展生产。8月竣工，总投资3亿元，达产后可年产PS（聚苯乙烯）扩散板、高性能导光板等高分子光学材料3.5万吨，服务三星、LG、夏普等国际知名主机商。

（朱梦斐）

新能源产业

【概况】 2023年，武进区新能源产业核心企业32家，完成产值102.68亿元，下降34.6%；实现主营业务收入116.62亿元，下降26.9%，实现利税10.26亿元、利润8.31亿元，分别增长15.8%、19.4%。区政府办印发《关于支持武进区氢能产业发展的若干措施》《武进区加快推动氢能产业发展的实施意见》，从政策层面推动氢能产业健康发展、核心技术加快突破、规模化示范应用广泛开展。江苏晶雪节能科技股份有限公司获评国家级服务型制造示范企业、国家级绿色工厂，沃沛斯（常州）能源科技有限公司、常州九天新能源科技有限公司获评国家级专精特新“小巨人”企业，江苏格林保尔新能源有限公司通过江苏省工程技术研究中心的认定。受国内市场行情影响，常州尚德太阳能电力有限公司、常州顺风太阳能科技有限公司、常州九天新能源科技有限公司等企业订单销量减少，组件价格较2022年同期下降约30%，但光伏企业国际竞争优势明显，欧洲客户增加，出口订单量有所增加，利润大幅增加。

（石　敏）

【格林保尔高效单晶电池片项目竣工】 该项目由江苏格林保尔光伏有限公司于2020—2023年度实施，用地面积5.67公顷，新建车间及配套设施等5.2万平方米，购置单晶槽式机、PECVD（等离子体增强化学气相沉积）设备、空压机等生产设备543台（套），新增PERC+单晶高效电池片生产线4条、异质结太阳能电池片生产线8条。8月竣工，总投资33亿元，达产后可年产单晶高效电池片5.4吉瓦。

【宁美光伏太阳能组件项目竣工】 该项目由江苏宁美新能源有限公司于2023年度实施，租赁厂房1.63万平方米，装修改造后购置太阳能电池片自动串焊机、光纤激光划片机、高线裁切机等85台（套）。7月竣工，总投资3亿元，达产后可年产太阳能光伏组件100万套。

【邦威风电齿轮箱及行星架项目竣工】 该项目由常州市邦威机械有限公司于2023年度实施，利用自有车间及配套用房7300平方米，智能化改造车间2000平方米，建设恒温车间，购置帕马铣镗加工中心、台湾威立龙门加工中心、日本O-M型CNC立式车床、海克斯康龙门式三坐标测量机等设备10台。10月竣工，总投资1.06亿元，达产后可年产风电齿轮箱1000套、行星架800套。

【兆晶太阳能电池组件项目竣工】 该项目由常州兆晶光能有限公司于2022—2023年度实施，利用公司自有土地，建设车间1栋，建筑面积2.32万平方米，购置划片串焊设备、自动排版机、EL（电致发光）测试机等设备28台（套）。4月竣工，总投资7500万元，达产后可年产太阳能电池组件1吉瓦。

（朱梦斐）

医疗健康产业

【概况】 2023年，武进区医疗健康产业核心企业89家，完成产值101.72亿元，下降12.2%；实现主营业务收入97.46亿元、利税14.77亿元、利润10.77亿元，分别下降2.7%、12.7%、18.1%。博睿康科技（常州）股份有限公司获评国家级专精特新“小巨人”企业、苏南国家自主创新示范区瞪羚企业，天衍医疗器材有限公司、江苏创英医疗器械有限公司、江苏冠创医疗科技有限公司等获评苏南国家自主创新示范区瞪羚企业、省专精特新中小企业，江苏唯德康医疗科技有限公司通过省绿色工厂、省工业设计中心认定。因医疗行业集采，常州华森医疗器械股份有限公司、天衍医疗器材有限公司等公司重心转移至内销。江苏聚荣制药集团有限公司产品订单大幅增加。

（石　敏）

【佰仁心外科植介入医疗器械项目竣工】 该项目由佰仁医疗（江苏）有限公司于2022—2023年度实施，用地面积5.07公顷，新建厂房、研发楼、专家楼等建筑5万平方米，购置金属焊接机、流变机、流变机工装等生产设备50台（套）。10月竣工，总投资3.8亿元，达产后可年产人工心脏瓣膜介入输送系统1.88万套。

【朗轩斯微创手术器械精密组件项目竣工】 该项目由常州市朗轩斯精密机械有限公司于2022—2023年度实施，用地面积1.92公顷，新建厂房、办公楼、研发中心等建筑3.21万平方米，购置连续冲压、走心机、加工中心、五轴制造单元等设备308台（套）。6月竣工，总投资2.8亿元，达产后可年产微创手术器械精密组件1500万件。

【东星华美医疗器械项目竣工】 该项目由东星华美医疗科技（常州）有限公司于2022—2023年度实施，利用原有土地建设厂房、办公楼等建筑3万平方米，购置数字化全自动配光仪、安规分析仪等设备。10月竣工，总投资1.25亿元，达产后可年产电动液压手术台8000台、手术无影灯8000台、电动分娩床8000台、外科手术固定装置8000台、吊塔8000台。

【济凡生物试剂项目竣工】 该项目由济凡生物科技（常州）有限公司于2022—2023年度实施，租赁厂房1.84万平方米，购置包被机、压膜机、配液罐、清洗罐等设备236台（套）。5月竣工，总投资1亿元，达产后可年产磁珠法核酸提取产品3亿人份、离心柱核酸提取试剂产品240万人份、样本保存套装10万人份、生物微球2万升。

【阿酷育一次性电子宫腔镜项目竣工】 该项目由阿酷育医疗科技（常州）有限公司于2023年度实施，租用厂房2000平方米，新增热风循环烘箱、超声波洗净干燥机等主要设备90台（套）。9月竣工，总投资1亿元，达产后可年产一次性电子宫腔镜20万个。

（朱梦斐）

节能环保产业

【概况】 2023年，武进区节能环保产业核心企业35家，完成产值103.48亿元，增长4.7%；实现主营业务收入94.98亿元、利税8.53亿元、利润6.29亿元，分别增长8.3%、7.0%、4.3%。常州凯泽环保科技有限公司、江苏天兴环保股份有限公司等企业获评省专精特新中小企业，江苏月仙冷藏设备集团有限公司通过省级企业技术中心认证，江苏河马井股份有限公司获评省绿色工厂。江苏晶雪节能科技股份有限公司、常州常发制冷科技有限公司、江苏海鸥冷却塔股份有限公司等重点企业受国内绿色环保发展带动，出口欧美订单大幅增加。

（石　敏）

【全风环保除尘设备项目竣工】 该项目由江苏全风环保科技有限公司于2023年度实施，新购置生产车间2694.35平方米，实施室内装修、消防改造、钢结构平台改造等，购买自动化焊接机器人、激光上下料机器人等设备。11月竣工，总投资3000万元，达产后可年产环保除尘设备3万台（套）。

【龙英预制架空保温管低碳智能化生产线项目竣工】 该项目由江苏龙英管道新材料有限公司于2022—2023年度实施，利用公司原有土地1公顷，新建车间及生产辅助楼8856平方米，搭建生产线遮雨棚1344平方米，购置断料设备、坡口机、卷管机、发泡设备等设备24台（套）。11月竣工，总投资6600万元，达产后可年产预制架空保温管3万根。

（朱梦斐）

纺织服装产业

【概况】 2023年，武进区纺织服装产业核心企业69家，完成产值117.02亿元，下降1.4%；实现主营业务收入117.68亿元、利税5.55亿元，分别增长2.8%、1.5%，实现利润3.14亿元，下降0.6%。常州市克劳得布业有限公司、常州丁丁纺织科技有限公司等企业获评省专精特新中小企业，江苏瓯堡纺织染整有限公司获评国家级绿色供应链企业。常州群达纺织原料有限公司等重点企业受客户清库存影响，国外订单总体不多。

（石　敏）

【思成凯业精密制针项目竣工】 该项目由常州思成凯业精密制针有限公司于2022—2023年度实施，租用厂房1.38万平方米，购置冲床、五联机、十联机、井式回火炉、超声波清洗机、真空超声波清洗机等设备683台（套）。3月竣工，总投资5500万元，达产后可年产电脑横机、经编机、割刀配件2.76亿枚。

【银田高端家居面料项目竣工】 该项目由常州市银田纺织有限公司于2022—2023年度实施，利用自有土地，新建车间9645.4平方米，购置整经机、经编机、剖幅机等设备66台（套）。6月竣工，总投资2800万元，达产后可年产家居面料8000吨。

【全棉新型超净擦拭材料及医用纺纱项目竣工】 该项目由全棉乐家科技（江苏）有限公司于2022—2023年度实施，利用原有厂房、办公楼、研发中心等4000平方米，新增进口奥特发水刺无纺布生产线1条、全自动转杯纺纱机流水线12条及专利超净水洗机处理设备等设施设备164台（套）。3月竣工，总投资1亿元，达产后可年产医用纺纱1万吨、超净无纺布4000吨。

（朱梦斐）

绿色精品钢产业

【概况】 2023年，武进区绿色精品钢产业集群核心企业57家，完成产值412.74亿元，增长6.1%；实现主营业务收入437.52亿元、利税23.67亿元、利润14.09亿元，分别增长15.7%、22.7%、30.7%。常州市联谊特种不锈钢管有限公司获评国家级专精特新“小巨人”企业；东方特钢入选工业和信息化部5G工厂，获评国家级绿色供应链企业，企业生产的活塞杆用热轧圆钢、车辆皮带轮用热轧圆钢被评定为国家级金杯优质产品，电梯导轨用热轧型钢获评“江苏精品”；常州市联谊特种不锈钢管有限公司投资3.5亿元实施联谊航空零部件项目，完成年度投资1.8亿元，用于厂房建设及购买设备。受房地产市场持续走低、企业投资意愿趋保守等因素影响，钢铁市场需求萎缩，恢复、增长乏力。

（石　敏）

【东方特钢5G智慧钢厂获评国家级5G工厂】 11月，由工业和信息化部认定。该公司坚持推动智改数转，联合中国移动常州分公司实施5G智慧工厂项目，以“5G+工业互联网”为基础，构建企业级工业互联网平台，下辖智能化生产、数字化管理、绿色化生产、安全化管控等应用场景，降低生产成本，提高生产能力和服务水平。开展数据中心、废钢智能判级系统、大数据平台系统、人力资源系统等5G项目优化。改造后，能耗总量降低，年降成本2000多万元。其中，东方特钢烧结厂对煤库行车实施“5G+无人化”改造，部署5G接入终端，通过5G专网实现行车和中控室数据互通，采用精准定位、三维扫描、电子防摇、智能AI检测等关键技术，实现行车全自动运行和多车协调联动作业、料种按区堆取、自动倒料和掺配、料仓自动上料和防堵料等功能，降低人员作业强度，改善人员作业环境，提高工作效率和设备安全性，实现人、机、料等要素全面互联管控。

（吴志坚）

江苏瓯堡纺织染整有限公司生产场景　　（摄影/何晓丹　摄于2023年6月）

五星级工业企业选介

【理想汽车】 创立于2015年，位于武进高新区，是重庆理想汽车有限公司的核心生产基地，设计、研发、制造和销售豪华智能电动车。有员工3000多人，2020年在美国纳斯达克证券市场挂牌上市，2021年在香港联交所主板上市。有冲压、焊接、涂装、总装四大车间，建成年产10万辆新能源整车及核心零部件产业园，通过智能化系统控制实现无人化（少人化）生产，其焊装车间自动化率100%，涂装及冲压车间自动化率均超96%。主要车型有理想L9、L8和L7。2023年，交付新车37.6万辆，累计交付量超63万辆，完成工业产值959.77亿元，实现销售收入999.09亿元，获全市2023年度特别重大贡献奖、工业五星企业、销售规模奖、纳税百强企业奖。

【瑞声（中国）投资有限公司】 成立于1993年，位于武进高新区，是享誉全球的精密制造龙头企业、工业和信息化部认定的“三料”（微型声学、触觉反馈、MEMS麦克风）制造业单项冠军示范企业，2005年在香港上市，是《财富》中国500强及中国制造业500强企业。坚持创新驱动发展策略，每年研发投入超营业收入的10%，研发中心分布全球19个国家和地区，在微型声学、精密光学、电磁传动、MEMS传感器等领域拥有自主核心技术。主要生产微型电声器件、微型振动电机、陶瓷传感器、射频模块、微型摄像镜头等，涵盖声学、微机电等新型微型技术器件领域，应用于移动终端、机器人、无人驾驶汽车、智能穿戴等人机交互领域，与全球六大手机品牌商建立长期稳固的战略合作关系，市场份额居全球前列，是国内电子元器件领域最重要的供应商之一。2023年，完成工业产值99.13亿元，实现销售收入112.26亿元，获全市2023年度重大贡献奖、工业五星企业、销售规模奖、纳税百强企业奖。

【东方润安集团有限公司】 成立于2009年，位于湟里镇，是集钢铁、导轨、铜业于一体的现代化制造业集团，有员工5000余人。钢铁板块专注生产制造合结钢、弹簧钢、轴承钢、电梯导轨钢等产品，拥有330万吨优特钢产能，是华东地区优特钢精品棒材、型材主要供应商。导轨板块产品品质高，市场份额全球领先，成为电梯导轨专业制造商。铜业板块涵盖铜材加工、国际贸易等，年产精品铜杆40万吨、精品铜线15万吨、精密铜管30万吨，是长三角地区知名铜杆、铜线、铜管供应商。产品和服务网络覆盖全国，出口东南亚、欧洲和中东等地区。2023年，完成工业产值499.81亿元，实现销售收入529.41亿元，获全市2023年度工业五星企业、销售规模奖、纳税百强企业奖。

【常州新奥燃气发展有限公司】 成立于1995年，位于武进高新区，前身是武进市燃气总公司。2003年5月，与新奥（中国）燃气投资有限公司共同出资组建中外合资公司。至2023年年底，累计建成“西气东输”洛阳门站1座、“川气东送”门站2座、LNG（液化天然气）储配站3座、汽车加气站3座，敷设管道6800多千米，实现镇镇通，主要行政村全部通气，覆盖经营区域面积1266平方千米、人口190余万人，为56万户居民用户及6000多个工商业用户、2000多辆天然气汽车提供清洁能源服务，累计向全市供应天然气72.7亿立方米。2023年，完成工业产值31.59亿元，实现销售收入30.29亿元，获全市2023年度工业五星企业、纳税百强企业奖。

【江苏国茂减速机股份有限公司】 成立于2013年，位于武进高新区，是高新技术企业，中国通用机械工业、减变速机行业的标杆型专业制造服务企业和领军企业，有员工2400余人，2019年在上海证券交易所A股主板上市。建有江苏省减速机传动机械工程技术研究中心和江苏省企业技术中心，主营产品为齿轮减速机和摆线针轮减速机，年产量70万台，广泛应用于工程机械、智能物流与仓储、工业自动化、冶金、环保、化学工业、可再生能源等通用机械行业领域，出口数十个国家，拥有国内一级经销商84个、国外服务商10多个。2023年，完成工业产值25.14亿元，实现销售收入26.54亿元，获全市2023年度工业五星企业、纳税百强企业奖。

【江苏顺风光电科技有限公司】 成立于2005年，位于武进高新区，主要从事太阳能电池及组件研发、生产、制造和技术服务，是高新技术企业，可年产晶硅太阳能电池4.2吉瓦、太阳能组件4.5吉瓦。重视产品研发，拥有资深研发工艺团队，太阳能电池产品转化效率、转换效率持续提高并稳定量产，在光伏行业处于领先水平，其中高效PERC电池品质优、可靠性高，受到国内外众多组件客户好评。2023年，完成工业产值33.98亿元，实现销售收入44.08亿元，获全市2023年度工业五星企业、纳税百强企业奖。

【卡尔迈耶（中国）有限公司】 成立于2005年，位于武进高新区，是德国卡尔迈耶控股公司投资注册成立的外商独资企业、重要生产基地，员工约830人。依托母公司在经编机、整经机和纺织装备设备、横机等领域的技术优势，生产新型纺织机械及其附件，备件、夹具、工程用特种纺织品，提供精密仪器设备

江苏国茂减速机股份有限公司的智能仓储车间（供图/工信局　摄于2023年12月）

的维修保养和售后服务，以及国际经济、科学技术的信息咨询服务，企业管理咨询服务等处于世界领先地位。2023年，完成工业产值14.32亿元，实现销售收入15.24亿元，获全市2023年度工业五星企业、纳税百强企业奖。

【安川（中国）机器人有限公司】 成立于2012年，位于武进高新区，是日本株式会社安川电机在海外设立的首个机器人制造基地。主要研发、设计、生产工业用六轴机器人，年产能2.4万台，应用于汽车、电池相关、5G、新能源等新基础设施领域以及半导体、电子零件市场。2023年，完成工业产值14.41亿元，实现销售收入14.63亿元，获全市2023年度工业五星企业、纳税百强企业奖。

【常州市威普电子科技有限公司】 成立于2003年，位于洛阳镇，专业研发、生产、销售铝镁合金精密压铸结构件。拥有独立技术研发团队，技术力量雄厚，与高校、产业研究院所深度合作，研究新一代铝镁合金半固态压铸技术，以及产品在航空航天、智电汽车轻量化、消费电子等行业的产业化，深耕“重点基础材料技术提升与产业化”专项的高性能镁／铝合金高品质铸件制备技术。2023年，完成工业产值6.64亿元，实现销售收入6.52亿元，获全市2023年度工业五星企业、工业亩均效益奖。

（王海波）

【江苏恒立液压股份有限公司】 始创于1990年，位于武进高新区，是大型跨国经营企业、中国液压行业龙头企业，2011年在上海证券交易所主板上市。在全球建有研发中心7个、制造基地11个，员工总数7000余人，形成气动、液压、电动化三大业务板块，主要研发和制造高压油缸、液压泵阀、液压马达、液压系统、高精密液压铸件、电动缸等系列产品，遍及工程车辆、港口机械、能源开采、隧道机械等行业，产品销往20多个国家和地区。曾获第七届中国工业大奖、工业和信息化部制造业单项冠军示范企业、国家知识产权示范企业、工业和信息化部智能制造示范工厂、江苏省制造突出贡献奖。2023年，完成工业产值75.96亿元，实现销售收入96.69亿元，获全市2023年度重大贡献奖、工业五星企业、纳税百强企业奖。

【常州腾龙汽车零部件股份有限公司】 成立于2005年，位于西太湖科技产业园，员工超5000人，其中资深研发工程师400多人。2015年在上海证券交易所主板上市，是高新技术企业。建有省级企业技术中心和工程技术研究中心，拥有专有工艺技术60余项，先后在武汉、山东、广东、陕西、柳州等地设制造工厂，在欧洲、东南亚建立生产基地，在法国、德国、荷兰、中国香港设立销售中心，产品矩阵较为完善，以汽车热管理系统产品为基础，多项核心零部件共同发展，包括EGR（废气再循环）产品、汽车胶管、电子水泵等零部件，直接或间接配套国内外主流汽车品牌，与蔚来、小鹏、理想等新能源品牌保持良好合作关系。2023年，完成工业产值17.64亿元，实现销售收入26.64亿元，获评全市2023年度工业五星企业。

【新誉集团有限公司】 成立于2002年，位于武进高新区，专业从事轨道交通、新能源、数控设备、现代物流、办公设备、航空6项核心业务，是高新技术企业、国家火炬计划轨道产业基地骨干企业、铁路总公司机车车辆配套重点生产企业，有员工4000余人。建有省级工程技术研究中心、省级博士后科研工作站，拥有国家级EMC电磁兼容实验室、3.8兆瓦的机组出厂地面全性能检测试验台等，开发全自动无人驾驶系统、高速重载动车牵引系统、大功率牵引变流器、牵引电机、高速列车空调系统及控制器等重点新产品20多个，产品广泛应用于高铁、城际列车、机车、地铁、单轨、APM（自动旅客捷运系统）机场捷运以及轻轨等。2023年，完成工业产值27.5亿元，实现销售收入29.04亿元，获全市2023年度工业五星企业称号及纳税百强企业奖。

（徐晓波）

【江苏常发实业集团有限公司】 成立于2000年，总部位于湖塘镇，是集农业装备、制冷器材、热管理技术、民用直升机传动系统、房地产等于一体的大型多元化产业集团。下属江苏常发农业装备股份有限公司、常州常发制冷科技有限公司、常州华创航空科技有限公司、常州恒创热管理有限公司、常发地产集团有限公司五大子公司，有员工1万余人，其中各类专业技术人员1500余人。建成国家级企业技术中心、国家级工业设计中心、省级工程技术研究中心、省级工程研究中心等多个科研平台，拥有有效专利650余件，参与制定国家、行业标准35项。主导产品220～240马力段拖拉机连续四年国内销售第一。2023年，完成工业产值94.95亿元，实现销售收入83.28亿元，入选江苏民营企业200强榜单、江苏民营企业社会责任领先企业名单，获全市2023年度工业五星企业、销售规模奖、纳税百强企业奖。

【纳恩博（常州）科技有限公司】 成立于2014年，位于常州科教城，是九号有限公司子公司，主要生产智能电动平衡车、智能电动滑板车、服务机器人等，常州基地建成年产100万辆智能短途交通产品产业园，产品销往全球100多个国家和地区。其中，平衡车、滑板车和卡丁车等产品获得iF设计奖、红点最佳设计奖、至尊奖等国内外设计大奖和创新产品奖项。2023年，完成工业产值19.44亿元，实现销售收入24.12亿元，获全市2023年度重大贡献奖、工业五星企业、纳税百强企业奖、工业亩均效益奖。

【百兴集团有限公司】 始建于1988年，位于礼嘉镇，是以工业制造为主、其他产业为辅的民营企业集团。制造业主要集中在光伏、储能、锂电、3C、家居装饰等领域，拥有30余年高分子材料研发制造经验，在中国江苏省常州市、盐城市，安徽省滁州市，陕西省咸阳市，以及越南设有五大生产基地，建有江苏省柔性显示与照明新材料工程技术研究中心，主营产品包括光伏胶膜、背板、BOPET薄膜、PVC薄膜、PC薄膜等，广泛应用于光伏、储能、锂电、消费电子和家居装饰等领域，曾获评国家级专精特新“小巨人”企业。2023年，完成工业产值20.25亿元，实现销售收入20.87亿元，获评全市2023年度工业五星企业。

（沈娇露）

商贸服务业

Commercial and Trade Service Industry

栏目编辑　陈　诚

商贸流通

【概况】 2023年，武进区抓住消费复苏机遇，大力推进模式创新、业态创新，多措并举促进消费增长，提升商贸服务质量，释放市民消费热情。区商务部门加强市场运行监测，及时、准确反映武进消费品市场整体运行状况和市场供求动态，推动商贸流通业健康发展。开展新能源汽车展销、龙城嗨购节、消费促进月等惠民促销活动，4家商贸企业入选“苏新消费”销售竞赛优胜单位，获得奖励资金120万元。响应常州市新能源汽车购置补贴，组织辖区内77家新能源汽车销售企业参加活动，销售金额54.1亿元，补贴金额1.17亿元。加快农贸市场改造提升，申报农贸市场省级商务发展资金项目2个，获得补贴28.47万元。加强行业安全监管，督查、检查企业单位220家次，发现并整改问题隐患462个(处)。维护烟酒市场秩序，组织119人次联合检查和明察暗访烟酒店285家，责令改正2家，下发烟酒店违规发售及超配额发售烟卡专项检查通知5份。推动开展预付卡监管创新，试点备案制管理和第三方平台资金监管，受理“12345”政府公共平台派发预付卡投诉单1107件，调处率100%。

1—12月，全区社会消费品零售总额794.05亿元，同比增长10.4%，总量和占比在全市位于前列；限额以上单位社会消费品零售总额278.45亿元，比2022年增长16.0%。春节消费市场运行良好，9家重点大型商贸流通企业实现销售额1.22亿元；武进吾悦广场和武进万达广场分别实现销售额7600万元和1962万元，日均客流分别为7.5万人次和4.72万人次。

【武进区新能源汽车展销活动】 4月21日，2023武进区新能源汽车展销活动在新天地公园南广场启动。该活动由武进区人民政府主办，区商务局、武进高新区、湖塘镇、武进区融媒体中心等单位承办。展览为期3天，聚集理想、比亚迪、特斯拉、吉利、保时捷、宝马等30多个新能源品牌，涵盖微型车、轿车、SUV、七座车等车型。汽车巡展共收到订单200多个，收集意向客户3000余人，参展人数超3万人。

【花园街商业街】 位于人民路以南、滆湖路以北、武宜路以东、和平路以西，以花园街为中轴线，街区涵盖百货、超市、餐饮和娱乐多种业态。至2023年，运营商业项目有武进万达广场、新天地不夜城、新城上街、路劲又一城。

武进万达广场位于花园街北端，建筑面积59万平方米，是集超市、五星级酒店、影院、KTV、美食以及办公、居住于一体的城市综合体。2023年，实现销售额8.05亿元，总客流1682.42万人次，日均客流4.61万人。

路劲又一城位于花园街、长虹路高架的交会处，建筑面积18万平方米，是集购物、美食、儿童、休闲、娱乐于一体的大型商业广场。2023年营运品牌224个，其中知名品牌有大润发、海底捞、天空之城、金逸影城、水调歌城、耐克、阿迪、哥弟、阿玛施、百丽、蛙喔、半天妖、九田家、钱小奴海鲜自助等，2023年实现销售额7亿元。

【武宜路商圈】 武宜路为贯通常州市区与金南翼武进中心城区的南北方向交通

武进万达广场IMAX店观影火热　（供图/区融媒体中心　摄于2023年1月）

要道，沿途聚集武进吾悦广场、星河国际商业街、四季青购物中心等商业载体。

武进吾悦广场总建筑面积80万平方米，涵盖大型超市、购物中心、主题会所、酒店式公寓、高端住宅等业态，汇集购物、美食、娱乐、休闲、亲子、超市、电影、步行街，代表性品牌有同庆楼、孩子王、优衣库、无印良品、海底捞、嘉禾影院、星巴克、理想汽车、苹果等。2022年起提档形成以兰蔻、迪奥、YSL等高端化妆品领军，各业态头部品牌集聚的城市标杆商业综合体。多次获评“中国连锁企业——最佳区域购物中心”等称号，在运营商业品牌超300家，消费客户定位以年轻、时尚、家庭客群为主。2023年，实现销售额23亿元，年复合增长率21%，市场占有率超20%。

星河国际商业街总规模30万平方米，运营项目有麦德龙、星河HOME、滨水商业、国际欢乐广场、国际风情广场，其中迪卡侬（健康运动基地）2023年销售额4526万元。

【武进乐购商圈】 位于湖塘镇常武路与定安路交会处，拥有富克斯流行广场、武进购物中心、南洋广场等大型商业设施，以及周边住宅小区沿街商业。

武进购物中心总建筑面积16万平方米，设置购物区、休闲餐饮区、主题休闲娱乐区、主题文化艺术区以及金融商务区，入驻主力商家深圳海港大酒楼、苏宁电器、莱蒙电脑城、海乐迪量贩KTV都是具备强大影响力的品牌，是集时尚消费、休闲娱乐、文化数码、特色餐饮、商务办公于一体的时尚之城。商业体周边有武进路桥小商品市场、湖塘皮革城、家家爱家具、苏宁电器、金米兰家具等。

富克斯流行广场总营业面积4.8万平方米，运营品牌有通灵、天梭、周大福、潮宏基、老凤祥、钻石世家、欧珀莱、百丽、千百度、蹀愫、新秀丽、沙驰、VERO MODA、遐逸、诗凡黎、波司登、玖姿、木子兰、莱芙艾迪尔、金利来、报喜鸟、太平鸟、GXG、耐克、阿迪、富安娜、水星家纺、好孩子、斯乃纳、丽婴房等，2023年实现销售额3.9亿元。

（潘　磊）

【夏溪花木市场】 夏溪花木市场位于嘉泽镇，隶属万臻生态科技有限公司，总占地面积133.33公顷，其中建成区域面积90公顷，集聚稳定商户2500余个、花木经纪人3万余人及园林企业500余家。2023年，该市场发挥“价格指数”、“花木源”App、微信客户端、夏溪花木网等线上平台功能，推进花木行业电商发展，打造花境展销区，将产品销售、直播带货多渠道融合。在花木行业急剧萎缩及消费降级的大背景下，以强劲势头实现逆势增长，完成市场交易额198.87亿元，同比增长3.5%，保持在全国花木类市场中的龙头地位。11月，该市场连续三届入选“中国商品市场综合百强”榜单，同时入围首次发布的“时尚市场”榜单，成为全省唯一一家获得两项荣誉的市场。

（应　彦）

【江苏明都汽车集团】 江苏明都汽车集团有限公司是以汽车销售服务为核心、金融投资和高星级酒店为辅的多元化集团企业，总部位于武进区湖塘镇常武北路280号。拥有全资子公司42家，控股公司5家，参股公司2家，员工2800人，年末固定资产账面余额17.66亿元。代理主流汽车品牌20个，拥有品牌汽车4S店42家，销售网点主要分布在常州、无锡、苏州、镇江、扬州、南通和湖南邵阳等地，同时经营汽车租赁、二手车置换等业务，是江苏省和常州市汽车销售服务领域的领军企业。

2023年，该集团公司克服汽车行业受到全球经济下行和新能源车技术迭代等影响，优化经营布局，加强品牌建设。建成南通路特斯、无锡阿维塔新能源汽车4S店2家、常州领克、扬州宝华商超店2家，改造升级常州路卡斯、苏州德诚等4S店4家，引进无锡极氪、镇江极氪品牌。完成销售额69.34亿元，同比增长8.14%，保持较好的市场份额。是年，该公司列中国汽车经销商集团百强排行榜第72名、中国民营汽车流通企业百强排名榜第50名，获评江苏省“2023年度优秀汽车经销商集团”和常州市“服务业四星企业”等。

（张宏伟）

粮食购销

【概况】 2023年，武进区有粮食收购备案企业24家（含国有企业1家）。推进“放心粮油”工程建设，年末有市级示范粮油销售及加工企业7家、区级“放心粮油销售店”18家。完成轮换储备小麦、粳稻任务，区政府储备粮管理符合规定要求。全区各类粮食收购主体理性参与粮食市场收购，完成全社会粮食收购10835万千克，其中小麦2376万千克、稻谷8459万千克。区粮食部门做好粮食产销对接及武进地区粮食收购工作，组织粮油经营企业建立粮食协作平台，实施与外地粮食生产基地的零距离衔接，全年签订协议粮食购销数量3786万千克。按照要求落实政府成品粮油存储，加强联合监管，优选部分粮食企业签订协议，确定区粮油应急加工企业和粮油应急供保网点。

【粮食应急保供】 2023年，武进区加强与属地政府沟通协调，定期跟踪监测粮食生产销售情况，有效保证市场供应充足，确保“米袋子”安全。加强完善区级粮食应急网点建设，结合原有粮油米面应急储备的网络布局，以3家大米加工生产企业、2家粮食配送、31个应急供应网点、1家物流企业、1家储运企业为生产供应链，以2家大型超市生活物资采购、储备、配送等能力为一线供应保障，实现2小时内组建1500人以上应急保障队伍。严格检查考评，确保成品粮、食用油、冻猪肉等储备规模到位、数量真实、管理规范。建立健全应急物资储备保障体系，加强自然灾害应急物资保障体系建设，严格落实生活保障物资储备，做到储得好、调得快、保得优，全面提升防范重大自然灾害和处置突出事件的保障能力。

（潘　凌　谢志峰　唐　莉）

烟草专卖

【概况】 2023年，武进区烟草专卖局（分公司）统筹推进企业发展和安全生产工作，新办烟草零售许可证489户，变更91户，延续2456户，停业74户，恢复营业41户，补办19户，歇业263户，责令整顿恢复营业41户，审批注销163户，收回40户。至年末，全区持有烟草专卖零售许可证零售户6110户，实现卷烟销量4.81万箱。

【烟草市场监管】 2023年，武进区烟草专卖局落实“全方位加强市场监管”要求，维护辖区卷烟市场秩序。全年共查获各类涉烟违法案件411起，其中假私烟案件148起，查获各类违法卷烟2006.74万支，涉案案值2424万余元。强化卷烟非法流通监管，查获物流寄递、道路运输涉烟案件45起。加强电子烟监管，查扣电子烟21206个／盒，涉案案值155万余元。开展打假打私专项行动，统筹推进重大案件侦办，成功办结申报重大网络案件2起。深化政务服务，许可证数量保持总体稳定。提升“12313”热线运行质效，处置投诉举报工单529件，处理满意率98.58%。协作市监、商务等部门，联合开展中小学周边清理、无证户整治、烟卡治理等活动，努力营造良好的市场环境。积极履行社会责任，加大向未成年人销售卷烟（电子烟）的打击力度，开出首张向未成年人售烟罚单。强化法制宣传，开展形式多样的法制宣传活动，引导零售户树立诚信经营、守法经营、规范经营的自律意识。

【卷烟营销】 2023年，武进区烟草专卖局（分公司）坚持稳中求进，推动经济运行平稳向好。完善烟草制品零售终端生态布局，做优做强现代零售终端体系建设，持续推动城乡网络一体化发展，建成加盟终端10户，新现代终端126户，组织农网零售客户积极参加“2023年全省‘最美乡村零售终端’示范店评选大赛”活动。推进烟草制品零售户信用体系建设，签约率达99.77%，诚信客户占比97.40%，区域诚信互助小组成员覆盖率100%。立足“我为群众服好务”活动，收集并解决核心意见问题40条。打造可持续营商生态圈，通过微信公众号推送、金丝利社区平台宣传，协同有关单位开展直播助农活动7场，推广区域优质农副产品十余种，助力乡村振兴。营造良好文明吸烟环境，完成2023年度文明吸烟环境建设指标，建成吸烟柱250个，累计共建文明吸烟环境设施设备3971处。

（严钰婷）

物流业

【概况】 2023年，武进区有省重点物流企业4家、省重点物流基地1家，拥有道路普通货物运输经营业户7141家、道路危险货物运输经营业户8家、货运代理业户49家、出租车经营业户2家、道路客运业户8家、机动车维修业户866家、综合性能检测站6家、驾培业户16家、水运企业2家。全区实现物流业增加值69.85亿元，可比价增长26%。

（何秋斌）

京东（常州）武进智能供应链物流园　（供图／区发改局　摄于2023年12月）

【京东（常州）智能供应链物流园建成投用】 京东（常州）智能供应链物流园项目位于武进区龙资路以南、凤栖路以西，建设包括库房、办公室、设备用房及其他附属配套设施，打造智慧物流、供应链、互联网+、金融等综合服务体系。该项目与理想汽车深度合作，依托数智化供应链，提升新能源汽车供应链生产效率，控制运输及仓储成本，带动区域生产和创新能力稳步提升。该项目总投资10.6亿元，总建筑面积10.27万平方米，于4月开工，11月25日投入运营。

（陈　越）

【推进前黄粮食物流园项目建设】 2023年，武进区围绕区级政府储备粮集并储存和“十四五”政府储备粮扩储现代化目标，推进前黄粮食物流园项目建设。项目用地面积3.69万平方米，规划总建筑面积3.13万平方米，主要建设现代化粮食仓库及综合物资储备库。规划设置两条150吨级大米加工流水线，先期投入和使用一条，同步建设园区道路、水电、配电房等配套设施。项目总投资约3亿元，于2023年9月开工建设。

（潘　凌　谢志峰）

餐饮业

【概况】 2023年，武进区有各类餐饮单位10495家，三星及以上旅游饭店8家。区商务局联合区烹饪协会、区融媒体中心等部门开展2023“武进人民商场·十大创新菜”评选，推动美食创新，促进餐饮企业成长。各餐饮企业适应年夜饭消费新需求，推出线上年夜饭预订、半成品菜套餐等服务。全区2家样本餐饮企业春节期间实现销售额175万元，同比增长44.84%。综合体内餐饮消费火爆，武进万达广场、武进吾悦广场春节八天餐饮营业额为711万元和1325万元，同比分别增长26.8%和0.96%。全年限额以上住宿餐饮业营业收入15.17亿元，同比增长10.8%。

【“武进人民商场·十大创新菜”评选】 10月20日至12月29日举办。该评选活动由区商务局联合区烹饪协会、武进阳湖菜文化研究会、武进酒店业商会、区融媒体中心开展，武进人民商场冠名赞助，旨在进一步丰富本地餐饮文化，擦亮常州“江南美食之都”名片，集聚餐饮市场人气，扩大餐饮消费。有32家餐饮单位组织108道菜品参与角逐，经专家评价、“试吃达人”评分、网络投

表 12 2023“武进人民商场 · 十大创新菜”获奖名单

类别	参评单位	获奖菜品
热菜	嘉泽庄艺园鸿儒饭庄	老庄园瓦罐鸡
	常州宴	霸王状元甲
	常州冬梅鸣凰国际大酒店	蜂巢脆皮牛肋骨
	常州市武进城区新苑宾馆有限公司	鱼头佛跳墙
	常州金色南都国际大酒店有限公司	腻蟹糊配麻糕
	常州武进九洲喜来登酒店	翡翠菊花百合
	常州西太湖明都国际会议中心有限公司	秘制滆湖鸭
	高新区老西巷餐饮店	功夫猪手
	常州常裕大酒店	当季茨菇烧老鹅
	常州市武进城区金龙酒店有限公司	阳湖头道菜
冷菜	常州市华怡明都餐饮管理有限公司	盐水仔鹅
	易天食品科技有限公司	酱鸭
	明都枫泽山庄大酒店	风味咸青鱼
	常州市明都豪格国际酒店管理有限公司	菱角鸡头梗
	全民酒家	酱汁白切鸡
	雪堰半塘农家乐饭店	水晶福袋
	常州明都紫薇花园酒店	鱼羊合鲜
	武进区湖塘吴春燕酸菜鱼店	香酥鱼骨
	武进区湖塘王府家苑饭店	鱼籽冻鲜羊糕
	豪廷皇悦大饭店常州有限公司	黑松露素烧鹅

票及评委会综合评判确认，最终评选出冷、热各10道菜品为2023“武进人民商场 · 十大创新菜”。

（潘 磊）

邮政快递

【概况】 2023年，武进区（含常州经开区）有快递法人企业7家和分支机构17家、邮政公司分支机构1家、邮政支局29个、社区配送站322个、直接从业人员3570人。武进邮政管理局（区邮政业发展中心）紧抓服务发展和监督管理两条主线，全力推动武进区邮政快递业高质量发展。立足行业监管，联合武进公安分局对辖区内各邮政、快递企业开展执法检查，重点打击跨区揽件违法行为。联合成立武进区互联网销售危险化学品专项治理工作专班，增强监管力量。加强行业法规及安全理念宣传，开展寄递业信息安全专题培训1次、送法进企业2次。压实企业主体责任，整治风险隐患，开展邮政业年度应急演练及安全生产大检查，发出责令改正通知书19份，立案处罚18起，处罚金额6.8万元。开展关爱快递员系列活动，2110名快递员配备意外伤害保险。举行区快递行业首次集体协商恳谈会，推动行业企业建会，建成3家快递行业企业工会及一家镇级行业工会。全区快递业务量（不包含邮政公司包裹业务）累计完成1.04亿件，同比增长11.69%；业务收入累计完成18.65亿元，同比增长4.11%。

【寄递物流城乡一体化发展】 2023年，武进邮政管理局以创建省级农村物流达标县为契机，坚持部门协同和资源整合，推进“城乡一体，物畅吾径”农村物流服务品牌建设。至年末，武进区183个建制村（涉农社区）实现村级物流服务点覆盖；通过企业联盟共配、自行配送和开通交邮融合公交带货线路3种模式，实现主要品牌快递建制村通达率100%。在行政村快递服务和村级站点全覆盖基础上，联合区委组织部推进“党建服务网”和“农村寄递服务网”两网融合发展，将村级服务网络由行政村向自然村延伸，共同制定《武进区“党群服务中心＋快递服务”建设方案》，推动寄递物流城乡一体化发展，打造可持续快递进村体系。至年末，8个“党群服务中心＋快递服务”示范点投入运营，预计到2025年年末，实现全区行政村（涉农社区）“党群服务中心＋快递服务”全覆盖。

（何凯琳）

电子商务

【概况】 2023年，武进区加强基础设施和软环境建设，推进电子商务应用普及和发展。区商务部门积极组织各类申报，获评2023年度常州市电子商务示范企业5家、2023年度江苏省电商示范企业2家，6家企业8个项目获得省、市商务发展专项资金（电子商务项目）120.38万元，万帮星星充电科技有限公司入选国家级电子商务示范企业，西太湖电商产业园入选省级电子商务示范基地优秀案例。学习先进经验做法，联合多家单位赴杭州市余杭区考察学习，提升武进农产品电商发展水平。加强电子商务统计监测，不断完善武进区电子商务企业库；组织电商企业积极参与双品购物节、66嗨购节、“双十一”购物节等活动，常州隆缘数字科技有限公司“双十一”整体销售额超3亿元，顶呱呱品牌“双十一”销售约4500万元，同比增长超20%。1—12月，武进区通过淘宝、天猫、京东、拼多多、抖音、快手、美团、饿了么、携程等公共平台（不含微信、跨境电商等）实现网络零售额152.5亿元，与2022年同期相比增速达18.7%。

【万帮星星充电科技有限公司获评国家级电商示范企业】 7月19日，商务部发布《关于电子商务示范企业名单的公告》，万帮星星充电科技有限公司入选，系本年度常州市唯一。该公司成立于2014年9月16日，注册资本2.85亿元，在全国各地有70家全资子公司，服务区域遍及江苏、浙江、上海、四川、湖南、山东等地，通过自建平台，将各区域内的充电设施统一接入平台，依托多样化智能管理，打造充电服务生态圈，推动区域充电基础设施建造服务快速有序发展，为用户提供能源交易、智慧监控、远程运维、智能预警等多方面服务。

（潘　磊）

房地产业

【概况】 2023年，全区新设房地产企业9家，年末具备有效开发资质企业80家，其中一级房地产企业4家、二级76家。全年完成房地产业投资额107.28亿元，其中住宅投资91.67亿元，分别比2022年下降13.30%、8.60%；新开工面积83.52万平方米，其中住宅新开工面积65.54万平方米，分别比2022年下降0.2%、上升7.10%；竣工面积113.79万平方米，其中住宅竣工面积89.10万平方米，分别比2022年上升44.30%、100.10%。

【房地产市场销售】 2023年，武进区商品房销售面积78.71万平方米，其中住宅销售38.76万平方米，分别比2022年下降33.56%、41.66%。完成商品房销售额79.57亿元，其中住宅销售额63.58亿元，分别比2022年下降44%、43.88%。商品房销售均价10109元／平方米，其中住宅销售均价16403元／平方米，分别比2022年下降15.72%、3.81%。商品房批准预售面积37.77万平方米，其中住宅项目为14.26万平方米，分别比2022年下降55.53%、73.44%。

【房地产市场管理】 2023年，区住建局按照“双随机、一公开”要求，制定并执行房地产市场联合监督检查和房地产经纪机构市场行为监督管理抽查计划，组织开展市场检查，规范房地产开发企业经营行为，联合市场监管局，从捂盘惜售、资金监管、销售价格等方面着手，通过现场查看、信息核对、情况了解等方式有针对性地检查项目销售情况。加强对商品房预售面积、销售价格、预售资金监管的管理，牵头组织人员分3批次检查楼盘29个，要求企业整改发现问题。逐步规范中介机构管理，做好房屋租赁登记备案工作。下放房屋租赁登记备案，完成房屋租赁登记备案336件。严把商品房交付使用验收关，完成交付备案项目24个，交付面积208万平方米。

（徐亚芬）

【物业行业管理】 2023年，武进区有物业管理小区262个，面积5280万平方米，住宅项目物业企业122家，物业从业人员10992人。区住建局房管部门推进党建引领物业管理工作，新增御城和招商花园城党建引领物业管理服务工作省级示范点2个，累计创成市级示范点33个、省级示范点4个。加强物业企业项目创优指导，新增市级优秀物业管理项目5个，新城九熙台苑和维绿大厦获评省级示范物业管理项目，累计创成省级示范项目14个、市级示范项目26个、区级示范项目20个。加强物业指导监督，共检查物业管理住宅小区42个，参与检查210人次，建成省级宜居示范居住区4个。建立和完善区、镇（街道）、社区三级物业管理矛盾纠纷调处机制，对接“常州市物业管理公共服务平台”，办理人民来信200余件，接待人民来访18人次，处理问题投诉292件、问题咨询18件、物业报修46件。

【维修基金管理】 2023年，区住建局房管部门提升维修资金管理的信息化和规范化水平，开发维修资金线上申报使用系统与二手房网上查验子系统，实现住宅专项维修资金系统对接常州“阳光物管”平台。全年收缴房屋维修资金20287.44万元、消防电梯专项维修资金1994.57万元。受理维修资金申报业务2505户，审核拨付维修资金1280.58万元。受理房屋查询5052户，补交维修资金251户，补交维修资金共计70万元。

（杨　欣）

2023年武进区商品住宅销售排名前十楼盘情况表

表13

楼盘名称	开发单位	销售面积（万平方米）	销售套数（套）	金额（万元）	均价（元／平方米）
湖光映月花园	常州嘉宏南城置业发展有限公司	35841	263	28419	7929
星河丹堤花园	常州星河协达房地产开发有限公司	35146	280	58407	16619
一江风华花园	常州嘉宏南广置业发展有限公司	26355	142	68725	26076
新月时光花园	常州博瑞房地产开发有限公司	25089	184	44852	17877
西岸云栖花园	常州恒劲房地产开发有限公司	20095	190	30732	15293
宸运天赋花园	常州景荣置业有限公司	19147	154	43630	22787
珑悦中棠花园	常州华盛鹏宸置业有限公司	18023	103	46825	25981
玖璋雅园	常州常骏房地产开发有限公司	15502	146	17770	11463
品樾花园	江苏华盛百丞置业有限公司	15266	129	24327	15935
珑玥花园	常发置业（江苏）有限公司	14751	86	34896	23657

（徐亚芬）

对外及对港澳台经济合作

Foreign and Hong Kong, Macao and Taiwan Economic Cooperation

栏目编辑　陈　诚

境外经济合作

【概况】 2023年，武进区备案境外投资项目（含增资）27个，其中新设项目20个。武进方面协议投资额6597.46万美元，比2022年下降37.73%。其中，武进方面协议投资额1000万美元以上项目1个。武进方面对外直接投资额14364.8万美元，增长98.56%。境外投资获得部、省、市专项资金扶持项目15个，合计金额861.7万元。

【融入“一带一路”合作】 2023年，武进区有常州腾龙汽车零部件股份有限公司马来西亚公司筹建等“一带一路”沿线国家备案项目17个，比2022年增加9个，中方协议投资额合计4603.31万美元，同比下降13.14%。至年末，全区有参与开拓和投资“一带一路”沿线国家合作企业71家，累计投资项目87个。

（潘　磊）

对外及对港澳台贸易

【概况】 2023年，在全球经济走弱、国际需求不振、外贸普遍不强的大环境下，武进积极应对，提质创新，不断优化营商环境。完成货物贸易进出口总额604.78亿元，同比下降6.8%。其中，出口额456.98亿元，同比下降9.6%；进口额147.8亿元，同比增长3.1%。累计争取外经贸扶持资金3367.29万元，受益企业超过350家。补贴2022年外汇衍生品“首办户”，累计有119家企业获得补贴资金50万元。促使中国信保创立新产品——出口服务贸易保险，增强中小微跨境电商企业的市场竞争力。有获得省级荣誉企业、单位18家，获得国家级荣誉企业2家。捷成华视网聚（常州）文化传媒有限公司、江苏时光信息科技有限公司被认定为2023—2024年度国家文化出口重点企业。江苏佰腾科技有限公司被认定为2023年省级服务贸易重点企业。江苏卓成跨境通企业服务有限公司成为全区首个自己培育出的外贸综合性服务企业。常州荣之农庄农副产品进口交易中心开展运营并被认定为常州市第六批进口交易中心试点企业。

【江苏佰腾科技有限公司入选省级服务贸易重点企业】 12月15日，省商务厅公布江苏省第四批省级服务贸易基地及首批省平台型数字贸易龙头企业名单，江苏佰腾科技有限公司入围，系2023年知识产权类唯一的省级服务贸易重点企业。公司成立于2012年1月，总部设在常州科教城，在南京、无锡、山东、东莞等地设有7个子公司，是国内知名的知识产权信息服务企业，为20多个省市的政府部门和企业提供专利搜索服务。先后获评“国家知识产权战略实施工作先进集体”“全国知识产权分析评议创建示范机构”等称号。

【武进区13家企业获评省级重点培育和发展的国际知名品牌】 2023年，武进区高度重视品牌工作，以品牌建设推动外贸转型升级，建立梯队式品牌培育机制，培育国际知名品牌，推进跨境电商企业品牌化发展，提升自主品牌国际竞争力。从1月开始，组织企业积极申报“2023—2025年度江苏省重点培育和发展的国际知名品牌”及“2023年度江苏省重点培育和发展的跨境电商知名品牌”。8月15日，恒立液压等13家企业

2023年武进区进出口十强企业一览表

表14

企　业　名　称	所在板块	进出口额（万元）
爱科（常州）农业机械有限公司	武进高新区	203473.1
光宝科技（常州）有限公司	武进高新区	176243.9
瑞声光电科技（常州）有限公司	武进高新区	139645.7
江苏恒立液压股份有限公司	武进高新区	127399.6
常州亨通海晨物流有限公司	武进高新区	108946.6
常州移远通信技术有限公司	武进高新区	104559.7
纳恩博（常州）科技有限公司	武进高新区	102873.2
常州东方特钢有限公司	湟里镇	102468.3
卡尔迈耶（中国）有限公司	武进高新区	93623.2
柳工常州机械有限公司（原名：柳工常州挖掘机有限公司）	武进高新区	84756.2

被评选为“2023—2025年度江苏省重点培育和发展的国际知名品牌”，友奥电器等2家企业被评选为“2023年度江苏省重点培育和发展的跨境电商知名品牌”。

【武进区2家企业再次入选国家文化出口重点企业】 10月10日，商务部公布2023—2024年度国家文化出口重点企业名单，捷成华视网聚（常州）文化传媒有限公司第二次、江苏时光信息科技有限公司第三次名列其中。

江苏时光信息科技有限公司 于2014年落户常州科教城，是从事科技推广和应用服务业的大数据开发企业，通过聚合全球的家谱资料，建立时空图谱，实现大规模数据分析计算，以现代科技整理家谱、方志和史书档案，帮助海内外华人寻根溯源，提供增值文化产品服务。除软件研发中心外，还设立谱牒研究中心（位于常州家谱馆）、基因研究中心（位于杭州浙江大学生命科学院）。

捷成华视网聚（常州）文化传媒有限公司 于2013年落户西太湖科技产业园，是专业从事新媒体版权内容供应的企业。拥有新媒体多屏发行通道、宣传资源、大数据等版权运营优势，与200多个国家和地区的400多个发行商建立合作伙伴关系，拥有新媒体版权内容总时长约5万小时，是腾讯、优酷、爱奇艺等视频平台的重要内容供应商。

（潘 磊）

利用外资及港澳台资

【概况】 2023年，武进区秉承高质量发展导向，聚焦重大项目招引，持续优化引资结构，利用外资及港澳台资稳中向好。新增外资项目82个，其中新设项目61个、增资项目21个，完成协议注册外资8亿美元，同比减少0.9%，新增协议注册外资3000万美元以上项目7个；完成实际到账外资5.19亿美元，同比减少13.18%。高技术产业外资到账3.18亿美元，同比增长35.6%，占比61.2%。

区商务局推进重大项目招引，坚持实行“两个每周”重大项目招引工作机制，招引理想三基地、屹创新型储能、普罗吉人血白蛋白总投资超百亿项目3个，30亿元以上项目1个，10亿元以上项目10个，新能源产业落户项目98个，总投资额429.19亿元。拓展招商渠道，组织参与深圳上海经贸活动、对话全球CEO等重大招商经贸活动，举办“日资制造业企业武进行”“德企高管武进行”等专题招商活动。建立“全球CEO武进行”周报制度，接待太阳诱电、威世特等12家跨国公司总部副总以上18名高管来访。创优投资环境，全面落实省、市外资总部扶持政策，协调爱科农机、津通集团2家总部外资企业2名高管子女就学申请，举办2023常州德国啤酒节、境外人士联谊会等活动，恢复外籍人士荣誉表彰，授予12位境外人士“武进区荣誉市民”称号。推动外资高质量发展，斯泰必鲁斯、理想创新实验室、爱德克斯等6家企业及研发中心获评市级外资研发中心，斯泰必鲁斯进入省级重点研发中心候选名单，常州兴勤电子有限公司被评为省级外资总部。

【兴勤电子获省级外资跨国公司地区总部认定】 12月14日，省商务厅公布江苏省第十四批跨国公司地区总部和功能性机构名单，兴勤（常州）电子有限公司入选，全市唯一。该公司由台湾兴勤电子工业股份有限公司投资设立，主要生产压敏电阻器、避雷器、负／正温度系数热敏电阻器等产品。至年末，武进区共有省级外资跨国公司地区总部9家、功能性机构2家、市级总部6家，总数居全市前列。

【两个超百亿元外资项目落户武进】 2023年，武进区落户总投资百亿以上外资项目2个，分别为总投资17亿美元的EnerVenue新型镍氢气储能系统项目和总投资100亿元人民币的理想汽车高压纯电新能源汽车关键零部件项目。EnerVenue公司由崔屹于2020年创办，该公司推出的新型镍氢气电池具有超长使用寿命、无火灾或热失控风险等优势，可广泛应用于可再生能源配储、电网调峰调频服务等储能应用场景。理想汽车常州制造基地自2016年落户以来，

表15 2023年新增协议注册外资及港澳台资前十的国家或地区一览表

国别（地区）	协议外资总额（万美元）	占全区协议外资总额（%）
中国香港	56683.72	58.31
新加坡	31360.46	32.24
德国	4510	4.64
加拿大	1341	1.38
比利时	1103.88	1.13
美国	553.95	0.57
法国	488.27	0.50
韩国	286	0.29
以色列	230.28	0.24
中国台湾	220.36	0.20

表16 2023年实际到账外资及港澳台资前八的国家或地区一览表

国别（地区）	到账金额（万美元）	占全区到账总额（%）
中国香港	44039.89	86.93
新加坡	4302.78	8.49
比利时	1065.49	2.10
德国	495	0.98
加拿大	263.99	0.52
韩国	258	0.51
中国台湾	219.27	0.43
日本	14.36	0.02

表 17　2023 年武进区荣誉市民情况表

单位名称	姓名	性别	职务	国别（地区）
太阳诱电（常州）电子有限公司	Yoshio Akimoto（秋本欣男）	男	总经理	日本
常州雷蒙连接器有限公司	Hugo Bontaz（雨果）	男	集团发展经理	法国
常州市武进区威雅实验学校	Ralf de Bos（林俊龙）	男	副校长	荷兰
斯佩尔汽车科技（常州）有限公司	Dei Rossi Federico（费德乐）	男	副总经理	意大利
常州亚通杰威电机有限公司	Fernando Archer De Arruda Borges（费尔南多）	男	WEG 中国区工业工程总监	巴西
万帮数字能源股份有限公司	Hamid Aziz Khalid（哈米德）	男	国际服务工程师	巴基斯坦
日静减速机制造（常州）有限公司	Akihiro Mitsuya（三矢晃裕）	男	总经理	日本
大隈（常州）机床有限公司	Kazihisa Niwa（丹羽和久）	男	总经理	日本
山阳金属（常州）冷拉钢有限公司	Okabayashi Yasushi（冈林靖）	男	总经理	日本
爱德克斯（常州）管理有限公司	Tatsushi Takasu（高须龙司）	男	总经理	日本
利优比压铸（常州）有限公司	Yukihiko Wakimoto（脇本幸彦）	男	总经理	日本
常州承芯半导体有限公司	Yu Chor Wing Wilson（余楚荣）	男	总经理	英国

不断增资扩产，先后拓展理想 W 车型、理想关键零部件等项目，高压纯电新能源汽车关键零部件项目为产业类项目，2023 年共计到账 3 亿美元，均为高技术产业到账。

（潘　磊）

口岸管理

【概况】 2023 年，常州海关驻武进办事处立足新发展阶段、贯彻新发展理念，服务地方开放型经济高质量发展，各项工作稳步推进。监管进出口货物 14.7 万吨，货值 10.3 亿美元，审结报关单 3.6 万份，实际征收税收 5.5 亿元，分别下降 30.6%、31.3%、4% 和增长 3.7%。武进区完成外贸进出口额 604.8 亿元，下降 6.8%，占常州市进出口总值的 19%。

【推进智慧海关建设】 2023 年，常州海关驻武进办事处推动口岸数字化转型，推进智慧海关属地查检应用场景建设。围绕出口锂电池激增、企业出货时间集中等问题，自主开发“出口锂电池危包使用鉴定智能辅助系统”，采取监管前移、自动作业、智能审单等手段，极大缩短危险货物包装合规性审核时间，有效解决辖区新能源重点企业集中出货困难。全面落实全业务领域一体化改革，加强基层自主创新，组织开展“人工智能模型对于智慧海关建设效能提升的探索与实践”课题研究，帮助辖区企业解决输欧动物源性食品健康卫生证书、进口生产原料抽样送检周期长等问题。

【提升口岸监管成效】 2023 年，常州海关驻武进办事处深入排查安全生产风险隐患，做好口岸危险品综合治理，强化检查监督形成有效闭环。完成出口危险货物包装使用鉴定 1093 批，检验发现一般不合格 38 批，最终不合格 14 批。对涉危不报、涉危伪报、高危低报等风险组织开展专项行动，形成对危险品进出口违法违规情形的常态化高压打击态势。创新“保税 +”海关监管模式，加快推动具备落实条件的举措迅速落地实施，强化综保区创新工作机制，推进保税维修等新兴业态，叠加释放优势政策，构建外贸发展新增长点。落实贸易领域禁限管控措施，加强进出境食品、动植物检疫监管，提升口岸重大疫情疫病防控水平。抓好综合治税，落实“十四五”期间各项减税降费措施和税收优惠政策，提升经核准出口商、原产地声明等新政利用度；加大税款总担保改革推广力度，推进汇总征税、关税保证保险、自报自缴、预裁定等便利化措施，提高通关效率。保持打击走私高压态势，持续开展“国门利剑”联合专项行动，完成 34 起“两简”（简单案件和简易程序案件）案件任务。聚焦“安全卫生健康环保”要求，加强进口旧机电、医疗器械、特种设备等重点敏感工业品检验监管，严格实施固废排查，严防洋垃圾借道入境，进口工业品目的地查检初次不合格率 21.76%，最终不合格（退运、销毁）率 15.5%；出口危险货物包装检验初次不合格率 4.2%，最终不合格（不准出口）率 0.6%。

【服务地方经济发展】 2023 年，常州海关驻武进办事处认真落实《海关支持长三角区域一体化发展重点举措》，开展税收征管、风险防控、物流监管、保税监管等方面的一体化监管合作。推动保税维修、保税再制造等新业态在综保区落地生根，促进综保区高质量发展。聚焦畅通进出口物流通道，推动多式联运监管平台建设，提高进出境物流效率，助力构建江海铁联动、陆海空统筹的现代物流中心建设，促进以新能源汽车、动力电池为主的新兴产业加速发展。巩固压缩整体通关时间成效，规范取样送检、关检申报一体化等便利化措施落地，提升通关便利水平。服务新能源产业城市战略，设置新能源产品属地查检“绿色”通道，采取“一企一单一档”“即报即检即抽即送”“预防性监管”等 6 项创新举措，加快进出口危险货物包装验放速度。加强国外相关技术性贸易措施的收集和研判，帮扶辖区出口水产品企业提升原料供应安全保障水平，提高国际合规能力。搭建“一带一路”重点出口国家农药残留、重金属限量数据库，提示规避营养标签、运输包装等风险，助力芦荟饮品畅销“一带一路”国家，出口货值同比增长 4.9 倍。帮扶辖区一家企业顺利通过 AEO 高级认证。

（周学文）

旅游业

Tourism

栏目编辑　陈　诚

旅游开发

【概况】 2023年，武进区坚持“一古一今一生态”（淹城、太湖湾、西太湖）全域旅游发展定位，加强文旅产业融合，促进文旅全面复苏。建设文旅重点项目，太湖湾国家级旅游度假区提升工程、西太湖国际医疗旅游先行区等6个项目被纳入常州市“532”发展战略重点项目，年度投资额7.13亿元。推进旅游品牌创建，武进区入选第三批“长三角高铁旅游小城”，太湖湾旅游度假区创成“全国中小学研学实践教育基地”，太湖湾露营谷入选“全国十大露营打卡地”，武进区博物馆入选2023年省级文明旅游示范单位，嬉戏谷景区入选2023年度江苏省文旅厅智慧景区名录，湟里镇葛庄村创成常州市乡村旅游重点村。至年末，有国家级旅游度假区1个、国家AAAAA级旅游景区1个、国家AAAA级旅游景区2个、国家AAA级旅游景区2个、国家AA级旅游景区1个、全国乡村旅游重点村1个、省级工业旅游示范点1个、省级自驾游基地2个、国家五星级自驾运动营地1个。有三星级及以上酒店8家，其中五星级酒店2家（九洲喜来登酒店、明都紫薇花园酒店）、四星级酒店5家。有旅行社38家，其中省四星级旅行社1家（常州广电大陆国际旅行社有限公司）。旅游接待1532.36万人次，实现旅游总收入184.42亿元，分别比上年增长4.81%、5.01%。

（胡华静　朱丽春）

表18　2023年武进区主要旅游景区景点一览表

类　别	名　称	地　址
国家级旅游度假区	太湖湾旅游度假区	雪堰镇
国家AAAAA级旅游景区、省级自驾游基地	中国春秋淹城旅游区	武宜中路197号
	淹城野生动物世界	武宜中路197号
	淹城春秋乐园	武宜中路197号
	春秋淹城遗址公园	武宜中路201号
国家AAAA级旅游景区	环球动漫嬉戏谷	雪堰镇太北路1号
国家AAAA级旅游景区	中华孝道园	雪堰镇环太湖路101号
五星级自驾运动营地	太湖湾露营谷	雪堰镇太北路6号
国家AAA级旅游景区	江苏嬉乐湾休闲旅游区	礼嘉镇南环路66号
国家AAA级旅游景区	西太湖影视产业基地	西太湖大道1号
省级自驾游基地	明都紫薇园	嘉泽镇晨山村
全国乡村旅游重点村	雪堰镇城西回民村	雪堰镇城西回民村
江苏省工业旅游区	江苏省绿色建筑博览园	延政西大道19号

（吴玲波）

【武进区入选第三批“长三角高铁旅游小城”】 11月29日，由长三角文化和旅游联盟公布。沪宁沿江高铁武进站于9月28日开通，标志武进迈入高铁时代。为推进武进高铁旅游发展，区文体广旅局推介“坐高铁来武进”5条旅游线路，联合淹城春秋乐园、环球动漫嬉戏谷、中华孝道园、太湖湾露营谷、嬉乐湾生态休闲区5家景区发布优惠政策，于武进站开通之日起到12月31日，给予到达武进站游客3日期限内景区大门票5折优惠。

【武进区博物馆入选省级文明旅游示范单位】 12月13日，江苏省文旅厅发布2023年度文明旅游示范单位名单，武进博物馆名列其中，系常州唯一。该馆位于武宜路西侧春秋淹城旅游区内，建筑面积8728平方米。设有史河流韵、春秋淹城2个基本展厅和3个临展厅，面积3042平方米。馆内藏品3757件，其中珍贵文物593件。2023年，接待群众30.68万人次，举办线下展览16场次、线上展览1场次。

（胡华静）

【太湖湾露营谷位列“全国十大露营打卡地”榜首】 4月14日，由2023全国露营旅游休闲发展大会发布，系江苏唯一。太湖湾露营谷位于太湖湾旅游度假区，占地面积46.6公顷，是集生态游乐、房车宿营、户外拓展、红色教育等多功能于一体的复合型创新露营度假园区。先后获得“首批国家级5C自驾车旅居车营地”“国家级五星自驾运动营地”“国家级体育服务综合体”等称号。2023年，露营谷实施提升工程，上新趣味垂钓、海洋球池、趣味套圈3个游乐项目和回旋滑索、森林动物会、骏马奔腾3项无动力设备，增加亲子、商务2组双拼房车院落。累计接待游客超30万人次，综合营收3600万元。

【太湖湾职工（劳模）疗休养基地入选省级疗休养基地】 5月，该基地入选第二批江苏省职工（劳模）疗休养基地。位于太湖湾旅游度假区，多年来持续规划建设，推动疗休养“文化＋产业＋旅游”深度融合发展，形成以创意文化、湖滨生态为核心，集休闲度假、康体保健、农家采摘于一体的旅游休闲地。2023年，接待劳模及一线职工疗休养158批、近7000人次。

【邀贤山体育公园建成使用】 该公园位于太湖湾旅游度假区，西至前亭山，东至东邀贤山，太北路（南北向）贯穿其中。场地红线面积43210平方米，东西向长550米，南北向宽71米，绿化面积76000平方米，便道5760平方米，运动场地约5500平方米。于6月5日开工建设，8月24日完成验收。利用环绕场地一周的环形道路为游览动线，配套体育便民游憩设施、自然休闲空间、活动中心，满足不同年龄段群众的健身需求。

（蒋　薇）

【太湖湾旅游度假区创成“全国中小学校外研学实践教育基地”】 10月7日，由教育部评定。该基地占地面积8公顷，投资1.05亿元，秉承“让孩子在实践中获益一生”的教育理念，依托劳动教育基地开设先进制造、现代服务、非遗传承、文化艺术四大类20余门课程，可同时容纳1400名学生进行劳动教育实践。另设133.3公顷的太湖湾耕读大学堂，以户外耕读劳动为主体，依托百亩良田、四季菜园、新康小院、农创空间和劳动嘉年华等基础课程模块，研发符合各年龄段学生的课程体系。2023年，接待中小学生40余万人次。

（胡华静　蒋　薇）

【西太湖国际露营岛投用】 10月底，该项目投入试运营。位于揽月湾东岸线，围绕“露营＋”主题，凸显西太湖自然风光，配套露营装备租赁、露营活动举办、露营野趣餐食等形式，满足“两湖”创新区新生代青年群体时尚生活的需求，打造集城市露营IP和时尚微度假于一体的城市休闲空间。其中，西区3.7万平方米，东区近1.8万平方米，设置天幕散客、草坪团建、部落岛屿、穹顶篝火和野场天幕活动等区域，依托多组集装箱打造多功能空间，提供餐饮、小憩、补给、办公等服务。

（周　健）

乡村旅游

【概况】 2023年，武进区精准把握新时期乡村振兴发展新动向、新格局，因势利导推动乡村旅游发展，承办以“文旅融合拓新路、乡村振兴开新篇”为主题的新时代江苏旅游发展论坛，举办太湖湾旅游节、嘉泽镇花朝节暨“四季春晚”村季春晚、礼嘉葡萄采摘节等节庆活动，推荐乡村旅游线路获评全国乡村旅游精品线路，促进乡村旅游进一步发展。至年末，有乡村旅游重点村5个，其中乡村旅游重点村国家级1个、市级4个。

【2023新时代江苏旅游发展论坛举行】 10月13日，在西太湖举行。论坛以“文旅融合拓新路、乡村振兴开新篇”为主题，围绕“一体化”和“高质量”，探索乡村旅游发展新途径、新模式，探寻乡村振兴“共富密码”。活动现场，江苏省旅游协会授予武进区“江苏省乡村旅游创新发展先行区”称号，发布江苏乡村美食优秀案例、乡村民宿优秀案例和乡村文创优秀案例，与会嘉宾作“高质量发展乡村旅游助力实施乡村振兴战略”“乡村振兴可持续发展新路径”主旨演讲，分享近年来关于乡村振兴的地方实践和经验做法。举行“乡约新时代、乡遇在武进”网络达人采风行活动，10余名旅游达人走进武进乡野，记录江苏美丽乡村生动场景。论坛期间，举办“花都水城·浪漫武进”长三角百辆房车嘉年华、湖湾生活节等活动。

【武进乡村旅游线路入选全国精品线路】 8月，武进区文体广旅局选送的太湖湾“田园梦想家”耕读江南研学之旅旅游线路入选文化和旅游部2023“乡村旅游好风光”全国乡村旅游精品线路。该线路集中在太湖湾旅游度假区和雪堰镇区域，串联城西回民村、江苏（武进）水稻研究所、雅浦村、太湖湾耕读大学堂等重要乡村旅游村庄和实践基地。2023年，区内主要乡村旅游重点村（不含葛庄村）共实现接待71.42万人次、营收8194.38万元。

（胡华静）

【嘉泽镇入选全国春季“村晚”示范展示点】 5月19—21日，全国花木之乡——嘉泽镇举办全国“四季村晚”之春季村晚示范点活动暨嘉泽镇第八届花朝文化市集，系全市唯一入选全国春季“村晚”示范展示点的乡镇。主场晚会于5月20日开始，演出锡剧、歌舞、武术等12个节目，展现嘉泽镇的红色文化、花木文化和传统文化。文旅市集从非遗、传文、美食、才艺、游乐、市集多方位激发全民深度体验，设有非遗产品、文创手作、潮流艺术等品类的摊位60多个，汇集十二花神巡游、“红石榴”歌舞专场等特色文化活动。共吸引周边群众、游客10万余名。

（朱丽春）

旅游营销与服务

【概况】 2023年，武进区以促进文旅消费为目标，持续整合线上、线下资源，推进旅游营销与服务工作。举办“花都水城·浪漫武进”文化旅游节，推出医务人员入园、跑“西马”游景区、5·19中国旅游日、“坐高铁游武进”等特惠政策；发布《寻美武进》宣传片，参加常州电视台《市民与社会》直播节目、武进电视台“政风热线”节目；投放大型户外广告，加强各旅游板块、重点景区新媒体营销力度，太湖湾音乐节相关话题在抖音播放量超1亿，并获得2022年中国演出市场音乐节类票房榜亚军。加强服务指导，积极争取各类资金，帮

太湖湾露营谷 （摄影/胥程丽 徐芊卉 摄于2023年5月）

助企业纾困和发展，武进区嬉戏谷提升改造项目、太湖湾露营谷提升项目、嬉乐湾3A创建提档升级工程分别获市文化和旅游发展专项资金（产业发展类）50、40、40万元，江苏博人文化科技有限公司的全国首套720穿越飞船旅游设备研发与应用项目和江苏环太湖文化艺术城集团有限公司的常州环太湖本π艺术空间项目共获省文化和旅游发展专项资金（产业发展类）70万元。

【2023“花都水城·浪漫武进”文化旅游节】 7月23日晚，在春秋淹城旅游区开幕。活动现场，发布武进7—10月重点旅游产品和《寻美武进》宣传片，推介新疆尼勒克、江苏阜宁旅游。旅游节时间从7月持续到10月，推出太湖湾音乐节、西太湖半程马拉松、淹城野生动物世界动物“撒欢季”、太湖湾露营谷光影秀、武进博物馆研学夏令营精品文物展等系列活动17项，为广大市民和游客带来旅游休闲、文化体验、体育赛事等精彩内容。

（胡华静）

【太湖湾品牌营销】 2023年，太湖湾旅游度假区统筹“山水红链、链动文旅”产业链、湾镇（太湖湾＋雪堰镇）旅游协会、湾镇文旅专班三大平台，整合湾镇景区、链上企业、美丽乡村等资源，推动“旅游＋”多形态发展。完善自媒体矩阵，实现小红书、哔哩哔哩、爱奇艺、腾讯等平台营销覆盖，建立太湖湾企业微信，打造湾镇数字资产总平台，精准赋能湾镇全域文旅商家。策划拍摄“春聚太湖湾”“太湖湾音乐节嗨翻现场”“2023年航拍我的美丽家乡：美丽太湖湾”等视频，被外宣平台转播和“学习强国”学习平台录用。

“和美雪堰桥·惬意太湖湾”首届太湖湾旅游节 4月21日晚，在太湖湾海棠园开幕。现场发布太湖湾旅游节2023“悦享四季”活动清单，推出“踏‘雪’寻春”、“千人毅行”、太湖湾音乐节等“淘春季、采摘季、丰收季、乡愁季”四季12项子活动。吸引5000余人到场观看，线上直播平台累计观看6.5万人次。

第六届、第七届太湖湾音乐节 4月29日—5月2日、10月1—4日，在环球动漫嬉戏谷举办。两届音乐节有91组独立音乐人和顶级乐队加盟，共接待全国各地游客21.78万人次，实现营收超1.5亿元。

“2023太湖湾仲夏堰”音乐啤酒节 7月3—30日，在太湖湾北广场举行。入驻世界各地啤酒品牌35家，抖音网红歌手应邀参演，接待客流30万次，实现营收250万元，线上直播累计观看量8.7万人次。

（蒋 薇）

【春秋淹城文旅融合发展】 2023年，春秋淹城旅游区立足历史文化阵地建设，深化文旅深度融合，提升景区品牌影响力。

春秋淹城品牌活动 在春秋乐园策划开展新春“古城赏灯过大年”灯会、“古城花花游园会”春游、清明“汉服踏青”、“千年古城·梦回聊斋”秋游国风聊斋节等品牌活动；打造“春秋不夜城”“造浪泼水节”“星月相辉·淹城夜市”主题夜市；编创“奄君贺春”“十二花神”“春秋盛世英雄荟”巡游等特色演艺节目50余个，各类表演5400场次。

春秋文化研学旅游 春秋乐园策划开发研学旅行和文化宣教课程，开展“开学第一课”“趣学六艺”“锦绣中华”等系列活动，设计国学礼仪、非遗竹编、古代运动会、“三城三河”掐丝珐琅画等多种研学课程，凸显中华传统文化和民俗魅力。开展党建研学，结合党员学习教育与春秋文化，打造春秋淹城优秀传统文化宣教课程，新编情景剧《瞿秋白——大义绝唱》、编钟红歌《声音里的历史》。累计更新课程体系3个，接待团队32个、3000余人次；累计直播495次，吸引观众118万人次。

【淹城品牌旅游宣传】 2023年，春秋淹城旅游区拓宽营销渠道，构建全方位宣传矩阵。巩固传统媒体阵地，与新华日报社、《扬子晚报》等新闻媒体合作发布专版3期、稿件58篇，获“学习强国”学习平台录用3篇。发挥自媒体宣传作用，联合全域旅游新媒体讲好淹城故事，利用微信公众号发布信息110篇，淹城野生动物世界抖音官方号“粉丝”超22万人，猛男养猫抖音号及快手号“粉丝”突破232万人，“淹城春秋乐园”品牌宣传线上全平台传播量超2亿次，分别于4、5、6月位列美团景区热榜、携程热门榜top3、抖音景点收藏榜第一。注重宣传成果转化，春秋乐园抖音单平台完成订单12.77万单，核销金额超500万元，在“三八”“五一”“十一”等节点创常州单日项目核销第一。组织线下活动，开展大学校园、社区、商超等线下推广活动100余场，承演“花都水城浪漫武进”旅游节开幕式《国潮当燃》、武进区第四届新时代文明实践现场交流展示活动“文明序章”、常州紫金文化艺术节《向幸福出发》等节目。注重异业联动，春秋乐园与4S店、银行、商超、研学机构等30家渠道客户建立品牌合作，定制文旅组合产品；淹城野生动物世界与政府、企业、农业、教育多方联动，开展科普、研学、公益等活动。

（章子英）

表 19　2023 年武进区三星及以上旅游饭店情况表

名　称	星级	床位数（张）	地　址
九洲喜来登酒店	五星	391	延政西大道 1 号
明都紫薇花园酒店	五星	310	嘉泽镇环湖西路 98 号
常州金陵明都大饭店	四星	330	常州市和平北路 258 号
常州金鼎明都国际大酒店	四星	200	湟里镇金鼎路 28 号
西太湖明都国际会议中心	四星	216	武进区经发区禾香路 118 号
金色南都国际大酒店	四星	100	环府路 58 号
明都枫泽山庄大酒店	四星	180	嘉泽镇花海大道 88 号
新苑宾馆	三星	269	环府路 18 号

（秦　柯）

景区景点

【太湖湾旅游度假区】 位于武进区雪堰镇境内，东至雪马路，西至 232 省道，南濒太湖，北至锡宜公路，规划控制范围 30 平方千米，核心区域 18.6 平方千米，属太湖低平原地带，有山头 19 座、山坞 11 个、水库 8 个，临湖有山湾 7 个，黄金湖岸线长 7.8 千米，湖中有大小椒山岛。区内以低山丘陵为主，植物生长茂盛，植被良好，大气环境达国家一级标准。整体景观特色为“山不高而清秀，水不深而旷远”。该度假区成立于 2002 年 8 月，2012 年 8 月升格为省级旅游度假区，2020 年 12 月被文化和旅游部认定为国家级旅游度假区。依托得天独厚的山水资源，太湖湾以环球动漫嬉戏谷、中华孝道园、太湖湾露营谷三大景区为核心，以“饱览太湖山水、穿越奇幻世界、感悟孝道文化、闲憩田园农家”为特色，推动“旅游 +”多形态发展，打造“淘春季、采摘季、丰收季、乡愁季”的“悦享四季”主题活动，全域共建、共融、共享，打响“微度假 · 太湖湾”品牌，先后获评“国家旅游名片”“亚洲金旅奖”“中国创意产业最佳园区奖”等荣誉称号，建成环球动漫嬉戏谷、中华孝道园 2 个国家 AAAA 级旅游景区，太湖湾露营谷 1 个首批国家 5C 自驾车旅居车营地，太湖湾教育大营地 1 个全国中小学生研学实践教育基地。

2023 年，太湖湾坚持以文塑旅、以旅彰文，用活动带流量，用流量带收益，不断丰富旅游产品及业态，举办太湖湾音乐节、太湖湾仲夏堰音乐啤酒节、千人健康毅行等大型活动，完成旅游接待 302 万人次，实现旅游总收入 30.4 亿元。

（蒋　薇）

【春秋淹城旅游区】 位于武进中心城区，总面积 3.22 平方千米。景区内古淹城遗址有 2700 多年历史，其“三城三河”建筑形制是国内形制最独特的春秋地面城池遗址，1988 年被列为全国重点文物保护单位。依托淹城遗址的核心文化资源，以“文化休闲型旅游目的地”的功能定位，建成淹城遗址公园、淹城春秋乐园、淹城野生动物世界、淹城传统商业街坊四大区域，包含主题景点 30 余处，于 2017 年创成国家 AAAAA 级旅游景区。

2023 年，春秋淹城旅游区加强文化阵地建设，立足本地特色资源，增加流量和商业属性，做到文商旅融合发展。“五一”、国庆等重大节假日期间，旅游区游客接待总量、单日最高游客接待量均超过 2019 年同期水平。1 月，获评“江苏省水利风景区”。5 月，入选“第三批省级夜间文化和旅游消费集聚区建设单位”名单。9 月，入选 2022—2023 年度江苏文旅消费热力榜“文旅消费人气目的地”。完成旅客接待 220 万人次，实现营业总收入 2.5 亿元，分别较 2022 年增长 35%、25%。

（章子英）

淹城春秋乐园“千古英雄会”活动　（供图 / 区融媒体中心　摄于 2023 年 5 月）

金融业

Financial Industry

栏目编辑　陈　诚

金融管理与服务

【概况】 2023年，武进区金融系统紧扣“金融服务深化年”工作主题，不断提升金融服务“一园一城一示范”建设和实体经济水平。至年末，有银行业金融机构28家，其中商业银行市级分行6家；地方金融组织37家，其中小贷公司10家、融资性担保公司5家、典当行14家、融资租赁公司6家、商业保理公司2家；证券分公司1家，证券营业部11家。龙城金谷（南区）招引投资机构205家、注册资本136.46亿元，累计招引机构860家、注册资本746.6亿元。

【金融服务实体经济】 武进区以获批国家级普惠金融示范区为契机，出台《2023年武进区金融服务高质量发展实施方案》《武进区金融服务科技创新工作实施方案》等文件，贯彻执行稳健货币政策，强化对科技创新、先进制造等重点领域的精准支持，将更多资金投向民营小微、乡村振兴等薄弱环节。至年末，本外币各项存款余额3857亿元，较年初增加335.45亿元，增长9.53%；本外币各项贷款余额3777.98亿元，较年初增加449.9亿元，增长13.52%。优化金融领域营商环境，开展政银企对接交流会，组织协商转贷事宜会议，利用省综合金融服务平台提高银企对接效率，帮助3194家注册企业通过平台获得授信，授信总金额206.36亿元。强化金融资源供给，助力新城控股发行规模合计11亿元的江苏首单、全国第五单“央地合作”增信债券，支持苏澳租赁发行规模5.55亿元的武进首单地方金融组织资产证券化产品，跟进江南银行与伟驰集团合作共建“两湖”创新区核心区首个总部大楼项目。深耕新能源产业集群，提供配套金融服务，支持新能源相关企业19户，放款金额1.6亿元，积极培育新能源企业上市，至年末，新能源上市企业累计超10家，上市板块涵盖主板、创业板和科创板。

2月6日，2023年武进区金融工作座谈会召开　　（供图/区金融监管局）

【金融生态环境建设】 2023年，区金融监管局出台《2023年武进区非法集资监测预警和排查整治行动实施方案》，集中排查各镇（开发区、街道）风险企业涉嫌非法集资风险。全年收到并化解非法金融活动信息2起，完成非法集资刑事立案3件，处理信访平台、市民热线等转办信访投诉125起，组织江苏南方卫材医药股份有限公司、新纶科技（常州）有限公司等企业开展协商转贷事宜会议多次，加强*ST碳元、ST南卫风险与发展形势研判，定期报送上市公司风险监测情况。积极为地方金融组织争取上级奖励资金，助推4家融资担保企业申请省市融资担保专项资金奖补900.74万元、申请市金融支持创新企业融资担保专项资金4148.44万元；协助1家融资担保申请获得省普惠金融发展专项资金3.73万元。

【地方金融组织监管】 2023年，武进区落实行业监管责任，配合省、市完成区内6家典当行年审现场检查、4家融资担保年度监管评级现场检查，联合会计师事务所开展区级11家地方金融组织监管现场检查，审核13家地方金融组织变更事项，协助10家地方金融组织完成信息变更、申请解散等事项，公布

2022年小贷公司、2021年典当行、2021年融资担保监管评级结果，公示正常经营融资租赁公司名单与商业保理公司名单。有地方金融组织38家。其中，9家小贷公司贷款余额12.78亿元，下降8.75%。11家典当企业典当总额10.16亿元。4家融资担保公司为1000户企业（个人）提供融资担保贷额88.14亿元，担保业务余额增长47%。6家融资租赁法人机构融资租赁资产总额29.82亿元，增长30.6%。2家商业保理公司发放保理融资款本金10.31亿元，受让应收账款余额11亿元。

【金融产品创新】 2023年，人民银行武进支行、区金融局联合推出《2023年度武进区金融惠企信贷产品汇编》，在深入推广园区保、振兴保、领航保Ⅰ、领航保Ⅱ系列产品的基础上，推出领航保Ⅲ和Ⅳ、外贸护航保、投贷联动等一系列普惠金融创新产品。至年末，园区保累计放款金额15.09亿元，振兴保累计放款金额2.16亿元，领航保累计放款金额2.03亿元。

（夏菘成）

企业上市

【概况】 2023年，全区新增上市企业4家，中进医疗在美国纳斯达克上市，东星医疗在深交所创业板上市，迅安科技、鼎智科技在北交所上市。新增“新三板”挂牌企业7家，分别是常州奥智高分子集团股份有限公司、江苏久煜智能制造股份有限公司、江苏凯达重工股份有限公司、常州市武进金城齿轮股份有限公司、舒朋士环境科技（常州）股份有限公司、江苏申达检验股份有限公司和常州科德水处理成套设备股份有限公司。至年末，全区累计有上市企业48家、“新三板”挂牌企业61家。

【新晋上市企业4家】 讯安科技　1月11日，常州迅安科技股份有限公司在北京证券交易所上市，股票简称讯安科技，代码“834950”。首次上市公开发行1085万股，发行价13元，募集资金1.41亿元。成立于2001年5月，是专业从事研发、生产和销售电焊防护面罩、电动送风过滤式呼吸器及相关配件的高新技术企业，已发展成为全球规模较大的自动面罩和电动送风呼吸器的生产、研发中心之一，自2012年起连续获得高新技术企业认定，被认定为江苏省焊接防护装备工程技术研究中心、江苏省省级企业技术中心、2022年度江苏省专精特新中小企业等。

中进医疗　3月28日，常州中进医疗器材股份有限公司在美国纳斯达克上市，股票简称中进医疗，代码“ZJYL”，首次上市公开发行104.7355万股。成立于2006年，是一家专注养老、康复及医美产业创新发展的高新技术企业，主营产品为高端助行类、呼吸类等康复器材，拥有100多项专利，通过ISO 13485认证与日本JIS工厂审查，与日本NISSIN、美国COLOURS、新加坡DNR、中国香港保利安等世界知名公司合作，先后被科技部与江苏省认定为示范医疗器械企业、专精特新企业、服务型制造企业、高新技术企业，多次承担“国家火炬计划”、科技部重点研发项目等重点课题。

鼎智科技　4月13日，江苏鼎智智能控制科技股份有限公司在北京证券交易所上市，股票简称鼎智科技，代码“873593”。首次上市公开发行1330万股，发行价30.6元，募集资金4.07亿元。成立于2008年4月16日，是一家专业从事设计、研发、生产和销售线性执行器、混合式步进电机等产品的高新技术企业。产品广泛应用于医疗诊断设备、生命科学仪器等医疗器械领域以及机器人、流体控制、精密电子设备等工业自动化领域，远销欧美等多个国家和地区，线性执行器处于国内第一、世界第二的领先地位。

东星医疗　4月17日，江苏东星智慧医疗科技股份有限公司搬迁总部至武进区。该公司于2022年11月30日在深圳证券交易所创业板上市，股票简称东星医疗，代码“301290”。首次上市公开发行2504.3334万股，发行价44.09元，募集资金11.04亿元。成立于2001年2月，是一家覆盖多品类微创外科手术设备和器材的平台型集团化公司，设有手术外科代理器械、外科器械研发生产、外科器械零部件研发生产及外科设备研发生产4个业务板块，致力先进的外科手术器械、专业的医疗教育和优质的客户服务，为外科医生提供整体手术解决方案。

【“新三板”挂牌企业7家】 凯达重工　2月6日，江苏凯达重工股份有限公司在“新三板”挂牌，股票简称凯达重工，代码“874025”。位于湟里镇东安兴旺路66号，成立于2007年，专注从事轧辊、辊环等金属轧制关键部件的研发、生产、销售，产品畅销国内外100多家大中型钢铁企业，外销占比超30%，参与多项国家标准制定，主持起草《热轧型钢轧辊》行业标准，拥有国家专利局授权专利61件。

舒朋士　8月31日，舒朋士环境科技（常州）股份有限公司搬迁总部至景德西路399号。于2019年2月21日在“新三板”挂牌，股票简称舒朋士，代码“873161”。主要产品为一体化预制泵站，应用于城镇、农村排放污水势能提升等场景，多次参与行业标准制定，拥有自主知识产权30余项，先后获江苏省高新技术企业及高新产品、住房城乡建设部绿色建筑节能产品等荣誉。

奥智股份　2月24日，常州奥智高分子集团股份有限公司在“新三板”挂牌，股票简称奥智股份，代码“873830”。位于武进高新区武宜南路369号，成立于2017年，致力光学级扩散板、导光板及无卤阻燃玻纤增强PC板的研发、生产和销售，是国内多型号、多规格扩散板、导光板批量生产企业之一，产品广泛应用于LED液晶电视、商用显示屏、车载显示屏等领域，扩散板产品与韩国LGE供应链企业韩国NANJIN、韩国三星电子和海信视像等国内外知名品牌客户合作。

久煜智能　3月24日，江苏久煜智能制造股份有限公司在“新三板”挂牌，股票简称久煜智能，代码“873985”。位于锦程路58号，成立于2009年，专业从事粉粒固体物料的输送混合自动化包装设备研发、生产、安装与服务，并提供包装系统的全自动解决方案，主要服务于乳品、保健品、药品等行业，在国内自动铁听包装线、高端奶粉铁听包装等领域居于领先地位。

金城齿轮　10年10日，常州市武进金城齿轮股份有限公司在“新三板”挂牌，股票简称金城齿轮，代码“874285”。

位于新升路51号，成立于1994年，是集传动齿轮、驱动齿轮等齿轮类零部件与蜗轮、传动箱等传动零部件及其他机械类零部件产品的研发、生产、销售于一体的高新技术企业，产品应用于汽车、农业及园林等领域，具有自营进出口经营权，主要产品已覆盖美国市场。

常州科德　10月26日，常州科德水处理成套设备股份有限公司在“新三板”挂牌，股票简称常州科德，代码“874297”。位于横山桥镇省庄村，成立于2002年，是一家从事印染专用供水处理、污水处理、中水回用和定型机废气处理的环保公司，专业提供印染专用供水处理技术与装备、印染污水回用专用RO膜技术等服务，拥有多项专利和技术成果。

申达检验　11月30日，江苏申达检验股份有限公司在“新三板”挂牌，股票简称申达检验，代码“874290”。位于牛塘镇虹西路199号,成立于2002年，是江苏省首批专业从事建设工程质量检测服务的民营检测机构，为各级政府和上千家企业客户提供工程质量检测、生态环境检测、消防维保检测等科学权威的检测报告服务，2021年至2023年主营业务收入复合增长率27%。

【上市公司高质量发展】　2023年，武进区出台《武进区关于推进上市公司高质量发展的实施意见》，引导上市挂牌公司稳步推进再融资和并购重组，江苏易电行新能源科技有限公司三次定增累计1576万美元，凯达重工定增1500万元，久煜智能定增1000万元，常州欧瑞电气股份有限公司定增1000万元。常州腾龙汽车零部件股份有限公司收购香港富莱德投资控股有限公司、北京天元奥特橡塑有限公司、宜宾天瑞达汽车零部件有限公司部分股权，江苏洛凯机电股份有限公司子公司收购江苏洛云电力科技有限公司100%股权。

（夏菘成）

银　行

【概况】　2023年，武进区有银行业金融机构28家、金融网点197个，在册从业人员3064人。年末，本外币各项存款余额4952.96亿元，增加472.14亿元，增长10.54%。其中，个人存款余额2387.64亿元，增长17.95%。本外币各项贷款余额4599.67亿元，增加621.44亿元，增长15.62%。其中，中长期贷款余额2723.92亿元，增长14.00%；票据融资余额247.08亿元，增加5.46亿元，增长2.26%。不良贷款率0.32%，下降0.01个百分点。

【银行业金融支持实体经济】　2023年，武进区组织召开金融工作座谈会和经济金融运行分析会，制定《2023年度武进区银行业金融机构重点领域贷款评价激励办法》，实施“金惠民企”提质增效工程，引导银行机构精准有力实施稳健的货币政策，加大对重点领域和薄弱环节的支持力度。至年末，全区制造业贷款余额832.22亿元，增长14.80%；高新技术企业贷款余额366.34亿元，增长17.18%；普惠小微贷款余额700.95亿元，增长31.36%，其中普惠小微信用贷款余额176.71亿元，增长50.77%；261家绿色企业贷款余额231.18亿元，增长12.58%；涉农贷款余额430.33亿元，增长14.94%；农村集体经营性建设用地使用权抵押贷款余额25.54亿元，增长14.79%，累计投放突破百亿大关。

【数字人民币试点】　2023年，武进区召开数字人民币试点工作座谈会、推进会6次，加强协调合作、知识宣传、应用推广，丰富公共资源交易、民生等领域应用场景，完成全国首笔限额以下公共资源交易项目数字人民币结算业务、全省首笔分散采购项目招标代理服务费数字人民币结算业务、全市首笔数字人民币普惠贷款业务及全市首项数字人民币土地交易。至年末，开立数字人民币个人钱包38.67万个、对公钱包2.67万个，数字人民币线下商户门店总数3.73万家，数量均位于各辖市（区）前列。

【人民银行武进支行】　2023年，人民银行武进支行围绕“创新、实干、特色”先进支行建设目标，坚持党建引领，强化履职管理，为地方经济金融高质量发展做出积极贡献。

货币信贷　7月，印发《2023年度武进区银行业金融机构重点领域贷款评价激励办法》，引导银行机构实施稳健货币政策，用好各项结构性货币政策工具。优化工作机制，联合区科技局、金融局，推送优质民营企业白名单，组织金融顾问团开展政银企对接服务，推动金融惠企政策产品直达乡镇、商户。做好融资培育，引导银行机构聚焦重大项目和薄弱环节，完善配套支持，强化资金投入。加强走访对接，组织银行机构走访辖区个体工商户1777家，推介“常个贷”“常信贷”系列特色产品，对接重点银行、企业，提高产业链融资效率，中征应收账款融资服务平台新增贷款3300万元。

金融稳定　防范化解金融风险，开展央行评级和金融生态创建评估，加强对地方法人机构监管，关注法人机构经营动态和核心指标波动，督促法人机构完善风险防控措施，重点监测房地产、大型企业等领域风险情况，配合地方政府做好风险企业的协调处置。打击电信网络诈骗，与区公安局、检察院建立信息共享机制，召开联席会议4次，组织排查风险账户，走访督导涉案高发机构，推送涉案账户信息1202条、定罪人员信息73条，移送公安部门案件2起。加强反洗钱监管，召开专题工作推进会，强化部门联动,协助公安部门调查19次，推动洗钱罪定罪宣判3起，涉案金额30余万元。

金融服务　深化农村信用体系建设，发挥征信助融作用，开展“三信”评定，评出信用镇3个、信用村37个、信用户22748户。推进信用示范镇和“一行一品”农村信用示范工程建设，制定《洛阳镇创建信用示范镇试点工作实施方案》。召开“服务地方经济、助力乡村振兴”银农对接会，拓宽新型农业经营主体融资渠道。创新“常农分+农地三权抵押”模式，加强涉农主体用信需求摸排，提供“融资+融智”支持。推进现金服务标准化建设，指导银行机构保障现金供应和纪念币发行，规范小面额人民币兑换服务，做好假币收缴和残损币鉴定，收缴假币852张，面额合计8.16万元。开展整治拒收现金工作，规范“无人值守停车场”收费管理，畅通景区现金收付。推进“金融知识进国民教育体系”工作,开展专题讲座12场次，涵盖金融消费者权益保护、人民币知识、征信与信用等主题，惠及师生1500余人，开展各类金融知识宣教30场次，营造良好的金融环境。

外汇管理　释放贸易投资便利化政策红利，提升外贸企业汇率风险管理水平，联合区财政局、商务局等部门，为办理套保业务企业提供增信，缓解企业保证金缴纳压力，强化政策支持。落实外汇衍生品“首办户”专项扶持资金50万元，惠及外向型企业118家。指导银行机构利用跨境金融服务平台，完成全国首笔出口信保保单融资业务。组织20家重点外贸企业召开外汇业务银企座谈会，督促银行机构积极开拓中小外贸企业“首办户”，提高外汇套保等业务比例，推广“外贸护航保”等创新产品，助力外贸企业树立风险中性理念，科学管理汇率风险。

（王雪恺）

【工商银行武进支行】　2023年，工商银行武进支行设营业部1个、营业网点14个、离行式自助银行1个，有员工235人。积极做好地方国有企业重大项目储备及落地工作，审批项目贷款16个、金额152.29亿元，投放金额50.72亿元。加大科技创新力度，推出普惠创新产品，新增科技型创新模型用户29户，累计发放科技型贷款3.27亿元。跟进武进辖区内上市、拟上市企业、专精特新企业、高新技术企业，服务实体经营，支持制造业客户，制造业（行业）贷款余额43.03亿元，较年初新增10.06亿元；民营企业贷款83.96亿元，较年初新增16.95亿元；专精特新贷款8.7亿元，较年初新增2.86亿元。至年末，本外币各项存款余额353亿元，其中对公存款余额227亿元、个人存款余额121亿元；本外币各项存款较年初新增46亿元，其中对公存款增量32亿元、个人存款增量20亿元；各项贷款余额368亿元，其中公司类贷款余额290亿元，增量68亿元，个人类贷款余额78亿元，增量2.7亿元。银监口径普惠贷款新增12亿元，普惠客户净增416户。年末不良贷款余额581万元，不良率0.016%。湖塘支行获评江苏银行业文明规范服务适老网点，环府路支行获评江苏省分行服务标杆网点。

（蔡　静）

【农业银行武进支行】　2023年，农业银行武进支行设营业部1个、营业网点29个，有员工434人。不断增强市场竞争力和价值创造力，形成以零售业务为支撑、资产业务为驱动、各项业务高质量发展的新局面。至年末，本外币余额556.27亿元，较年初增加103.71亿元，其中个人存款322.59亿元，较年初增加46.3亿元；对公存款余额233.67亿元，较年初增加57.41亿元。本外币贷款余额359.1亿元，较年初增加52.6亿元，其中普惠贷款余额71.71亿元，较年初增加16.12亿元。全年中间业务净收入2.54亿元，实现营业收入14.6亿元。获2022—2024年度全国文明单位、江苏省文明单位称号及2023年度武进区金融工作优胜单位二等奖。

（蒋黎静）

【中国银行武进支行】　2023年，中国银行武进支行设营业部1个、营业网点14个、离行式自助区1个，有员工249人。以“提高市场竞争力，实现高质量发展”为目标，实现各项业务健康持续发展。聚焦重点行业，助力实体经济发展，新增大公司实体经济批复27户，总金额90.34亿元；新增实体经济投放445户，总金额52.3亿元。做优普惠金融，助力小微企业发展，新增核批新客户236户，其中公司普惠重点领域口径贷款余额29.26亿元，较年初新增11.26亿元；个人金融普惠余额13.07亿元，较年初新增3.68亿元。全年累计收付汇30.88亿美元，即远期结售汇9.82亿美元，叙做国内信用证二级福费廷9512.28万元人民币，叙做贸易融资投放3.06亿美元，办理股权激励资金收汇138.41万美元。打造跨境金融服务品牌，开展跨境宣传活动123场，结售汇交易金额5475万美元，拥军卡代发额6320万元。至年末，本外币存款余额272.76亿元，新增59.04亿元，本外币贷款余额256.28亿元，新增53.55亿元。获武进区金融知识纳入国民教育体系工作竞赛团体一等奖、武进区现金服务标准化创建工作竞赛二等奖等奖项。

（邓灵芝）

【建设银行武进支行】　2023年，建设银行武进支行辖营业网点28个，拥有自助设备71台（其中28个网点65台、6个离行自助行6台），有员工404人。纵深推进新金融实践，聚力提升发展质效，守牢风险合规案防底线，实现各项业务高质量发展。聚焦地方经济建设，围绕重大项目年度投资计划，保障重大项目融资需求，为区域各类重大项目、重点企业提供授信额度合计90.57亿元。支持重点产业发展，提升中小微企业、科创企业金融服务质效，新增制造业非贴贷款9.01亿元、战略性新兴产业客户贷款29.03亿元、绿色金融贷款17.1亿元。深化城乡战略实践，打造普惠金融服务网络，成立普惠金融事业部（乡村振兴金融部），普惠金融贷款余额57.04亿元，较年初新增10.62亿元；乡金贷款余额9.63亿元，较年初新增3.94亿元，余额和新增额均位列建行系统全省县域支行第一；涉农贷款余额28.8亿元，较年初新增1.9亿元；助力稳外资、稳外贸，累计投放3.93亿元人民币跨境贷款。金融科技持续赋能，完成建行系统全省首单司法网拍贷业务，上线武进公安涉案资金监管平台，联合公共资源交易中心武进分中心实现首笔数字人民币在限额以下公共交易项目领域的应用，上线数字人民币停车支付、智慧食堂等多个应用场景。至年末，核心存款日均余额399亿元，新增73.75亿元；各项贷款时点余额349亿元，时点新增69.78亿元。实现主营业务收入11.26亿元，较上年增加1.96亿元，增速21.1%；拨备前利润8.88亿元，较上年增加1.7亿元，增速23.8%；税前利润8.87亿元。获2023年度武进区金融工作优胜单位二等奖。

（向　攀）

【交通银行常州武进支行】　2023年，交通银行常州武进支行辖营业部1个、二级支行3个，配套自助银行4个和ATM机8台，有员工57名，其中二级支行湖塘纺织城支行于10月23日整体搬迁至常武中路18-88号，并更名为常州科教城支行。统筹经营发展和安全，保持和巩固“稳中有进、稳中提质”的发展态势。至年末，人民币各项存款年均余额75.21亿元，比年初增加1.2亿元；人民币各项贷款年均余额119.96亿元，比年初增加19.89亿元；国际结算量5.62亿美元,比年初减少1.5亿美元;不良资产率0.04%;经营利润2.13亿元。

（周东英）

【农发银行武进区支行】 2023年，中国农业发展银行武进区支行营业部设在武宜中路112号，有员工19人，是武进城区内唯一一家农业政策性银行。聚焦“守好一方粮”职责，投放各类粮食贷款2.52亿元，收购入库各类粮食2.45亿千克，有效保障武进地区粮食收购的平稳运行。支持乡村振兴，紧扣“两湖”创新区建设，落实长三角青年创新创业港、西太湖生态环境改造提升等项目，投放项目贷款26.96亿元。年末，各项贷款余额90.49亿元，各项存款余额14.83亿元，实现FTP利润6598万元。

（徐 斌）

【江南农村商业银行】 2023年，江南农村商业银行在武进区域（含武进支行、高新区支行、经开区支行）设有营业网点51个，有员工627人。聚焦“两湖”创新区建设，积极推进“阳光贷”“融E链”等信用类产品，助力小微企业及个体工商户信贷资源供给。年末，本外币存款余额1211.2亿元，增加139.8亿元，增长13.05%，占武进区市场份额的24.5%，存款总量、增量均居区域排名第一。其中,对公存款余额481.4亿元，储蓄存款余额729.8亿元。本外币贷款余额760.4亿元，增加109.6亿元，增长16.8%，占武进区市场份额的16.5%，贷款总量、增量居区域排名第一。其中，对公贷款余额499.8亿元（不含贴现），制造业贷款余额238.6亿元(不含贴现)，占对公贷款余额的47.7%。

（谢 炜）

保 险

【概况】 2023年，武进区实现保险业务收入57.72亿元，增加7.41亿元，增长14.71%。其中，财产类保险收入21.03亿元，增长12.08%；人身类保险收入36.68亿元，增长16.28%。全区保险业务支出22.74亿元，增加8.27亿元，增长57.08%。其中，财产类保险支出15.47亿元，增长54.54%；人身类保险支出7.26亿元，增长62.62%。

（王雪恺）

【人保财险武进支公司】 位于延政中大道22号，内设个人客户业务中心、法人客户业务中心和政府业务中心，网点覆盖武进区域各重点乡镇，有员工275人。2023年，该公司紧跟政策形势，推出创新项目和产品，取得高新技术企业产品责任保险、海外知识产权侵权责任保险、商业性农业保险创新等方面新突破，为相关企业、农户共计提供21.303亿元的风险保障。完成保费收入9.23亿元，增长17.28%，保费总额占武进区域市场份额的46.78%，处理各类赔案18.65万件，支付赔款金额达6.8亿元，缴纳各类税费8543万元。

（胡兰琳）

【人寿保险武进支公司】 位于广电东路8号铂安国际A座16楼，辖湖塘、延政路、湟里、前黄、雪堰、夏溪、奔牛、邹区网点8个，有正式员工59人，持证销售人员756人。2023年，实现总保费11.8亿元，市场份额占比30.31%；新单保费3.55亿元，市场份额占比29.6%。助力乡村振兴，进一步推动普惠保险，实现政保业务4662.3万元，同比增长10.52%，武进地区承保覆盖率88.15%。服务企业数1324家，实现法人业务2256.7万元。处理赔付案2.82万件，金额9473.32万元，满期等各类给付14.55万件，金额13524.88万元，充分发挥保险风险保障功能。

（张 倩）

2023年武进区保险业务情况表

表20

险 种	保险业务总收入（万元）				保险业务总支出（万元）			
	本期累计	其 中			本期累计	其 中		
		人民保险	太平洋保险	平安保险		人民保险	太平洋保险	平安保险
财险小计	210323.70	92411.49	39465.94	27440.06	154738.62	65918.17	41962.85	18334.25
企财险	12674.92	3280.71	2016.31	83.40	4892.33	1753.07	1001.16	197.59
家财险	3587.00	764.39	1767.33	727.50	375.76	188.85	126.66	32.83
车辆险	123611.53	54090.65	25209.14	22571.16	80127.96	32851.61	15711.56	15626.14
运输险	832.73	609.21	64.06	15.20	317.32	11.43	44.84	0.00
责任险	44187.99	25446.17	6999.62	2109.30	34308.43	25882.80	3382.86	2388.77
其他	25429.52	8220.36	3409.48	1933.50	34716.82	5230.42	21695.77	88.92
人身险小计	366831.43	3001.33	141096.20	40903.90	72638.80	2779.50	24981.93	7935.82
养老年金险	62824.46	33.38	0.00	13933.47	19938.47	25.68	0.00	5067.96
意外险	4211.68	6.44	342.98	1086.01	1320.79	1.84	75.00	16.40
健康险	34801.38	952.92	869.07	8969.02	10212.62	203.12	616.86	2851.46
寿险	264993.91	2008.59	139884.15	16915.40	41166.92	2548.86	24290.07	7596.08
总 计	577155.13	95412.82	180562.14	68343.96	227377.42	68697.67	66944.78	26270.07

（王雪恺）

【太平洋财产保险武进支公司】 位于湖塘镇广电西路166号铂安国际商务楼A座6楼，辖湖塘、前黄营销服务部2个，有员工29人。2023年，该公司围绕“有效益、可持续、精细化、有韧性”高质量发展的要求，降本增效，精准经营车险，承办多项民生、工业、农业类项目。遵循“主动作为、精准施策、重在治本、持续建设”的风控方针，加强合规管理和反洗钱管理。完成保费收入3.86亿元，增长29.2%。其中，车险保费收入2.52亿元，增长11.18%；非车险保费收入1.34亿元，增长85.81%。1—12月，车险综合成本率99.79%，非车险综合成本率92.4%，全险种综合成本率97.21%。全险种赔款支出4.03亿元。

（沈怡平）

【太平洋人寿保险武进中心支公司】 位于湖塘镇府东路2号，下辖湖塘、礼嘉、洛阳、横林、和平中路营销服务部5个，有正式员工34人，营销持证业务员916人。2023年，该公司聚焦绩优队伍建设，年度MDRT（百万圆桌会议，全球寿险精英的最高盛会）达成77个，同比增长89.7%；核心队伍达成311人，同比增长17.3%。践行长期主义，13个月继续率达成97.1%，保证公司长期稳定的业务发展。参与转型试点工作，成为总公司PDS、芯启航及OMO等相关转型项目的示范基地和试点机构。实现总保费收入14.11亿元，市场份额36.04%。受理理赔案4581件，各类给付50742件；赔款支出金额6330.9万元，各类给付金额1.28亿元。列太保系统全国三级机构经营等级第7位，提升5位。

（刘　丹）

【平安产险武进支公司】 位于武进区延政中路经纬大厦，辖横山桥、前黄、孟河、牛塘营销服务部网点4个，有员工19人。2023年，该公司实施“科技+数字”金融模式，基于“AI智能理赔服务”，实现30分钟内完成定损。深耕普惠金融，打造“企业安心保”等一系列小微企业客户专属保险产品。完成保费收入3.1亿元。其中，车险保费2.6亿元，财产险保费2975万元，意健险保费2162万元。

（章佳英）

证　券

【概况】 2023年，武进区设有证券机构12家，其中证券分公司1家、证券营业部11家。在资本市场动荡及市场低迷的影响下，全区证券机构加快业务转型，加强专精特新及上市企业支持力度，强化证券服务实体经济功能，为武进高质量发展提供有力支撑。

（夏菘成）

【中信证券常州分公司】 2023年8月，该公司从外环府路39号搬迁至延政中路5号常发大厦1楼、21楼，营业面积1388平方米，有员工69人。克服证券市场低迷影响，坚定财富管理转型方向，实现财富配置单数和规模稳定增长，财富配置业务规模和单数均取得中信证券系统江苏分公司辖区第一名。打开上市公司合作新局面，协同投行推进再融资两单，落地1单IPO，新增签约1单IPO，储备4单IPO，实现新增托管股份30亿元。协同债券承销业务线，推进各区域平台融资业务，累计完成发行规模近60亿元。提升市场影响力，联合常州市政府、中信银行常州分行等机构举办中信证券全面助力常州资本市场发展启动大会、新能源+高端制造科技产业论坛、第七届中信中期策略会等活动，累计参会客户近1500人。获评常州市“提质增效、创新争星”现代服务三星级企业称号。

（郑　欢）

【中信建投证券常州广电西路营业部】 位于湖塘镇广电西路529号，拥有资质从业人员20人。2023年，该营业部开展与证券经纪、证券投资活动有关的财务顾问、证券承销与保荐、证券资产管理等业务，提供高端机构与个人客户多元化融资渠道。新增客户3499户，年末拥有客户总数43246户，客户资产合计110亿元，实现股票及基金交易量1058亿元，金融产品销售总规模18.6亿元。

（朱　青）

【东北证券常州花园街证券营业部】 位于湖塘镇花园街168号H-12，营业面积263.55平方米，有从业人员9人。2023年，该营业部提供经纪业务、投资顾问、股权质押、科创板等金融服务，协助有关企业和个人开展投融资项目、“新三板”和申请网下配售资格等，开展基金申购赎回、基金场外转场内及基金定投等理财业务。至年末，有投资账户2.1万余户，实现证券交易额264亿元。

（陆大荣）

【华泰证券常州花园街证券营业部】 位于花园街137号A-101、201，有员工15人。2023年，该营业部贯彻“强化回归财富管理本源、踏实做好客户陪伴服务”原则，实现个人资产配置规模与上市公司业务发展新突破。完善“一个华泰”服务体系，分类聚焦企业及机构客户金融服务需求，实现IPO保荐项目1单，新增托管资产30亿元；协同债券承销业务线，累计完成发行规模近10亿元，个人客户近9万户。

（顾　越）

城乡发展

Urban and Rural Development

栏目编辑　颜　赶

乡村振兴

【概况】 2023年，武进区深入贯彻落实中共二十大精神和习近平总书记就“三农”工作作出的一系列重要指示，围绕各级农村工作会议决策部署，聚焦常州市“532”发展战略，出台《关于做好2023年全面推进乡村振兴重点工作的实施意见》《武进区乡村建设行动实施意见（2023—2025年）》，推进农业产业提质增效、农民持续增收、农村宜居宜业。

深化农村改革　成功申报《武进区省级农村综合性改革试点试验实施方案》，深入开展机制路径探索，于6月入选省级农村综合性改革试点试验项目名单。统筹推进宅基地“三权分置”（宅基地的所有权、资格权、使用权三权分置）改革和住宅类专项整治试点，年内规划农民自建区40个，建成现代化宜居农房4000套。探索形成一批高质量改革创新成果，一次认定、相对固定、长期稳定、动态调整“三定一动”宅基地资格权长效管理制度成果在全国形成引领示范效应。在此基础上，激发“三权”要素互动流动活力，全区500宗分区分类宅基地有偿使用促进集体增收3000余万元，将择位竞价激发有偿使用新活力，为促进城乡融合发展、推动农房更新、助力富民增收提供崭新路径。

实施省级重大项目　聚焦产业融合、绿色发展、乡村建设等方面，扩大农业农村有效投入，全力实施省级农业农村重大项目17个（产业融合2个、绿色发展2个、乡村建设10个、科技自强1个、稳产保供2个），完成年度投资额6.87亿元，形象进度101%。

优化农村产权交易体系　按照中央和省、市关于农村产权制度改革工作要求，构建“归属清晰、权责明确、保护严格、流转顺畅”的现代化农村产权交易体系，制定出台《关于加强农村集体资产流转交易管理的实施意见（试行）》，规范全区农村产权交易行为。推广农村产权线上交易，牛塘等镇创新开展涉农资金项目交易，实现增收节支。全年实现交易项目1945笔、金额3.35亿元，其中线上交易544笔、金额1.23亿元。区农业农村局和前黄镇、牛塘镇、嘉泽镇分获2023年江苏省农村产权交易县区级、镇级先进集体称号。

农村集体经济发展壮大　2023年，全区农村集体经济组织总收入达8.78亿元，12个村（社区）集体经济组织超千万元，46个村（社区）集体经济组织年收入超500万元。村均集体（包括涉农社区）总收入达447.73万元，同比增长5.70%。研究出台《关于学习运用“千万工程”经验加快推动农村集体经济高质量发展的指导意见》，鼓励村集体采取共建、联建、参股等发展模式，着力开辟资产租赁、企业股份、农业开发、生产服务等增收途径，农村集体经济进一步壮大。引导村级集体经济组织实施增收项目，申报市级财政奖补项目8个，投资总额超8000万元，争取市级财政奖补资金506.28万元；申报省级财政奖补项目5个，投资总额超600万元，争取省级财政奖补资金400万元。

推进农村集体“三资三化”　加强农村集体“资金、资产、资源的制度化、信息化、公开化”建设，将全区196个村级集体经济组织、4788个村民小组全部纳入江苏省农村集体财产智慧监管平台管理，进一步规范会计科目使用和资产资源分类。全面推广使用电子票据，规范电子票据开具和管理，将资产资源交易与电子票据收款关联，形成交易、合同、收款的全流程闭环管理。深化农村集体资金资产（资源）违规出借出租问题专项治理，整改完成4290笔，整改完成率97.56%，收回借款本息1.12亿元，收回欠缴租金1014.68万元。

【深化农业农村改革】 2023年，武进区承担省农业农村厅农村产权交易市场建设改革试验，聚焦农村土地承包权、宅基地资格权、集体经济组织成员资格权三项权益管理存在底数不清、确权口径有差异等问题，探索开展农村集体经济组织“一户三权”数字化集成管理改革。深化宅基地制度改革，建立宅基地一次认定、相对固定、长期稳定、动态调整“三定一动”长效管理机制，完成56.70万人、17.56万户资格权认定入库管理，按照“应发尽发”要求办理宅基地确权登记。全区城镇开发边界外139个行政村，按照“应编尽编”要求，共编制村庄规划117个，行政村村庄规划编制率达100%。2023年，农民自建区建设管理制度改革拓展任务试点通过全国改革试点区评估验收，“三管一竞”（规划设计管理、建设流程管理、资金专户管理和择位竞价）制度样本入选农业农村部政策汇编。推进水稻稳产保供改革，提高水稻田的村集体生态补偿标准，增加水稻田复耕复种奖补。据2023年度农村生态保护补偿考核结果，完成全区

前黄镇联庆村墙绘　　　　（供图／区融媒体中心　摄于 2023 年 11 月）

154 个村生态补偿资金测算拨付，下达资金合计 2034.60 万元，水稻收入保险案例入选全国农村改革典型案例。精准开展农产品监管机制改革，构建“区、镇、村、站”四级农产品质量安全监管服务网络，建成服务站 40 个，建设“网格化 + 数字化”农产品质量安全智慧监管平台，组织镇、村开展农产品胶体金检测技术培训，提升检测人员技术水平，提升检测效率，完善监管方法。探索“一核两翼”（“一核”为构建基层党建大格局，“双翼”为打造乡村治理体系和深化基层干部专业化体系）乡村治理模式，推进党建引领村级集体经济发展“双百”行动，全面推行“一网格一支部一阵地”建设，网格党支部、直通站覆盖率分别超 90%、80%。紧扣乡村振兴、产业发展等主题，组建“五大振兴”（产业振兴、人才振兴、文化振兴、生态振兴、组织振兴）专班，打造蒲岸村“共富粮仓”、满墩村“庭院党建”等亮点，何墅村创成省级特色田园乡村。开展基层治理“睦邻善治”论坛 12 期，马鞍村“文明积分”、葛庄村“击鼓议事”等鲜活经验得到《人民日报》关注报道。制定“一村一策”增收计划，探索“飞地抱团”发展模式，选派 11 支博士助农团开展项目攻坚，统筹省、市、区扶持资金近 700 万元。

【建设宜居宜业和美乡村】 2023 年，武进区深入实施全区农村人居环境整治提升五年行动，健全“铁脚板”逐村检查、“清单式”现场督查、“红黑榜”分类奖惩的工作机制，重点推进中心自然村、进村入组村庄道路沿线和农村公厕三大攻坚任务，区农村人居环境整治提升工作测评得分位居全市第一，完成农村公厕新（改）建 32 座，全区农村人居环境整治成效持续提升，村容村貌愈发洁净亮丽。雪堰镇太滆村、城湾村，礼嘉镇何墅村、华渡村，洛阳镇圻庄村，前黄镇坊前村、前进村（2 次）、红星村（2 次），嘉泽镇浦捞村、三星村，湟里镇葛庄村、西鲁村入选常州市“红榜村”，入榜数量位居全市第一；礼嘉镇何墅村被确认为常州市美丽乡村；雪堰镇被评为江苏省生态宜居美丽示范镇，洛阳镇岑村村、圻庄村，雪堰镇雪东村、城湾村，牛塘镇丫河村，嘉泽镇满墩村、跃进村，湟里镇河南村、葛庄村，礼嘉镇何墅村、毛家村，前黄镇运村村 12 个村被评为江苏省生态宜居美丽示范村。

【高素质农民培育】 内容参见“农业”类目 p100 同名条目。

2023 年武进区农业农村重大项目实施情况表

表 21

项目名称	建设单位	建设规模或主要建设内容	总投资（万元）
洮滆片区（武进）水环境综合整治工程嘉泽镇建设项目	嘉泽镇人民政府	嘉泽镇 10 个行政村（含 106 个自然村）农村生活污水治理，17 个行政村（含 31 个自然村）老旧污水处理设施改造，三星、周庄、南庄片区污水主管网建设，20 条河道生态化治理，庙桥河截流系统修复	20000
西城村农村宅基地提升工程项目	嘉泽西城村委	西城村农民自建房（二期）总规划面积 2.78 公顷，计划建造自建房 71 套，户型主要分为 80 平方米、100 平方米、120 平方米、140 平方米 4 种	4210
云越花卉高效种植基地建设项目	江苏云越花卉园艺有限公司	规划用地 27.33 公顷，包括基地智能化温室及相关设施建设、喷滴灌及水肥一体、新品种种苗引进、育苗等相关设施	1000
洮滆片区（武进）水环境综合整治工程湟里镇建设项目	湟里镇人民政府	麦柴顶浜等 5 条河道水环境整治及 1 处水系连通。清淤河道（含支浜）长度 3008 米，清淤量 11391 立方米；岸坡清杂 17418 平方米，新建护岸总长 2750 米；水生态修复工程；排口治理 3 处；畅流活水泵站 2 座	3500
湟里农污治理工程	湟里镇人民政府	完成河南村麻萱、葜庄村杨柳上的污水处理接管，湟里镇 4 条主管网建设和新孟河沿线 3 个自然村接管	1500

续表 21

项目名称	建设单位	建设规模或主要建设内容	总投资（万元）
常发大马力发动机及全动力自动换挡系统	江苏常发农业装备股份有限公司	利用现有厂房，购置大马力加载磨合台、轮胎拧紧机、制动器壳体自动线、变速箱壳体自动线、伞齿配对检查机、龙门加工中心等设备 383 台（套），与原有产线和设备相配套，达产后可形成年产 300 马力发动机、全自动动力换挡传动系统 500 台（套）的生产能力	13500
礼嘉新集镇城乡融合示范区宅改项目	常州晋陵城市发展有限公司	位于礼嘉镇新辰村，规划总用地 3.4 公顷，总建筑面积 1.26 万平方米，居住户数约 130 户	10000
洮滆片区（武进）水环境综合整治工程洛阳镇建设项目	洛阳镇人民政府	涉及洛阳镇 8 个行政村（含 18 个自然村）农村水环境治理。对村庄周边村塘、河道等综合整治，新建居民生活污水管道 28 千米、污水提升泵站 17 座	2300
友谊村农民自建区项目	洛阳镇友谊村委	规划总用地 9111.2 平方米，总建筑面积 10150.27 平方米，建设占地面积 60 平方米、80 平方米、100 平方米、120 平方米户型 4 种，房屋层高 3 层，南北方向布置（31 户）	2200
武进区滨湖现代农业产业园项目	江苏灵湖现代农业科技发展有限公司、江苏余年农林生态发展有限公司	前黄镇灵台现代渔业园区建设面积 266.67 公顷。主要实施池塘清淤和规整、湿地净化设施建设、养殖尾水收集设施建设、管区建设和电力、道路及生产用房建设等	10000
雪堰镇分散式污水处理建设	雪堰镇人民政府	建设分散式污水处理站 9 座	1070
太湖湾片区雅浦板块美丽乡村建设项目	雪堰镇人民政府	主要包括雅浦、太滆渔村沿街建筑改造 1.2 万平方米；祠堂浜、雅浦警务室、乡村体育活动区、国槐古树及池塘、原休闲健身区、太滆渔村、村内环线等周边绿化景观提升改造；水系疏浚、灯光亮化、旅游形象标识增设等配套基础设施提升工程	1699
雅浦港生态缓冲区建设示范工程	雪堰镇人民政府	涉及雅浦、南山 2 个行政村及 6 个自然村。建设内容：农村生活污水治理、支浜排口规范化整治、桃树种植控源减排工程、监测监控体系建设	5000
武进区高标准农田建设项目（雪堰镇、前黄镇）	雪堰镇人民政府前黄镇人民政府	建设高标准农田 366.67 公顷，其中新建 100 公顷、提质更新 266.67 公顷	1270
滆湖退田还湖二期暨近岸带水生态修复工程	江苏恒源生态文化旅游发展有限公司	退田还湖总面积 2.38 平方千米，其中还湖面积 1.40 平方千米，恢复植物面积 1.83 平方千米，新建堤防 3.88 千米、堤防桥梁 2 座，增设消浪防冲工程	43000
智慧冷链物流加工中心建设	江苏杰记农业科技有限公司	5000 平方米冷链中心及配套设备建设	1000
前黄粮食物流园建设项目	江苏武进绿色建筑产业投资有限公司	建设现代化粮食仓库、综合物资储备库、散装平房仓 9360 平方米、大米加工厂房 6600 平方米、地下设备用房 280 平方米	31000

（祁宇豪）

城乡规划

【概况】 2023 年，区自然资源和规划部门紧紧围绕全市“532”发展战略和全区“一园一城一示范”建设要求，牢牢把握“塑空间、优资源、活机制、争先锋”工作主线，凝心聚力，务实笃行，形成科学高效国土空间规划体系和开发保护格局。圆满完成 2022 年度国土变更调查，变更图斑 11490 个，面积 6451.4 公顷。经统计，全区总面积 883.99 平方千米，其中建设用地 279.22 平方千米、农用地 378.16 平方千米（耕地 97.26 平方千米）、未利用地 226.6 平方千米，与 2021 年变更成果相比，建设用地净增 264.67 公顷，农用地净减 401.13 公顷（耕地净增 13.39 公顷），未利用地净增 136.43 公顷。持续加强信访问题源头治理和积案化解，深入推进信访工作法治化，办理信访事项 124 件、网上信访 293 件，来信来访办结率、报结率均达 100%，信访形势总体平稳。武进自然资源规划分局承办的行政处罚案卷《常州市武进区江苏南沿江城际铁路有限公司违法占地案》获评 2023 年度省优秀行政执法案卷、2022 年度市级十佳行政处罚案件。分局《尺度和底线》荣获“绿水青山 · 美丽中国”第三届全国短视频大赛优秀奖，分局团总支组织拍摄的《青春游武——耕地保护篇》入选全国耕地保护全媒体作品展播。分局获评2022年度全省系统信访工作业绩突出集体、2022年度全省自然资源系统法治建设和普法工作成绩优秀单位。武进区获评“2023年度江苏省土地执法先进县（市、区）”。

【规划引领】 2023年，区自然资源和规划部门强化规划引领，积极谋划区域发展新格局。编制完成武进区国土空间分区规划方案，报批完成三轮国土空间落地上图方案，保障空间规模351.33公顷。完成洛阳、礼嘉、嘉泽等6个镇的控制性详细规划修改，保障各类项目47个。完成常州南站周边地区概念性方案深化，“两湖”创新区核心区控制性详细规划形成稳定成果，“两湖”创新区核心区规划建设管控导则、核心区站城活力轴沿线城市设计深化工作有序推进。完成“两湖”创新区核心区总部经济区控制性详细规划。形成中以常州创新园核心区控制性详细规划方案。完成江理工南部片区城市设计、长沟河景观提升规划专家论证。完成省级传统村落雪堰镇雅浦村的保护规划及村庄规划报批。完成全区镇村布局规划更新，形成规划发展村496个。洛阳镇工作站在省自然资源厅开展的优秀工作站评选活动中获评规划师下乡“先锋工作站”，全区唯一，全省仅10个。

（常文涛）

城镇建设

【概况】 2023年，区住建部门聚焦重点项目，进一步提升市政公用设施管养水平，完成环府路、茂业天地周边道路专项维修改造及火炬路（广电路—长虹路）段人行道板整体改造，完成4处口袋公园及3条绿化特色道路建设，对新天地公园、莱蒙绿地、文慧园内损坏的基础设施进行整体提升改造，完成城区及部分周边道路老旧路灯节能改造2.64万盏，提升出新花园街沿线及16座楼宇部分景观灯具。为配合淹南片区、科教城地块和东龙路片区开发，聚湖西路、贺家路、星火路等16条新建道路工程陆续开工，总里程9.7千米，计划总投资12亿元。其中，星火路于10月开工，已完成水稳层摊铺；新腾路于11月开工，已完成灰土层摊铺、2座桥梁桩基施工，均完成总工程量的60%。剩余道路全部完成施工招标。老旧小区改造总投资3952.5万元，涉及总建筑面积15.81万平方米，惠及居民1660户。

（徐亚芬　杨　欣）

【市政设施养护】 2023年，区住建部门市政设施养护投入共计6400万元。其中市政养护投入2500万元，累计维修破损路面约3万平方米，改造维修人行道道板1.8万平方米，增设阻车桩4100根。对湖滨大桥、新龙大桥、大喜桥等13座桥梁开展专项维修，维修桥梁栏杆3.5千米；绿化及公园养护投入2500万元，共完成绿化补种、恢复、更新面积9万平方米；对新天地公园、莱蒙绿地、文慧园内部分基础设施进行整体提升，完成路面出新1200平方米、景观桥桥面修复650平方米、园路及健身步道铺设新增3200平方米、木栈道改造400平方米、儿童活动场地丙烯酸涂料出新500平方米以及配套照明、监控系统改造安装、文慧园厕所改造修缮等工作；照明养护投入1400万元，更新改造城区路灯箱变5台，提升出新花园街沿线及四季新城金典、水务大厦等16座楼宇部分景观灯具，共维修路灯2200余盏次，恢复被盗或损毁电缆2600米，维修路灯配电设施560余次，保证路灯设施完好率超95%，路灯亮灯率超98%。

【市政重点项目建设】 2023年，区住建部门重点实施以下市政项目建设。

口袋公园建设　在城区开展乐享园林——公园绿地景观品质工程、乐享园林——生态绿廊（道路绿化）提升工程，完成口袋公园建设4个，总占地面积3万平方米，投资1000万元。工程于10月开工建设，12月底建设完成并对外开放。其中常武路—武南路西北角口袋公园增加户外运动设施、城市驿站以及林荫下的室外休憩场所；梳理现有树木，敞开空间，改善绿地整体环境；以青少年为主的运动场地，兼容中老年、儿童的运动设施打造全龄化运动公园。武南路—凤栖路西北角口袋公园遵照现场地形地貌，以瓜果蔬菜为设计元素，将场地嵌入原林下空间，布置休憩廊架、健身器材、“果蔬”趣味活动装置等，改善绿地整体环境，满足周边居民活动需求，促进社区邻里交流。大通河—长沟河东北侧沿河口袋公园对入口节点进行景观改造，营造樱花主题入口，增加休憩空间与座椅来解决园内没有座椅的现状，以樱花为整体的改造主题进行主干树木的种植，打造十里樱廊的景观。淹城路—永胜路西北角口袋公园将公园内南侧的绿道贯穿到公园北侧，形成完善的绿道系统，梳理现有树木，改善绿地整体环境，统一主题树种，融入家庭园艺舒适生活的理念，以一米花园形式打造，居民可以近距离感受园艺之美。

道路绿化提升　对淹城路（312国道—人民路）东侧、老花园街（花园街—人民路）两条道路实施花漾道路工程，保留原有绿化景观，梳理现有植物层次，对重要节点进行改造，塑造特色空间。疏解淹城路（312国道—人民路）道路东侧2千米林带其他树种，保留原有特色彩叶树种银杏，使空间视线开敞。在广电路（星火路—武宜路）道路侧分带栽种大花月季，强化沿路围墙攀援月季特色，打造以月季为主题的特色道路景观。

道路专项维修改造　主要对象为环府路、茂业天地周边道路及人行道。工程于2月13日开工，5月23日竣工，总投资700万元。开展专项维修道路6条、全线总长2.5千米，改造沥青路面8400平方米，铺装人行道板7587平方米，同步实施茂业天地道路沿线路灯增设、违停监控增设、污水井清淤等施工。

老旧路灯改造　对城区及部分周边道路多种老旧路灯，包括高架灯、高速灯、投光灯等开展节能改造，工程于4月23日开工，12月25日竣工，共计更换灯具2.64万盏。建设智慧照明管理系统，推动实现科学节能的同时进一步提升照明质量，实现路灯精细化管理。

【村镇建设】 2023年，区住建局坚持把特色田园乡村创建工作作为乡村振兴的重要任务，认真研究上级部门相关政策，深入调研村庄实际情况，科学指导各镇、村统筹融合特色田园、传统村落、农房改善、高标准农田等乡村建设重点工作，因地制宜、因村施策，积极培育省级特色田园乡村、传统村落。礼嘉镇何墅村西巷头、牛塘镇丫河村强家创成省级特色田园乡村，雪堰镇南宅村北街头创成省级传统村落。统筹发展和安全，突出农房安全和品质提升，以政府引导、集体组织、村民自主为原则，实行农民住房“留、聚、转”保障模式，引导农民自愿、有序开展拆旧建新，通过村庄原址翻建、易地规划集中新建和项目带动等路径，积极开展农村住房条件改善，加快建设现代化宜居农房。开工（在建）自建区项目7个，完成低收入群体危房改造5户，完成农村住房条件改善房屋（现代化宜居农房）3511户，农村住房条件得到极大改善。根据国家、省、市、区统一部署，紧紧围绕目标任务，有力有序推进农村房屋安全隐患排查整治工作，取得三年专项行动阶段性成效，农房安全形势逐渐企稳。至年底，共排查各类农房10.28万户，经安全性评估鉴定为C、D级危房200户，已全部落实安全整治措施，其中落实工程措施消险解危且实现销号84户、管理措施116户，并落实产权人（使用人）主体责任，坚持“谁拥有谁负责，谁使用谁负责”原则，坚决守住“危房不住人、人不住危房”的安全底线。

【土地资源经营管理】 内容参见“经济管理”类目p171—172相关条目。

（徐亚芬）

【城镇老旧小区更新改造】 2023年，武进区老旧小区改造总投资3952.5万元，涉及南街社区片区（南街社区散居楼等）、鸣北社区片区（鸣北社区散居楼道等）、湾里社区片区（湾里新村101～105幢）。改造总建筑面积15.81万平方米，惠及居民1660户。改造坚持党建引领，实现“党建＋业务”同频共振，发挥临时党支部战斗堡垒作用，帮助业主解决实际困难。坚持一楼一策，因地制宜深度改造，以量身定制的高标准运用于每一栋散居楼，把为民办实事贯彻到设计改造之中。新城花苑东区、西区2个旧改小区被市委组织部、市住建局评为2022年度常州市党建引领老旧小区改造提升“微样板”项目，入选2022年度省级宜居示范居住区。

【既有住宅加装电梯】 2023年，武进区积极探索加梯新方案新模式，通过“连廊侧开门＋阳台入户”的模式实现加梯平层入户；通过拆除单元门前车库，上层加装连廊；通过组织社区、物业拆除部分围墙，跨小区合作等方式，为电梯赢得加装空间的模式，并通过“学习强国”学习平台、区融媒体中心、《武进日报》等在全市得到推广。年内完成加梯10台。依据《常州市武进区既有住宅加装电梯财政资金使用管理办法》，完成发放财政补助资金补贴4台，共计40.25万元，其中加装电梯项目补助36万元、管线迁移补助4.25万元。

（杨　欣）

阳湖世纪苑加装电梯　（供图/区融媒体中心　摄于2023年7月）

征收与补偿

【概况】 2023年，区房屋征收与补偿管理中心（简称征补中心），紧紧围绕“532”发展战略，全力打造“一园一城一示范”，紧盯目标任务，对属地政府下达任务书，列出时间表，明确责任主体、资金来源、完成时间等，确保项目启动资金有保障、安置有着落。强化统筹平衡，对征收补偿方案实行备案管理，严格审核补偿标准、安置形式、政策依据等，同时兼顾区域差异。强化区镇联动，搭建问题协调化解平台，帮助解决项目推进中政策平衡、资金落实、安置需求等问题。重点推进中央车站搬迁、理想三基地东南角地块、沪武高速公路扩建征迁等征收工作，共启动项目20个，完成征收签约面积120万平方米，民房签约率99%，全部完成签约项目13个。

【征收政策调整】 2023年，区征补中心始终坚持“全区一盘棋”的原则，不断推进征收工作制度化、标准化。加强政策调研，出台调整标准。组织到绍兴、无锡等周边地区取经学习，认真吸收借鉴先进工作经验和亮点举措，谋划推动工作、破解难题的具体思路和举措。根据常州国有土地上房屋基准价格和重置价格调整文件精神，联合区相关职能部门，出台《关于调整武进区集体土地上房屋征迁补偿安置有关标准的通知》《关于调整武进区国有土地上房屋征收与补偿相关评估基准价格等内容的通知》，及时调整全区房屋征收补偿标准，重点提高房屋重置价格、土地区位基准价格、房屋基准价格及货币化补偿价格等。统筹全区补偿安置标准，规范征收行业管理，为与上位法衔接做好铺垫，围绕“户的界定”、房屋面积、安置人口、奖励补贴标准及栏目等多方面，加快规范统一。严格执行中介机构准入制度，对进入武进区的中介机构进行审查把关，核准公布中介机构83家。健全完善中介机构考核制度，重点围绕工作流程、规范操作等环节，对2023年在武进开展征收业务的中介机构进行量化考核，发挥优胜劣汰机制，规范中介机构工作程序，引导中介机构提高业务能力。

【征迁遗漏问题攻坚】 2023年，武进通过重点突破带动全区一批遗留问题的化解。区委、区政府主要领导推动制定“清洁”行动攻坚任务及奖补配套文件，充分调动区、镇两级攻坚积极性。高度重视，逐一与“清洁”行动涉及板块对接服务，加强业务指导，组织征收业务能手靠前指挥督导，深入一线调研，逐个项目梳理，摸清问题症结，为制定具体可行的攻坚措施提供依据。总结化解遗留问题的成功经验，根据当前征收安置政策及遗留问题的实际情况，采用“方案调整、司法强制、部门联动”等多种方式，多管齐下，制定“一户一策”化解遗留问题的方案措施，保障“清洁”行动落实到位；邀请常州市中级人民法院专家，积极探索化解遗留问题的新思路、新途径。严格按照职责分工，紧盯任务，发挥拆迁指挥部牵头抓总职能，不断优化区、镇联动机制，协调区相关部门与重点板块积极配合，形成攻坚合力。化解征收项目11个、遗留问题35户。重点完成西湖街道片区、湖塘镇人民路南侧、礼嘉镇园区更新等项目的“清洁”任务。积极化解征收矛盾，维护社会和谐稳定，共接待群众来访登记56次，包括“阳光信访”2件、依法履职申请5件、信息公开申请42件、信访复查复核7件。

（孔瑞欣）

【过渡户安置】 2023年，区征补中心对全区房源及安置房建造情况进行全面摸底，做到安置资源掌控清晰，为合理统筹项目安置需求打好基础。聚焦省委巡视，落实整改，围绕省委巡视提出关于过渡户回迁难问题，深入分析摸排当前过渡户现状，倒排今后3年内过渡户安置情况，研判当前安置模式的缺陷，为整改做好准备。积极探索落实上级关于房票安置的工作部署，通过走访交流、学习借鉴拓宽渠道，牵头起草制定房票安置相关政策，为加快过渡户安置、化解存量商品房打开新的途径，进一步加快推进全区过渡户安置，完成过渡户安置797户、房屋面积分配12万平方米，涉及前黄镇、湖塘镇、牛塘镇等板块。其中，前黄文雅苑安置房和丁舍自建房6月完成分配交付；湖塘镇竹韵茗苑7月完成分配交付；牛塘镇文澜国宾商品房7月完成分配交付。全区安置房办证工作自2012、2013年集中开启以来，安置房的初始产权登记全部完成，共计完成75个安置小区、61924套安置房的分割产权登记，全区安置房办证工作基本完成。

（孔瑞欣　徐亚芬）

公用事业

【供水】 2023年，区水利局着力推进供水行业管理规范化建设工作，湖滨水厂项目顺利完成年度投资1.5亿元的目标，滆湖应急水源地长效管理与保护工作通过2022年度省、市联合审查验收。全区自来水供水量17661万立方米，售水量15788万立方米。新增自来水用户2.38万户，用户总数达61.13万户。

【排水】 2023年，区水利部门加快完善污水收集处理系统建设，新建污水主管网6.9千米，累计污水管网长度1437千米。完成200公里雨污水管老旧管网排查与修复。阳湖生态净水厂开工建设，滨湖污水处理厂二期工程主体结构基本完成。武南二厂尾水（3万吨／日）进入厂区东北侧河道进行生态补水，工程于3月完工，提前完成市、区两级“首季争优”年度任务。城镇污水处理厂共处理污水11778.96万立方米，城区生活污水集中处理率达97.6%，集镇区生活污水处理率达90.4%，城镇生活污水处理率达95.4%。

（陈逸凡）

【供电】 2023年，武进能源工作围绕优化能源结构、保障发展目标，加力推进电网、光伏发电等能源项目建设。全社会用电量216.83亿千瓦时，其中工业用电量171.43亿千瓦时。开展500千伏茅斗线改造工程、220千伏南沿江城际铁路常州东牵引站外部供电工程、500千伏武南主变增容工程及220千伏送出工程等重点输变电项目的建设12个。新建常州淹城110千伏输变电工程，增容武南2台500千伏100万主变、漕桥110千伏变电站2号主变、太滆110千伏变电站2号主变，新增变电容量220万千伏安，新增电力线路长度122.95千米。有序推进分布式光伏发电项目，备案光伏项目企业211家，备案容量291.81兆瓦。新增非居民并网用户194户，并网容量201.87兆瓦；新增居民并网用户80户，并网容量1.397兆瓦。

（金　婷）

【供气】 2023年，武进区新建各类天然气管道154千米，全社会天然气消费量7.1亿立方米，其中非居民用天然气5.6亿立方米、城乡居民用天然气1.45亿立方米。推进天然气进村入户，新增配套通气行政村8个，累计145个；新增天然气居民用户1.1万户，增加2%，累计48万户，实现乡镇天然气利用全覆盖。有经营性汽车加气站3座，全年汽车用压缩天然气销量376.4万立方米，减少6%。完成老小区改造项目44个，投入资金1160万元。

（金　婷　徐亚芬）

【燃气行业管理】 2023年，区住建局燃气管理部门根据《常州市武进区推进公

前黄镇九洲裕光大型风光互补发电厂（供图／区融媒体中心　摄于2023年7月）

共安全体系建设2023年度实施方案》《武进区“532”发展战略2023年度重点项目（工作）清单》，进一步规范经营秩序，推进企业场站建设、从业队伍建设，完成老旧小区燃气改造和“瓶改管”等民生实事工程。推广报警装置，多措并举，方案先行，抓好政策支撑、监督检查、长效管理，8月底在全市率先全面完成燃气泄漏安全保护装置的安装和联网工作。强化企业自查自纠、专委会执法力度，惩处违法违规，积极化解安全隐患。宁夏银川富洋烧烤店“6·21”特别重大燃气爆炸事故发生后，牵头专委会立即组织开展排查整治工作，根据全国、省、市会议要求，成立工作专班，抓实抓细打击瓶装液化气“黑气”市场专项行动、餐饮等行业燃气使用安全整治专项行动、燃气安全监管执法突出问题整治专项行动等十大专项行动，重拳出击治理黑气。夯实安全基础，充分普及安全用气知识，完成阳湖名城燃气安全主题口袋公园建设，组织开展全区燃气安全管理培训。组织多部门联合开展宝林禅寺燃气泄漏事故专项演练。发布有奖举报通告，鼓励群众监督。

（徐亚芬）

【公交惠民工程】 2023年，武进区以争创“四好农村路”全国示范县和江苏省农村物流达标县为契机，大力实施“吾优所行”民生实事工程，推进公交线网优化布局，进一步密切公交与轨道交通衔接，新辟公交线路4条，优化公交线路6条。完善沪宁沿江高铁武进站公交接驳，新增、优化5条公交线路始发或途经武进站，方便市民换乘高铁。新建公交候车亭26个，改善市民乘车条件，城乡交通运输一体化发展水平保持5A级。

新辟公交线路4条 毗邻公交300路（村西首末站—儒林汽车客运站），深化湟里、儒林两地经济、社会、人文交流，方便片区居民公交出行，推进常金一体化融合发挥发展；89路（武进公交中心站—金坛汽车客运站），采取政府购买服务方式，整合现有的“金坛至武进便捷巴士”班线资源，实行公交运营，让两地居民充分享受普惠制公交，降低两地居民出行成本；公交538路（卢家巷公交枢纽—南夏墅公交站），回应区人大代表建议，解决三河村、万搭村、戴家头村居民往南夏墅集镇的出行问题；B18路（公交五公司—白荡公交中心站），满足市民往返沪宁沿江高铁武进站的通勤需求。

优化公交线路6条 延伸20路至白荡公交中心站，方便湖塘城区西北部片区长沟路、大通东路沿线居民和湖塘实验小学学校师生出行；调整327路途经嘉泽镇区，方便市民前往嘉泽医院新院区就医；围绕沪宁沿江高铁武进站启用，将B11路、72路、72A路、502路始发站调整至武进站，方便市民乘坐高铁出行。

（何秋斌）

建筑行业管理

【概况】 2023年，武进区有建筑企业966家，含劳务企业174家。其中，一级资质企业67家，含总承包企业26家、专业承包企业41家；二级资质企业383家，含总承包企业87家、专业承包企业296家；三级资质企业307家，含总承包企业241家、专业承包企业66家；不分等级企业35家。企业资质类别涵盖房屋建筑施工、市政施工、装饰、钢结构、机电安装等领域和专业。全区施工企业完成总产值约367亿元，全员劳动生产率32.21万元／人，期末从业人员10.6万人。全年累计施工面积2415.8万平方米，其中年内新开工面积600.35万平方米。新增办理许可证建筑工程227项，总面积572.38万平方米，造价171.63亿元。持续增强施工安全和工程质量意识，获评2023年度上半年省建筑施工标准星级工地项目21个，建筑工程项目获评市优质结构工程奖35项、区优质结构工程奖53项、区优质工程21项。

【建筑行业监管】 2023年，区住建局落实建筑企业信用动态考核制度，办理外来施工企业进区备案67家次。针对市场行为巡查在建工程110次，发出整改通知书45份。强化建筑业企业诚信建设，推行建筑市场与施工现场联动管理，净化全区建筑市场环境。开展夏季全区保障工资支付落实情况专项抽查1次，抽

2023年武进区建筑企业施工产值超5亿元企业情况表

表22

单 位 名 称	资质等级	产 值（亿元）
江苏成章建设集团有限公司	A1	37.56
江苏武进建工集团有限公司	A1	27.11
常州晋陵电力实业有限公司	A3	18.55
常州市戴溪建筑工程有限公司	A1	14.52
江苏永杉建筑有限公司	A2	10.74
江苏佰拓建设有限公司	A1	9.56
江苏丰润建设有限公司	A1	8.02
中绿建欣达建设工程有限公司	A1	8.01
江苏华盛建设工程有限公司	A1	7.28
江苏武新建设工程有限公司	A2	6.00
江苏添安建设有限公司	A2	5.82
江苏广亚建设集团有限公司	A1	5.79
常州市神州建设有限公司	A1	5.31
常州明大建设工程有限公司	A1	5.31
江苏雪湖建设工程有限公司	A1	5.26
江苏常虹钢结构工程有限公司	B1	5.18

查项目28个。接待协调拖欠农民工工资投诉222批次，涉及农民工2793人、款额1.03亿元。开展建筑行业安全生产各项专项检查10余批次，配合区安委会重点排查整治大型起重机械、危化品管理、消防管理等领域安全隐患，日常巡查工程项目537个次，查出安全隐患2123个，处理各项安全投诉59起，开出整改通知书409份、停工通知书7份。开展日常质量分部巡查580次，其中桩基65次、基础146次、隐蔽154次、主体215次；开出整改通知书379份，处理各类质量现场投诉60起，“12345”平台回复768起。参与工程竣工验收223项、预验收33项，办理竣工验收备案工程231项。加强对全区混凝土搅拌站的巡查力度和巡查频次，开展混凝土企业质量综合检查2次，共计检查20家次。核定类别和工期项目57个、竣工项目安全文明施工费3个。双随机检查咨询企业3家，处理造价投诉5起。开出档案验收合格证明225个，接收凭证166个、电子档案项目171个、声像档案项目164个；档案入库项目169个，共5505册。接待查档利用1464卷、657人次。

【建设行业安全生产管理】 2023年，区住建局坚持“安全第一、预防为主、综合治理”的方针，切实保障住建领域生产经营活动安全、稳定、高效运行，着力推动建筑行业建筑施工、城镇燃气、地下管网3个领域安全生产工作，住建本质安全水平再上新台阶。

建筑施工安全 与全区百余家施工、监理企业签订2023年度安全生产职责告知承诺书，强化施工现场与建筑市场“两场联动”，持续压实主体责任。落实日常安全巡查，日常巡查工程项目537个次，查出安全隐患2123个，移交监察大队立案处罚4家，罚金4万元。持续强化危险性较大的分部分项工程全过程监管，针对起重机械、危化品使用、起重机械等进行专项整治，共抽查项目285个，开出整改通知书232份。积极开展“防高坠”专项整治，突出电梯井、临边施工作业、简易作业平台等重要部位和关键环节的管理。积极部署安全生产月系列检查，组织开展企业负责人宣讲和安全培训167场，培训人员8170人次，开展应急演练111场次。与20余家大型起重机械设备安装单位签订2023年安全生产责任书，抽检大型起重机械设备11台和整体升降式脚手架3台，办理大型设备的使用登记449台、安装告知446台、拆卸告知498台。推进智慧工地创建，鼓励施工单位建立企业和项目部两级信息化安全监控中心，应用重大隐患源监控、施工人员定位、场区无线智能广播等信息化管理手段，提升施工现场重点部位的安全防护水平和信息化监管水平。

城镇燃气安全 年初全面完成全区范围内5家瓶装液化气经营企业整合，组建成立武进旭鄂能源有限公司，储备站充装配送比均超80%。推进燃气安全源头管理，完成改造老旧小区燃气管网73.48千米（立管）、餐饮场所天然气66家。全面完成燃气泄漏安全保护装置安装和联网工作，累计安装餐饮场所4931家、单位食堂139家，平台接入率同步达100%。宁夏银川“6·21”事故发生以来，专委会牵头调动组织各级各部门成立检查组388个，出动检查2341人次，组织检查企业和单位6168家，发现问题隐患4516个，立即整改3646个，限期整改870个。与区公安、市监管局等单位合作，加强打击查处，打击非法存储点8个，收缴钢瓶1041只，抓获嫌疑人8人，查处非法经营等违法违规行为4起。同时，紧盯关键环节、重点场所，加快燃气安全专项整治系统App信息录入和隐患摸排整改工作，完成信息录入4799家，累计排查4799家，发现隐患58个，整改58个。

地下管网安全 充分发挥地下管网专委会统筹协调作用，组织全区水利、燃气、电信等地下管网权属单位全面排查地下管网安全间距不足、违章占压等易造成安全隐患的行为，督导企业严格落实安全主体责任，排查整治安全隐患。年内燃气管线巡线106.29万千米，管线安全间距隐患排查2652千米，维修阀井351个；广电管线安全间距隐患排查1225千米，修复窨井41套；电信管线安全间距隐患排查3185千米，修复窨井227套；雨污水管线巡查38.56万千米，疏通管道2783千米，其中雨水管道903千米、污水管道约1880千米；老旧管网排查修复200千米（含雨污水管道），发现并非开挖修复缺陷问题1080处。累计更换井盖2960套（块），其中雨水井检查井盖444套（块）、收水井盖1063套（块）、污水井盖1453套（块）。检查井防坠设施安装12000余处，其中中心城区重点区域10595处。

【扬尘管控治理】 2023年，区住建局着力做好在建工程扬尘管控治理，加强监督执法力度，大气环境质量得到有效改善。对工地扬尘防治日常检查740批次，开出整改通知书40份、停工通知书2份，共移交扬尘立案处罚9起，罚金18万元。督促工地现场安装视频监控，$PM_{2.5}$、PM_{10}在线监测系统共111家。开展扬尘防治月度联合督查3次，检查工地14个。开展“首季争优”“夏季攻坚”“秋冬季攻坚”等专项行动，回复市大气攻坚办问题5个，涉及工地5个；回复区生态办整改6次，涉及工地9个。

（徐亚芬）

城市管理

【概况】 2023年，区城管局紧扣高质量发展目标，立足城管职能，持续以“绣花功夫”推进城市精细化管理，突出源头治理、依法治理、精准治理，持续提升城市管理科学化、精细化、智能化水平，扎实推进全域市容环境品质及环卫基础设施提档升级，营造干净、整洁、有序、安全的城市环境，推动全区城市管理事业向高质量发展不断迈进。

【城市长效管理】 2023年，区城管局积极推进“三标融合”发展，不断完善城市长效综合管理考核机制，查找突出管理问题，督促补齐短板弱项，推动城市精细化管理，全年综合考评成绩位列全市第二等次。受理派遣案卷252959件，办结251974件，办结率99.61%。通过日常巡查考评共整改问题5212处，开展水果店专项巡查、绿化专项巡查、重点区域巡查等专项巡查，共发现并整改问题1.4万余处。继续组织开展菜市场改造提升工作，全年改造完成菜市场23家，总投入资金约2000万元。每月对全区菜市场进行专项考核，公布菜市场管理红黑榜，督促整改问题2500余处，不断推进菜市场及周边环境整体提升。

城区公厕提质升级　　（供图／区融媒体中心　摄于2023年11月）

【市容环境管理】 2023年，区城管局不断强化市容秩序长效管理，积极营造干净整洁、文明有序的城市环境。联合西湖街道高标准打造“星湖美丽街区”城市管理“样板间”，重点对星湖街、星湖菜场、滆湖科技幼儿园等地块进行改造，改造景观面积约700平方米、建筑立面1.3万平方米，总投资1533.5万元，助力“两湖”创新区核心区城市面貌全面提升，增强城市活力。坚持多维发力，以“绣花功夫”逐步开展主次干道、背街小巷、户外广告、非机动车停放、城区公厕管养等专项治理行动，加强流动摊贩、占道经营等行为的规范管理，通过集中整治与常态管理相结合的工作方式，强化城管服务功能，推动烟火气与城市文明并行。积极牵头创建市容环卫信息化示范道路区、镇两级各3条，依托信息化、智能化手段加强对示范路建设，助力提升城市管理精细化水平。

【城市管理执法】 2023年，区城管局持续深化综合执法体制改革，集中下放城市管理领域行政执法事项188项，选派55名经验丰富的执法队员下沉至属地板块充实一线城市管理执法。持续加强执法信息化建设，提高执法智能化水平，完善行政执法长效法制监督、指导制度、机制建设。广泛开展执法技能竞赛、“精武执法论坛”、优秀案卷评查等活动，全面提升全区镇域综合行政执法队伍综合素质和执法办案实战能力。与区司法局联合推行镇域综合行政执法监管“一件事”制度，着力破解重复执法、多头执法、随意执法等难题，不断提升执法监管的公平性、高效性和规范性。全年城市管理领域共立案查处案件956起，结案913起，处罚金额221.6万元，案件来源主要为上级交办、巡查发现、举报投诉以及其他部门移送。

【停车设施管理】 6月，根据区政府工作部署，武进区停车设施发展和管理工作牵头单位由区住建局调整为区城管局。调整后，区城管局积极牵头开展相关工作，统筹推进停车场收费标准调整、停车场收费行为监管、退红线区域改建等工作，全力保障民生实事项目落实。全年新增公共停车泊位1311个，超额完成年度目标，完成停车场现场踏勘22处、退红线区域停车场改建7个。依托“帮吾停”智慧停车平台，进一步加快推进智慧停车建设，新接入公共停车泊位2500个，以智慧化手段不断提高全区停车资源利用率和周转率，盘活停车资源，逐步缓解城区停车压力，改善居民停车环境。

【垃圾分类治理】 2023年，区城管局持续深化垃圾分类治理工作，发布武进区品牌“分类‘武’在行”和品牌吉祥物“箱仔”。建设完成省级生活垃圾分类达标小区54个和提标改造行政村8个，指导雪堰镇在省级农村垃圾分类全域试点乡镇（街道）评估中获得优秀。全力推进达标小区撤桶并点，全区实现“撤桶并点”小区105个，占比65.2%；有专人督导小区133个，占比82.6%。全区生活垃圾无害化处理、餐厨废弃物处理及城市建筑垃圾资源化处置基本做到日产日清，垃圾分类集中处理率达93%。全年生活垃圾无害化处置59.90万吨，其中焚烧发电54.07万吨、安全填埋5.83万吨；资源化处置建筑垃圾，包括拆除垃圾与装修垃圾，总计66.60万吨；餐厨废弃物累计收运4.10万吨。夹山填埋场全年共填埋处置全市生活垃圾7万余吨，日均处置192吨；填埋处置稳定化飞灰4.25万吨，日均处置116吨；综合处理渗滤液17.50万吨，日均处置479吨。

【环卫基础设施建设】 2023年，区城管局不断加大环卫基础设施建设和环卫服务能力，确保各项环卫基础设施年度目标保质保量达成。常州市生活废弃物处理中心续建四期工程于2019年10月开展前期工作，预计2024年6月底完成全部工程建设，项目总投入资金约4500万元，新增库容59万立方米，保障全市生活垃圾应急填埋的正常运转；夹山填埋场2号调节池改造飞灰库项目于6月启动前期工作，至年底完成主体建设，总投入资金1095万元，旨在配合常州市生活垃圾全量焚烧规划，解决当前焚烧飞灰处置能力不足的问题，新增库容25.1万立方米；城南垃圾转运站完成新增渗滤液处理设备，设备采用“预处理＋厌氧系统＋MBR系统（A/O+超滤）”为主体的工艺处理流程，处理规模为80吨／天，有效满足城区各转运站点的渗滤液处理；马杭转运站建设项目规划用地面积1617平方米，为框架2层结构，总建筑面积1106平方米，同步配置2套水平压缩机及附属设备，生活垃圾处理设计规模150吨／天，投入资金约1600万元，预计2024年8月底前竣工并投入使用，建成后将有效缓解城东片区生活垃圾转运压力。

【渣土管理】 2023年，区城管局全面加强建筑垃圾运输市场行业管理，落实大气污染防控要求，城区202辆渣土运输车实行“一车一档”管理，其中新型智能渣土车151辆、篷布式渣土车51辆。共受理审批37件，核发处置证872张，发出行政许可决定书37份。指导属地政府加强对辖区内渣土消纳点位的监管，现场勘查核准通过徐湖滨公园工地消纳点、嘉宏一江风华二地消纳点和环太湖艺术城工地消纳点3个城区内消纳场。牵头制定《关于规范建筑渣土管理的实施意见》，进一步加强全区建筑渣土运输处置管理，规范建筑渣土运输处置审批，建立健全“源头控制有力、过程监管严密、消纳处置规范、执法查处严格”的建筑渣土长效管理机制。

（崔　畅）

房屋安全管理

【概况】 2023年，武进区聚力“一园一城一示范”“六个现代化强区”建设进程，按照中央、省、市自建房专项整治工作部署，扎实推进全区既有建筑安全隐患排查整治工作。区住建局房管部门坚持以“民生房管”“满意房管”为主线，在2022年排查城镇既有建筑28711幢（涉及建筑面积8198万平方米，排查出隐患建筑45栋）的基础上，根据《武进区既有建筑安全隐患整治三年行动实施方案》，完成整治目标任务4栋，面积1653.17平方米。集中组织涉及全区各镇、开发区的既有建筑安全隐患排查整治，整治效果达到预期。

【自建房安全专项整治】 2023年，武进区按照中央、省、市自建房专项整治工作部署，扎实推进全区自建房安全隐患排查整治工作，做到边排查边整治，取得阶段性成效。至年底，全区共排查自建房156480幢（其中经营性自建房13432幢），共排查出隐患建筑281幢（其中经营性自建房60幢），所有隐患建筑全部完成整治。在全市率先启用经营性自建房智慧管理平台，完成年度二次巡查任务，实现全区经营性自建房的动态管理。6月13—27日，区自建房安全专项整治工作领导小组办公室组织督查组，对全区各镇、开发区，集中开展既有建筑安全隐患排查整治进展情况专项督查。督查采取现场调研、查看台账资料、听取情况汇报的形式。从督查结果来看，全区各镇（开发区、街道）、各相关单位能够认真贯彻落实有关文件精神，按照属地管理、三管三必须、规范使用、预防为主、防治结合、确保安全的原则开展整治工作。

民警向群众讲解如何使用紧急求助设备（供图/区融媒体中心　摄于2023年11月）

【住宅小区消防安全综合治理】 2023年，区住建局房管部门根据武进区安全生产委员会工作部署，配合武进消防救援大队深入推进开展住宅小区和高层公共建筑消防安全管理试点示范创建工作，开展高层建筑消防安全专项整治，实施全区商品房住宅小区电动自行车消防安全综合治理，提升住宅小区和高层公共建筑消防安全管理能力水平。指导督促物业服务企业按照物业服务合同履行电动自行车集中停放、充电区域的建设和管理工作。在27个小区新增电动自行车充电端口1623个，全区住宅小区内电动自行车私拉电线充电、充电设施不足的现象得到改观。

【房屋白蚁预防和灭治】 2023年，区住建局房管部门受理新建房屋白蚁预防项目130个，建筑面积500万平方米；组织新建预防施工方案制定和现场勘查500项，预防施工350项，施工面积约500万平方米；发放白蚁防治手续证明和竣工报告170份。开展已建房屋质量回访复查667项，累计建筑面积2198.7万平方米。为护好红色记忆，传承红色文化，对不可移动革命文物王诤故居和中共太滆地委新四军南杨桥地下交通站旧址开展公益性白蚁危害专项检查各2次，维护升级智能型白蚁危害监测装置15套，白蚁危害得到有效控制。区“啄木鸟”白蚁灭治志愿服务队获评2023年度优秀志愿服务组织。“啄木鸟”白蚁灭治志愿服务队依托区原白蚁防治所、现区房管中心白蚁防治科成立于2020年，志愿服务主要内容为全区公共区域的突发性白蚁危害应急处理、公益性机构或群体的白蚁危害服务、困难（特殊）群体的白蚁危害服务需求等，已在全区累计开展各类无偿灭蚁志愿服务90余次。

（杨　欣）

交通·水利

Transportations · Water Conservancy

栏目编辑　颜　赶

交　通

交通建设

【概况】 2023年，武进区围绕“532”发展战略、“两湖”创新区、新能源之都建设等目标，积极发挥交通先行引领作用，完成交通基础设施投资30亿元，比2022年翻一番。推进3条高铁、3条高速、3条快速路9大交通工程建设。首条高速铁路——沪宁沿江高铁开通运营，武进站综合交通枢纽同步投用，武进迈入“高铁时代”。盐宜铁路初设前置手续全部完成，常泰铁路专项评估工作积极推进，常州地铁5号线开工，轨道上的武进加速铺展。继续实施高速公路加密提升工程，锡宜高速扩建开工建设，丹金高速和沪武高速扩建工程顺利完成拆迁，土地报批工作积极推进。快速公路畅通提升方面，花海大道（延政西路—湟村线）先导段、腾龙大道智慧快速路、312国道常州横林至湖塘东段开工建设，中吴大道西延初设获批复。常宜线南夏墅段安全隐患整治工程通过竣工验收，新建混凝土护岸280米，工程质量评定为优良。深化农村公路管理养护体制改革，全面推行农村公路“路长制”，县、乡、村三级路长构建率、规章制度制定率、巡查机制运作率、公示牌设置率均达100%。改造农村公路桥梁8座，建成美丽农村路2条12.8千米，完成乡村道路桥梁护栏安全防护能力提升改造30座，环太湖公路入选全国“十大最美农村路”。

开展交通“四沿”环境综合整治、农村公路交通安全专项整治、桥下空间隐患整治“回头看”等工程，有效提升农村公路路况指标、路域环境和安全系数，创成“四好农村路”全国示范县。加快推进农村物流节点和服务体系建设，建成区级物流中心3个、镇级农村物流服务站10个、村级农村物流服务点183个，基本形成县、乡、村三级物流配送体系，入选江苏省第三批“农村物流达标县”。

全区县道公路技术状况指数（MQI）95.62，优良路率99.32%，三级（含）以上桥梁占比100%，乡村道公路技术状况指数90.95，优良路率93.7%，三类以上桥梁占比超99%。全区公路里程1799.07千米，其中国道里程61.08千米、省道里程165.30千米、农村公路里程1572.69千米（县道342.49千米、乡道531.27千米、村道698.93千米）。按技术等级分：高速公路里程90.54千米，一级公路里程376.70千米，二级公路里程305.95千米，三级公路里程264.92千米，四级公路里程760.97千米。公路面积密度23.52千米／百平方千米，公路人口密度23.35千米／万人。

全区航道总里程321.76千米，通机动船里程321.76千米，其中三级航道21.8千米、六级航道70.46千米、七级航道83.09千米、等外级航道146.41千米。有港口码头企业28家、泊位数68个，岸线长度4886.7米，最大靠泊能力800吨级，全年总吞吐量990万吨，同比下降0.5%。

【武进迈入“高铁时代”】 2023年9月28日，沪宁沿江高铁建成通车现场会在武进站站前广场召开，江苏省委书记信长星宣布：“沪宁沿江高铁开通”，武进至上海、武进至南京南的首发高铁列车

沪宁沿江高铁武进站　　（摄影／陈哲　摄于2023年9月）

先后发车，武进就此结束不通高铁的历史，迈入“高铁时代”。沪宁沿江高铁是长三角城际轨道交通网的骨干线路，与京沪高铁、沪宁城际铁路共同构成长三角向西辐射的高铁大动脉。其起自南京南站，至太仓站，通过沪苏通铁路接入上海铁路枢纽，线路全长278.5千米，全线共设车站8座，设计时速350千米，其中武进段51.67千米。10月11日，运行图调整后，武进站开行旅客列车55列，从武进站出发，往东直达上海站、虹桥枢纽；往西直达成都、武汉等长江中下游中心城市；往南直达福州、广州等城市；往北联通北京天津河北等地。沪宁沿江高铁串联起武进等多个苏南县域经济百强县（区），沿线城市地区生产总值总和近两万亿元，其开通运营进一步拉近武进与上海、南京的时空距离。

【沪宁沿江高铁武进站综合交通枢纽投用】 位于武进高新区北部，常合高速以北，凤栖路以西，是集城际铁路车站、地铁、公交车场、出租车及社会停车场、旅游大巴车场、商业及办公于一体化的综合交通客运枢纽。项目规划总用地面积9.27万平方米，主要建设内容包括站前广场、枢纽服务楼、综合换乘中心、公交场站、地下停车场、地铁6号线预留车站基础工程等。项目总投资19.7亿元。项目于2021年11月开工，2023年9月28日投用运营。总建筑面积34700平方米，站房设2台6线，客流采用下进下出的流线形式，每小时最高集聚1000人，日换乘旅客1.8万人次。在设计理念上，武进站定位为“山水连绵，园意新城”，将江南园林景观与高铁站的空间设计融合，在候车大厅两侧设置露天中庭。站房分为地面出站层、进站层，候车层以及商业层等。站台共设垂梯4部、扶梯6部。武进站与地铁一号线接驳，同时预留地铁六号线接入，实现高铁与地铁的垂直换乘和无缝衔接。公交车场和旅游大巴车场位于高铁站房东侧，规划面积7000平方米。出租车、网约车蓄发车场位于北侧站前广场地下一层，社会停车场位于高铁站前广场地下二层和三层，停车位共计789个，其中充电桩停车位89个。运行图调整后，武进站日均出发和到达客流近7000人次。为方便市民乘坐高铁出行，区交通部门积极协调对接市公交公司，新增、优化5条公交线路始发或途经武进站，共有9条公交线路到达沪宁沿江高铁武进站。

【常州地铁5号线开工】 10月29日，常州地铁5号线开工，开工建设动员会在“两湖”创新区核心区举行。地铁5号线是常州市城市轨道交通线网骨干线路，呈西南至东北走向，直接连接“两湖”核心区和中心城区，串联起武进区、钟楼区、天宁区，对于优化城市空间布局、助力城市能级跃升、服务市民便捷出行具有重要意义。5号线全长30.9千米，总共设车站25座，武进境内均为地下站，为揽月湾站、西太湖站、禾香路站、常州南站等8站。全线设一段一场，分别位于西太湖科技产业园和青龙街道。5号线先行段工程包含揽月湾站、西太湖站和揽月湾站至西太湖站区间，线路长1.5千米。按照5号线工程总体筹划，该次率先开工建设的为先行段市政工程。5号线将以“绿色”“国优”为建设目标，以“绿色建造”为抓手，打造绿色、低碳、全过程、全生命周期的高品质地铁，争创国家绿色建造示范项目；落实精细化设计，加强施工过程管理，关注乘客体验，打造精品工程，争创国家优质工程奖。5号线将首次采用全自动运行技术，构建BIM一体化建设和城轨云平台，组建线网指挥中心，实现建设、运营智能化。

【公路重点工程建设】 2023年，武进区围绕实施“532”发展战略，建设“两湖”创新区，加快实施高速公路加密提升、快速公路畅通提升两大工程。高速公路建设方面，锡宜高速公路扩建工程全面开工建设，丹金高速和沪武高速扩建工程顺利完成拆迁，用地组卷报批工作积极推进。干线公路方面，开工建设腾龙大道智慧快速路、312国道常州横林至湖塘东段、花海大道（延政西路—湟村线）三大工程，构建“两湖”链接全市的三条快速通道，激活“两湖”区位优势。腾龙大道智慧快速路工程项目起于环湖北路，向北经武进、钟楼、新北，与龙城大道高架西延设互通枢纽，终于黄河西路南侧，道路全长23.9千米，武进区段7.7千米。312国道常州横林至湖塘东段项目起自常州经开区与无锡市惠山区交界处，向西沿老路改扩建，经横林、遥观、湖塘，止于与青洋路交叉处，接长虹路枢纽，路线全长12.85千米，采用一级公路标准建设。其中，高架主路设计速度为80千米/小时，地面辅路设计速度为50千米/小时，均设置双向六车道。花海大道（延政西路—湟村线）项目西起延政西路，南至湟村线，全长9.9千米，按一级公路标准设计，沥青混凝土路面，主线设计车速100千米/小时，辅道设计车速40千米/小时。中吴大道西延智慧快速路工程初设已批复。该项目是金武快速路之后连接常州主城区和金坛的第二条快速通道，主线起于龙江路与中吴大道交叉处，向西跨越京杭运河、江宜高速、扁担河、新孟河，终于丹金高速，主线长度20.2千米，武进境内8.3千米。该项目主线及连接线采用一级公路标准，主线采用高架式快速路标准和地面快速路标准相结合的设计方案，主辅路形式。

【创成“四好农村路”全国示范县】 2023年，武进区围绕“四好农村路”全国示范县验收目标，对照创建标准和要求，高标准高效率完善各类内业（内业一般指在项目建设中负责工程项目资料档案管理、计划、统计管理及内部文秘管理工作）台账，全面加强路域环境提升整治，开展农村公路交通安全专项整治、桥下空间隐患整治“回头看”、县道交通安全设施精细化提升工程等，改造农桥8座，组织乡村道公路养护质量检查3次，完成乡村道桥梁定期检查587座，督促推进乡村道桥梁完成护栏改造30座，建成美丽农村路2条12.8千米，新辟公交线路4条、优化6条、临时调整18条，新建公交候车亭26个，不断增强武进公交城区与乡镇之间、公交与地铁及高铁之间的融合衔接。将“四好农村路”建设融入乡村振兴大局，通过构建政府投入的责任体系、标准化的农村公路管理体系，持续推进“农村公路＋旅游”“农村公路＋生态”“农村公路＋文化”“农村公路＋产业”四大工程，农村公路管养质量持续位居全省前列，城乡客运一体化水平保持5A级，有力带动农村产业发展和乡村旅游的兴旺，促进农民增收致富。创建开展以来，全区累计建成美丽农村路18条86千米，创成18条126.7千米精品示范道路，改建农村公路桥梁58座，完成农村公路安全生命防护工程771千米，通行政村双车道四级公路覆盖率100%。年底，武进区入选交通运输部公示的2022年度“四好农村路”全国示范县创建结果名单。

【环太湖公路入选全国“十大最美农村路”】 6月20日，交通运输部公布2022年度“十大最美农村路”名单，环太湖公路上榜。环太湖公路全长416.2千米，途经江苏苏州市、无锡市、常州市和浙江湖州市。常州段临湖而建，全长约8.99千米，位于武进区雪堰镇境内，环太湖公路建设后带动沿线环太湖景区景点、观光农业、乡村休闲旅游等快速发展，成为武进区“至善吾径”农村公路品牌中“湖湾吾径”的重要组成部分。环太湖一体化全国示范路创建启动以来，两省四市协调合作，强化市、区县和镇村三级主体协同，深化公路部门与旅游、建设、水利等部门的联动，探索出一条环太湖地区可持续发展的绿色之路，成为“长三角”一体化的交通样板。

【建成省第三批“农村物流达标县”】 2023年，武进区紧扣《江苏省城乡物流服务一体化评价指标》，围绕提升农村物流服务网络节点覆盖率、推进交邮运力资源互补共享、城乡物流服务模式创新等内容，加大政策支持，探索具有武进特色的“互联网+”农产品出村进城实施路径，升级改造西湖街道、洛阳、湟里3座公交枢纽，引导邮政、快递企业有序入驻，建设集客运、邮政快递经营等功能于一体的乡镇综合运输服务站。开通“交邮融合”线路3条，实现9个建制村的主要品牌快递直投。建成并投入运营区级农村物流中心2个、乡镇农村物流服务站10个和村级农村物流服务点183个，形成“2+10+183”的区、镇、村三级农村物流网络架构，实现武进区183个建制村（涉农社区）的村级农村物流服务点覆盖率100%、建制村品牌快递直投率100%。湖塘镇等6个乡镇（街道）的10个建制村区域实现集中共配，水蜜桃、葡萄、花木等特色农产品通过便捷的农村物流网络实现从产地直达消费者。推进公交场站标准化建设工程，在县道及重要乡村道公交站台设置停靠辅助安全标线，有序新建、改建公交候车亭，全面提高候车安全水平。大力推进乡村旅游直通车、大站快线等个性化客运服务，全区AAA及以上景区通达公交线路共计20条，实现城市公交、镇村公交与乡村旅游景点有效衔接。年内，通过省交通运输厅组织的现场核查，成为第三批江苏省“农村物流达标县”。

【交通“四沿”环境综合整治】 2023年，武进区交通运输部门贯彻落实省市区工作要求，联合乡镇街道，扎实开展交通“四沿”环境综合整治工作，协同推进高速公路、普通国省道、农村公路、铁路、航道用地区域非法堆积物清理及沿线环境洁化美化，开展污染损坏公路专项执法。累计清理公路沿线垃圾约1512吨，处理保洁、维修相关有效案卷306件。锡溧漕河、常宜线、常溧线等航道沿线共排查出“倾倒垃圾”“非法种植”“违章搭建”3类问题，清除生活垃圾33.5吨、水中漂浮物5.3吨、清理种植物2.87万平方米。加大对在公路及公路用地范围内倾倒渣土（垃圾）、焚烧物品、摆摊设点、堆放物品等行为查处力度，共整改问题285处，包括倾倒渣土（垃圾）5处、摆摊设点110处、违法堆积9处、污染路面25处、非标（移动非标或实物招幌）136块。通过整治，诸如绿化带内偷倒垃圾、重型货车碾压破坏绿化、路面坑塘、窨井盖下沉破损、指示牌歪斜等问题得到明显好转。至年底，县道公路MQI（公路技术状况指数）值96.77，优良路率100%，三级（含）以上桥梁占比100%。

【绿色低碳交通建设】 2023年，区交通运输部门以生态优先、绿色发展为引领，加快构建绿色低碳交通运输体系。指导大宗货物运输单位提高水路货运比例，东方特钢铁路、水路运输量451万吨，占比82.9%，比2022年同期上升5.6%。积极推行“绿色车轮计划”，全区在用出租车280辆，均使用清洁能源，其中纯电33辆；全区运营公交车辆748辆，其中清洁能源车辆533辆。积极推进老旧柴油车淘汰工作，年内注销1065台老旧柴油车运营证。推进超标车治理，深入推行I/M制度，全区5家综合性能检测站共对15283辆营运车辆进行综合性能检测，共治理超标车辆168辆次，有效治理汽车尾气排放超标现象。指导督促内河码头规范使用岸电，主动向船舶提供岸电服务，累计使用岸电3.74万千瓦时，同比增长63.0%。会同市生态环境监控中心、区生态环境局对常州交投机动车检测有限公司武进分公司和常州新毫机动车检测有限公司2家机动车检测机构开展双随机检查，结果均符合相关要求。

【港口污染防治】 2023年，区交通运输部门紧盯省督察二办通报问题和省环

位于嘉泽镇的常虹物流园　（摄影/陆新　徐晶玮　摄于2023年1月）

保专项督察反馈问题，加强港口船舶水污染物设施管理与使用，开展“长江干线船舶水污染物联合监管与服务信息系统”运行情况核查、船舶和港口领域生态环境突出问题专项整治，辖区内河码头企业系统运用率100%，船舶垃圾、废水上线处置率均超95%。进一步加强粉尘在线监测系统运用、港口扬尘管控和船舶水污染物接转处等工作，将港口码头雾炮、喷淋、港口码头污染物接收设施和岸电等设施设备的维护使用情况纳入日常巡查检查内容，督促落实“只要港口吊机作业，雾炮等降尘措施必须到位”“靠泊船舶污染物应收尽收”等要求。全年累计检查港口码头169家次，督促整改问题76个，督促码头企业落实装卸作业及港区扬尘管控措施，对1家内河码头实施行政处罚，罚款1万元。

（何秋斌）

交通运输与管理

【概况】 2023年，全区完成社会货运量2979万吨、货物周转量653651万吨千米、旅客运输量656万人、旅客周转量9912万人千米，分别比2022年上升19.5%、147.5%、16.7%和下降45.3%。有危险品运输企业8家，营运车367辆；水运企业2家，营运船舶10艘；有货运代理等运输服务企业49家。有客运企业8家，客运车171辆；出租汽车公司2家，巡游出租汽车266辆；小微型汽车租赁公司4家，租赁汽车49辆；汽车综合性能检测站6家。圩塘汽渡全年渡运旅客346.25万人、车辆197.60万辆，均比2022年上升68.4%。春运期间，圩塘汽渡安全渡运3475航次、各类车辆9.6万辆，实现“平安春运”目标。

【武进区道路货运行业工会获省级荣誉】 2023年，武进区道路货运行业工会通过先服务职工再发展会员、先工作覆盖再组织覆盖等方式，分类引导、系统谋划，推进工会组织、货运企业、货运司机三方良性互动。积极开展夏送清凉、冬送温暖、走访慰问等活动，走进货车司机家里、交通运输企业一线，为他们送上慰问大礼包和安全大礼包。开展慰问活动5次，慰问货车司机80余人次。调动货运司机志愿服务力量，先后组织货车司机参与助残、关爱敬老院孤老等志愿服务，引导货车司机积极投身公益事业，弘扬社会正能量。组织交通运输行业党员志愿者送安全、送法律、送服务进企业，先后开展“执法讲坛”进园区、法治安全宣传、送养生课程等服务10余次，发放宣传资料1000余份，解答疑问30余条。组织党员干部深入企业开展调研，为113名货车司机免费办理意外伤害保险、136名货车司机办理工会服务卡、536名司机办理特惠加油卡、400名货车司机送上免费体检。调研运输企业35家，收集并解决“加油贵”“换证慢”“关爱少”等诉求44条，将工作组织的关爱真正送达货车司机。年内，武进区道路货运行业工会获评2023年度江苏省“工作成效明显的县级及以下新就业形态劳动者区域性行业性工会”。

【交通行业治理能力建设】 2023年，区交通运输部门一手抓服务一手抓监管，持续加强科技、信用手段应用，全力提升行业治理能力，积极打造一流营商环境。政务服务方面，深化“放管服”改革，与区行政审批局联合推进“一件事”改革落地，对办理普货企业“道路运输经营许可证”和“道路运输证”进行申请材料压缩、流程改造，实行“一次提交材料、一次集成办结”，全年共办结80件。开展普货年审“自助办”“自动办”，为企业提供政务“延时服务”23件。受理道路运输行业各类投诉纠纷共439件（货运94件、驾培194件、维修151件），调解成功286件，调解成功率65.14%。行业监管方面，开展物流市场突击夜查、旅游包车专项联合整治天网行动、夏季道路运输安全攻坚行动等，查处客运违章案件98起、危运违章案件37起；强化公路超限运输治理，查处违法超限运输车辆428辆（其中“百吨王”严重超限车辆2辆），卸驳载3688.5吨，办结“一超四罚”案件42件。开展交通重点建设项目安全督查，严格查处非法转包、非法分包等行为，累计开展督查巡查45次，督促整改隐患17处。探索工程监督“市区共监”模式，参与监督腾龙大道智慧快速路的质量安全。强化信息共享和联勤联动，联合公安、应急、文旅等职能部门开展专项行动49次。深入运用“两客一危”（指从事旅游的包车、三类以上班线客车和运输危险化学品、烟花爆竹、民用爆炸物品的道路专用车辆）主动安全智能防控系统，在危运企业全面推广应用“驾驶员行前安全测评提示系统”，全区8家危运企业实现行前安全测评全覆盖。在239、262省道等重点路段新增4套不停车检测系统，执法预警监测中心完成建设并投入使用。积极运用守护2.0执法系统、5G布控球、重点营运车辆日常运营规范性监管系统等，精准打击非法营运，保障群众安全出行。深入推进“信用交通”建设，开展交通运输领域“屡禁不止、屡罚不改”严重违法失信行为专项治理，对不方便线上提交的企业推出“上门修复”服务，帮助更多企业尽早走出“失信名单”。实施分级分类监管，将64家上年度信用评价B级企业全部列入“双随机”检查。推进行政执法规范化建设，常态化开展联勤联动、专项整治等，落实执法查处信息抄告制度、轻微违法行为依法免予处罚和告知承诺制，办结免罚案件324件、从轻减轻案件622件，行政执法既有力度更有温度。全年系统共办结行政处罚案件1282件，罚款436.46万元，收取赔（补）偿费1324.37万元，分别比2022年减少185件、减少69万元、增加172万元。

【公交惠民工程】 内容参见“城乡发展”类目p146同名条目。

【维修驾培行业管理】 2023年，全区有维修业户848家，其中一类72家、二类126家、三类648家、其他2家；货车维修企业34家、客车维修企业6家、危化品维修企业1家、4S店45家；机动车驾驶员培训机构16家，其中一级资质1家、二级资质6家、三级资质9家；教练车739辆，其中A2型2辆、B2型（货车）15辆、C1型546辆、C2型140辆、C6型4辆，教练员986人。完成机动车维修经营业户备案145家，更新对接汽修企业电子档案33家，M站（尾气治理站）治理尾气不合格车辆179辆次。完成学员科目一开班审核22419人，科目二审核18110人，货运从业人员培训820人。

（何秋斌）

水　利

水利建设

【概况】 2023年，武进区完成水利建设总投资19.5亿元。聚焦唱响新时代“太湖美”，在全省率先开展太湖新一轮生态清淤。竺山湖区域一期150万立方米清淤加速推进。全力推进滆湖退田还湖二期工程，武进高新区、嘉泽镇片区主体工程基本完工，《滆湖（武进）生态修复总体方案》基本完成。国家级试点数字孪生滆湖平台正式上线运行。新孟河延伸拓浚工程（简称新孟河工程）全线完工。新孟河工程南延段、北干河、太滆运河、漕桥河4条河段全部通过完工验收，新孟河武进段完成全市首个河道工程投入使用验收、全省首个新孟河工程征地移民自验。区防洪除涝设施不断完善，武南片区防洪除涝及活水闸站工程全力推进。“供排净治”建设持续推进，“两湖”创新区最大自来水厂湖滨水厂工程地下部分土建、综合楼地上部分结构等实体建设完成，阳湖生态净水厂工程正式启动，滨湖污水处理厂二期完成总工程量的40%，武南二厂中水回用工程投入使用。实施武进幸福河道建设现状调查评估，推动全域幸福河湖建设，全区生态河道覆盖率提升至52%。深入推进水利建设质量和安全监督，坚持打造优质工程、一流工程、精品工程。永安河拓浚整治工程以全市唯一获评第四届“中国水土保持学会优秀设计奖”二等奖，新沟河武进港、新孟河漕桥河武进段获评2022年度江苏省幸福河道建设示范工程。

【滆湖（武进）流域综合治理】 2023年，区水利部门聚焦主线工程，全力推进滆湖退田还湖二期工程，年内武进高新区、嘉泽镇片区主体工程基本完工。聚焦内源减负，实施滆湖生态清淤工程，分单元、分块、分期对滆湖湖区实施生态治理。投入环保清淤绞吸船10艘、固化设备8套，年内实施滆湖21.1平方千米水域内500万立方米清淤工程。聚焦项目落实，兼顾全面和重点、当前和长远、水域与陆域，推进实施上游区治理、近岸带水生态修复、内源污染控制、湖区生态系统恢复等项目。聚焦数字赋能，国家级试点数字孪生滆湖平台正式上线运行，通过搭建数字大厅、四预调度板块等平台，融合自然资源规划、生态、农业等行业数据，打造滆湖治理“大数据驾驶舱”。聚焦水质改善，积极探索传统渔业“退”和现代生态渔业“进”的先进模式，放流20万尾滤食性鱼类用于控制蓝藻、净化水质，采取人工修复、增殖放流等措施，逐步提升滆湖自净能力，加快滆湖生态系统的修复进程。武进区在全省率先启动太湖新一轮生态清淤，受到中央电视台、《人民日报》、《新华日报》等媒体报道。

【新孟河工程全线完工】 该工程是国务院批复的172项重大节水供水工程之一，也是武进区有史以来单体投资最大的水利工程。武进段全长46.57千米。工程于2018年12月正式开工建设，工程实施以来，为武进湖西腹地增加清水供应通道1条，在增加太湖水资源量的同时，也加快区域河网水体的有序流动。6月9日，新孟河工程武进区太滆运河工程、漕桥河施工Ⅱ标、北干河太滆运河河道岸坡处理工程通过合同工程完工验收，标志着新孟河武进区境内工程全线完工。7月28日，新孟河工程武进区境内工程顺利通过投入使用验收，为全市首个投入使用验收、全省首个完成征地移民自验的工程段。11月，工程顺利通过竣工环境保护验收。12月，工程通过水土保持设施验收，并以全市最高分通过档案专项验收。

【武南片区防洪除涝及活水闸站工程全力推进】 该工程建设年限为2022年至2025年，总投资3.4亿元，主要包括湖塘河南、长沟河南、大庆河、武南立交4座枢纽工程，2023年完成投资2.5亿元。至年底，武南片区防洪除涝及畅流活水闸站建筑物一期工程施工二标（湖塘河南枢纽）、施工三标（大庆河枢纽）顺利通过通水验收，工程获评全区2023年度公共安全体系创新创优项目三等奖。

【中小河流整治工程】 2023年，区水利部门持续强化生态河道建设管理，提升全区生态河道建设覆盖面。建设完成省级农村生态河道20条，总长65.26千米，生态河道覆盖率提升至52%；完成市级河道综合整治补助项目3条，完成投资1112万元；通过市级示范幸福河道评审3条，通过市级小微水体优秀片区评审4个，参评总数居全市各辖市区第一。湟里镇北干河北、雪堰镇雪堰西小流域高分获评省级生态清洁小流域，涉及流域面积累计30.16平方千米。

（陈逸凡）

水利工程与河湖管理

【概况】 2023年，武进区、镇、村三级河道691条共1384.36千米，其中区级河道18条254.54千米、镇级河道255条，总长752.04千米，村级河道418条，总长377.78千米。区直管水利枢纽（闸站）24座。其中，环太湖水利枢纽2座，遥观南、北枢纽各1座，马杭枢纽1座，太湖流域武澄锡引排西控制线口门建筑物8座，中心城区水利枢纽6座、节制闸2座，换水泵站2座，涵闸1座。镇、村管理闸站923座（灌溉站473座，排涝站375座，水闸75座），圩堤130.14千米，灌区470个，塘坝5座。

水利工程管理　强化农村水利工程长效管理，对全区纳入长效管护的河道、圩堤、涵闸、泵站、灌区及塘坝实施动态管理，持续巩固农业水价综合改革长效管理，通过完善田间设施和渠首取水设施推进灌区综合养护、降低农户综合开支，激发农户的种粮积极性，为保障粮食安全生产夯实水利基础。开展季度综合考评并印发考核通报4期，湖塘镇、礼嘉镇、前黄镇位列考核第一等次。南北十字河北闸站、遥观南枢纽泵站、遥观北枢纽泵站、遥观北枢纽节制闸创成省精细化二级管理工程。

河湖管理　推进“智慧河湖”建设，完成夏溪河、湟里河、武宜运河智慧监控点位安装。开展区级河道联合巡查考核10次，当场发放行政指导警示书7份，针对需整改的违章问题，督促属地完成整改16处；开展35次网格化全覆盖巡查，发现并处理涉湖问题33处，形成闭环工作机制。不定期开展湖泊联合巡查，发现并处理涉湖违章问题11处。开展武南河、采菱港水域监测评估工作。实施涉河湖工程建设监管，全年审批涉河建设项目27处，对涉河项目建设（含南沿江高铁等重点监管项目）组织定期巡查，组织开展在建生产建设项目现场检查46个，完成设施验收备案41个，对发现的30处问题以发放限期整改通知书、召开专项会议等形式推动整改落实。积极推进水土保持区域评估，对开发区扩展区开展水土保持区域评估，简化编报程序，压缩审批时限，为企业节约时间，降低报建成本，有效减轻企业负担，助推全区营商环境再优化。依法开展生产建设项目水土保持监管，审批生产建设项目水土保持方案77个，对2家违法违规项目进行专项执法。下达全区镇村河道和农村水利工程长效管护补助资金722.87万元、农业水价综合改革补助资金197.44万元。武进区连续七年获江苏省农田水利工程成效考核优秀等次和农村河道长效管护第一等次，葛庄水情教育基地获评全省首个村级水情教育基地。

【水葫芦专项整治】 2023年，区水利部门共打捞水葫芦24980吨。针对7月以来水葫芦大量过境京杭大运河、锡溧漕河等航道，快速聚集在下游骨干河道的多发事态，围绕“精准防控、分段拦截、定点打捞、集中处置”的工作目标，制定专项工作方案，全力开展水葫芦清剿行动，在不通航桥梁边跨两侧设置拦漂拦截，在太滆运河与漕桥河入湖百渎口处，首次设置固定钢管桩作为水葫芦拦截设施，结合大型自动打捞船连续开展打捞，日打捞量达200吨，受到区融媒体和《常州日报》多次报道推广。水葫芦打捞上岸后，按照便捷高效、安全有序、相对集中的原则，在固定地点集中堆放，晾晒后妥善处置。

【智慧河湖建设】 2023年，区水利部门积极配合开展水利部、省管河湖库历史遥感和新增遥感图斑变化点核查工作，积极推动问题点位整改销号。聚焦河道监控智能化升级，完成夏溪河、湟里河、武宜运河高清探头安装及验收工作，并接入视频监控平台。全区22条区级管护河道，视频监控覆盖率有效提升。无人机巡查数字化升级，拓展开发无人机智慧巡河项目，探索应用无人机科技手段推行“空地结合”“人机结合”巡查新模式，全方位、无死角观察水域生态情况，对镇村河道水域和陆域月度全覆盖巡查，依托无人机巡检平台实现问题一键限时交办，自动生成巡查成果报告，降低人工成本，提高巡河效率，进一步提升河湖智慧监管水平。

（陈逸凡）

位于湟里镇葛庄村湿地公园内的全市首个光伏水泵循环系统

（摄影/徐晶玮　摄于2023年7月）

水政·水资源管理

【概况】 2023年，区水利局贯彻最严格水资源管理制度，征收水资源规费4563.38万元，其中水资源费3739.25万元、水利工程水费824.13万元。建成节水型载体15家，其中省、市、区级节水型企业7家，省级节水型居民小区2家，省级节水型学校1家，市级节水型机关单位1家，市级节水型灌区创建工作1家，市级节水型村庄3家。完成57家省、市、区各类节水型载体复查工作。水资源管理考评获评全市第一，连续5年获评优秀等次。

【常州纺织服装职业技术学院获评全国首批“国家级节水型高校典型案例”】 8月30日，由水利部办公厅、教育部办公厅、国家机关事务管理局办公室联合评定，系全市唯一。2023年，区水利局高度重视高校节水，积极推动节水型高校建设。至年底，建成水利部节水型高校3家，建成率超50%，并打造一批高校合同节水项目作为标杆进行推广。

【滆湖应急水源地规范化管理工作】 2023年，区水利部门根据省水利厅、生态环境厅、住房和城乡建设厅《关于开展集中式饮用水水源地规范化管理工作的通知》要求，切实开展滆湖应急水源地规范化建设，编制《常州市武进区滆湖应急水源地规范化管理实施方案》《常州市武进区滆湖应急水源地规范化管理工作评估报告》，完成滆湖（武进）生态清淤试点项目、破损隔离防护网修复、信息化监管设施增设、浮船式水质监测站设置、水源地取水泵房厂区周边环境提升，同时更新完善水源地标志标识、宣传牌、警示牌等内容。武进区滆湖应急水源地规范化建设通过省级验收。

【节水型高速公路服务区新型载体建设】 2023年，为推进淹城服务区省级节水型高速公路服务区建设，区水利局主动对接，加强业务指导，不断提升服务区用水效率。成立节约用水领导小组，制定节水目标和考核制度，建立巡回检查、计量器具和用水设施维护制度，强化取用水设施日常管理，落实长效管护。建立雨水收集及回用系统，设置雨水蓄水池1座，可收集及回用雨水1000立方米，增设40个喷灌头用于绿化浇洒，实施用水精细化管理，二级水表安装率达100%。车次用水量从2022年的15.78升/车次下降到2023年的14.4升/车次，远远优于省定额先进值28升/车次。常州市高速公路管理有限公司淹城服务区创建“江苏省节水型高速公路服务区”工作通过市级验收。

（陈逸凡）

生态环境

Ecological Environment

栏目编辑　万向阳

环境质量

【大气环境质量】 2023年，武进区$PM_{2.5}$浓度为33.1微克／立方米，同比改善0.3%，空气优良天数273天，同比增加4天，空气优良率74.8%，同比改善1.1%，是全市唯一$PM_{2.5}$浓度及空气优良比率“双改善”的辖区。

【水环境质量】 2023年，武进区17个国、省考断面中15个达优Ⅲ标准，优Ⅲ比例达到88.2%，其中太湖湖心区达Ⅲ类水质，取得国、省考断面优Ⅲ比例历史性突破。

（周志鹏）

资源保护

【概况】 2023年，区自然资源和规划部门坚持底线思维，以最严格的态度、机制和措施落实最严格的耕地保护制度，积极迎接耕地保护和粮食安全责任“首考”。以“长牙齿”的硬措施落实最严格的耕地保护制度，有力推进耕地和永久基本农田划定核实处置，有序开展耕地保护示范区建设。排查整改2019年以来占补复垦项目110个，总面积270.73公顷。有序推进耕地占补平衡、耕地保护督察问题整改、超标准建设廊道绿化问题专项排查整改等专项工作。制定出台《关于优化耕地占补平衡和城乡建设用地增减挂钩工作的通知》，有效提升乡镇开展土地复垦工作的积极性；立项入库占补平衡项目34个，总规模65.64公顷，通过验收的2022年入库项目产生占补指标25.2公顷。坚持生态优先，创新推进“林长制”，新增造林面积26.96公顷，新建省级绿美村庄4个，提升省级绿美村庄3个，全区林木覆盖率达26.58%。编制完成《常州市武进区生态湿地保护与修复总体规划（2023—2035年）》，全区完成湿地修复34.34公顷，新增保护面积886.67公顷。雪堰镇获评2023年省级耕地保护激励单位，武进区获得2023年市级耕地保护通报表扬。

【土地资源节约集约利用】 2023年，区自然资源和规划部门出台一系列制度性文件，推进改（扩）建项目审批监管、开发边界外的低效集体工业用地腾退、“危污乱散低”综合治理、工业用地二级市场交易等工作制度化、规范化。完成低效用地再开发406公顷，完成率149%；完成2009—2019年批而未供土地处置317.93公顷，完成率159%。加快低效产业用地腾退，针对年亩均税收1万元以下、二调三调均为集体工业的用地，全区签订腾退协议43宗、面积33.13公顷。全年供应弹性出让工业用地5宗、面积4.79公顷，提高全区土地资源高效配置；完成“标准地＋承诺制”项目9宗、面积37.07公顷，进一步提高工业用地利用效能；全面实行“双合同”[《国有建设用地使用权出让（租赁）合同》和《产出监管协议》]管理，落实履约保函（保单）制度，涉及保函（保单）17宗、3534.5万元，促进企业主动提质增效。武进区获评2023年度江苏省自然资源节约集约利用模范县（市、区）。

（常文涛）

节能减排

【工业节能降耗】 2023年，武进区持续推进产业结构调整、节能降耗，组织开展节能宣传、重点用能企业节能降耗工作，实施中天钢铁部分钢铁产能外迁，全区规模以上工业（含常州经开区）综合能源消费量控制在658.11万吨标准煤，单位GDP能耗比2022年下降20.3%。全年完成企业能源审计23家（含常州经开区13家）、自愿性清洁生产审核13家（含常州经开区8家）。

【工业绿色制造体系建设】 2023年，武进区强化节能目标管理、节能日常监察，推进清洁生产、循环经济和节能技改，取得工业绿色制造体系建设明显成效。常州回天新材料有限公司、江苏晶雪节能科技股份有限公司、江苏凯达重工股份有限公司、江苏常宝钢管股份有限公司、中车戚墅堰机车有限公司、江苏长海复合材料股份有限公司6家企业被认定为国家级绿色工厂，北京理想汽车有限公司常州分公司、常州腾龙汽车零部件股份有限公司、江苏洛凯机电股份有限公司、江苏国茂减速机股份有限公司、江苏瓯堡纺织染整有限公司、光大环保技术装备（常州）有限公司、常州博瑞电子自动化设备有限公司7家企业被认定为国家级绿色供应链管理企业，常州百佳年代薄膜科技股份有限公司、常州市武进长虹结晶器有限公司、常州新光印染有限公司、江苏格林保尔光伏有限公司、常州腾龙汽车零部件股份有限公司、江苏嘉轩智能工业科技股份有限公司、常州液压成套设备厂有限公司、柳工常州机械有限公司、江苏河马井股份有限公司、江苏唯德康医疗科技有限公司、常州博斯特西太湖包装设备有限公司、常州市贝美家居科技有限公司、江苏博大新材料科技股份有限公司、江苏赛拉弗光伏系统有限公司、常州中车汽车零部件有限公司15家企业被认定为省级绿色工厂，新纶新能源材料（常州）有限公司等49家企业被认定为市级绿色工厂。至年底，全区创成国家级绿色园区1个（武进高新区）、国家级绿色工厂20家（含常州经开区6家）、国家级绿色供应链管理企业9家（含常州经开区2家），省级绿色工厂36家（含常州经开区11家）。

（薛幸旦）

环境治理

【概况】 2023年，武进区牢固树立“环境质量只能变好，不能变差”的底线要求，重点突出生态中轴建设，以实现减污降碳协同增效为抓手，强化污染防治攻坚，推进大气污染防控、水环境治理和各项治土工程，加强危废辐射管理，推动生态环境质量持续改善。新一轮太湖综合治理取得阶段性成效，高水平实现“两保两提”（确保饮用水安全、确保不发生大面积水质黑臭，不断提升生态环境治理现代化水平，提高流域防洪保安与水资源配置能力）目标，太湖连续16年安全度夏。土壤污染重点监管单位周边土壤和地下水监测调查、土壤污染重点监管单位隐患排查“回头看”、2017—2020年武进区关闭化工、电镀等重污染企业土壤调查等工作如期完成。武进生态环境局获评全省生态环境信访工作先进集体，朱健获评全国生态环境保护执法大练兵表现突出个人，骆冬明获评省生态环境宣教工作表现突出个人，虞振兴获评省十佳执法能手。

【大气污染防控】 2023年，武进区坚持精准施策，推进大气污染治理项目。深化产业集群整治，陆续淘汰320家企业光氧治理低效设施，完成工业集聚区综合整治“回头看”105家、武进区产业集群整治“回头看”349家、第二批活性炭入户核查及整改927家。实施源头替代治理，10家源头替代示范型企业全部完成整治，117家重点企业和包装印刷、钢结构源头替代企业及15家家具、船舶源头替代企业全部完成清洁原料替代或不可替代专家论证（包括搬迁、关闭、停产等）及“回头看”。开展重点行业整顿，完成省级重点VOCs监管企业后评估24家、生物质锅炉提标整治18家、能源结构调整3家，完成VOCs综合治理项目20家、VOCs无组织排放治理项目40家、重点行业和重点设施减排项目2家，完成餐饮油烟在线监控及治理“回头看”350家、水泥行业综合整治14家。实施重点治气项目，全面完成东方特钢全流程超低排放改造工程；稳步开展玻璃钢制品行业综合治理，形成50家拟关停玻璃钢企业清单，累计完成35家玻璃钢企业转型关闭工作；加强柴油货车路查路检、非道路移动机械尾气排放抽测、集中使用和停放地的入户抽测，完成柴油机动车路检584辆、非道路移动机械尾气排放抽检120辆、入户监督检测132辆；组织油气回收设施检查，抽查39家加油站、78座油气回收设施运行情况。

【水环境治理】 2023年，武进区坚持标本兼治，持续推进水环境治理。

推进新一轮太湖综合治理 将新一轮太湖综合治理作为全区生态文明建设的“一号工程”，成立太湖综合治理指挥部，于8月编发《推进新一轮太湖综合治理“1+8”三年行动计划》《推进新一轮太湖综合治理2023年工作计划》，开展涉磷企业整治、农业农村环境整治、污水收集处理能力提升、河道综合治理、洮滆片区生态保护修复、有机废弃物处理利用、水资源配置能力提升、现代化治理能力提升8个专项行动，排定重点任务100项、重点项目73个，总投资145亿元。到年底，100项重点任务有序推进，73个重点项目完成总投资35.94亿元，取得太湖综合治理阶段性成效。太湖湖心区总磷、总氮同比下降21.9%、14%，太湖西部区总磷、总氮同比下降16.9%、9.1%；武进港、漕桥河、太滆运河三条主要入湖河道总磷、总氮均达到年度考核目标；竺山湖区域蓝藻水华同比减少20次，蓝藻密度总体处于较低水平。

强化重点断面水质保障 武进生态环境局完成滆湖、竺山湖总磷污染控制方案编制、滆湖水生态健康调查与评估报告，以及武进港、漕桥河、太滆运河三条主要入湖河道总磷、总氮溯源分析报告编制。结合新一轮太湖治理相关要求，编制武进港、太滆运河、漕桥河等11条河流达标提升方案。密切关注国、省考断面及其上游主要支流支浜水质变化，及时开展溯源排查，落实相应管理措施。联合区水利局建立泵闸站联合管理机制，有效阻止水质较差的支浜通过泵闸站进入主干河道。

推进涉磷企业专项整治行动 在完成第一轮涉磷企业整治基础上，按照“规范提升一批，入园进区一批，关停淘汰

滆湖水草净化　　（供图／区生态办　摄于2024年4月）

一批”原则，开展新一轮涉磷企业专项整治，专题召开涉磷企业整治培训会，构建涉磷整治信息平台，成立工作专班对各镇板块逐一现场指导和帮扶。实施动态整治，武进区1328家涉磷企业（含61家新增涉磷企业）中，847家完成“一企一策”方案编制及审核，454家完成验收，5家企业被省生态环境厅列为涉磷整治典型样板企业，武进区涉磷整治工作获央视《新闻联播》报道。

加强农业面源污染治理 严格执行《池塘养殖尾水排放标准》，举办养殖尾水达标排放政策宣讲会4次，完成规模养殖池塘标准化改造800公顷、规模养殖池塘监督性监测2轮，对省考断面安欢渎上游池塘尾水超标排放情况立案1件。

推进工业废水分质处理 推动工业废水与生活污水分类收集、分质处理，完成226家工业废水排入城镇污水厂的企业调研、评估报告和实施方案编制。武高新工业污水处理厂建成投入试运行，全区新增工业废水处理能力3万吨／日，并配套工业污水管网约48千米。深化工业片区（集聚区）雨污分流改造，完成湖塘镇、高新区北区3个工业片区内雨污分流更新改造。

（周志鹏　万倩倩）

【危废辐射管理】 2023年，武进生态环境局推进全区固废处置能力建设，新增江苏中吴长润环能科技有限公司含油废水、污泥、废包装桶的处置能力，办理江苏泓嘉鑫环保再生资源利用有限公司、常州鸿文容器再生利用有限公司、常州宇环再生资源有限公司、常州大维环境科技有限公司、常州北晨环境科技发展有限公司、常州市晟安环保科技有限公司6家危险废物经营单位到期换领许可证，核发江苏瑞孚金属有限公司铝灰危险废物经营许可证。有序开展危险废物申报，纳入江苏省危险废物全生命周期系统企业3706家，已申报基础信息单位3698家，申报率99.78%；推进400吨以上产废企业及危废经营单位视频监控联网，有43家企业全部联网；推进收集企业ERP系统建设，有1097家小微企业纳入小微收集系统申报。全年预审表面处理污泥、铝灰等类别跨省转移申请单位9家，审核危废应急处置申请单位34家。强化辐射监管，通过国家核技术利用辐射安全监管系统摸排全区核技术利用单位情况，实现对放射源的动态管控。完成全区核技术利用单位的年度评估报告上报、闲置放射源统计上报工作，监督全区废旧放射源的收贮过程。现场检查全区55家单位三类射线装置领证，开展移动探伤夜间执法8次，联合公安、卫健部门对放射源、加速器等重点单位开展全覆盖检查。强化重点源规范化管理，根据新的分级分类管理要求，完成全区438家危废重点源单位更新，于10月高标准通过省生态环境厅规范化考核。强化环保安全全覆盖排查，组织“环保＋安全”双专家对全区危险废物经营单位开展全覆盖排查，累计排查出环保及安全问题350个，抽取6家经营单位针对安全隐患自查情况进行督查，共发现问题126个，并督促整改。牵头对危废经营单位开展“安全生产月”活动，排查重点产废单位60家，推动环保安全生产形势稳定向好。

（周志鹏）

【农业农村污染治理】 2023年，区农业农村部门深入推进农业农村污染治理，全力打造美丽宜居乡村。

农业绿色先行区建设 认真落实省、市、区太湖治理和农田退水治理要求，优先在太湖一、二级保护区、环滆湖及入湖河道周边区域开展农业面源污染治理。全区推广测土配方专用肥500吨，覆盖面积1000公顷，推广商品有机肥1.5万吨；以太湖一、二级保护区为重点，完成耕地轮作面积1316.85公顷；创建稻麦和园艺省级化肥减量增效示范区各1个，实施面积156.67公顷。

农村生活污水治理 加强农村分散式生活污水处理工程PPP项目运维及监管，全区PPP项目建有分散式污水处理设施480套，治理村庄664个，覆盖农户3.7万户，设施运行稳定。

太湖蓝藻打捞处置 全区建有完善的蓝藻打捞处置系统，配有机械打捞船19艘、运输船7艘、吸藻车2辆、巡查快艇4艘、蓝藻围隔1.1万米、藻水分离设备3套和资源化利用中心1座、一体化藻水分离船1艘，日打捞处置能力4800吨。全年出动人员6295人次、船只1217船次、车辆209车次，打捞太湖蓝藻21.38万吨，产生藻泥4041.75吨，打捞水草垃圾322.4吨，实现藻泥资源化利用100%。

池塘标准化改造 落实推动雪堰、洛阳、前黄、嘉泽、湟里水产养殖池塘标准化改造10个点位，面积802.8公顷，完成省级下达2022—2023年池塘标准化改造目标任务。改造区通过清淤浚深、筑埂护坡、进排水管（渠）排布、尾水净化区建设等工程，渔业生产条件明显改善，并实现养殖尾水循环利用或达标排放。

秸秆资源综合利用 推进农作物秸秆机械化还田利用和其他“五化”（肥料化、饲料化、燃料化、原料化、基料化）利用，在雪堰、前黄、礼嘉、洛阳4个镇开展秸秆离田试点，6家试点主体共完成水稻秸秆机械化离田面积333.33公顷。按照“政府推动、市场运作、企业牵头、农户参与”的原则，各镇（街道）按属地管理的原则落实各项秸秆综合利用工作。全区秸秆综合利用率达97.30%。

“两废”回收处置 采取“政府引导＋农资牵头＋网点回收＋农户参与”模式，建立“1+N”农药包装废弃物动态回收网络，即1个中心网络+N个农药经营点，实现涉农乡镇全覆盖，全区回收农药包装废弃物49.57吨，无害化处置率100%。在南夏墅街道新建1个省级“五有”废旧农膜回收网点，形成“2+7+N”的废旧农膜回收网络，即2个区级中心回收点（常州万耀再生物资回收利用有限公司、常州市田田圈农业科技服务公司）、7个省级“五有”回收网点、发展N个回收网点，基本形成覆盖农膜使用重点镇及街道的废旧农膜回收网络体系。在洛阳镇汤墅村建设地膜减量替代示范点1个，在南夏墅街道和礼嘉镇、洛阳镇建设地膜残留监测点各1个。全区废旧农膜回收率达94.93%。

（祁宇豪）

【生态绿城建设】 2023年，武进区紧扣“品质提升”“品牌打造”“基础深化”主题，深入落实生态绿城建设总体目标要求，持续推进生态绿城建设，提升全区生态保护水平，提升群众满意指数。生态绿城建设项目共有六大类11项工程，其中生态源保护工程2项、城乡公园绿地工程5项、生态廊道工程2项、特色主题工程1项、生态细胞创建工程1项；续建项目滆湖（武进）近岸带水生态修复、常州市武进区徐湖滨公园（一期）、前黄镇灵台现代渔业园区鱼塘生态化改造项目基本完成，实现增核面积304.67公顷、扩绿面积19公顷（不含特色主题建设面积266.67公顷）、连网1.3千米。

【国家生态文明示范区创建启动】 2023年，武进区启动国家生态文明建设示范区创建工作，于3月15日召开全区生态文明建设大会暨创建国家生态文明建设示范区动员大会，把创建国家生态文明建设示范区作为一项事关全局的战略任务，对照《国家生态文明建设示范区管理规程和建设指标》，深入打好"蓝天、碧水、净土"保卫战。区生态办向各部门发函收集国家级生态文明示范区创建所需资料，梳理形成生态制度、生态安全、生态空间、生态经济、生态生活、生态文化六大领域37项指标佐证材料初稿，并制作完成宣传片。7月3日，向省厅提交推荐函、申报函、生态文明建设示范区创建工作报告、生态文明建设示范区创建技术报告、典型事迹、处室自查表、武进区生态文明建设规划（2022—2026）重点工程项目实施进度表及支撑材料、武进区生态文明建设规划（2022—2026）指标体系表等48份纸质材料。

（万倩倩）

环境监管

【概况】 2023年，武进生态环境局深化生态环境保护综合行政执法改革，加强执法力量，坚持以执法亮剑为品牌，加强环境执法监管，保障生态环境安全。全年出动执法人员11460人次，检查点位5730个，发现问题1433个，其中涉嫌环境违法问题170个；下达行政处罚决定书150件，处罚金额1500余万元，年度行政处罚数量和处罚金额位列全市第一。适用配套办法28件，其中涉刑移送5件、查封扣押7件、移送公安拘留16件。发出不予处罚决定书13件，累计减免处罚1160余万元。深化生态环境损害赔偿制度，全年磋商案例数71件，位居全市前列，《常州市首例适用长三角生态环境领域首违免罚案》被《中国环境报》、省生态环境厅公众号录用。优化营商环境，提高环评审批效率。全年完成审批项目3347个（含报告书23个、报告表402个、登记表2922个），其中市重点项目58个、省重点项目8个。严格落实排污许可制度，完成排污许可证变更发证97张、首次申请发证58张、延续发证281张、重新申请发证202张。紧盯突出环境问题，优化信访调处。全年受理环境信访544件，下降14.9%；市级及以上越级环境信访56件，上升14.3%。省级生态环境保护例行督察共向全区交办信访64件（其中重点件11件），较2021年省级生态环境保护专项督察（交办信访134件）下降52.2%。年内，全面完成64件交办信访件调查处理和报告反馈工作，其中6件属实、16件不属实、42件部分属实，依法取缔违法企业4家，立案处理违法单位21家，责令整改企业53家，均按要求完成整改。推进省生态文明建设示范乡镇（街道）、村创建工作，南夏墅街道创建省生态文明建设示范街道，雪堰镇共建村、湟里镇香泉村创建省生态文明建设示范村，均通过现场考核，进入公示阶段。成章小学申报创建国际生态学校。

竺山湖生态清淤现场 （供图/区生态办 摄于2024年4月）

【环境执法监管】 2023年，武进生态环境局以"蓝天、碧水、净土"三大保卫战、"两治一提升"（治理噪声、异味污染专项行动，进一步提升人民群众获得感）专项行动为主线，开展三大行业（印染、电镀、涂料）专项整治、涉氟企业专项检查、铝灰专项检查、VOCs大会战、臭氧监督帮扶、储罐专项检查、秸秆禁烧排查、太湖安全度夏、排污口专项整治、医疗机构污水处置专项检查、太湖流域一二级保护区企业排查、重点行业水污染防治设施专项检查、亚运会保障专项执法、打击在线数据弄虚作假等专项行动，及时推进完成各类专项行动问题整改。推进环境应急基础能力建设，梳理全区应急物资储备情况和应急救援队伍建设情况，建成"一个中心、四个分支"（以局应急物资库为中心、四个外勤派驻点为支撑）的应急物资库体系，将武进高新区的防汛物资库作为储备力量，为高效、快速应对突发环境事件提供坚实保障。着眼于提高环境应急人员应急响应、装备使用、应急监测和应急处置四项能力，组织开展三次无脚本突发环境事件应急拉练。开展隐患排查整治，继续采用"环境＋安全"双专家现场工作模式，对全区化工、印染、医药、电镀等行业环境风险企业，以及其他行业较大及以上等级环境风险企业等开展排查。年内完成162家单位（两批）的隐患排查工作。其中，第一批90家单位，发现重大突发环境事件隐患224条，一般突发环境事件隐患576条，污染防治设施安全隐患242条，均完成整改；第二批72家单位，发现重大突发环境事件隐患50条，一般突发环境事件隐患187条，污染防治设施安全隐患111条，均完成整改。加强突发环境事件应急处置，与区应急管理局、区消防救援大队建立联动联勤机制，落实联防联控、联合处置、联合调查和现场应急处置时共同商讨处置方案，整合各方优势共同做好突发事件应急处置和调查处理。全区发生突发环境事件7起，均认真落实“五个第一时间”要求（第一时间报告、第一时间赶赴现场、第一时间开展监测、第一时间组织开展调查、第一时间向社会发布信息），严格按照环境应急响应流程开展应急处置和应急监测工作。

6月5日，武进区在滆湖低碳公园开展“六五”环境日主题活动（供图/区生态办）

【提升环境服务质效】 2023年，武进生态环境局深入落实《服务高质量发展优化建设项目审批服务若干举措》，提高环评审批效率，事项办理时限压缩至法定时限50%以内。深化服务企业、服务营商环境工作机制，组建由局领导带队、各业务科室负责人和行业专家组成的服务队，与相关企业包联挂钩，主动上门服务，引导企业增强绿色发展动力。同时，通过电话咨询答疑、现场答疑等形式服务企业，提前介入，实时跟进。年内，现场服务指导重点企业12家，为数百个建设项目提供电话咨询、现场答疑等服务。加强环保第三方市场管理，不定期开展检查抽查，结合企业反响以及检查情况建立环保第三方“黑名单”与“红名单”库，对弄虚作假、扰乱环保市场的劣质第三方企业纳入黑名单踢出武进市场，重点为企业建设项目提供优质“红名单”作为参考选择，保障环评技术服务水平。组织辖区内的环评单位及其环评工程师开展自查自纠及现场核实工作，发现问题立即督促整改。年内，约谈环评编制质量较差的第三方单位4家，举办环评编制人员专题培训3批。

（周志鹏）

【生态文明宣传教育】 2023年，区生态办、武进生态环境局创新宣传教育形式，组织开展生态文明建设与生态环境保护宣教活动。5月13日，武进区“生态巴士”启动仪式在晓柳新风口袋公园举行，“生态武进”代言人“武小净”ID正式落户镇、村、社区。区生态办年内组织四期“生态巴士”活动，带领市民打卡武进多处生态美景，全方位体验家门口的自然生态之美，共启玩趣夏令营，带领小学生学习有趣生动的环保知识，将绿色低碳的“种子”深植心田。6月5日，2023年“六五”环境日主题活动暨生态环境治理全民行动在滆湖启动，以“建设人与自然和谐共生的现代化”为主题，现场启动生态环境治理全民行动，并为常州市生态文明志愿服务队授旗，为“常州市生物多样性（鸟类）摄影”大赛获奖代表颁发证书，签约“打造生态文明共建共治共享共同体”，广泛动员全社会参与生态文明建设，为持续改善生态环境质量、建设美丽中国夯实稳固社会基础。8月15日，武进区2023年“全国生态日”主题活动在武进万达影城举行，以“绿水青山就是金山银山”为主题，揭牌全区首个“生态文明主题影院”——武进万达影城，发布专题片《从这里看见武进》，举行雪堰镇、礼嘉镇治污攻坚微电影开机仪式，为“美丽武进”主题征文、绘画比赛的获奖代表、优秀指导老师颁奖，为第三批武进区生态文明建设教育示范基地授牌，通过凝聚共识、汇集动力，为建设人与自然和谐共生的现代化中国贡献更多的武进力量。加强与上级媒体的合作，加大生态环境领域信息宣传报道，入选央视网报道1篇、《人民日报》报道1篇、《中国环境报》（含“中国环境”App）报道10篇、《新华日报》（含交汇点新闻）报道5篇、“学习强国”学习平台报道2篇、《江苏环境》杂志报道2篇、省生态环境厅公众号报道5篇。

（万倩倩　周志鹏）

7月26日，开展生态巴士玩趣夏令营（供图/区生态办）

信息化建设

Information Construction

栏目编辑 颜 赶

信息基础设施建设

【电信通信建设与服务】 2023年，区电信局提升网络建设与运营能力，响应“智改数转”要求，践行“532”发展战略，加快5G、千兆光网、物联网等新型基础建设。新建5G基站及室分251个，累计建成2513个。新建光端口2.4万个，累计建成光端口57.4万个。全区城乡千兆光纤网络覆盖率93%，万兆PON端口累计到达2.8万个，万兆PON口占比超85%。投资约7000万元，实现总业务收入6.6亿元，传统业务增幅4.5%。至年底，武进实体渠道75家，其中直营店22家，门店在岗一线销售人员162名。聚焦客户感知和服务提升，开展“线上线下，科技助老，智慧助老”微讲堂，重点针对老人面对的信息化应用困难，推动老年人更好适应智能技术、更好融入智慧社会；开展“爱心翼站”“反诈防诈”等12项基础服务和智能科普微讲堂服务，让温暖触手可及。

（陈志伟）

【移动通信建设与服务】 2023年，中国移动通信集团江苏有限公司武进分公司（简称武进移动）推进区域内5G建设，建成5G基站2118个，实现全区5G网络2.6G/700M双频立体组网全覆盖。完成南沿江高铁5G专网开通优化；开展4G、5G网络优化，全面提升用户感知，平均下载速率达820Mbps。全面发展千兆宽带，提升用户宽带感知，实现社区千兆宽带能力接入超95%、千兆宽带新装占比超60%、千兆用户超12万户、增幅超10%；电视用户超过18万户，区域内规模第一；树立家庭新业务品牌形象，推出安防、组网、面板等智家新产品，智家新产品用户超10万户。将5G赋能与新质生产力发展相结合，帮助东方特钢、太阳诱电等重点企业进行5G网络升级，提升产能。推进“智改数转”，助力企业发展，与理想汽车、小牛电动、万帮新能源等新能源企业合作，打造“新能源智造”企业。依托优质的无线网络，主动承担政府机关、高校、企事业单位活动的通信网络保障工作，包括西太湖马拉松、太湖湾音乐节、机电学院60周年校庆等重大活动。

（钱 洵）

【联通通信建设与服务】 2023年，中国联合网络通信有限公司常州市武进区分公司（简称武进联通）坚持科技创新驱动，推动企业高质量发展，持续推进新型信息基础设施建设，大力部署5G和千兆光网园区建设。新建5G基站及室分657个，累计2575个；新增千兆光网覆盖小区98个，累计覆盖小区502个，端口能力达43.5万户。营业网点增至190余个，销售服务人员160多名，服务用户32余万户。积极投入美丽乡村建设行动，重点助力牛塘镇丫河村等打造数字乡村名片，全区累计打造数字乡村13个。聚焦“大联接、大计算、大数据、大应用、大安全”五大主责主业，全面致力服务政府和企业客户，响应“智改数转”行动，针对区域内行业标杆企业加大投入，筛选建设一批示范工厂。与区内理想汽车、小牛电动、移远通信等行业龙头企业开展深度合作，打造厂区建设智能化、数据中心、工业MES等服务案例。

（陈江红）

【广电网络宽带建设与服务】 2023年，武进广电网络公司突出质量效益考核导向，深入打造广电区域品牌特色，多措并举推动基础工作提质增效，有序推进“有线+5G”融合业务高质量发展。发展智慧广电镇（街道）7个、智慧村（社区）23个，建成155个村（社区）、13个镇（街道）和3个区级智慧广电平台。至年末，武进区数字电视有效用户达20.07万户，高清互动有效终端14.18万户，宽带有效终端7.18万户，5G在网用户数4.24万户。

（高 军）

信息化和工业化融合

【概况】 2023年，武进区加快工业互联网建设与应用，全面推进“企业上云”工程和企业信息化和工业化（简称两化）融合管理体系建设，深化制造业与互联网融合发展，积极引导企业信息化应用，推动企业数字化转型，促进数字技术和实体经济深度融合和工业电商创新发展，赋能传统产业转型升级，促进产业高质量发展。全年全区软件和信息技术服务业纳统企业66家，实现软件和信息技术服务业业务收入162.1亿元，同比增长27.8%。其中，软件产品收入11.8亿元，信息技术服务收入55.6亿元，嵌入式软件收入94.7亿元，分别占全年收入的7.3%、34.3%、58.4%。随着武进区智改数转工作持续推进，全区软件产品收入和信息技术服务收入之和所占比重继续提升，软件和信息技术服务业产业结构进一步优化。组织开展“两化”融合、“企业上云”系列培训和咨询诊断服务。新增国家级“两化”融合管理体系贯标（升级版）达标企业20家，其中AAA级2家，累计贯标（升级版）达标企业44家；江苏常发农业装备股份有限公司获评省“两化”融合贯标示范企业，新增省“两化”融合贯标示范试点企业11家。常州东方特钢有限公司入选工业和信息化部5G工厂名录。柳工常州机械有限公司获省级工业互联网标杆工厂认定，累计省工业互联网标杆企业6家。通过省“企业上云”星级企业认定五星级4家、四星级6家、三星级67家，累计认定五星级12家、四星级147家、三星级259家。常州东方特钢有限公司的“5G智慧钢厂项目”、常州天正工业发展股份有限公司的“智能制造行业工业互联网安全监测预警公共服务平台”获2023年度江苏省工业和信息产业转型升级专项资金项目扶持。万帮星星充电科技有限公司入选江苏省信息消费十大优秀平台，江苏行运兔科技有限公司入选省信息消费优秀产品目录、省专精特新软件企业培育库，常州铭赛机器人科技股份有限公司获评省优秀工业软件。新增省工业信息安全防护星级企业3家，入选常州市信息安全风险评估机构2家。

（杨　燕　高　艳）

表23　2023年武进区新增“两化”融合贯标（升级版）企业、工业互联网发展示范企业（企业上云类）情况表

类　别	企 业 名 称	属　地
工业和信息化部“两化”融合体系贯标（升级版）AAA级企业	江苏南方精工股份有限公司	武进高新区
	江苏常发农业装备股份有限公司	礼嘉镇
工业和信息化部“两化”融合体系贯标（升级版）AA级企业	常州百利锂电智慧工厂有限公司	西太湖科技产业园
	常州润来科技有限公司	西太湖科技产业园
	常州同泰高导新材料有限公司	洛阳镇
	常州宝捷冲片有限公司	洛阳镇
	江苏圣创半导体科技有限公司	武进高新区
	常州集硕医疗器械有限公司	西太湖科技产业园
	常州克劳诺斯特种轴承制造有限公司	武进西太湖
	常州武进中瑞电子科技股份有限公司	武进高新区
	江苏凯达重工股份有限公司	湟里镇
	汇川新能源汽车技术（常州）有限公司	武进高新区
	江苏腾驰科技有限公司	礼嘉镇
	江苏旭泉电机股份有限公司	湖塘镇
	常州孟腾智能装备有限公司	西太湖科技产业园
	常州康鼎医疗器械有限公司	西太湖科技产业园
	常州承芯半导体有限公司	武进高新区
	江苏再声新材料科技有限公司	西太湖科技产业园
	贝内克长顺生态汽车内饰材料（常州）有限公司	武进高新区
	常州百佳年代薄膜科技股份有限公司	礼嘉镇
江苏省工业互联网发展示范企业（企业上云类）五星上云企业	常州金德纺机科技有限公司	湖塘镇
	江苏南方通信科技有限公司	洛阳镇
	江苏鑫和泰机械集团有限公司	前黄镇
	常州敏杰电器有限公司	前黄镇
江苏省工业互联网发展示范企业（企业上云类）四星上云企业	常州巧捷铸造设备有限公司	武进高新区
	纳恩博（常州）科技有限公司	常州科教城
	常州新光印染有限公司	湖塘镇
	常州市武进广宇花辊机械有限公司	湖塘镇
	常州龙泰铸造有限公司	前黄镇
	常州百佳年代薄膜科技股份有限公司	礼嘉镇

（杨　燕）

【新增省专精特新软件企业1家】 11月，省工业和信息化厅公布2023年江苏省规划布局内重点软件企业和专精特新软件企业培育库企业名单，武进区江苏行运兔科技有限公司入选。江苏省规划布局内重点软件企业和专精特新软件企业由省工业和信息化厅组织，按照企业自愿申请、专家评审、现场考察等流程进行评选。评选依照《江苏省规划布局内重点软件企业评估规范》和《江苏省专精特新软件企业评估规范》，按照软件产品、信息技术服务、嵌入式软件、信息安全4个企业业务领域进行分类评估，具备科学性和权威性。该公司是一家专注于城市短出行产业互联网服务，为客户提供SaaS换电平台及配套解决方案与服务的高新技术企业，通过互联网、物联网、云计算等新技术与产业技术支持企业深度融合，解决行业痛点，赋能上下游企业降本增效。为上游硬件供应商提供资产管理平台个性化功能开发和技术支持服务，实现资产数字化管理；为中游换电运营商提供定制化SaaS部署和运营指导服务，实现运营管理一体化；为下游直接用户提供换电直营服务，实现产品与服务迭代升级。

【江苏省首版次软件产品】 12月，省工业和信息化厅发布《2023年江苏省重点领域首版次软件产品应用推广指导目录》，武进区常州铭赛机器人科技股份有限公司的“铭赛FS600全自动柜

式点胶机操作系统软件 V1.00”入选，铭赛科技成为连续两年进入首版次推广目录的企业。首版次软件产品征集工作旨在鼓励和引导软件产业强化重点领域突破、实现高质量发展，提升软件企业的自主创新和市场开拓能力，入选产品将供用户单位首购首用参考。此次收录的系统软件主要负责视觉喷胶机的实时图像采集、视觉模板定位、喷胶轨迹示教等功能。

【入选省工业软件优秀产品和应用解决方案推广名单企业 2 家】 12 月，省工业和信息化厅公布省工业软件优秀产品和应用解决方案推广名单，武进区常州铭赛机器人科技股份有限公司、江苏中盈高科智能信息股份有限公司入选。

常州铭赛机器人科技股份有限公司是一家技术驱动型高端装备制造企业，主要从事高精度智能点胶设备及其关键零部件的研发、生产和销售，产品主要应用于对设备精度等技术指标有较高要求的精密电子组装、MEMS（Micro−Electro−Mechanical System）器件和 IC（Integrated Circuit）封装领域的点胶环节。进入推广的“铭赛 FS600 全自动柜式点胶机操作系统软件 V1.00”主要负责视觉喷胶机的实时图像采集、视觉模板定位、喷胶轨迹示教等功能，可以根据实际作业情况进行算法优化及智能规划，有效提升产品点胶一致性及稳定性，保障客户的产品良率和生产效率。

江苏中盈高科智能信息股份有限公司是一家专业的工业互联网解决方案供应商和 IT 数据运营服务商，是以智慧城市规划、建设和运营、智能建筑设计与实施、系统集成和技术服务为主导，集咨询、研发、运维等服务于一体的高新技术企业。进入推广的“中盈高科智慧水务一体化工业互联网平台”通过建立长期、有效、动态管理的排水空间及属性数据的智慧排水基础平台，融合排水数字化管理过程中所需的各种业务处理和专业分析模块，将排水业务数据提炼成有价值的信息，提高工作效率的同时实现节能降耗，为客户进行宏观运营决策及发生紧急事故时的应急处置提供有力支撑。

（高　艳）

【东方特钢 5G 智慧工厂项目入选工业和信息化部 5G 工厂名录】 该项目是常州东方特钢有限公司与中国移动常州分公司等单位合作，基于移动 5G、人工智能、边缘计算等前沿技术和核心能力，探索 5G+ 工业互联网在钢铁生产全流程的融合创新。依托 5G 网络的大带宽、低时延、大连接等特性，构建能源综合管理、生产流程管理系统；通过基础平台和边缘计算平台，突破设备数字化运维，聚焦远程控制、视频传输等类型应用，以生产辅助及相关的生产保障性环节为基础，重点围绕生产核心环节，构建“5G+MEC 边缘计算 + 智慧冶金工业互联网平台”的服务体系，打造 5G 智慧钢厂，助力东方特钢实现智能化、绿色化生产。通过部署移动 5G 专网，即入驻式边缘计算 MEC 和 12 个 5G 基站（2 个室分站 +10 个室外宏站）实现厂区全覆盖，结合各种工业终端、工业数据中心、工业互联网平台和应用，形成“1 个数字底座 +1 个智能中枢 +N 个智慧应用”整体架构。利用 5G 大带宽、低时延等特性，通过 5G 室分基站实现烧结厂原料场堆取料机的远程操控、煤库无人天车等应用，最终实现人、机、料等要素全面互联管控。项目应用 5G 接入终端 118 个，设备 5G 联网率 72.6%，并应用标识解析，开展数据接入和统计分析。

【柳工机械获评省工业互联网标杆工厂】 8 月 11 日，省工业和信息化厅公布 2023 年度省工业互联网示范工程项目（标杆工厂类）名单，柳工常州机械有限公司入选。柳工机械近三年投入超 8000 万元，在前期工厂的基础上，通过引进更新智能设备，开发实施智能系统，建成土方工程机械工业互联网工厂，贯通工厂业务全部过程，并搭建与客户、供应商协同的全价值链的商业强链模式。工厂内部通过内部 4G、以太网、现场总线等网络技术，综合采用先进智能技术进行数据采集；数据中心通过混合云建成服务与存储虚拟化云平台，采用多架构的系统，开发数据采集平台，应用组态软件进行设备控制；运用网络隔离、加密、客户端防护等技术手段，加强入侵检测，实现信息安全防护。

（杨　燕）

电子政务

【电子政务项目管理】 2023 年，区政务大数据发展领导小组办公室加强和规范全区电子政务项目管理，组织项目管理联合会审成员单位及有关专家评审通过电子政务项目 18 个，组织有关专家验收通过建成的电子政务项目 13 个。组织相关单位申报 2024 年度全区电子政务项目建设计划，共申报项目建设计划 78 个（包括运维计划），并对 6 个单位的 8 个建设项目计划进行答辩。

【区级电子政务平台建设和运维】 2023 年，区政府办（大数据管理局）建设数字政府统一登录平台，于 3 月上线试运行，为不同条线、层级的部门提供统一集成入口，实现与市级门户无缝对接。至年底，已有 41 个研判指挥平台、业务应用系统接入数字政府统一登录门户，接入数量为全市第一。根据《市政府办公室关于加强市级统建政务云使用管理的通知》要求，加快推进全区各类非涉密政务信息系统向全市统建政务云迁移并集中部署。至年底，全区共有 30 家单位的 39 个政务信息系统已完成迁移上云，完成数量位居全市第一。

区政务数据资源共享交换平台　至年底，平台累计接收市级平台下发政务数据 162 类约 7519 万条，并与 18 个区级部门的 31 个自建系统实现数据对接，经整理、比对和归类，形成 416 类超 15.9 亿条可“即调即用”政务数据。向区级审批服务综合执法一体化平台、区域全民健康信息平台、财税大数据平台、公共资源交易管理系统等重点应用共享 105 类 1465 项近 1495 万条政务数据。向社会开放 31 个单位的 141 类数据，涉及 17 个领域、13 个主题、14 个行业，累计 10 万余条，用户访问 296 万余次、下载 9000 余次。

电子政务外网　印发《关于加强电子政务外网安全管理的通知》，对电子政务外网接入部门进一步明确使用管理的具体要求。会同区委网信办、武进公安分局开展电子政务外网网络安全专项检查，先后推出域名访问、数字证书服务、域名云防护等安全措施，定期开展电子政务外网巡检，做好台账记录，并对巡检中发现的问题及时进行整改。全年累计排除各类网络故障200余次，处理设备故障9次。做好区行政中心电子政务外网用户和区级部门以及镇、开发区、街道、村（社区）、公司、银行等331个电子政务外网接入单位的网络维护保障工作。

区政府网站及其他平台　区政府网站全年累计发布信息17243条，其中动态信息15062条、信息公开2121条、概况类信息60条；组织开展在线访谈19期、民意征集19期、网上调查19期、新闻发布会7期、网上直播21期、专题12期、热点回应7期。区长信箱受理群众来信298件，办结298件，办结率100%，部门信箱共受理群众来信610件，办结610件，办结率100%；向市政府网站上报信息711条，被录用253条，录用率35.58%。区政府网站获评2022年度省、市政府网站建设管理先进单位。新增“主题服务”栏目，将教育、社保、住房、医疗健康、就业创业、交通出行六大领域的相关资讯和政策进行汇总。新增智能问答机器人项目，通过聚合网站的信息和服务，自动解答用户咨询，实现“搜索即服务”的功能。区协同工作平台按照网络安全等级保护（三级）和风险评估要求，加强日常巡检，全面排查平台安全隐患。同时，组织开展业务指导、线上培训，并做好技术支撑服务。区协同工作平台发送电子公文14616份，处理请示件123份、批示件119份，新增电子印章33个，累计开展业务指导近700次。“政企通”发布信息1337条，收到留言近40条、直通区长信件11封。“区重点企业”微信群发布各类咨询、政策信息1200余条，简报12期。

（刘丽群）

2023年度电子政务项目建设情况表

表24

类别	项目名称	建设单位	计划投资（万元）
电子政务评审通过项目	区电子政务云	区政府办（电子政务中心）	150
	“网格+”平台拓展提升建设	区社治中心	75
	城市运行指挥平台	区社治中心	200
	S58沪常高速监控系统新建项目	武进公安分局	374
	局无线执法记录仪采购	武进公安分局	87
	局数据中心硬件采购	武进公安分局	61
	武进区非社保待遇发放系统项目	区人社局	120
	劳动人事争议仲裁院智能化建设	区人社局	94.95
	区经营性自建房智慧管理平台	区住建局	66
	智慧水利–防汛信息化平台	区水利局	1328.59
	武进卫生数据中心租赁运维服务	区卫健局	1237.35
	区政务服务一体化平台拓展升级	区行政审批局	30
	区公共资源交易管理系统升级改造（2023年）	区行政审批局	98
	办公大楼信息化建设项目	区医疗保障局	299.5
	武进城区综合交通模型项目	武进自然资源和规划分局	450
	高新区智慧园区三期	武进高新区	1850
	西太湖科技产业园数字政务平台升级改造	西太湖科技产业园	139
	雪堰镇城市运行指挥中心平台	雪堰镇	150
电子政务验收通过项目	区人民法院电子质证及中间库项目	区法院	230.77
	武进“12345”一体化扩展平台项目	区社治中心	39.99
	平安建设专属网格治理项目	区社治中心	60
	区道路监控网“3·20”三期工程维保和改造项目	武进公安分局	1999.67
	350兆PDT数字集群通信系统维保和增建补盲基站项目	武进公安分局	174.9
	武进滆湖、太湖流域禁捕退捕信息化防控项目	武进公安分局	540
	2023年度移动警务终端采购项目	武进公安分局	298.8
	2023年上半年无线传输执法记录仪采购	武进公安分局	78.56
	农村集体经济组织“一户三权”数字化集成管理	区农业农村局	107
	数字化审计平台	区审计局	85
	区政务服务一体化平台拓展升级	区行政审批局	29.8
	区公共资源交易管理系统升级改造（2023年）	区行政审批局	83
	绿色建筑产业集聚示范区智慧园区平台	武进绿建区	219.58

网络安全和信息化

【网络安全防护】 2023年，区委网信办持续动态更新信息资产备案，注销资产205个，新增资产30个。推进“吾网盾”态势感知服务应用，将全区全量信息资产统一纳入态势感知服务范围，整合分析2019年至2023年全区网络安全相关数据，实时生成全量信息资产网络安全态势画像。常态化开展网络安全全量扫描及渗透测试，累计主动发现漏洞471个，其中高危漏洞155个，全部在第一时间落实整改。依托常州市监测平台，对全区2326个信息资产开展月度监测通报，累计收到市级通报42个次，高危信息资产占全区资产比重为0.95%，网络安全形势整体良好。3月，组织开展“网安2023”武进行动，发现含风险隐患信息资产96个，占资产总数的3.3%；含高危漏洞的信息资产61个，占资产总数的2.1%；首次在行动中未发现信息资产存在 webshell、挖矿病毒等被入侵痕迹，绝大部分信息资产网络安全保障有力，网络安全风险可控。5 月，组织参加“网安 2023”常州行动，被通报 23 个次，通报漏洞资产 11 个，较 2022 年下降 15.4%，成功防守 15 个次，防守基础档获满分，荣获“网安 2023”常州行动表现突出单位称号。8 月，与区人社局协同联动，借助开展首批网络与信息安全管理员培训评价工作的契机，组织区级党政机关、事业单位、国有企业及社会团体的网络安全责任科室负责人开展实训，55 名学员全部通过中级职业技能鉴定。

9 月 27 日，区工信局网络安全专家在为重点企业提供免费的网络安全检测和评估
（供图 / 区工信局）

【省网络安全融合发展试验区建设】 2023 年，区委网信办持续推进试验区建设。印发《关于推进江苏省网络安全教育技术产业融合发展试验区建设的实施意见》，制定教育赋能领航工程、技术创新远航工程及产业发展护航工程等三大建设方向，规划强化网络安全教育创新载体、优化网络安全素养教育模式等实施内容 16 项。聚焦“网络互联、信息安全”两个技能领域，重点建设江苏（武进）技能人才服务产业园网络安全教育实训基地、常州科教城现代工业中心网络互联与信息安全实训基地。江苏（武进）技能人才服务产业园被评为常州市网络安全人才实训基地、常州市数字素养与技能培训基地及常州市网络文明素养实践教育基地。与常州大学、常州工学院等 8 所高校组建全省首个培训评价联合体。2 月，承办第二批江苏省数字乡村试点申报现场调研考察汇报交流会及江苏省数字乡村试点调研暨供需对接交流活动。武进区种植业物联网大数据平台入选常州市首批数字乡村生产经营数字化服务类优秀应用，湖塘镇四世同堂居家养老服务中心的“1+6+N”的居家照护服务平台入选生活数字化服务类优秀应用。江苏中盈高科智能信息股份有限公司的智慧水务一体化工业互联网平台获评数字江苏建设优秀实践成果。苏文电能科技股份有限公司入选首批江苏省“双化协同”服务资源池数字赋能传统产业服务商。武进绿建区的双碳数字孪生园区入选 2023 年江苏省“双化协同”数字产业绿色低碳发展类别典型案例。

（沈　嫣）

【工业网络信息安全管理】 2023 年，区工信局履行工业领域网络安全管理职责，做好工业信息安全相关要求的宣贯落实，全力加强工业领域信息安全防护。积极落实工业信息安全防护星级企业培育和工业互联网企业网络安全分类分级管理，带领专业技术人员走访企业 13 家，通过检测评估、咨询诊断和整改提升等流程，提升企业安全防护能力，帮助企业自评估，实现星级达标或提升。依托全区网络安全宣传周活动，牵头开展工业企业网络安全技能大赛、网络安全宣传周、网络安全检测评估等相关活动，深入重点企业、重点镇村开展广泛宣传，发放网络安全宣传材料 200 余份。组织网络安全专家深入重点工业企业 5 家，开展工业信息安全防护检查和评估检测，以点带面宣传网络安全工作要求。根据省、市网信办对区工业企业网站漏洞扫描结果，累计向 20 家企业发送信息安全评估报告 51 份，督促相关企业进行整改，在规定时间内完成上报。

【空中线缆治理】 2023 年，区工信局为不断提升城市管理常态长效水平和市民获得感幸福感，在前期治理提升取得初步成效的基础上，继续开展全区空中线缆深化治理提升行动，相关责任板块参照区文明城市建设工作指挥部办公室下发的实地考察场所信息表，结合本地实际细化推进，同时对文明城市创建督查发现问题进行联合突击攻坚。各责任运营单位组建区级专项治理队伍，按照行动方案集中协调开展治理任务。除洛阳镇外每个板块集中安排 1 至 2 个月的时间轮流推进治理，确保年内完成全区范围内所有重点区域治理部位的治理提升。区工信局负责实时跟进，每月联系板块不少于一次，统计治理进度并形成专报，负责板块与运营商之间的沟通协调，同时积极对市通报点位进行整改，以便空中线缆治理工作按时高效完成。全区累计确定重点治理点位 175 个，完成目标内治理点位 127 个、目标外治理点位 43 个，完成率 97%。

（焦　蕊）

经济管理

Economic Management

栏目编辑　颜　赶

发展计划管理

【概况】 2023年，区发改局深入贯彻落实“532”发展战略，全面参与“两湖”建设，各项工作取得新成绩。十大产业链完成规上产值2573.17亿元，同比增长27.5%。战略性新兴产业总产值占全区规模以上工业企业总产值比重达53.66%，提高5.91%。向上争取国家、省、市相关资金支持约2.8亿元。进入国家清单项目16个，实际发行债券55.11亿元，申报项目数量、年度需求及实际发行规模均远超往年。获批省级工程研究中心3家、市级工程研究中心8家。获得棉花进口关税配额3600吨。省级信用改革试点有序推进，武进区创新信用管理与服务试点工作实施方案（2023—2025年）稳步落实。发布《武进区“十四五”规划中期评估实施方案》，牵头起草《武进区“532”发展战略2023年重点项目（工作）清单》，制定下发《2023年全区重点项目目标任务分解表》《2023年武进区重大项目单项考核办法》《重大项目招引推进及列统投资完成率考核实施细则》等文件。牵头推进全区重点民生实事项目工作，十大类30个民生实事项目全面完成年度目标。现代服务业主体培育工作获省政府督查激励表彰。武进区连续三年获省政务诚信评价一等次，连续三年入选全省政务诚信创新举措并获得全省推广。

（方丽媛）

【政府投资项目管理】 2023年，区发改局围绕全区中心工作，紧盯目标任务，统筹推进重大政府投资项目，引导和激发社会资本加大投资力度，经济逐步趋稳向好。严格落实《武进区政府投资项目管理办法》，完善管理机制，提高政府投资项目决策管理水平，充分发挥政府投资效益。列入《武进区2023年政府投资项目建设计划》项目154个，总投资266.67亿元，年度计划投资81.3亿元，实际完成投资86.2亿元，完成年度投资计划的106%。申报获批专项债券55.11亿元、中央预算内投资0.518亿元。全年固定资产投资（含常州经开区）较2022年增长8.1%，其中工业投资增长0.6个百分点、服务业投资增长16.6个百分点。

（汤　伟）

4月4日，武进区中央财政支持普惠金融发展示范区建设正式启动

（供图 / 区融媒体中心）

【重点项目推进】 2023年，武进区围绕“两湖”创新区、“新能源之都”首位区建设目标，冲刺“GDP万亿之城”，以昂扬的姿态，拉满重大项目建设“进度条”，获评2023年常州市重大项目招引推进突出贡献单位。进一步贯彻“143”工作机制，坚持“周例会、月通报、季督查”和月度评比活动，加强重大项目全周期服务推进。累计召开重大项目专题推进会20余次，开展重大项目单项考核评比11次，“争当现代化建设标杆”评比活动10次。重大项目入库、投资、开工、竣工均超额完成年度目标，多项指标创历史新高。列入省重大项目8个，居辖市区首位。入库总投资超10亿元重大招引项目12个，完成年度目标的150%，居辖市区首位。市重大新增入库项目31个，项目数居辖市区首位，完成年度目标的124%，完成投资211.8亿元，新开工项目30个，竣工项目12个。区重点新增入库项目238个，完成投资397.8亿元，新开工项目236个，竣工项目225个。

（潘　茹）

表 25

2023 年武进区获批建设市级以上工程研究中心情况表

类　别	平　台　名　称	承　担　单　位	建设地
省级工程研究中心	江苏省全自动动力换挡重型智能拖拉机工程研究中心	江苏常发农业装备股份有限公司	礼嘉镇
	江苏省锂离子电池材料成套装备工程研究中心	常州百利锂电智慧工厂有限公司	西太湖科技产业园
	江苏省药物智造及精准递送工程研究中心	常州大学	常州科教城
市级工程研究中心	常州市全自动动力换挡重型智能拖拉机工程研究中心	江苏常发农业装备股份有限公司	礼嘉镇
	常州市交通工具内饰材料与饰件工程研究中心	旷达汽车饰件系统有限公司	雪堰镇
	常州市配网不停电作业智能化工程研究中心	常州晋陵电力实业有限公司	武进高新区
	常州市智能数字化储能系统技术工程研究中心	苏文电能科技股份有限公司	西太湖科技产业园
	常州市建筑固废资源化利用工程研究中心	江苏绿和环境科技有限公司	武进绿建区
	常州市高端智能气相色谱检测装备工程研究中心	常州磐诺仪器有限公司	西太湖科技产业园
	常州市高质量精密铜材智能制造工程研究中心	常州润来科技有限公司	西太湖科技产业园
	常州市半导体智能装备工程研究中心	常州铭赛机器人科技股份有限公司	常州科教城

【创投工作】 2023 年，武进区新增主营业务中包括“股权投资、创业投资”的创投类企业 184 家、注册资本 42.6 亿元。风险创业投资机构累计 673 家，总资本规模 572.9 亿元。基金纳入“全国政府出资产业投资基金信用信息登记系统”1 家，运行平稳。

（王晓丰）

【现代农业转型升级】 2023 年，武进区国家农村产业融合发展示范园坚持合力打造“以花木产业为主，绿色工业、休闲旅游为辅”的核心产业体系，总体形成“两心、四带、六区”（“两心”指以夏溪花木市场与江南花都产业园为依托的综合服务中心；“四带”指风情园艺产业带、高端盆景产业带、名贵乔木产业带和精品花卉产业带；“六区”指党建红盟培育区、改革试点先导区、产业升级创新区、生态文旅休闲区、新农人才引育区、国际合作探索区）的产业布局，构建“以农为核、以工带农、以旅兴农”的发展新格局。园区立足自身优势、依托特色产业、整合优化三产融合发展要素，夯实三产融合发展路径，不断提升花木产业的价值创造能力，以三产融合发展推动经济高质量发展。深化农村公共基础设施管护机制落实，深入贯彻落实《武进区关于深化农村公共基础设施管护体制改革的工作方案》，组织对全区部分行业农村公共基础设施管护情况进行专项督导，详细了解各行业类别公共基础设施的管护责任、管护机制，确保全区农村公共基础设施管护机制建立健全并管护到位。

【现代服务业转型升级】 2023 年，武进区贯彻落实“532”发展战略，突出重点、强化措施、狠抓落实，全区现代服务业量质齐升，实现服务业增加值 1054.15 亿元，可比价增长 6.1%，占地区生产总值比重的 47.07%，较 2022 年提升 0.27 个百分点。全区实现社会消费品零售总额 794.05 亿元。加快重点项目建设，常州医药产业创新中心、常州海晨新能源汽车供应链物流基地项目入选省服务业重点项目清单。加强服务业龙头企业培育，常州天正工业发展股份有限公司、征图新视（江苏）科技股份有限公司获省级现代服务业高质量发展第二批领军企业认定。常州华阳检验检测技术有限公司等 3 家企业被认定为市级现代服务业高质量发展领军企业。江苏恒泰华洋医药有限公司入选市级区域性内资总部企业。万帮数字能源股份有限公司等 17 家现代服务业企业被授予 2023 年度常州市星级企业称号，其中江苏江南农村商业银行股份有限公司被授予特别重大贡献奖。“两业”（先进制造业和现代服务业）融合发展再上新台阶，柳工常州机械有限公司等 2 家企业认定为省级现代服务业高质量发展第三批两业融合试点。江苏华丽智能科技股份有限公司等 5 家企业被认定为市级两业融合标杆企业。服务业人才培育有突破，苏文电能科技股份有限公司董事长施小波获第六届江苏服务业专业人才特别贡献奖、江苏省人民政府表彰。

（曹丽娜）

【特色小镇建设】 6 月 28 日，第八次全省特色小镇建设工作推进会暨第一批省级特色小镇授牌仪式在南京举行，常州石墨烯小镇获第一批省级特色小镇授牌。小镇坚持聚力特色主导产业、促进产城人文融合、突出小镇功能优势，取得阶段成效。聚焦石墨烯在新能源、集成电路、人工智能、生物医药等领域的突破性应用项目，拓展园区石墨烯产业高端应用。扩大小镇品牌影响力，参加世界石墨烯大会并作专题展示，举办江苏省石墨烯知名企业品牌产品发布会暨常州市石墨烯产业知识产权保护联盟成立大会等多场行业专题活动。

【社会信用体系建设】 2023 年，区发改部门编制《常州市武进区创新信用管理与服务试点工作实施方案（2023—2025 年）》，确定实施信用信息平台提升工程、信用助企纾困解难工程、信用赋能企业发展工程、信用助力“两湖”创新区工程、行业信用管理创新工程、“信易＋”场景拓展工程 6 大便企工程、29 项重点任务。武进区信用监测排名位于辖市区第一，两项政务诚信创新举措入选全省政务诚信创新举措并获得全省推广，数量位居全省县（市、区）第二、全市第一。持续深化信用建设试点“2+N”（“2”指地区试点＋行业试点，“N”指一批试点单位）品牌，确定"'信用网格'助力营商环境持续优化"试点等12个试点作为全区第三批信用建设试点。组织召开信用助企专项行动启动会，围绕优化"信易贷"服务，做好"信易贷"综合金融服务平台注册工作，新增注册用户2695家，累计注册用户22651家。持续深化信用修复小班化模式，一对一信用修复辅导服务，实现修复材料现场审核、现场修改、现场提交，提高企业信用修复通过率，举办企业信用修复培训班14场，参会企业超500家。

（唐君韬）

【融入长三角一体化发展】 2023年，区发改部门起草并发布《武进区推动长江经济带发展2023年度目标任务清单》《武进区推进长三角一体化发展2023年工作要点》并牵头推进落实。推进长三角一体化发展重大项目32个，列入长三角一体化发展重大项目库（国家库）项目3个、江苏省推进长三角一体化发展重大项目库项目3个、常州市推进长三角一体化发展重大平台项目21个，整体项目进展顺利。推动长江经济带发展64项任务稳步推进。

（潘冬兰）

财　政

【概况】 2023年，区财政局坚持稳字当头、稳中求进，准确把握"积极的财政政策要加力提效"总要求，统筹好发展和安全两件大事，运用好监督与绩效两个抓手，聚力聚焦重点领域发展，兜实兜牢"三保"（保基本民生、保工资、保运转）底线，为武进深入落实全市"532"发展战略作出财政贡献。全区（含常州经开区）完成一般公共预算收入216.31亿元，比2022年实绩增收12.38亿元，同比增长6.07%。其中，税收收入完成190.05亿元，增长12.75%，占比87.86%；非税收入完成26.26亿元，下降25.76%。全区实现政府性基金收入368.42亿元、国有资本经营预算收入3.2亿元、社会保险基金收入21.81亿元。全区一般公共预算支出227.71亿元，同比增长9.76%。完成政府性基金支出456.44亿元、国有资本经营预算支出1.8亿元、社会保险基金支出21.70亿元。全年预算收支平衡。梳理排查廉政风险点66个，制定防控措施，将权力关进制度的"笼子"。与财政部江苏监管局监管三处党支部、农业银行常州武进支行公司金融部党支部、交通银行常州武进支行党支部等开展党建结对共建活动，构建"上下联动，左右协同，内外互动"的党建新格局。筑牢意识形态阵地，《老党员迸发"新"动能》《"党建+"提供"新算法"，化"财力"为发展动力》被"学习强国"江苏学习平台录用。离退休干部党支部组织开展的"学思践悟二十大，银发先锋在行动"主题党日活动被市委老干部局、市委离退休干部工委评为"十佳案例"，"潮起'财'扬帆、青春'政'当时"书记项目获评2023年度武进区"优秀书记项目"。区财政局获评"创新创优工作"奖等区级荣誉4项。

【增收节支】 2023年，区财政局抢抓三年疫情防控转段后经济恢复发展的机遇，严格执行收入联席会议和镇、开发区收入分析会议制度，密切关注并积极应对减税降费等因素对收入的影响，继续深化完善财税大数据平台，精准进行数据分析，严防跑冒滴漏，实现应收尽收。起草《常州市武进区人民政府关于调整镇（开发区）财政管理体制的通知》，制定实施细则，立足区情实际，调整优化镇（开发区）财政管理体制，调动各地收入组织积极性。积极应对土地市场低迷现状，深挖核心区域优质地块，提高地块吸引力，全年（含常州经开区）入库土地出让金372.50亿元。主动研究政策红利，加大项目资金争取力度，争取到账各类上级资金33.7亿元。加快资产资源资金盘活速度，取得资产处置收入6.44亿元，盘活存量资金2.84亿元。印发《武进区本级财政专户资金存放管理暂行办法》，继续落实财政资金存款招标制度，实行临时闲置资金竞争性存放，有效提升存量资金收益。严格贯彻落实"过紧日子"十条举措要求，严控一般性支出和"三公"经费预算，在保障部门正常运转所需资金的前提下，根据事业发展重心和轻重缓急，归并零星分散、内容交叉的项目，压减一般性支出及非急需、非必须项目支出1.7亿元。紧扣"急需、必须"原则，严格政府投资项目财政承受能力论证和估概算审核。依托预算一体化系统，对"三公"经费、25类专款资金实施监控预警，实现"无预算不列支、有预算不超支"。分析支出需求，调整支出结构，优化支出次序，将有限的财政资金用到"刀刃"上。

【财政支持地区经济发展】 2023年，区财政局围绕"532"发展战略和创新驱动高质量发展要求，参与制定《武进区加快构建新能源汽车零部件产业生态工作方案》《关于加快2023年度"四上企业"培育增强经济发展后劲的通知》《关于支持武进区氢能产业发展的若干措施》《武进区加快推动氢能产业发展的实施意见》《关于支持集成电路产业发展若干政策》，凝聚创新发展新动力；参与制定《关于促进全区律师行业高质量发展的若干意见（试行）》，为武进打造市场化、法治化、国际化营商环境标杆城市服务，支持现代服务发展壮大。兑付区、镇两级产业奖励政策资金21亿元（含常州经开区），有效支持转型原有传统产业、做强现有优势产业、打造未来支柱产业。其中，12月下拨全区首笔智改数转项目奖补资金394.7万元。利用产业母基金、蒲公英、新武创等基金撬动资源要素集聚、产业链汇聚。探索"基金+基地+城市"发展模式，落实"招投联动"，优化产业布局。进一步细化中央财政支持普惠金融发展示范区奖补资金使用方向，设立产品风险资金池，参与制定《武进区"领航保Ⅲ"专项融资产品实施方案》《武进区"领航保Ⅳ"专项融资产品实施方案》；落实外汇衍生品"首办户"专项扶持资金，最大程度将普惠金融发展示范区政策优势转化为发展胜势。参与制定全区首个新能源产业高层次人才引进专项政策《武进区新能源产业高层次人才引进政策（试行）》，落实各类人才引培、就业创业扶持经费1.45亿元，实现高层次人才+高技能人才"双翼齐飞"。推进"政采贷"业务扩面增量，推出"中标贷"标准化产品，充分助企、利企、惠企；在政府采购10大类28小类中率先推广数字人民币应用，用数字人民币高安全性、低成本和支付即结算、可控匿名、依法可溯等优势提升政府采购服务交易主体的效率。

【财政支持社会民生事业发展】 2023年，区财政局坚持将财政发展成果最大限度惠及民生，支持民生品牌从“十个吾有”向“十个吾优”升级蝶变，全年一般公共预算支出投入民生方向超76%。

及时调高社保补贴待遇，增强社保兜底能力；大力支持普惠托育、好孕行动、HPV疫苗免费接种等惠民新政落实，实施积极生育支持和健康服务措施；支持推进老年人助餐服务体系、“残疾人之家”建设，完善严重精神障碍患者监护、养老服务奖补政策，高度关注弱势群体。筹措资金，及时足额发放社保资金21.81亿元，将兜牢兜实民生保障底线。

兑付新冠疫情专项防控经费2.11亿元，常态化保障人民群众生命健康安全。支持武进人民医院南院二期建设、村级医疗卫生机构提档升级有序推进，扩容医疗资源。兑付医共体、公立医院综合改革、基层卫生院基本药物改革和设备补助2.03亿元，落实基本公共卫生、基层卫生骨干人才、大学生村医补助等经费1.33亿元，有效缓解群众看病难、看病贵问题。筹措年度项目建设资金4.3亿元，研究民建公办、项目租赁等多元化投入保障机制，接续推进教育新一轮三年行动计划。安排新市民学校整治工作经费1700万元，筹措公办义务教育学位购买资金3898万元，推进教育资源均衡供给。安排文化事业、文化产业资金588万元，专项安排锡剧团补助经费827万元，推进文化建设上台阶。安排体育产业发展引导资金、体育社团协会购买服务资金及全民健身中心、群众体育设施器材购置经费1158万元，支

2023年武进区财政收入情况表

表26

收入项目	金额（万元）	比2022年（±%）	收入项目	金额（万元）	比2022年（±%）
一、一般公共预算收入	2163106	6.07	契税	159471	−18.29
（一）税收收入	1900453	12.75	环境保护税	6812	−9.44
增值税	911619	31.35	其他税收收入	33	−8.33
企业所得税	287403	−5.86	（二）非税收入	262653	−25.76
个人所得税	117144	11.77	专项收入	116287	34.77
资源税	—	—	行政事业性收费收入	35646	−57.96
城市维护建设税	134513	38.70	罚没收入	29768	−14.24
房产税	96264	6.29	国有资源（资产）有偿使用收入	79769	−43.22
印花税	51136	66.57	其他收入	1182	−86.12
城镇土地使用税	56338	−3.51	二、政府性基金收入	3684195	−1.71
土地增值税	59711	10.57	三、国有资本经营预算收入	32000	60.00
车船税	14262	−2.34	四、社会保险基金收入	218140	6.32
耕地占用税	5747	6.13			

2023年武进区财政支出情况表

表27

支出项目	金额（万元）	比2022年（±%）	支出项目	金额（万元）	比2022年（±%）
一、一般公共预算支出	2277112	9.76	商业服务业等支出	12225	−20.78
一般公共服务支出	183546	8.61	金融支出	6353	327.24
国防支出	17260	457.67	援助其他地区支出	12597	0.00
公共安全支出	112061	−11.59	自然资源海洋气象等支出	13809	−52.44
教育支出	429020	11.11	住房保障支出	83993	−3.51
科学技术支出	130948	1.96	粮油物资储备支出	1365	−8.20
文化旅游体育与传媒支出	18453	21.55	灾害防治及应急管理支出	10978	21.10
社会保障和就业支出	306391	20.59	预备费	—	—
卫生健康支出	192991	−5.71	其他支出	3293	217.86
节能环保支出	101996	0.66	债务付息支出	25911	4.18
城乡社区支出	336777	22.69	债务发行费用支出	84	−5.62
农林水支出	128972	4.08	二、政府性基金支出	4564364	15.94
交通运输支出	36191	10.60	三、国有资本经营预算支出	17997	114.45
资源勘探工业信息等支出	111898	53.95	四、社会保险基金支出	217015	12.39

持完善公共体育服务体系建设。

推进环保税征收走深走实，完善与减污降碳成效挂钩的财政政策，推行多元化生态保护补偿措施，发挥财税政策在保护环境上的独特作用。安排水、气、土污染防治、减煤减化等各类生态环境资金16.86亿元，支持新一轮太湖综合治理“1+8”三年行动计划等专项行动多维铺开、多点见效。安排安全生产专项资金500万元，配合完成全市安全生产专项整治三年行动监督检查，紧抓代理记账机构及国有企业行业安全生产工作不松懈，支持保障升级版技防工程支出。安排粮食专项资金1400万元，配合完成收购轮换和库存检查工作，筑牢公众安全屏障。

【财政支持乡村振兴】 2023年，区财政局安排农村水利设施建设管护专项资金1.1亿元，支持高标准农田建设1156万元，大力推广生物农药、有机肥、特色农机具等使用，做好“两废”回收，培育和打响武进农产品品牌。健全完善政策性农业保险制度，发挥其基础保障作用。落实保费补贴政策，充分发挥江苏省农业融资担保有限责任公司常州分公司在农业领域的金融资源“引流”作用，拨付生态保护补偿、耕地地力保护等涉农补贴3678万元；调整耕地地力保护补贴范围，将占用永久基本农田种植苗木以及擅自转为林地、园地的耕地剔除出补贴范围，促进农业可持续发展、保障农民权益。及时拨付“一事一议”市、区两级财政奖补资金2615万元，撬动95个项目4926万元投资，用财政“小投入”撬动村级公益事业“大建设”。认真研究谋划，积极对上争取，武进入选2023年省级农村综合性改革试点试验项目名单，拉开新一轮农村改革试点试验序幕；制定《武进区省级农村综合性改革试点试验资金管理办法（暂行）》进一步规范省级农村综合性改革试点试验资金管理，充分发挥资金使用效益。制定《武进区农村住房条件改善专项行动奖补资金管理实施细则》，进一步加强农村住房条件改善专项行动省级奖补资金管理，提高资金使用效益，支持农村住房条件改善。

【深化财政管理改革】 2023年，区财政局压实主体责任，紧盯化债目标，落实化债举措，确保存量政府隐性债务有序、稳妥、合规化解，牢牢守住不发生系统性债务风险的底线。扩大优质债券项目储备，全力向上争取债券资金，新增到账一般债券0.6亿元，新增专项债券94.49亿元，占常州全市新增总额35%，排名第1；争取置换债券27.28亿元，压降平均融资成本1.8个百分点。加大债券拨付使用力度，保障重点项目领域尽快形成更多实物工作量。高质量完成新债务系统上线工作，实现债务系统多线并行，夯实债务管理基础。起草制定《常州市武进区行政事业性国有资产管理办法》，制定出台《常州市武进区国有资产处置管理办法》《常州市武进区国有资产出租出借管理办法》，对国有资产配置、使用、处置及其预算管理等全过程行为进行规范，完善国有资产保值增值制度体系。根据省、市相关文件精神，出台《常州市武进区进一步盘活行政事业性国有资产工作实施方案》，梳理出全区动产12.92万平方米。积极配合区纪委监委联合开展专项排查，对2020年至2023年2月，全区各级国有企业（含国有独资及控股企业），区各行政事业单位、各镇（开发区、街道）及下属各部门拥有或受托管理（包括租期内及已到期）的不动产（承租人为机关事业单位的除外）出租出借情况深入排查，发现在制度建设、权力运行、廉洁履职等方面存在的薄弱环节。对建立健全长效监管机制，有效提升全区国有不动产管理规范化、精细化水平起到积极的推进作用。

督促各镇完成预决算线上公开改革，上线镇级财政预算管理一体化系统，建成预算管理一体化和财政数据大集中完整体系。区级主动先学到区、镇互鉴互学，吃透弄懂新要求，自1月1日起，执行新的总会计制度，按照财务会计和预算会计双分录双功能要求进行账务核算。将罚没收入、公益事业捐赠、社会团体会费开票纳入电子票据改革范围，实现财政电子票据全领域覆盖。持续完善预算资金绩效管理机制，抓住重点，兼顾全面，年内对19个项目、4个行政部门及2个基层政府财政运行综合绩效进行重点评价，加强评价结果运用，不断提高财政绩效评价的权威性。聚焦财税法规、会计信息质量和国企虚假贸易等关键领域，紧盯传统节假日等关键时点，靶向实施财政监管，更好发挥财政监督服务职能。制定《特邀财会监督员管理办法》，创新设立特邀财会监督员，充实财会监督力量。指导前黄、湟里分局创成2023年度常州市规范化基层财政所，提升基层财政综合管理能力和服务水平。

【完成国企改革三年行动计划】 2023年，区财政局紧抓国企改革三年收官的关键节点，加快推进各项改革任务收尾，为三年改革画下句号。起草制定《武进区国有企业投资监督管理办法》，规范全区国有企业投资管理行为，防范投资风险，提升投资绩效。依据国务院国资委《国有企业参股管理暂行办法》，督促企业加强投后跟踪监测和风险管控，维护国有资产安全。严格执行国企投资项目备案制，严控融资成本及规模，遏制企业盲目投资冲动。打造“区级集团＋乡镇”“开发区国企＋园区”互惠共赢模式，充分发挥不同主体资源禀赋优势。完成壹山藏传媒（江苏）有限公司混改工作，加快推进常州新科汽车电子有限公司混改，对混改进行全过程监督。指导江苏绿和环境科技有限公司申报并成功列入江苏省全面参照“科改企业”做法实施综合改革企业名单，推动企业转型升级和高质量发展。支持加强重点后备国有企业上市培育，结合集团战略规划，探索对外并购业务。指导区属企业进一步修订完善“三重一大”决策制度（重大事项决策、重要干部任免、重要项目安排、大额资金的使用，必须经集体讨论做出决定的制度），制定《武进区国有企业公司章程制定管理办法》，进一步规范国有公司章程制订、修改、审核等行为，优化公司组织架构，支持外部董事开展工作，落实工资总额管理，持续推行经理层成员任期制和契约化管理，全面建立健全现代企业制度。将财务预算与业务预算、融资预算、投资预算等全面结合，坚持全面预算管理。加强财务报表管控，做好财务数据分析，时刻关注国企资金流情况，发挥“易融通”平台作用，全面提升国企风险防范水平。

（陈　丹）

税　务

【概况】 2023年，区税务局紧紧围绕地方新经济新业态，立足税收主责主业，发挥税收职能，全面服务地方经济发展大局。全区（含武进高新区、不含常州经开区）组织完成税费收入714.32亿元、同比增长15.7%。其中，税收收入286.04亿元，增长20.5%；非税收入290.84亿元，增长16.0%；社保费收入135.63亿元，增长6.6%；减免税费48.6亿元。充分发挥以税资政作用，向区委、区政府报送分析文章30余篇，获主要领导批示肯定8篇次，其中1篇表扬性批示获总局《每日动态》录用。

【税费征管】 2023年，武进区成立深化税收征管改革暨税费征管保障工作领导小组，出台《武进区税费征管保障工作意见（试行）》并在全区施行。认真落实上级"三个中心"工作要求，初步建成税费服务运营中心、税务监管运营中心、智慧税务产品运营团队。持续做好征管改革中期评估迎评准备，评估成绩位居全市税务系统前列。成立发票电子化改革（金税四期）推广工作领导小组及其办公室，稳步推广上线数字化电子发票。有序推进属地税源管理机构和专业税源管理机构职责优化试点工作，各分局职责进一步明晰。

货劳税方面 做强增值税发票管理，对13个发票代开点进行半年度监督检查。加强监管，定期分析，聚焦发票管理领域各类高频事项，开展复核工作。开展优惠政策落实疑点数据核实，根据退税规模开展分级预审，不断加快退税审核进度。加强重点行业管理，对机动车、成品油企业区分经营方式实施分类管理。根据优化全区出口退（免）税职责调整要求，设立专职出口退（免）税管理岗，统筹抓好出口退（免）税日常工作及业务监管。

财行税方面 按季对土地增值税未清算项目进行评估，审结土地增值税清算审核项目15个。建立存量房价格观测点65个，持续做好存量房基准价格数据维护。回应三峡移民诉求，为2户三峡移民办理第一次购房契税优惠2.4万元。开展房产交易税源链式管理，完成房土税源采集693笔。与武进自然资源和规划分局等五部门召开联席会议，建立武进区耕地占用税部门协作和信息交换工作机制，进一步提高耕地占用税征管水平。持续做好城建税、印花税、车船税等税种的征收和管理。

所得税方面 有序推进企业所得税汇缴，2022年度企业所得税汇缴申报率99.5%。制定"四分引导"方案，组建网格化管理团队，及时引导纳税人分类分批办理个人所得税综合所得年度汇算。2022年度个人所得税经营所得汇缴申报率93.5%、综合所得汇算申报率95.8%，实现个人所得税补税办结率、退税办结率和综合所得扣缴申报疑点数据核实率、处理率四个100%。继续推行个人股权转让"税收前置"制度，加强自然人股权转让收入的核定和台账管理，审核自然人股权转让2056户。

社保费和非税方面 建立区财政、人社、医保等多部门协调机制，稳妥推进社会保险费社保缴纳流程优化调整工作。成立"区级＋乡镇"两级"1+9"社保费征缴争议调解处理中心，累计处理征缴争议175起。落实阶段性降低职工基本医疗保险单位缴费费率、失业保险、工伤保险费率，产教融合型试点企业附加费抵免等优惠政策。

【风险管理】 2023年，区税务局强化税收大数据驱动能效，稳步推进数据和风险管理工作。建立内部风险常态化智能化防控工作新机制，自主开展风险排查，新增风险点10个。编制2023年税务监管工作计划，确定两类事项列入区局年度监管计划。在区局层面组建三类实体化团队，规范应对流程及文书模板，全面提升风险管理任务质量管控能力建设。强化风险管理任务统筹与扎口管理，建立协调联动机制，有效避免多次下户、多头执法。完善数据保障机制，开发本地化特色数据产品10项。落实涉税信息共享交换机制，完成武进地区涉税数据共享目录编制，制定外部涉税数据的增值应用计划，主动采集重点群体等四类信息5200条。

【税收执法】 2023年，区税务局深入推进税收法治化建设，不断提升依法治税水平。制定和发布重点领域涉企常用行政处罚行政裁量标准和免罚清单，统一全区执行口径，规范行使处罚裁量权。严格落实"三项制度"（行政执法公示制度、执法全过程记录制度、重大执法决定法制审核制度），健全法制审核工作机制，审核重大执法决定4户。落实长三角"首违不罚"、税务证明事项告知承诺制等，持续推行说理式、非强制性执法，切实维护纳税人缴费人合法权益。稳步推进破产处置和公益清算，完成破产企业债权申报95户。会同区检察院与会计事务所等相关部门就2户违法企业进行现场合规性审查，取得涉案企业、检察院、税务部门三方共赢的良好局面。联合区法院就建立和完善联席会议、涉税信息共享、非诉行政案件的强制执行等7个方面协调联动机制开展会商，持续健全完善税费协同共治体系。

【纳税服务】 2023年，区税务局推进税费服务高质量发展，为全区打造一流营商环境贡献税务力量。召开政企税座谈会5次，收集意见建议50条并逐一进行反馈督办，有关做法被总局《每日动态》及《江苏税务简报》采用。全面落实"便民办税春风行动"各项措施，持续引导线上业务办理，非接触式办税比例提高至97.8%，区局"江苏税务"App业务办理量居全市第1、用户活跃度居全市第3。开展2023年纳税人缴费人需求征集、税费服务体验师活动各2次，深入走访调研新能源企业22户，对纳税人缴费人合理诉求均当场答复或会后点对点回复。持续完善办税服务运行机制，建立办税服务厅点综合协调机制，有效解决纳税人多次跑、多头跑的情况。推广办税辅导新模式，推动办税缴费从传统"面对面"窗口办理方式向"肩并肩"个性化精细辅导服务转变。持续做好流程优化，即办注销、一般注销、跨区迁移时长进一步降低。推广征纳互动服务，累计实现智能应答1.5万次。进一步加强与地方银行沟通协调，配合各银行发放"银税互动"贷款12.6亿元。持续做好纳税信用评价、调整等工作，完成纳税信用评价4.9万户、补复评及修复31户。

（王 嘉 毛浩宇）

土地资源管理

【概况】 2023年，区自然资源和规划部门坚持以习近平生态文明思想为指引，深入贯彻落实习近平总书记对耕地保护的重要指示批示精神，以强化耕地保护责任为核心，以保护耕地资源、保障国家粮食安全为目标，着力加强耕地数量、质量、生态“三位一体”保护和耕地管控、建设、激励多措并举保护，全面推行“护田员”保护制度，切实抓好粮食安全这个“国之大者”。坚持底线思维，以最严格的态度、机制和措施落实最严格的耕地保护制度，迎接耕地保护和粮食安全责任“首考”。以“长牙齿”的硬措施落实最严格的耕地保护制度，编制完成《武进区2023年耕地“进出平衡”总体方案》，全区2023年度“进出平衡”转出面积8.08公顷；转进项目6个，计划新增耕地30.90公顷。有力推进耕地和永久基本农田划定核实处置，有序开展耕地保护示范区建设。持续加大土地整治力度，排查整改2019年以来占补复垦项目110个，总面积270.73公顷。耕地占补平衡、耕地保护督察问题整改、超标准建设廊道绿化问题专项排查整改等专项工作推进有力有序。制定出台《关于优化耕地占补平衡和城乡建设用地增减挂钩工作的通知》，有效提升乡镇开展土地复垦工作的积极性；立项入库占补平衡项目48个，总规模93.42公顷，通过验收的2022年入库项目产生占补指标27.05公顷。坚持生态优先，创新推进“林长制”，完成新增造林26.96公顷，新建省级绿美村庄4个，提升省级绿美村庄3个，全区林木覆盖率达26.58%。完成湿地修复33.33公顷，新增保护面积886.67公顷；编制完成《常州市武进区生态湿地保护与修复总体规划（2023—2035年）》。区住建部门围绕“两湖”创新区建设总任务，统筹推动土地资源经营及管理。推进片区开发，制定武进区三年经营性土地储备计划，完成20宗、1177亩经营性土地挂牌公告，完成长沟河西片区综合开发实施方案及相关综合开发协议，制定淹南片区配套设施建设方案。武进区2023年获得市级耕地保护通报表扬；雪堰镇获评2023年“省级耕地保护激励单位”。武进区获评“2023年度江苏省土地执法先进县（市、区）”。

（常文涛　徐亚芬）

【要素保障】 2023年，区自然资源和规划部门全力服务高质量发展大局，扎实推进行政审批制度改革，贯彻落实优化营商环境任务。全区在库省、市、区重大项目392个，完成用地保障376个，占比95.9%，其中完成规划许可手续办理370个，占比98.4%，保障各类重大项目用地1161.27公顷（其中新增供地203.4公顷）。常州豪森新能源汽车智能生产线项目、常州先诺高性能聚酰亚胺纤维研发及产业化项目、常州海晨新能源汽车供应链物流基地项目等12个省、市级重大项目实现“拿地即开工”。土地市场经营有序。完成国有工业建设用地出让39宗，面积214.33公顷，金额16.67亿元；完成划拨供地70宗，面积364.87公顷；完成经营性用地供应18宗，面积73.87公顷，形成经营性用地出让金收入105亿元，助力化解政府债务。编制报批22个片区土地征收成片开发方案，总面积886.67公顷。使用2023年度用地计划征地报批34个批次（项目），面积272.03公顷（其中农用地196.95公顷），新增建设用地208.61公顷；已组件在批待批并安排计划26个批次（项目），面积147.2公顷，新增建设用地131.33公顷（含增减挂钩实施方案类）。完成建设项目使用林地审批38个批次，面积60.73公顷；完成林地临时使用审批16个批次，面积13.73公顷。

【农村集体经营性建设用地入市改革】 3月1日，武进区入选全国深化农村集体经营性建设用地入市试点地区，区自然资源和规划部门加快制定入市前使用权确权登记流程，打通新一轮试点制度障碍。围绕强化国土空间规划约束和用途管制、合理确定土地用途和用地方式、健全完善收益分配机制等国家试点八个方面，全面探索农村集体经营性建设用地使用权权能实现形式，重点探索入市收益分配机制和保障性租赁住房建设。根据明晰所有权、统一利益分配的原则，统筹全区范围内国有与集体用地的利益分配方案，消除入市与征收、经营性与非经营性差异。探索利用入市土地建设保障性租赁住房并纳入年度住宅用地供应计划，考虑职住平衡等因素，合理解决新市民、青年人等群体的住房困难问题。全区完成农村集体经营性建设用地入市8宗、农村集体经营性建设用地使用权作价入股1宗。

【执法监察】 2023年，区自然资源和规划部门以“零容忍”的态度强化执法监察，狠抓督查落实，土地执法监察和自然资源保护职能作用有效发挥。处置违法线索17宗，面积6.51公顷，函告地方政府和相关职能部门45份，完成信访答复32宗，立案查处3宗。大力开展“违法违规用地百日攻坚行动”，紧盯“清存量、零增量”目标任务，核查部、省两级卫片540批次，图斑1100个，面积1227.86公顷，发现违法用地5宗，其中整改到位2宗，进入立案程序2宗；至年底，整改中1宗。复垦到期临时用地183宗，面积406.4公顷；处置“非农化”“非粮化”问题图斑75宗，面积15.70公顷。常态化开展农村乱占耕地建房问题专项整治和自然资源领域扫黑除恶斗争，配合抓好群租房安全管理“清患安居”行动、大棚房清理整治等一系

7月21日，洛凯机电公司在征地过程中探索留股安置保障

（供图/武进自然资源和规划分局）

列专项整治工作。武进区获评2023年度江苏省土地执法先进县（市、区）。

【审批改革】 2023年，区自然资源和规划部门持续深化审批制度改革。在全省率先推行工业项目“用地清单制”供应，大幅度提高项目审批效率和土地管理效率。进一步优化审批流程，推行规划许可告知承诺制、“多审合一”、带方案出让、拿地即开工等改革举措，豪森、先诺、理想三基地等12个项目实现“拿地即开工”。继续深化三级服务体系建设，实现项目审批“就近办、方便办”，打通重大项目服务“最后一公里”；深化“不见面审批”改革，依托“江苏政务服务网”“五全五化”电子政务综合系统等平台，实现网上报建、窗口在线接件和内网在线审批，“五全五化”在线运行项目1700余个。核发“一书三证”300份，其中用地预审与选址意见书72份，用地面积350公顷；建设用地规划许可证70份，面积345公顷；建设工程规划许可证154份，建筑面积550万平方米；道路、管线、河道长度20万米；乡村建设规划许可证4份，建筑面积4万平方米。

【规划技术保障】 2023年，区自然资源和规划部门稳步开展各类技术保障工作，推进“2022—2024年武进区城市国土空间监测实施”，完成国土空间监测空间信息细化与补充年度变更。推进武进区自然资源和规划“一张图”建设及自然资源和规划综合数据库数据更新，制作发布武进区电子影像地图。做好2023年度“天地图·武进”数据更新与维护，高效开展规划信息技术保障及各类支撑服务，稳步推进2023年度土地年租金和工业用地更新调查和常州市“一网统管”城市运行一张图三维数据建设。推进自然资源武进区卫星应用技术分中心建设、武进区“星地一体”自然资源监测监管体系建设实施。武进区获评江苏“自然资源遥感智能解译样本及光谱数据库建设关键技术研究及应用”示范区。

（常文涛）

市场监督管理

【概况】 2023年，区市场监督管理局围绕“新能源之都”首位区和“两湖”创新区主阵地工作总目标，深化作风和效能改革，实现市场监管任务和服务高质量发展“两不误、两促进”的预期目标。深化商事制度改革，营商环境不断优化，发出全市首张“同城通办”的外资分公司营业执照以及全市首张新公约在我国生效后外资营业执照。开展妨碍统一市场和公平竞争政策措施清理，率先在全省将工程项目类招投标纳入公平竞争审查，不断完善公平竞争审查抽查、举报、问责、约谈等工作机制，审查增量文件38件，主动废止修订政策文件3件，受理企业投诉1件。截至12月，全区有药品零售企业626家、医疗器械经营企业1076家、餐饮服务单位11981个、食品生产企业176家、在用特种设备58440台（套）。“质量强区”战略深入推进，获市长质量奖企业1家、市长质量奖提名奖企业2家。获认定省质量信用企业AAA级5家、AA级4家。获2023年第一批“江苏精品”认证企业7家，数量位居常州市第一。“知识产权强区”再上新台阶，截至12月，全区万人有效发明专利达91件，获第二十四届中国专利优秀奖专利3件；申请商标8261件，注册5678件，有效注册量60599件，三项数据均排全市第一，分别占全市的29.75%、31.41%、32.61%，有效商标注册量在全省县（市、区）中排第五。通过省知识产权局第二批企业知识产权管理贯标绩效评价企业46家，入选全国首批“千企百城”商标品牌价值提升行动品牌4个，数量均为全市第一。2022年度企业年报率为97.4%，取得近八年来年报率的最高成绩。发挥“双随机、一公开”监管联席会议办公室协调作用，全区30个成员单位100%完成检查事项清单的认领工作，均参与或制定跨部门双随机任务，部门联合抽查数量占比43.34%。消费环境持续改善，消费复苏信心提振，开展以“提振消费信心”为主题的“3·15”权益日宣传活动。联合武进吾悦广场举办“3·15”消费者权益日活动暨“春风购物节”推广启动仪式。推进常州长虹大润发商业有限公司等线下7天无理由退货承诺单位工作，发展引导无理由退货承诺单位2000家。培育、辅导申报市放心消费创建先进主体56家，省级示范7家。指导3个市级美丽乡村放心消费示范点出台放心消费创建一村一案，提振乡村消费信心。深入实施民生工程，聚焦群众急难愁盼问题，

表28　2023年期末武进区市场监管领域基本情况表

类别		数量
市场主体（户、家）	市场主体总数	210697
	个体工商户	139082
	企业（除外资）登记（户）	70114
	外资企业	1020
	农民专业合作社	481
质量品牌（件）	中国驰名商标	36
	有效注册商标（含常州经开区）	59383
	万人有效发明专利	91
	区长质量奖	26
	市长质量奖	12
	省长质量奖	2
餐饮食品（户）	餐饮服务单位	11981
	食品生产企业	176
	食品经营单位	8407
药品器械（户、家）	药品经营单位	626
	医疗器械经营单位	1076
特种设备台（套）	特种设备	58440

开展“衣食无忧，住行无虑”专项行动，得到广大武进市民的赞誉和认可。对校服和学生床上用品监督抽查。完成8960批次食品抽检，抽检合格率97.11%。完成300台（套）老旧小区完成电梯加装物联网设备，进一步提升电梯安全管理水平。发挥计量保障作用，对全区244台出租车计价器和2730把加油枪实行检定。徐科获总局第二届全国12315技能大比武决赛个人特别奖，执法大队获评全省药品安全专项整治行动先进集体。牵头开展的全区“双随机、一公开”监管工作受到市局联席会议办公室来信表扬。全局标准化规范化工作获市委常委、区委书记乔俊杰批示肯定，为企业纾困解难获得区委副书记、区长恽淇丞批示表扬，党委和政务信息工作受到市市场监管局和区两办发文表扬；推送的作品《奋斗》在第四届全国市场监管微电影微视频微动漫优秀作品展中荣获年度钻石作品，全市唯一。武进区连续三年被省政府列为知识产权工作督查激励单位。

【外资登记】 2023年，武进区深入贯彻落实“532”发展战略，推动“两湖”创新区建设，以打造“一园一城一示范”、勇当“新能源之都”首位区为着力点，深化“放管服”改革，优化营商环境，扎实推进高新技术企业培育工作，涌现出一批具有较强竞争力的高成长创新型外资企业。至年底，新增外资经营主体68家，总量保持稳步上升，新增数为全市第一。其中，新增外资企业法人47家，同比减少11.3%；新增外资分支机构21家，同比减少19.2%。外资企业新增注册资本21.4亿元人民币，同比增长8.2亿人民币，增长62.1%。各板块外资经营主体发展差距进一步拉大，两极分化明显。新增外资经营主体数排名前三的分别是武进高新区、西太湖科技产业园、湖塘镇，注册新设经营主体共57家，占新设外资经营主体总数的83.3%。新设外资经营主体排名前五的行业分别为科学研究和技术服务业、租赁和商务服务业、住宿和餐饮业、批发和零售业以及制造业，其中并未涉及第一产业，第二产业增长逐步放缓，第三产业增长相对较快且比重最高。第三产业中，科学研究和技术服务业等科技型外资经营主体数量最多，有21家，占总数的30.9%。

表29 2023年度常州市各辖市、区外资经营主体发展新增数

指标名称	新增外资经营主体（户）	新增外资企业法人（户）
溧阳市	31	20
金坛区	39	27
武进区	68	47
新北区	61	39
天宁区	36	17
钟楼区	39	16
常州经开区	13	11

表30 2022—2023年武进区各板块外资经营主体新增数

镇（开发区、街道）	外资企业法人新增数（户）			外资分支机构新增数（户）		
	2023年	2022年	同比（±%）	2023年	2022年	同比（±%）
武进高新区	18	25	−28.0	7	4	75.0
西太湖科技产业园	14	15	−6.7	0	3	−100.0
雪堰镇	1	0	—	2	0	—
礼嘉镇	0	0	—	0	0	—
前黄镇	0	1	−100.0	1	3	−66.7
湖塘镇	9	7	28.6	9	12	−25.0
牛塘镇	4	4	—	1	2	−50.0
洛阳镇	1	1	—	1	1	—
湟里镇	0	0	—	0	0	—
嘉泽镇	0	0	—	0	1	−100.0
合　计	47	51	−9.8	21	26	−23.1

表31 2021—2023年武进区企业参与国家标准、行业标准制修订统计表

单位：项

年份	国家标准		行业标准		合计
	制定	修订	制定	修订	
2021	25	9	11	2	47
2022	10	16	7	4	37
2023	26	17	5	0	48

【质量强区建设】 2023年，区市场监管部门围绕全区高质量发展要求，积极夯实基础，推动全区质量建设。获市长质量奖企业1家、市长质量奖提名奖企业2家。获认定省质量信用AAA级企业5家、省质量信用AA级企业4家。三鑫重工机械有限公司、常州东方特钢有限公司等7家企业成为2023年第一批“江苏精品”认证获证企业，数量位居常州市第一。完成研制工作国家标准43项、行业标准5项，国家标准研制工作完成数量位列全市第一。获批省级战略性新兴产业标准化试点2家。至年底，全区共有已建和在建标准化试点示范国家级3个、省级23个、市级2个。

【知识产权管理】 2023年，武进区“知识产权强区”建设再上新台阶，连续三年被省政府列为知识产权工作督查激励单位。结合全区新能源产业高层次人才引进政策推介会举行“市监柠”IP会客厅启动仪式，举办常州新能源产业知识

产权国际论坛。截至12月，武进区万人有效发明专利达91件，获第二十四届中国专利优秀奖专利3件，通过省知识产权局第二批企业知识产权管理贯标绩效评价企业46家，入选全国首批“千企百城”商标品牌价值提升行动品牌4个，数量均为全市第一。全区有效发明专利拥有量11987件，占全市的32.3%，总量继续位居全市第一。全区共申请商标8261件，注册5678件，有效注册量60599件，三项数据均排全市第一，分别占全市的29.75%、31.41%、32.61%，有效商标注册量在全省县（市、区）中排第五。举办2023年常州新能源产业知识产权国际论坛。

【“双随机、一公开”抽查】 2023年，区市场监管局深入实施以“双随机、一公开”为基本方式的新型监管机制，提高综合监管执法效能。至年底，全局各条线共组织开展各类双随机抽查任务122次，同比上升165%，涉及食品、质量、信用等多个业务部门的主体2369户；收到上级布置的跨部门联合抽查任务17项，联合区公安分局、交通运输局、农业农村局等单位，检查主体2907户；牵头、参与开展区级部门联合双随机抽查任务173项，涉及道路运输安全、危化品生产、卫生健康等领域的主体1524户。以上检查结果均在国家企业信用信息公示系统（江苏）公示，公示率均为100%。截至考核时间11月底，联合“双随机、一公开”监管联席会议办公室发挥组织协调作用，共发文7次，全区30个有监管职能的成员单位完成检查事项清单的认领工作100%。各成员单位均参与或制定跨部门双随机任务，其中17个部门制定单一部门双随机抽查工作，全区共检查企业3935家，部门联合抽查数量占43.34%；通过双随机平台汇总取重整合检查对象77家，区市场监管局、交通局、烟草局根据检查对象的信用风险分类结果开展差异化监管。在执法监管数据归集工作方面，区市场监管局、人社局、农业农村局等7个区级部门和10个板块均实现许可、处罚、检查3类数据的归集，另有20个部门归集2类数据，4个部门归集1类数据。行政处罚数据除依法不需要公示以及信用修复的以外，全部公示。

【网络交易主体监管】 2023年，区市场监管部门加强网络市场监管力度，依托江苏省网络交易监测管理系统，掌握辖区网络主体情况。牵头召开全区整治虚假违法广告工作联席会议，加强教育培训和危害青少年身心健康广告监测监管。开展教育培训领域广告监测、检查74213条次，清理违法违规广告11条。部署开展互联网广告领域治理工作。实地督促指导互联网广告活动相关主体29户次。查处互联网虚假违法广告案件185件，罚没38.15万元。开展防范和制止借主题教育搞不当营商活动有关工作，排查经营主体、场所149家，开展广告监测268条、网络交易专项监测192条，对辖区媒体单位、广告经营发布单位、网络经营主体等开展行政指导14次。强化金融广告监管力度。监测、排查非法金融广告线索5899条次，发现违法线索1条，立案查处1件，罚款0.15万元。持续开展禁售长江流域非法捕捞渔获物广告和网络交易专项整治。累计监测排查广告线索940条次，监测网络经营主体886家，发现违法线索5条，立案查处2件，罚款4万元。截至12月，全区市场主体共开办网站5826个，设立网店12284家，运营微博1393个、移动App1613个、微信公众号429个、微信小程序755个。纳入监测管理系统的网站总数为5826个。其中，企业网站5723个，占比98.23%；个体工商户网站100个，占比1.72%；其他经济组织网站3个，占比0.05%。纳入监测管理系统的网店总数为12284家。其中，企业网店10856家，占比88.38%；个体工商户网店1419家，占比11.55%；其他经济组织网店9家，占比0.07%。

【稽查执法】 2023年，区市场监督管理局进一步提升执法效能，共查处普通程序案件1416件，案值金额350万元，罚没合计1111万元；办理简易程序案件1026件；梳理上报12项免罚事项，已纳入《常州市武进区重点领域涉企常用行政处罚裁量标准和免罚清单(2023年版)》并对外公布实施。按案件来源分类查办的普通程序案件中，监督检查发现案件692件，罚没合计352万元；投诉举报发现案件453件，罚没合计242万元；监督抽验发现案件186件，罚没合计103万元；上级交办案件47件，罚没合计76万元；其他部门移送案件38件，罚没合计338万元。按案件类型分类。查处的一般程序案件中，食品类违法案件560件，罚没合计158万元；药品类（包含化妆品）案件61件，罚没合计132万元；特种设备违法案件55件，罚没合计164万元；产品质量违法案件76件，罚没合计53万元；知识产权违法案件33件，罚没合计121万元；广告违法案件250件，罚没合计38万元；反不正当竞争案件23件，罚没合计71万元；价格违法案件169件，罚没合计122万元；计量违法案件42件，罚没合计2万元；违反市场主体登记条例案件92件，罚没合计15万元。坚持合理行政，综合考虑违法行为的事实、情节、危害程度等，遵循处罚和教育相结合的原则，合理使用自由裁量权，作出减轻处罚253件，占全年普通程序案件的19%；作出不予处罚案件117件，占全年普通程序案件的7%。

“市场监管现场监管执法系统”（即“简案快办”） 2023年，全局简案快办系统办理案件9105件，其中普通程序案件3629件、简易程序案件5476件。通过在“小、轻、微”市场监管领域推出现场执法系统，执法人员当场纠正、快速查处轻微违法行为，大幅缩短办案周期，原10～20天办案周期缩短到不到半小时，违法行为整改率近100%，跑出执法利民加速度。6月，简案快办系统受到国家市场监督管理总局充分肯定，获得“学习强国”常州学习平台专题报道。

【价格监管】 内容参见“经济管理”类目p178同名条目。

【食品安全监管】 2023年，区市场监管部门牵头做好全区省级食品安全示范区创建工作，开展2023年度常州市民生实事项目餐饮质量安全示范店及街区培育工作；持续推进“阳光餐饮”创建工作，至年底，全区累计上线6457家，其中212家学校食堂均实现“阳光餐饮”。完成两会、中高考等重大活动和女子曲棍球锦标赛等重大赛事餐饮服务食品安全保障任务11次。结合全区第四届新时代文明实践现场交流展示活动开展反食品浪费专题宣传活动，社会反响良好。

校园食品安全　开展校园食品安全

表 32 2016—2023 年武进区食品安全抽检合格率情况表

年度	总批次数	合格率(%)	年度	总批次数	合格率(%)
2016	5680	98.73	2020	5626	98.76
2017	6450	98.37	2021	11861	97.90
2018	7200	97.92	2022	8960	89.62
2019	7920	98.50	2023	8960	97.11

排查整治专项行动。学校食堂依托晨检制度对从业人员实施健康管理，各校坚持分批、错峰用餐制度，保障师生的人身和饮食安全。春季专项检查各类学校食堂 210 家，其中持有有效食品经营许可证，开展量化分级的 209 家，优秀等级 194 家、良好等级 15 家。秋季开学后，继续在春季专项检查的基础上查漏补缺，确保学校食品安全管理工作全面、到位。秋季专项共检查各类食堂 217 家，其中持有有效食品经营许可证的食堂 212 家，开展量化分级的共 211 家，优秀等级 198 家；良好等级 13 家。开展“视界小讲堂”进校园活动，宣传食品安全常识和制止餐饮浪费行为。

农村自办家宴和民间厨师登记备案管理 实施《武进区农村自办家宴食品安全管理办法》，依托各镇食品安全委员会办公室和各村（社区）食品安全信息员，对辖区内农村自办家宴和民间厨师采取登记备案的管理制度，并加大义务指导、健康体检、宣传教育和培训力度，组织开展民间厨师集中培训和体检，并在镇、村宣传栏公示民间厨师的健康状况、从业资质等情况。至年底，全区登记民间厨师 355 名，有效健康证明持证率 100%；备案自办宴席 4743 户次、37944 桌次，就餐人数近 38 万人次。

“安心菜场”工程建设及农产品快检 根据《常州市“安心菜场”建设暨审核评价指导意见》要求，按照“三统一”（统一市场准入、统一快检室建设、统一信息公示）建设标准的要求大力开展“安心菜场”建设工作。通过改造升级标准化菜市场快检室，使其具备“日日检”常态化检测能力，实现即时检测、实时发布、即时上传、快速处置。至 12 月，全区建成“安心菜场”25 个。完成食用农产品快速检测 9.16 万余批次，超量完成目标任务（5.25 万批次），合格率 99.5%，不合格农产品均在第一时间下架销毁，有效保障全区食用农产品质量安全。按照全区常住人口每千人 7 批次的目标计划，完成食品生产经营环节抽样检测 8960 批次，覆盖《国家食品安全监督抽检实施细则（2023 年版）》中规定的 29 个食品大类、219 个细类，覆盖全区的生产、餐饮及流通环节不同业态不同规模生产经营者 2083 家，共计发现不合格样品 259 批次，总体问题发现率 2.89%。对 259 批次不合格产品，均进行跟踪处理，消除问题隐患。

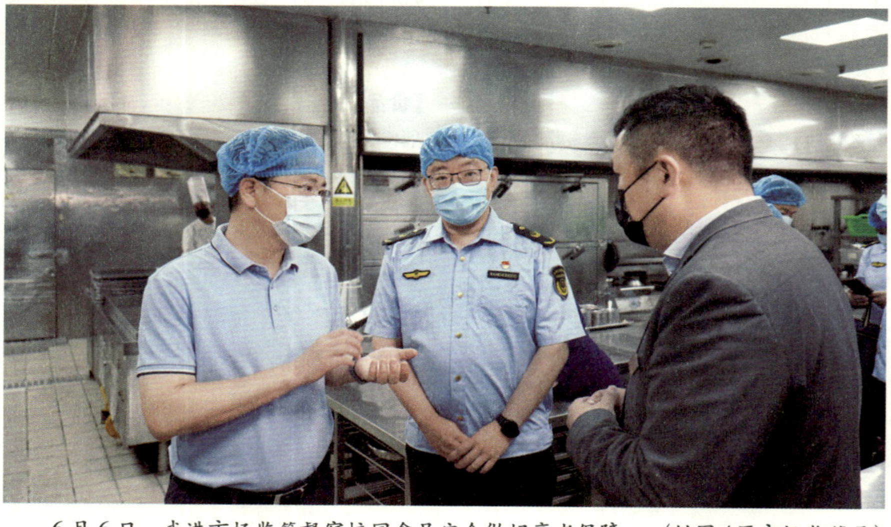

6 月 6 日，武进市场监管督察校园食品安全做好高考保障 （供图 / 区市场监管局）

【药品及医疗器械安全监管】 2023 年，武进区完成药品流通、使用领域抽样 150 批次，合格 148 批次。检查药品零售企业 393 家次、药品使用单位 189 家次、医疗器械经营企业 675 家次。完成疫苗预防接种单位全覆盖检查，完成三级监管医疗器械经营企业全覆盖检查。开展化妆品专项整治行动；完成化妆品“双随机、一公开”检查 74 家次，合格率 100%；根据药品互联网销售管理办法，督促药品网络销售企业报告 90 家；对 30 家疫苗预防接种单位的疫苗调配、储存、冷链运输及使用进行全覆盖检查；督促化妆品经营单位按要求上报化妆品不良反应报告 253 件；开展“安全、用妆、共治、共享”全国化妆品安全科普宣传周活动，进一步加强化妆品监管相关法律法规宣贯，提升公众对化妆品安全和合理使用的认知水平，推进化妆品安全社会共治。开展“安全用械、共享健康”全国医疗器械安全宣传周活动，推进医疗器械科学监管，推进行业高质量发展，切实保障公众用械安全。

【特种设备安全监管】 2023 年，区市场监管局强化特种设备本体安全监察工作，组织开展简易升降机、气瓶充装单位等多个领域的专项整治，通过专项整治，降低特种设备超期未检率，有效消除企业各类安全隐患，至年底全区超期未检率为 0，特种设备本体安全得到基本保障。武进区特种设备压力容器、起重机械、电梯、场内机动车、锅炉 5 类特种设备均呈现增长态势，其中电梯、压力容器、场内机动车量增长较多，电梯增长 10.12%，压力容器增长 10.15%，场内机动车增长 17.17%。至年底，全区拥有特种设备 58440 台，其中在用设备 54376 台，较 2022 年相比，在用总量增加 9.76%。在用设备按设备分类，锅炉 260 台，压力容器 10739 台，起重机械 17039 台，电梯 16853 台，场内机动车辆 9722 辆，大型游乐设施 64 台，气瓶 66.43 万只。至年底，全区共有工业气体和液化石油气充装、检验单位 22 家，其中液化石油气充装单位 6 家、工业气体充装单位 13 家、工业气瓶检验单位

2家、液化气瓶检验单位1家。办理特种设备安装开工告知书4955份，其中锅炉42份、压力容器1390份、电梯1419份、起重机1821份、压力管道276份、游乐设施7份；处理特种检测研究院转来的隐患告知单117份。

特种设备专项整治　深入开展压力管道、3吨以下起重机械专项整治等多个领域的专项整治。将压力管道作为专项整治的重点，进一步排查治理压力管道，对锅炉使用单位的压力管道、电站锅炉供气单位使用的压力管道进行"回头看"，对遗留的压力管道进行再清理，加强对属于特种设备的管道检验和注册的指导。新增管道登记单位40家、33条工业管道，共计26.145千米。加强城镇燃气安全监管，进一步加强对全区液化石油气充装单位的监督检查。部署全区液化石油气充装单位开展自查自纠，全面排查充装单位违规充装、未按要求开展特种设备法定检验等风险隐患；对全区6家液化石油气充装单位进行全覆盖检查，重点检查充装许可证有效期、特种设备作业人员持证上岗、充装前后检查制度执行等情况，现场检查情况良好，对2家充装单位未按照技术规范要求充装的行为立案查处。开展港口码头起重机械安全隐患排查专项整治，向港口码头起重机械使用单位发放自查自纠情况表，在督促自查自纠的基础上，对辖区内24家码头单位全覆盖现场监督检查，重点检查相关单位自查隐患的整改、特种设备作业人员及现场相关人员的培训管理、安全管理制度的落实情况，开具特种设备安全监察指令书9份，抽查起重机械设备24台（套），发现隐患45个，至年底，单位的问题隐患全部整改到位。为有效遏制起重机械事故，在全市率先开展3吨以下起重机械专项整治，全面排查使用单位擅自将3吨及以上的起重机虚标成3吨以下的行为，共发现3吨以下起重机械1254台（套），督促发现问题起重机械（出厂资料不真实，实际起重量在3吨以上）78台（套），督促完成整改65台（套）。同时，对未按照要求进行整改的单位立案查处，至年底，立案9家，完成处罚5家，处罚金额33万元。

【消费者权益保护】　2023年，区市场监管部门为促进消费复苏，开展以"提振消费信心"为主题的"3·15"权益日宣传活动，发放宣传资料5000余份，接受群众咨询3000人次。联合武进吾悦广场举办"3·15"消费者权益日活动暨"春风购物节"推广启动仪式。推进常州长虹大润发商业有限公司等线下7天无理由退货承诺单位工作，发展引导无理由退货承诺单位2000家。培育、辅导申报市放心消费创建先进主体56家、省级示范7家。指导武进区3个市级美丽乡村放心消费示范点，出台放心消费创建一村一案，提振乡村消费信心。接收各类投诉23713件，同比增长59.14%，办结23165件，办结率97.69%。其中，商品类投诉15866件，占投诉总量的66.91%；服务类投诉7847件，占投诉总量的33.09%。投诉类位居前五的分别是食品，交通工具，家居用品，餐饮和住宿服务，文化、娱乐、体育服务，占投诉总量的58.60%。投诉主要集中在食品包装标签标识不符合国家标准规定，商品出现质量问题时商家拒绝退换货、售前承诺与售后服务不符，对应使用原厂配件的擅自更换为副厂配件等问题。

（施　渊）

价格管理

【概况】　2023年，区价格管理部门围绕省价格工作总思路和全面建设"两湖"创新区的发展主题，聚焦关键领域改革，聚力民生价格监管服务。严格执行商品房宏观政策，确保商品房价格相对稳定，审议商品房价格26个批次、面积约39万平方米，普通住宅前期物业收费标准备案1个批次、面积约15万平方米。办理各类价格咨询、求助、投诉650余件，均按时办结。

【成品油及热力价格管理】　2023年，区发改局落实国家成品油调价政策，及时关注市场动态并做好预警预报。调整成

2023年武进区成品油价格情况表

表33　　单位：元／升

零售价格 / 最高规格 / 时间	89号国Ⅴ汽油	92号国Ⅴ汽油	95号国Ⅴ汽油	0号国Ⅴ柴油
1月3日	7.27	7.75	8.25	7.41
1月17日	7.11	7.59	8.07	7.24
2月3号	7.27	7.76	8.25	7.41
3月17日	7.20	7.68	8.17	7.33
3月31日	6.95	7.41	7.88	7.06
4月17日	7.36	7.85	8.35	7.51
4月28日	7.24	7.72	8.21	7.31
5月16日	6.95	7.42	7.89	7.06
5月30日	7.03	7.50	7.98	7.14
6月13日	6.99	7.46	7.93	7.10
6月28日	7.04	7.51	7.99	7.16
7月12日	7.15	7.63	8.12	7.29
7月26日	7.36	7.85	8.35	7.51
8月9日	7.54	8.05	8.56	7.71
8月23日	7.58	8.09	8.60	7.75
9月20日	7.87	8.40	8.93	8.07
10月10日	7.81	8.33	8.86	8.00
10月24日	7.75	8.27	8.80	7.94
11月7日	7.65	8.16	8.68	7.83
11月21日	7.39	7.89	8.39	7.55
12月5日	7.35	7.85	8.35	7.50
12月19日	7.04	7.51	7.99	7.16

品油价格22次，其中上涨9次、下跌13次。疏导煤热价格矛盾，按照煤热价格联动办法及时调整蒸汽到户中准价格调价4次，价格由每吨286元调整为219元。

【天然气价格调整】 2023年，区发改局为有效疏导上游及市场天然气价格涨价的影响，根据天然气上下游联动机制，4月1日起，合同购气量非居民用管道天然气中准价格下调为3.76元／立方米，最高上浮幅度为10%，下浮不限。9月1日起，调整居民用管道天然气销售价格，居民用户第一、二、三阶梯销售价格分别调整为3.01元／立方米、3.61元／立方米、4.21元／立方米；执行居民用管道天然气销售价格的非居民用户，管道天然气销售价格调整为3.31元／立方米。困难群体每户每年用气量150立方米以内免费。

【教育收费】 2023年，区发改局根据省、市民办学校收费管理相关文件要求，与区教育局、财政局协调配合，统筹考虑经济社会发展水平、政府投入、学校发展规划、教育教学质量等因素，按照程序规定，履行价格调查、成本调查、合法性审查等程序，报区政府同意后，作出调整学费标准的决定，核定科教幼儿园保育教育费试行标准。

【收费年报】 2023年，区发改局根据省、市关于2022年度收费情况报告的具体要求，认真组织辖区内实施行政事业性及政府制定价格的经营服务性的128家收费单位开展收费情况报告工作，上报率100%。通过收费情况报告，对收费不规范现象及时予以指正。同时根据统计口径，形成统计分析报告，全区2022度行政事业性收费总额为66296.43万元，收费总额占一般公共预算收入的4%，比上年同期增加118.6万元，增幅为0.18%。

（杨姗菁）

【价格监管】 2023年，区价格管理部门加强价格监测，及时做好预警预报工作。认真做好综合消费品市场居民食品零售价格等常规监测上报工作，对全区32个价格监测点170余种商品，特别是与广大群众生活密切相关的肉、禽、蛋、蔬菜等近90个品种进行监测日报制，上报各类监测数据3万余条。新增江苏奥奇海洋生物工程有限公司和江苏格林保尔光伏有限公司等为工业企业监测点。督促、指导国家监测直报点常州市众恒肉联有限公司按时、保质做好直报工作。区市场监管部门围绕服务保障民生，持续加强重点领域、重点时段的价格监管。开展资源性价格监管，全区资源性价格投诉举报数量电价相关投诉举报27件，其中充电桩电价11件，总数较2022年减少10件。开展涉企收费专项检查，联合房地产商会组织7家开发企业开展涉企收费专项调研，根据摸排出的线索制定检查计划，深入推进涉企违规收费专项整治工作，检查水电气相关企业5家次，就前期涉企收费线索检查政府机关及下属单位4家次，未发现问题。开展涉疫药品和医疗用品稳价保质专项行动，印发《全区涉疫药品和医疗用品稳价保质专项行动工作方案》，共计结案9件，其中质量监管案件3件、药品和医疗器械案件3件、价格案件2件、移交公安1件。共计没收0.063万元，罚款12.037万元。

（杨姗菁　施　渊）

审　计

【概况】 2023年，区审计局依法全面履行审计监督职责，完成审计项目21个，审计查出违规金额3076万元，管理不规范金额46.23亿元，出具审计报告和专项审计调查报告42份、移送处理书1份、审计决定书2份，提出审计建议73条，促进增收节支3108万元。承担区委审计委员会日常工作，组织召开区委审计委员会第六次会议，审议通过《2023年度审计项目计划（草案）》等文件。严守审计质量生命线，所申报的项目获评优秀审计项目省级二等奖、市级一等奖，实现武进审计省级优秀零的突破。充分发挥审计建设性作用，为提升基层治理能力贡献审计智慧，向区委审计委员会、区主要领导呈报《审情参阅》1篇、《审情直报》9篇，其中7篇获区领导批示。

【财政审计】 2023年，区审计局开展2022年度本级预算执行和决算草案及其他财政收支的审计，围绕提升财政效能，重点监管经济政策贯彻执行情况、重大项目推进情况、疫情防控支出情况等，查出7个方面30个问题，提出审计建议6条。开展行政事业单位国有资产管理使用情况专项审计调查，向全区146家单位发放审计调查表，重点关注土地、公共基础设施、在建工程、对外投资等资产情况，查出7个方面27个问题，提出审计建议3条。

【重大政策落实情况跟踪审计】 2023年，区审计局主动服务“两湖”创新区建设，对江理工武进绿建区协同创新园等公共资金投资项目进行跟踪审计。服务打造一流营商环境，结合经济责任审计和国有企业审计，对深化“放管服”政策落实情况进行审计监督。服务打造一流法治环境，在相关审计项目中重点关注法律援助服务质量、公证申请流程等法治政府建设指标。

【民生审计】 2023年，区审计局对全区教育系统一般预算执行情况进行全覆盖审计，并对区教育局本级及其8所直属学校进行现场核查；融合经济责任审计对前黄高中、洛阳高中进行重点监督，对乡镇幼儿园等进行延伸监督；通过“纪审联动”配合区纪委开展“武廉助力‘吾有优学’”专项督查。紧扣社会保障，继续加强对养老、医疗等领域的审计，扎牢后疫情时代的审计防线。聚焦群众关切，对公共体育健身设施、公共厕所等基础设施和博物馆等文化设施相关资金进行监督核查。关注弱势群体，对涉残资金进行监督，确保相关资金直达使用的“最后一公里”。

【经济责任审计】 2023年，区审计局开展领导干部经济责任审计项目13个，涉及部门（单位）13个、市管干部1名和区管干部15名，查出问题547个，提出审计建议41条。结合经济责任审计，融合开展企业审计，对3家区级国有集团公司进行审计监督，促进国有资本和国有企业持续健康运营，不断提升核心竞争力。

【内部审计】 2023年，区审计局着力推进基层党委审计委员会全覆盖，至年底，全区已经成立基层党委审计委员会7个，其中省级开发区审计委员会1个、乡镇审计委员会5个、国有集团公司审计委员会1个。不断加强国企内控，落实《武进区区级国有集团公司总审计师制度（试行）》，并与区财政局联合出台配套文件《关于共同推动区属国有企业内部审计工作高质量发展的合作意见》，全区5家区级国企的总审计师均配备到位。加强内部审计队伍建设。组织内审人员12人次参加国家审计项目9个，通过“以审代训”加强能力建设。

【审计查出问题整改】 2023年，区审计局坚决贯彻落实习近平总书记关于审计整改工作的重要指示批示精神，把审计整改作为重大政治任务抓紧抓实，确保审计整改动真格见实效。纳入2023年度整改期限的538个审计查出问题，至年底，整改到位484个，在整改中54个，促进建立完善政策规定和内部管理制度44项。其中，“同级审”整改，通过加强内部管理、调整账务、上缴财政等方式完成3.69亿元问题金额的整改，完善制度12项。

（朱　怡）

统　计

【概况】 2023年，区统计局按照国家、省、市统计部门的工作部署，聚焦“532”发展战略，聚力“一园一城一示范”，以党建引领为核心，以服务高质量发展为主线，以统计改革发展为抓手，扎实开展各项统计调查，全面推进“五经普”工作，不断提高统计数据和服务质量。区统计局在常州市统计工作考核中位列第一，被区委、区政府评为“高质量考核先进集体”“争当现代化标杆突出贡献奖先进集体”；武进区获评“全市统计工作先进地区”。

【统计监测高质量发展】 2023年，区统计局建立完善月度主要经济指标的预测制度，印发《统计分析资料》46期（不含内参），其中国家局录用2篇、省局录用6篇、市局录用19篇；撰写专报41期、内参8期，其中统计内参《上半年省、市重大项目列统投资完成情况》获市委常委、区委书记乔俊杰批示。新增《统计核算专报》并编发17期。建立武进特色统计监测体系。建立“两湖”创新区投资项目监测和经济发展指标监测两项统计监测制度，展现区域经济社会发展成果。及时向社会公众发布相关统计资料，发布《2022年武进区国民经济和社会发展统计公报》，印发《2023武进统计年鉴》，发布统计快讯15期，每月印发月度综合《统计信息》小册子上、下2册，全面反映全区经济社会高质量发展成果。撰写信息309篇，其中国家局录用15篇、省局录用40篇、市局录用219篇、“学习强国”学习平台录用1篇、《中国信息报》录用2篇。

【“五经普”专项试点工作扎实推进】 2023年，区统计局将第五次全国经济普查（简称五经普）专项试点工作列为重中之重，集全局之力加以推进。先后组织区、镇两级业务骨干开展普查思路研讨会3次，形成共识和合力。5月，区政府印发《关于切实做好第五次全国经济普查工作的通知》，成立区五经普工作领导小组和办公室。6月底，全区各板块普查机构全部组建完成，全区212个普查区、802个普查小区，共抽调普查指导员、普查员1609人。出台《武进区第五次全国经济普查宣传工作方案》，从8月开始，联动五经普领导小组成员单位、各镇、开发区，全面启动五经普宣传。充分利用第十四届“中国统计开放日”活动、统计法颁布40周年暨五经普集中宣传活动时机，在“武进统计”微信公众号、商业集中区大屏等媒介广泛开展各类普查宣传，发放《致各单位和个体经营户的一封信》16万份，悬挂宣传横幅696条，张贴宣传画3500张，发放宣传折页1.5万余份，为全区入户登记顺利开展奠定坚实基础。

【重点领域统计方法制度改革】 2023年，区统计局围绕“三个点”高效推进劳资统计工作改革。围绕“关键点”开展走访调研，对重点企业、重点行业单位进行走访调研，对各项凭证材料进行审核确认，并对业务进行针对性指导；紧扣“问题点”做细业务培训，开展劳资业务培训5次，分场次分对象解决业务中的难点和疑点；细抓“变化点”保障数据质效，针对上报表式和数据汇总规则发生的新变化，及时做好上传下达，提升数据取数口径和填报的准确性。《精细工作“三步法”助推劳资统计走深走实》经验交流材料被国家局录用。抓细数字经济统计监测试点工作，准确把握“数字经济”的总体要求，协调监测评价过程中的问题，研究落实工作推进措施，着力开展重点监测，为全区数字经济核算提供一线研究素材。抓全“四上”企业（指规模以上工业，限额以上批发零售和住宿餐饮业，资质以内建筑业、房地产开发经营业以及规模以上服务业单位）新增入库，争取行业主管部门的支持和配合，形成协调联动、共同发力的工作局面，达标企业应入尽入。全区审批申报单位469家，其中工业173家、

8月，武进区第五次全国经济普查入户清查　　（供图/区统计局）

建筑业30家、批零住餐业219家、房地产开发业6家、服务业41家。

【推进依法统计建设】 2023年，武进区认真贯彻落实习近平总书记关于统计工作重要讲话指示批示精神和《关于深化统计管理体制改革提高统计数据真实性意见》（简称意见）、《统计违纪违法责任人处分处理建设办法》（简称办法）、《防范和惩治统计造假、弄虚作假督查工作规定》（简称规定）、《关于更加有效发挥统计监督职能作用的意见》（简称监督意见）。以区委办、政府办名义转发《常州市党政领导干部防范和惩治统计造假、弄虚作假责任制实施细则》，推动领导干部树立正确政绩观。推动区委、区政府出台《武进区贯彻落实江苏省统计局2022年第1统计督察组对常州市督察反馈意见整改方案》，扎实推进统计督察反馈意见整改工作。举办第十四届“中国统计开放日”集中宣传活动、2023年全区“国家宪法日”现场集中宣传活动、“12·8”《中华人民共和国统计法》颁布40周年暨五经普集中宣传湟里站活动，精心制作的《中华人民共和国统计法》颁布40周年暨五经普动漫宣传视频被省局录用。

（王　炜）

行政审批服务

【概况】 2023年，区行政审批局继续推行“拿地即开工”“重点项目帮代办”“信用承诺容缺受理”等举措，成立全市首个“两湖”创新区重大项目交易服务工作营，服务“两湖”创新区发展；以“便民、高效、规范”为宗旨，擦亮“A武进”营商环境品牌。办理投资建设项目审批事项2119件；综合事务项目4881件，其中承诺件4039件、即办件842件；受理踏勘申请2014件。全区新登记经营主体24515户，新增企业法人7909户，累计经营主体21.11万户，各类新增经营主体数量均为全市第一。公共资源交易中心完成进场交易项目3394项，成交金额494.2亿元，同比增加86.4%，其中工程建设项目648项，成交金额339.27亿元，同比增加118.92%；政府采购项目360项，成交金额25.65亿元，同比增加679.87%；国有产权交易项目180项，成交金额0.91亿元，同比增加338.31%；土地交易项目65项，成交金额为124.97亿元，同比增加24.62%；农村产权交易项目2141项，成交金额为3.4亿元，增值金额447.73万元，同比分别下降41.23%、47.61%、35.73%。牵头优化全区营商环境，在省、市率先探索试行便民利企举措，深化信用成果应用，推行“信用+”集群注册登记、“信用+”助力工程建设项目“拿地即开工”、探索公共资源交易领域信用修复等工作，创新示范案例、优秀案例数量全市第一。“信用+”公共资源交易、特殊工时“信用+审批”模式先后入选第四、第五届“新华信用杯”优秀信用案例。

【统筹优化营商环境及“放管服”改革】 2023年，武进区发布“A武进”营商环境品牌，印发《关于进一步优化武进区营商环境工作机制的通知》，成立五个专项小组，分别负责政策、市场、政务、法治、人文5个环境建设。印发《武进区2023年打造一流营商环境重点任务清单》，滚动推出第六、七、八批优化举措，逐项推进落实。开展“回头看”“自查自纠”，对照省委书记信长星提出的营商环境十个方面问题，形成自查自纠清单，查摆不足，跟踪问效。开展营商环境督查，形成《武进区优化营商环境专项督查报告》，市委常委、区委书记乔俊杰批示督办。印发“放管服”改革重点任务方案，推动6方面18项任务有序开展。深化简政放权，严格实行行政许可事项清单化管理，出台《常州市武进区行政许可事项清单（2023年版）》，公布行政许可事项224项。扎实做好经济发达镇和培育镇精准赋权工作，出台经济发达镇和培育镇政务服务事项清单，雪堰镇动态调整政务服务事项52项，湟里镇赋权政务服务事项99项。开展行政许可事项的线上认领和维护工作，共认领行政许可事项256项，发布实施要素256项，编制办事指南453项。开展行政备案事项梳理，初步形成区级行政备案事项清单164项。加强省管联动，在全市范围内率先出台《常州市武进区基层审批监管执法协调联动暂行办法》，确保审批、监管与执法有效衔接。推动“互联网+监管”建设，一体化平台总办件量27014件，推送主管部门17703件，部门监管反馈6661件。提升执法效能，以湟里镇为试点，在全市率先推行镇域综合行政执法监管“一件事”，通过“监管一件事”制定检查计划共涉及事项96项，立案处罚38件；累计完成跨部门执法检查79次，实现“进一次门、查多项事”的监管要求。推动服务创新，落实省定标准“一件事一次办”改革工作26个，全区“一件事一次办”线上办件共计3.3万余件，数量排名全市第一。编制业务审批作业指导书2.0版20个，构建“标准一致、统一规范”的业务运行管理体系。创意编制“办事手册”，打造“数字审批”观摩室，实现办事指南数字化、可视化，推动各类政务服务事项办理易懂好办。

【优化工程建设项目审批服务】 2023年，武进区印发《武进区工程建设项目“拿地即开工”实施方案》，为重大项目开辟绿色通道，提供“菜单式”服务，完成“拿地即开工”项目20个，涵盖产业发展、民生工程领域，数量全市第一。试点低风险项目简易审批，进一步简化厂房、仓储类项目审批流程。探索实施“分阶段施工许可”，试行“桩基先行”独立审批。优化排水许可证办理流程，实行分级分类审批。推行“用地清单制”改革，充分利用区域评估成果，建立用地服务清单，明确人防建设、树木移植、地下管网等15项具体管控要求和建设相关费用标准，在全市率先试行社会投资类项目“用地清单制”改革，在全省率先推出首例“用地清单制”改革项目。12月8日，常州联德电子有限公司在受让西太湖果香路南侧、锦丰路东侧地块的同时，一并收到武进区工程建设项目审批制度改革领导小组办公室（简称武进区工改办）印发的《用地服务清单》，标志着全省首例“用地清单制”改革项目落地武进。

【优化企业登记服务】 2023年，区行政审批局扩大全流程电子化登记覆盖面，实现内资企业及其分支机构、个体工商户、农民专业合作社的设立、变更、注销登记全程电子化、“无纸化”、“零见面”，经营主体注册登记的工作效率有效提高。在全市率先开展集群注册登记改革，降低创业成本，助力破解市场主体发展初期的瓶颈。创新试点跨区“一照多址”，释放市场场所资源，激发市场主体发展活力。实施企业登记“同城通办”，打破区域、层级受理限制。探索“个转企”形式和制度，个体户经营者王芹，在湖塘镇便民服务中心以变更方式将名下个体工商户营业执照变更为常州市武进区王芹水产品有限公司，成为全市第一张以变更方式登记的“个转企”营业执照。

【提升政务服务水平】 2023年，区行政审批局出台并公布武进区政务服务中心进驻事项负面清单，实现收件、受理、出件在区政务服务中心实质运行，进驻率93.74%。深化“苏服办”电脑端、移动端、自助端和窗口端“四端融合”，改版江苏政务服务网武进旗舰店，升级改造“苏服办”App武进专区，累计上架移动应用110个，建成区、镇两级“秒批”业务6个，累计办理业务2600多件。完善政务服务体系建设，设立“帮吾办”服务点23个，打造拨云汇智慧产业园、葛庄村安全大塘河湿地公园等“畅通办”便民服务点50个，镇（街道）便民服务中心提升率100%。同时，融合线上、线下政务服务，构建“一窗通办”政务事项“一事一码”体系，提升政务掌上服务能力。

【打造交易服务品牌】 2023年，常州市公共资源交易中心武进分中心以“七彩阳光、五心交易”工作品牌建设为抓手，强化招投标规范管理，制定《进一步规范武进区工程招标投标工作意见》，落实全省招投标领域专项整治工作，探索招标采购文件公平竞争审查制度。深化“信用＋交易”，守信激励工作机制，为守信主体合计减免保证金超3亿元。探索服务新路径，在全省率先开展限额以下建设工程“智能评标”和交通工程“在线清标”，推广智能评标在基层的延伸和应用，全面提高交易质效。编制各类交易实务操作手册和业务宣讲，为各方交易主体“送政策、解难题、助发展”。聚焦“两湖”创新区发展大局，成立全市首个“两湖”创新区重大项目交易服务工作营，为“两湖”创新区提供项目提前对接服务22次，服务项目14个，其中通过容缺受理绿色通道予以受理登记项目2个，成交总金额13.78亿元，有效保障“两湖”创新区重点项目早进场、早实施、早开工。交易服务主动靠前，推行“六专六优先”（建立专题会办制度、开辟专门绿色通道、组建专项服务小组、指派专员协调沟通、提供专业政策咨询，开通专班延时服务的工作机制；优先项目对接沟通、优先容缺受理登记、优先同步审查流转、优先发布交易信息、优先安排交易场地、优先提供评委抽取的服务方式）服务模式，为南医大常州医疗健康科技园新建工程一期等全区重点项目落地保驾护航。

【推进数字人民币应用推广】 2023年，区行政审批局联合中国人行武进支行、区地方金融监管局、区财政局发布《关于印发〈武进区公共资源交易领域数字人民币试点实施方案〉的通知》，探索数字人民币与公共资源交易平台的兼容性，构建涵盖工程招投标、政府采购、国有产权等10大类30小类的“全场景”“全链条”式的数字人民币应用服务场景，推动数字人民币在公共资源领域运用。实现“公共资源交易＋数字人民币”在工程建设及集中采购项目评委费及结算款、中标贷、政采贷等22个场景应用落地，使用数字人民币共计462次，结算金额1.63亿元。

（张玮玮）

不动产登记交易管理

【概况】 2023年，常州市不动产登记交易中心武进分中心（简称武进不动产登记交易中心）持续优化营商环境，不断提高服务效能。在全省率先开展国有集体跨权属登记、农村承包经营权登记，在全市率先拓展涉公积金“带押过户”新场景，深入开展“一件事一次办”并下沉到乡镇服务站，在重大项目建设中全面推广多证联发的“拿地即开工”模式。持续推进历史遗留问题化解，有力维护群众权益。受理各类不动产登记143828件，其中登记96170件、查询类47658件；发放不动产证书43715张、证明26627件，同步办理水电气网等过户6073件。EMS免费寄送不动产权证书13515张；自助机查询档案5753份，存量房合同备案服务2052份，为老、弱、病、残群众上门服务12次；受理继承公证业务787件，减免群众公证费196.75万元；减免小微企业登记费66.3万元。

【优化不动产登记营商环境】 2023年，武进不动产登记交易中心实现涉企和二手房转移登记“一件事一次办”，拓展线上办理，纵深推进商品房转移和抵押登记、双预告登记、存量房转移登记等线上登记业务，办理线上登记业务3.7万件。全面推进二手房“带押过户”业务，实现跨银行和涉公积金“带押过户”登记，办理“带押过户”业务483件，涉及卖方抵押金额4.2亿元。常态化开展“交房（地）即发证”，办理“交房即发证”业务12个项目、3379套房；“交地即发证”业务共计27个项目、面积176.34万平方米，其中多证联发“拿地即开工”业务12宗。助力企业经营发展，完成工业项目不动产分幢（层）登记99套、登记后办理转移登记33套；完成全市首宗建筑物跨国有和集体建设用地不动产登记；实现工业项目用地“零材料”首次登记；为14家专精特新工业企业提供各类不动产登记服务，涉及面积88.8万平方米。

【提升登记服务质量】 2023年，武进不动产登记交易中心推进窗口服务下沉，先后成立湟里、前黄、雪堰三个乡镇登记服务站，深层次推进不动产登记服务三级同构的“同市同标”工作，推进基层便民利企服务全业务进驻、全方位覆盖。开设24小时“畅通办”自助服务，提供不间断档案查询机打印证件服务。做优房地一体农村宅基地日常登记发证，常态化推行农村宅基地日常登记发证“一窗办结”，实现新批新建农村宅基地“零材料”登记发证。稳步开展集体土地所有权日常动态更新登记相关事务性工作，接收集体土地所有权档案4448份，发放集体土地所有权证4436份、农村土地承包经营权证7份；助力安置房办证和“保交楼”工作，为安置房项目、“保交楼”项目办证近5000套。

（姜　钰）

科技创新

Scientific and Technological Innovation

栏目编辑　王国新

苏南国家自主创新示范区建设

【概况】 2023年，武进区持续健全区域创新体系，实施“科技创新示范区”建设，加快苏南国家自主创新示范区（简称自创区）建设，增强科技创新对经济社会发展的支撑引领作用。坚持创新推动高质量发展，提升科技创新平台质量，出台《武进区镇域特色产业科技企业孵化器认定和管理办法》等文件，加速创新资源汇聚。加大武进高新区、西太湖科技产业园等重点板块创新投入力度，培育特色产业重要平台提档升级。突出中以常州创新园、绿建区、苏澳合作园区、“两湖”（西太湖、长荡湖）科创走廊等特色平台引领示范，加快集聚高质量发展新动能。年内，武进区规模以上企业完成研发投入74亿元。武进自创区获省财政厅、科技厅自创区建设专项资金高新区奖励资金1150万元，其中武进高新区获1050万元，西太湖科技产业园获100万元。企业积极融入全球创新网络，加强区域联动创新合作，借智借力开展协同创新和自主创新，入选自创区独角兽企业1家、潜在独角兽企业7家，累计有省瞪羚企业107家、市瞪羚企业279家。在自创区建设示范带动下，武进区有效高新技术企业增至1340家，获市级及以上科技项目立项257个，其中国家级6个、省级88个，获省科学技术奖项目13个；获专利授权12192件，其中发明专利2573件，万人有效发明专利拥有量92.25件；与省产业技术研究院共建企业联合创新中心7个，新增工程技术研究中心省级19个、市级93个，新增孵化器国家级1个、省级1个，新增众创空间国家级1个、省级2个；完成技术合同登记交易额113.07亿元；组织产学研活动70余场，签订产学研合作协议627个，总金额1.95亿元，获市创新创业大赛一等奖3个、二等奖8个、三等奖12个。在中国中小城市高质量发展指数研究课题组、国信中小城市指数研究院联合发布的《2023年中国中小城市高质量发展指数研究成果》中，武进区获2023年度全国综合实力百强区第三名、科技创新百强区第一名，武进高新区连续七年位居全国县区级国家级高新区首位。

3月31日，2023年全区科技创新工作会议在区行政中心召开（供图/区科技局）

【武进区兑付长三角双创示范基地联盟双创券】 2023年，武进区进一步发挥区域、高校科研院所、企业三类双创示范基地资源优势，与上海市杨浦区、浙江省嘉兴市南湖区、安徽省合肥高新技术产业开发区、浙江省宁波市鄞州区融合协同共享发展，促进各类基地资源共享、融通发展，共同推进长三角双创示范基地联盟双创券通用通兑，支持企业采购跨区域专业服务，共享大型科学仪器、创新服务等资源，提高创新资源利用率和共享水平。签订双创券兑付第二期合作协议，延期3年。62个入库科技服务机构全年发起双创券兑付有效订单合同18个。其中，跨区订单6个，订单金额618万元；兑付订单2批、16个，兑付金额167万元。中国机械总院江苏分院、常州数控技术研究所获评长三角双创示范基地联盟十佳服务机构。

表 34　2023 年武进区新增省级独角兽、潜在独角兽、瞪羚企业情况表

类型	企业名称	所在区域
省独角兽企业	万帮数字能源股份有限公司	武进高新区
省潜在独角兽企业	常州纵慧芯光半导体科技有限公司	武进高新区
	江苏高凯精密流体技术股份有限公司	武进高新区
	常州朗合医疗器械有限公司	西太湖科技产业园
	常州承芯半导体有限公司	武进高新区
	常州伯仪生物科技有限公司	西太湖科技产业园
	江苏先诺新材料科技有限公司	西太湖科技产业园
	常州九天新能源科技股份有限公司	前黄镇
省瞪羚企业	江苏恒立液压科技有限公司	武进高新区
	万帮数字能源股份有限公司	武进高新区
	江苏道金智能装备有限公司	武进高新区
	常州节卡智能装备有限公司	武进高新区
	江苏久创电气科技有限公司	武进高新区
	常州华数锦明智能装备技术研究院有限公司	武进高新区
	万帮星星充电科技有限公司	武进高新区
	常州世竟液态金属有限公司	武进高新区
	纳恩博（常州）科技有限公司	武进高新区
	法雷奥蓝谷新能源动力系统（常州）有限公司	武进高新区
	常州比太科技有限公司	武进高新区
	三艾（江苏）控股集团有限公司	武进高新区
	江苏德速智能机械股份有限公司	武进高新区
	常州佑佳新材料科技有限公司	武进高新区
	赛格威科技有限公司	武进高新区
省瞪羚企业	常州移远通信技术有限公司	武进高新区
	江苏冠创医疗科技有限公司	湖塘镇
	机械科学研究总院江苏分院有限公司	常州科教城
	常州英诺激光科技有限公司	常州科教城
	常州罗盘星检测科技有限公司	常州科教城
	遨博（江苏）机器人有限公司	常州科教城
	常州路航轨道交通科技有限公司	常州科教城
	博睿康科技（常州）股份有限公司	常州科教城
	征图新视（江苏）科技股份有限公司	西太湖科技产业园
	江苏小牛电动科技有限公司	西太湖科技产业园
	常州富丽康精密机械有限公司	西太湖科技产业园
	江苏唯德康医疗科技有限公司	西太湖科技产业园
	常州易藤电气有限公司	西太湖科技产业园
	江苏创英医疗器械有限公司	西太湖科技产业园
	江苏绿沺农业科技股份有限公司	西太湖科技产业园
	江苏先诺新材料科技有限公司	西太湖科技产业园
	常州天地人和生物科技有限公司	西太湖科技产业园
	常州百韩科智能装备有限公司	西太湖科技产业园
	常州金麦格生物技术有限公司	西太湖科技产业园
	天衍医疗器材有限公司	西太湖科技产业园
	常州博帝汽车零部件有限公司	西太湖科技产业园
	可丽尔医疗科技（常州）有限公司	西太湖科技产业园

（张建忠）

高新技术产业

【概况】 2023 年，武进区贯彻落实省、市有关加快推进产业科技创新中心和创新型省份（城市）建设的政策，实施创新驱动发展战略，培育高新技术产业发展，促进新旧动能转换。区科技部门聚焦先进装备及制造、先进碳材料、新能源等产业，全面跟踪了解载体平台、龙头企业、领军人才情况，推进企业产品结构转型，提升内生发展动力，高新技术产业份额和水平不断提高，传统优势产业质量和效益同步提升。新增高新技术企业 564 家，净增 280 家；新增江苏省民营科技企业 163 家，备案科技型中小企业 1501 家，进入 2023 年常州市高新技术企业培育库 265 家；完成高新技术产业产值 1950.19 亿元，占规模以上工业总产值的 48.9%。持续发挥高新技术产品引导经济结构调整和产业结构优化作用，引导企业开发具有自主知识产权和自有品牌的高新技术产品，新增市级高新技术产品 392 个，涵盖电子信息、航空航天、新材料等八大技术领域。以科技项目为抓手，引导企业加大研发投入，从税收优惠、研发奖励、贷款争取等方面鼓励高新技术企业研发创新，推进科技创新政策落实，向 2022 年纳入高新技术企业培育库的 212 家企业发放奖励资金 1060 万元，向 2022 年认定的 438 家高新技术企业发放奖励资金 6990 万元。

【有效高新技术企业】 2023 年，武进区坚持贯彻创新驱动发展战略，继续实施高新技术企业“三年倍增”工程，构建高新技术企业申报和后备企业“蓄水池”，培育壮大科技型中小企业群体，提升企业创新主体地位，激发科技型企业技术创新活力，强化高新技术企业“培育—股改—上市”裂变发展链条。组织申报高新技术企业 834 家，获认定 564 家，其中新认定 317 家、重新认定 227 家、再次申报 20 家。有效高新技术企业累计 1340 家，占全市高新技术企业的 28.39%，涵盖电子信息、新材料、新能源、高端装备智造等领域。

表 35

2023 年武进区获认定高新技术企业情况表

企业名称	所在地	企业名称	所在地
奥派梅森（江苏）医疗科技有限公司	武进高新区	常州市艾森塑料科技有限公司	武进高新区
常州艾恩希纳米镀膜科技有限公司	武进高新区	常州市安诺电器有限公司	武进高新区
常州安费诺福洋通信设备有限公司	武进高新区	常州市格里森前进齿轮有限公司	武进高新区
常州百隆微创医疗器械科技有限公司	武进高新区	常州市恒瑞汽车科技有限公司	武进高新区
常州比太科技有限公司	武进高新区	常州市惠众信息科技有限公司	武进高新区
常州晟驱机电科技有限公司	武进高新区	常州市三暄智能装备有限公司	武进高新区
常州初欣文化科技有限公司	武进高新区	常州市圣耀塑胶科技有限公司	武进高新区
常州德慧昌精密机械有限公司	武进高新区	常州市史美尔精密机械科技有限公司	武进高新区
常州电站辅机股份有限公司	武进高新区	常州市汪洋电子有限公司	武进高新区
常州东杰自动化设备有限公司	武进高新区	常州市武进良发机械传动件有限公司	武进高新区
常州涵洋高分子材料科技有限公司	武进高新区	常州市武进庙桥兴盛锻造有限公司	武进高新区
常州合卓机电科技有限公司	武进高新区	常州市亚细亚称重设备有限公司	武进高新区
常州何如自控技术有限公司	武进高新区	常州市永瑞新能源材料有限公司	武进高新区
常州弘建新材料有限公司	武进高新区	常州市卓群纳米新材料有限公司	武进高新区
常州宏靖汽车配件有限公司	武进高新区	常州数加机械有限公司	武进高新区
常州华森医疗器械股份有限公司	武进高新区	常州顺宁压铸模具有限公司	武进高新区
常州极太汽车配件有限公司	武进高新区	常州太乙新材料有限公司	武进高新区
常州江南万利机械配件有限公司	武进高新区	常州晓士光电科技有限公司	武进高新区
常州节卡智能装备有限公司	武进高新区	常州携手智能家居有限公司	武进高新区
常州今创电工有限公司	武进高新区	常州心颜物联网科技有限公司	武进高新区
常州金楯工程机械制造有限公司	武进高新区	常州兴连栋机械科技有限公司	武进高新区
常州惊奇涵易信息科技有限公司	武进高新区	常州液压成套设备厂有限公司	武进高新区
常州竣飞视界智能科技有限公司	武进高新区	常州移远通信技术有限公司	武进高新区
常州科顺检测技术服务有限公司	武进高新区	常州翊迈新材料科技有限公司	武进高新区
常州联影智融医疗科技有限公司	武进高新区	常州悠科物联科技有限公司	武进高新区
常州联远机械制造有限公司	武进高新区	常州御东科技有限公司	武进高新区
常州凌凯特电子科技有限公司	武进高新区	常州元驰精密电机科技有限公司	武进高新区
常州明迪机械有限公司	武进高新区	常州智文光电科技有限公司	武进高新区
常州纳博特斯克精密机械有限公司	武进高新区	常州中联飞机制造有限公司	武进高新区
常州纳科诺尔精密轧制设备有限公司	武进高新区	常州卓骏汽车系统有限公司	武进高新区
常州耐强传动机械有限公司	武进高新区	常州纵慧芯光半导体科技有限公司	武进高新区
常州南苑塑料有限公司	武进高新区	帝人汽车技术（常州）有限公司	武进高新区
常州磐宇仪器有限公司	武进高新区	风凯换热器制造（常州）有限公司	武进高新区
常州奇洛焊接科技有限公司	武进高新区	格力乐液压系统（常州）有限公司	武进高新区
常州千米电子科技有限公司	武进高新区	汉威人造草坪（常州）有限公司	武进高新区
常州巧捷铸造设备有限公司	武进高新区	灏讯电缆连接器制造（常州）有限公司	武进高新区
常州青一特机床有限公司	武进高新区	江苏艾合复合材料有限公司	武进高新区
常州庆源机械科技有限公司	武进高新区	江苏爱品阅精密电子有限公司	武进高新区
常州荣瑞硅胶制品有限公司	武进高新区	江苏车之联汽车零部件有限公司	武进高新区
常州锐奇精密测量技术有限公司	武进高新区	江苏驰隆环境科技有限公司	武进高新区
常州瑞倍特自动化设备有限公司	武进高新区	江苏大备智能科技有限公司	武进高新区
常州盛研电子科技有限公司	武进高新区	江苏道金智能制造科技股份有限公司	武进高新区
常州世竟液态金属有限公司	武进高新区	江苏法玛施药用玻璃有限公司	武进高新区
常州市艾瑞肯机电技术开发有限公司	武进高新区	江苏格林保尔光伏有限公司	武进高新区

续表 35

企业名称	所在地	企业名称	所在地
江苏红运智能装备有限公司	武进高新区	常州纯净医药包装材料有限公司	湖塘镇
江苏华频电子科技有限公司	武进高新区	常州大业能源科技有限公司	湖塘镇
江苏慧马科技有限公司	武进高新区	常州德劢精密传动有限公司	湖塘镇
江苏卡邦电气科技股份有限公司	武进高新区	常州登丰电气有限公司	湖塘镇
江苏科晶智能科技股份有限公司	武进高新区	常州赫尔绒纺织有限公司	湖塘镇
江苏龙城精锻集团有限公司	武进高新区	常州积善精密机械有限公司	湖塘镇
江苏泷膜环境科技有限公司	武进高新区	常州金德纺机科技有限公司	湖塘镇
江苏绿赛格再生资源利用有限公司	武进高新区	常州金利泓纺织有限公司	湖塘镇
江苏能电科技有限公司	武进高新区	常州京磐纺织科技有限公司	湖塘镇
江苏品正光电科技有限公司	武进高新区	常州精控电机电器有限公司	湖塘镇
江苏普度自控技术有限公司	武进高新区	常州凯尼特医疗科技有限公司	湖塘镇
江苏钦越环保科技有限公司	武进高新区	常州蓝山机电科技有限公司	湖塘镇
江苏容天乐机械股份有限公司	武进高新区	常州朗兴涂装科技有限公司	湖塘镇
江苏融阳环保科技有限公司	武进高新区	常州铭瑞环境检测有限公司	湖塘镇
江苏闪闪控股集团有限公司	武进高新区	常州气弹簧有限公司	湖塘镇
江苏韶能博赢环保科技有限公司	武进高新区	常州仁华电子有限公司	湖塘镇
江苏图库曼环境科技有限公司	武进高新区	常州时进精密机械有限公司	湖塘镇
江苏万众精密工具有限公司	武进高新区	常州市大洋轴承制造有限公司	湖塘镇
江苏新瑞重工科技有限公司	武进高新区	常州市德标轴承有限公司	湖塘镇
江苏悦服科技有限公司	武进高新区	常州市风雷精密机械有限公司	湖塘镇
江苏智凯汽车安全系统有限公司	武进高新区	常州市豪乐机械有限公司	湖塘镇
金石机器人常州股份有限公司	武进高新区	常州市华纺纺织仪器有限公司	湖塘镇
精一门（常州）光学薄膜有限公司	武进高新区	常州市其威电力设备有限公司	湖塘镇
卡雷迪电气（常州）有限公司	武进高新区	常州市润祥电子科技有限公司	湖塘镇
快克智能装备股份有限公司	武进高新区	常州市尚嘉宏织造有限公司	湖塘镇
蓝冰河（常州）精密测量技术有限责任公司	武进高新区	常州市武进城南纺织品有限公司	湖塘镇
领先光学技术（江苏）有限公司	武进高新区	常州市武进金兴达医疗器械有限公司	湖塘镇
诺克威新材料（江苏）有限公司	武进高新区	常州市熙春电子有限公司	湖塘镇
奇普电源（常州）有限公司	武进高新区	常州市伊索自动化机械有限公司	湖塘镇
瑞声光电科技（常州）有限公司	武进高新区	常州市永锻机械有限公司	湖塘镇
三和油缸（常州）有限公司	武进高新区	常州市昱宏精密轴承有限公司	湖塘镇
伟拓嘉业自控设备（常州）有限公司	武进高新区	常州市振文传动设备有限公司	湖塘镇
先见智控科技（常州）有限公司	武进高新区	常州市中杲机电有限公司	湖塘镇
圆周率科技（常州）有限公司	武进高新区	常州市紫光滚针轴承有限公司	湖塘镇
智驱机电科技（常州）有限公司	武进高新区	常州同创医疗器械科技有限公司	湖塘镇
中汽研汽车检验中心（常州）有限公司	武进高新区	常州新蓝智能科技有限公司	湖塘镇
奥伟纳（常州）光电科技有限公司	湖塘镇	常州新区盛晖针纺织品有限公司	湖塘镇
博能电器（常州）有限公司	湖塘镇	常州岩马动力机械有限公司	湖塘镇
常州艾得尔塑胶材料有限公司	湖塘镇	常州长实电力科技有限公司	湖塘镇
常州艾力威塑业科技有限公司	湖塘镇	常州紫浩电子有限公司	湖塘镇
常州安达环保科技有限公司	湖塘镇	江苏道宁药业有限公司	湖塘镇
常州彼邻自动化科技有限公司	湖塘镇	江苏格里特医疗科技有限公司	湖塘镇
常州博医自动化科技有限公司	湖塘镇	江苏恒盈动力科技有限公司	湖塘镇
常州晨骄纺织有限公司	湖塘镇	江苏弘奇金属科技有限公司	湖塘镇

续表 35

企业名称	所在地	企业名称	所在地
江苏宁美新能源有限公司	湖塘镇	常州坚果信息科技有限公司	常州科教城
江苏欧密格光电科技股份有限公司	湖塘镇	常州卡恩纳机电有限公司	常州科教城
江苏秋泓环境检测有限公司	湖塘镇	常州坤宝软件科技有限公司	常州科教城
江苏旭泉电机股份有限公司	湖塘镇	常州朗微新能源科技有限公司	常州科教城
墨克智能工业技术（江苏）有限公司	湖塘镇	常州联讯信息科技有限公司	常州科教城
帕森（常州）电气有限公司	湖塘镇	常州路航轨道交通科技有限公司	常州科教城
普瑞斯星（常州）医疗器械有限公司	湖塘镇	常州迈骏机器人系统有限公司	常州科教城
云知枢科技（常州）有限公司	湖塘镇	常州纳欧新材料科技有限公司	常州科教城
常州安耐特电缆有限公司	湟里镇	常州能动新能源科技有限公司	常州科教城
常州超峰胶线科技有限公司	湟里镇	常州千帆环保科技有限公司	常州科教城
常州驰鑫机械有限公司	湟里镇	常州谦德智能科技有限公司	常州科教城
常州恒尔称重设备制造有限公司	湟里镇	常州锐博生物科技有限公司	常州科教城
常州凯捷链传动有限公司	湟里镇	常州实邦瑞尔机电科技有限公司	常州科教城
常州市郝莱泽机械有限公司	湟里镇	常州市布迪拉纺机设备有限公司	常州科教城
常州市厚坊机械有限公司	湟里镇	常州市工业互联网研究院有限公司	常州科教城
常州市家柯机械有限公司	湟里镇	常州市聚光宇业机电有限公司	常州科教城
常州市瑞宏轧辊有限公司	湟里镇	常州顺创电气科技有限公司	常州科教城
常州市盛杰合力化纤有限公司	湟里镇	常州糖族部落云健康科技有限公司	常州科教城
常州市铸安机械有限公司	湟里镇	常州雅谱新材料有限公司	常州科教城
常州苏菱科链传动有限公司	湟里镇	常州亚沁信息科技有限公司	常州科教城
常州腾兴汽车配件有限公司	湟里镇	常州燕润能源科技有限公司	常州科教城
常州轩豪机械有限公司	湟里镇	常州易尔泰智能传动技术有限公司	常州科教城
江苏东冶轧辊有限公司	湟里镇	常州易维动力科技有限公司	常州科教城
江苏利辉电力设备有限公司	湟里镇	常州永佳软件技术有限公司	常州科教城
江苏双菱链传动有限公司	湟里镇	常州中量高新技术有限公司	常州科教城
中禾科技（常州）股份有限公司	湟里镇	常州众明远自动化科技有限公司	常州科教城
常州华中机械有限公司	嘉泽镇	国创移动能源创新中心（江苏）有限公司	常州科教城
常州市君泰化纤制品有限公司	嘉泽镇	湖大科瑞（江苏）检测技术有限公司	常州科教城
常州市平晖机械制造有限公司	嘉泽镇	江苏靶标生物医药研究所有限公司	常州科教城
常州市时运压铸有限公司	嘉泽镇	江苏恒维智信息技术有限公司	常州科教城
常州新泽监控设备有限公司	嘉泽镇	江苏久诚检验检测有限公司	常州科教城
常州永转电机有限公司	嘉泽镇	江苏美淼环保科技有限公司	常州科教城
常州云帆轴承有限公司	嘉泽镇	江苏天策机器人科技有限公司	常州科教城
富蓝农业科技（江苏）有限公司	嘉泽镇	江苏易欧佰科技技术有限公司	常州科教城
常州昂德工业装备科技有限公司	常州科教城	江苏优驱机电科技有限公司	常州科教城
常州百特环保科技有限公司	常州科教城	江苏知至生物科技有限公司	常州科教城
常州佰承复合材料有限公司	常州科教城	江苏智邦精工科技有限公司	常州科教城
常州便捷网络科技有限公司	常州科教城	江苏中科机器人科技有限公司	常州科教城
常州大连理工大学智能装备研究院	常州科教城	居安自动化（常州）有限公司	常州科教城
常州分音塔科技有限公司	常州科教城	联泓（江苏）新材料研究院有限公司	常州科教城
常州格莱特光电科技有限公司	常州科教城	米谱科技（常州）有限公司	常州科教城
常州果米视界科技有限公司	常州科教城	纳恩博（常州）科技有限公司	常州科教城
常州虹濛信息技术有限公司	常州科教城	三艾（江苏）控股集团有限公司	常州科教城
常州吉科传动设备有限公司	常州科教城	天晟智享（常州）机器人科技有限公司	常州科教城

续表 35

企业名称	所在地	企业名称	所在地
微传智能科技（常州）有限公司	常州科教城	常州珂宸永馨精密机械有限公司	洛阳镇
秧艿物创数据科技（常州）有限公司	常州科教城	常州绿格装饰材料有限公司	洛阳镇
中国机械总院集团江苏分院有限公司	常州科教城	常州绿境环保科技有限公司	洛阳镇
常州戴格机械制造有限公司	礼嘉镇	常州膜达环保科技有限公司	洛阳镇
常州德荣复合材料有限公司	礼嘉镇	常州欧凯电器有限公司	洛阳镇
常州飞泰机械有限公司	礼嘉镇	常州瑞赛德能源科技有限公司	洛阳镇
常州浩焱机械有限公司	礼嘉镇	常州赛弗精密模具有限公司	洛阳镇
常州精浆可餐环保股份有限公司	礼嘉镇	常州市红园波纹管有限公司	洛阳镇
常州市艾迈斯电子有限公司	礼嘉镇	常州市宏昱磁业有限公司	洛阳镇
常州市八欧轴承有限公司	礼嘉镇	常州市华创电子设备有限公司	洛阳镇
常州市邦屹塑料包装有限公司	礼嘉镇	常州市华东冲片有限公司	洛阳镇
常州市程伟铸造有限公司	礼嘉镇	常州市晶晓电子有限公司	洛阳镇
常州市海润机电有限公司	礼嘉镇	常州市联胜封头制造有限公司	洛阳镇
常州市红光电能科技股份有限公司	礼嘉镇	常州市千腾机械有限公司	洛阳镇
常州市宏纳机械有限公司	礼嘉镇	常州市天之杰机械科技有限公司	洛阳镇
常州市晋宇浩正机械有限公司	礼嘉镇	常州市阳光铸造有限公司	洛阳镇
常州市蓝马机械制造有限公司	礼嘉镇	常州斯铂瑞汽车配件制造有限公司	洛阳镇
常州市迈卡威机械制造有限公司	礼嘉镇	常州泰盛机械设备有限公司	洛阳镇
常州市明通金属复合材料有限公司	礼嘉镇	常州碳酸钙有限公司	洛阳镇
常州市武进辰光电器制造有限公司	礼嘉镇	常州新广运电器有限公司	洛阳镇
常州市阅诺新材料有限公司	礼嘉镇	常州鑫昇隆无纺科技有限公司	洛阳镇
常州市中天磁业有限公司	礼嘉镇	常州易苏智能家居有限公司	洛阳镇
常州双盛精密锻造有限公司	礼嘉镇	常州卓毅焊接设备有限公司	洛阳镇
常州拓顿精密机械有限公司	礼嘉镇	江苏常美医疗器械有限公司	洛阳镇
常州新泽铭德电子有限公司	礼嘉镇	江苏常意电机科技有限公司	洛阳镇
常州长江医疗设备有限公司	礼嘉镇	江苏康佳智能电器有限公司	洛阳镇
蒂普玛（常州）精密机械有限公司	礼嘉镇	江苏康频电器科技有限公司	洛阳镇
江苏常发农业装备股份有限公司	礼嘉镇	江苏洛凯电气有限公司	洛阳镇
江苏达拉斯机电有限公司	礼嘉镇	江苏洛凯智能科技有限公司	洛阳镇
江苏戴纳米克机械科技有限公司	礼嘉镇	江苏铭星智能家居有限公司	洛阳镇
江苏迪睿特光电科技有限公司	礼嘉镇	江苏伊维尔医疗器械有限公司	洛阳镇
江苏华凌机电科技有限公司	礼嘉镇	江苏月仙冷藏设备集团有限公司	洛阳镇
江苏联松自动化科技有限公司	礼嘉镇	克鲁格（江苏）冷链科技有限公司	洛阳镇
江苏林辉塑料制品有限公司	礼嘉镇	焜月电器科技（常州）有限公司	洛阳镇
江苏绿叶环保科技仪器有限公司	礼嘉镇	施德伯技术（常州）有限公司	洛阳镇
江苏腾驰科技有限公司	礼嘉镇	阿历达（常州）智能科技有限公司	武进绿建区
英特曼照明电子（常州）有限公司	礼嘉镇	盎锐（常州）信息科技有限公司	武进绿建区
竹展集团有限公司	礼嘉镇	贝赛尔科技（常州）有限公司	武进绿建区
佰图实验室系统设备（江苏）有限公司	洛阳镇	常州精诚百信检测技术有限公司	武进绿建区
常州奥普托机械制造有限公司	洛阳镇	常州三次方精密模具有限公司	武进绿建区
常州宝捷冲片有限公司	洛阳镇	常州申立通模具有限公司	武进绿建区
常州津兆机电科技有限公司	洛阳镇	常州市元瑞电机科技有限公司	武进绿建区
常州钜德鼎电气有限公司	洛阳镇	常州泰伊尔特科技有限公司	武进绿建区
常州凯斯特制冷设备有限公司	洛阳镇	常州新兰陵电力辅助设备有限公司	武进绿建区

续表 35

企业名称	所在地	企业名称	所在地
格域新材料科技（江苏）有限公司	武进绿建区	常州真友矿山设备有限公司	牛塘镇
江苏格耀机械科技有限公司	武进绿建区	常州智达自动化科技有限公司	牛塘镇
江苏海纺智能机械有限公司	武进绿建区	大合全（常州）电气有限公司	牛塘镇
江苏荷美智能农牧设备有限公司	武进绿建区	江苏勒捷特自控科技有限公司	牛塘镇
江苏克力空调有限公司	武进绿建区	常州艾博格电器有限公司	前黄镇
江苏利特乐智能科技有限公司	武进绿建区	常州邦峰机械科技有限公司	前黄镇
江苏溧澔环保水务有限公司	武进绿建区	常州步速者机械制造有限公司	前黄镇
江苏绿建韧性城市研究院有限公司	武进绿建区	常州超声电子有限公司	前黄镇
江苏申达检验股份有限公司	武进绿建区	常州驰恩机械制造有限公司	前黄镇
江苏威科腾电机驱动技术有限公司	武进绿建区	常州丰锦塑胶科技有限公司	前黄镇
江苏泽恩机械科技有限公司	武进绿建区	常州久藤电气有限公司	前黄镇
久瓴（江苏）数字智能科技有限公司	武进绿建区	常州凯红动力机械有限公司	前黄镇
科斯睿智能信息系统（常州）有限公司	武进绿建区	常州朗卓机电科技有限公司	前黄镇
常州邦泽精密机械有限公司	牛塘镇	常州灵塑科技发展有限公司	前黄镇
常州驰美展示器材制造有限公司	牛塘镇	常州龙成塑业有限公司	前黄镇
常州光明灯泡有限公司	牛塘镇	常州启藤电工机械科技有限公司	前黄镇
常州建富光电仪器有限公司	牛塘镇	常州润拓不锈钢有限公司	前黄镇
常州江泉传动科技有限公司	牛塘镇	常州市常协柴油机机体有限公司	前黄镇
常州康普瑞汽车空调有限公司	牛塘镇	常州市丰瑞泡沫制品有限公司	前黄镇
常州明磁卓控智能科技有限公司	牛塘镇	常州市开普顿精密机械有限公司	前黄镇
常州迁迈机械设备技术有限公司	牛塘镇	常州市凯宏铝业有限公司	前黄镇
常州热盛换热器有限公司	牛塘镇	常州市盛诺管业有限公司	前黄镇
常州瑞鼎新材料科技有限公司	牛塘镇	常州市天香南方玻璃钢有限公司	前黄镇
常州森源开关有限公司	牛塘镇	常州市英特通用机械设备有限公司	前黄镇
常州尚彩科技有限公司	牛塘镇	常州市祝庄园艺有限公司	前黄镇
常州市禾昌智能科技有限公司	牛塘镇	常州斯沃德机械科技有限公司	前黄镇
常州市恒源电力机械有限公司	牛塘镇	常州中航泰克船舶装备有限公司	前黄镇
常州市惠德包装材料有限公司	牛塘镇	常州铸鼎机械有限公司	前黄镇
常州市巨洋机电有限公司	牛塘镇	环宇光伏科技（常州）有限公司	前黄镇
常州市君豪纺织品有限公司	牛塘镇	江苏安工幕墙新材料有限公司	前黄镇
常州市科红轴承制造有限公司	牛塘镇	江苏常灵科技有限公司	前黄镇
常州市科启新电子有限公司	牛塘镇	江苏华东明茂机械有限公司	前黄镇
常州市朗轩斯精密机械有限公司	牛塘镇	江苏南江减速机有限公司	前黄镇
常州市雷尔达传动机械有限公司	牛塘镇	江苏普立尔环保科技有限公司	前黄镇
常州市青洲工具有限公司	牛塘镇	江苏熙天时环保科技有限责任公司	前黄镇
常州市天纺苑智造科技有限公司	牛塘镇	江苏盈通建设科技发展有限公司	前黄镇
常州市五洲环保科技有限公司	牛塘镇	巴斯特医药科技（常州）有限公司	西太湖科技产业园
常州市银腾机械有限公司	牛塘镇	常州艾欧塔物联网科技有限公司	西太湖科技产业园
常州市引泉电子有限公司	牛塘镇	常州比戈尔洁具有限公司	西太湖科技产业园
常州首信智能制造有限公司	牛塘镇	常州博恩中鼎医疗科技有限公司	西太湖科技产业园
常州斯派诺医疗器械有限公司	牛塘镇	常州博康特材科技有限公司	西太湖科技产业园
常州特丽特光电科技有限公司	牛塘镇	常州博美医疗科技有限公司	西太湖科技产业园
常州文盛纺织有限公司	牛塘镇	常州博睿胶粘科技有限公司	西太湖科技产业园
常州一诺塑料科技有限公司	牛塘镇	常州财门智能科技有限公司	西太湖科技产业园

续表 35

企业名称	所在地	企业名称	所在地
常州第六元素半导体有限公司	西太湖科技产业园	江苏财沃机械科技有限公司	西太湖科技产业园
常州鼎健医疗器械有限公司	西太湖科技产业园	江苏常赛检测科技有限公司	西太湖科技产业园
常州富丽宸精密机械有限公司	西太湖科技产业园	江苏常阳科技有限公司	西太湖科技产业园
常州富益德精密机械有限公司	西太湖科技产业园	江苏弗泰流体温控设备有限公司	西太湖科技产业园
常州国洁环保科技有限公司	西太湖科技产业园	江苏久煜智能制造股份有限公司	西太湖科技产业园
常州国药医学检验实验室有限公司	西太湖科技产业园	江苏钜明照明电器有限公司	西太湖科技产业园
常州恒丰特导股份有限公司	西太湖科技产业园	江苏力速达液压有限公司	西太湖科技产业园
常州华阳检验检测技术有限公司	西太湖科技产业园	江苏赛灵医疗科技有限公司	西太湖科技产业园
常州佳德医药科技有限公司	西太湖科技产业园	江苏拓邦机器人有限公司	西太湖科技产业园
常州科华广通轴承有限公司	西太湖科技产业园	江苏碳元舒适加建筑科技有限公司	西太湖科技产业园
常州科伶洁清洁设备有限公司	西太湖科技产业园	江苏维尔生物科技有限公司	西太湖科技产业园
常州莱特康光电科技有限公司	西太湖科技产业园	江苏西城风机驱动技术有限公司	西太湖科技产业园
常州朗合医疗器械有限公司	西太湖科技产业园	江苏先诺新材料科技有限公司	西太湖科技产业园
常州朗脉洁净技术有限公司	西太湖科技产业园	江苏新冠制动科技有限公司	西太湖科技产业园
常州美胜生物材料有限公司	西太湖科技产业园	江苏星凯新能源科技有限公司	西太湖科技产业园
常州美硕电子有限公司	西太湖科技产业园	江苏泽邦包装材料有限公司	西太湖科技产业园
常州姆驰机电有限公司	西太湖科技产业园	江苏中广泳池科技有限公司	西太湖科技产业园
常州曲辰环保科技有限公司	西太湖科技产业园	美拓电线（常州）有限公司	西太湖科技产业园
常州瑞弗莱医疗器械有限公司	西太湖科技产业园	南一智能装备（常州）有限公司	西太湖科技产业园
常州瑞阳液压成套设备有限公司	西太湖科技产业园	庞贝捷智慧科技（江苏）有限公司	西太湖科技产业园
常州润来科技有限公司	西太湖科技产业园	普洛泰克医疗科技发展（常州）有限公司	西太湖科技产业园
常州萨柏美格医用气体设备有限公司	西太湖科技产业园	首贯（常州）智能科技有限公司	西太湖科技产业园
常州赛锐仪器科技有限公司	西太湖科技产业园	思贝尔电气有限公司	西太湖科技产业园
常州山由帝杉防护材料制造有限公司	西太湖科技产业园	苏文电能科技股份有限公司	西太湖科技产业园
常州神鹰碳塑复合材料有限公司	西太湖科技产业园	天衍医疗器材有限公司	西太湖科技产业园
常州胜威塑料有限公司	西太湖科技产业园	万桦（常州）新材料科技有限公司	西太湖科技产业园
常州市迪伯特新能源科技有限公司	西太湖科技产业园	芯晟捷创光电科技（常州）有限公司	西太湖科技产业园
常州市嘉驰滚针轴承有限公司	西太湖科技产业园	越泰动力科技常州有限公司	西太湖科技产业园
常州市科能电器有限公司	西太湖科技产业园	常州安诚线缆机械有限公司	雪堰镇
常州市旷跃机械有限公司	西太湖科技产业园	常州安迪维换热器有限公司	雪堰镇
常州市南方驱动技术有限公司	西太湖科技产业园	常州奥赛林液压气动元件有限公司	雪堰镇
常州市南翔医疗器械有限公司	西太湖科技产业园	常州堡玛升机械科技有限公司	雪堰镇
常州市武进金宝电机有限公司	西太湖科技产业园	常州秉瑞换热器科技有限公司	雪堰镇
常州市延陵电子设备有限公司	西太湖科技产业园	常州飞云能源设备科技有限公司	雪堰镇
常州市正恒汽车配件有限公司	西太湖科技产业园	常州昊天环保设备有限公司	雪堰镇
常州思瑞电力科技有限公司	西太湖科技产业园	常州恒立气动科技有限公司	雪堰镇
常州思雅医疗器械有限公司	西太湖科技产业园	常州及物智能科技有限公司	雪堰镇
常州苏特轴承制造有限公司	西太湖科技产业园	常州凌旷机械有限公司	雪堰镇
常州天龙医用新材料有限公司	西太湖科技产业园	常州诺丁精密机械制造有限公司	雪堰镇
常州烯聚新材料科技有限公司	西太湖科技产业园	常州浦发机械有限公司	雪堰镇
常州亿霖信息技术有限公司	西太湖科技产业园	常州曲线数控科技有限公司	雪堰镇
常州益锐医疗器材有限公司	西太湖科技产业园	常州十方精密机械有限公司	雪堰镇
常州优纳新材料科技有限公司	西太湖科技产业园	常州市奥翔机械制造有限公司	雪堰镇
富维海诺汽车科技（常州）有限公司	西太湖科技产业园	常州市醇通机械科技有限公司	雪堰镇
江苏安特尔医疗科技有限公司	西太湖科技产业园	常州市恩荣液压科技有限公司	雪堰镇
江苏博研工程设计咨询有限公司	西太湖科技产业园	常州市海森包装制品有限公司	雪堰镇

续表 35

企业名称	所在地	企业名称	所在地
常州市金兔机械有限公司	雪堰镇	江苏科晨自动化科技有限公司	雪堰镇
常州市乐非机电有限公司	雪堰镇	江苏旷吉汽车附件有限公司	雪堰镇
常州市隆金机械有限公司	雪堰镇	江苏明朗医疗器械科技有限公司	雪堰镇
常州市巧特莱重型液压油缸有限公司	雪堰镇	江苏普森帝照明有限公司	雪堰镇
常州市天磊传动机械有限公司	雪堰镇	江苏圣贤锻造有限责任公司	雪堰镇
常州市武进安圩液压件制造有限公司	雪堰镇	江苏思缔医疗科技有限公司	雪堰镇
常州市武进海力制辊有限公司	雪堰镇	江苏湘林嘉雨机械有限公司	雪堰镇
常州市武进鸿程汽车配件有限公司	雪堰镇	江苏易之迪液压科技有限公司	雪堰镇
常州市武进天宇液压件有限公司	雪堰镇	旷达汽车饰件系统有限公司	雪堰镇
常州市新涵油缸制造有限公司	雪堰镇	常州皓鸣信息科技有限公司	中以常州创新园
常州锡润机械制造有限公司	雪堰镇	常州聚芯生物科技有限公司	中以常州创新园
常州益智机械有限公司	雪堰镇	常州洛凯自动化技术有限公司	中以常州创新园
东洋和光净化材料（江苏）有限公司	雪堰镇	常州市支点机器人科技有限公司	中以常州创新园
江苏碧源泳池装备有限公司	雪堰镇	龙城明琦科技（常州）有限公司	中以常州创新园
江苏恒泰泳池科技股份有限公司	雪堰镇	谱为科技（常州）有限公司	中以常州创新园
江苏惠斯通机电科技有限公司	雪堰镇	胜德机器人科技（常州）有限公司	中以常州创新园

【科技金融扶持中小企业】 2023年，武进区贯彻《江苏省推进高新技术企业高质量发展若干政策》《江苏省人民政府办公厅关于加强和优化科创金融供给服务科技自立自强的意见》文件精神，响应创新链、产业链、资金链、人才链四链融合，进一步促进科技和金融良性互动发展。区科技局协同区金融局草拟《武进区金融服务科技创新工作实施方案》。加大科技金融服务，续签全区科技型中小企业风险补偿资金贷款业务合作协议及“武科贷”业务合作协议，向52家企业投放贷款1.14亿元；联合江南农商行持续推进“惠科企服务直通车”专项活动，向81家企业提供贷款6.1亿元。

（张建忠）

科技项目

【概况】 2023年，武进区坚持创新驱动发展战略，争取各级政策资源，鼓励企业自主创新，推介优质创新项目立项。申报市级及以上科技计划项目588个，获立项257个、项目经费1.89亿元。其中，立项国家级6个（国家自然科学基金项目2个、人才项目4个），省级88个，共获项目经费近亿元。区科技局编制区级科技计划项目指南，受理区级各类科技计划项目申报，组织专家评审，实施社会发展、软科学等奖励类科技计划项目69个，下达项目经费3584.88万元。至年底，验收社会发展科技项目38个。

【农业科技项目立项】 2023年，武进区围绕乡村振兴战略实施，重点支持农业科研机构、农业科技园区、农业科技型企业等，在新品种选育、智慧农业、生态和生物农业等技术领域开展关键技术攻关、农业科技人才引进培养，鼓励产学研交流与合作，加强新品种、新技术、新模式集成创新与示范引领，为加快实现农业农村现代化提供科技支撑。江苏立华牧业股份有限公司承担的“常州市优质禽种业发展创新中心”、江苏（武进）水稻研究所承担的“常州粳稻种业发展创新中心”获常州市农业科技支撑—创新平台建设项目立项，获项目经费100万元。常州市五洲环保科技有限公司承担的“PTA污泥资源化制备土壤调理剂及应用技术研究”等7个项目获市科技计划（农业科技支撑）项目立项，获项

8月31日，“吾进·创客荟”科技项目路演专场活动在“两湖”创新区规划展示馆举行

（供图/区科技局）

目经费90万元。获区科技创新发展专项资金（农业）项目立项4个，下达奖励资金50万元。

【社会民生领域项目立项】 2023年，武进区围绕人民生活高质量发展的要求，推进科技惠民行动计划，重点支持人口健康、生态环境、公共安全和公共服务等重点领域技术研究及示范，培育民生科技相关产业，提升科技惠民能力和水平，为社会发展及生态文明建设提供科技支撑。江苏靶标生物医药研究所有限公司承担的“肿瘤靶向性细菌介导的时空特异性基因治疗系统研发”项目获省社会发展项目立项，获经费100万元。江苏博隆锦欣环保设备有限公司承担的“钢板酸洗智能装备及废水资源化关键技术研发”项目等13个项目获市科技计划（社会发展科技支撑）项目立项，获经费220万元。立项区科技创新发展专项资金（社会发展）项目11个，下达奖励资金130.93万元。

【省级科技项目立项】 2023年，武进区获省级科技项目立项88个、经费8600万元。其中，省科技成果转化专项资金项目5个、省重点研发计划与关键核心技术项目2个、省级科技人才类项目10个，分别获项目经费3600万元、600万元、1200万元。

表36 2023年武进区新增省级及以上科技项目情况表

项目类别	项目名称	承担单位
省科技成果转化专项资金项目	高性能数字式液压多路阀关键技术研发及产业化	江苏恒立液压股份有限公司
	超大扭矩重载减速器研发及产业化	江苏国贸减速机股份有限公司
	癫痫智能诊疗用高性能数字脑电图机的研发及产业化	博睿康科技（常州）股份有限公司
	高效高可靠锂电池负极材料柔性自动化产线研发及产业化	江苏道金智能制造科技股份有限公司
	锂电池正极材料高效绿色智能生产系统研发及产业化	常州百利锂电智慧工厂有限公司
苏南国家自主创新示范区建设高新区奖励补助资金项目	2022年苏南国家自主创新示范区建设专项资金高新区奖励补助	武进国家高新技术产业开发区
	2022年苏南国家自主创新示范区建设专项资金高新区奖励补助	武进西太湖科技产业园
省重点研发计划产业前瞻与关键核心技术	晶圆级石墨烯类二维半导体材料及其逻辑和光源器件关键技术研发	江苏江南烯元石墨烯科技有限公司
	石墨烯类二维半导体晶圆的关键表征技术研发	江南石墨烯研究院
重点研发计划（社会发展）项目	肿瘤靶向性细菌介导的时空特异性基因治疗系统研发	江苏靶标生物医药研究所有限公司
基础研究计划自然科学基金（青年基金）项目	CO_2绿色低成本制备生物基聚（PEF）关键技术研究	联泓（江苏）新材料研究院有限公司
基础研究计划（自然科学基金）面上项目	运动状态下创面微环境监测及伤口修复动态湿性愈合机制	北京化工大学常州先进材料研究院
	氮化碳基光电化学传感器的设计、制备及检测有机磷类农药残留的应用研究	常州江苏大学工程技术研究院
苏南国家自主创新示范区建设专项资金高新区奖励补助资金	2023年苏南国家自主创新示范区建设专项资金高新区奖励补助	武进国家高新技术产业开发区
全省高新技术产业开发区奖励资金	2023年全省高新技术产业开发区奖励资金	江苏省西太湖高新技术产业开发区（筹）
省级工程技术研究中心	江苏省高性能聚酰亚胺纤维及产品应用工程技术研究中心	江苏先诺新材料科技有限公司
	江苏省药用辅料工程技术研究中心	江苏道宁药业有限公司
	江苏省新能源汽车热管理系统工程技术研究中心	常州恒创热管理有限公司
	江苏省气相色谱仪工程技术研究中心	常州磐诺仪器有限公司
	江苏省光储充一体化测评技术工程技术研究中心	中汽研汽车检验中心（常州）有限公司
	江苏省高效安全可靠环保型换热器工程技术研究中心	风凯换热器制造（常州）有限公司
	江苏省收获机装备工程技术研究中心	常州常发重工科技有限公司
	江苏省高性能水处理膜工程技术研究中心	恩泰环保科技（常州）有限公司
	江苏省弹簧制动气室工程技术研究中心	江苏恒鑫正宏科技有限公司
	江苏省高效全背极电池组件工程技术研究中心	江苏格林保尔新能源有限公司
	江苏省光学用高能效扩散板工程技术研究中心	常州奥智高分子集团股份有限公司

续表 36

项目类别	项目名称	承担单位
省级工程技术研究中心	江苏省新型智能化输配电装备工程技术研究中心	卡雷迪电气（常州）有限公司
	江苏省注塑机及成套液压系统工程技术研究中心	恩格尔注塑机械（常州）有限公司
	江苏省高性能果园机械工程技术研究中心	常州翔升农机有限公司
	江苏省特种齿轮工程技术研究中心	常州市格里森前进齿轮有限公司
	江苏省数字电网多维感知工程技术研究中心	江苏久创电气科技有限公司
	江苏省高密度射频及光纤连接器组件工程技术研究中心	灏讯电缆连接器制造（常州）有限公司
	江苏省非织造布高性能纺织设备工程技术研究中心	常州惠明精密机械有限公司
	江苏省污水处理膜组件装备工程技术研究中心	江苏今创环境集团有限公司
江苏省产研院联合创新中心	JITRI－君华特塑联合创新中心	江苏省君华特种工程塑料有限公司
	JITRI－回天新材联合创新中心	常州回天新材料有限公司
	JITRI－华阳检测联合创新中心	常州华阳检验检测技术有限公司
	JITRI－苏文电能联合创新中心	苏文电能科技股份有限公司
	JITRI－先诺新材联合创新中心	江苏先诺新材料科技有限公司
	JITRI－海鸥股份联合创新中心	江苏海鸥冷却塔股份有限公司
	JITRI－美森科技联合创新中心	江苏美森环保科技有限公司
省科技副总	李嘉元	江苏江南烯元石墨烯科技有限公司
	杨丽娟	常州德申环保工程有限公司
	李　健	江苏泷膜环境科技有限公司
	刘雪峰	江苏美森环保科技有限公司
	景征骏	江苏新华陵汽车电器有限公司
	卜久贺	江苏天衍环境科技有限公司
	桂豪冠	常州纳欧新材料科技有限公司
	汪　熙	常州市艾森塑料科技有限公司
	柯善林	常州市武进长虹结晶器有限公司
	费　菲	江苏四世同堂养老产业发展有限公司
	邵　敏	江苏尚科环境工程有限公司
	李英柳	常州小开智能电子科技有限公司
	徐惠斌	江苏道金智能制造科技股份有限公司
	杨　磊	江苏绿和环境科技有限公司
	徐点点	常州市伟达合金材料有限公司
	韩东序	常州鼎堂传动科技有限公司
	郭　悬	江苏宏远科技工程有限公司
	牛龙江	常州市豪乐机械有限公司
	施云波	常州裕东制辊有限公司
	余爱梅	想莱（常州）节能科技有限公司
	程　娟	常州市军锐机械有限公司
	祝显强	江苏诺瑞思医疗器械有限公司
	赵　科	常州市武进东风汽车部件有限公司
	陈艳丽	常州天策电子科技有限公司
	孔庆杰	江苏九洲包装科技有限公司
	石云飞	常州市巨佳机器人科技有限公司
省双创人才项目（企业创新类）	王博士	壹久新能源科技（江苏）有限公司
	谢博士	常州纵慧芯光半导体科技有限公司
	蔡博士	万帮数字能源股份有限公司

续表 36

项目类别	项目名称	承担单位
省双创人才项目（企业创新类）	孔博士	恩泰环保科技（常州）有限公司
	张博士	常州福洛森医疗科技有限公司
	战博士	江苏先诺新材料科技有限公司
	方博士	新纶电子材料（常州）有限公司
	孟博士	常州硅源新能材料有限公司
	林博士	常州硅源新能材料有限公司
	吴博士	睿尔曼智能科技（江苏）有限公司
	王博士	康宁反应器技术有限公司
	侯博士	常州英诺激光科技有限公司
	刘博士	常州承芯半导体有限公司
	窦博士	中科深蓝汇泽新能源（常州）有限责任公司
	牛博士	常州纵慧芯光半导体科技有限公司
	刘博士	江苏君华特种工程塑料制品有限公司
	杨博士	常州福洛森医疗科技有限公司
	任博士	常州硅源新能材料有限公司
省双创团队（科技类）	王博士、杨博士、丁博士、程博士	江苏恒立液压股份有限公司
省国际科技合作	快克股份日本半导体高端封装设备研发中心建设	快克智能装备股份有限公司
	基于多传感器融合的无人驾驶车辆障碍物探测系统及云网关联合研发	顺为智能科技（常州）有限公司

【“超大扭矩重载减速器研发及产业化”项目】 9月，被省科技厅认定为省科技成果转化资金项目，获省资助经费1000万元。该项目由江苏国茂减速机股份有限公司承担，产学研合作方为中国矿业大学，新增投入6000万元，研发超大扭矩重载减速器，包括100～2600千牛／米超大扭矩标准系列与2600～6000千牛／米超大扭矩的定制化减速器，突破超大扭矩重载减速器齿面改性强化与轻量化设计、油气混合润滑与散热降噪协同调控技术、超大扭矩重载减速器数字孪生状态数据交互与智能运维技术，构建超大扭矩重载减速器全状态智能监测与运维平台，实现稳定运行时间大于5万小时，达产后可年生产200台（套）。项目实施期内，累计销售目标产品500台（套），实现销售收入1.5亿元（不含税）。

【“高性能数字式液压多路阀关键技术研发及产业化”项目】 9月，被省科技厅认定为省科技成果转化资金项目，获省资助经费1000万元。该项目由江苏恒立液压股份有限公司承担，产学研合作方为南京理工大学，新增投入1.01亿元，研发HVSP系列高性能数字片式液压多路阀，提出温压、位移在线校正及流量高精度间接测量方法，引领温压补偿流量高精度测量技术，提高多路阀多维状态感知性能，使之主阀位移重复定位精度达到0.025毫米；提出基于参数自适应调节的位置／流量／压力多模式智能控制技术，引领多路阀参数辩识与干扰补偿技术，提升数字液压多路阀控制性能，使之具有位置控制、压力控制以及流量控制3种控制模式；形成基于失效逻辑与数据融合的智能故障诊断技术，引领多路阀缓变故障智能诊断技术，提升数字液压多路阀智能故障诊断能力，使之至少具有5种故障检测类别。项目实施期内，完成销售目标产品1.5万台，实现销售收入1.8亿元（不含税）。

【“高效高可靠锂电池负极材料柔性自动化产线研发及产业化”项目】 9月，被省科技厅认定为省科技成果转化资金项目，获省资助经费300万元、地方资助300万元。该项目由江苏道金智能制造科技股份有限公司承担，新增投入6000万元，研发高效高可靠锂电池负极材料柔性自动化产线，包括配混料系统（HL系列）及气力输送系统（QL系列），主要用于锂电池负极材料在干燥、细磨整形、造粒等工序的配混料及高效气力输送；配混料系统通过柔性对接、精确称量等技术将各工艺段负极材料柔性配混料，高效气力输送系统利用空气的能量将粉粒状散装物料连续稳定的输送。项目实施期内，年产生产线设备50台（套），实现销售收入（不含税）1.5亿元。

【“癫痫智能诊疗用高性能数字脑电图机的研发及产业化”项目】 9月，被省科技厅认定为省科技成果转化资金项目，获省资助经费1000万元。该项目由博睿康科技（常州）股份有限公司承担，产学研合作方为清华大学、江苏省人民医院、中国人民解放军东部战区总医院，新增投入6000万元。进一步研究癫痫术中快速脑功能区定位技术，优化感觉功能区和运动功能区等的快速精准区分和定位，保证术中需求，避免和减少脑功能损害，不出现并发功能障碍，保证手术的安全和疗效。优化硬件、软件技术及工艺，开发重症患者癫痫诊疗设备，降低设备使用的复杂性，保证设备在ICU、智慧手术室、远程医疗等复杂环境下的稳定性。建立癫痫脑电信号数据库，优化智能诊断算法。针对难治性癫痫，建立具有典型特征的临床癫痫脑电数据库。优化致痫灶及致痫网络的快速精准定位、异常放电强度／频次等指标的自动计算与分析，优化智能分级与诊断的人工智能算法，满足个异性癫痫患者应用。研究基于 NMM 方法构建的个体化虚拟脑癫痫网络模型，定位癫痫起始区、传播区，对癫痫发作进行预测，并通过虚拟刺激找到最优调控癫痫脑网络方法，指导癫痫诊疗。项目实施期内，年产癫痫智能诊疗用高性能数字脑电图机 300 台（套），实现销售收入 1.8 亿（不含税）。

7 月 14 日，副区长王栋（右三）等接待剑桥大学石墨烯研究中心创始人 Andrea Ferrari（右四）教授考察西太湖石墨烯产业　（供图／区科技局）

【“锂电池正极材料高效绿色智能生产系统研发及产业化”项目】 9 月被省科技厅认定为省科技成果转化资金项目，获省资助经费 600 万元。该项目由常州百利锂电智慧工厂有限公司承担，产学研合作方为南京航空航天大学，新增投入 7000 万元。项目研发吨包装智能开包系统，实现智能化、高效率、无接触、大载重的锂电池材料开包，降低开包过程的粉尘外泄和原料污染，最终实现成品磁性异物的含量小于 10ppb；研发高精度均匀精细干燥系统，满足锂电池正极材料快速干燥与水分含量精准控制要求，抑制异物污染和粉体颗粒表面损伤，有效提高成品品质，实现干燥系统的出料水分含量小于 0.1%；研究窑炉余热高效循环利用与尾气杂质脱离技术，采用热传递动力学理论以及高频脉冲振动排料技术，满足锂电池材料快速干燥与水分含量精准控制，实现单台窑炉产能 300 千克／小时、整机节能（窑炉）大于 40%；研发面向无人化柔性生产的移动机器人复杂环境调度与智能物流技术，大幅提升产品转运效率以及车间生产的智能化、规模化水平；开发基于数字孪生的产线全流程大数据智能监控、诊断与运维技术，提高运维效率，降低运维成本。项目实施期内，销售目标产品 30 台（套），实现销售收入 3.5 亿元，缴税 2000 万元，净利润 3600 万元。

（张建忠）

国际科技合作

【概况】 2023 年，武进区坚持开放创新与协同创新相融合，加快科技创新国际化步伐，瞄准重点合作国家和地区广开合作渠道，创新对外交流方式，引进和集聚国际科技创新资源，推进中以常州创新园、常州中德创新园、中欧（常州）绿色创新园等国际科技合作园区建设。获各级政策引导类计划（国际科技合作）项目立项 9 个，其中省级 2 个、市级 7 个，分别获项目经费 270 万元、170 万元。推进落实中国与以色列签署的《中以创新合作行动计划（2022—2024）》，举办德国科研体系及弗劳恩霍夫创新体系研讨会、“嵌入式物联 & 工业大数据”产品发布会、2023 数字革命推动创新和发展国际研讨会等较有影响力的国际科技交流活动 10 余场次。

【常州中德创新园】 位于常州科教城，是常州市与友好城市德国埃森市重点合作项目，于 2013 年启动建设，2016 年由国家发展改革委和欧盟驻华使团联合授予“中欧城镇化伙伴关系示范区”称号，拥有中德产业创新与合作中心（常州）、常州科技经济发展中心（埃森）、常州科教城创研港等平台。2023 年，中德创新园深化产业科技合作交流，促成科技成果落地转化，组织开展国际交流活动 6 场：弗劳恩霍夫应用研究促进协会举办“德国科研体系及弗劳恩霍夫创新体系研讨会”“嵌入式物联 & 工业大数据”产品发布会，中德中心举办“留德海归之家”活动，江苏德琛常工新能源科技创新有限公司举办亚琛工大国际学院中国办事处揭牌仪式，牛津大学科技创新（常州）中心举办 2023 数字革命推动创新和发展国际研讨会，常州普适信息科技有限公司举办第四届苏南国际技术转移机构研讨会暨中德新能源创新成果路演。常州弗朗霍夫（IOSB）技术展示与转化基地获发明专利 1 件、实用新型 3 件、外观专利 3 件，完成区工信局智改数转合作项目，申报创建省级技术经理人事务所，与德国弗劳恩霍夫研究所、慕尼黑工大、伊尔迈瑙工业大学等进行技术、人才和学术交流，积极引荐国际优质项目和海外高层次人才。中德产业创新与合作中心（常州）完成省国际合作项目验收，获评常州市最具活力科技服务机构前十强，入选“江苏省科协海智国际研发社区”。江苏德琛常工新能源科技创新有限公司与常州工学院联合成立低温高压氢用材料检测重点实验室，开展氢材料、氢阀门技术研发及应用研究；与哈工大签订合作协议，布局氢电池技术在船舶领域的合作开发。牛津大学科技创新（常州）中心与牛津智能估值公司、布鲁内尔大学、KIT 中德产业技术研究院等开展战略合作，签署多项技术转移合作协议。组织园区相关单位申报科技部、科技厅相关对外国际科技合作项目，通过国际合作省、市项目验收 12 个。组织申报国际科技合作市级项目 9 个，获立项 1 个；组织常州海科物联网科技有限公司等 3 家企业申报国际科技合作省级项目 3 个。积极招引海外人才项目，与刘东海博士洽谈合作数字货币合约与交易风险管控智能解决方案项目，与英国 EGG

项目洽谈落地事宜。组织园区有关单位参加中东欧技术对接会、江苏省双边产业研发合作计划推介。

【中欧（常州）绿色创新园】 位于武进绿建区，2020年10月成立，依托武进良好产业基础和武进绿建区绿色建筑产业集聚示范区，建立政府引导、市场主导、企业参与的中欧双边工作机制，打造中欧绿色伙伴关系常州样板、联合国工业发展组织绿色创新发展国际示范区。2023年，中欧（常州）绿色创新园围绕绿色低碳节能领域，加强中欧低碳产业合作，促进绿色低碳产业创新发展，重点在资源再生利用、零碳技术、智慧城市等产业领域，促成中欧技术合作，集聚中欧合作项目，形成涵盖绿色低碳全产业链的差异化特色产业形态。获联合国工业发展组织"生态设计理念在中国工业设计领域应用项目"试点单位授牌，国际合作成果被纳入中英、中法部级合作清单。获取中欧国际项目信息120余个，落地项目30余项，其中总投资2.5亿美元的中欧蔚蓝谷项目、总投资10亿元的德国摩比亚智能装备项目完成投资签约；总投资3000万元的西班牙美卓伦超声波流量计项目、总投资3000万元的宝合工器具智能化管理集成系统项目建成投运。与德国建筑和能源教育服务中心、欧美同学会北欧零碳委员会、全球先进制造研究所等多家海内外高校、创新机构、重点企业建立合作关系，形成技术合作10项。与英国、芬兰、奥地利等欧洲国家使领馆以及联合国工业发展组织等机构，开展"常州俄罗斯彼尔姆市企业对接会""芬兰企业进江苏——中芬低碳节能产业创新合作交流会""中英职业技能与教育交流研讨会"以及"中奥绿色建筑产业合作交流会"项目交流对接活动。新增高新技术企业13家，招引科技型中小企业31家，获评常州市外专工作室1个。培育江苏省专精特新"小巨人"企业2家、市级专精特新中小企业3家、省级科技企业孵化器1家、常州市种子独角兽企业3家、常州市工程技术研究中心5个，相关企业申请专利230件。中欧低碳学堂建成投运，与德国柏林工业大学、丹麦威卢克斯、英国NPTC学院集团多家知名中欧高校、机构、重点企业达成课程开发合作协议，基本形成国际化课程体系，开展各类培训20场次，参训2000余人次。

（张建忠）

科技创新创业服务平台

【概况】 2023年，武进区加大政策扶持力度，打造高能级双创平台，紧抓重要平台提档升级，突出特色平台引领示范。出台《镇域特色产业科技企业孵化器认定和管理办法（试行）》，加快推进镇域特色产业科技企业孵化器建设，打造经济发展新引擎，国经兴武孵化器、超凡创意产业园创新创业孵化器、绿岸科创（武进）双碳技术创新中心等6家乡镇孵化器获建设资金支持。推进拨云汇智慧产业园创建省级孵化器，加快大学科技园、产业研究院、创新中心等平台创新创业要素集聚，优化创新创业生态系统，引领各平台瞄准自身产业定位打造专业产业孵化载体。围绕重点区域、重点产业，引导和支持企业特别是大中型工业企业和规模以上高新技术企业建设科技创新服务平台，改善研发条件，培养和引进科技人才，持续产出创新成果，提升企业自主创新能力。长三角化合物半导体创新基地开工建设，常州骨科与运动康复产业创新中心正式运营。江苏君华特种高分子材料股份有限公司、常州回天新材料有限公司等7家单位与省产研院完成联合创新中心签约。通过政策引导，强化市级及以上企业工程技术研究中心建设培育力度。加强企业研发平台承担单位建设管理，鼓励参与企业研发体系贯标。新建工程技术研究中心省级19个、市级93个，累计拥有工程技术研究中心省级152个、市级319个。武进区大中型工业企业、规模以上高新技术企业研发机构建有率分别达100%、96%。扶持高新技术中小企业培育科技创业服务平台，集成共享科技资源，提供物理空间、基础设施和配套化服务，降低创业风险，提高创业成功率，促进科技成果转化，不断形成引领产业创新的科技创业平台体系（科技企业孵化器、加速器、众创空间）。新增省级孵化器1个、市级众创空间4个，累计拥有市级及以上科技企业孵化器36个（国家级11个、省级7个、市级18个），市级及以上加速器11个（省级3个、市级8个），市级及以上众创空间34个（国家级7个、省级16个、市级11个），获市级及以上认证的载体面积累计238万平方米。

【拨云汇智慧产业园升级为省级孵化器】 12月26日，拨云汇智慧产业园（以下简称拨云汇）获评2023年度省级科技企业孵化器。拨云汇位于武进绿建区新高路18号，总建筑面积3.5万平方米，主要以智慧建筑和智能装备为产业特色，设有众创空间、孵化器、加速器，适合不同阶段的创业者，为高新技术企业、创业创新企业提供孵化服务，并以高科技、高利税、高端人才的绿色智慧园区为目标，向国家级的创业载体、高端人才集聚地、高端研发基地、企业转型提质培育基地迈进。至年底，拨云汇入驻创业创新企业300余家，实现亩均税收50万元，获评"2023年江苏省小型微型企业创业创新示范基地"。

（张建忠）

产学研合作

【概况】 2023年，区科技局加强科技创新和示范引领，引导企业与高校针对特色优势产业链，以校企合作、企业联合等产学研对接合作形式，实施关键核心技术攻关，加速科技成果转化。3月和6月，开展"名城名校合作行，创新创业赢未来"产学研专场活动2场（西安、厦门站），围绕新能源、新材料、集成电路等领域，组织20余家区内知名企业与西安交通大学、西安电子科技大学、厦门大学专家教授开展精准产学研对接。2月、4月和12月，组织有关单位到上海、福州、泉州、成都开展科技招商引资活动，组织镇、开发区和行业商会到云南大学、合肥工业大学、南京林业大学等高校院所开展产学研对接交流活动11场。组织11家企业发布常州市"揭榜挂帅"科技攻关项目技术需求，总榜额3430万元，其中9家成功签约，总金额2640万元。组织申报省科技副总项目55人，入选26人。组织产学研对接70余场。

【武进区—上海张江科学城对接活动】 2月23日，副区长王栋带领区科技局、板块科技工作负责人、企业代表一行走

4月23日，区政府副区长王栋（右四）带队在福州、泉州两市开展科技招商引资活动
（供图 / 区科技局）

访调研上海张江科学城，参观科技园区与在孵项目，进行座谈交流。上海科创办相关负责人详细介绍张江科学城的管理模式、产业布局和优秀企业，并分享张江科学城建设和招引企业方面的经验做法。王栋介绍武进科技创新的情况及“两湖”创新区规划，双方重点就规划建设滆湖科学城进行深入的探讨，并就“沪武”科创合作进行对接。上海张江科学城汇聚企业1.8万余家，其中跨国公司地区总部53家、高新技术企业828家，主导产业以信息技术、生物医药为重点，聚集中芯国际、华虹宏力、上海兆芯等一批国际知名品牌企业，对滆湖科学城具有较强的辐射优势。

【厦门大学—武进区产学研对接交流活动】 6月14日，由市委、市政府主办，区委、区政府承办的“名城名校合作行，创新创业赢未来”厦门站专场活动在厦门大学举行。14日下午，区科技局组织万帮数字能源股份有限公司、常州承芯半导体有限公司等企业代表与厦门大学专家教授开展厦门大学—武进区产学研对接交流活动。交流会上，厦门大学电子科学与技术学院、材料学院、化学化工学院等学院专家教授针对武进区企业的技术需求，现场进行专题研讨，并与武进企业家就能源材料、智能制造、电子信息等方面开展对接交流。

【武进区—成都市科技招引暨产学研活动】 12月6—8日，区科技局在成都市开展科技招引暨产学研对接活动，武进高新区、西太湖科技产业园等板块科技人员及企业代表参加活动。代表团一行参观四川大学科研成果展厅和国家生物医学材料工程技术研究中心，与校方共同举行产学研对接交流会，双方就加强产学研精准务实对接、校企协同技术攻关、科技成果转化等进行深入探讨交流，武进企业代表与专家教授进行“一对一”洽谈对接；实地考察成都前沿医学中心、阿斯利康中西医结合现代化创新中心、国家精准医学产业创新中心、成都中微达信科技有限公司、成都（龙泉驿）汽车产业功能区，调研学习产业区在汽车产业链布局、产业生态发展、招商引资等方面的先进做法；参观智能空地融合载具与管控教育部工程研究中心、汽车测控与安全四川省重点实验室，并与西华大学开展产学研对接交流，企业代表与专家教授“一对一”洽谈对接。

【省科技镇长团武进团第十五批团员产学研活动】 7月28日，江苏省科技镇长团武进团第十四批团员完成任职，第十五批团员入驻武进。第十五批团员共14人，任职时间为2022年8月至2023年8月，为来自省内外高校、科研院所、省直机关的骨干和专家，与武进科技部门以“全力做强科创引擎，打造武进科创标杆”为主题，加速赋能创新主体，精准集聚创新资源，引导助力载体升级，提优服务助企纾困。武进团分工明确，各司其职，参加交流对接会、业务培训以及成果汇报会等活动20多次，到福州、泉州、深圳开展科技招引活动，与广东粤港澳大湾区国家纳米科技创新研究院、深圳清华大学研究院、万泽中南研究院等科研单位、企业洽谈对接科创平台建设与科技项目引进，到西安交通大学、西安电子科技大学、深圳大学等高校科研院所开展产学研对接和人才招引。聚焦机器人产业提质，协助筹办2023机甲大师超级对抗赛中部区域赛等多项赛事活动，推动“经呼吸道多模式智能精准诊疗机器人系统研发”重点科研项目启动。聚焦新能源产业集聚，协助筹办2022年度和2023年度高工氢电产业峰会及新能源之都氢湾起航大会，对接协助江苏省氢能产业技术研究院的规划筹建工作，对接浙江中科应用技术研究院引进氢能项目。推动产学研及项目落地，助力区科技局分批开展高企申报材料专家“一对一”申报辅导会，加强上下联动、对接跟进、认定培训及跟踪辅导，推进科技型中小企业入库评价；促成江苏理工学院技术转移中心、吉林大学西太湖技术转移中心、湖塘镇科创企业合规中心、国际湖湾协同研究中心、江苏大学就业创业实践基地、常州大学—中石油联合创新载体、南京工业大学产业学院实验室落地武进；推动联合百利锂电、雷利电机、道金智能制造3家企业申报南京航空航天大学大学生“企业项目式”实习基地并落地武进，牵头氢能源产业技术研究院、江苏省网络安全人才实训培养基地等多个创新载体与武进接洽；推动常州回天新材料有限公司、江苏道宁药业有限公司、常州承芯半导体有限公司等企业与省产研院共建联合创新中心；与常州龙城金谷运营管理有限公司合作，完成规模6亿元的常州高投毅达创业投资基金落地，为江苏嘉轩智能工业科技股份有限公司等重点企业解决融资6000余万元。推动“双链”融合、产学研合作，共参与和组织产学研对接活动51场、项目路演4场；依托人才与创新资源对接平台发布创新需求63个，帮助企业申报技术、人才、资金等方面的各类需求108项；对接常州嘉瑞特、江苏美淼环保科技等专精特新“小巨人”企业签订包括“多微孔分子分离膜研发”“有机—无机杂化硅微孔膜制备关键技术及应用”等产学研合

9 月 13—14 日，武进科技镇长团深入调研雪堰镇重大技术需求企业

（供图 / 区科技局）

同 23 项，合同到账金额 500 万元。围绕新能源、新材料两大领域提出科技攻关技术需求，组织 11 家企业申报市“揭榜挂帅”项目，总榜额 3430 万元；对接凯达重工、洛凯机电等重点企业申报省级专精特新提升项目；对接柳州柳工挖掘机有限公司、江苏恒立液压科技有限公司、浙江大学等单位联合申报 2022 年国家重点研发计划等；推动 675 家企业申报高新技术企业、60 多家企业参加高企申报材料专家“一对一”申报辅导会。加快项目落地，引进江苏新华陵汽车电器有限公司、常州英政时医疗科技有限公司、苏州博古特智造有限公司等项目；协助促成聚领科技江苏有限公司、江苏盛本建筑智能化工程有限公司等企业和国内外相关高校院所签订技术合作 5 项，引进科技型中小企业 3 家、科技招商项目 1 个；服务江苏嘉轩智能工业科技股份有限公司、江苏杉元科技有限公司等挂钩目标企业 81 家；开展对科技型企业梳理与合规风险排查，组织“一对一”专家辅导会 8 场，为常州金德纺机科技有限公司、常州市森迈网业有限公司、常州讯能新材料科技有限公司等 42 家企业“问诊把脉”及“合规指导”；协助申报省成果转化项目 3 个、省科学技术奖 2 项。充分利用“532”发展战略和“一园一城一示范”建设的叠加优势，加强人才招引工作，邀请来访专家 200 余人，辅导省“双创计划”项目 19 个，引进龙城英才项目 15 个，申报海外人才计划 13 个。加强校地联动，对接知名高校院所 31 所，与中以常州创新园、滆湖科学城、西太湖管委会等单位就人才培养、国家级平台建设、校企协作等方面深度合作，促成南京工业大学、江理工等高校与园区、乡镇结对共建。协助申报省社发项目 11 项、省基金项目 8 项、省双碳专项 2 项、市农业科技支撑计划 13 项、市社会发展科技支撑计划 28 项、市应用基础研究计划 38 项；协助组织 45 家江苏省工程技术研究中心参加省绩效考评，协助组织申报省重点研发计划项目 16 项、市重点研发计划 30 项；协助组织企业参加常州市双创大赛，43 个项目晋级决赛；累计走访企业和创新载体 227 家，对接科技成果转化需求 40 余项；帮助企业申报省级以上项目 9 项，获立项 3 个，协助江苏省重点研发计划祝庄园艺农业项目 1 个，为企业解决贷款需求 2000 万元。

（张建忠）

科技人才

【概况】 2023 年，武进区围绕国家创新驱动战略，贯彻实施《常州市领军型创新人才引进培育项目实施办法》《加快培育市级人才攻关联合体的实施办法》，以引进高层次创新人才为工作目标，深化“武进英才计划”，实施领军型创新人才“倍增工程”，构建高层次、创新型人才队伍体系。入选国家海外人才计划 1 个、国家重大人才工程 B 类 3 人；入选省双创团队（科技类）1 个、省双创人才（企业创新类）18 人（含 2022 年度 9 人）；入选市领军型创新人才引进培育项目 21 个，获项目经费 790 万元；入选市级人才攻关联合体 3 项，获项目经费 90 万元；立项区级领军型创新人才“倍增工程”项目 20 个，下达项目经费 710 万元。11 月上旬，区科技局联合武进高新区在哈尔滨举办 2023 年“龙城英才计划”武进专项东北邀请赛，为引进高层次人才项目牵线搭桥。11 月 21—30 日，举办武进人才周年系列活动，邀请英国皇家化学院院士、上海交通大学生命学院教授魏冬青参加开幕式，盐湖提锂专用纳滤膜、复兴号时速 350 千米标准动车组内外风挡、全自动 LAMP 即时分子诊断检测仪等 10 多件人才企业黑科技产品参展。至年底，累计落户人才企业 3600 余家，其中 10 家成功上市；建成人才公寓 11.7 万套，可满足 35 万名人才拎包入住。

【“龙城英才计划”武进专项东北邀请赛】 11 月 16 日，在哈尔滨收官，由区委人才工作领导小组办公室、区人社局、区科技局、区地方金融监管局和武进高新区联合江苏省高新技术创业服务中心共同举办。赛事重点围绕新能源及新材料、新一代信息技术和高端装备制造等相关产业，旨在吸引一批优秀创新创业人才和一批市场前景好、发展潜力大的创业项目到武进发展。200 余个优质项目报名参赛，30 个项目入围总决赛。经过角逐，大赛评选出一等奖 3 个、二等奖 7 个、三等奖 8 个。此次活动为推动人才、技术、资本等科创要素流通，促进武进与东北地区人才交流和项目合作创造新机遇。

（张建忠）

教 育

Education

责任编辑　杨汉平

综　述

【概况】 2023年，武进区全面推进《武进区教育高质量发展三年行动方案(2022—2024)》，坚持立德树人根本任务，不断深化教育改革发展，努力办好人民满意的高质量教育。获评江苏省职业教育改革成效明显地区。投用新校10所，新增学位1.4万多个。完成前黄高中改扩建项目、礼嘉高中改扩建一期项目。实施第四轮岗位竞聘，深入推进“区管校聘”，全区中小学、幼儿园、直属事业单位6702人参加岗位竞聘，其中2304人升级、133人降级、4265人岗位级别不变，25名教师跨校流动，化解所有高职低聘人员，保证乡村教师高级职称的超岗位聘用，进一步激发教师队伍活力。全区义务教育阶段学生参与课后服务人数12.47万人，占学生总人数的95.9%；教师参与人数7957人，参与率96.08%。发布“吾有优学·心家园”线上家长学校升级版，新增互动咨询、导师团支招等功能模块，平台有课程1709个，关联用户16.5万个，周活跃用户2.3万人次，单个课程点击量最高达9.1万次。义务教育优质均衡深入推进，新增市新优质学校4所。有省级基础教育内涵建设项目38个，获江苏省基础教育前瞻性教学改革实验立项项目结项评估优秀等次2个。星河实验小学、武进清英外国语学校分别被评为常州市优秀教科研基地和市示范教科研基地。获江苏省学科教师基本功比赛和优质课评比一等奖10个。获评基础教育教学成果5个，获奖数量居全市第一、全省前列。星河实验小学作业改革入选教育部“双减”典型案例。常高职参加2023年江苏省职业院校技能大赛，获奖54项，其中一等奖10项，名列常州市第一；分别获评全省职业院校教学大赛和双创大赛一等奖2个和3个。开展师德标兵、师德建设先进学校评选活动，加强校长和教师队伍建设，入选新时代中小学名师名校长培养计划1人，获评江苏省最美教师1人、省教学名师2人。至年底，武进区有各级各类学校184所，学前教育普惠覆盖率93.4%，省、市优质幼儿园覆盖率91.5%。在校学生192580人，教师13500人。教育人才队伍位于全市第一方阵，拥有高层次人才47人。其中，“省人民教育家”“苏教名家”培养对象各1人，新时代名师名校长培养计划1人，正高级教师35人，特级教师23人，特级教师后备人才37人，市五级梯队教师1448人，省、市“四有好教师团队”21个，省、市、区“三名”（名校长、名班主任、名师）工作室57个。

表37　2023年武进区各类中小学校、幼儿园基本情况表

学校类别	学校数（所）	毕业生数（人）	招生数（人）	在校学生（在园幼儿）数		
				2023年（人）	2022年（人）	占2022年（%）
普通高中（含完全中学）	7	4475	5890	15858	14518	109
职业学校	1	1534	1671	5389	5329	101
初中（含一贯制及少体校）	33	11547	13172	37223	35865	104
小学	41	13999	15920	92885	90899	102
幼儿园（注册）	100	15647	11152	38323	42134	90
特殊教育学校	1	43	40	182	179	102

表38　2023年武进区各类中小学校、幼儿园教职工情况表

学校类别	教职工总数（人）	专任教师数（人）	达到规定学历的专任教师比例（%）
普通高中（含完全中学）	1273	1198	100
职业学校	799	736	99.6（本科及以上）
初中（含一贯制及少体校）	3513	3322	99.4（本科及以上）
小学	4814	4683	100
幼儿园（注册）	5198	2805	99.4（专科及以上）
特殊教育学校	45	44	100

【地方教育经费投入】 2023年，武进区国家财政性教育投入35.37亿元，其中一般公共预算安排教育经费34.51亿元、政府性基金预算安排教育经费8548万元，一般公共预算安排教育经费比2022年增加2.74亿元，增长8.62%。公用经费和专项补助经费7.85亿元，学校基本建设经费4.73亿元。全区普通学校小学生、初中生、高中生生均一般公共预算教育经费分别为1.75万元、2.47万元、3.52万元。继续实施全学段教育资助，共计资助11658人、资助总金额1257.65万元（不包括义务教育免除学杂费和免费教科书），比2022年增加4.2万元。其中，获得学前教育阶段资助1767人、义务教育阶段资助8399人、高中（含职中）及以上阶段资助1492人。其他地方政府资助、社会捐助和学校奖助共计实施395.93万元。

【校长队伍建设】 2023年，区委教育工委紧抓有利于激发学校办学活力、深化教育改革关键的校长队伍建设，全面提升校长队伍整体素质和管理能力。立足事业需求选用干部，树立正确的用人导向，组织开展民主评议学校领导干部工作，问卷调研校长队伍情况。提拔正职校领导10人、副职校领导59人，交流任用校级干部27人，提拔备案聘用（员额制）教师担任幼儿园园级领导5人。进一步优化全区校长队伍配备，着力培养造就一支政治坚定、德才兼备、治校有方、素质优良的校长队伍。创新培训方式，提升干部整体素质，通过暑期教育干部培训班、中青年干部培养对象培训班、组织正职校级领导外出学习考察等培训，促进校长成长。持续进行“校长聚焦课堂”活动，组织开展2023年武进区校级领导信息化教学优质课比赛。为持续提升政策理论素养、专业化管理水平和办学治校能力，推动武进区教育高质量发展，9—10月，区教育系统领导干部培训班分成幼儿园、小学、初高中三组，分赴深圳、重庆、长沙学习考察。

【教师队伍建设】 2023年，武进区以《全面深化新时代教师队伍建设改革的意见》为要求，以建设高素质、专业化、创新型教师队伍为目标，以深化人事制度改革和分配制度改革为动力，多措并举加强管理，全面提升教师队伍建设水平。完善事业编制、备案聘用与编外聘用人员相结合的用人机制，招聘编制教师331名、备案教师166名。实施“优才计划”，招聘硕士研究生、师范类本科生88名；招聘艺体教师27名，精准配置到各校，并适当向农村薄弱学校倾斜。组织教育集团、城乡结对学校之间教师交流轮岗572人。继续以培养骨干教师队伍为龙头项目，引导教师向“专精尖”方向发展。董文杰和左文飞获评江苏省教学名师。新增正高三级教师3人、正高四级教师10人、中级职称312人、高级职称58人。常州市第十一批教坛新秀71人、教学能手54人，获评常州市第九批特级教师后备人才12人。义务教育学校城区骨干教师比例为31.84%，乡镇骨干教师比例为30.57%，乡镇、城区骨干教师比例均衡。继续实施优秀教师“本土化”培养，开展普通高中优秀毕业生报考师范专业试点工作，加强签约学生后期的跟踪管理，区教师管理服务中心与32名高中优秀毕业生签订师范专业培养与择优就业协议书。申报在职攻读硕士及以上学历教师58名，进修博士学位5名。充分发挥《武进区优秀教育人才奖励办法（试行）》的激励作用，发放优秀教育人才奖励665.5万元、专项奖励212.2万元。加强班主任队伍建设，获市级以上班主任基本功竞赛一等奖5个、二等奖11个，新增市特级班主任5人、市高级班主任11人、市骨干班主任19人；获评常州市“龙城十佳班主任”称号1人。评选出师德建设先进学校20所、师德标兵15名、师德模范14名；获评常州市第十届师德标兵4名、师德模范9名。

【教育科研】 2023年，武进区组织教育科研课题结题鉴定116项，其中省规划课题10项、省教研课题2项、市教育科学规划课题18项、区教科研课题86项；立项江苏省“十四五”规划2023年度重点课题5项、江苏省教学研究第十五期课题13项，常州市“十四五”规划第二批备案课题148项、区教科研课题333项。开展新课程培训、课例研究、教研观摩研讨、同课异构联校教研活动、青年教师基本功比赛等教科研活动300余场次。《学习即研究：指向素养发展的物理课堂转型与重构》《给孩子一个完整的劳动经历：“五一协同”劳动教育实践范式的市域探索》获全国基础教育国家级教学成果奖一等奖、二等奖3项；获江苏省中小学教学研究第十三期课题评奖特等奖1项、二等奖2项；获评常州市教学成果奖培育项目30个；通过常州市第六批教科研基地终结性评估学校6所，获优秀级学校2所，1所学校累计三次优秀被确认为常州市示范教科研基地。

【教师培训】 2023年，武进区建立教师专项培训和常态化培训相结合的全员覆盖培训机制，精心组织教师参加各级各类培训。继续开展武进区“送培上门”教师研训活动，确定送培基地13个，辐射至全区各乡镇所有小学、初中，涉及学科11门，培训教师5000余人次，做

11月10日，常州市科教城初级中学开展教研活动 （供图／区教育局）

到“区级＋送培上门基地校＋校本”三级培训管理层层落实，保质保量。开展“暑期名师大讲堂”教师培训活动，采取线上、线下相结合的方式，覆盖所有学段、各个学科。以“设立培训点”的形式组织开展新入职教师培训、2021至2023年非师范类毕业新教师培训，参训人数分别为392人和556人。组织全区中小学（幼）教师参加省“双减”背景下提高中小学作业管理水平初中语数英三科教师培训、省乡村义务教育领军教师培养百人计划、省“千人计划”等各级各类培训，促进教师师德修养提高、专业水平提升。全区中小学完成360学时培训的教师有7996人，完成率100%。

【核心价值观培育与核心素养培养提升】 2023年，武进区教育系统重点围绕贯彻落实《中小学德育工作指南》精神，持续开展社会主义核心价值观教育、中华优秀传统文化教育、中小学生习惯养成教育等德育教育活动，扎实推进德育课程建设和德育项目建设，取得明显成效。组织“绿色畅想”主题读书教育活动，开展关工委主题教育，深化未成年人思想道德建设。江苏省前黄高级中学、前黄实验学校、星河实验小学获评首批全国中小学科学教育实验校。星辰实验学校获评“江苏省中小学心理健康教育特色学校”。获评2023年常州市中小学思政育人特色学校3所。着力学生品格提升工程建设，创新中小学德育课教学，开发校本课程，推动社会主义核心价值观进教材、进课堂、进学生头脑。中小学生品格提升工程项目获省级立项1个、市级立项9个；星辰实验学校的省级项目《创世纪星城：“星光少年”的自主体验德育实践》结项，获评省级“优秀项目”。江苏省前黄高级中学和星河实验小学获评2023年江苏省中小学劳动教育特色学校。全区获评常州市劳动教育创新实验项目7个，其中区域项目1个、学校项目6个；新增常州市劳动教育实践基地4个、常州市食育优秀校本课程10门、食育优秀工作者61人、食育优秀学生680人，新增常州市食育实践基地6个。学生获评“江苏省新时代好少年”称号1名、“常州市新时代好少年”称号5名；涌现出省、市、区级三好学生和优秀学生干部514名，市、区先进学生集体140个。

【党建引领教育发展】 2023年，区委教育工委充分发挥红盟党建优势，以党组织为纽带，以党员为主体，以“红盟”构筑育人矩阵，汇聚各类社会育人资源，用开放的姿态办教育。全面推进“吾有优学彩虹桥”“吾有优学心家园”公益项目进校园、进课堂、出实效，“树人红盟”获评区“十佳红盟”，吾有优学彩虹桥志愿服务项目获评区优秀志愿服务项目、区首届优秀志愿服务项目路演大赛暨品牌展示活动一等奖、省“双减”工作成效显著典型案例，《彩虹桥：区域课后服务资源的供给桥》在《江苏教育》上发表。不断深化“一校一品”党建品牌创建，推动党建工作与教育教学深度融合，机关幼儿园党支部“和智先锋”等8个党建品牌项目获评第四批市中小学校“一校一品”党建品牌项目建设成果，潘家初级中学党支部“仁智先锋”等2个党建品牌项目获评省中小学校“一校一品”党建品牌项目建设成果。有序推进“书记项目”，评选表彰区教育系统“十佳书记项目”和“优秀书记项目”25个，并启动新一轮基层党建“书记项目”申报工作。纵深推进党建阵地“五亮五优工程”，评选区党群阵地“五亮五优工程”第二批重点扶持项目2个、存量项目4个。

（李　向）

学前教育

【概况】 2023年，武进区加大财政投入，扩大学前教育资源，推进幼儿园内涵建设，实现普惠均衡发展，满足人民群众对优质学前教育的需求。新建成投入使用幼儿园4所，新增省、市优质幼儿园7所，通过省优质幼儿园现场复审25所，省、市优质幼儿园累计78所，优质覆盖率91.49%。全区100所幼儿园实现集团化办学全覆盖；在园幼儿38323人，其中在公办及普惠性民办幼儿园幼儿35777人，学前三年毛入园率100%。有专任教师2805人，其中市、区级教学能手（骨干）及学科带头人246人，省特级教师3人。与2022年相比，普惠率、优质率继续攀升，学前教育师资不断增强。武进作为常州市幼小衔接实验区，组建1对省级、2对市级、11对区级试点校（园），推动幼儿园和小学深度合作，探索建立健全幼小科学衔接的长效机制。刘海粟幼儿园、采菱小学、礼河实验学校等6所幼儿园、学校获评市“幼小科学衔接”优质校。新增市、区级前瞻性教学改革实验项目12个，区域“游戏化实施水平”获评优秀。

【2所幼儿园接受省优质园创建评估】 武进区刘海粟幼儿园常发分园　2020年9月开园，开设21个班，在园幼儿656名，教职工88人，其中专职教师49名，大专达标率100%，本科达标率83.67%。分园传承集团二十多年办园的文化内核，践行“美育百粟趣漫童年”的办园理念，培养“心中有爱眼中有光”的“海幼娃”。

武进区府北实验幼儿园　2020年2月开园，开设19个班，在园幼儿477名，教职工79人，其中专职教师43名，大专达标率100%。由区机关幼儿教育

9月，区机关幼儿园的孩子们在老师的陪伴下开展户外课程　（供图/区教育局）

集团统一管理，践行让教育在自然节奏中生发的办园理念，让儿童成长之“根”丰满而深厚，培养“一树一树花开”的幸福娃。

【4 所幼儿园开园】 2023 年 9 月，武进区有 4 所新建园投入使用，其中民办园 1 所。新知幼儿园、科教幼儿园、滨湖幼儿园 3 所幼儿园由南夏墅街道办事处监管，星湖实验幼儿园由西湖街道办事处监管。

武进高新区新知幼儿园　位于南夏墅街道龙颜路 28 号，由武进国家高新区投资 6000 多万元建造。占地面积 12250 平方米，总建筑面积 9700 平方米，规划设置 24 个班级，可容纳幼儿 800 多名。由常州幼儿师范高等专科学校第三附属幼儿园一体化管理，9 月开设 3 个小班，在园幼儿 93 人，教职员工 21 人。

武进区科教幼儿园　位于滆湖中路 1 号，由常州科教城投资控股集团有限公司投资约 1 亿元建造。占地面积 15259 平方米，总建筑面积 17521 平方米，规划设置班级 21 个，可容纳幼儿 630 名。由常州市机关幼儿园教育集团一体化管理，9 月开设 3 个小班、1 个中大混合班，在园幼儿 93 人，教职员工 26 人。

武进区滨湖幼儿园　位于新环路 31 号，由武进高新区投资 9000 万元建造。占地面积 14648 平方米，总建筑面积 13348 平方米，规划设置班级 24 个，可容纳幼儿 720 名。由武进区机关幼儿园教育集团一体化管理，在园幼儿 27 人，教职员工 4 人。

武进区星湖实验幼儿园　位于西太湖科教产业园荷塘路 500 号，由常州星河协达房地产开发有限公司投资建造，西湖街道投资 956.65 万元改造。占地面积 15480 平方米，总建筑面积 14438 平方米，规划设置班级 30 个，可容纳幼儿 900 名。由武进区机关幼儿园教育集团一体化管理，在园幼儿 159 人，教职员工 42 人。

【幼儿教育成果评优】 2023 年，武进区幼儿园发挥各自优势，走主动发展和创特色内涵发展之路，累计获得市级及以上荣誉 8 项。区机关幼儿园被评为市教师发展示范基地优秀校，入选江苏省第四批全省中小学校“一校一品”党建文化品牌项目建设成果，周蔓获评常州市幼儿园优质教育活动一等奖。阳光幼教集团获评第二批市级教师发展示范基地校考核优秀校，周明霞、刘如雪获评常州市集团化办学工作突出贡献者，张微、王安获评常州市“基于儿童经验的幼儿园班本化课程案例展评”一等奖。刘海粟教育集团获评常州市“幼小科学衔接”优质校、全国幼儿创意美术大赛特等奖。鸣凰实验幼儿园获评江苏省教师发展示范基地校、全国幼儿创意美术大赛特等奖。李公朴幼儿园获评市教师发展示范基地优秀校，曾玲、王芳获武进区“基于儿童经验的幼儿园班本化课程案例”评比一等奖。漕桥幼儿园吴玮获评“领航杯”江苏省信息化教学优质课大赛特等奖。

（李　向）

义务教育

【概况】 2023 年，武进区义务教育阶段水平扩优提质，城乡优质教育资源受益面扩大，教育优质均衡发展取得阶段性成效。全区 17 个义务教育阶段教育集团通过加强班子建设、统筹师资管理、深化课程建设、推进教改科研等举措，推进义务教育城乡一体化发展，基本实现“一集团一特色、一校一品牌”的发展格局。切实减轻学生作业负担和校外培训负担。秋季学期，义务教育阶段学生参与课后服务率占比 93.6%，教师参与率 95.4%。开展“双减”工作优秀实践案例评选，入选市级重点实验项目 7 个，获市级奖项 140 个。星河实验小学作业改革入选教育部“双减”典型案例。全区各中小学校通过强化每周 10 小时（每天 2 小时）课后服务管理、丰富课程内容、引入校外资源等方式提高课后服务水平。巩固区域集团化办学全覆盖成果。规范创新招生工作方式，维护良好教育生态。继续完善 2023 年流动人口子女入学管理办法、积分管理细则，调整积分工作时序，科学合理增加积分学位，化解入学矛盾，保障更多的流动人口子女享受优质的公办教育。全区有 47 所公办小学、10 所公办初中纳入积分入学范围，提供积分入学学位 7155 个，其中公办小学 5660 个，较 2022 年增加 85 个；公办初中 1495 个，较 2022 年增加 420 个。

【义务教育课程改革与科研】 2023 年，武进区深化义务教育课程改革，优化课程设置。立项常州市前瞻性教学改革实验项目 9 个、江苏省基础教育内涵建设项目 4 个。湟里中心小学《思维广场：支持儿童混合式学习的空间建构》获评常州市前瞻性教学改革实验项目结项“优秀”等级，湖塘实验中学《尝试教学法的实验研究与推广运用》获评江苏省基础教育前瞻性教学改革实验项目结项“优秀”等级。采菱小学、湖塘桥第三实验小学、礼河实验学校获评常州市“幼小科学衔接”优质校。在江苏省中小学生品格提升工程项目申报中，湖塘桥实验小学《光照童年：指向“臻美”品格的小豆伴电影学堂行动》获省级立项，并

5 月，刘海粟小学在开展艺术校本课程　（供图 / 区教育局）

获市级立项9个、区级立项7个；星辰实验学校的省级项目获《创世纪星城："星光少年"的自主体验德育实践》结项"优秀项目"。义务教育学校新立项江苏省"十四五"规划2023年度课题5项、江苏省教学研究第十五期课题11项；确定常州市"十四五"规划第二批备案课题119项；立项武进区教科研课题284项。在全国基础教育教学成果奖评奖活动中，武进区星河实验小学庄惠芬主持的《小学生数学学习关键期及其困难破解的二十年探索》获二等奖，另有2项武进区义务教育学校参与的成果获一、二等奖；在江苏省中小学教学研究第十三期课题评奖中，武进清英外国语小学奚亚英主持的《小学生非正式学习的指导策略研究》获特等奖，武进区学校和教师发展中心贲新文和洛阳初级中学翟丽群主持的《农村初中院校共建法治教育模块化课程研究》获二等奖。

教科研工作促进学校内涵发展和教师专业成长。武进区星河实验小学获评常州市优秀教科研基地，武进清英外国语学校三次评估获优秀等次，被评为常州市示范教科研基地。在学科教师基本功比赛和优质课评比中，武进区获评江苏省一等奖10个。在常州市实验教学说课案例评比中获市一等奖8人、二等奖32人，获江苏省中小学生实验能力大赛评比二、三等奖10个。立项江苏省基教内涵建设项目5个，分别是区教育局的《素养导向的区域实验教学创新实践》、湟里高级中学的《高中化学"学科实践"课程基地》、湖塘桥实验小学的《习养"臻·美"品格的小豆伴动影学堂行动》、常州大学附属小学的《基于学伴共同体的自适应学习实践探索》、江苏省前黄高级中学的《启智行道：物理实验育人探索30年》。

【中小学校体育艺术卫生教育】 2023年，武进区提升艺体学科教学质量，美育温润心灵，体育强健体魄，特色创优成效显著，有全国青少年校园足球特色学校19所，全国青少年校园篮球特色学校9所，全国青少年校园排球特色学校3所，江苏省体育传统项目学校11所，常州市校园足球示范学校11所、校园足球试点校11所、体育特色学校17所、体育传统特色学校6所、深化学校体育改革实验学校10所；有常州市中小学优秀学生体育、艺术社团"十佳社团"1个、"精品社团"9个，全国"中华优秀传统文化艺术传承学校"3所，江苏省艺术教育特色学校7所、书法特色学校4所，市艺术特色学校23所，其中新增4所；市"墨香校园"33所，其中新增13所，市书法示范学校8所，市书法特色学校32所，市戏曲进校园实验学校9所，区锡剧教育培训基地5所。

体育竞赛　全国青少年U系列曲棍球锦标赛，鸣凰中心小学获女子U10普通小学组冠军，潘家小学获女子U10体校和俱乐部组冠军，南夏墅中心小学获得女子U12体校和俱乐部组冠军，鸣凰中学获得女子U15初中组冠军。全国小学生手球锦标赛，刘海粟小学获得U12男子组冠军。江苏省青少年赛艇锦标赛，鸣凰中学赛艇队(市队校办)获5个冠军。江苏省曲棍球冠军赛，鸣凰中学获冠军。江苏省青少年手球冠军赛，湖塘桥初中获男子丙组冠军。江苏省青少年田径锦标赛暨县组田径比赛，淹城初中获男子团体和女子团体双冠军。礼嘉高中在江苏省田径锦标赛（苏南片）获女子第一、男子第三。江苏省龙狮联赛，江理工附属牛塘实验学校获特等奖1个、一等奖2个。江苏省中小学生武术锦标赛，江理工附属牛塘实验学校获初中组集体拳一等奖、初中组集体刀一等奖。2023年常州市第十六届运动会，武进区小学组、初中组包揽金牌总数和总分五项第一。

艺术比赛　在2023年常州市中小学生艺术节比赛中获特等奖23个（艺术展演团体类6个，艺术作品类17个）；一等奖85个（艺术展演类55个，艺术作品类30个）；二等奖68个（艺术展演类50个，艺术作品类18个）。获常州市中小学生戏剧、朗诵比赛获特等奖6个，一等奖13个，二等奖10个；获评第二届常州市公共文化"青果奖"作品一等奖52个。

卫生工作　扎实加强卫生工作金、银牌学校结对指导工作，为学校搭建卫生工作成长平台。发挥优势学校引领作用，有9所学校接受"省健康促进学校"现场验收，获评金牌学校4所、银牌学校5所。

【获评常州市"新优质学校"4所】 2023年，星河实验小学分校、湖塘桥第三实验小学、洛阳中心小学、嘉泽中心小学获评。

星河实验小学分校　有教学班28个、学生1135名、专任教师67名、正高级教师2人、中小学高级教师11人、省特级教师1人、江苏人民教育家首批培养对象1人、省333高层次培养对象2人和市、区级五级梯队教师34人。秉承"办一所人人会生活、个个有创意的幸福学校"的办学愿景，坚守"从家巷出发，从世界归来"的办学理念，先后获得全国青少年人工智能特色学校、全国青少年校园足球特色学校、常州市文明校园等一系列荣誉称号。

湖塘桥第三实验小学　有教学班63个、学生3010名；专任教师170名，其中高级职称27人，市、区五级梯队教

8月，武进区举办中小学书画骨干教师培训　（供图/区融媒体中心）

师（含名班主任）35人。获评全国读书育人特色学校、江苏省智慧校园、常州市依法治校先进单位等荣誉称号。

洛阳中心小学　有学生3232名，设教学班73个；专任教师185名，其中中高级职称26人，市、区五级梯队教师（含名班主任）53人。获评江苏省科学教育综合示范学校、江苏省人工智能教育示范学校、江苏省诗歌教育示范学校等荣誉称号。

嘉泽中心小学　有教学班18个，在校学生811名，专任教师49名，其中高级职称13人，市、区五级梯队教师16人。秉承“泽润教育·自然儿童”的办学理念，以“培养自信担当的学生，成就受人尊敬的教师，创造让人智慧的教育，建设令人向往的学校”为办学愿景，全面落实立德树人根本任务，获评全国棒垒球实验学校、江苏省健康促进学校（金牌）、常州市墨香校园等荣誉称号。

【特殊教育融合发展】 2023年，区教育部门按照“全覆盖、零拒绝”的要求，结合残疾儿童少年的实际和家长意愿，制定完善安置方案，确保建档立卡适龄残疾儿童少年入学安置到位，形成以特殊教育学校为骨干，以普通学校随班就读为主体，以送教上门为补充的特殊教育格局。至年底，区特殊教育学校有在校学生182人，涵盖学前、小学和初中学段。按照省定标准，推进融合教育资源中心建设，认定普通学校融合教育资源中心39个，庙桥小学、礼嘉中心小学、鸣凰实验幼儿园、东安实验学校被认定为常州市优质融合教育资源中心。实现学前、小学、初中、职高段全覆盖。教育与康复相结合，让残疾学生在学习的同时，保障每天康复训练至少半小时。康复效果好的残疾儿童，经过评估进入普通学校随班就读的合计有228人。区教育局、区残联继续推进“康教结合”工作。全区8个融合教育资源中心携手区内8家康复机构开展康教结合工作。3所融合教育资源中心与特殊教育学校5名教师结对10名送教（康）上门对象，共同组建送教团队，进学校、入家庭，形成“送教上门”武进模式，实现“一个也不能少，个个都重要”的目标。

【劳动教育蓬勃发展】 2023年，武进区把加强新时代劳动教育作为落实立德树人根本任务的关键环节，积极进行一系列探索和实践，全面布局、整体设计，循序渐进落实劳动教育，培养学生正确劳动价值观和良好劳动品质，开创“吾爱劳动”新局面。10月13日，经教育部评定，太湖湾旅游度假区太湖湾教育大营地获“全国中小学生研学实践教育基地”称号。营地开设“先进制造、现代服务、非遗传承、文化艺术”四大类18门课程，可同时容纳约1400名学生进行劳动教育实践。从2020年8月至2023年6月，累计接待劳动实践研学活动学生42.3万人次，红色研学、国防教育33.5万人次，总接待学生人数超过75万人次。

【深化青少年思政教育】 2023年，武进各学校围绕立德树人根本任务，深入挖掘各类课程蕴含的思政元素，实现课程思政与思政课程同向同行、同频共振，切实推进思政育人体系建设。5月12日，洛阳中心小学与校车公司联动，开展“同乘一辆红色校车，共上一堂思政小课”活动。当天洛阳中心小学的学生放学后乘坐“胡发坚号英雄校车”回家，在车上，宣讲团成员以讲故事的形式讲述历史。让少先队员爱听爱学思政课，听懂学会思政内容，把“思政小课堂”和“社会大课堂”融会贯通，切实发挥“大思政课”培根铸魂的作用。5月31日，湖塘桥实验小学举行行走的电影思政课暨首届校园电影节。市委常委、宣传部部长陈志良，区委副书记、区长恽淇丞共同启动“光影育人向复兴”行走的电影思政课。电影与思政课堂相结合，以创新思政课程模式，将思政课影像化，将传承红色基因，争做时代新人，注入少年儿童的政治理想、爱国情怀、价值观念和道德品质中。6月8日，政平小学开展以“丹青书党恩，翰墨润童心”为主题的“墨香节”活动。根据学生年段特点融入思政内容，将书法特色与思政教育相结合，探索思政教育的特色之路，提升“大思政课”建设实效。学校在阳光文化的引领下，立志传承和弘扬中华优秀传统文化，着力打造墨香校园。

（李　向）

普通高中教育

【概况】 2023年，武进区有江苏省前黄高级中学（简称省前中）、江苏省前黄高级中学国际分校（简称省前中国际分校）、江苏省武进高级中学（简称省武高）、常州市武进区湟里高级中学（简称湟里高中）、常州市武进区洛阳高级中学（简称洛阳高中）、常州市武进区前黄实验高级中学（简称实验高中）、常州市武进区礼嘉高级中学（简称礼嘉高中）普通高中7所，普通高中学生14431人。全区普通高中根据国务院《关于新时代推进普通高中育人方式改革的指导意见》，重点研究、把握新高考方向和任务，全面落实课改要求，优化新课程实施；规范开齐开足新课程新教材，构建德智体美劳全面发展育人体系。省前中获评江苏省高品质示范高中，礼嘉高中通过省四星级普通高中现场考察评估。常州市第十六届运动会，高中组代表队获金牌总数39.5枚，团体总分797分，省前中、省武高、礼嘉中学分别以15枚、12枚、8.5枚金牌位列全市高中组第一、二、三名，省武高、省前中、礼嘉中学分别以总分258分、198分、188分位列全市高中组第一、三、四名。

【省前中接受省高品质示范高中综合评价现场考察】 10月16—18日，江苏省高品质示范高中综合评价现场考察专家组一行在省前中全面考察和综合评估学校立项以来的高品质示范高中创建工作。江苏省教育厅原一级巡视员洪流、江苏省教科院原院长杨九俊、江苏省教育厅顾月华副厅长等专家领导开展现场考察。校长黄惠涛以“弘扬攀登精神，培养时代青年”为题汇报建设总规划的达成情况和建设成效。副区长张小虎代表武进区人民政府作表态发言，表示将全力支持学校发展、推进问题整改、完善长效机制。鼓励省前中抓住此次契机，以最坚定的态度、最迅速的行动、最有力的举措推进问题整改，办好人民满意的教育，打造教育高质量发展新高地。

【省前中内设“延陵春秋历史博物馆”开馆】 6月16日，省前中举行延陵春秋历史博物馆开馆暨“常州青少年书法艺术实训基地”授牌仪式。延陵春秋历史博物馆占地面积约1000平方米，陈列展示大量珍贵文物和书法作品，包含淹城出土的独木舟、陶器等大量春秋时期著名青铜器复制品，西安碑林拓片等艺术珍品。该馆是省前中继动物博物馆、非遗文化馆之后，文化建设和艺术教育发展的又一座里程碑。

【省武高建轨道交通5号线首个基岩标】 11月18日，在建的“江苏省武进高级中学基岩标”成功钻至基岩面，成标深度为164.98米。“江苏省武进高级中学基岩标”是为常州市轨道交通5号线建造的高等级高程控制点，建成后将为5号线施工建设和运营管理提供高程基准服务。基岩标为国家一等水准点，是城市水准的基点。作为高程控制测量的基准点，它以对轨道建设测量、长期精准观测轨道沉降及长期监测轨道交通安全运营为目的，是一个百年大计的质量工程。

【礼嘉高中接受省四星级普通高中评估】 11月27日至29日，省四星级普通高中现场评估专家组在礼嘉高中，全面考察和综合评估学校创建省四星级普通高中工作。礼嘉高中是一所有着70余年办学历史的省级先进学校。2020年以来，学校积极实施前瞻性改革实验项目“基于中华优秀传统文化培育的‘五云课程’的建构”、省级课程基地“健朗致远：普通高中体育与健康课程基地建设”和各学科发展创新中心建设等内涵项目建设，教育综合质量明显提升，形成“以人为本、聚焦内涵、特色多样”的高中教育改革发展之路。

（李　向）

职业教育

【概况】 2023年，武进区有常州市高级职业技术学校（简称常高职）1所。该校实施“一所学校、一套班子、多块牌子”管理模式，依托江苏联合职业技术学院武进分院、江苏省武进中等专业学校、武进技师学院、武进开放大学办学，是一所涵盖五年制高职教育、中职教育、技工教育和社会教育的综合性公办职业学校。有专任教师725人，具备高级及以上执业（职业）资格教师320人，其中正高级教师7人、省教学名师1人、省市级职教领军人才5人，年末在校学生近9000人。全区职业教育落实省、市、苏锡常都市圈职教改革创新发展方案，常高职与常州机电职业技术学院签约结对融合发展，推进现代职教体系试点，“3+4”和“3+3”分段培养项目持续推进。完成省联院五年制高水平专业群中期评估2项，获江苏省教学成果奖二等奖1项。持续推进产教深度融合，建有省级技能大师校园工作站2个，新增遨博机器人产业学院和校企协同创新中心4个。技能比赛、教学大赛和创新创业大赛成绩优异，获全国教学大赛奖牌1枚、省技能大赛奖牌54枚、省教学大赛奖牌8枚、省创新创业大赛奖牌10枚。学生获国家励志奖学金72人、中职国家奖学金9人。

11月，礼嘉高中“基于中华优秀传统文化培育的‘五云课程’的建构”课程展示

（供图／区教育局）

【常高职举行中加文化线上交流活动】 2023年清明节前，常高职面向海外结对华校开展“燕归春可期，折柳话清明”清明节传统文化交流活动，通过线上互动的形式，品华夏文明，助文化传承。常高职中式面点高级技师、市第一批非物质文化遗产项目“常州麻糕”制作技艺代表性传承人严玉华、校心音朗诵社、兮瑶汉服社成员参与展示活动。活动从介子推“割股啖君”的典故开始，依次追溯清明起源，了解清明祭祖扫墓、踏青、蹴鞠、荡秋千、放风筝等习俗，寻味清明螺、青团、子推馍等清明时令美食，品读与清明相关的古典优秀诗文。常高职自2021年与德国、加拿大华校结对以来，努力探索传播华文教育的途径和方式，开展传统文化交流活动，帮助海外华裔青少年体悟传统文化魅力，了解现代中国发展。

【常高职获省职业院校技能大赛10金17银27铜】 常高职参加江苏省2023年职业院校技能大赛中职组其中7个类别25个赛项的角逐，获得10金17银27铜，金牌数位列常州市第一。

【常高职获省职业院校创新创业大赛2金2银6铜】 常高职参加2023年江苏省职业院校创新创业大赛，获2金2银6铜。创新启蒙组参赛选手杨曦、余康辉、孙家祥的“汽车动力提升静音改造先行者——旋风高流量空气滤清器”项目，在全省69个创新启蒙组项目比拼中名列第一，摘得“创新启蒙之星”称号；参赛选手马新全、徐宁的“医用拉力螺钉自适应夹具”项目获“一等奖”。创新启蒙组“阀门电动执行器扭矩测试台”项目、实践启蒙组“多功能琴筝桌”项目获“二等奖”。“小程序，大智慧——称重仪表标签格式解析器”“幸福生活家——多肉先森”“以画为媒——坚守美育初心做美的传播者”“零创——机器人教具领域的领跑者”“精耕细作古籍修复工作室”“寒松训练营——关注青少年安全助力健康中国”6个项目获“三等奖”。

【常高职获省职业院校教学能力大赛8个奖项】 7月，江苏省职业院校教学能力

表 39

常州市高级职业技术学校 2023 年省职业院校技能大赛一等奖情况一览表

类 别	参赛项目	参赛选手	指导教师	获奖等第
财经商贸类	会计技能（票据录入）	王瀚梓	钱月娟	一等奖（第一名）
财经商贸类	会计技能（珠算）	龚佳琳	谢 珂	一等奖
信息技术类	数字影音后期制作技术	李志鹏	沈燕华	一等奖
加工制造类	模具设计与制造技术	王春龙 李家乐	曾如平 涂天勇	一等奖（第一名）
加工制造类	工业机械自动化	徐梓祥	顾旭松	一等奖
加工制造类	液压与气动系统装调与维护	应岢成	—	一等奖（第一名）
土木水利类	工程算量（BIM 技术）	薛皓文	张丽云	一等奖
土木水利类	建筑 CAD	任顺利	—	一等奖
土木水利类	建筑 CAD	吴 依 陈科名	任顺利 张 娇	一等奖
土木水利类	建筑 CAD	勾 耀 蒋 超	任顺利 张 娇	一等奖（第一名）

表 40

常州市高级职业技术学校 2023 年省职业院校教学大赛获奖情况一览表

组 别	项 目 名 称	参赛团队成员	奖项等第
文化艺术	青绿山水文化体验区虚实结合展示设计	杨 琰 吴国琴 孙晓丹 周 丹	一等奖
装备制造（中职组）	医药仓储视觉检测工作站装调	缪秋芳 申海亚 谢 敏 韩 海	一等奖
公共基础（中职数学）	数学与艺术	龚黎媛 王 妍 顾钱娟 肖文斌	二等奖
公共基础（中职英语）	Craftsmanship	刘凯华 路 梅 张薏佳 张 音	二等奖
交通运输	新能源商用车三电系统智能网联监测与综合检修	张朋涛 唐 杰 徐 晨 王 平	二等奖
公共基础（中职语文）	“对话诗心”古诗专题教学	尹静芳 曾万明 周 科 吴静媛	三等奖
财经商贸	数智化财务报表分析	奚晓庆 邹云花 王 婧 薛希征	三等奖
装备制造（高职组）	基于机器视觉的水果分拣工作站装调	邢栋华 朱 力 蒋华平	三等奖

比赛，常高职 2 个项目获得一等奖，3 个项目获得二等奖，3 个项目获得三等奖。一等奖项目数名列全省第三，常州市第一。

【常高职教师团队获全国职校技能大赛二等奖】 11 月 25 日，2023 年全国职业院校技能大赛教学能力比赛现场决赛在江西南昌闭幕。常高职吴国琴、周丹、鲍丽丽团队经过校赛、市赛、省赛、国赛遴选，最终代表江苏省队获中职组二等奖。

（李 向）

5 月，常高职在全国职业院校技能大赛中获佳绩 （供图 / 区教育局）

驻武进高（职）校

【常州大学】 2023 年底，该校有全日制本科生 23494 人，其中港澳台籍学生 11 人，博士、硕士研究生 5111 人，学历外国留学生 608 人。有教职工 2585 人，其中专任教师 1762 人，硕士及以上学历（位）教师占比 98.2%，博士学位占比 75.5%。招收全日制本科生 7211 人，硕士研究生 1666 人，博士研究生 31 人。2023 届本科毕业生去向落实率 91.29%；研究生毕业生去向落实率 93.08%。

人才培养 有一级学科博士学位授权点 2 个、一级学科硕士学位授权点 15 个、专业硕士学位授权点 19 个。新增工程教育认证专业 3 个、长三角新文科教育认证专业 1 个、第二批国家级一流本科课程 6 门、省优秀研究生工作站 12 家。立项国家“十四五”规划教材 13 本，获批江苏省高等教育教改研究课题 12 项，获评江苏省优秀毕业设计（论文）

9月，7035万平方米的常州大学西太湖校区图文信息中心投用
（摄影/陆新　徐晶玮）

一等奖3项、三等奖8项、优秀团队3个，获批“江苏省研究生科研与实践创新计划”368项。

学科建设　实施ESI学科质量提升工程，化学学科进入ESI前2.5‰，材料科学、工程学进入ESI前3.5‰，环境生态学学科首次进入ESI前1%。化学工程与技术、材料科学与工程、安全科学与工程3个学科获批江苏省优势学科四期项目。

产教融合　新增江苏省重点产业学院1个、产业教授（本科类）5人、产教融合型品牌专业建设点2个、首批产教融合型一流课程5门，入选省产教融合重点基地建设点1个。牵头成立行业产教融合共同体4个，入选国家轨道交通装备行业产教融合共同体首批成员单位。

科学研究　获批2023年江苏省发展改革委工程研究中心平台1项、省高校优秀科技创新团队1个、省级智库研究平台2个、省石油和化工行业工程实验室1个,成立“智能制造龙城实验室—常州大学工业母机工程研究院”。获批国家级科技项目61项、国家社科项目23项，纵向科研经费到款1.28亿元。获中国专利奖优秀奖、侯德榜化工科学技术奖、第十三届发明创业奖等各类省部级科技成果奖32项。发表三大索引收录科技论文1200余篇，在CSSCI、SSCI来源期刊等高质量刊物发表论文68篇。科技成果转化385项，转化金额1111万元；横向经费到款2.73亿元，增长13%。获国内发明专利授权628件、国外专利授权6件，有效发明专利总量2991件；制定国家标准1项，行业标准、团体标准等6项。

国际交流合作　新增以色列海法大学、英国诺丁汉大学国际学院、保加利亚鲁塞大学等5个国（境）外合作院校与组织，赴国（境）外学习交流学生915人，首次获得江苏高校大学生境外学习政府奖学金长期项目资助。新建来华留学生实习实践基地8个、中国国情教育基地4个。

（秦　能）

【江苏理工学院】　2023年底，该院有全日制在校本科生2万余人（含外国留学生）、硕士研究生1200余人。有教职工1600余人，其中专任教师1300余人、高级职称教师800余人、博士学历（位）教师600余人。引进和培养高层次人才147人，入选全球前2%顶尖科学家榜单教师4名。

学科建设　设有机械工程、电气信息工程、资源与环境工程学院和新能源汽车动力电池、工业互联网智能医疗产业学院、人工智能等教学科研单位26个，开设本科专业67个，招收硕士研究生近千人。

教学科研　新增国家级、省部级科研项目95项，省部级成果奖12项。组织科技成果鉴定5项，其中达到国际先进水平3项、国内领先水平2项。获评“省社科应用研究精品工程优秀成果”一等奖2项。实施专利成果转移转化92件。

产学研合作　新增产学研合作项目246项。与江苏省产业技术研究院签署人才联合培养及成果转化合作协议，获批江苏省研究生实践创新计划49项、江苏省学位与研究生教育教学改革课题4项、江苏省研究生工作站5家、江苏省产业教授4人。学生获第十三届“挑战杯”中国大学生创业计划竞赛银奖，第十八届“挑战杯”全国大学生课外学术科技作品竞赛揭榜挂帅专项赛一、二等奖各1项，第十三届大学生电子商务“创新、创意及创业”挑战赛跨境电商实战赛全国一等奖1项。

（汪　洁）

【常州幼儿师范高等专科学校】　2023年底，该校有学生2998人，其中师范专业学生2589人、非师范专业学生409人；有教职工194人，其中专任教师184人，有正高职称5人、副高职称73人、“双师”素养专任教师85人、具有硕士以上学历（位）124人。

专业课程建设　有学前教育、数字媒体艺术设计、旅游管理3个五年制专业；学前教育、艺术设计2个三年制专业。其中，五年制学前教育专业为江苏省品牌专业，数字媒体艺术设计专业为江苏省特色专业；学前教育专业历史类最高投档成绩471分，最低投档成绩455分；物理类最高分449分，最低分424分；艺术设计专业最高投档成绩435分，最低投档成绩388分；录取线专科342分，本科线392分。立项研究课题29项，其中省部级课题11项、市厅级课题18项。

教学竞赛　学生获全国职业院校技能大赛高职组幼儿教育技能赛团体一等奖，第五届长三角师范生教学基本功大赛学前组一等奖第一名，第十二届全省师范生基本功大赛一等奖2名。

（孟晨迪）

【常州工程职业技术学院】　2023年底，该院有全日制学生1.44万人，招收全日制新生4974人；毕业学生5623人。录取非全日制专科学生3612人。有教职工709人，其中专任教师599人，专任教师中有正高职称59人、副高职称222人、博士研究生学历（位）教师84人。

科研成果　新增国家级教学成果奖4项，国家级教学案例2项，立项教育

部人文社科基金项目2项。

产学研合作　服务企业300家，促成技术交易162个1.1亿元，成果转化应用新增效益7.6亿元，获企业捐赠840余万元。新增发明专利58件。立项省级科技计划项目16项、市厅级纵向课题195项，签订横向科研项目240个，实现技术合同成交额1.2亿元，入选《2023中国职业教育质量年度报告》产教融合卓越高等职业学校50所榜单。应用化工技术、智能焊接技术、建筑工程技术3个专业通过UK ENIC国际评估认证，引进国际通用资格证书8个，主持开发非洲国家职业标准12个，共建海外人才培养基地2个。学生获第十三届“挑战杯”中国大学生创业计划竞赛金奖1项，获技能、学科竞赛奖项国家级14项、省级265项。

（梁　阳）

【常州信息职业技术学院】2023年底，该院有全日制学生12437人，招收全日制新生3918人，毕业学生4091人，毕业生年终就业率97.26%；有教职工831人，其中专任教师631人，专任教师中正高职称48人、副高职称203人。

专业课程建设　获评“十四五”国家规划教材28部，“基于工业互联网的云制造虚拟仿真实训基地”入选教育部职业教育示范性虚拟仿真实训基地培育项目名单，获评国家级教学成果奖二等奖2项，立项江苏省职业教育教学改革研究课题8项。

技能竞赛　获全国性技能大赛奖项38项，其中全国职业技能大赛一等奖3项；省级各类职业技能大赛获奖269项，获省级毕业设计一等奖2项、二等奖4项、三等奖3项、优秀团队3个。教师获省级各类教师教学竞赛奖17项，获“挑战杯”、省职业院校创新创业大赛等竞赛省级及以上奖励30项。

科研创新　以第一单位立项国家自然科学基金资助项目，结题江苏省社科应用研究协同创新基地专项课题7个。授权发明专利23件，转化59项。

社会服务　实施江苏省中高职省培国培项目8项，新签“企业新型学徒制培训”项目6个，线上、线下融合完成各类培训33865人次，各类技能培训鉴定832人次。

国际交流　累计培养外国留学生502人，与境外9个院校或机构签署12份合作协议并开展合作；新增“郑和学院”人才联合培养项目，累计培训境外院校学生5771人。获江苏省高校外国留学生教学观摩比赛特等奖1项、三等奖1项，获“一带一路”暨金砖国家技能发展与技术创新大赛二等奖1项，工业互联网网络运维二、三等奖各1项，泰国留学生获国赛铜牌1枚。

（唐　凯）

【常州机电职业技术学院】2023年底，该院有全日制在校学生13833人，招收全日制新生5232人、留学生47人，毕业学生4884人，年终毕业去向落实率98.32%；有教职工786人，其中专任教师690人、高级职称252人、博士研究生学历（位）教师88人、硕士研究生学历（位）教师556人、“双师”素养专任教师616人、兼职教师382人。

学科建设　获国家教学成果二等奖1项，入选首批“十四五”职业教育国家规划教材34部，获批国家精品在线课程5门，建设国家级专业资源库3个，获教育部人文社科课题2项，立项省级专业教学资源库1个、省社科联应用精品工程课题4项、省高校社会科学和自科研究重大项目2项。入选省第一批现场工程师专项培养计划项目。

产学研成果　获发明专利授权93项、省科学技术奖2项，获批省产学研项目57项。获全国职业院校技能大赛教学能力比赛一等奖，全国职业院校技能大赛一等奖6项。学生获国赛一等奖6项，“互联网＋”大赛国赛银奖1项、铜奖2项，中国大学生健身健美锦标赛第三名，省第二届智力运动会2银1铜，教育部第四届中华经典诵写讲大赛软笔大学生组二等奖4项，省第七届大学生艺术展演活动一等奖3项。

科研与社会服务　获评江苏省科学技术奖2项，获批省科技厅产学研项目57项，获省科学技术奖4项，授权知识产权162件。实现继续教育到账3157.6万元。

合作交流　学校获评2023亚太职业院校影响力指数4星级院校，入围全国第一批“中国—东盟职业教育卓越合作伙伴”项目、省高校首批“郑和学院”立项资助项目，“常州机电—埃塞俄比亚东方工业园郑和学院项目”获批2023亚太职业院校特色合作示范项目。教师获江苏省高校外国留学生教学观摩比赛复赛特等奖、一等奖各1项，“丝路华语”国际汉语教学职业能力大赛一、二等奖各1项。学生获“一带一路”金砖国家技能发展与技术创新大赛一、二、三等奖5项。

（陈　云）

【常州工业职业技术学院】2023年底，该院有全日制学生14910人，招收全日制新生4984人，毕业学生4227人，毕业生年终就业率95.32%。有教职工721人，其中正高职称33人、副高职称208人、博士学历（位）教师54人。

专业课程建设　有二级学院7个、专业48个，覆盖装备制造、电子与信息、财经商贸等专业大类，设有新能源技术与装备产教融合实践中心、新能源汽车智能制造与服务江苏省级示范性虚拟仿真实训基地等平台，“机电一体化技术”和“供应链运营”2个资源库入选江苏省职业教育专业教学资源库。

科学研究　立项教育部人文社科项目1项、省高校自然科学研究项目2项、省创新支撑计划软科学研究1项、省科技厅产学研项目13项、省高校优秀科技创新团队1个。技术合同登记122项，师生专利转化运用42件。

创新创业　获中国国际大学生创新大赛银奖2项，江苏省职业院校创新创业大赛一、二等奖5项，江苏省“互联网＋”大学生创新创业大赛“青年红色筑梦之旅”赛道三等奖1项，江苏省“挑战杯”大学生课外学术科技作品竞赛特等奖1项、二等奖2项。

技能竞赛　获全国职业院校技能大赛一、二等奖6项，江苏省职业院校技能大赛一、二、三等奖45项，第七届江苏省大学生艺术展演特等奖2项，一、二、三等奖15项。

（王淑芳）

【常州纺织服装职业技术学院】2023年底，该院有全日制学生13518人，招收全日制新生5493人，毕业学生3990人，“4+0”“0+2”项目首批321名本科毕业生工作，毕业率100%。毕业生就业去向落实率 96.27%。有教职工 696 人，其中专任教师 550 人，具有硕士及以上学历教师占比 85%。

科学研究　获国家级教学成果奖二等奖 3 项，新增“十四五”国家规划教材 4 部，省重点教材 2 部。获批现代职教体系项目 17 个。

产教融合　获批省级示范性校企合作组织 2 个，牵头组建全国产教融合共同体 5 个。碳纤维及特种防护服智能制造虚拟仿真实训基地申报现代职教体系改革建设重点任务，获国家级立项。建成江苏省产教融合集成平台，获批江苏省碳纤维先进材料智能制造工程技术研究开发中心，联合企业共建产学研基地 12 个。申请专利 201 件，授权专利 101 件，专利转化 17 件。

技能竞赛　承办智能电梯装调与维护、服装设计与工艺 2 项省级职业院校技能大赛。获全国职业院校技能大赛二等奖 1 项，省赛一等奖 5 项。学校获省高等学校劳动教育优秀实践项目特等奖 1 项、二等奖 1 项。

（陈　思）

9 月，区教育局联合社区开展居民旗袍秀活动　（供图 / 区教育局）

社会教育

【概况】 2023 年，武进区社区教育工作围绕“全覆盖、强内涵、创特色、惠民生”的要求，以深化社区教育特色、品牌项目为抓手，完善三级社区教育办学网络，多层次、多样化开展创业技能、农村实用技术、党建理论知识、养生家教等课程，并以老年智能手机培训为抓手拓展老年教育，以高品质社区教育体系建设，积极服务地方经济社会发展。有非学历教育机构 28 个，社区教育志愿者 1.88 万人。通过整合各类资源，常年协助开展各级各类教育培训，城乡居民社区教育活动参与率 59.8%。武进开放大学主动作为，以群众喜闻乐见的知识宣讲方式助推全民学习热，顾晓霞领衔的“常州糕团堆花”入选江苏省传统美术类省级非遗项目，王妍被评为江苏省“十四五”社区教育领军人才培养对象。洛阳镇友谊村学习苑通过江苏开放大学四星级评估验收。“吾有优学、尚学湖塘”课程进社区服务惠民心，获常州市“终身学习品牌项目”一等奖。前黄镇社区教育中心“村趣”游学项目、牛塘社区教育中心“牛塘非遗乡村游学”游学项目获评常州市第三批社区教育游学实验项目。

【适老化数字服务】 2023 年，武进区完成智能手机培训 1865 人；开展“智慧助老”养教联动活动公益课“夕阳红课堂”活动 30 场，服务老年人 900 余人次；探索“老来笑”共学养老吧，为老年人自助、有效学习提供支持，“星光萨克斯，相约在一起，共学有主题，快乐是第一”创设多元情境，帮助居民在活动中寻找快乐；“天音艺术团”自发学习，系统培训，增加归属感和幸福感；《老龄文明语境下的老年教育社区共学养老实施路径研究——以苏南地区为例》立项江苏省社科应用研究精品工程社会教育（社科普及）专项课题。

【打造“家门口”的社区教育】 2023 年，武进区构建新时代“幸福养老圈”，积极探索高品质社区教育。湖塘镇打造“十分钟全民终身学习圈”，遴选 6 家环境设施一流、教学师资优秀的社会教育机构，打造咖啡制作与品鉴、瑜伽、钢琴、体育、康养、舞蹈 6 个居民学习点，让居民乐享家门口的高品质文化生活。湟里镇“辉湟 · 社教”心理健康教育联盟，开展心理健康教育 18 次，服务中小学生 6000 人次，帮助孩子正确面对青春期生理和心理变化，引导他们增强自我保护意识和能力。牛塘镇和雪堰镇社区教育中心《留青竹刻》《雪堰唱响乡村游》分别获评常州市社区教育微课程二、三等奖。礼嘉镇创建“教育嘉”社区教育活动品牌。南夏墅街道推进“道德讲堂”建设，实现精神文明建设从街道党政“行政推动”变为群众“内需拉动”。

【高质量终身教育服务】 2023 年，武进区依托开放大学、社区培训中心，将“课堂”向村、社区输出，针对群众多样化、个性化的终身学习需求，围绕职业技能培训、实用技术、全民健康、家庭教育等主题，广泛开展线上、线下相结合的学习宣传、文化艺术活动和学习服务，完成社区教育服务 21 万人次。充分发挥社区教育指导中心、社区培训学院桥梁纽带作用，因地制宜推进区域社区教育协作发展，实施社区教育优质资源的“全面覆盖，全程覆盖”。城乡联动，多方协同。10 月 14 日，2023 年武进区全民终身学习活动周启动仪式暨“放歌新时代、百姓艺术进社区”文艺演出在前黄镇寨桥大舞台举行，筹办老年大学各镇（开发区、街道）分校，开展家庭教育讲座以及实用技术、职业技能培训等活动，营造浓厚健康、积极向上的社区文化氛围，推动全民终身学习向纵深发展。

（李　向）

文 化

Culture

责任编辑 蒋 银

文学艺术

【概况】 2023年，区文联深入贯彻习近平文化思想，坚持以人民为中心的工作导向，挖掘优势文化资源，推动文艺事业繁荣发展。举办“礼赞新时代”武进区书画作品展（巡展）、“节日里的中国”经典诵读进校园、“聚力‘两湖’创新区、文艺装点新农村”结对共建汇演、“湖湾升明月”2023武进区中秋戏曲晚会等主题性文艺活动20场次，观众达5万人次。戏剧曲艺家协会组织文化惠民、送戏下乡演出200余场，覆盖全区13个镇（街道）、30多个村（社区），观众达20万人次。刊发《武进文艺》2期。获省级及以上奖项作品138件。区作协会员张羊羊诗集《月亮下》、荆枫长篇儿童小说《星河镇见》出版发行，区工艺美术家协会会员王明盛、张琪获评首届江苏十佳青年民间工艺美术家。区文联文艺惠民工作获评2023年全省文艺志愿服务工作先进单位。

【“聚力‘两湖’创新区、文艺装点新农村”主题活动】 内容参见“群众团体”类目p68同名条目。

【文艺惠民系列活动】 内容参见“群众团体”类目p69同名条目。

【主题性文艺活动】 内容参见“群众团体”类目p68同名条目。

【著作出版】 《月亮下》是由武进作家张羊羊创作的诗集，于1月由江苏凤凰文艺出版社出版。全书收录以苏南平原为主题创作的120余首诗歌，共10万字。作品以20世纪80年代的时代回忆为主题，充满乡愁情结，情感真挚细腻，文风清新自然。

《星河镇见》是由武进作家荆枫创作的长篇儿童小说，于3月由江苏凤凰少年儿童出版社出版，全书共6万字。作品以“双减”为背景，以城乡跨越与教育和解为主题，描写两个家庭环境迥异的少男少女一路碰撞、共同成长的故事，融入对西太湖、揽月湾广场、淹城等地域名胜的细致描写，富有地方特色。

（葛 岩）

2023年武进区文艺创作主要成果情况表

表41

所属协会（单位）	艺术门类	作品名称	作 者	展出、获奖情况
作家协会	诗集	《万象》	刘 康	第八届紫金山文学奖诗歌奖
	诗集	《骑鲸记》	刘 康	第四届中国金融文学奖
	儿童文学	《胖云朵有时间》	余康妮	入围谢璞儿童文学奖
	散文	《秋日徽州行》	李慧奇	2023年第五届祖国颂世界华语文学征文获散文提名奖
	散文	《渡口客船》	刘云燕	江苏省第33届报纸副刊好作品二等奖
	散文集	《旧雨》	张羊羊	第八届紫金山文学奖散文奖
书法家协会	书法	《左传郑宣子》	唐东进	入选全国第三届临帖书法作品展
	书法	《快雨堂题跋》	唐东进	首届江苏省新文艺群体书法作品展获奖
	书法	《云移风送联》	黄灌仁	入选全国第九届楹联展
	书法	《璇阁萱阶联》	黄灌仁	入选“江左风流奖”江苏省第十届青年书法篆刻作品展
	书法	《古诗二首》	蒋云波	入选“苏伊一家亲共筑复兴梦”书画摄影采风展
	书法	《楷书作品》	王爱琴	入选江苏省第四届中小学教师正书书法展（粉笔）

续表 41

所属协会（单位）	艺术门类	作品名称	作　者	展出、获奖情况
美术家协会	国画	《故园遗韵》	张　振	入选 2022“南田秀逸”——中国画作品展
	国画	《春天里》	陆献新	入选 2022“南田秀逸”——中国画作品展
	国画	《向着光亮那方》	徐　怡	入选 2022“南田秀逸”——中国画作品展
	国画	《烟雨江南》	陆献新	入选扬州美术双年展——2022 江苏美术写生作品展
	国画	《荷塘情趣》	张娟芳	入选扬州美术双年展——2022 江苏美术写生作品展
	国画	《朝圣》	徐晓晶	“青春盛绘”2023 年江苏省青年美术家协会年度大展优秀奖
	国画	《生活之日新月异》	徐　来	“青春盛绘”2023 年江苏省青年美术家协会年度大展优秀奖
	国画	《藏家晨曲》	徐晓晶	入选江苏省第二届新文艺群体美术作品展
	国画	《晨沐朝晖》	周曙光	入选第四届江苏省山水画展览
	国画	《古村新景》	高国琴	入选第四届江苏省山水画展览
美术家协会、武进书画院	国画	《古城春回》	李文君	入选 2022“南田秀逸”——中国画作品展
	国画	《自有芳菲》	徐思齐	入选 2022“南田秀逸”——中国画作品展
	国画	《高情逸韵》	张　洁	入选 2022“南田秀逸”——中国画作品展
	国画	《满秋》	张　洁	“青春盛绘”2023 年江苏省青年美术家协会年度大展优秀奖
	国画	《牧羊图——希望的田野》	张家毅	入选扬州美术双年展——2022 江苏美术写生作品展
	国画	《有风的地方》	张家毅	“青春盛绘”2023 年江苏省青年美术家协会年度大展优秀奖
	国画	《奔腾年代》	张家毅	“风华竞秀”——江苏青年人物画作品展优秀奖
	国画	《运河漫游指南 1》	张家毅	入选首届“太湖境象”江苏美术设计双年展、《大运河文化带建设主题工笔重彩画青年创作人才培养》作品展
	油画	《衣锦绣青城》	张　锐	入选“中国梦 2022 艺术草原”——中国画、油画作品展
	油画	《天山上的雄鹰》	张　锐	入选“2022 时代 · 肖像”油画作品展、“江苏第四届青年油画作品展”
	油画	《童年的记忆二》 《童年的记忆三》	张　锐	入选“明心见性”——2023 江苏省青年美术作品邀请展
	油画	《一池碧水映桃红》		入选“时代颂歌”——2022 中国百家金陵画展（油画）
	油画	《归来闲椅小阁窗》	陈金柳	入选“诗意江南——中国油画作品展”
	水彩画	《一曲渔歌唱晚风》		入选第三届深圳国际水彩画双年展
武进书画院	国画	《水波潋滟异光影》	刘德龙	入选第三届“湖南 · 中国画双年展”
	书法	《清 · 赵翼 · 瓯北诗十三首》	徐　勇	入选“2023 贵州 · 江苏新文艺群体书法作品交流展”
	书法	《行草书 · 盖闻麟亡条幅》	徐　勇	入选第二届“袁崇焕杯”全国书法大赛
	书法	《入德参云联》	高文新	入选“美美华夏　古韵新声”——首届苏沪浙古文字书法展
	书法	《行书 · 江苏首个亿元级“5G+智慧工厂”项目启动》	陈　捷	入展“强富美高”新江苏主题书法作品展
音乐舞蹈家协会	论文	《立足终点，溯溪寻源——构建具有思维厚度的高中音乐课堂》	严　婷	2022 年全省基础教育论文评比一等奖
	论文	《“双减”视域下高中社团的活动设计与实践研究》	谈　菁	江苏省教育学会征文评比一等奖
	论文	《区域艺术学科教研迭代转型的思考与实践》	陆荣兵	江苏省艺术学科年会论文比赛特等奖
朗诵艺术协会	朗诵	《我的心》	赵树建	第四届中华经典诵写讲大赛“诵读中国”经典诵读大赛社会人员组一等奖
	朗诵	《等待》	赵树建	第五届中华经典诵写讲大赛“诵读中国”经典诵读大赛社会人员组二等奖

续表 41

所属协会（单位）	艺术门类	作品名称	作 者	展出、获奖情况
摄影家协会	摄影	《绿林之巅》	方南祺	入选“福地洞天仙境茅山”全国摄影大展
	摄影	《光伏板下养珠忙》	方南祺	香港第 13 届全国摄影展十佳作品奖
	摄影	《攻坚时刻》	方南祺	2023 年中国科普摄影大赛优秀奖
	摄影	《归程》	姚国才	入选全国“乡村振兴”主题摄影展
	摄影	《跨越天堑不是梦》	岳 勇	2023“交建杯”江苏交通视觉巡展社会组一等奖
	摄影	《战士悉心照顾树上落下的小鹭鸟，并把它送回鸟窠》	高 岷	“关爱鸟类 人与自然和谐共处”摄影比赛一等奖
工艺美术家协会	留青竹刻	《青山满目》	沈华强	入选第三届江苏发展大会展出
	留青竹刻	《绿水池塘》	沈华强	入选第三届江苏发展大会展出
	留青竹刻	《轻舟寻友》	徐 博	入选第三届江苏发展大会展出
	留青竹刻	《秋山行旅图》	徐 博	入选第三届江苏发展大会展出
	留青竹刻	《乔林百雀图》	徐 博	第三届“百鹤杯”工艺美术设计创新大赛百鹤新锐奖
	留青竹刻	《乔林百雀图》	徐 博	2023 年江苏省文艺大奖之优秀民间工艺美术作品终评展金奖
	留青竹刻	《千岩万壑图》	张 琪	入选‘山花绽放 薪火相传”长三角地区青年民间工艺精品展
	留青竹刻	《花间》	沈华强	2023 年江苏省文艺大奖之优秀民间工艺美术作品终评展铜奖
	猛犸牙刻	《赤壁夜游图》	王明盛	2023 年江苏省文艺大奖之优秀民间工艺美术作品终评展铜奖
	红木浅刻	《平桥远水》	高杜平	入围 2023 年江苏省文艺大奖之优秀民间工艺美术作品终评展
	陶刻	《凝望》	张毓阳	入围 2023 年江苏省文艺大奖之优秀民间工艺美术作品终评展
	留青竹刻	《晚秋日暮图》	张 琪	入围 2023 年江苏省文艺大奖之优秀民间工艺美术作品终评展

（葛 岩 秦 倩）

公共文化

【概况】 2023 年，区文化部门深入挖掘地方文化资源，加强区域文化馆（站）联动，以文艺惠民为宗旨，举办各类高品质公共文化活动，持续提升现代公共文化服务体系的凝聚力和影响力。举办武进区第二届“春风有约”悦读节、武进区第十一届市民艺术节、常州市民文化乐享季武进分会场活动、“花都水城 · 浪漫武进”文化旅游节暨“龙城夜未央 · 武夜尽欢畅”夜生活节等群众性文艺活动。区锡剧团、凤凰艺术团送戏送综艺节目下乡 400 场，区图书馆组织流动图书车下乡服务 265 次。全区实施农村电影“2131”工程（21 世纪，在农村实现一村一月放映一场电影），放映电影 2520 场。全民阅读推广活动深入推进，全民阅读指数达 77.32，位居常州各辖市区第二。

（朱丽春 贾韵泓）

【“春风有约”武进区第二届悦读节】 4 月 3 日，在武进第三图书馆开幕。4 月 3—30 日，围绕“春之华章、春之吟诵、春之悦享”三大篇章，在武进区图书馆、武进区文化馆、武进区博物馆及各镇（街道）综合文化站，开展“春风化语、音你不凡”经典影视配音秀比赛、“春风十里、阅读有你”书友会、“书香为伴、共赴心灵之约”主题征文比赛及“和诗而歌 · 春风里”星光音乐会、主题书展、耕读打卡、好书诵读、古琴雅集、少儿读诗会等 46 项阅读活动（含线上），营造全民阅读、终身学习的浓厚氛围。

【“日出阳湖、风雅江南”武进区第十一届市民艺术节】 9 月 8 日，在淹城仰淹阙广场开幕。至 10 月 6 日，推出全民艺术普及周、残疾人文化周、“艺美武进 · 民星大舞台”才艺大赛、“奋进新征程、逐梦新时代”业余群众文化团队展演、“踏歌而行 · 秋月白”草坪音乐会等群众文化活动 58 项、240 余场。以艺育人、以艺惠民、以艺悦民，搭建群众便于参与、乐于参与的展演展示平台，彰显武进特色，凝聚向心力量。

（杨 雪）

【区文化馆公益性培训】 2023 年，区文化馆深入实施“艺起来”全民艺术普及工程，以馆内外相结合的形式，向市民提供公益性培训服务。公益性培训联盟夏季和秋季班开设中阮、陶笛、油画、拉丁舞、书法等专业 200 余个，招收学员 2400 余人。馆内公益性培训春季、夏季和秋季班开设太极拳、古琴、国画等专业 60 个，招收学员 750 余人。

（钱 峰）

文化场馆建设

【概况】 2023 年，武进区夯实公共文化阵地建设，武进第四图书馆进入建设阶段，城乡公共服务设施配套水平与服务质量持续提升。有镇（街道）文化站 10 个、村（社区）文化室或图书室220个；有专职文化工作者110人、业余文化工作者6800人。有农家书屋208个，其中全国示范农家书屋1个、省级农家书屋4个、市级农家书屋30个。武进区图书馆、区文化馆、区博物馆、区书画院4个公益性文化场馆全年免费开放，接待群众169.66万人次。滆湖民俗博物馆、湖塘博物馆等6所非国有博物馆，接待群众8.28万人次。武进区图书馆在国家文化和旅游部第七次公共图书馆评估定级中，获评“国家一级图书馆”，《“馆校共建”破解图书馆均等化建设的金钥匙》入选中国图书馆学会第七届百县馆长论坛发言内容，《馆校共建，融合发展，探索公共文化服务新征“图”》入选江苏省公共文化服务“十佳案例”。武进区博物馆、武进第二图书馆、常州熹平美术馆入选江苏省“最美公共文化空间”。武进区文化馆获2022长三角及全国部分省市最美公共文化空间大赛“百佳公共文化空间奖”。

武进区图书馆　“一总馆三分馆”格局形成。总馆位于延政中大道65号，服务面积6500平方米，馆藏图书73万册；武进第二图书馆位于火炬北路1号，服务面积5400平方米，馆藏图书20万册；武进第三图书馆位于牛塘镇东龙北路3-1号，服务面积5800平方米，馆藏图书20万册；武进第四图书馆位于西园路，已进入建设阶段，预计2024年9月开放。服务读者107.5万人次，借还图书111.41万册次。开展各类阅读推广活动292次，线上、线下累计参与人数3.89万人次。流动图书车下乡服务265次，外借图书2.87万册次，服务2万余人次。武进第三图书馆入选江苏省最美公共文化空间打造对象。

武进区文化馆　位于淹城丰乐坊1号，建筑面积6675平方米。服务群众31.48万人次。开展公益性培训，受益群众达2.26万人次。举办2023年小书法家写春联送春联、“团圆共此时、欢喜闹元宵”、第二届“春风化雨、音你不凡”经典影视配音秀、文化馆服务宣传周等活动90余场次。组织创作民族室内乐作品《朝暮欢歌》、小品《摆渡人》、少儿群舞《墨韵》、书法作品小楷清张式《画谭》选抄获第二届常州市公共文化“青果奖”，区文化馆获得优秀组织奖。组织创作中国画《春天的故事》入选江苏省第九届新人美术作品展览，书法作品《美好江苏赋》、摄影作品《争先》《铿锵玫瑰》分别入选“江风海韵”沿江沿海城市文艺联动巡展、“水韵江苏、美丽乡村”江苏省“乡村振兴”艺术摄影大展。

武进区博物馆　位于春秋淹城旅游区内，建筑面积8728平方米，馆藏文物3757件。结合“5·18”国际博物馆日、中国“文化和自然遗产日”等节日，开展教育活动40个、167场次，线上、线下参与超2.2万人次。举办“不相蹈袭——刘海粟艺术之路上的恽寿平”等线下展览16场次，推出线上展览1场次。完成馆藏文物预防性保护项目（二期）、馆藏一级文物淹城独木舟修复保护项目、武进博物馆馆藏纺织品保护修复项目、独木舟预防性保护项目验收。注册志愿者118人，参与展览、社教活动等服务2584个小时，受惠群众近2万人次。推出“恽氏家族”等系列文创产品38款。接待群众30.68万人次。区博物馆获评“江苏省文明旅游示范单位”“江苏省最美文化空间”。“春秋淹城”专题陈列荣获第二届（2019—2022年度）江苏省博物馆十大精品展览评审精品奖，“你好，二十四节气”校本课程2.0版获评2022年度常州市未成年人思想道德建设工作优秀项目，“武博教育推广人”志愿服务项目获评2022年江苏省博物馆志愿服务优秀案例。

武进书画院　位于凤凰谷C座，建筑面积3000平方米。馆藏书画225件，陈列版画作品及藏书票400多件。主办、承办2023年武进书画院年度作品展、2023武进书画院作品扬州展、武进书画院培训基地全国书家邀请展、水韵华彩——张家毅作品展、第七届国际藏书票交流展、融真悟道·高寅山水画小品展、寻·迹——中国套色版画展公益性美术培训活动7期，参与3000多人次。作品入选市级展览20余件、省级展览8件、国家级展览9件。

（王晓刚　朱丽春　钱　峰　金霆蔚　秦　倩）

【西太湖雅集园接待游客超9万人次】雅集园坐落于西太湖畔，包含刘海粟夏伊乔艺术馆、油灯博物馆、西太湖美术馆、陈履生美术馆以及中国画学会常州西太湖创作基地（馆）5个高水准展馆。2023年，接待参观游客9万余人次。推出西太湖之春——赵半狄的小窝，“迎七一”——姜昆、赵志刚、孙国康作品展，“教我如何不想他——赵元任影记”等展览13场，其中“教我如何不想他——赵元任影记”获2023年度常州市社科普及项目资助及武进区文化项目引导资金。分别举办“风华雅集——雅集园十周年名家系列讲座”、“华星三人行——姜昆、赵志刚、孙国康作品展”专题研讨会、长三角美术馆协作机制2023年年会3场、1场、1场。推出“迎七一、戏剧名家唱经典”文化惠民夜演出活动1场。结合刘海粟逝世二十九周年，举办“沿着海老的足迹再上黄山”专题纪念采风写生活动1场。开发特色品牌文创产品68种，征集收藏名家艺术作品7件，推出《雅集园艺术年鉴（2019—2023）》《沿着海老足迹再上黄山创作展作品集》等学术出版物。雅集园获评2022年“金牛杯”优秀美术图书铜奖、中国国家画院贾广健花鸟画工作室创作教学基地、2022年度江苏美术馆馆际联盟优秀展览提名项目、2023年度江苏省社科普及基地等荣誉。

（刘焕焕）

【环太湖艺术城承办市首届全国古玩艺术品交易会】环太湖艺术城位于春秋淹城遗址公园西侧，占地面积20余公顷。2023年，承办常州文艺大展·首届毗陵工艺美术奖作品展暨新时代工艺美术高质量发展研讨会、大美江苏——2023民盟江苏省国风书画院作品展、2023常州首届全国古玩艺术品交易会等文化艺术活动20余场，举办环太湖文化艺术大讲堂6次，吸引2万余人次参观。其中，2023常州首届全国古玩艺术品交易会吸引来自全国各地的古玩艺术品商户151家，参展艺术品达10万余件，顾客总数超1.3万人次，充分展现本土文化艺术品的独特艺术风格与人文特色。

（邵　勤）

文化遗产保护

【概况】2023年，武进区持续推进文物保护利用和文化遗产保护传承，挖掘文

6 月 10 日，“非遗保护、你我同行”武进区第四届非遗购物节（供图 / 区文体广旅局）

物和文化遗产的多重价值，进一步激发优秀传统文化的生机与活力。有不可移动文物 229 处，其中文物保护单位国家级 2 处、省级 6 处、市级 42 处、一般不可移动文物 179 处；非遗项目 115 项，其中国家级 1 项、省级 10 项、市级 13 项、区级 91 项。区文保部门加强文保管理，做好日常巡查，网上录入信息和上报、现场复核不可移动文物 235 处，修缮一般不可移动文物级 2 处。

（朱丽春）

【文物遗迹保护】 2023 年，区文保部门组织完成王诤故居、港桥、卢庄徐氏宗祠第九批省级文物保护单位申报。完成武进区第一批一般不可移动文物认定公布和第一批文物安全直接责任人公告公示工作。完成五七农场排灌东站修缮设计方案审批和江南抗日义勇军总指挥部旧址、陶冶亭的修缮工作。联合区融媒体中心，聚焦“文物＋媒体”宣传推广主线，梳理完成古代遗址、古代墓葬、古代桥梁、红色旧址、近现代建筑 5 大主题系列视频拍摄方案。按“超前谋划、考古先行、服务发展”的工作思路，完成淹城路东侧贺家路北侧地块、洛阳新科西路南侧琅东路西侧地块、阳湖生态净水厂项目地块等 11 处地块的考古勘探及发掘工作。完成武进高新区理想三基地地块一期、西太湖科技产业园联动发展区等 7 处文物资源区域的评估工作。

（黄建峰）

【非遗传承和保护】 2023 年，武进区多措并举推动非遗保护传承。常州糕团堆花、调犟牛、马杭木雕、杨桥捻纸、雅浦酒酿造技艺 5 项入选第五批省级非遗名录。完成第七批区级非遗名录、代表性传承人和第一批区级非遗工坊的申报评审工作，新增区级非遗项目 18 个、区级非遗传承人 36 人。举办“非遗保护、你我同行”武进区第四届非遗购物节、“我们的节日 · 端午”武进区第四届非遗购物节新苑宾馆专场活动，展演展销象牙浅刻、常州烙画、马杭木雕等非遗项目 30 个。依托区文化馆，在第十一届市民艺术节开幕式期间，在馆外广场举办“吴风雅集烟火里”非遗集市活动；配合市文化广电和旅游局在馆内举办“至味消岁寒、非遗凝时光”2023 常州冬至消寒喜乐会，参与群众达 900 多人次。

（钱 峰）

文化产业与管理

【概况】 2023 年，武进区全面推进文化产业内容形式、载体渠道、业态模式创新，不断丰富文化产品供给方式、供给渠道、供给类型。有规模以上文化企业 232 家，完成文化产业增加值 140.65 亿元，占地区生产总值的 6.28%。捷成华视网聚（常州）文化传媒有限公司、江苏时光信息科技有限公司分获中央文化产业发展（推动对外文化贸易发展）专项资金 89 万元、33 万元。嬉戏族集团、江苏超凡标牌股份有限公司等 4 个单位获 2023 年度常州市市级文化产业发展引导专项资金，共计 120 万元。嘉泽金时代影城获乡镇影院建设项目补贴共计 80 万元，共有 13 家影院获国产片放映及设备费用 53.52 万元。有网吧 70 个、歌舞娱乐场所 62 个、电子游艺场所 16 个。放映电影 189144 场次，观众 237.13 万人次，实现票房收入 9848.02 万元，占常州市场份额的 24.36%，位列各辖市区第一。区委宣传部加强文化行业管理，年检印刷企业 312 家、核验出版物零售单位 205 家。区文体广旅部门加强艺术类校外培训机构资金监管，完成机构摸底调查、白名单申报，指导艺术类培训机构入驻全国教育平台 86 家，实现课程上架，完成资金监管账户开立。

（贾韵泓 朱丽春）

【“光影里、文明＋”主题影院建设工程启动】 3 月启动，年内建成贴近群众、服务群众、引导群众的新时代宣传思想文化阵地 14 家，借助光影空间，赋予文明内涵。其中，中心城区打造完成横店电影城网络文明主题影院、百川影城新时代文明实践主题影院、武进万达影城生态文明主题影院等旗帜鲜明、特色各异的主题影院 10 家，乡镇板块打造完成澳新湖港全民阅读主题影院等文明引领、“一镇一品”的主题影院 4 家。

（贾韵泓）

【春秋淹城旅游区获评第三批省级夜间文旅消费集聚区建设单位】 4 月，江苏省文化和旅游厅发布《关于公布第三批省级夜间文化和旅游消费集聚区建设单位名单的通知》，武进区春秋淹城旅游区作为全省 30 家建设单位之一入选。春秋淹城旅游区着力开展“淹城夜未央”主题系列活动，以品牌活动新春灯会、暑期夜公园等为抓手，探索开发“夜游淹城”IP（知识产权主题形象），推出演艺互动项目，全力打造以淹城春秋文化、中华优秀传统文化、常武地方文化和非遗传承为文化特色的夜间文旅消费品牌。商业街区规范开展夜间经营和促销活动，促进美食购物、体验娱乐等多元化夜间消费业态发展，满足“夜购、夜食、夜娱、夜学”等多样需求。

（戴春霞）

融媒体

【概况】 2023年，武进区持续加强主流媒体意识形态主阵地建设，推动媒体融合向更深层次拓展和延伸，为全区高质量发展营造良好舆论氛围。区融媒体中心有电视综合频道、综合广播、《武进日报》、武进新闻网以及“微信号、视频号、抖音号、微博、新闻客户端”新媒体发布平台。发挥新闻宣传作用，为武进加快建设“一园一城一示范”，全力建设“两湖”创新区和“新能源之都”首位区营造良好氛围。举办“学习新思想，奋进新征程”武进区第四届阳湖学习达人挑战赛、武进区“文明实践·阳湖有好市”、2023武进区新能源汽车展销等活动16个。电视台新闻频道播出时长6570小时；武进人民广播电台播出时长6388小时；《武进日报》日发行量3.5万份，招募小记者2100人；“今日武进”官方微信公众号发布文章2649篇；“今日武进”官方视频号、抖音号累计发布视频作品4006篇；“微武进”官方微博发布文章2508篇，新媒体矩阵用户数200余万人次。搭建大数据平台，聚合“爱武进”App政务服务功能，开通便民服务功能94项；为区人大开发的“云上人大代表全过程人民民主监督平台”上线，实现运营、管理全流程服务；承接代理运营“武进党建云平台”“今日湖塘”等微信公众号57个和网站12个。播发电视新闻3816篇，被省级以上媒体录用稿件140多篇，其中被国家级媒体录用18篇，《江苏常州市武进区深化放管服改革——压缩办理流程、提升服务质量》《武进氢湾冲刺百亿》等4篇被《人民日报》录用，《江苏常州：布局全产业链、助力新能源产业发展》等11篇被央视录用；《武进：谱写人与自然和谐共生现代化新篇章》等3篇被《新华日报》录用；微视频《开放之诺》被新华社录用；《敢行敢试，武进打造最美湖湾城》被央视网录用。“学习强国”学习平台录用稿件超200篇，短视频《水上春耕》被全国平台录用。连续18年开展“圆梦行动”，累计发放慈善助学金1215万元，帮助贫困学生548人。区融媒体中心被省委宣传部评为2022年度高质量发展综合评估优秀等次；被市委、市政府评为“常州市优化营商环境工作（‘放管服’改革）先进集体”；在新华社新闻信息中心、新华社县级融媒体研究中心组织开展的2022—2023年度“全国融媒体中心能力建设”调查研究中，入选“县级融媒体中心融合报道典型事例”；大型文献纪录片《董亦湘》12月在省台播出。选送舞台剧《最后的誓言》被常州市委组织部评为“党课开讲啦·龙城先锋”十佳精品党课。

【“贯彻党的二十大、书写武进新答卷”融媒体新闻行动】 3月24日启动。该行动由区委宣传部发动，区融媒体中心共同策划组织，以“开局争一流”“冲刺双过半”“奋战三季度”“决胜收官战”为主线，按照“六个聚焦”“四季篇章”开展实施。紧扣不同传播平台特性，分众化、多样性地开设“打造新能源之都首位区”“聚力打造‘一园一城一示范’，加快建设‘六个现代化强区’”“数实融合进行时”“蓄势‘专精特新’，聚力高质量发展”专栏，推出“劳动最光荣、匠星耀武进”系列报道、“武进智造、我的骄傲”全媒体系列报道，每日推送“重大项目日历”，充分展示武进开放包容的城市品格，彰显武进改革进取的火热实践。

【学习贯彻党的二十大精神宣传报道】 2023年，区融媒体中心围绕全面深入

表42 2023年武进区融媒体中心作品获省级以上奖项情况表

类别	作品名称	作者	奖项	授奖部门
广播电视类	畅通渠道、凝聚力量，媒体推进社会治理现代化的路径	顾芳	江苏省新闻工作者协会新闻业务研究二等奖	江苏省新闻工作者协会
	房子老了怎么办？谁来让老楼变身	顾芳 覃露露 秦瑞刚 陈军	江苏省广电协会广播评论三等奖	江苏省广播电影电视协会
	短视频专题：我在村里建厕所	顾芳 诸丽琴 徐梦超 白一波 周汝佳	江苏省广电协会短视频专题三等奖	江苏省广播电影电视协会
报纸类	常州经开区：时代潮头向风而行，聚变成势托举未来	诸丽琴 吕丹丹	江苏省新闻工作者协会报纸通讯三等奖	江苏省新闻工作者协会
技术质量	《畅行龙城路》片花	周剑光 白伟兵 何俊	江苏省广播电视节目录制技术优秀作品（广播）二等奖	江苏省广播电影电视协会
	公益广告《导航仪的启示》	秦琳 朱建强 蒋静	江苏省广播电视节目录制技术优秀作品（广播）二等奖	江苏省广播电影电视协会
	基于硬件设备自主开发的广播直播系统改造实践	薛达新 周剑光 秦琳 姚锦学 张煜 顾琳	江苏省广播电视科技创新奖二等奖	江苏省广播电影电视协会
	申江太湖水锡越情相连	曹益锋 余志超 李逸涛	江苏省广播电视节目录制技术优秀作品（广播）三等奖	江苏省广播电影电视协会
	锡剧《浣纱谣》选段“逃出了姑苏城”	秦琳 何俊 朱建强	江苏省广播电视节目录制技术优秀作品（广播）三等奖	江苏省广播电影电视协会
	基于硬件设备自主开发的高清4K音视频建设实践	薛达新 周剑光 秦琳 姚锦学	江苏省广播电视科技创新奖三等奖	江苏省广播电影电视协会

学习贯彻党的二十大精神，全方位、多层次推出系列专题报道。创新打造党的二十大精神解读宣讲节目——《“新思想、听吾说”理论直播间》，在组建全媒体矩阵做好理论宣传的同时，坚持文化搭台、理论唱戏，通过红色“剧本杀”、情景再现等模式，积极打造武进宣讲样板。以“贯彻党的二十大、书写武进新答卷”为统揽，报纸端开设“‘吾优’工程暖民心”专栏，围绕全区推动民生品牌从“十个吾有”向“十个吾优”升级转变，每季度集中推出专题报道，展成效、督进度；开设“武记者乡村行”栏目，用独特视角挖掘各镇、村（社区）特色亮点，展现武进乡村之美；在理论版开设“‘我们这么干’一把手笔谈”栏目，刊发各部门、镇（街道、开发区）一把手署名文章，以理论学习指导实践，不断推动高质量发展；开设“理论窗”栏目，刊发区委党校教师署名文章，学深悟透党的二十大精神，推动党的二十大精神落地见效；开设“书记荐书”栏目，各部门、镇（开发区、街道）书记推荐好书，以书本内容联系实际、指导实际，推动本地区、本部门工作开展。主题教育进入中段后，开设“学思想、强党性、重实践、建新功”专栏，重点报道各级、各部门在新实践中展现出的新作为。

【“学习新思想，奋进新征程”第四届阳湖学习达人挑战赛】 8—10月，由区融媒体中心承办，以“学习强国”学习平台题库、党史学习教育指定学习资料等为试题主要内容，在全区开展知识竞答比赛，引领全区上下深入学习宣传贯彻党的二十大精神和习近平总书记考察江苏重要讲话精神，进一步统一思想、凝聚智慧，掀起学思想、强党性、重实践、建新功的新热潮。先后在湟里、雪堰、西太湖、先行集团等地举办分站赛14场。10月19日，总决赛在湖塘镇举行，14支战队现场角逐。最终，自然先锋队夺得冠军。其间，区融媒体中心全平台全程线上同步直播和全媒体宣传该项赛事，线上、线下观众160万人次，其中现场观众累计8100余人。

【广电网络宽带建设与服务】 内容参见“信息化建设”类目p161同名条目。

（高　军）

编史修志

【概况】 2023年，区委党史工委、区地方志办坚持守正创新，传承弘扬中华优秀传统文化与红色文化，全方位提升精品意识，多措并举推动地方史志成果深入转化。完成《董亦湘》纪录片摄制，该片入选全市优秀精神文化产品创作扶持项目，在江苏新闻频道播出。举办史志大讲堂29期，线上、线下观众累计超200万人次、相关文章阅读量累计超3万，其中，与区纪委监委共同打造清官廉吏故事巡讲暨新时代廉洁文化讲坛活动，开展线上、线下宣讲40场次，观看人数近10万人次。组织申报、拍摄省情影像志《雪堰，好放扁舟觅灵秀》，在省、市、区三级众多公众号平台转发，单日总阅读量突破3.5万人次，总阅读量超15万人次。武进县（市、区）首部地方史《武进史稿》于7月出版，《武进年鉴（2023）》于10月公开出版，《武进印记（2023）》于12月底在全区发行。累计出版部门（行业）志25部、村志17部。区地方志办获评2023年度《江苏省情影像志》优秀组织单位、全省地方志系统政务信息报送优秀单位。

【《董亦湘》纪录片摄制出品】 该纪录片由区委宣传部、区委党史工委、区融媒体中心共同联合制作，历经采访拍摄、剧本打磨、后期剪辑等流程，耗时一年出品。该片分“播火者”“坚持真理”上下两集，充分展现了武进籍中共早期革命活动家、马克思主义传播者、革命英烈董亦湘的生平经历及精神追求。12月，在江苏新闻频道首播，并被纳入全区主题教育学习计划、党员冬训教材，在全区推广放映。

【廉洁文化系列巡讲举办】 2023年，区地方志办与区纪委监委共同打造推出“寻根说廉、涵养清风——武进区清官廉吏故事巡讲暨新时代廉洁文化讲坛”活动，探索实践出“横向联动、定制服务、线上发力”的宣传新路径。活动启动仪式于7月13日在区融媒体中心演播厅举行，“武进的清官群体与廉洁文化”专题访谈引发关注，直播最高点击量超200万人次。共邀请11位常武地区文史专家、学者为全区机关、基层单位授课20场，现场观众超3000人次，巡讲课程经“武进印记”微信公众号及视频号线上推广，观看人数近10万人次。

【《武进史稿》编纂出版】 8月，由区地方志办和武进地方文献研究会组织编纂的《武进史稿》由辽宁电子出版社出版。全书163.8万字，共11编、41章，全面系统记述从新石器时代圩墩遗址马家浜文化至1949年中华人民共和国成立前，包括延陵、毗陵、晋陵、武进、阳湖等邑、县境地域范围内的武进地情，翔实记载武进从古以来历经的春秋延陵季文化、南朝齐梁萧氏文化、隋唐常州运河文化、两宋书院科举文化、元明辩惑求实文化、清代五大学派文化、共和常武经世文化七大特色文化，是武进县（市、区）首部地方史。

【《武进年鉴（2023）》编纂出版】 9月，由方志出版社出版。该书由区委、区政府主管，区委党史工委、区地方志办主办，聚焦武进地方特色及年度发展成效，优选专题图片，丰富记述内容，注重编校质量，翔实记载2022年度武进区经济社会发展情况，记述“两湖”创新区建设阶段性成果。卷首设“图片专辑”，有类目34个、分目（子分目）205个，收录条目1026个、照片204幅（随文照片150幅）、表格92个，共计106.2万字。

【《武进印记（2023）》编纂发行】 年末发行。该书由区委党史工委、区地方志办编纂，设置年度热点、身边榜样、时事概览、新政速递、数说发展、第一唯一、地道风物7个栏目，通过文字、图片、声音、视频四种形式，立体化反映当年度武进经济社会高质量发展成效和武进人争先奋进的精神风貌，为社会各界了解武进发展状况及时提供简明读本。共20万字，收录插图55幅、声音73条、视频14个。

【雪堰影像志制作发布】 10月7日，武进首部影像志《雪堰，好放扁舟觅灵秀》正式上线发布，作为《江苏省情影像志》“乡土江苏”系列第二季的首发作品，由省、市、区地方志办与雪堰镇等单位共同合作策划实施，取材于《武进阳湖县志》

《雪堰，好放扁舟觅灵秀》　（供图/区地方志办　摄于2023年10月）

《雪堰镇志》等地方志书，摄制取景覆盖太湖湾旅游度假区、董亦湘纪念碑、院士博物馆等十余处代表性地点，展现雪堰山灵水秀、物产富饶、崇文重教、名家辈出、文旅兴盛的地情风貌与地域魅力。在“方志江苏”视频号、微信公众号首发，“常州发布”“今日武进”等微信公众号平台转发，单日总阅读量突破3.5万人次，视频号点赞量破万人次。

（张新辉）

档案管理

【概况】 2023年，区档案馆贯彻落实省、市档案事业发展“十四五”规划的总体要求，紧紧围绕区委、区政府的发展战略和中心工作，体现档案担当，为经济社会发展和服务民生提供基础性保障作用。围绕“奋进新征程·兰台谱新篇”主题，开展“6·9国际档案日”系列宣传活动。进一步加强专兼职人员业务培训工作，举办、协办档案业务培训班5期，参训人员327人次，有效提升全区机关事业单位专兼职档案人员的综合素养和职业技能，对全区档案工作规范化和标准化起到推动作用。获评2022—2023年度《档案与建设》期刊宣传工作先进单位、区“巾帼文明岗”。作为县区级国家综合性档案馆，至年末，有馆藏全宗225个，馆藏档案480067卷、724135件，资料15859册，代保管档案30350卷、3280件，向社会开放全宗139个8032卷2879件。

【档案资源建设】 2023年，武进档案征集接收工作成效明显，共征集宗谱、志书、图书等各类档案资料98册347件，其中宗谱4部23册、图书资料75册、羌涵孚个人工作手稿197件、陈汉卿老档案征集131件、其他19件。完成对10多名早期援藏工作者的口述历史采集工作，形成包括5万多字、数十张珍贵图片的口述史资料。2月24日至4月28日，在《武进日报》开设“弘扬援藏精神，激发奋进力量”专栏，分期介绍10位援藏工作者的主要事迹。其中作为建设林芝地区八一中学首批援藏老师的徐其兴的口述内容，在周末报社、江苏省口述历史研究会联合主办的《周末口述历史》（4月20日）专刊上刊登。组织徐其兴和陈果升2位援藏老师接受省档案馆的援藏口述史视频采集。

【档案开放】 2023年，区档案馆调整档案开放审核鉴定工作领导小组，完善档案开放“三审一批”工作机制，确定档案开放审核工作方案和计划，深入梳理馆藏1982—2000年尚未开放审核的档案，完成焦溪镇、三河口镇等4个全宗的开放审核，开放档案2879件。在“6·9”国际档案日，通过《武进日报》向社会发布第十三批档案开放公告，扩大开放档案的社会知晓率。

【档案规范建设】 2023年，区档案馆明确年度归档要求及重点归档材料，指导立档单位归档。全区89个单位全部完成归档工作，总计文书档案60385件，其中永久保管期限27736件、30年保管期限15662件、10年保管期限16987件，照片档案4075张，实物档案323件。召开全区档案事业统计年报现场培训会，完成全区87家单位档案年报的填写和数据汇总上报工作。按照《中华人民共和国档案法》《江苏省档案管理条例》《江苏省机关团体企业事业单位档案工作检查评价办法》，指导创建江苏省示范档案室单位4家、江苏省规范档案室单位25家。对接“两湖”创新区建设工作指挥部办公室，完成2022年度“两湖”创新区建设档案归档；对接区防疫指挥部和区卫健局，完成2022、2023年度疫情防控档案文件材料收集整理归档；加强与民政、卫健等部门的沟通协作，加大婚姻、出生医学证明档案等民生档案的接收力度；积极跟进党史学习教育、长江流域禁捕退捕等重要活动、重点工作档案的归档接收；主动与中国人民银行武进支行对接，及时将档案接收进馆。接收实体档案10739卷24417件、照片1175张、实物5件、资料58册。

【档案利用服务】 2023年，区档案馆坚持以人为本，提供电话查档、网络查档、异地远程查档等服务，着力为查档群众提供方便快捷的服务。接待查档10198人次，提供档案5395卷、1640件，资料131册，复印18792页。立足民生、创新服务，积极优化合作联动机制，完善民生档案查询利用体系，依托全国、长三角、省、市、区档案查询利用服务平台，对接“苏服办”与“我的常州”App，将出生医学证明档案列入第二批民生档案查询利用事项清单，不断扩大在线查档范围，使群众享受到“足不出户、档案到手”的便捷服务。提供远程利用服务2288例，较2022年增长71%。为纪念抗美援朝战争胜利70周年，充分挖掘馆藏档案资源，编写“抗美援朝中的武进记忆”专题文章，获《武进日报》、“今日武进”官方公众号刊登。根据市档案局、档案馆要求，开展红色档案资源建设，梳理馆藏和区博物馆、澄西烈士陵园、王诤事迹陈列馆红色档案，建立数据库条目236条。

（李欣桐）

体 育

Sports

责任编辑 蒋 银

群众体育

【概况】 2023年，武进区深入实施全民健身战略，开展新时代体育强区建设，推进全民健身“6个身边”（完善群众身边的体育健身组织，建设群众身边的体育健身设施，丰富群众身边的体育健身活动，支持群众身边的体育健身赛事，加强群众身边的体育健身指导，弘扬群众身边的体育健身文化）工程，不断完善公共体育设施网络，推动全民健身。新增社会体育指导员897名，累计6745名（国家级65名、一级254名、二级777名、三级5649名），每万人拥有社会体育指导员42名。有区级体育协会34家（AAAAA级1个、AAAA级3个、AAA级4个）、民办非企业组织体育俱乐部14个；镇级体育协会121个。组织全国农村大联动门球甲乙级联赛、“谁是球王”羽毛球争霸赛、“雪湖杯”乒乓球民间高手排位赛、江苏省老年人体育节武进分会场系列活动、江苏省石锁邀请赛等各类赛事102场次。完成国民体质监测3500人。累计办理体育类培训机构审核意见书84张。

（朱丽春 叶 波）

【公共体育设施建设】 2023年，武进区投入公共体育设施及场地建设补助资金1280万元，新增体育公园11个，新建及更新全民健身路径65套、高质量网红球场10个，更新过期篮球架154座，验收新建楼盘公共体育场地16个，共增加体育面积10.45万平方米。至年末，全区体育场地总面积513.09万平方米，人均3.96平方米，较2022年稳步提升。

（叶 波）

竞技体育

【概况】 2023年，武进区以常州市第十六届运动会备战参赛为主线，切实加强体育和教育融合，积极推进青少年体育和体育竞赛工作。有在训运动员289人、教练员20人，省队区办运动队1支，市队区办运动队6支。组织45支代表队1950人参加常州市第十六届运动会青少年部比赛，获金牌240.5枚、总分5390.5分，位列金牌榜、团体总分榜第一。承办“两湖创新杯”首届女子曲棍球国际邀请赛、“江苏伟业杯”国际乒乓球大奖赛国际性赛事2项次，西太湖半程马拉松暨大运河马拉松系列赛（常州站）、全国摩托艇青少年U系列比赛（常州站）、第一届学生（青年）运动会曲棍球比赛等全国性赛事6项次，省青少年篮球冠军赛、省青少年乒乓球冠军赛（第一站）、省青少年霹雳舞锦标赛等省级赛事6项次。举办区级中小学生比赛22项次，79所中小学校9100余人次参赛。

【武进区在常州市第十六届运动会斩获佳绩】 4月25日至10月16日，武进区参加常州市第十六届运动会青少年部比赛。小学组获金牌157枚、团体总分3587.5分，初中组获金牌44枚、团体总分943分，小学组和初中组获得金牌数和团体总分在全市各辖市、区中均位列第一。江苏省前黄高级中学、江苏省武进高级中学、武进区礼嘉中学分别以金牌15枚、12枚、8.5枚分列全市高中组金牌榜前三位，江苏省武进高级中学以团体总分258分位列全市高中组团体总分榜第一，江苏省前黄高级中学和武进区礼嘉中学分别以团体总分198分和188分位列全市高中组团体总分榜第三和第四。在闭幕颁奖仪式上，武进区教育系统共获奖牌15枚。

【承办国际性赛事2项次】 “两湖创新杯”首届女子曲棍球国际邀请赛 4月15—27日，在武进曲棍球训练基地举行，由武进区人民政府主办，区文体广旅局、武进曲棍球训练基地承办。马来西亚国家女子曲棍球队、日本索尼女子曲棍球队、江苏省女子曲棍球队等4支球队106人参赛。经过双循环比赛和交叉淘汰赛角逐，江苏省女子曲棍球队获得冠军。

2023年“江苏伟业杯”国际乒乓球大奖赛 12月9—10日，在武进体育馆举行。比赛由区文体广旅局指导，江苏伟业建设集团、江苏省乒乓球运动协会主办，武进区乒乓球协会承办，常州市錡灏体育文化传播有限公司协办，吸引柬埔寨、马来西亚等18支国际组队伍和16支常州队伍共143位运动员参加，世界名将奥恰洛夫代表江苏伟业参战。最终，江苏伟业代表队获得国际组冠军，鹏达电器代表队获得常州组冠军。

【承办全国性赛事6项次】 “两湖创新·江南农村商业银行”2022常州西太湖半程马拉松暨大运河马拉松系列赛（常州站） 3月26日，因疫情延期在西太湖举办，赛事总规模达1.5万人，吸

4月，“两湖创新杯”首届女子曲棍球国际邀请赛　　（供图/区文体广旅局）

引肯尼亚、埃塞俄比亚、韩国等众多国外选手参赛。赛事国内选手纪录保持者，来自安徽的吴向东以1小时04分07秒的成绩获得男子组冠军，来自埃塞俄比亚的Mastewal Sile Baye以1小时11分40秒的成绩获得女子组冠军，东京奥运会参赛选手、来自辽宁的白丽以1小时13分08秒的成绩获得女子组季军，2位女选手分别打破西太湖半程马拉松女子组国外、国内选手赛事纪录。

“新能源之都·江南农村商业银行”2023常州西太湖半程马拉松暨大运河马拉松系列赛（常州站）　10月15日，在西太湖开赛，赛事总规模2万人，吸引肯尼亚、美国、日本、埃塞俄比亚等众多国外选手参赛。来自埃塞俄比亚的选手Tafere Adisu Tesfahun、Zerihun Alemtsehay Bimr分别以1小时4分11秒、1小时11分13秒的成绩获得半程马拉松男子组及女子组冠军。年内，两次马拉松赛事均由江苏省委宣传部、江苏省体育局、常州市人民政府主办，江苏省体育竞赛管理中心、武进区人民政府、常州市体育局、西太湖科技产业园管委会承办，中国田径协会提供技术认证，常州市体育发展基金会特别支持。

2023年全国摩托艇青少年U系列比赛（常州站）　10月14—15日，在西太湖水域举行。比赛由国家体育总局水上运动管理中心主办，江苏省体育竞赛管理中心、武进区文体广旅局、常州工业职业技术学院承办，来自全国7个省市的17支队伍、56名运动员参赛，比赛项目包括青少年U15组未来方程式竞速赛、立式水上摩托原厂级J2障碍赛、坐式水上摩托原厂级RS3障碍赛，青少年U18组立式水上摩托原厂级J2竞速赛、坐式水上摩托原厂级RS3竞速赛及青少年表演赛电动卡丁船竞速赛。经过激烈角逐，最终常州体育运动学校的陈樟柯、周佳楠获得青少年U15组未来方程式竞速赛冠军，武汉体育学院的武里恩获得青少年U15组立式水上摩托原厂级J2障碍赛冠军，安徽队的张索赫获得青少年U15组坐式水上摩托原厂级RS3障碍赛冠军，武汉体育学院的吴鑫帅获得青少年U18组立式水上摩托原厂级J2竞速赛冠军，乐清市水上运动协会队的郑昊获得青少年U18组坐式水上摩托原厂级RS3竞速赛冠军，西安星锐的王腾蛟获得青少年表演赛电动卡丁船竞速赛冠军。

2023年全国动力冲浪板“奔跑吧·少年”U系列比赛（常州站）　11月4—5日，在西太湖水域举行。比赛由国家体育总局水上运动管理中心主办，江苏省体育竞赛管理中心、武进区文体广旅局、常州工业职业技术学院承办。来自全国7个省市的18支队伍、62名运动员参赛。比赛项目包括男子U12组电动冲浪板障碍回旋赛、女子U12组电动冲浪板障碍回旋赛，男子U16组电动冲浪板环圈竞速赛、女子U16组电动冲浪板环圈竞速赛及青少年混合组电动冲浪板耐力赛。经过激烈角逐，最终广西威派潮玩冲浪赛队的原梓涵和上海浦江队的朱悦童分获男女U12组电动冲浪板障碍回旋赛冠军，常州体育运动学校的陈樟柯和广西威派潮玩冲浪赛队的原紫轩分获男女U16组电动冲浪板环圈竞速赛冠军，常州体育运动学校的陈樟柯获得青少年混合组电动冲浪板耐力赛冠军。

2023年全国男子曲棍球锦标赛　10月30日至11月7日，在武进曲棍球训练基地举行。比赛由国家体育总局手曲棒垒球运动管理中心、中国曲棍球协会主办，江苏省体育局、武进区文体广旅局、武进曲棍球训练基地承办，共有来自北京、天津、内蒙古等省（区、市）的9支代表队、188名运动员参赛。最终，内蒙古队、广东队、甘肃队分获冠军、亚军和季军。

中华人民共和国第一届学生（青年）运动会（公开组）曲棍球比赛决赛　7月1—12日，在武进曲棍球训练基地举行。比赛由教育部、国家体育总局、共青团中央主办，国家体育总局手曲棒垒球运动管理中心承办，江苏省体育竞赛管理中心、常州市体育局、武进区文体广旅局、武进曲棍球训练基地协办。共有8支男队和8支女队、332名运动员参赛。沈阳男队和沈阳女队包揽男子、女子组冠军，深圳男队、兰州男队分获男子组亚军和季军，长春女队、广州女队分获女子组亚军和季军。

【承办省级赛事6项次】　2023年江苏省青少年篮球冠军赛　4月13—17日，在武进体育馆举行，是全省首次举办的青少年篮球冠军赛。比赛由江苏省体育局、江苏省教育厅主办，常州市体育局、武进区文体广旅局承办，共有来自全省6个设区市的10支队伍、141名运动员报名参赛。比赛设男子和女子13～14岁组，分体能竞赛和专项竞赛两部分。常州队包揽男子组和女子组冠军，南京队、连云港队分获男子组亚军和季军，无锡队、南通队分获女子组亚军和季军。

2023年江苏省青少年乒乓球冠军赛（第一站）　4月26—28日，在武进体育馆举行。比赛由江苏省体育局、江苏省教育厅主办，常州市体育局、武进区文体广旅局承办，共有来自全省10个设区市的25支队伍、216名运动员报名参赛。比赛设9岁组、10岁组、11岁组3个年龄组别，分体能竞赛和专项竞赛两部分。来自常州市兰陵小学的丁铭淇获得女子9岁组冠军。

2023年江苏省青少年羽毛球冠军赛（第二站） 5月26—28日，在常州信息职业技术学院体育馆举行，是2023年“中国体育彩票”江苏省青少年阳光体育运动联赛之一。比赛由江苏省体育局、江苏省教育厅主办，常州市体育局、武进区文体广旅局承办，共有来自全省12个设区市的26支队伍、309名运动员报名参赛。比赛采用中国羽协最新审定的《羽毛球竞赛规则》，设9岁组、10岁组、11岁组3个年龄组别，竞赛为单打比赛，先进行小组积分赛，再进行淘汰赛，最终决出男女3个年龄组别的冠军、亚军和季军共计18名。

2023年江苏省青少年霹雳舞锦标赛 8月4—5日，在常州纺织服装职业技术学院体育馆举行。比赛由江苏省体育局、江苏省教育厅主办，常州市体育局、武进区文体广旅局承办。本次赛事是江苏省首届霹雳舞锦标赛，也是省内青少年霹雳舞项目最高规格的比赛，共有来自省内9个设区市代表队的75人参赛。比赛按年龄和性别共分为6个组别，竞赛项目均为个人赛，分别进行体能竞赛和专项比赛，并按3∶7的比例进行赋分，最终按总得分高低排定比赛名次，镇江选手赵昊羽和谢部泽包揽男子10～11岁组和12～13岁组2项冠军；连云港选手年伟杰、盐城选手林杰分获男子14～15岁组、16～17岁组冠军；苏州选手王梦娜和曹萌包揽女子10～11岁组和12～13岁组2项冠军。

2023年江苏省青少年曲棍球冠军赛 4月28日至5月3日，在武进曲棍球训练基地举行。比赛由江苏省体育局、江苏省教育厅主办，江苏省武进曲棍球训练基地承办，竞赛组别为女子11～12岁组，共有来自常州、苏州、淮安、镇江、宿迁的5支代表队、78人参赛。武进区鸣凰中学代表队获得冠军，昆山市城北高科园中心小学和淮安经济技术开发区开明中学代表队分获亚军和季军。

2023年江苏省青少年女子曲棍球锦标赛 8月16—22日，在武进曲棍球训练基地举行。比赛由江苏省体育局、江苏省教育厅主办，江苏省武进曲棍球训练基地承办，竞赛组别分女子13～15岁组和8～12岁组，来自常州、苏州、淮安、镇江、宿迁的5支代表队、145名运动员参赛。武进区鸣凰中学一队获得13～15岁组冠军，昆山市城北高科园中心小学获得8～12岁组冠军。

（钟文平）

体育产业

【概况】 2023年，武进区持续夯实体育产业基地基础，建设体育产业发展平台，培育示范单位和示范项目，扶持具有积极作用的体育产业项目。“环球动漫嬉戏谷体育服务综合体提升改造”“2022年全国摩托艇锦标赛”“不止骑·2022第九届24H单车环太湖认证赛”“可循环使用环保型运动场地材料的研发及产业化”“无孔全透型环保运动人造草坪的研发”5个项目入选2024年度省体育产业发展专项资金拟资助项目名单。区体育产业发展专项资金扶持运动休闲与文化体育旅游类项目1个、体育装备制造类项目2个，下达专项资金合计70万元。环球动漫嬉戏谷入选2023中国体育旅游精品景区，太湖湾露营谷入选江苏省体旅融合发展示范基地和江苏省体育消费场景典型案例，常州市钱璟康复股份有限公司入选体育领域国家级专精特新企业名单。新增体育彩票网点38个，累计273个，实现销售总额11.06亿元（含常州经开区）。

（周　勇　朱丽春）

【环球动漫嬉戏谷入选2023中国体育旅游精品景区】 12月，环球动漫嬉戏谷入选国家体育总局体育文化发展中心2023中国体育旅游精品景区。环球动漫嬉戏谷位于太湖湾旅游度假区内，占地面积100公顷，总投资约30亿元，其中体育设施投资12亿元，体育场地服务项目总面积9万平方米，建有体育场馆6个，涵盖射击、射箭、冰雪、水公园、赛车、电竞等体育项目，室内外体育场地设施能够同时容纳5.2万人。2023年，举办第六届及第七届太湖湾音乐节、第七届“太湖湾杯”卡丁车比赛等活动15场次，接待游客117.08万人次，实现营业收入2.51亿元。截至2023年，连续4年入选中国体育旅游精品景区。

【太湖湾露营谷入选江苏省体旅融合发展示范基地和江苏省体育消费场景典型案例】 2023年，太湖湾露营谷成功申报2023年江苏省体旅融合发展示范基地，常州唯一。“常州太湖湾露营谷‘户外运动＋休闲度假’特色场景”入选江苏省体育消费创新场景典型案例。太湖湾露营谷位于武进区太湖湾旅游度假区内，总投资3.5亿元，占地面积46.67公顷，于2018年9月25日试运营，2019年3月23日开园，是集生态游乐、房车宿营、户外拓展等设施于一体的复合型创新露营度假园区。2023年，举办新春“当红不让·兔be NO.1”、元宵佳节、首届露营谷音乐节、端午民俗文化节、暑期超万平方海洋王国灯光秀等活动十余场，接待游客29.4万人次，实现营业收入3725万元。

【常州市钱璟康复股份有限公司入选体育领域国家级专精特新企业名单】 4月，由国家体育总局办公厅公布。该公司创办于1996年，致力康复器材、辅具，康复医疗器械及体育运动设备研发及产业化，开发多体位运动康复训练机器人、运动损伤智能上肢康复训练机器人、等速运动康复模式综合肌力测试训练器，智能轮椅互动训练与评估系统等产品，广泛应用于运动受伤后康复评定、康复训练、康复治疗。该企业联合江苏省产业技术研究院成立“JITRI—钱璟康复联合创新中心”，推出新型智能上肢康复机器人、儿童下肢康复机器人等产品，填补国内空白，引导全球顶尖医疗康复创新项目落地常州并实现产业化，获得国家知识产权示范企业、国家智慧健康养老示范企业、国家级博士后科研工作站等称号。2021年4月，被国家体育总局认定为国家体育产业示范单位。

（周　勇）

卫生健康

Hygiene and Health

责任编辑　张怡菁

综　述

【概况】 2023年，武进区深化医药卫生体制改革，完善卫生健康服务体系，统筹加快卫生健康事业高质量发展。武进人民医院挂牌三级甲等综合医院，被确立为江苏省高质量发展试点医院。武进中医医院创成三级甲等中医医院。武进第三人民医院创成二级精神专科医院，武进高新区人民医院创成基层二级医院，武进区坂上眼科医院创成二级专科医院。武进第六人民医院创成江苏省社区医院。湟里镇卫生院、前黄镇卫生院等5个卫生院（卫生服务中心）达到优质服务基层行国家推荐标准。卫生经费支出14.96亿元，占预算内财政支出的8.53%；基本药物采购3.5亿元。区卫健局增挂武进区疾病预防控制局牌子，增核区疾病预防控制局局长兼区卫健局副局长（副科级）1人。

区卫健局所属各级医疗机构总诊疗量728.61万人次。其中，区级医院178.56万人次、镇级卫生院（社区卫生服务中心）312.84万人次、村卫生室（社区卫生服务站）95.92万人次、一级及以下社会办医疗机构141.30万人次，镇、村医疗机构总诊疗量占比56.10%。住院13.41万人次，其中区级医院9.93万人次、镇级卫生院（社区卫生服务中心）3.15万人次、区级民营医院（护理院）3310人次。住院病人手术6.54万例，其中区级医院6.04万例、镇级卫生院（社区卫生服务中心）4973例、区级民营医院（护理院）38例。武进区公立医院病床使用率99%，出院者平均住院日8.8天。镇级卫生院（社区卫生服务中心）病床使用率51.46%，出院者平均住院日6.57天。门、急诊上转1314人次，住院上转336人次、住院下转220人次。区域集中消毒供应中心为各基层医疗机构提供灭菌包裹17.61万个；区域心电会诊中心会诊4588人次；2个区三级医院集中临床检验中心共检测上送标本1.48万人次；区域PACS影像诊断中心远程影像会诊10.58万次；病理诊断中心累计诊断上送标本1.59万份。武进人民医院、武进中医医院完成互联网医院与医保平台对接，在线诊疗543人次，专家40人参加互联网医院义诊。

【医疗卫生机构基础设施建设】 2023年，武进区推进优质卫生资源持续扩容。武进人民医院南院二期项目主体竣工，内部装修完成工程量70%。武进第三人民医院新建门诊病房楼完成竣工验收。牛塘镇青云村卫生室、丫河村卫生室、南夏墅街道南湖社区卫生服务站、嘉泽镇夏溪村卫生室、前黄镇漳湟村卫生室5个村级医疗卫生机构完成提档升级建设。建成农村区域医疗卫生中心功能中心11个，其中武进第五人民医院、武进第六人民医院消化内镜诊疗中心创成省级消化内镜诊疗中心。

【卫技人才队伍建设】 2023年，武进区招聘各类卫技人才259人，其中高层次紧缺人才51人（博士1人、硕士36人）、基础性人才30人、疫情防控一线编制外医务人员3人、农村订单医学毕业生5人、备案制村医20人（定向培养专科毕业生7人）、驻村护士14人。高层次卫生人才柔性引进4人和在职培养25人获资助（奖励）。柔性引进江苏

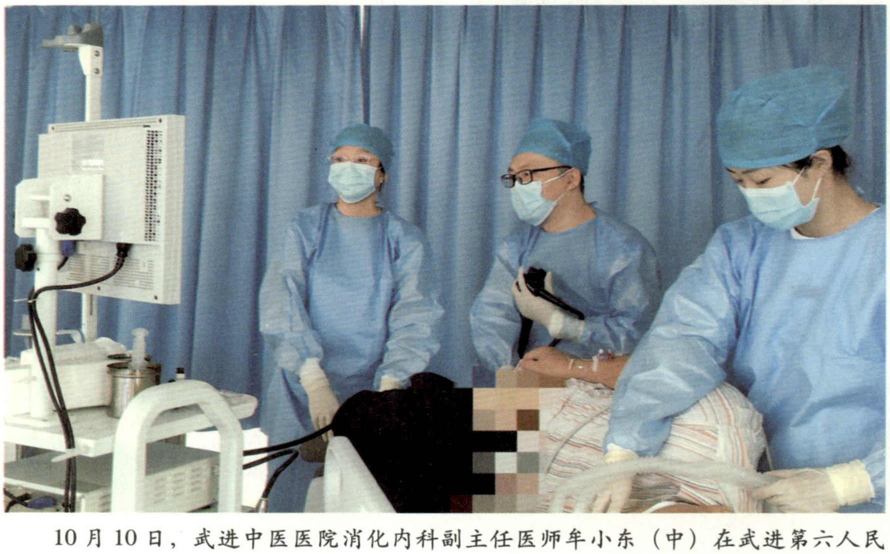

10月10日，武进中医医院消化内科副主任医师牟小东（中）在武进第六人民医院内镜中心开展诊疗指导工作（供图/区卫健局）

省名中医团队1个，建成常州市名中医工作室基层工作站2个，入选全国中药特色技术传承人才培养对象1人，免费定向培养医学生23人。入选"龙城医星"卫生青年科技人才托举工程1人。在培青苗人才培养工程11人、孟河医派传承人8人。

【县域医共体改革深化】 2023年，区卫健局与常州市第二人民医院签订武进区医疗卫生高质量发展合作协议，依托市级优质资源，带动帮扶基层发展。启动城市医疗专家组团进乡村，建成专家工作室15个、联合病房6个，实现专家工作室乡镇全覆盖。落实专项经费与考核激励机制，奖励基层坐诊专家、基层专科建设等，促进优质医疗资源下沉。区级专家基层坐诊4430人次，诊疗患者84170人次。

（郑冰研）

10月12日，湖塘镇马杭社区卫生服务中心为适龄女生免费接种HPV疫苗

（供图/区卫健局）

疾病防控

【概况】 2023年，武进区规范传染病报告和卫生应急处置，建立健全疾病预防控制体系。贯彻落实新冠病毒感染"乙类乙管"政策，围绕"保健康、防重症"目标，加强新冠病毒监测预警和分析研判，统筹医疗救治力量，扩充医疗资源，做好病例收治，实现疫情平稳转段。规范开展十二大类国家基本公共卫生服务，基本公共卫生服务项目人均补助经费由93元提高至98元。居民期望寿命82.97周岁，其中男性为80.63周岁、女性为85.41周岁。无甲类传染病发生，乙类传染病2522例，发病率193.52/10万，比2022年上升166.31%。全区一级及以上公办医疗机构成立健康管理中心，累计建立居民电子化健康档案110.31万份，电子化建档率85.42%。规范开展老年人健康体检，65周岁及以上参加健康体检老年人11.68万人，体检率70.85%。规范管理高血压患者10.92万例、糖尿病患者3.14万例，规范管理率分别达89.4%、87.7%。完成65周岁及以上老年人H型高血压筛查2.09万人，纳入服药规范管理2863人。强化儿童免疫规划，免费接种一类疫苗24.4万针次，接种率超99.3%；全区适龄儿童免费水痘疫苗接种33.8万人次，适龄女生4353人免费接种HPV疫苗，中小学生15.21万人参加健康体检及视力筛查。筛查儿童口腔疾病1.52万人，完成幼儿园儿童口腔局部用氟项目，筛查涂氟儿童2509人。开展严重精神障碍患者排查"清源"行动，全区在册严重精神障碍患者4879人，规范管理率96.99%。

推进医防医养融合，建设武进"5+3+2"家庭医生签约服务创新模式（家庭医生团队配备核心成员5人、服务工作载体3个、就诊服务小组2个，提供合理用药、科学辅助检查及预约住院等指导和帮助），完成全人群签约47.54万人，重点人群签约35.9万人、特殊人群签约9828人，个性化有偿签约服务包12.65万个，结合长期护理险政策和智慧养老服务平台，家庭医生开展预约上门6080次，开设家庭病床582张。试点组建"疾控—医院"医防联合体3个。医防融合工作获《人民日报》等国家级媒体报道。

【重大传染病防控】 2023年，武进区经结核病定点医院排查，确诊肺结核病人216例，其中阳性病人155例。报告手足口病发病1909例，比2022年上升60.15%。创建鹦鹉热监测省级哨点，报告人感染鹦鹉热散发病例13例。处置全省首起登革热本土疫情，确诊4例。完成血防查螺调查面积452.28万平方米，未发现有螺条块，药物巩固灭螺面积3.6万平方米。发现麻风现症病例1例。

【突发公共卫生事件应急管理】 2023年，区卫健系统提高卫生应急规范化建设水平，完善卫生应急预案，做好突发公共卫生事件应急处置。发生突发公共卫生事件17件。规范高效处置学校和幼托机构等人群聚集场所流感、诺如病毒感染、手足口病等重点急性传染病疫情44件。完成两会、西太湖马拉松、女子曲棍球国际邀请赛等重大活动和体育比赛医疗卫生保障任务45项，出动医务人员519人次。开展卫生应急预案培训演练18次，参训1652人次。武进人民医院、武进中医医院承担武进区5个院前急救分站任务，急救转运病人14489人次。

【医防融合建设】 2023年，武进区在全省率先开展"医院—疾控—基层医疗机构"医防联合体项目探索，区疾病预防控制中心（简称区疾控中心）与寨桥卫生院、西湖街道社区服务中心、漕桥卫生院试点组建医防联合体，探索建立疾控机构、医疗机构、基层医疗卫生机构协同发力的医防融合服务模式，促进疾病早发现、早报告、早诊断、早治疗。选派疾控业务骨干16人驻点基层，依托"两张清单"（需求清单、问题清单），指导基层医疗机构严格规范落实慢性病防控、免疫规划等公共卫生职责，提升公共卫生服务水平。组织实施疾病防控项目促进融合，依托区疾控中心和医共体上级医院，结合基层医疗机构专科特色，为辖区内居民开展H型高血压同型半胱氨酸检测筛查12.75万人、糖尿病并发症高危人群筛查 1.25 万人、前列腺癌高危人群筛查 2980 人、颈动脉斑块筛查 1266 人、消化道肿瘤高危人群筛查 592 人，实现疾病“筛查、诊断、治疗、康复、护理”一体化健康管理模式。

（郑冰研）

公共卫生监督

【概况】 2023 年，武进区规范行政执法，加强公共卫生监督管理。累计出动卫生监督员 8232 人次、监督检查单位 7026 个次、实施行政处罚 116 件，并记录行政执法全过程。“双随机”监督抽查单位 407 个，合格率 90%。推行移动执法系统应用，通过移动执法终端完成监督检查 915 户次。推进卫生监督协管信息平台使用，协管员通过平台巡查 5826 户次。开展医疗卫生监管专项行动 19 项，查处医疗机构违法行为 61 件。开展春、秋季学校卫生专项监督检查，累计检查 160 户次。开展生活饮用水监督，监督检查江河港武水务（常州）有限公司礼河水厂、武进水厂集中供水单位 2 家和二次供水单位 41 家，建立动态档案，确保“两证”（卫生许可证、健康证）齐全、台账规范、水质符合标准要求。开展 2023 年“放心游”夏季游泳场所卫生监督专项行动，检查游泳场所 42 个。区卫生监督所获评 2023 年度全省卫生监督机构执法办案先进单位。

【职业健康监管】 2023 年，区卫健系统开展职业健康检查 15.62 万人次。监督检查企业职业卫生情况 226 家，开具卫生监督意见书 133 份，集中培训用人单位 180 个，立案查处违反职业病防治相关法律法规的企业 37 家，罚款 104.6 万元。开展辖区内 103 个放射诊疗机构放射防护管理专项整治行动，立案处理问题单位 9 家。开展尘肺病随访调查 160 例，累计免费主动监测体检重点职业病 273 人，其中接触苯劳动者 123 人、接触粉尘劳动者 150 人。主动监测工作场所职业病危害因素企业 37 家。设立雪堰镇中心卫生院尘肺病康复站，为尘肺病患者 89 人提供康复训练。

【非法行医查处】 2023 年，区卫生监督部门开展深化医疗秩序整顿、打击非法行医专项行动。联合公安、城管等区打击非法行医长效监管工作领导小组成员单位，形成“两法衔接”（行政执法与刑事司法衔接）、执法联动工作机制，加大非法行医者打击和移送力度，加强重点地区、重点领域、重点案件查处，形成“政府牵头、部门联动、各司其职、各负其责、综合治理”监管格局。实行每季度分片包干巡查，查处取缔非法行医单位（个人）255 个（人）次，立案 11 件，罚没款 54 万元，移送公安机关 6 人。

（郑冰研）

妇幼保健

【概况】 2023 年，武进区围绕保障母婴安全服务宗旨，切实提高妇幼健康服务能力，保障各项妇幼工作规范开展。区卫健部门复核爱婴医院 4 个，合格率 100%。完成医疗机构“母婴保健执业许可证”换证 6 个、申请 2 个、变更 2 个、到期校验 5 个，依法规范管理母婴保健执业机构 23 个，规范母婴保健技术服务人员资格，合格证核发 13 个、到期换发 25 个。发放出生医学证明 7431 份。新增妇幼健康规范化门诊市级示范 3 个，累计建成省级示范 1 个、市级示范 16 个、区级示范 16 个。新增国家级普惠托育机构 1 个、省级普惠托育机构 1 个，累计备案托育机构 16 个，有总托位数 5240 个，每千人口托位数 4.06 个。

【妇幼卫生服务】 2023 年，武进区加强妇幼基本公共卫生服务，完成妇女宫颈癌筛查 3.02 万人、乳腺癌筛查 3.06 万人。完成孕产妇早孕建册 6455 份，早孕建册率 94.56%；产前健康管理 6839 人，健康管理率 99.06%；孕产妇系统管理人数 6393 人，系统管理率 92.67%；产后访视 6556 人，产后访视率 95.03%；新生儿访视 6518 人，新生儿访视率 94.48%。0 ~ 6 周岁儿童健康管理人数 60072 人，管理率 99.16%。实施出生缺陷防治工作，完成孕妇产前筛查 6724 人、新生儿遗传代谢病筛查 6837 人、新生儿先天性心脏病筛查 6877 人和新生儿听力筛查 6808 人。孕产妇死亡率为 0，婴儿死亡率 1.3‰，5 周岁及以下儿童死亡率 2.61‰，严重多发致残出生缺陷发生率 0.32‰。孕前、孕早期妇女补服叶酸 4009 人。推进艾滋病、梅毒、乙肝母婴传播阻断项目，检测孕妇 8497 人，检测率 100%，检出孕妇乙肝感染 249 例；助产机构检测产妇 6127 例，检出乙肝感染 144 例，所生新生儿全部实施母婴阻断。接受免费婚检 2780 人，婚检率 91.09%。孕前优生健康检查 1578 人。区妇幼保健计划生育服务中心创成江苏省级儿童早期发展建设基地，开展儿童早期健康发展服务 2928 人次。武进儿童眼保健中心为 97 所幼儿园 4.2 万名儿童开展眼视力筛查。

【武进区普惠托育服务三年行动启动】 2023 年，武进区将托育服务纳入经济社会发展和公共服务相关规划，重点发展普惠托育服务，出台《武进区普惠托育服务三年行动方案（2023—2025 年）》，

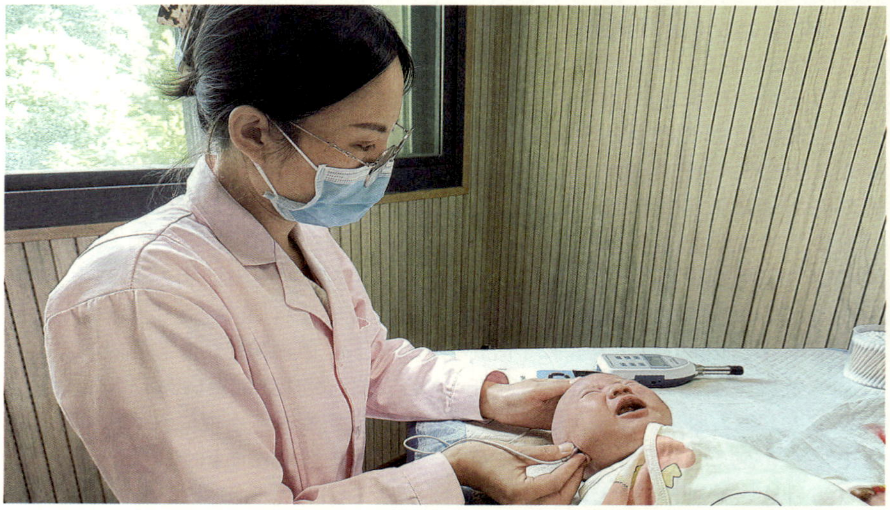

武进区实施新生儿听力筛查　　（供图/区融媒体中心　摄于7月13日）

江苏恒立液压股份有限公司自办的“恒立未来家”托育园

（供图 / 区卫健局　摄于 3 月 29 日）

加强优先发展托幼一体化、支持社区发展普惠托育、鼓励用人单位提供福利性托育服务等重点任务，让婴幼儿照护服务越来越普惠、便捷、优质、安全。明确到 2025 年，0 ～ 1 岁婴幼儿家庭科学育儿指导率超 90%，1 ～ 3 岁婴幼儿家庭亲子活动参与率超 80%，招收 2 ～ 3 岁幼儿的托幼一体幼儿园在幼儿园总量中占比超 50%，幼儿园提供托位数超 2600 个，全区普惠托育机构数超 70%，社区普惠托育服务设施覆盖率达 60%，形成多元化、多样化、覆盖城乡的普惠托育服务体系。新建社区普惠托育服务设施 1 个，新增公立幼儿园普惠托位 280 个。新增普惠托育机构国家级 1 个、省级 1 个、市级 2 个，累计备案托育机构 16 个（国家级 3 个、省级 5 个、市级 2 个）。有总托位数 5240 个，每千人口托位数达 4.05 个。江苏恒立液压股份有限公司获评全国爱心托育用人单位。

【新增普惠托育机构国家级和省级各 1 个】 12 月，武进高新区新知幼儿园被确认为国家支持社会力量发展普惠托育项目机构，南禾托育中心被确认为省级普惠托育机构。

常州市武进高新区新知幼儿园托育机构　位于龙颜路 28 号，占地面积 1.23 万平方米，户外场地面积 6323.42 平方米，设有报告厅、多功能厅、绘本室、美工室等专用活动室。有教职工 12 人，其中专职教师 6 人、保健老师 1 人。开设托班 2 个，可提供托位 40 个，为婴幼儿提供高标准、尊重幼儿成长天性的环境与服务。

南禾托育中心　位于南夏墅街道南河社区，占地面积 1000 平方米，户外场地面积 872 平方米，设有乐高室、烘焙坊、音体室、舞蹈室等专用活动室。有教职工 12 人，其中专职教师 7 人、保健老师 1 人。开设托班 2 个，可提供托位 80 个，为婴幼儿提供安全、温馨生活环境和细致生活照护，帮助父母科学带娃、育娃。

（郑冰研）

爱国卫生

【概况】 2023 年，区爱国卫生运动委员会（简称区爱卫会）推动健康教育和健康促进深入社区、农村、机关、企业、学校、家庭，提高群众健康素养水平。举办健康知识普及行动区级巡讲 12 场，受众 500 余人次。围绕爱国卫生月、健康教育宣传月、世界无烟日等主题开展宣传活动，通过线上、线下齐参与模式，推行文明健康绿色环保生活方式。编发健康知识资料 170 万余份，推广使用“居民健康素养评估学习系统”，参与学习近 5 万人次。雪堰镇、礼嘉镇、洛阳镇、湟里镇、嘉泽镇通过国家卫生镇复审。开展健康村（社区）、单位建设，雪堰镇雪东村、洛阳镇马鞍村、南夏墅街道学府家苑社区等 20 个村（社区）建成江苏省健康村（社区）。加强禁烟控烟宣传和监督，推进无烟党政机关、无烟学校等无烟支持性环境建设。加强医疗卫生机构控烟监督管理，优化医疗机构戒烟咨询门诊，武进人民医院开展国家级戒烟门诊建设。结合环境卫生综合治理，推进病媒生物防制，新建灭鼠毒饵站 4000 余个，投放鼠药 1.5 万千克、黏鼠板 6 万余张，喷洒消杀药 10 余吨。

【健康武进行动】 2023 年，区爱卫会开展健康武进行动，印发《实施健康武进行动推进健康武进建设 2023 年重点任务清单》，明确各部门目标任务，完善考核机制，深化健康武进行动。组织实施健康知识普及、全民健身、学生健康促进、残疾人健康促进、全民医疗保障等 27 项行动、73 条重点任务。开展“一月一主题”健康教育主题宣传活动，共开展现场活动 425 场，惠及近 4 万人次。开展全民健身行动，建设体育公园 11 个，新建、更新全民健身路径 65 套，人均体育面积 3.96 平方米，每万人拥有社会体育指导员 42 人，完成国民体质监测 3500 人。

【新增省级健康促进医院 2 个】 11 月 2 日，寨桥卫生院、牛塘镇卫生院被省卫健委确认为江苏省健康促进医院。2 个医院均将健康促进与医院日常工作紧密结合，从组织建设、制度建设、环境建设、健康促进与健康干预活动等方面开展工作，改善诊疗服务，提高医院职工、患者、家属、社区居民健康素养水平。

寨桥卫生院　下设村卫生室 5 个，服务人口 3.1 万人，开放床位 40 张，有卫技人员 68 人，其中副高及以上职称 19 人。是江苏省示范乡镇卫生院，与区疾控中心组建江苏省首家医防联合体，中医针灸科为市特色科室。2023 年，门、急诊 15 万人次，实现业务收入 3700 万元，服务对象综合满意率 99.8%。

牛塘镇卫生院　下设卢家巷院区及村卫生室 12 个，服务人口 9.6 万人，开放床位 26 张，有卫技人员 84 人，其中副高及以上职称 29 人。是省级示范乡镇卫生院、老年友善医院，妇儿保门诊为市妇幼健康规范化门诊，呼吸专科为市基层特色科室。2023 年，门、急诊 13.47 万人次，实现业务收入 2789 万元，服务对象综合满意率 96.26%。

（郑冰研）

中医中药

【概况】 2023年，武进区培育中医特色优势，推进中医药创新发展，提升中医服务能力，发挥中医医疗救治优势作用。开展第十三届“中医药就在你身边”中医文化科普巡讲25场次，开展“岐黄校园行”“武进中医膏方节”等活动。开展中医药适宜技术推广培训4次，培训641人次。武进第五人民医院中医馆获评江苏省基层医疗卫生机构五级中医馆，嘉泽镇卫生院、马杭社区卫生服务中心中医馆获评江苏省基层医疗卫生机构四级中医馆，武进中医医院大内科主任、心血管病科主任中医师钱卫东获评第六批常州市名中医，遴选产生优秀中医临床人才培养对象5人。有三级甲等中医医院1个，设中医科三级综合医院1个、乡镇卫生院12个、社区卫生服务中心4个，社会办中西医结合医院1个、中医门诊部19个、中西医结合门诊部4个、中医诊所55个、中医（综合）诊所11个、中西医结合诊所1个。

【武进中医医院创成三级甲等中医医院】 12月31日，武进中医医院被省中医药管理局确定为三级甲等中医医院。该院建于1989年，集中医医疗、教学、科研于一体，是国家级爱婴医院、江苏省武进红十字中医院、南京中医药大学附属医院、安徽中医药高等专科学校教学医院、江苏省中医“治未病”重点试点单位、常州市武进区妇幼医疗中心、常州市武进区工伤保险定点康复机构、常州市武进区工伤保险定点医疗机构。医院核定床位800张，有职工1278人，有磁共振成像系统（MR）、X射线计算机体层摄影设备（螺旋CT）、数字减影血管造影系统（DSA）等大型仪器设备900余台。科室设置齐全，有临床科室41个、医技科室10个、急诊科1个和重症加强护理病房1个。康复医学科为省级中医重点专科建设单位。儿科、心血管病科、骨伤科等8个科室为市中医临床重点专科。针灸理疗康复科被确认为国家农村医疗机构针灸理疗康复特色专科建设单位。武进中医医院加强中医药传承创新和中西医结合发展工作，有江苏省名中医王耀峰传承工作室、常州市名中医钱卫东传承工作室、邹燕勤国医大师常州市武进中医医院传承工作站等名中医工作室和工作站。引进江苏省名中医周惠芳团队，推动中医药理论研究和临床技术创新。2023年，门、急诊92.89万人次，出院病人31277人次，完成手术16888台次。

【武进第五人民医院获评省五级中医馆】 10月，武进第五人民医院中医馆被省中医药管理局评为江苏省基层医疗卫生机构五级中医馆。该馆有中医内科、中医妇科、针灸推拿科科室3个，开展以经期延长、胃脘痛、腰痛、虚劳等为主的优势病种诊疗，2023年，总门诊处方18.33万张，其中门诊中医处方88514张，占比48.28%。

（郑冰研）

武进中医医院　（供图/区卫健局　摄于12月31日）

医学教育与科研

【概况】 2023年，区卫健系统以科研创新和人才队伍为支撑，提升医疗卫生服务能力。获科研立项24项，其中省级1项、市级18项、区级5项。获江苏省医学新技术引进奖2项，获批国家发明专利10件。区级医疗卫技人员在核心期刊及以上发表论文80篇，其中SCI 57篇、中华级4篇、核心期刊19篇。基层医疗卫生单位发表省级及以上论文34篇。区疾控中心成为徐州医科大学实践教学基地。

【2023年江苏省中医药学会心系疾病专业委员会年会在武进举办】 9月22—24日，2023年江苏省中医药学会心系疾病专业委员会年会暨《冠心病及其危险因素中西医结合诊治进展》学习班由江苏省中医药学会心系疾病专业委员会主办，武进中医医院承办，参会130余人。学术会议邀请具有丰富临床经验、深厚学术造诣的省内知名专家15人亲临授课，内容涉及学术前沿介绍、指南解读、临床经验分享、学术难点探讨等，促进临床医师及时了解和掌握最新学术进展，提高运用中医、中西医结合方法诊治心血管疾病的能力，提升中医药心血管领域的学术交流和临床诊疗水平。

【徐州医科大学实践教学基地在区疾控中心揭牌】 10月26日，区疾控中心与徐州医科大学签约共建实践教学基地。区疾控中心从事疾病预防控制与公共卫生技术指导，在全市范围内专业技术水平领先、综合业务能力拔尖、服务基层意识热忱。徐州医科大学预防医学专业是国家级一流本科专业建设点，公共卫生与预防医学是一级学科硕士学位授权点、省级重点（培育）学科。双方特色资源互惠互利，创新教育方式，拓展实践渠道，在公共卫生人才培养、学科建设、科研合作等方面开展深度交流与合作。至年末，首批徐州医科大学预防医学本科实习生5人在区疾控中心实习。

（郑冰研）

社会生活

Social Life

责任编辑　张怡菁

生育服务

【概况】 2023年，武进区促进人口长期均衡发展，实施“三孩”生育政策，新生儿共3681人，其中“二孩”1385人、“三孩”及以上163人，分别占出生人口的37.6%和4.4%。自然增长率-2‰（含部分流动人口）。区卫健部门办理生育服务联系单5536例，为789对夫妇提供免费孕前优生健康检查服务。落实计划生育奖励扶助政策，发放持独生子女父母光荣证退休企业职工一次性奖励金和城镇非从业居民一次性奖励金等共计7.8万人次。宣传普及出生缺陷预防知识，配合做好病残儿鉴定工作，提高出生人口素质。

【生育关怀行动】 2023年，武进区维护计划生育家庭权益，推进生育关怀行动，礼嘉镇毛家村生育关怀帮扶基地通过市级验收。4—5月，镇（街道）开展“健康知识大讲堂”活动10场，向群众普及合理膳食、科学运动、“三减三健”（减盐、减油、减糖、健康口腔、健康体重、健康骨骼）、心理健康等健康知识，受益约700人次。组织开展“倡新时代婚育文化，助家庭和谐幸福”主题宣传服务活动250余场次，覆盖7.8万人次。

（郑冰研）

就业创业

【概况】 2023年，区人社部门实施就业优先战略，确保就业局势总体稳定。落实援企稳岗政策，全年采集、开发就业岗位11.6万个，城镇新增就业3.5万人，就业困难人员就业2394人，城镇登记失业率1.69%，城镇失业人员再就业1.15万人。以“免申即享”方式向全区符合条件企业发放稳岗返还、以工代训、一次性扩岗补贴1.18亿元。发放失业待遇1.82亿元、灵活就业人员社保补贴6426.52万元，发放公益性岗位社保补贴、岗位补贴等社保补贴545.77万元。构建多元就业体系，区人力资源市场举办现场招聘会142场次，进场单位998个，提供岗位4.8万个，达成意向1.4万人；组织370家企业参加“名校优才引进计划”毕业生专场招聘会，求职登记7256人次，职业介绍5517人次。武进人力资源网注册企业会员1.3万家、个人会员11.8万人，网站微信公众号关注人数5.5万人。提升就业创业平台，推动江苏（武进）技能人才服务产业园提档升级，成为全省唯一开展保卫管理员职业技能等级认定机构，承办国家级技能大师工作室带头人研修班、全省特级技师研修班、江苏工匠能力提升研修班等活动48场，签约入驻企业、培训机构41个，完成职业技能培训3.6万人次，开展职业技能等级认定18793人次，服务技能人才超20万人次。

【就业帮扶】 2023年，区人社局开展两节（元旦、春节）慰问、就业援助月等活动，做好困难群体就业帮扶工作，实地走访慰问特殊困难群体1082户，新增认定就业困难人员2452人。帮扶五类困难群体就业344人，审批灵活就业人员社保补贴32840人次；开展高校毕业生服务攻坚行动，实名制登记离校未就业高校毕业生1218人。公开招聘非全日制临时性公益性岗位工作人员，新建标准化“家门口”就业服务站4个，新创设城乡公益性岗位安置困难人员611人。启动就业驿站二期建设，完善运营管理制度，举办“相约武进，共建‘两湖’”来武进就业欢迎仪式、武进区职工子女夏令营、留武进务工人员慰问等活动，惠及外来务工人员1.6万人。

【创业扶持】 2023年，区人社局扶持创业3139人，创业带动就业1.6万人。优化区、镇、村三级服务网络，发放创业扶持资金103.29万元，审核富民创业担保贷款单位314个，发放富民创业担保贷款16922万元。打造创业孵化平台，摸底调查众创空间、孵化器、产业园等创新创业载体，完善创业基地认定和绩效考核办法，加强创新创业基地运营管理情况，激励基地提档升级。新建省级基地1个、市级基地1个、区级基地1个。营造全民创业氛围，擦亮“创富武进”品牌，开展创业基地训练营、创业沙龙等创新创业活动。开展优秀创业项目遴选，征集区级优秀大学生创业项目52个，认定区级大学生优秀创业项目20个，报送“创响江苏”高校毕业生等青年人才创新创业大赛项目20个、标兵11人，在“创响江苏”高校毕业生等青年人才创新创业大赛常州市初赛中获评优秀奖2个、入围奖2个。报送省市级大学生优秀创业项目33个，其中获评市级荣誉14个、省级荣誉8个。在第六届常州市大学生创业大赛总决赛中获评二等奖1个。

3月31日，“舞动大工匠风采 进军新能源之都”2023年“技行武进”职业技能竞赛在江苏（武进）技能人才服务产业园科教城分园举行 （供图 / 区人社局）

成常州市劳动关系公共服务站3个、常州市金牌劳动关系协调员工作室1个。

【劳动者合法权益保障】 2023年，武进区劳动监察机构接受职工投诉举报2186件，收到上级根治欠薪平台欠薪线索3765件，立案733件，结案666件，作出限期改正指令176件，退还拖欠、克扣职工工资等待遇2922.5万元；补办社会保险登记159人；作出行政处罚11次；以涉嫌拒不支付劳动报酬罪移送公安机关追逃案件3件，涉及职工32人，欠薪金额19.13万元；1个单位被列入拖欠农民工工资失信联合惩戒名单。受理江苏人社一体化经办平台“12333”投诉举报案件1187件、“12345”政府公共服务平台工单1964件。受理工伤案件4538件，认定为工伤4298件，终止工伤认定146件，受理职业伤害申请234件，认定为职业伤害190件。实行劳动仲裁案件案前调解，监管案件处理流程，加大网上案件调处力度，处理网上调解案件1534件，占线下案件量52.07%。年内，武进区共受理劳动争议案件2946件（集体案件19件），涉及劳动者2965人，审结案件2902件（含2022年度未结案件191件），涉案金额12752.1万元，结案率92.51%。

（张连惠）

【职业技能培训和鉴定】 2023年，区人社局落实职业技能培训补贴政策要求，明确培训对象、标准和流程，加强培训补贴数据审核及发放，开展补贴性职业技能培训1.5万人次，发放技能培训补贴860余万元。开展“青春留常”就业技能项目制培训，提升武进高校毕业生就业竞争力，开展项目制培训70余班次，培训高校毕业生3500人。坚持“以赛促培、以赛促训”，承办第二届全国技能大赛信息网络布线项目江苏省选拔赛，举办“舞动大工匠风采，进军新能源之都”2023年“技行武进”职业技能竞赛，开展光伏组件安装工、工业机器人系统操作员等职业技能竞赛15场，参赛人数3500余人，其中晋级高级工职业资格1500余人。产业园持续提档升级，擦亮“武进轨道交通技术员”劳务品牌，作为全省唯一项目亮相全国劳务品牌展。开展人工智能训练师、互联网营销师等19个工种职业技能等级认定，完成保卫管理员、化学检验员等7个工种技能人才评价技术资源开发，以及工业机器人视觉装调等3个专项职业能力考核规范与题库开发。

（张连惠）

劳动监察与仲裁

【概况】 2023年，区人社局深化和谐创建，培育江苏省优秀劳动关系和谐乡镇1个（洛阳镇）、和谐企业3家，市级劳动关系和谐企业17家。聚焦根治欠薪，坚持“零容忍”治理欠薪，严格落实工程建设领域农民工工资保证金制度，为259家企业存储农民工工资保证金9165万元。创新开发根治欠薪线索登记平台“武安薪”，接收人力资源和社会保障部转办根治欠薪线索3356件，案件办结率100%。强化矛盾化解，劳动人事争议四方联合调处中心累计调处劳动人事争议案件近5000件，调解成功率超92%。年内，区劳动人事争议四方联合调处中心获评全国工作突出基层劳动人事争议调解组织、江苏省劳动人事争议金牌调解组织。

【和谐劳动关系构建】 2023年，武进区推进洛阳镇创建江苏省优秀劳动关系和谐乡镇工作，通过集体培训、重点培育、第三方辅导等提升镇属企业劳动关系和谐度，镇域劳动关系和谐能力切实增强。加强企业工资收入分配宏观指导，组织薪酬调查和人工成本监测企业177家，健全企业职工工资正常增长机制。推进集体合同网上审查，扩大集体合同覆盖面，审查集体合同1140份。区预防劳动争议协会组织劳动法律法规培训10余场次，发放《武进人社政策通》宣传手册1000余册。加大和谐劳动关系企业创建力度，嬉戏族集团有限公司、柳工常州机械有限公司、江苏唯德康医疗科技有限公司3家企业获评江苏省优秀劳动关系和谐企业，博世汽车部件（苏州）有限公司常州分公司等17家企业获评常州市创建和谐劳动关系先进企业。培育江苏省金牌劳动关系协调员2人，建

居民收支

【全体居民人均可支配收入增长5.0%】 2023年，全区全体居民人均可支配收入63955元（含常州经开区），比2022年增长5.0%。城镇居民人均可支配收入74630元，增长4.4%。其中，工资性收入49475元、经营性净收入8506元、财产性净收入7036元、转移性净收入9613元，分别增长5.2%、2.1%、1.7%、4.2%。农村居民人均可支配收入42668元，增长6.8%。其中，工资性收入21769元、经营性净收入13620元、财产性净收入1682元、转移性净收入5597元，分别增长5.9%、5.3%、9.8%、13.6%。工资性收入是推动全体居民人均可支配收入增长的主体。

【全体居民人均生活消费支出增长7.3%】 2023年，全区全体居民人均生活消费支

表 43

2023 年武进区城镇、农村居民家庭每百户年末耐用消费品拥有量情况表

指标	单位	数值	
		城镇	农村
人均年末住房面积	平方米	60	88
家用汽车	辆	74	64
其中：新能源汽车	辆	4	2
摩托车	辆	9	9
助力车	台	125	106
洗衣机	台	105	99
电冰箱（柜）	台	107	111
微波炉	台	95	89
彩色电视机	台	176	167
烤箱	台	5	0
空调	台	254	259
热水器	台	101	89
洗碗机	台	7	0
排油烟机	台	93	63
固定电话	线	9	9
移动电话	部	246	247
计算机	台	56	26
照相机	台	8	1
乐器	架	9	0
健身器材	台	6	3
空气净化器（含新风系统）	台	14	4
地面清洁电器	台	22	4

注：表中数据含常州经开区

出 38238 元（含常州经开区），比 2022 年增长 7.3%。其中，城镇居民人均生活消费支出 42129 元，增长 6.2%；农村居民人均生活消费支出 30477 元，增长 10.0%。八大类消费支出呈正增长。其中，全区全体居民人均食品烟酒消费支出 10626 元、衣着消费支出 2349 元、居住消费支出 7215 元、生活用品及服务支出 2039 元、交通通信消费支出 6289 元、教育文化娱乐支出 5372 元、医疗保健消费支出 3203 元、其他商品和服务消费支出 1145 元，增幅分别为 4.8%、2.5%、1.5%、4.4%、6.2%、19.1%、17.2%、18.4%。全区全体居民恩格尔系数为 27.8%，比 2022 年下降 0.7 个百分点。

（管　玲）

社会保险

【概况】 2023 年，武进区健全覆盖全民、统筹城乡、公平统一、安全规范、可持续的多层次社会保障体系，提升人民群众幸福感、获得感。企业职工养老保险、工伤保险、失业保险、医疗保险、生育保险参保人数分别为 56.25 万人、64.36 万人、47.37 万人、77.20 万人、51.98 万人（含常州经开区），城乡居民基本养老保险、医疗保险参保人数分别为 19.39 万人、47.43 万人。社保卡首次申领 2.85 万张、补卡 14.23 万张、换卡 11.44 万张，累计办理社保卡 165.39 万张，其中三代卡 38.39 万张。

【社保征缴扩面】 2023 年，武进区开展全民参保提质增效专项行动，扩大社会保障范围。企业职工基本养老保险基金当期征缴收入 78.7 亿元（含常州经开区），完成市下达基金当期保费收入目标任务 106.95%，支出 49.85 亿元，累计结余 24.51 亿元；工伤保险基金征缴收入 2.61 亿元，完成目标任务 108.29%，支出 3.2 亿元，累计结余 0.16 亿元；城乡居民基本养老保险基金征缴收入 1.27 亿元，支出 10.64 亿元，累计结余 22 亿元；机关养老保险基金征缴收入 7.1 亿元，支出 11.06 亿元，累计结余 0.07 亿元。职工基本医疗保险净增 3.4 万人，参保总人数 77.20 万人，当期征缴收入 35.96 亿元(其中生育保险征缴收入 2.52 亿元)，总支出 28.06 亿元（其中生育保险支出 1.98 亿元），累计结余 75.76 亿元；城乡居民基本医疗保险人数与 2022 年持平，参保总人数 47.43 万人，当期征缴收入 2.67 万元（含财政代缴困难人员收入），财政补助收入 6.48 亿元，支出 9.04 亿元，累计结余 1.43 亿元。医疗保险参保率达 124.31%（按户籍人口计算），长期护理保险参保人数与医疗保险参保人数相同。

【社保待遇提升】 2023 年，武进区企业退休人员月均养老金 2145 元／人·月（含常州经开区）。城乡居保基础养老金补贴标准由 405 元／月提高至 450 元／月，每月增发基础养老金 797.67 万元；原城镇老年居民养老补贴标准由 545 元／月提高至 590 元／月；被征地农民第四年龄段人员保养金标准由 1025 元／月提高至 1100 元／月。全年发放居民养老各项待遇 14.3 万人、9.62 亿元，发放离退休人员养老金 19.07 万人、48.24 亿元，发放遗属补助 2203 人、1.61 亿元，发放工伤保险零星报销 6442 人次、29855 万元，发放工伤保险定期待遇 8344 人次、1847 万元。办理失业保险金、失业补助金申领业务 11037 件，合计发放失业待遇 18178.68 万元。城乡居民基本医疗保险财政补助标准达 1054.9 元。职工基本医疗保险、城乡居民基本医疗保险政策范围内住院医疗费用报销比例分别为 87.46%、76.32%。职工基本医疗保险慢性病新增 5799 人次，城乡居民基本医疗保险慢性病新增 4355 人次。新增申请通过特定病药品、双通道单独支付待遇职工基本医疗保险 4885 人次、城乡居民基本医疗保险 2241 人次；新增门诊特定病职工基本医疗保险 1814 人次、城乡居民基本医疗保险 741 人次。落实和推进门诊共济保障政策，普通门诊起付线在职和退休人员分别比 2022 年降低 600 元和 800 元，普通门诊及门诊大额补助各级医疗机构相应报销比例均

提升10个百分点；职工基本医疗保险普通门诊享受统筹151.35万人次，基金支出3.06亿元。普及和推进家庭共济账户绑定，住院及门诊共济账户享受人数分别为3044人次和216044人次，共济账户分别支出590.32万元和1878.98万元。职工基本医疗保险参保人员就医购药3000元以内普通门诊统筹合规费用，可在定点零售药店按规定享受普通门诊统筹待遇，统筹报销比例为在职人员70%、退休人员75%，享受统筹人数为129.61万人次，统筹支出1.08亿元。

（张连惠　卢　草）

【社保制度完善】 2023年，武进区深化全省首批城乡居民基本养老保险集体补助试点成果，引导集体经济组织通过集体讨论会商给予参保人员不同等次集体补助。摸底调查2022年未纳入集体补助对象的非集体经济组织成员，草拟非集体经济组织成员纳入集体补助对象实施细则。协调慈善公益组织公益捐助2022年未享受集体补助参保人员，扩大补助覆盖范围。配合省人社厅完成新业务系统开发，畅通集体补助经办渠道。集体补助重度残疾人、最低生活保障对象、特困人员等困难群体每人每年840元，惠及1400余人，补助城乡居民基本养老保险人员2.2万人。

【工伤服务创新】 2023年，武进区在全市率先打造工伤医疗服务平台，创新开辟工伤诊疗“绿色通道”，纳入优质企业50家和定点医疗机构5个，通过前端受理“e窗办”、三位一体“e站享”、全链流程“e网管”，实现工伤申报“免跑腿”、救治康复“免奔波”、住院结算“免垫付”，费用结算时间由30个工作日变为即时办，报销时限由60日变为实时报销，提供工伤业务咨询800余人次、“绿色通道”服务248人次，联网结算金额110万元。推进现场体验与持续改善式工伤预防项目，通过工伤危险因素评估、互动式培训、持续跟踪回访与督促改善相结合，免费为企业实施“一企一案”工伤预防培训，开展互动式培训60场，培训人员4400余人次，完成企业工伤风险评估30家，发现风险点320处。开展龙头企业全供应链协同工伤预防培训项目，以龙头企业为抓手，提升区域产业链中小企业工伤预防能力，涉及下游供应链企业180余家，完成培训1.22万人次。

【社保基金监管】 2023年，区人社局强化社保基金内控管理，制定《2023年度常州市武进区社会保险经办风险管理工作实施方案》《2023年度常州市武进区社会保险业务经办内部审计工作实施方案》，对照《2022年江苏省企业职工基本养老保险和工伤保险经办风险管理专项行动检查评估工作表》5个方面46项标准，开展内部审计工作。加强风险防控，及时处理省平台下发业务疑点数据7批447条、部平台下发疑点数据8批3991条。持续追缴违规待遇，按照待遇追缴流程，对不愿配合人员，启动第三方配合追缴，惩处社保欺诈违法犯罪活动，查处违规领取待遇案件33件，追回金额40余万元。

（张连惠）

住房保障

【概况】 2023年，武进区围绕“住有所居”，完善以公共租赁住房、经济适用住房、棚户区改造、保障性租赁住房为主要内容的住房保障体系，解决城镇中低收入住房困难家庭、新市民、青年等群体住房困难。建立保障性租赁住房项目联合审定机制，年内认定今创轨道交通产业园人才公寓项目、科教城文渊楼文津楼改造项目、现代产业创新园（三期）工业用房及配套设施建设项目、新能源产业园配套宿舍及基础设施建设项目4个保障性租赁住房项目，落实土地、金融、税务和民用水电气等优惠政策。筹集和建设人才公寓1.3万套（间），2021—2023年累计筹集人才公寓2.5万套（间），建设总量位居全市前列，创成常州市五星级人才公寓项目1个、四星级1个、三星级4个。实施“青年人才生活居住双资助”和高层次人才补贴，向3015人发放租房补贴1373.48万元，向480人发放购房补贴2065万元，向高层次人才5人（集成电路产业4人、机器人产业1人）发放租房补贴6600元、购房补贴21万元。继续开展新就业大学生住房保障，向118人发放租金补贴10.26万元。

【保障性安居工程建设和资金筹集】 2023年，武进区保障性租赁住房新开工3259套（间），完成目标任务的101.84%；基本建成1155套（间），完成目标任务的105%。棚户区改造基本建成548套，完成目标任务的109.6%。筹集保障性安居工程资金，获中央和省级财政城镇保障性安居工程补助资金共计2315.42万元（中央补助资金2124.04万元、省级补助资金191.38万元），其中公共租赁住房补贴17.5万元、保障性租赁住房补贴2297.92万元。继续开展异地移建款清算工作，收缴异地移建款267.58万元，为保障性安居工程建设提供资金支持。

【公共租赁住房和经济适用住房保障】 2023年，武进区调整住房保障收入线标准，降低准入门槛，扩大住房保障覆盖面。公共租赁住房低收入家庭、公共租赁住房中低收入家庭及经济适用住房货币补贴家庭人均月可支配收入分别由2745元调整为2858元（含）以下、4388元调整为4575元（含）以下。新增公共租赁住房保障家庭1户、退出16户。至年末，武进区共有公共租赁住房在保家庭83户（租金补贴65户、实物配租18户）。全年发放租金补贴48.49万元，收取实物配租租金162.31万元。经济适用住房9套上市交易，全额退还政府补贴80万元。加强公共租赁住房房源管理，巡查房屋1000套，发现问题20项；燃气专项检查房屋250套，发现问题5项，全部整改完成。

（杨　欣）

【住房公积金管理】 2023年，常州市住房公积金管理中心武进分中心推进住房城乡建设部灵活就业人员参加住房公积金制度试点、住房公积金数字化转型以及网格化管理创新试点工作，扩大住房公积金制度覆盖和政策受益面。全区新增灵活就业人员缴存住房公积金4958人（含常州经开区），缴存人数达1.86万人。实施“青春留常”安居计划，高校应届毕业生7470人享受首次缴存（开户）补贴224.1万元，占全市补贴人数的60.34%。实施中低收入家庭公转商贷款贴息政策，公转商贴息1632.42万元，期末累计2.18亿元。优化住房公积金使用政策。加大高端人才支持力度，受理

4月15日，武进区在人才公寓开展公积金政策宣传活动

（供图/常州市住房公积金管理中心武进分中心）

35周岁及以下硕士贷款225笔，申请金额2.07亿元；受理领军型人才、博士贷款175笔，申请金额2.06亿元。加大“二孩”“三孩”家庭支持力度，受理贷款266笔，申请金额2.02亿元。加大现役、退役军人贷款支持力度，受理贷款22笔，申请金额1875.9万元。打造“惠民公积金、服务暖人心”品牌，提升服务效能。推进住房公积金网格化管理创新试点工作，新设立湖塘镇、前黄镇、洛阳镇等住房公积金工作站9个，推动服务延伸到基层，实现住房公积金工作站全域覆盖。镇（街道）住房公积金工作站和公积金专窗共办理业务7600余笔。服务大厅接待用户近5万人次，办理业务7万余笔。年内，武进区住房公积金新增缴存单位1982个、职工5.28万人，归集51.51亿元，发放贷款33.64亿元，提取34.87亿元，上缴地方政府廉租住房建设补充资金5566.67万元，累计8.3亿元。至年末，全区有应缴单位1.99万个、缴存人数31.22万人，归集余额143.26亿元，贷款余额116.41亿元。

（骆海荣）

医疗保障

【概况】 2023年，武进医保分局聚焦人民健康，深化医保制度重点改革，加强医保基金智慧监管，构建多层次医疗保障体系。参保征缴扩面，基本医疗保险、生育保险参保人数（含常州经开区）分别达124.62万人、51.98万人。保险待遇提升，职工基本医疗保险、城乡居民基本医疗保险政策范围内住院医疗费用报销比例分别为87.46%、76.32%，大病保险政策范围内报销比例达74.49%。推进医保制度体系完善，深化基本医疗保险市级统筹，11.47万人成功投保“江苏省医惠保1号”。提升医保经办管理水平，深化“15分钟医保服务圈”建设，实现更多服务事项“就近办、家门口办”。3—12月，按照市医保局要求，阶段性降低医保缴费费率，职工医保用人单位缴费费率由8%下调至7%，灵活就业人员参加职工医保缴费比例由9%下调为8%，全年减免企业及个人缴费2.67亿元。

【医保改革】 2023年，武进区推进基本医疗保险市级统筹，职工基本医疗保险和城乡居民基本医疗保险基本政策、待遇标准、基金管理、信息系统、定点管理实现常州武进一体。完善政策提高医疗救助待遇，11类参加城乡居民基本医疗保险所需缴纳费用由政府全额承担；医疗费用个人自付部分，特困人员、困境儿童中的孤儿和事实无人抚养儿童救助比例由80%提高至100%；普通门诊救助限额由1000元提高至1万元；住院、门诊慢性病、特殊病由15万元提高至20万元，新增双通道单独支付药品、特定病药品、省定罕见病药品和住院、门诊慢性病、门诊特殊病共用额度。全年医疗救助对象新增1216人，救助对象总数达8782人。协助构建、完善多元医保支付体系，实现全区住院医疗机构按疾病诊断相关分组付费（DGRs）全覆盖。落实药品集中带量采购，督促19家公立医院按时完成采购报量、合同签约、线上采购等工作，采购3747.05万盒（剂），采购金额8.39亿元。推进医用耗材联盟带量采购，19家公立医院累计完成采购数量2603.12万个，采购金额4.51亿元。推进长期护理保险提标扩面，受理长期护理保险失能评估申请4233人，组织上门评估4079人次，长期护理保险基金累计支出7173.41万元。

【医保基金监管】 2023年，武进医保分局持续打击欺诈骗保行为，维护医保基金安全。实地稽查年度应检定点医药机构830个（医疗机构275个、药店555个），覆盖率100%，依据协议约定拒付定点单位费用483.03万元（违约金90.66万元），其中职工基本医疗保险拒付239.86万元，城乡居民基本医疗保险拒付243.17万元。行政处罚医药机构3个，追回医保基金损失4.52万元，罚款4.52万元。受理投诉举报及维权咨询95件，发放举报奖励待遇1人次。遴选社会各界优秀代表5人为新一届社会监督员，共同参与医保基金监督工作，构建医保基金多元监督格局。开展医疗保障系统“双随机、一公开”监管工作，与市卫健局联合检查定点医药机构12个，与区市场监管局联合检查药店34个。

【医保经办优化】 2023年，武进区完善医保经办服务，深化“15分钟医保服务圈”建设，区医保部门联合区财政局、区行政审批局出台全域建设实施方案，区级下达财政补助135万元，共建成省级示范点2个、村（社区）医保服务点214个、二级医院医保服务站5个。医保经办服务水平继续提高，参照《全省医疗保障经办政务服务事项清单和办事指南（2023版）》，精减办理材料、简化审核流程，医保政务服务直接办理事项13项、帮办代办事项2项下沉至镇（街道），直接办理事项2项、帮办代办事项13项下沉至村（社区）。推进“互联网+”服务，医保政务服务事项线上可办率达100%。深化医保电子凭证应用，激活率77.64%，结算率25.74%。健全异地就医政策，异地就医申请11172人、转院申请14051人。

（卢　草）

民政事务

【概况】 2023年，武进区聚焦脱贫攻坚、聚焦特殊群体、聚焦群众关切，践行“民政为民，民政爱民”工作理念，推动现代民政事业高质量发展。精准规范社会救助，按照“兜底线、织密网、建机制”要求，完善分层分类社会救助体系，织密共同富裕保障网。提升养老改革成效，全区养老机构床位数增至6210张，发放尊老金1966万元，惠及老年人2.9万人。多元推进基层治理，改造提升礼嘉镇建东村、嘉泽镇朝东村、湟里镇武宜村3个城乡社区综合服务中心。规范社会组织发展，开展非法社会组织专项整治和“僵尸”社会组织检查，排查社会组织运营情况。社会事务服务持续发展，批准地名11条，办理婚姻登记12681件，销售福利彩票2.37亿元，免除基本丧葬服务费612万元。

7月12日，武进区组织开展困境儿童走访活动　（供图/区融媒体中心）

【城乡社区治理】 2023年，武进区洛阳镇洛东社区服务品牌获评全市社区服务品牌、武进高新区北区东庄社区案例入选全市优秀基层治理创新典型案例，基层党组织建设、基层党组织政治功能和组织力增强。湖塘镇府东社区、武进高新区北区贺北社区、西湖街道蠡河社区、南夏墅街道学府家园社区4个社区通过市级“全科社工”示范窗口督查验收。新增持证社区工作者143人，累计644人，发放持证社区工作者职业资格补贴110.08万元。年内共招聘社区工作人员43人，镇级下沉社区工作人员55人，全面落实市级社区工作人员薪酬调整政策。

【社会组织规范管理】 2023年，武进区有社会组织2386个，每万人拥有社会组织13.5个。全区建有区级社会组织培育中心1个，镇级社会组织培育发展服务中心10个。开展“僵尸”社会组织排查，共排查“僵尸”社会组织33个，注销8个。联合区慈善总会持续开展公益创投项目，共有5个项目入围区财政扶持项目，3个项目入围区慈善资金扶持项目。搭建购买社会组织服务项目平台，购买社会组织等级评估第三方服务、双随机财务检查和指导、社会组织党支部书记（党务工作者）培训等社会组织服务项目9个，资金20余万元。

武进高新区北区喜盈门社区“全科社工”服务窗口
（供图/区融媒体中心　摄于7月20日）

【最低生活保障与救助】 从2023年7月1日起，武进区城乡居民最低生活保障标准由每人每月1000元提高至1020元。区民政部门全年发放最低生活保障金1438万元，惠及低保家庭1205户、1511人（城镇居民250人、农村居民1261人）。同步提高特困人员、孤儿等困难人员保障标准。农村特困供养对象212人，人均供养标准不低于每人每月1326元，城市特困供养对象16人，每人每月供养标准为1945元。全区慈善资金总收入1.12亿元，发放慈善救助金9073.81万元，惠及困难群众75.54万人次。发放孤儿和困境儿童生活保障金400万元，发放困难残疾人生活补贴和重度残疾人护理补贴7731万元，惠及残疾人1.3万人。

【婚姻登记与收养登记】 2023年，武进区办理结婚登记7190件、离婚登记2324件，补办结婚登记2942件、离婚登记225件，婚姻登记合格率100%。武进区社会救助和捐助中心为符合条件的1户家庭办理收养登记。

【地名管理】 2023年，区民政局新命名地名11处。其中，居民区6处、道路5处。出具地名勘察意见13份，录入和

表 44

2023 年武进区新命名地名情况表

类别	新命名地名	所属镇（街道）	地址
居民区	景德新苑	前黄镇	位于红旗村中，东至红旗村腰路里村民小组，西至凤栖路延伸线以东，南至前黄西街延伸线（规划），北至景德路延伸线
	新月时光花园	湖塘镇	位于东华社区中，东至星火南路（规划），西至湖塘河，南至滆湖中路，北至中华河
	逸品玖园	牛塘镇	位于卢西村中，东至樾华名苑，西至漕溪路，南至大寨河，北至延政西大道
	游塘里	牛塘镇	位于竹园中，东至东龙北路，西至清莲园（暂定名），南至清莲园，北至大通西路
	沁湖春秋花园	嘉泽镇	位于嘉泽村中，东至嘉兴路，西至嘉泽人民路，南至嘉成路，北至建业路以南空地
	西岸云栖花园	西湖街道	位于西湖街道地域中，东至绿杨路，西至规划道路，南至果香路，北至菊香路
道路	勤政路	湖塘镇	位于湖塘镇三勤社区，南至滆湖东路，北至南巷居民小区，全长 380 米
	勤苑路	湖塘镇	位于湖塘镇三勤社区，东至勤政路，西至常州市鸣月文化传媒有限公司，全长 235 米
	菊香路	西湖街道	位于西湖街道聚新家园社区，南至长秀路，经江苏云迈医疗科技有限公司，北至长虹西路，全长 549 米
	锦棠路	西湖街道	位于西湖街道湖滨社区，南至延政西大道，北至菊香路，全长 2268 米
	余姚路	武进高新区北区	位于武进高新区北区龚家社区，南至聚湖东路，北至龚家工业园，全长 200 米

表 45

常州市武进区第二批地名文化遗产名录情况表

类别	地名	所属镇（街道）	类别	地名	所属镇（街道）
古街	杨桥古街	前黄镇	古桥	毛家桥	礼嘉镇
	鸣凰老街	湖塘镇		上店桥	湖塘镇
	湖塘老街	湖塘镇		牛塘桥	牛塘镇
	昇西街	南夏墅街道		夏庄桥	嘉泽镇
古桥	漕桥	雪堰镇		狗爬桥	湟里镇
	隆兴桥	雪堰镇		富春桥	南夏墅街道
	孙觌桥	礼嘉镇		永安桥	南夏墅街道
	礼嘉桥	礼嘉镇			

更新 2021—2022 年新命名地名 66 处坐标和图像信息。评选出杨桥老街、湖塘老街等常州市武进区第二批地名文化遗产名录 15 处。开展地名许可事中、事前监管工作，与镇级审批部门现场勘察 35 次。

【福利彩票管理】 2023 年，武进区新增福利彩票投注站 15 个，累计 158 个。全年销售福利彩票 2.37 亿元，其中电脑票销售 1.47 亿元、即开票销售 6860 万元、智能机销售 2187 万元。福利彩票公益金支出 2024.04 万元，其中居家养老、机构养老等社会福利类项目 1577.86 万元、困境儿童救助等社会救助类项目 356.03 万元、社会组织类项目 90.15 万元。

【全省首个福彩主题公园建成开放】 11 月，全省首个福彩主题公园——武进福彩主题公园建成开放。该公园位于武进高新区北区马杭桥北侧，是区民政局与马杭社区联合实施的福彩公益项目，从满足百姓休闲娱乐的需求出发，利用厂房拆迁后的一块闲置地，通过“微改造”建成的“口袋公园”，占地面积 1.7 公顷，由健步道、先锋林、福彩驿站、百姓大舞台和羽毛球场等组成，集品牌形象展示、公益宣传、便民服务于一体，并作为福彩品牌推广的一个重要窗口，传递福彩公益文化和“博爱民政”理念。

【殡葬管理】 2023 年，武进区有殡仪馆 2 个、骨灰寄存室 110 个、公墓 5 个。火化遗体 13814 具，其中横林殡仪馆火化 8176 具、武南殡仪馆火化 5638 具，火化率 100%。区民政部门按照《常州市殡葬基本服务项目费用免除办法》，对城乡低保对象等 5319 位死者免除基本丧葬服务费 612 万元。

（缪　苗）

退役军人事务

【概况】 2023 年，区退役军人事务部门以服务经济社会发展和国防军队建设为目标，以保障退役军人合法权益为宗旨，做好退役军人服务体系建设、移交安置、就业创业、优抚褒扬、权益维护、双拥共建、志愿服务等工作。推进区、镇（街道）、村（社区）三级退役军人服务保障体系提档升级，累计开展志愿服务活动 219 场、时长 1846 小时，牛塘镇退役军人主题公园开园。拓展退役军人就业创业渠道，深化“戎创武进”就业创业品牌，继续推进“戎装兴村”工程。做好优抚优待和服务保障，常态化办理退役军人优待证，开展清明祭扫和异地祭扫。深化双拥共建，常态化走访残疾军人、困难军人家庭，举办双拥主题活动。年内，区退役军人事务局获评全省退役军人权益维护工作先进集体和信息宣传工作先进集体，区退役军人事务局副局长芮洋获评全省退役军人权益维护工作先进个人。

7月24日，“兵心永向党 奋进新征程”庆祝中国人民解放军建军96周年文艺汇演在常州凤凰谷大剧院举行（供图/区退役军人事务局）

【退役军人就业创业】 2023年，区退役军人事务局围绕“戎创武进”就业创业品牌，推进“戎装兴村”工程，定向招录退役士兵任职村（社区）专业化管理干部。举办大型退役军人招聘会2场。推动退役军人参与乡村振兴，鼓励退役军人创办特色家庭农场、农业示范合作社，分别给予达到区级示范标准的7个项目各2万元奖励。举办退役军人创业创新大赛和职业技能大赛，推荐4家退役军人创办企业参加市级竞赛，其中新型体外诊断试剂的研发项目获二等奖。组织开展退役士兵适应性培训，以及“智慧家庭”工程师、健身教练、汽车驾驶员和网络工程师等个性化培训。引导退役士兵参加学历教育，发放学历教育补助经费。

【退役军人优抚褒扬】 2023年，区退役军人事务局做好优抚对象服务保障，为困难优抚对象发放临时救助经费和医疗补助。开展常态化走访慰问，为优抚对象发放慰问金、丧葬费和抚恤金。为服务对象常态化办理退役军人优待证。开展清明祭扫活动，通过网络平台全省直播，组织烈士家属异地祭扫烈士。巩固军政、军民关系，组织开展党政军新春座谈会，走访慰问驻常州和武进部队；举行“兵心永向党，奋进新征程”庆祝中国人民解放军建军96周年文艺汇演；投入经费80余万元，开展军地互办实事11项；向立功受奖军人和家庭送喜报，协调军人子女优先入学，增强军人军属荣誉感和自豪感。

【牛塘镇退役军人主题公园开园】 7月31日，全市首个退役军人主题公园——牛塘镇退役军人主题公园开园。公园位于牛塘镇牛塘壹社区北岸村，占地面积6666.67平方米，以“让军人成为全社会尊崇的职业”为主题，以中国人民解放军在中国共产党领导下走过的光辉历程为主线，以“退伍不褪色、退役不退志”退役军人为主角，融入退役军人服务站、双拥文化长廊、老兵议事亭、退役军人荣誉榜等退役军人主题元素，展现新时代退役军人崭新风貌，营造“拥军、爱军、崇军”社会氛围。

（杨永强）

民族与宗教事务

【概况】 2023年，武进区贯彻执行党的民族宗教方针政策，深化民族宗教法治化、规范化、信息化和品牌化建设，维护民族宗教领域平安稳定。有少数民族群众近2万人，回民聚居村1个（雪堰镇城西回民村）、回民聚居组1个（雪堰镇夏墅村委后承村民小组）、清真餐饮店213个，清真食品基本供应点1个（城西回民村伊清阁清真餐馆）。有武进区佛教协会、道教协会、天主教爱国会、基督教“三自”爱国运动委员会宗教团体4个；有依法登记的宗教活动场所41个，其中佛教25个、道教5个、基督教11个；有认定的宗教教职人员90人，其中佛教59人、道教17人、基督教14人。有省五星宗教活动场所1个、四星宗教活动场所5个、三星宗教活动场所7个；有省三星档案宗教场所16个。

【民族团结进步】 2023年，武进区以铸牢中华民族共同体意识为主线，促进民族团结进步。开展民族团结宣传月活动，承办“风劲帆满图新志，团结奋进开新局”——常州市民族团结进步宣传月启动暨“城西同心创业园”开园仪式，

5月9日，“风劲帆满图新志，团结奋进开新局”——常州市民族团结进步宣传月启动暨“城西同心创业园”开园仪式（供图/区民宗局）

推动铸牢中华民族共同体意识进服务平台、进社区、进企业、进校园，强化社会面宣传教育。开展省级“红石榴家园”精品培育，雪堰镇城西回民村创成省级“红石榴家园”精品。组织雪堰镇城西回民村申报2023年中央和省级财政衔接推进乡村振兴补助资金项目，获衔接资金500万元。雪堰镇城西回民村与金坛区指前镇丰产村达成“红石榴村村结对”共建，向丰产村捐赠帮扶资金40万元。

【宗教领域和谐稳定】 2023年，武进区始终坚持宗教中国化方向，维护宗教领域和谐稳定。加强宗教团体建设，指导团体完成年检工作。联合区财政局开展宗教活动场所财务检查，指导完成寺观教堂法人登记2个。加强中华优秀传统文化浸润，配合做好杨桥庙会、首届花神文化节等民俗活动，打造花神道德讲堂、南山律院。常态化安全隐患排查整改跟踪管理，完成既有建筑整改闭环36个，推动场所“气改电”10个，安装工业及商业用途燃气泄漏安全保护装置14个。开展“人人讲安全，个个会应急”安全生产宣传月活动，举办全区宗教领域“两员”（专／兼职安全员、消防安全员）安全培训班，全年开展燃气泄漏事故应急演练、森林防火演练、消防灭火及疏散演练等36场次。

（张稳城）

老龄事务

【概况】 2023年，武进区实施积极应对人口老龄化战略，开展形式多样、内容丰富的敬老爱老助老活动，树立积极老龄观，促进健康老龄化，打造适老宜居社会环境，弘扬孝亲敬老传统美德，老年人获得感、幸福感、安全感不断增强。60周岁及以上户籍老年人口21.05万人，占武进区户籍总人口的27.16%，其中70～79周岁户籍老年人口8.2万人、80周岁及以上老年人口2.9万人（百岁老人96人）。整合医疗和养老服务资源，提升医养结合服务质量，有医养结合机构10个。组织开展老年人文体活动，于12月在路劲又一城举办“黄金时代满庭芳”常州市老年春节联欢会武进海选展演活动，受到群众好评。礼嘉镇何墅村获评全国示范性老年友好型社区，南夏墅街道南苑社区、礼嘉镇政平村、武进高新区北区邱墅社区获评江苏省老年友好型社区建设单位。管仲建、蒋惠刚获评常州市第七届“十佳老有所为人物”，黄小南、彭巧娣获评常州市第八届“十佳孝星”。

12月9日，“黄金时代满庭芳”常州市老年春节联欢会武进海选展演活动在路劲又一城举办（供图／区卫健局）

表46 2023年武进区医养结合机构情况表

机构名称	机构人员总数（人）	医疗服务人员数（人）	养老服务人员数（人）	机构床位总数（张）	医疗床位总数（张）	养老床位总数（张）	医养结合方式
常州九洲金东方护理院	188	60	103	424	150	274	开办护理院
武进区夕阳红护理院	81	14	40	425	128	297	开办护理院
康惠护理院	35	12	23	300	99	201	开办护理院
武进区净慧护理院	43	25	18	176	85	91	开办护理院
武进区牛塘净慧颐养中心	33	15	18	256	200	56	开办护理院
康民护理院	13	7	6	98	70	28	开办护理院
大慈安养院	20	4	6	300	240	60	内设医务室
武进区玖玖江南护养中心	53	6	25	230	184	46	内设医务室
鼎武中西医结合医院	72	51	21	160	100	60	由医疗机构开办养老机构
武进区禧星老年护养中心	131	113	6	246	160	86	由医疗机构开办养老机构

【老年人健康服务】 2023年，武进区推进老年人健康服务体系建设。武进中医医院、武进第五人民医院落实老年人医疗服务便利政策，优化老年人就医服务环境，获评省级老年友善医疗机构优秀单位。开展老年人慢性病综合防治，推进医防、医养融合，全区65周岁及以上老年人健康体检11.6万人，家庭医生签约14.98万人，开设家庭病床582张。开展老年人心理关爱项目，宣传心理健康知识，完成心理调查问卷，为老年人3510人提供心理关爱服务。

【老年人优待福利】 2023年敬老月期间，武进区以“实施积极应对人口老龄化国家战略，推进无障碍环境共建共享”为主题，组织开展歌舞、书法、绘画、门球等文化体育艺术活动150余场次，开展健康义诊、发放重阳糕、照料护理、捐助等公益献爱心活动80余次，开展健康知识讲座、孝老爱亲宣讲等主题活动60余场次。全区共慰问老年人6.86万人，发放慰问品、慰问金合计900万元。年内，区老龄办实施“安康关爱行动”，推进老年人意外伤害保险工作，通过政府引领、慈善救助，发挥商业保险补充作用，提升老年人及其家庭抵御风险能力，投保保额1765万元，赔付1094万元。常态开展“智慧助老、赋能银龄”老年人使用智能手机专项培训，帮助老年人学习使用微信聊天、预约挂号、手机支付、网约出行等手机功能，惠及5300余人次。区老科技工作者协会代表队获江苏省第三届老年人智能手机运用大赛二等奖。

（白　洋）

【养老服务】 2023年，武进区有标准化居家养老服务中心（站）36个，实现镇级、城镇和农村社区全覆盖。有养老机构17个，机构养老床位6210张（由社会力量举办或经营5453张），其中护理型床位5614张，占比90.4%。推进居家养老服务，提升改造牛塘卢家巷居家养老服务中心，为2.7万老年人提供生活照料、家务料理、精神慰藉等居家养老上门服务，累计上门服务近46万人次。发放居家适老化改造费用228万元，困难老年人家庭400户完成居家适老化改造。发放居家养老服务补贴2212万元、居家养老运行补贴136万元、养老机构运行补贴355万元、疫情防控纾困补贴及物资等374万元。发放80周岁高龄老年人尊老金1966万元，惠及2.9万名老年人。

（缪　苗）

慈善事业

【概况】 2023年，武进区坚持“慈善为本，善举为民”理念，坚定稳中求进工作总基调，聚焦巩固与拓展脱贫攻坚成果，推动共同富裕。有效组织认捐收缴，集聚各类慈善资源，慈善资金总收入11159.88万元（含常州经开区）。推进项目实施，提升精准帮扶效率，区慈善总会直接下拨救助资金、社会公益事业补助资金9073.87万元，直接救助困难群众75.54万人次。汇聚慈善力量，助力乡村振兴，实施“幸福家园”村社互助工程，累计筹款3083.86万元。

【慈善资金募集】 2023年，区慈善总会坚持守正创新，依托网络平台促进互联网慈善和信息化建设，将“慈善一日捐”与腾讯“99公益日”活动相结合，参与“爱心济困，善行江苏”江苏慈善专场活动，发布助困项目“爱心传播，情暖武进”和助医项目“大病险扶危困”，精心策划，明确分工，广泛宣传，共筹得1015.45万元，另获腾讯平台配捐25.91万元。其中，全区企事业单位200多家（含常州经开区）参加“慈善一日捐”活动，共募集善款685.01万元，比2022年增加2.51%。

【慈善救助与帮扶】 2023年，武进区探索推进惠民项目，围绕增进民生福祉、促进共同富裕，尽力而为、量力而行。开展慈善助困，春节前向低收入困难家庭9302户发放救助金1395.3万元（含常州经开区）。开展慈善助医，向因病致贫困难人群9.54万人次发放救助金2022.6万元，其中武进区慈善大病保险救助项目救助3519人，支出保费1439.81万元。开展慈善助学，向学生202人支出慈善资金84.85万元。其中，向贫困高中生118人发放慈善救助金17.7万元，向“圆梦行动”大学新生24人和往届生60人共发放救助金59.05万元。开展慈善助老，向“三老”（老地下工作者、小乡干部、地下党员）人员26人发放3.9万元；重阳节慰问“五保户”（保吃、保穿、保医、保住、保养）老人235人，发放救助金28.2万元；武进区“桑榆”爱心基金向特殊困难离退休干部家庭提供帮扶资金15.9万元。开展慈善助残，向一户多残、依老养老困难家庭拨款40万元。开展慈善助孤，向散居孤儿8人发放救助金4万元。开展专项救助，向幼儿园教育建设基金拨款8万元，向抗癌协会癌症患者拨款19万元，向尿毒症病人9.12万人次发放救助金367.57万元。加强对口协作，理想汽车定向捐赠陕西省安康市汉滨区慈善协会8万元开展“汉武携手，理想圆梦”公益活动。

【慈善项目实施】 2023年，区慈善总会推广普及、巩固发展“幸福家园”工程成果，推动村（社区）全面实施。至年末，267家村（社区）在公益宝管理平台上线，累计筹款2944.35万元（含常州经开区），拨付1936.96万元，区慈善总会为达标项目配捐176万元。实施关爱老年人公益慈善项目，补贴607.16万元，为24.77万人（含常州经开区）办理武进区老年人意外伤害保险及小额人身保险；补贴803.63万元，为40.18万人次提供居家养老服务；累计投入经费55万元（区残联按省定标准补助24.6万元），为41户低收入残疾人家庭实施无障碍改造及康复辅具适配项目。实施未成年人关爱保护慈善项目，通过“武有吾善·童乐同享”慈善项目为困境儿童提供慈善资金52.08万元。

（祁怡雯）

应急管理

Emergency Management

栏目编辑　杨汉平

防灾减灾

【概况】 2023年，武进区精准调度，科学应对，有效防范自然、生物等灾害风险。提升“四预”（预报、预警、预演、预案）保障能力。修编防汛、防台预案，编制中心城区极端暴雨防御应急预案，实现省、市、区、镇四级视频系统全天候畅联，完成防汛抗旱体系人员调整，开展防汛指挥长、防汛抢险骨干业务培训班和应急防汛联合演练，推动防汛应急抢险快速反应。提升防洪工程指挥调度效能，强化统筹指挥协调调度，严格执行枢纽汛期调度运行计划，累计排涝586小时、1653万立方米。提升城市内涝防御韧性，摸排改造城区积水点15处，完成侧石改造135座。汛期成功应对6.24特大暴雨袭击、罕见高温干旱影响，打赢台风“梅花”阻击战，全区安全大局平稳。

【防汛抗洪】 2023年，武进区汛情总体平稳，汛期（5—9月）平均雨量882.7毫米，为常年同期值的1.28倍，是2022年339毫米的2.6倍。6月17日入梅，7月11日出梅，梅雨期长24天，与常年一致；雨日20天。汛前，区防汛抗旱指挥部调整市、区、镇三级防汛抗旱指挥机构组成人员，明确各类防汛抗旱责任人826人。成立汛前检查小组348个、2871人次。拉网式排查江、河、湖、库以及涵、闸、站等工程3052处，查出重大险工隐患4处，并在主汛期前全部消险。优化防汛信息化系统，提升水雨情预测预报能力，强化预警信息瞬时发布，完成防汛组织体系调整及防汛应急预案完善。确保抢险队伍拉得出、打得响，全区各防汛责任单位成立防汛抢险队208支、4368人。存储袋类108.805万只、桩木64.867立方米、毛竹4080支、铁丝3145公斤、圆钉700公斤、柴油0.8吨、土工布9.328万平方米、移动机泵545台（套）等。

【防御台风“杜苏芮”】 7月27—30日，武进区受台风“杜苏芮”影响，累计降水量17.5毫米，比2022年受台风“梅花”影响时的降水量15～65毫米明显减少。按照《武进区防御台风应急预案》，及时启动防汛及防台风四级响应。根据《关于做好中小河流堤防等薄弱环节排查工作的通知》精神，武进区各级防汛抗旱指挥部开展中小河流堤防等薄弱环节排查工作，派出检查组11个、检查人员56人次，排查河道和圩区堤防总长度501.8千米；按照省、市防指要求，开展下沉式立交、地涵、下穿通道和生命线工程隐患排查工作，全区14处下沉式通道全部配备排涝设施且运行正常。

【城市内涝防御】 2023年，区水利局全面完善城市内涝防御体系。重点推进武南片区湖塘镇、牛塘镇、西湖街道及南夏墅街道4座主要防洪除涝和畅流活水引排闸站建设，完成闸站水下方工程，项目整体工程防洪功能设计为100年一遇，排涝功能为20年一遇。在主汛期前督促运行单位全面检查城区雨污水泵站，及时改造积水点15处，累计疏通雨水管道580千米，更换雨水井盖310套（块），清理收水井网兜1.5万余个，改造侧石135座。在中心城区、“两湖”创新区等重要路段安装窨井防坠板1.2万套，守护“脚下”安全。

（陈逸凡）

5月，武进区应急物资生产能力储备企业签约仪式　（供图/区水利局）

【地质灾害防治】 2023年，区自然资源和规划部门围绕国务院安全生产15条硬措施，重点聚焦森林防火和非煤矿山领域，检查发现崩塌、滑坡、地陷、地裂缝等各类地质灾害隐患点75个（条），均整改到位，连续五年实现生产案例事故起数和死亡人数“双下降”。持续提升基础设施水平，修整拓宽共建至酱缸山森林防火道路；增设夹山垃圾填埋场蓄水箱15个，蓄水总量140吨；在建100立方蓄水池1座、消防管网1千米，以水灭火覆盖率达85%。全区13个地灾隐患点均设立警示牌、发放“两卡一案”（防灾避险明白卡、防灾工作明白卡、应急预案）、配备群测群防员，其中对常州墨格机械有限公司地灾隐患点开展工程治理，对雪堰镇城西村富巷里地灾隐患点开展自动化监测预警系统建设。严格落实地灾隐患点24小时值班和领导带班制度，不断加强突发事件应急处置能力。

【林业灾害防治】 2023年，区自然资源和规划部门全面落实林业有害生物防控目标责任制，全域监测、预警、布防常态化。布设美国白蛾监测点220个（湟里镇23个，嘉泽镇104个，其他镇93个），太阳能杀虫灯90个（湟里镇20个，嘉泽镇59个，其他镇11个），踏查幼虫6次36天，发放宣传册2000张；举办林业有害生物防控技术培训班1次，参培140人；开展药物防治2次，防治面积1.31万亩，投放周氏啮小蜂寄生蛹10000个（孵化近5000万头周氏啮小蜂）。防控取得明显成效，湟里镇、前黄镇、雪堰镇、高新区、嘉泽镇5个镇仅发现美国白蛾雄成虫6只。严格落实国务院《植物检疫条例》，开展产地检疫、病虫测报和调运检疫检查工作，严防森林病虫扩散蔓延和其他危险性病虫的传入，发放检疫证4378张。

（常文涛）

【防震管理】 3月21日，武进区明确地震相关管理职能工作从区住建局划归区应急管理局，在自然灾害救援科增挂地震监测管理科牌子，主管地震监测业务。12月13日，印发《常州市武进区地震易发区房屋设施加固工作协调机制》《常州市武进区地震易发区房屋设施加固工程工作方案》，明确区工作组组成人员和各行业主管部门职责分工。全年基于“12322”短信平台常态化开展灾情短信测试，组织地震应急灾情速报系统线上演练10次。结合“5·12”全国防灾减灾日、“10·13”国际减灾日，组织开展防震减灾系列宣教活动，提升基层应急避险能力，筑牢防震减灾、抗震救灾人民防线。

（张宇翔）

安全生产管理

【概况】 2023年，武进区把安全生产作为民生大事，事关人民福祉，事关社会经济发展大局来抓，立足“大安全、大应急”，聚焦“小切口、抓关键”，扎实推进安全生产专项整治巩固提升年、基础建设强化年以及重大事故隐患专项排查整治、“厂中厂”规范化管理试点、公共安全体系建设等重点工作，切实防风险、查隐患、遏事故，安全生产形势持续稳定向好。发生生产安全事故16起，死亡12人，事故起数比2022年同期下降44.8%，死亡人数持平。其中，道路运输事故11起，死亡7人，起数比2022年同期下降56%，死亡人数下降12.5%；工矿商贸事故5起，死亡5人，比2022年同期均上升25%。未发生达到统计标准的生产安全火灾事故，安全生产形势总体平稳。区应急管理综合行政执法大队被市委、市政府表彰为常州市优化营商环境工作（法治政府）先进集体。

【安全生产专项整治巩固提升年行动】 2023年，武进区贯彻落实省、市关于开展重点行业领域安全生产风险专项整治巩固提升年行动的部署要求，完成13个重点行业领域18项巩固提升内容各项任务。全面排查化工（危险化学品）企业老旧装置，辖区40家化工医药企业全部完成自查和部门复核，10台超设计年限的老旧装置经特检院检定合格准予继续使用。全覆盖检查辖区171家30人以上的劳动密集型企业，消除一般隐患1018条。辖区4931家餐饮场所全部安装工业级燃气泄漏报警装置，更换无熄火保护装置灶具1677户，更换使用金属软管14836户。依托区经营性自建房智慧管理平台排查自建房156480幢，查出隐患建筑281幢，全部完成整改。按季度检查整治建筑施工在建项目285个次，消除隐患1117处。督促8家危运企业、7家客运企业依法建立并落实安全风险分级管控和隐患排查治理双重预防工作机制；查处客运、危运违章案件135起，罚款98.3万元。由武进区负责整改的3条市级挂牌整治路段（前黄镇邵谢线杨桥牌楼西侧段、武进大道洛阳段、南环线前黄段）均整改到位。在12个农村道路交叉口增设信号灯，20个支路口增设智能哨兵系统。针对虎臣路、前灵线、嘉村线等13条路况差、货车多的道路，协调高德、百度等导航公司引导货运车辆从外围道路绕行。排查出消防安全重大风险隐患单位360家，消除风险隐患700余处。推广安装电动自行车集中充电装置320套、简易喷淋133套，培训“九小场所”（小学校或幼儿园、小医院、小商店、小餐饮场所、小旅馆、

9月8日，区应急管理局在企业举办现场交流会　（供图／区应急管理局）

小歌舞娱乐场所、小网吧、小美容洗浴场所、小生产加工企业）专兼职消防安全员4000余人次。设置森林防火高点智能监控14处、补盲监控26处、卡口监控18处，重点林区智能监测预警覆盖率达100%。建设蓄水池12座、蓄水箱15个，以水灭火覆盖率超85%。结合节日假期开展安全生产督查检查工作，抽查检查20个景区和区博物馆，消除隐患22处。指导33所初、高中学校成立实验室安全工作领导小组，全面落实学校危化品全周期闭环管理。督促长江渡运企业严格执行恶劣天气等条件下禁限航规定，严格落实夜间0时至3时停渡和7座以上客车禁渡等要求。全覆盖检查6家液化石油气充装单位，立案查处2家充装单位未按照技术规范要求充装行为。稳步推进物联网建设，为300台（套）10年以上的电梯安装物联网设备。

【安全生产基础建设强化推进年行动】 2023年，武进区围绕11个基础建设强化事项，狠抓推进落实。加强基层监管队伍建设。9月13日，区政府办印发《关于进一步推进基层应急管理体系和能力建设的实施意见》，实施“多委合一”，组建应急管理和消防安全委员会；优化设置工作机构，组建综合行政执法和安全生产监督管理局；实体化运行全域派驻执法模式，成立11个派驻执法中队，22名区级执法人员与镇（开发区、街道）执法人员按照“2+2”模式完成组队，开展日常执法工作；明确村（社区）工作任务，成立村（社区）应急管理和消防安全工作小组。全区各镇（街道、开发区）结合本地实际，印发具体实施方案。截至10月，各板块应急管理和消防委员会、综合行政执法和安全生产监督管理局挂牌运行，实现机构到位、编制到位、人员到位，生产安全与消防安全的统筹监管、一体提升明显加强。强化企业安全风险报告。通过执法检查、多方式宣传、举办风险报告系统培训、定期督导通报等方式，3月如期完成全区工业企业风险报告工作。强化企业安全教育培训，下发“入企、入职、入岗”第一课方案，区分行业领域，制作有限空间、涉爆粉尘等重点企业系列培训教学视频，下发至各板块，有4274家企业参加。开展“510培训工程”，结合“厂中厂”管理、企业标准化创建、网格员业务能力提升等内容，科学规划培训方案，通过开展全省工贸基础条线现场会等会议，完成重点行业领域培训6893人次。强化社会公众安全教育，完成西太湖公共安全体验馆、常州民防科普教育馆建设，全区公共安全体验馆（公园）增至9个。组织企业员工、中小学生和家庭参观，接受安全知识和安全技能培训教育。广泛开展“安全生产月”活动，4万人次参与武进融媒体中心组织的安全咨询日直播活动；开展实战化、场景式应急演练和自救互救技能培训5900余场次，参与人数超20万人。制作生产安全事故警示教育片，向全区各级单位和厂商推送。

【公共安全体系建设】 2023年，武进区多次召开区委常委会会议、政府常务会议，专题部署推动公共安全体系建设，成立由区委、区政府主要领导为组长，各分管区领导为副组长，各部门、各镇（开发区、街道）主要负责人为成员的领导小组。2月20日，印发《常州市武进区公共安全体系规划2023年度实施方案》，通过“月调度、季分析、年通报”制度，聚力推进公共安全重点项目（工作）25项，以及“建设祥和美好、安全稳定的现代化武进”7大工程（安全风险防范工程、隐患排查治理工程、城市安全强基工程、社会治理创优工程、法治建设提升工程、社会安全保障工程、应急能力提升工程）20项重点项目（工作），打造市域公共安全体系“武进样板”。完成项目45个，其中“深化厂中厂安全管理整治提升工程”获全市创新创优项目一等奖。

【重大事故隐患专项排查整治行动】 5月起，武进区开展重大事故隐患专项排查整治行动，梳理形成企业、部门、板块三张工作清单，明确三个层面重点排查任务20项，并对各地各部门推进情况一周一分析，半月一调度，实施清单化管理、项目化推进、节点化核查。各级各部门迅速行动，组织企业按照重大隐患判定标准和15条硬措施开展自查自纠；监管执法人员运用“四不两直”（不发通知、不打招呼、不听汇报、不用陪同接待，直奔基层、直插现场）、明察暗访、异地执法等方式，围绕危化品、交通运输、消防、燃气等重点行业领域深挖细查。至年底，排查发现重大隐患418个（处），均整改到位，有力保障全区安全生产形势持续平稳。

【“厂中厂”安全生产规范化建设】 2023年，武进区启动深化提升“厂中厂”安全生产专项整治行动，对一厂多租、业态混杂、安全隐患突出等情形一查到底、分类监管，从源头杜绝乱象。出台《武进区深化“厂中厂”安全管理实施方案》，印发《“厂中厂”安全管理工作指导手册》，以“厂中厂”企业常见业态为模板，在武进安全教育实训基地打造“复刻车间”，为企业负责人、一线员工安全培训提供实景课堂；开展“四不两直”执法

12月20日，武进区“厂中厂”安全管理现场会暨“应急大讲堂”活动举行

（供图/区应急管理局）

检查，推行“厂中厂”先审后租机制等多项举措，按照“排查整改—规范提升—标准化推进”的工作路径，全面提升“厂中厂”企业安全管理水平和事故预防能力，落实“五个一”安全管理要求，即一份安全管理协议、一张风险管控清单、一名安全管理统一协调人员、出租方每月牵头开展一次全面检查、每半年至少开展一次应急逃生演练。督促企业做到管理机构健全、人员配备齐全、环境整洁明朗、作业分区清晰、现场设置规范等安全规范。省应急管理厅充分肯定武进区“厂中厂”管理做法，并在武进召开全省工贸基础条线现场会，向全省推介“武进经验”；相关经验获《中国应急管理报》头版头条宣传。

（张宇翔）

9月21日，武进区举办生产安全事故综合应急演练（供图/武进消防救援大队）

消防救援

【概况】 2023年，武进消防救援大队坚定秉持“党建引领、风险化解、能力提升、安全管控、夯实基础”五个重要抓手，践行“敢闯敢干、争当表率、争做示范、争站排头”四个标准定位，抢抓机遇，迎难而上，消防工作和队伍建设呈现全面发展、稳中有进的良好态势。接处警2333起，出动车辆4299辆次，出动警力21871人次，其中火灾扑救1013起，抢险救援656起，社会救助649起，抢救疏散被困人员182人（次），抢救保护财产价值1.8亿元，火灾“四项”（起数、亡、伤、财损）指标比2022年分别下降27.2%、75%、70%、31.1%。

【消防安全隐患整治】 2023年，武进区着力推进政府、部门、单位落实消防管理责任，将消防工作纳入高质量发展考核评价。区政府召开常务会议、消防工作会议4次，区委、区政府主要领导带队开展消防检查10余次，多次对住宅小区消防治理、重大火灾隐患销案等工作作出批示指示。部署开展消防安全重大风险隐患专项排查整治2023行动、“生命至上，隐患必除”消防安全专项行动、住宅小区消防安全整治等专项行动，督促、联合行业部门强化消防安全责任制落实，持续抓好消防安全管理达标创建工作；加强与安委办联动沟通，提升“九小场所”、工贸企业等单位消防安全管理力度；加强“六联”机制落实，做好《常州市租赁住房安全管理条例》宣传贯彻落实，指导开展三级重点、一般单位消防检查，处理派出所移交案件170余件。积极推进“消检协作”“消法共建”，完成重大火灾隐患整改3处，化解火灾引起矛盾纠纷1起。保持“除患治违”行动力度不减，推动拆除“占用防火间距、消防车通道，违规使用易燃可燃材料”单位221家，面积达23.5万平方米。推进执法规范化建设和“一案四查”（查火灾调查、查火灾隐患、查行政处罚、查隐患督改）制度落实。深化“放管服”工作，推出告知承诺制、首问负责制、首违不罚制、绿色通道制、全员宣培制5项便民措施。

【消防基础建设】 2023年，武进消防救援大队立足灭大火、救大灾、打大仗任务需求，苦练精兵，强素质、谋打赢，攻坚克难、打赢制胜能力大幅提升，成功处置“3·4”马杭东昊固废有限公司仓库火灾、“3·5”湟里镇东安美邦涂料电镀厂火灾、“4·7”湖塘镇高力汽博城商铺火灾、“10·16”玉兰广场居民住宅火灾。与中汽研开展合作共建，打造新能源灭火救援研训基地。按照每月1个灾害类型课题，通过“理论授课＋实地研究＋战例研讨”的方式，开展多层、高层、地下建筑、大型商业综合体、工贸厂房等灭火救援研学研训12次。针对老旧小区开展阻碍车辆快速移除、远距离供水、防盗门破拆等研讨式训练；苦练破拆排烟、内攻灭火等本领，有效提升大跨度厂房初战控火能力；钻研手抬泵快速供水技巧，弥补乡村市政消火栓分布少的劣势；代表常州市参加全省林业系统森林防火技能竞赛取得三等奖。全面摸排巡检道路消火栓2725个、天然水源63处和住宅小区市政水源253个，累计开展重点单位熟悉演练1115家次，开展夜间“亮灯”式巡防“九小、三合一”等场所4400家次。紧扣“全灾种、大应急”，不断拓展专业能力，指战员取得国家级地震救援培训资质35名、绳索救援二级资质培训3名、水域救援舟艇驾驶资质6名。府东路站消防员魏凯在消防职业技能大赛获灭火救援员项目全省冠军、全国亚军；加快完善消防站点布局，前黄、鸣凰执勤点落地投勤，嘉泽站人员进驻，“2+10”应急救援体系（指2个国家消防队和10个乡镇专职队）进一步完善。

【消防宣传教育】 2023年，武进区以“五进”（进社区、进学校、进企业、进农村、进家庭）为抓手，推动消防宣传工作向纵深发展。结合安全生产月、防灾减灾周、消防宣传月等重要时间段，开展红盟集市、安全夜市、电影漂流等接地气、聚人气的宣传活动。持续深化“蓝精灵”消防小卫士品牌形象，完成第七届消防夏令营、第四届演讲大赛等“蓝精灵”消防小卫士系列主题活动，得到应急管理部主题教育指导组的点赞肯定和相关媒体的报道。宣传教育稿件获“学习强国”学习平台刊登10篇、省部级媒体刊登51篇。

（田　蔚）

镇·街道

Towns & Sub-district Offices

栏目编辑　万向阳

雪堰镇

【概况】 雪堰镇位于武进区东南部，东接无锡马山，西邻宜兴，南濒太湖，总面积104.75平方千米，辖行政村25个、社区4个。2023年年末常住人口11.2万人。境内有太湖岛屿大、小椒山，春秋阖闾城、宋代龟山书院和南山寺、吴稚晖故居等人文景观，以及国家级太湖湾旅游度假区、环球动漫嬉戏谷、中华孝道园和龙凤谷等景区景点。农特产品有稻米、水蜜桃、葡萄、柑橘、杨梅和绿茶等。获得国家级生态镇、国家卫生镇、国家园林城镇、国家农业产业强镇和江苏省文明乡镇、江苏省健康镇、江苏省生态文明示范镇、江苏省生态宜居美丽示范镇等称号。2023年，入选首批国家农业产业强镇，列苏南片区经济发达镇和培育镇第26位，获评江苏省生态宜居美丽示范镇。

产业发展　发展现代农业，新增水稻种植面积30.4公顷，建成高标准农田，建设333.33公顷雅浦桃果示范园智慧展示服务中心，创建水稻绿色高质高效项目，全年完成水稻总产量8776吨，实现特色农产品总产量3.8万吨、总产值4.3亿元。推进工业项目建设，新增洽谈康耐拓、博泛特、华电光大、通合机械等项目28个，新增入库区重点项目20个，在库项目总投资12.16亿元，年度完成投资10.86亿元，新增入库项目开工率、竣工率均达100%。推进科技创新，净增高新技术企业23家，备案入库科技型中小企业108家，招引科技型中小微企业5家。常州市武进第二法兰锻造有限公司获国家级专精特新"小巨人"企业认定，全镇获省级专精特新中小企业认定11家；旷达汽车饰件系统有限公司获评国家级绿色工厂和绿色供应链管理企业；江苏苏新轴座有限公司获评省级绿色工厂、省智能制造示范车间；常州旷达威德机械有限公司、江苏普达可特机械有限公司入围省三星上云企业。推进文旅融合发展，深入实施文旅项目，加快雅浦民宿建设，助推文旅全域升级。

镇村建设　坚持把湾镇融合作为推动高质量发展的破题之举，构建"全域景区化、旅游全域化、湾镇现代化"的发展格局。启动建设潘家、楼村自建区项目，建成11个自建区水、电、气、弱电等基础配套设施，新建镇政府南侧、太湖湾广场等停车场7个，完成兴政路、农贸市场改造提升工程和5座公厕提标升级工程，集镇风貌焕新蝶变。落实新一轮太湖综合治理年度任务，完成雅浦港生态缓冲区示范工程（一期）建设和洑漏片区水环境综合整治年度工程，完成涉长江和太湖流域134个排污口、227家涉磷企业规范化整治。保护生态环境，雪堰西片区创建省级第一等次清洁生态小流域，腰沿河河长制主题公园获评市河长制主题公园，张仙浜创成市级幸福河道，城湾村创成市级小微水体示范村；防控农业面源污染，推广有机肥2700

湾镇美景　　（供图/区融媒体中心　摄于2023年1月）

表 47

2023 年雪堰镇主要经济社会指标完成情况表

指　　标	单　位	数　值	比 2022 年（±%）
地区生产总值	亿　元	139.2	8.1
公共预算收入	亿　元	8.0	29.3
农业总产值	亿　元	6.2	−1.5
多种经营产值	亿　元	5.8	−1.7
粮食总产量	万千克	903	0
工业销售收入	亿　元	237.1	2.2
实际利用外资及港澳台资	万美元	1000	0
第三产业增加值	亿　元	62.0	10.3
居民人均可支配收入	万　元	5.9	5.3

表 48

2023 年雪堰镇各村（社区）基本情况表

村（社区）名	户　数（户）	户籍人口（人）	党组织书记兼村委（社区居委会）主任	集体经济收入（万元）
共建村	1410	4328	杨晓丰	345.05
雪东村	957	3117	管立新	372.80
南山村	946	2944	吕　峰	260.73
绣衣村	978	3260	胡亚伟	337.17
雪西村 雪堰社区	1531	3996	高中琴 吴雪良	419.03
雅浦村	804	2659	陆育峰	270.92
阖闾城村	932	2721	蒋荣刚	512.94
谢家村	880	2961	秦伟新	122.75
太滆村	816	2768	单小兵	442.26
圣烈村	1055	3041	蒋　钧	134.95
曹家村	1355	3587	汪云飞	527.21
城东村	737	2026	许高峰	120.42
周桥村	1321	3446	钮建明	122.64
潘家村 潘家社区	974	2686	李惠全 唐晓峰	488.43
城西回民村	964	2847	吴卫丰	714.27
城湾村	713	1966	钱小群	325.00
凤凰村	617	1770	王曙东	207.62
南宅村 南宅社区	1530	4160	杨国仪 杨学军	119.89
夏墅村	682	2060	丁卫东	120.87
王允村	1355	3909	周文良	357.05
夏庄村	1156	3480	赵蕴炜	491.13
楼村村	1203	3550	边伟光	430.80
新康村	1239	3573	金建新	550.11
漕桥村 漕桥社区	1215	2847	顾立军 许盛伟	402.00
浒庄村	774	2263	缪林香	113.68

说明：村（社区）党组织书记、村委（社区居委会）主任“一肩挑”

吨，实现减量增效；回收农药包装废弃物 2.2 吨，无害化处置率达 100%；实施“无废城市”项目，建成综合垃圾转运站，实现垃圾“零填埋”，雪堰镇获评全省垃圾分类优秀单位。VOCs 治理设施提升整治成效明显，空气优良天数比例达 85.7%，$PM_{2.5}$ 平均浓度全市最低。推进乡村振兴，稳妥做好耕地和永久基本农田划定成果核实处置工作，完成耕地恢复整改和调整补划面积 182.67 公顷，整改完成比例达 100%；建设美丽乡村，夏墅村、谢家村获评省宜居宜业和美乡村，雪东村、城湾村获评省生态宜居美丽乡村示范村，雪东村、夏墅村获评省健康村。

社会事业　做优“悦享四季”品牌，举办端午民俗文化周、“太湖湾仲夏堰”音乐啤酒节等万人活动，开展太湖湾千人健康毅行、男子篮球超级联赛、卡丁车邀请赛等体育赛事活动，组织锡剧展演、送文化下乡等惠民演出，丰富群众文体生活。发展教育事业，投资 500 万元设立中小学校（幼儿园）基建和设备项目库，提升各学校办学条件。通过省优质幼儿园复审 2 所，漕桥幼儿园获省信息化教学优质课大赛特等奖，潘家小学获评省文明校园和少先队文化建设基地。提升公共医疗服务，雪堰中心卫生院完成医保服务站建设，建成省农村区域性医疗卫生中心两大功能中心；漕桥卫生院与武进人民医院开展专科共建，与区疾控中心成立医防联合体。优化基层治理，全区首个矛盾纠纷调处化解中心建成揭牌，雪堰劳动人事争议调解中心获评市金牌调解组织；成立太湖湾文旅专属网格，充分发挥志愿者队伍作用，实现网格服务零距离。建设雪东村示范性乡村互助养老睦邻点，开创漕桥村（社区）乐享食堂、时间银行、网格配送三级助老服务体系，打造养老志愿服务“15 分钟快速服务圈”。全年开展居家养老服务 3.3 万人次，服务覆盖率超 90%。加强社会保障，新带动就业人数超 2500 人，全镇社保参保单位 2598 家、参保超 2 万人，发放各类救助补助金 1680 万元，在全区率先实现“幸福家园”村社全覆盖。

【雪堰镇入选首批国家农业产业强镇】
2023 年 8 月，农业农村部办公厅、财政部办公厅联合公布首批国家农业产业强镇名单，雪堰镇名列其中。雪堰镇是全国水蜜桃主产地之一，拥有水蜜桃种植面积1333.33公顷，占全区水蜜桃种植面积的65%，农户中有一半以上种植水蜜桃。该镇加强桃园技术管理，桃产量和质量均得到大幅提升，“雪堰”水蜜桃多次参加全国桃评比并获得金奖，谢家水蜜桃基地已成为全国桃标准园、国家省桃技术体系示范园区、常州现代农业产业园区、武进区现代农业科技示范园区。同时，依托特色水果产业，积极探索出一条以“桃”为媒、弘扬“桃”文化、挖掘“桃”经济的农文旅融合发展之路，促进延链强链、产业增效和农民增收。

【雪堰镇获省级及以上专精特新企业认定12家】 2023年，雪堰镇有11家企业获省级及以上专精特新企业认定，其中常州市武进第二法兰锻造有限公司获第五批国家级专精特新“小巨人”企业认定。

常州市武进第二法兰锻造有限公司 位于雪堰镇新康村，成立于1993年，占地面积1.55公顷，建筑面积约1万平方米，专业从事锻件、法兰、金属密封件、塔内件制造、加工、销售，拥有法兰制造设备100多台，具备化学分析、力学性能测试、金相分析、无损检测等检验试验能力，获得特种设备A级和B级制造许可证，通过ISO 9001质量管理体系、GB/T 14001环境管理体系、GB/T 28001安全和职业健康管理体系认证和CE认证、采标认证等。2023年，完成产值2.86亿元。

江苏博隆锦欣环保设备有限公司 位于雪堰镇漕桥工业集中区，成立于2005年，占地面积2公顷，建筑面积1.3万平方米，致力环保设备研发与制造、环保项目投资、机电设备安装及水务设施运营，拥有建筑机电安装工程专业承包贰级资质、生活污水及冶金废水治理甲级证书，2016年再次获高新技术企业认定，钢管在线内外脱脂清洗智能化成套设备获评高新技术产品、江苏省首台（套）重大装备产品。2023年，完成产值5472.8万元。

常州金海防静电地板有限公司 位于雪堰镇雪西村，成立于1992年，占地面积6.5公顷，建筑面积约5万平方米，为中国信息产业部防静电地板推荐企业，通过ISO 9001质量管理体系认证、ISO 14001环境管理体系认证和ISO 45001职业健康安全管理体系认证，主营“雪雁”防静电地板PVC地板获评常州市名牌产品、江苏省名牌产品。拥有自营进出口权，其中50%产品远销美国、日本、中国台湾等国家和地区。2023年，完成产值11257万元。

江苏天兴环保股份有限公司 位于雪堰镇漕桥工业集中区，成立于2003年，占地面积4公顷，建筑面积约3万平方米，专业从事大气污染治理，技术力量雄厚，拥有完整的产品开发、设计和生产管理体系，建有常州市工业污染气体治理工程技术研究中心，充分吸收国内外先进技术，紧密依托国家专业设计研究院、高等院校的人才与技术优势，推进技术进步，完善提升产品性能，获评江苏省专精特新中小企业、高新技术企业称号。2023年，完成产值13222.8万元。

常州市常武欣摄石化配件有限公司 位于雪堰镇曹家村，成立于1991年，占地面积2公顷，建筑面积1.5万平方米，专业生产静密封件、法兰、三通过滤器、视镜、阻火器等管道配件，产品广泛应用于石化、石油、冶金、热电等行业，通过ISO 9001：2008质量管理体系、环境管理体系、特种设备（压力管道）制造许可证A级和TUV、API认证，是中国石油天然气集团公司、中国石油化工股份有限公司、中国海油、中国神华、寰球公司合格供应商。2023年，完成产值12029.6万元。

常州爱克普换热器有限公司 位于雪堰镇工业集中区，成立于2007年，占地面积2公顷，建筑面积1.5万平方米，致力技术创新，发展成为中国“铝制板翅式换热器”技术领先的研制企业，产品广泛应用于发电机组、风力发电、电力电子、工程机械、特种车辆、空气压缩及后处理、液压/润滑系统、数据中心、新能源汽车等领域，使企业成为中国铝合金换热器行业的领导者之一。2023年，完成产值17672.1万元。

江苏万盛铸造有限公司 位于雪堰镇楼村村，成立于1996年，占地面积8.8公顷，建筑面积5.2万平方米，专业从事铸造及机械零部件加工，拥有德林全自动造型浇铸生产线，具有年产铸件1.2万吨的能力。拥有外贸进出口自营权，通过江苏省信用管理贯标企业、ISO 9001：2015质量管理体系、ISO 14001：2015环境管理体系认证，2013年获得全国铸造企业准入公告资格。公司具有较强的产品开发和技术创新能力，获得发明专利7件、实用新型专利11件，拥有江苏省铸态铁素体球墨铸件工程技术研究中心。获得高新技术企业、江苏省信用管理贯标企业、江苏省智能制造示范车间、江苏省民营科技企业、江苏省四星上云企业、江苏省专精特新中小企业等称号。2023年，完成产值28619.2万元。

江苏惠斯通机电科技有限公司 位于雪堰镇工业集中区，成立于2011年，占地面积4公顷，建筑面积约3万平方米，专注于特种控制电机定制生产，集研发、设计、生产、销售、服务于一体，拥有通惠电机、惠斯通集、Wheatstone石油检测仪器3个品牌，产品涵盖机械制造、高铁、石化、新能源动力和智能控制领域，公司成为控制电机系统集成解决方案提供商。2023年，完成产值6947.6万元。

常州锡润机械制造有限公司 位于雪堰镇工业集中区，成立于2005年，占地面积4公顷，建筑面积约3万平方米，集研发、设计、生产、销售和服务于一体，拥有铝质硬罐生产线、铝质软管生产线、新能源汽车电池外壳生产线及复合管/铝管灌包装生产线等机械设备，秉承“精益求精”的精神，不断促进产品优化升级。公司拥有实用新型专利10余件，获评江苏省专精特新中小企业。2023年，完成产值7176万元。

江苏圣贤锻造有限责任公司 位于雪堰镇雪东村，成立于1993年，占地面积8公顷，建筑面积约5万平方米，专业生产垫片、法兰、过滤器、混合器、视镜、软管接头六大系列及管件、管架、气动元件、锻件等，产品广泛应用于石油、化工水电、制药、冶金、化纤、制冷等行业，公司2001年5月通过ISO 9002:1994质量管理体系认证。2023年，完成产值69724.9万元。

江苏恒鑫润翔机电制造有限公司 位于雪堰镇城东村，成立于2004年，占地面积2公顷，建筑面积1.3万平方米，专业生产各种类型制动器，应用于各类大型舞台项目（春晚、亚运会、奥运会）和国际品牌电梯厂商（迅达、奥的斯）等领域，在国内市场占有率处于领先地位，并成为制动器行业的领导者。2023年，完成产值11060.7万元。

江苏武东机械有限公司 位于雪堰镇曹家村，成立于1999年，占地面积6公顷，建筑面积约4万平方米，从事起重机械、减速机、环境保护机械、水利机械等生产，拥有数控双栓、立车、大型龙门式数控铣床及加工中心，数控落地镗铣床、数控重型卧车C61250等数控精加工设备，开展大件加工。2023年，完成产值13856.9万元。

【驰尚智能家具等21个重点工业项目竣工投产】 *驰尚智能家具项目* 由常州市驰尚智能家具有限公司实施，新增用地面积2公顷，新建车间及配套辅助用房3.3万平方米，购置断料机、磨刀机、精密锯等设备178台（套）。于2022年5月开工，2023年4月竣工，总投资1.2亿元，达产后可形成年产中高档套房实木家具5万件的生产能力。

银田高端家居面料项目 由常州市银田纺织有限公司实施，利用自有土地，新建车间9645.4平方米，购置整经机、经编机、剖幅机等设备66台（套）。于2022年10月开工，2023年6月竣工，总投资5800万元，达产后可形成年产家居面料8000吨的生产能力。

新西亚风电发电机箱体、行星架扩建项目 由常州新西亚机械制造有限公司实施，租用厂房1800平方米，购置五面龙门加工中心、卧式镗铣加工中心等5台。于2023年3月开工，4月竣工，总投资3000万元，达产后可新增年产风电发电机箱体300件、行星架200件。

腾怡风电发电机轴承座扩建项目 由常州市腾怡机械有限公司实施，利用原有车间2000平方米，购置数控双柱立车、双柱立式车削加工中心、数控落地铣镗床、定梁龙门数控铣镗床共计6台。于2023年3月开工，4月竣工，总投资3000万元，达产后可年增产风电发电机轴承座1000套。

嘉恒瑞益硅晶体冶炼设备结构件项目 由常州市嘉恒瑞益机械有限公司实施，租赁车间1300平方米，购置定梁龙门加工中心、电动单梁起重机、空气螺杆压缩机共计14台。于2023年3月开工，4月竣工，总投资3500万元，达产后可年产硅晶体冶炼设备结构件500件。

华瑞焊枪技改项目 由常州市华瑞焊割机械有限公司实施，利用自有车间及配套用房5501.48平方米，采购自动走心机、精密数控车床、自动喷嘴生产线、自动走心机等设备66台（套）进行技改。于2023年3月开工，4月竣工，总投资3000万元，达产后可形成年增产焊枪1000万套的生产规模。

金润金属结构件项目 由常州金润铝材有限公司实施，租用车间4500平方米，购置数控折弯机、数控雕刻机、数控冲床等设备52台（套）。于2023年3月开工，4月竣工，总投资3500万元，达产后可年加工金属结构件55万平方米。

武东化工搅拌装置扩建项目 由江苏武东机械有限公司实施，新建自有车间及配套用房1386.4平方米，采购数控龙门加工中心、激光切割、数控卧车、数控焊接机械臂等设备8台。于2023年4月开工，6月竣工，总投资3000万元，达产后可形成年增产化工搅拌装置1000套的生产规模。

诺克机械零部件项目 由常州诺克机械有限公司实施，购买土地2715.4平方米，新建车间及配套用房2379.52平方米，购置数控双柱立车、双柱立式车削加工中心、数控落地铣镗床及车间配套设施行车、电梯等设备7台。于2023年4月开工，6月竣工，总投资3000万元，达产后可用于满足企业机械零部件生产需求。

邦威风电齿轮箱及行星架项目 由常州市邦威机械有限公司实施，利用自有车间及配套用房7300平方米，对2000平方米车间进行智能化改造建设恒温车间，并购置帕马铣镗加工中心、台湾威立龙门加工中心、日本O-M CNC立式车床、海克斯康龙门式三坐标测量机等设备10台。于2023年5月开工，10月竣工，总投资1.06亿元，达产后可形成年产风电齿轮箱1000套、行星架800套的生产规模。

华晨风电设备主轴项目 由常州市华晨风电设备科技有限公司实施，租赁车间及配套用房面积4200平方米，采购数控重型卧式车床4台和量具58把（套）。于2023年5月开工，6月竣工，总投资3000万元，达产后可形成年产风电设备主轴1000件的生产规模。

博凌风电机械传动件项目 由常州市博凌机械有限公司实施，利用自有车间及配套用房面积1000平方米，购置数控插齿机、数控铣齿机等设备5台。于2023年6月开工，7月竣工，总投资3100万元，达产后可形成年增产风电机械传动件1000件的生产规模。

迈崴机械锻压机结构件项目 由迈崴机械科技（常州）有限公司实施，租赁常州市赛诺机械有限公司车间1000平方米，对车间进行恒温车间装修改造，购置三坐标测量机、动柱动梁式龙门铣床、数控龙门加工中心等设备9台。于2023年6月开工，7月竣工，总投资3380万元，达产后可年产锻压机结构件200件。

顺氏源风电机械零部件项目 由常州市顺氏源机械有限公司实施，利用自有车间及配套用房8671平方米，购买数控双柱立式车床、加工中心、电动葫芦双梁起重机等设备9台。于2023年6月开工，8月竣工，总投资3320万元，达产后可形成年产风电机械零部件1500件的生产规模。

宇清重工钻采机结构零部件项目 由常州市宇清重工机械有限公司实施，租赁车间及配套用房面积7330平方米，采购动柱龙门五面加工中心、定梁五面体龙门数控镗铣床等设备4台。于2023年6月开工，7月竣工，总投资3180万元，达产后可形成年增钻采机结构零部件产600件的生产规模。

爱伦机械汽车减速齿轮项目 由常州市爱伦机械有限公司实施，租赁车间及配套用房2040平方米，进行智能生产车间数字化改造，购置数控车床、沃德精机、车加工自动上料系统、新能源汽车驱动部件视觉检测系统等设备44台（套）。于2023年7月开工，9月竣工，总投资5000万元，达产后可年增产汽车减速齿轮40万件。

艾戈丽特锻压机结构件项目 由常州艾戈丽特机械有限公司实施，租赁车间1500平方米，购置定梁式数控龙门镗铣床、数控落地式镗铣床、立式车床共计5台。于2023年7月开工，8月竣工，总投资3200万元，达产后可年产

锻压机结构件200件。

龙马机械风电齿轮项目 由常州市龙马机械厂实施，利用自有车间及配套用房7000平方米，购置数控滚齿机、数控普车、深孔钻等设备16台。于2023年7月开工，8月竣工，总投资3000万元，达产后可年产风电齿轮3000件。

星奕机械风电主轴箱体项目 由常州市星奕机械有限公司实施，租赁常州市海超机械有限公司车间及配套用房1000平方米，智能化改造建设恒温车间，并购置数控龙门加工中心、龙门式坐标测量机等设备3台。于2023年8月开工，9月竣工，总投资3100万元，达产后可年产风电设备主轴箱体500套。

宇友汽轮机结构件项目 由常州市宇友机械有限公司实施，利用自有车间4000平方米，购置龙门移动式数控镗铣床、数控双柱立式车床、数控落地式镗铣床等设备10台。于2023年9月开工，10月竣工，总投资5375万元，达产后可年产汽轮机结构件100套。

锦诚重机核电机械传动箱体项目 由江苏锦诚重机有限公司实施，租赁常州市潘家丰来机械有限公司车间及配套用房1200平方米，购置数控车床、立式车床、卧式车床等设备10台。于2023年11月开工，12月竣工，总投资5500万元，达产后可年产核电机械传动箱体500件。

【雪堰镇新增高新技术企业23家】 2023年，雪堰镇新增23家高新技术企业，累计有高新技术企业64家。

表49 2023年雪堰镇新增高新技术企业基本情况表

企业名称	占地面积（平方米）	建筑面积（平方米）	产值（万元）
常州奥赛林液压气动元件有限公司	2200	2200	1700
常州堡玛升机械科技有限公司	20000	15000	6031
常州飞云能源设备科技有限公司	2100	2200	2181
常州昊天环保设备有限公司	8657	7000	750
常州及物智能科技有限公司	150	150	220
常州凌旷机械有限公司	5000	5000	2348
常州诺丁精密机械制造有限公司	574	960	368
常州十方精密机械有限公司	1500	1500	500
常州市奥翔机械制造有限公司	6000	5000	1380
常州市恩荣液压科技有限公司	5804	4600	1620
常州市海森包装制品有限公司	19980	12000	4366
常州市金兔机械有限公司	14960	10000	4186
常州市乐非机电有限公司	5200	15000	9501
常州市隆金机械有限公司	5300	4000	2413
常州市天磊传动机械有限公司	2051	1890	544
常州市武进海力制辊有限公司	15300	9000	7322
常州市武进天宇液压件有限公司	5000	3500	3559
常州市新涵油缸制造有限公司	18000	7000	3793
常州益智机械有限公司	6667	4500	1900
东洋和光净化材料（江苏）有限公司	400	1200	1200
江苏科晨自动化科技有限公司	1189	1189	414
江苏易之迪液压科技有限公司	15464	12250	2572
旷达汽车饰件系统有限公司	38700	76600	82083

7月4日，“2023太湖湾仲夏堰”音乐啤酒节现场 （供图/雪堰镇）

【深化文旅融合发展】 2023年，雪堰镇以建设环太湖知名旅游目的地为愿景，大力发展文旅新业态，推动文旅深度融合发展。强化文旅资源整合，成立雪堰镇、太湖湾文旅产业链党委，统筹文旅专班和旅游协会。加入环太湖党建共同体，与上海乡伴、常州广电、交通银行等6家单位签订战略伙伴合作协议，实现客源共享、活动共办、项目共建、品牌共创，有效激发行业内生动力。深入实施文旅项目，推进雅浦民宿项目建设，引入国际知名小黄鸭品牌IP，打造三次产业融合标杆。建设新康水稻生态农旅融合基地，发布生态稻米、稻田认养等旅游产品，建设“毗陵堰”直播基地，推动农文商旅联动运营。完成永安行布点43个，投放共享单车450辆。完成黄婆岭观景平台路面美化，打造常州新晋旅游网红打卡点。更新全民健身路径9套，建成开放邀贤山体育公园。太湖湾教育大营地获评全国中小学生研学实践教育基地，露营谷创成省体旅融合发展示范基地。擦亮文旅特色品牌，第六、第七届太湖湾音乐节影响力扩大，吸引乐迷超20万人，网络关注度超40亿次，实现直接营业收入超1.7亿元，带动周边营业收入超5亿元。“太湖湾文旅”企业微信辐射带动粉丝近3万人，“暖心湾”等关键词屡次登上抖音、小红书热榜。做优“悦享四季”品牌，举办端午民俗文化周、“2023太湖湾仲夏堰”音乐啤酒节等万人活动，开展太湖湾千人健康毅行、男子篮球超级联赛、卡丁车邀请赛等体育赛事和锡剧展演、送文化下乡等惠民演出，积极营造文旅融合发展氛围。

（龚　泳）

礼嘉镇

【概况】 礼嘉镇位于武进区东南部，东临洛阳镇，西接武进高新区，南靠锡溧漕河，北依武进中心城区，总面积57.84平方千米，辖行政村14个、社区3个。2023年年末，有常住人口89728人。有葡萄、水蜜桃等名特农产品。获得国家卫生镇、国家级生态镇、全国环境优美镇等称号。

产业发展 发展现代农业，建设大路村、政平村80公顷区级高标准农田，收获小麦、水稻1172万千克，礼嘉镇通过“农业生产全程全面机械化省级示范镇”市级验收。推进工业项目建设，招引重点项目13个，其中新能源相关项目5个，总投资超7.8亿元；新增入库项目16个，累计在库项目31个、入统项目26个，完成投资额11.3亿元；源氢新能源项目试制车间、研发大楼基本竣工，恒创热管理项目主体建成，南都齿轮等18个项目竣工。标杆示范企业创建成果显著，江苏泛亚微透科技股份有限公司等3家企业获评国家级专精特新“小巨人”企业，常州常发制冷科技有限公司等14家企业成为省星级上云企业，常州百佳年代薄膜科技股份有限公司创成省级绿色工厂。推进科技创新，新增高新技术企业20家，累计84家；招引科技型中小微企业4家，获省科技型中小企业认定91家、省“双创计划”（人才创业类）认定1项，江苏常发农业装备股份有限公司获国家级工业设计中心认定。

镇村建设 推进集镇更新，“新集镇城乡融合示范区项目”加快启动，水系调整等六大专项规划基本定型；开展拆迁安置，完成民房腾空超10万平方米、真博苑不动产权证办理391户732套，新辰村宅改等核心配套有序推进。完善基础建设，马坂线、政兴路提档工程建成通车，前时路西延工程持续推进，坂上东桥、政平桥等4座桥梁改造完成，1.5万平方米路面起底养护，15千米污水管道建成投用。完善城乡公共空间，健康主题公园建成开放，蒲岸村大刘寺等3个体育公园通过验收。建设宜居乡村，何墅村获评省级传统村落、省级特色田园乡村，蒲岸村创成省级绿美村庄。加强长效管理，深入开展市容环境、交通秩序、住宅小区等11类专项整治行动，疏堵结合整治“两违”，“城警联动”清理停车乱象，集中消除市容秩序问题，累计改善绿化面积3300平方米，实现秦巷工业园环境提升。涵养乡村韵味，深化人居环境整治，试点推进“三标融合”（文明城市建设、城镇长效综合管理、农村人居环境整治三大测评指标）积分制，因地制宜形成“一村一方案”，华渡村创成省级健康村、市级垃圾分类提标改造行政村。

社会事业 推进教育均衡发展，完成软硬件配套投入超1.6亿元，礼嘉高中宿舍楼一期建成投用、二期主体封顶，区机关幼儿园政平分园新建工程通过主

表50 2023年礼嘉镇主要经济社会指标完成情况表

指　标	单　位	数　值	比2022年（±%）
地区生产总值	亿　元	128.67	5.50
公共财政预算收入	万　元	45442	72.54
农业总产值	亿　元	4.32	3.80
粮食总产量	万千克	1205	1.47
工业销售收入	亿　元	282.98	−4.89
实际利用外资及港澳台资	万美元	1000	−7.29
自营出口额	万　元	—	—
第三产业增加值	亿　元	40.94	4.30
居民人均可支配收入	元	61050	5.30

表51 2023年礼嘉镇各村（社区）基本情况表

村（社区）名	户　数（户）	户籍人口（人）	党组织书记	村委（社区居委会）主任	集体经济收入（万元）
新辰村	986	3614	黄文杰	黄文杰	280.26
秦巷村	873	3102	杨　勇	杨　勇	362.85
礼嘉村	805	2845	李　强	李　强	199.53
建东村	1180	3896	沈锡忠	沈锡忠	263.98
陆庄村	812	2779	史仕兴（至2月） 史新杰（8月任）	史仕兴（至9月） 史新杰（9月任）	240.09
毛家村	1050	3302	陈文波	陈文波	210.33
何墅村	853	3005	何文超	何文超	93.51
蒲岸村	959	3540	殷静波	殷静波	273.81
武阳村	1105	4085	吴振宇	吴振宇	280.64
坂上村（社区）	860	2332	李建一	李建一	214.58
大路村	1331	4120	李晓峰	李晓峰	211.87
庞家街村	938	3046	庞新良	庞新良	160.07
华渡村	1166	3665	徐　斌	徐　斌	179.09
政平村（社区）	1125	4035	赵　磊	赵　磊	251.04
礼嘉社区	393	830	周伟良	周伟良	—

礼嘉镇风貌　　（供图/区融媒体中心　摄于2023年1月）

体验收，礼嘉高中“省四星”创建通过现场评估，礼嘉镇成为全市唯一“新优质小学”全覆盖乡镇。加强文化建设，礼嘉戏楼修缮工程通过省级验收，孙濂抗倭事迹展示馆创成第十批市级爱国主义教育基地。丰富群众文化生活，举办首届常州嬉乐湾生态旅游节、葡萄文化节、礼嘉庙会、坂上庙会等活动，开展“文明新风尚、同心大舞台”等文体活动百余场，表彰“文明家庭”“最美家庭”“五好家庭”38户。实施医疗服务提档升级，坂上医院晋升为全市首个二级眼科基层医疗机构，村级医保公共服务平台全面覆盖，毛家村供销合作社创成市级生育关怀帮扶示范基地。强化民生基础保障，建成投运镇住房公积金工作站，完成镇村退役军人服务站提档升级，全年新增城镇就业735人，实现社保、公积金扩面821人。优化养老供给，完成家庭适老化改造33户，何墅村创成全国示范性老年友好型社区，政平村获评省级老年友好型社区。发展光彩事业，新增百万光彩基金3只，共募集资金450万元。镇慈善分会完成换届，实现“幸福家园”村社互助项目全覆盖，陆庄村入选全市唯一省“致富乡村”建设试点村。深入开展特殊困难群体救助帮扶行动，发放各类生活、救助补贴超1100万元。

【礼嘉镇获评省级农村经济组织2个】 2023年7月，礼嘉绿诚家庭农场、科丰葡萄专业合作社分别被省农业农村厅评为江苏省“头雁”家庭农场、江苏省“头雁”示范社。

礼嘉绿诚家庭农场　位于礼嘉镇秦巷村，建于1995年，总面积8.67公顷，水果种植面积6.67公顷，其中设施葡萄种植面积5.33公顷、设施柑橘种植面积1.33公顷、粮食作物种植面积1公顷，主要从事葡萄、柑橘、西甜瓜等水果种植。葡萄有阳光玫瑰、魏可、极高、白罗莎里奥等品种，阳光玫瑰葡萄2020年、2021年分获江苏省第二届优质葡萄评鉴活动金奖、江苏省优质葡萄品鉴推介活动特等奖；柑橘2020年获首届江苏省“红美人”评比金奖。2023年，完成水果产值350万元。

科丰葡萄专业合作社　位于礼嘉镇秦巷村，成立于2009年，有专业技术骨干人员10多名，设立技术服务示范基地2个，主要负责葡萄种植、销售和新技术、新品种引进，开展与生产经营有关的技术培训、技术交流和信息咨询服务等业务。与南京农业大学、南京师范大学、兰州理工大学、上海交通大学等高等院校建立合作关系，开展产学研合作，不断提高技术推广与服务能力。该合作社于2018年获国家农民合作社示范社认定，2023年获得江苏省最美绿色优质农产品（葡萄）企业奖。科丰牌阳光玫瑰、夏黑、魏可葡萄在“神园杯”“中山杯”优质果品评比和全国优质葡萄评比中获得金奖，“科丰”商标于2011年获评常州市知名商标、2020年入选江苏农业品牌目录。

【红光无线电智能超快充等18个重点项目竣工】 红光无线电智能超快充项目　由常州市武进红光无线电有限公司实施，用地面积1.13公顷，建设厂房、研发中心等建筑面积3万平方米，新增高速贴片机、锡膏印刷机等主要设备。于2023年2月开工，11月竣工，投资8000万元，投产后可形成年产智能充电机、储能电源等产品1000余万台的生产能力。

玖摩科技电动自行车项目　由江苏玖摩科技有限公司实施，用地面积1.33公顷，新建车间3.2万平方米，购置流水线、空压机、空气冷冻干燥机、自动轮胎安装机、自动轮胎充气机、吹气式自动螺丝锁紧机等设备321台（套）。于2022年2月开工，2023年3月竣工，投资1亿元，达产后可形成年产电动自行车15万台的生产能力。

冠日新材料精密机械部件及研磨工具项目　由江苏冠日新材料科技有限公司实施，用地面积1.33公顷，新建厂房和辅助用房约3万平方米，购置SMT、回流焊、自动叶片成型机、自动复合机及全自动标贴机等81台（套）。于2022年4月开工，2023年4月竣工，投资1亿元，达产后可形成年产智能化照明系统精密机械部件20万套及研磨工具5000万套的生产能力。

融和电子通信器材连接器、高精密金属配件项目　由常州融和电子有限公司实施，利用现有厂房8352平方米，购置数控车床、走心机床等259台。于2023年2月开工，4月竣工，投资4000万元，达产后可形成年产5G通信连接器1000万套、汽车领域高精密金属件配件600万套的生产能力。

昊润交互触控一体机项目　由江苏昊润电子科技有限公司实施，用地面积1.37公顷，新建车间、办公楼及辅助配套设施1万平方米，购置自动化装配线、背板线、贴膜机、压泡机等设备114台（套）。于2022年5月开工，2023年4月竣工，投资1亿元，达产后可形成年产交互触控一体机3万台的生产能力。

恒源园林园艺用品研发制造项目　由江苏恒源园艺用品有限公司实施，利用自有土地，新建生产车间及辅助用房31850平方米，购置切管机、全自动切管机、拌料机、冷却塔、高频焊管包塑生产线、卧式注塑机、C型注塑机、剥皮打头机等设备91台（套）。于2022年5月开工，2023年4月竣工，投资7000

万元，达产后可形成年产园林园艺用品8000万根的生产能力。

创仕澜数据电缆及组件项目　位于礼嘉镇礼坂路28-8号，由江苏创仕澜传输科技有限公司实施，租赁江苏泛亚微透科技股份有限公司厂房，购置FEP精密热缩管挤出机组、卧式四头绕包机组、挤出机、绕包机、成缆机、纺织机、网络分析仪、注塑机等设备117台（套）。于2023年3月开工，5月竣工，投资5000万元，达产后可形成年产数据电缆1500千米、便携式智能管控箱1万套、热缩管1000千米、电缆组件7000套的生产能力。

丝波敦丝蛋白生物原材料研发生产项目　由常州丝波敦生物科技有限公司实施，租赁厂房2240平方米，购置超声波清洗机、真空冷冻干燥机、灭菌器等设备81台（套）。于2023年3月开工，5月竣工，投资3000万元，达产后形成年产丝蛋白生物活性材料1吨的生产能力。

溢澜新能源汽车机械零部件制造项目　由常州溢澜新材料科技有限公司实施，利用自有土地1.27公顷，建设厂房2.6万平方米，新增加工中心、数控车床、检测仪器等主要设备36台（套）。于2023年2月开工，7月竣工，投资1亿元，达产后可形成年产新能源汽车自动变速箱机械零部件15万套的生产能力。

润福塑料包装膜扩建项目　由常州润福酒店用品有限公司实施，利用原有厂房，新购置PVC流延线、破碎机、切边机、分卷机、打标机等28台（套）设备，与原有项目16台设备配套。于2023年5月开工，7月竣工，投资3200万元，达产后可形成年产塑料包装膜1.2万吨的生产规模。

恒创新能源汽车空调系统配件项目　由常州恒创热管理有限公司实施，利用现有厂房，购置冲床、翅片机、半自动组芯机、钎焊炉、氩弧焊机等设备50台（套）。于2023年3月开工，8月竣工，投资3600万元，达产后可形成年产新能源汽车用换热器200万套及前端冷却模块100万套的生产能力。

南都齿轮扩建项目　由常州南都齿轮有限公司实施，租用厂房，新购置高速立式加工中心、数控铣齿机、数控高速滚齿机、LB-540Z4数控龙门加工中心、LP-5033YZ龙门型加工中心等设备27台（套），与原有79台设备配套。于2023年3月开工，8月竣工，投资1亿元，达产后可形成年产齿轮6万件的生产能力。

万斯特新能源汽车配件项目　由常州市万斯特环保科技有限公司实施，租赁厂房2400平方米，购置加工中心、抛丸机等设备45台（套）。于2023年6月开工，9月竣工，投资3250万元，达产后可形成年产新能源汽车配件1500吨的生产能力。

达克锈新能源汽车用紧固件项目　由常州市达克锈涂覆有限公司实施，租用厂房1500平方米，购置加热炉、抛丸机、全自动涂覆机、数控转塔冲床、冲压成型机等生产及辅助设备28台（套）。于2023年6月开工，10月竣工，投资3200万元，达产后可形成年产新能源汽车用紧固件600吨的生产能力。

百佳年代研发中心项目　由常州百佳年代薄膜科技股份有限公司实施，装修改造研发办公及实验区3700平方米，购置双螺杆造粒机、反应挤出试验线等研发设备14台（套），傅里叶红外（光谱仪）、凝胶渗透色谱仪等研发测试设备35台（套），以及PLM研发管理系统1套。于2023年4月开工，10月竣工，投资6100万元，达产后可用于研发双面电池用封装胶膜、触摸屏用热熔光学胶膜、异质结电池用封装胶膜等产品。

双盛异形锻件坯项目　由常州双盛精密锻造有限公司实施，利用自有厂房，购置数控下压式液压机、高速圆锯机、双盘摩擦压力机、机械手、加工中心等设备25台（套）。于2023年8月开工，10月竣工，投资3000万元，达产后可形成年产异形锻件坯6000吨的生产能力。

腾驰ERG管路项目　位于礼嘉镇桂阳路3号，由江苏腾驰科技有限公司实施，利用自有厂房，新购置自动弯管机、智能激光焊、检验设备21台。于2023年8月开工，10月竣工，投资3000万元，达产后可形成年产H4J15 ERG管路100万套的生产能力。

常发大马力发动机及全动力自动换挡系统　由江苏常发农业装备股份有限公司实施，利用现有厂房，购置大马力加载磨合台、轮胎拧紧机、制动器壳体自动线、变速箱壳体自动线等设备383台（套），与原有产线和设备相配套。于2021年11月开工，2023年11月竣工，投资4亿元，达产后可形成年产300马力发动机、全自动动力换挡传动系统500台（套）的生产能力。

【礼嘉镇新增投资超亿元入库项目4个】

艾迈斯电子智能装备专用连接器项目　由常州市艾迈斯电子有限公司实施，新增用地面积3.4公顷，新建车间及配套辅助用房6.67万平方米，购置注塑机、高速冲床、机械手、全自动焊锡机器人等设备453台(套)。于2023年8月开工，达产后可形成年产智能装备专用连接器4亿个的生产能力。该项目分为2期：一期新建车间及配套辅助用房58062平方米，投资2.3亿元；二期新建车间及配套辅助用房8611平方米，投资1.76亿元。

迈卡威新能源汽车机械零部件、锻件、减速机项目　由常州市迈卡威机械制造有限公司实施，用地面积2.45公顷，新建生产车间27926平方米，购置加工中心、数控车床、摩擦压力机、液压机等主要设备162台。于2023年6月开工，投资3亿元，达产后可形成年产新能源汽车机械零部件180万根、锻件3万吨、减速机2万台的生产能力。

南都齿轮扩建项目　内容参见“镇·街道”类目p246相关条目。

【礼嘉镇新增省级专精特新中小企业7家】　2023年，礼嘉镇有7家企业获省级专精特新中小企业认定。

江苏友奥电器有限公司　位于礼嘉镇礼嘉村，成立于2005年，致力移动空调、除湿机等改善环境电器产品研发、生产和销售，先后与韩国三星、开利及美国GE等世界品牌企业合作。注重技术创新，创建省级研发平台江苏省绿色环境电器工程技术研究中心和江苏省工业设计中心。获得信息化与工业化融合试点企业、AEO认证企业和中国驰名商标、重点培育和发展的国际知名品牌等荣誉。2023年，完成产值12.70亿元。

江苏常力电器有限公司　位于礼嘉镇秦巷村，成立于2000年，专业从事中央空调、商用空调、车用空调、轨道列车空调、船用空调、特种空调、家用空调及冰箱、热水器管路件生产，拥有雄厚的技术力量、先进的生产设备，并具有完整的检测设备，通过 ISO 9001:2015 质量管理体系、ISO 14001:2015 环境管理体系、GB/T 28001—2011 职业健康安全管理体系及安全生产标准化认证。2023 年，完成产值 1.99 亿元。

常州洛克曼医疗器械有限公司　位于礼嘉镇礼嘉村，成立于 2008 年，专业从事一次性使用微创器械系列、缝合器械系列、内窥镜附配件系列、吻合器系列、口腔器械、美容养生、家用医用器械，康复器械系列、介入类、植入类、普外及相关医疗器械产品的设计、开发、制造、销售，拥有技术研发、生产经营管理团队，配备先进的加工设备、检测设备，建有标准化生产车间 7500 多平方米、GMP 标准净化车间 1700 多平方米，获得国家高新技术企业、缝合材料常州市工程技术研究中心认定，拥有发明和实用专利 50 多件，取得德国专利技术许可、国家 GMP 证书、欧盟 CE 认证、美国 FDA 注册。2023 年，完成产值 5609.91 万元。

常州南鹏机械有限公司　位于礼嘉镇秦巷村，成立于 2013 年，专业从事精密行星减速器生产，通过 ISO 9001:2015 质量管理体系认证、ISO 14001:2015 环境管理体系认证，产品应用于激光切割、机床多轴设备、模切、新能源锂电、手机设备、LED 产线等行业，主要服务于京东方、比亚迪、大族激光、海目星科技、南兴装备、快克等客户。注重技术创新，在日本京都成立研发部门，拥有有效授权专利 20 件，其中实用专利 17 件、发明专利 3 件。2023 年，完成产值 5512.63 万元。

常州市盛辉药业有限公司　位于礼嘉镇新辰村，创建于 1990 年 10 月，专业从事外用橡胶膏剂类产品生产，建有 GMP 洁净区 900 平方米、防爆区 600 平方米、化验室 480 平方米、微生物检验室 50 平方米，拥有通过 GMP 认证的橡胶膏剂生产线 1 条、橡胶膏剂药品批文 5 个，获得江苏省民营科技企业、常州市工程技术研究中心等称号。2023 年，完成产值 5310.2 万元。

江苏华凌机电科技有限公司　位于礼嘉镇政平村，成立于 2006 年，专业从事各类户外烧烤炉、取暖器、网络机柜、终端机箱、车辆部件等钣金类产品的设计和制造，建有现代化标准厂房 9 幢，建筑面积 6.5 万平方米，在产品核心工艺方面获得授权发明专利 2 件、实用新型专利 19 件，产品销往美国、加拿大、英国、以色列等国家和地区，成为世界众多知名大型连锁超市的优秀供应商和战略合作伙伴。2023 年，完成产值 2.02 亿元。

江苏丰顺新材料科技有限公司　位于礼嘉镇华渡村，成立于 2002 年，专业从事新型节能环保装饰材料（蜂窝板、烤瓷板、铝单板等）、新型装配式建筑（活动房等）、轨道交通工具内装、钢质门系列等产品的研发和生产，建有江苏省企业技术中心、江苏省工业设计中心、常州轨道交通用轻质多功能材料工程技术研究中心，产品应用于机场、地铁、体育场馆、会展中心、医院等公共空间和轨道交通工具内装等领域，新型装饰材料市场覆盖面和占有率在国内同行业中位居前列。公司获得江苏省高新技术企业、江苏省十佳品牌优秀科技企业、全国“重合同守信用”企业等称号。2023 年，完成产值 2.61 亿元。

常州恒创热管理系统股份有限公司　位于礼嘉镇建东村，成立于 2019 年 4 月，是一家专业从事冷冻冷藏热管理系统、新能源汽车热管理系统、电化学储能热管理系统研发、生产和销售的高新技术企业。以热管理集成服务商为战略定位，建有江苏省企业技术中心、江苏省新能源汽车热管理系统工程技术研究中心、常州市工业设计中心，被纳入江苏省“1650”产业体系“节能环保”集群和“先进节能环保装备”重点产业链的优势企业、常州市“1028”产业体系“新能源汽车及汽车零部件”集群和重点产业链，获得第二十二届中国专利优秀奖和江苏省三星上云企业、江苏省民营科技企业等奖项及称号。2023 年，完成产值 13.38 亿元。

【礼嘉镇新增高新技术企业 20 家】　2023 年，礼嘉镇有 20 家企业被全国高新技术企业认定管理工作领导小组办公室认定为高新技术企业。

2023 年礼嘉镇新增高新技术企业基本情况表

表 52

企业名称	占地面积（平方米）	建筑面积（平方米）	产值（万元）
常州市武进辰光电器制造有限公司	6600	15000	727
常州市海润机电有限公司	20000	20000	25300
江苏戴纳米克机械科技有限公司	30000	15000	2800
常州戴格机械制造有限公司	3000	4700	1805
江苏绿叶环保科技仪器有限公司	5600	4600	9000
蒂普玛（常州）精密机械有限公司	2000	1500	1100
常州飞泰机械有限公司	2978	2100	766
常州长江医疗设备有限公司	4000	4000	1200
常州市迈卡威机械制造有限公司	24521	17953	7000
常州新泽铭德电子有限公司	1500	1500	700
常州浩焱机械有限公司	1000	800	2000
常州双盛精密锻造有限公司	26000	20000	3344
常州精浆可餐环保股份有限公司	2400	2400	700
常州市邦屹塑料包装有限公司	1800	1800	420
江苏联松自动化科技有限公司	5000	6000	2600
常州市八欧轴承有限公司	1000	2200	1200
江苏达拉斯机电有限公司	2000	3000	1900
常州市晋宇浩正机械有限公司	3000	2700	668
常州拓顿精密机械有限公司	8893	10000	2770
常州市阅诺新材料有限公司	5500	11500	375

【常发农装获得省级及以上荣誉 5 项】 2023 年，江苏常发农业装备股份有限公司（简称常发农装）成功申报国家级工业设计中心、江苏省工程研究中心，入选首批参加“千企百城”商标品牌价值提升行动企业名单，获得中国外观设计优秀奖企业称号，通过工业和信息化部两化融合管理体系贯标评定。该公司成立于 2003 年 9 月，专注于国务院发布的十大重点产业中的“农机装备”领域，是集研发、测试、生产、销售、融资租赁服务于一体的国家高新技术企业、国家知识产权示范企业，江苏省“1650”产业体系中“高端装备”集群和“农机装备”产业链中的骨干企业，常州市“1028”产业体系中“高端装备”集群和“农业机械”产业链中的链主企业，产品涵盖农用柴油机、传动系统、智能控制系统等关键核心零部件和拖拉机、收获机械等整机装备。建有国家认定企业技术中心、国家级工业设计中心、省农业装备工程技术研究中心、省全自动动力换挡重型智能拖拉机工程研究中心等研发创新平台，与江苏大学、扬州大学、中国农业大学等高校建立长期合作关系。2023 年，拥有在职人员 1313 人，其中研发人员 237 人；拥有有效专利 306 件，其中发明专利 29 件、软件著作权 11 件，制定国家、行业标准 33 项，拥有国内外注册商标 192 件。获得中国优秀工业设计奖入围奖、第二十二届中国专利优秀奖、第二十四届中国外观设计优秀奖、省服务型制造示范企业、省创新型领军企业等荣誉。主导产品“220 ~ 240 马力段拖拉机”被中国农业机械工业协会评定为 2021—2023 年全国第一位。2023 年，公司实现销售收入 29.36 亿元、利润总额 2.17 亿元，研发投入 1.53 亿元。

【百佳年代获得省级及以上荣誉 3 项】 2023 年，常州百佳年代薄膜科技股份有限公司（简称百佳年代）通过工业和信息化部两化融合管理体系贯标评定，获评江苏省绿色工厂、江苏省四星级上云企业。该公司成立于 2007 年，是专注于功能薄膜材料研发、生产、销售和服务的国家高新技术企业，设有常州、盐城、滁州、咸阳、越南五大生产基地，主营产品包括光伏胶膜、BOPET 薄膜、PC 薄膜等，广泛应用于光伏、储能、锂电、家居装饰等领域。被工业和信息化部认定为第二批专精特新“小巨人”企业，被省科技厅认定为江苏省柔性显示与照明新材料工程技术研究中心。到 2022 年年末，获授权发明专利 43 件、实用新型专利 147 件。2023 年，公司完成产值 15.39 亿元，实现利润总额 1534.4 万元。

【礼嘉戏楼修缮工程通过省级验收】 2023 年 12 月，礼嘉戏楼修缮工程通过省级验收。该戏楼又名“五云楼”，坐落在礼嘉中学校园内，始建于清嘉庆四年(1799 年)，清咸丰年间毁于兵火，后又修复，是常州武进地区保存完好、风格独特、考古价值较高的戏楼之一。1995 年，武进县政府和礼嘉镇政府共筹集资金 12 万元，按原貌修缮。2006 年 6 月。礼嘉戏楼被列入江苏省文物保护单位。2022 年下半年，省文物局拨款国家文物保护专项资金 53 万元，开启礼嘉戏楼修缮工程。到 2023 年 12 月，整修一新的戏楼通阔 10 米、进深 5.7 米，面积 57 平方米，由上、下两层组成，两侧分出入口，谓之“出将入相”或“出凤入雅”。戏楼四角凌翅，飞檐均悬风铃。戏楼四周松柏挺立，环境幽静。

【礼嘉镇新增省级荣誉村庄 5 个】 2023 年 7 月，礼嘉镇何墅村被省住房和城乡建设厅评为江苏省特色田园乡村。该村依托优越的近郊区位及丰富的农业产业基础，围绕村庄规划与空间改造、产业振兴、生态恢复、文化复兴等方面，以前库、后库、西巷头 3 个自然村为基础向周边建设，实施村庄形象提升、基础配套建设、水利环境整治、房前屋后空间利用等项目，形成五桥八景、百年榉树、百年何宅等景观，成为何墅村特色田园深厚的历史底蕴和文化特色。

12 月，华渡村被江苏省爱国卫生运动委员会评为省级健康村。该村位于礼嘉镇东南部，总面积 5.4 平方千米，有村民小组 46 个、农户 1149 户，常住居民 3850 多人。按照省级健康村创建标准，建立长效管理机制，开展卫生环境整治，实施河道清淤及生态护坡工程、富庄里幸福河道工程，做到生活垃圾日产日清，全面改善村民居住环境和生活质量。

12 月，蒲岸村大蒲岸自然村被江苏省林业局评为省级绿美村庄。该自然村位于礼嘉镇蒲岸村北面，距离镇区 5 千米，总面积 8.5 公顷，有农户 240 户、人口 806 人。按照省级绿美村庄建设要求，对河道和村庄环境整体绿化提档改造，种植乔、灌、草、花等体现农家乡土风情的植物，村庄、公共绿地绿化面积分别达 5.33 公顷、面积 3.33 公顷，绿化覆盖率超 45%。

12 月，政平村被江苏省老龄工作委员会评为省级老年友好型社区。该村位于礼嘉镇南翼，总面积 5.37 平方千米，有村民小组 33 个，常住人口 6000 余人，其中 60 周岁及以上老年人 1410 人、80 周岁及以上老年人 173 人。坚持党建引领，围绕提升老年人生活质量和幸福指数，于 2021 年建立百万光彩基金用于民生工程，建有老年活动中心，设有乒乓球室、图书室、舞蹈室、老干部活动室等功能设施，配备医保自助服务机，深化新时代文明实践活动，使广大老年村民切身感受到生活便捷舒适、服务无处不在、幸福就在身边。

12 月 23 日，陆庄村在致公党江苏省委会“致福工程”二十周年再出发工作大会上获省级“致福乡村”建设试点村授牌。该村位于礼嘉镇东南部，总面积 3.23 平方千米，有村民小组 25 个，常住人口 4800 人。陆庄村围绕“勠力同心”的陆庄干群精神，切合“我为群众办实事”大主题，打造红盟议事平台，融合各条线力量优化基层治理。乡村振兴取得显著成效。通过此次合作共建为契机，依托陆庄现有优势、聚焦现存问题，汇聚更多优质人才资源、建强实践基地载体，让陆庄成为首发试点、逐步向全域推开。

【何墅村入选“全国乡村治理示范村”】 2023 年 11 月，何墅村被农业农村部列入“全国乡村治理示范村”名单。该村位于礼嘉镇东北角，总面积 3.8 平方千米，有村民小组 33 个，常住人口 4100 人。坚持以“幸福墅”党建品牌为引领，加强基层党建，完善法治建设，提升村民自治，以“围绕与民共建、与民共治、与民共享三个方向”，以“建好自建区别墅、保护百年榉树、提高何墅村民幸福指数”“3 共 +3 树”的工作核心为保障，打造美丽幸福何墅村。“幸福墅”深化党建。擦亮“幸福墅”党建品牌，着力打造“红色乡圈”党建，坚持“法理相融、多元共治”核心理念，以“红色领航、红色管理、红色服务”，探索党建引领下的乡村治理。打造“1+1+N”的党建阵地格局，以点带面形成党建辐射圈，依托与区人社局、中国电信等单位的红盟共建，引进各类资源。“和乐家”凝聚共识。打造“和乐家”基层治理品牌，以建设平安和谐法治社会为目标，通过积极探索创新举措，实现共建共治共享理念。布置平安法治“室外课堂”，开展多样化的平安法治建设活动，聚焦老百姓急难愁盼问题，运用援法议事助力省级特色田园乡村建设、进行巾帼法律明白人培训、警网融合推进反诈宣传等。“常阿姐”议出气象。依托百年老宅民生茶社，实施全区首个“常阿姐”民社茶社项目，成功入选江苏省第一届妇女议事优秀案例展播，定期开展“议事女能手”评选、“常阿姐、她议事”宣传等活动。围绕妇女群众急事难事进行一事一议，排忧解难。何墅村发挥村民自治、民主决策的优势，创新“自建区理事会”“公开择位竞价”“有偿使用和有偿退出机制”等七大工作机制，打造省、市、区级多个第一或唯一。

（谈海燕）

前黄镇

【概况】 前黄镇位于武进区南部，东临太湖，西濒滆湖，南与宜兴市和桥镇接壤，北依武进高新区，总面积103.59平方千米，辖行政村20个、社区4个。2023年年末，常住人口73958人。境内有新长铁路货运站点，沪宁高速苏锡常南部通道、常宜高速，常武路、南环线、湖滨公路等区域交通干道，以及太滆运河、武宜运河、锡溧漕运河等水运等级河道。素有“鱼米之乡”之称，“前黄”优质大米、“碧水”青虾、寨桥“老鹅”等品牌农产品远近闻名。获得国家级生态镇、江苏省外向型农业生产基地、无公害蔬菜生产基地和江苏省教育名镇、江苏省文明乡镇等称号。

产业发展 全面完成滨湖现代农业产业园（一期）项目建设，漳湟村66.67公顷高标准农田主体施工完成，水稻研究所14个水稻新品种通过省级以上审定，全镇增加耕地面积53.33公顷，收获小麦超400万千克、水稻1420万千克。全镇有规模以上工业企业146家，

表53 2023年前黄镇主要经济社会指标完成情况表

指　　标	单　位	数　值	比2022年（±%）
地区生产总值	亿　元	121.1	5.20
公共预算收入	万　元	39359.47	47.54
农业总产值	亿　元	14.22	4.30
粮食总产量	万千克	1724.2	0.52
工业销售收入	亿　元	193.77	4.42
实际利用外资和港澳台资	万美元	1010	0.60
自营出口额	万美元	—	—
第三产业增加值	亿　元	52.6	4.90
居民人均可支配收入	元	59788	5.30

表54 2023年前黄镇各村（社区）基本情况表

村（社区）名	户数（户）	户籍人口（人）	党组织书记	村委（社区居委会）主任	集体经济收入（万元）
运村村 运村社区	785	2415	史春杰 王有玉	史春杰 王有玉	343.86
农场村	878	2714	胥建定	胥建定	200.30
祝庄村	846	2870	蒋晓飞	蒋晓飞（1—2月临时召集人）	217.34
谭庄村	932	2834	胥国华	胥国华	220.57
杨桥村	1649	5018	朱志刚	朱志刚	295.18
大成村	997	3665	蒋　旭	蒋　旭	225.70
丁舍村	1492	4546	吴绍成	吴绍成（1—2月临时召集人）	253.89
前黄村 前黄社区	821	2821	王　强 杨春凤	王　强 杨春凤	367.16
红旗村	916	2756	陈新元	陈新元	211.57
前进村	805	2455	徐志成	徐志成	288.07
漳湟村	868	3119	鲍建中	鲍建中	208.87
坊东村	1184	3372	柏丽明	柏丽明	337.02
联庆村	1173	4148	张立成	张立成	264.76
灵台村	1752	5177	蒋瑞贤（1—9月副书记）	蒋瑞贤（1—12月临时召集人）	315.90
寨桥村 寨桥社区	902	2745	吴明亚	吴明亚 史雪莲	482.03
观阻村	965	3219	陈　刚	陈　刚	295.65
高梅村	912	2728	杨国兴（1—9月） 柴飞鹏（10—12月副书记主持工作）	杨国兴（1—9月） 柴飞鹏（10—12月临时召集人）	267.21
坊前村	986	2958	许林波	许林波（1—2月临时召集人）	249.19
红星村 红星社区	740	2402	堵小南	堵小南 吴　波	270.80
蒋排村	722	3013	沈南洋（1月副书记）	沈南洋（1—5月临时召集人）	388.93

全年完成产值161亿元。新增汽车零部件企业12家，完成产值95亿元，增长30%以上。建设重大项目，成功引进瑞米克重型矿山设备等重点项目22个，18个重点项目开工建设，九天封装模块、开普顿新能源汽车零部件等20个项目竣工投运，完成投资11.5亿元，完成年度目标任务的142%。新增申鸿智能轮胎、合嘉换热设备、鑫和泰缸体技改等18个区重点项目入库列统，完成年度目标任务的112.5%。推进科技创新，获高新技术企业认定32家，有效期内高新技术企业累计71家；常州九天新能源科技股份有限公司（简称九天科技）获国家级专精特新“小巨人”企业、省级潜在独角兽企业认定，常州艾博格电器有限公司（简称艾博格电器）等12家企业获省、市专精特新中小企业认定，常州市武进亚太机电配件有限公司等3家企业获省、市企业技术中心认定；7家企业与南京工业大学、常州工学院等高校开展产学研对接，成功申报各类人才项目8项。壮大现代服务业，举办杨桥庙会、第六届桑葚采摘节、端午集市、供销周末夜市等活动，全年完成限上批零住餐销售额28亿元，增长35%。

镇村建设 优化道路交通，前黄西路建成通车，凤栖路开工建设，完成前杨线提档升级、文雅路人行道板新建和11座农村危桥改造修缮等工程。推进住房建设，祥运佳苑二期、文雅苑三期11幢房屋及配套设施交付使用，景德新苑14幢房屋主体封顶，丁舍、运村、寨桥自建区房建竣工116户。开展农村宅基地两项试点，完成丁舍、运村自建区民房集中申请线上审批39户。保护生态环境，强化水域治理，启动新一轮太湖综合治理，完成滨湖现代农业产业园、联丰圩等池塘标准化改造800余公顷和杨家圩池塘清退46公顷，以及入河（湖）排污口整治76个，规范化整治涉磷涉氟企业101家；推进洮滆片区水环境综合整治工程，完成14个行政村、76个自然村老旧污水设施改造；开展支流支浜消劣专项整治，完成前黄浜等支浜消劣12条、小微水体整治7个，丁舍村创成区级小微水体示范村，杨桥村石牌浜通过区级幸福河湖验收。推进镇村长效管理，对照文明典范城市创建要求，开展停车秩序、占道经营、市容保洁等六大专项整治行动，加强人居环境整治，增设垃圾分类设施13处。

社会事业 发展教育事业，前黄中心幼儿园与武进区机关幼儿园集团合作办学，寨桥初级、前黄中心小学通过区素质教育督导评估，前黄高级中学通过省高品质示范高中验收。提升卫生健康服务，武进第五人民医院创成市级老年医院，建成居民健康体检与管理中心、消化内镜诊疗中心。丰富群众文体生活，围绕新时代文明实践、幸福文体工程主题，开展“阳湖学习达人挑战赛”、全民阅读、学雷锋志愿服务等活动，“我们的节日”“社会主义核心价值观宣传”等主题活动，组织送戏下乡24场次。加强民生保障，落实惠企稳岗政策，扶持自主创业452人，新增就业2264人、公积金扩面600人；为失地农民办理农转用116人、国有征地227人；精准落实各项帮扶纾困惠民政策，发放低保、残疾人补贴、尊老金等资金1610余万元。做好退役军人事务工作，发放退役军人优抚资金810万元。完善分级养老服务体系，完成寨桥暖馨养老公寓提档升级、困难老年人家庭适老化改造50户，建成投用前进村互助养老睦邻点，为2758名老人提供居家养老上门服务。

【武智工研荟等项目开（竣）工】 *武智工研荟项目* 由常州武智前研荟建设发展有限公司实施，用地面积3.35公顷，新建车间及配套辅助用房6.45万平方米。于2022年9月开工，2023年12月竣工，总投资2.4亿元。

九天封装模块项目 由常州九天新能源科技有限公司实施，利用自有厂房3000平方米，并改造成超净车间，购置装片机、键合机、铜跳线机等设备71台（套），与原有设备配套。于2022年6月开工，2023年3月竣工，总投资1亿元，投产后可年产封装模块3亿颗。

品优装饰PVC彩膜项目 由常州东合品优装饰材料有限公司实施，租用厂房及辅助设施6000平方米，购置组合式凹版印刷机、复检机等设备14台（套）。于2022年8月开工，2023年4月竣工，总投资8000万元，投产后可年产PVC彩膜6000万平方米。

开普顿新能源汽车零部件项目 由常州市开普顿精密机械有限公司实施，利用自有厂房，购置注塑机、烘干搅拌机等生产设备80台（套）。于2022年9月开工，2023年4月竣工，总投资6500万元，投产后可年产汽车塑料零部件60万件及新能源电池托盘40万套。

亮晶智能医疗床项目 由常州市亮晶钢化玻璃有限公司实施，利用现有土地，新建车间1.1万平方米，购置智能全自动激光切管机、激光割板机、数控自动折弯机等设备30台（套）。于2022年12月开工，2023年11月竣工，总投资6000万元，投产后可年产智能医疗床10万台。

越行智能电竞装备项目 由江苏越行机械科技有限公司实施，利用自有土地，新建车间1.1万平方米，购置压力机、工业机械手、自动装配线、冲压自动化设备等40台（套）。于2022年8月开工，2023年3月竣工，总投资5000万元，投产后可年产智能电竞装备300万套。

帝恒农机配件项目 由常州市帝恒纺织服饰有限公司实施，利用原有土地，新建车间4300平方米，购置数控车床、锯床、冲床等设备64台（套）。于2023年4月开工，12月竣工，总投资4000万元，投产后可年加工农用机械配件300万件。

格莱宝汽车零部件项目 由格莱宝汽车零部件实施，租用厂房并装修改造，购置车床、冲床、磨床、压力机等设备144台（套）。于2023年3月开工，6月竣工，总投资3200万元，投产后可年产滚针轴承、离合器、逆止器等汽车零部件700万套。

佰赢资源回收综合利用项目 由江苏佰赢环保科技有限公司实施，租用厂房并装修改造，购置光学分选机、双齿辊破碎机、重型振动筛、输送设备等60台（套）。于2023年3月开工，5月竣工，总投资3000万元，投产后可年综合利用玻璃30万吨。

国牌精密减速机项目 由江苏国牌传动科技有限公司实施，租用厂房并装修改造，购置卧式加工中心等设备13台（套）。于2023年3月开工，6月竣工，总投资3000万元，投产后可年产精密减速机3万台。

利朗电子衡器项目 由常州利朗电器有限公司实施，利用自有厂房并装修改造，购置自动焊机器人、冲床等设备

101台（套）。于2023年3月开工，9月竣工，总投资7600万元，投产后可年产电子衡器20万套。

炜创智电汽车零部件项目　由常州炜创激光科技有限公司实施，租用厂房并装修改造，购置三立五轴激光切割机、永磁变频空压机等设备11台（套）。于2023年3月开工，5月竣工，总投资3200万元，投产后可年产智电汽车零部件150万件。

合嘉换热设备项目　由常州合嘉换热科技有限公司实施，租用厂房5000平方米，并装修改造，购置转塔数控压力机、数控液压板料折弯机等设备32台（套）。于2023年4月开工，6月竣工，总投资3280万元，投产后可年产换热设备5000台。

普利嘉光伏配件和空气净化器项目　由江苏普利嘉新能源科技有限公司实施，租用厂房4000平方米，并翻新改造，购置激光切割机、折弯机等生产设备31台（套）。于2023年4月开工，6月竣工，总投资3200万元，投产后可年加工光伏支架300万套、年产油雾去除机和空气净化器5000台。

英特农业机械零部件项目　由常州市英特通用机械设备有限公司实施，利用自有厂房，对厂区道路、车间等进行装修改造，购置数控车床、激光切割机等设备107台（套）。于2023年5月开工，7月竣工，总投资3180万元，投产后可年产200万套农业机械设备零部件。

普帝诺液压油缸配件项目　由常州市普帝诺智能机械科技有限公司实施，租用厂房，并对厂房地面、内部环境等进行装修改造，购置精密外圆磨床、精密平面磨床等设备35台（套）。于2023年6月开工，8月竣工，总投资3200万元，投产后可年加工液压油缸零部件200万套。

申鸿智能轮胎项目　由常州申鸿汽车零部件有限公司实施，租用厂房1万平方米，并对车间、办公楼等进行装修改造，购置全自动轮胎装配线、叉车等设备7台（套）。于2023年6月开工，总投资1.1亿元，投产后可年产智能轮胎50万套。

驰恩纺织机械、垃圾处理设备项目　由常州驰恩机械制造有限公司实施，购买土地及厂房，并对厂房进行装修改造，购置数控火焰导离子切割机、铣床、车床等设备77台（套）。于2023年7月开工，计划2024年2月竣工，总投资1亿元，投产后可年产纺织机械、垃圾处理设备300套。

廷洋机械配件及除湿机项目　由常州市廷洋科技有限公司实施，租用厂房，并对生产设施进行装修改造，购置激光切割机、数控机床等设备17台（套）。于2023年7月开工，10月竣工，总投资3100万元，投产后可年产机械配件5000万件、除湿机6万台。

鑫和泰发动机缸体生产技改项目　由常州鑫和泰智能机械制造有限公司实施，对原有厂房进行装修改造，购置全自动缸体毛刺处理生产线、专用数控机床和卧式加工中心等设备47台（套）。于2023年7月开工，10月竣工，总投资3500万元，提升自动化程度和产品质量，提高产品交付合格率。

安耐搅拌设备及配件项目　由常州市安耐机械制造有限公司实施，利用自有厂房并翻建改造，购置数控立式车床、数控龙门钻铣床等设备122台（套）。于2023年8月开工，总投资1亿元，投产后可年产搅拌设备及配件15万套。

继峰新能源汽车座椅骨架项目　由常州继峰科技有限公司实施，租用常州龙昌塑料新材料有限公司厂房5236.98平方米，并装修改造，购置激光飞行焊接设备、机器人点焊工作站等设备24台（套）。于2023年8月开工，11月竣工，总投资5000万元，投产后可年产新能源汽车座椅骨架65万套。

伟钢高精度轴承配件项目　由常州市伟钢铸工材料有限公司实施，利用自有厂房，并翻建改造，购置无心式超精机、全自动下料机、高速精密自动车床等设备96台（套）。于2023年8月开工，12月竣工，总投资5000万元，投产后可年产高精度轴承配件2亿个。

德亨注射成型零件项目　由常州德亨机械科技有限公司实施，利用自有厂房，并翻新改造，购置注射成型机、粉碎机、清洗烘干机等生产设备212台（套）。于2023年10月开工，总投资1亿元，投产后可年产MIM注射成型零件50亿个。

【前黄镇新增高新技术企业17家】　2023年，前黄镇有32家企业被全国高新技术企业认定管理工作领导小组办公室认定为高新技术企业，其中新增高新技术企业17家。

表55　2023年前黄镇新增高新技术企业基本情况表

企业名称	占地面积（平方米）	建筑面积（平方米）	产值（万元）
常州邦峰机械科技有限公司	2600	2600	3000
常州驰恩机械制造有限公司	4000	4000	2000
常州凯红动力机械有限公司	8000	6000	1000
常州朗卓机电科技有限公司	2292	2562	2139
常州灵塑科技发展有限公司	17631	16048	6500
常州龙成塑业有限公司	2407	1826	1778
常州启藤电工机械科技有限公司	800	800	450
常州润拓不锈钢有限公司	3000	3000	1700
常州市丰瑞泡沫制品有限公司	5400	8600	1100
常州市开普顿精密机械有限公司	17074	19828	4159
常州市盛诺管业有限公司	4500	3000	3900
常州市天香南方玻璃钢有限公司	20000	15000	5855
常州市英特通用机械设备有限公司	28800	29300	3347
常州斯沃德机械科技有限公司	7521	5198	2000
环宇光伏科技（常州）有限公司	16651	6651	26640
江苏安工幕墙新材料有限公司	3000	2500	2400
江苏熙天时环保科技有限责任公司	9299	7500	3083

2月27日，“古韵杨桥·庙趣缤纷”第十二届杨桥庙会文化节举行（供图/前黄镇）

【前黄特色农业节庆活动】 2月27日，“古韵杨桥·庙趣缤纷”第十二届杨桥庙会文化节在前黄镇杨桥村举行。该届文化节推出“乾隆皇帝下江南”“调三十六行”“调犟牛”等民俗表演30多项，基本由当地群众近千人组成队伍表演，吸引常州市区及周边城市游客数万人，通过逛庙会、看演出、品美食等形式，传承和发展民间传统文化。

5月13日，“桑起潮湖、葚赞前黄”第六届桑葚采摘节开幕。该届桑葚节推出音乐会、美食集市、青年交流会、篮球赛等活动，通过采摘互动、生态休闲、观光旅游等项目，全方位展示前黄农业特色，提升乡村游美誉度。前黄镇在丁舍村等地推进桑葚种植规模化、集中化，桑葚种植面积达8公顷，形成集桑果采摘、熬制桑葚膏、酿造桑葚酒、晒成桑葚干于一体的桑葚产业品牌，为农业增效、农民增收搭建良好平台。第六届桑葚采摘节持续至5月底，累计吸引采摘、观光7500余人次。

（邱红娟）

湖塘镇

【概况】 湖塘镇为武进区城关镇，总面积59.04平方千米，辖社区45个，有股份经济合作社37个，2023年年末常住人口392120人。境内有全国重点文物保护单位——春秋淹城遗址和恽南田纪念馆。有中国百强乡镇、中国乡镇之星、中国织造名镇之称，获得全国文明镇、全国环境优美镇、国家级生态镇、中国纺织面料之都、中国针织面料基地、中国纺织品贸易基地、棉纺织产业集群创新发展示范地区和江苏省文明乡镇、江苏省健康乡镇、江苏省教育现代化示范乡镇、江苏省生态文明建设示范乡镇等称号。2023年，综合实力居全国千强镇第15位。

产业发展 坚持把重点项目建设作为经济发展的抓手，推进产业高质量发展。全年完成重大项目招引入库19个，其中投资3亿元及以上项目3个、1亿元及以上项目3个。在库市、区重点项目26个，其中19个项目竣工投产，完成投资15.63亿元。拓展产业园区承载空间，湖塘科技产业园联东U谷项目主体封顶，建成运营标准厂房约60万平方米，截至12月底共有在园企业160余家；武进科创园完成标准厂房整合2万余平方米。推进科技创新，新增高新技术企业32家，累计122家，全年完成高新技术产业产值55.88亿元；新增省级专精特新中小企业6家，江苏智马科技有限公司、沃沛斯（常州）能源科技有限公司入选国家级专精特新“小巨人”企业，江苏冠创医疗科技有限公司入选江苏省“瞪羚”企业，常州市武进广宇花辊机械有限公司、常州安康医疗器械有限公司获省级企业技术中心认定；入库备案科技型中小企业141家，入选“龙城英才计划”项目14项，常州市国家大学科技园产业基地在江苏伊思达纺织有限公司落成揭牌，湖塘镇与常州机电职业技术学院校地合作成功签约。全镇有各类企业24344家、个体工商户48975户。湖塘镇党委被市委、市政府授予“实施‘532’发展战略，推动高质量发展（党建引领）先进集体”称号，湖塘镇政府被区委、区政府授予“争当现代化建设标杆突出贡献奖（绿色生态）先进集体”称号。

城市建设 加速推进城市更新，完成常州苏南运河东龙路片区项目、东升阳湖净水厂、杨区工业园、原武进自来水厂等地块腾空拆除，启动长沟河片区综合开发一期项目，完成三勤路（滆湖东路—南田路）道路工程、滆湖路雨水管网改造工程、采菱家园二期消防设施改造工程，以及大通东路北侧老街道路维修、鸣凰兴隆街道路局部维修等工程6项；改造鸣北、南街、湾里等老旧小区15.8万平方米，惠及居民1660户；完成企业危房改造6家、菜市场标

表56 2023年湖塘镇主要经济社会指标完成情况表

指　标	单　位	数　值	比2022年（±%）
地区生产总值	亿　元	367.11	5.40
公共预算收入	万　元	196235	20.08
农业总产值	万　元	695	−1.70
粮食总产量	万千克	3.1	−11.43
工业销售收入	亿　元	339.69	−2.98
实际利用外资及港澳台资	万美元	—	—
自营出口额	万美元	—	—
第三产业增加值	亿　元	251.52	3.40
居民人均可支配收入	元	64825	5.30

表 57

2023 年湖塘镇各社区基本情况表

社区名	户数(户)	户籍人口(人)	党组织书记	社区居委会主任	社区名	户数(户)	户籍人口(人)	党组织书记	社区居委会主任
湾里社区	2839	7666	马联伟	马联伟	长虹社区	1111	3128	宋建国	宋建国
东方社区	2295	7154	朱　晖	鞠　波	采菱社区	1218	3403	管建新	沈伟刚
降子社区	2698	7223	徐　春	徐　春	龙潭社区	440	1220	徐春元（至 7 月）陈　曦（7 月任副书记，主持工作，主任人选）	徐春元（至 7 月）陈　曦（7 月任副书记，主持工作，主任人选）
南街社区	6734	19979	陈产文	王　华	江村社区	140	389	王丽娟	王丽娟
中凉社区	3387	8734	蒋　克	蒋　克	东升社区	542	1675	沈小利	杨雪锋
聚湖社区	3164	9469	王建方	王　承	东新社区	859	2348	李忠新	李忠新
新天地社区	1748	4366	叶坚峰(至 11 月)张　燕（11 月任书记，主任人选）	叶坚峰(至 11 月)张　燕（11 月任书记，主任人选）	三勤社区	1078	3101	刘　宇	刘　宇
北街社区	1570	4463	周太娣（至 9 月）缪　佳（9 月任书记，主任人选）	周太娣（至 9 月）缪　佳（9 月任书记，主任人选）	永定社区	2904	7488	庄亚娟	庄亚娟
花东社区	2093	5633	严惠忠	严惠忠	南都社区	2112	5359	吴洁莲	蒋焕青
花园社区	2522	7753	潘　栋	潘　栋	淹城社区	1472	3750	窦小峰	窦小峰
马家巷社区	281	2022	马敏波	马敏波	何留社区	1125	2985	何庆丰	何庆丰
沙塘岸社区	168	1359	吴东伟	吴东伟	张家坝社区	599	1610	许浩明	许浩明
华家社区	177	1489	卞黎霞	卞黎霞	鸣南社区	1475	3159	朱伟其	朱伟其
周家巷社区	528	2382	吴　振	邹　健	鸣北社区	1173	2908	丁志超	丁志超
湖塘社区	1249	3389	张立荣	张立荣	大学新村一社区	780	1965	吴多芬	史析清
烈帝社区	2999	7622	盛超英	盛超英	大学新村二社区	973	2677	陆宁宇	陈　渝
蒋公岸社区	833	3153	张亦婷	周冬兴	永安社区	2173	5627	张　炜	张　炜
星河社区	3312	8128	夏　伟	夏　伟	晓柳社区	1475	3873	周孝波	张春燕
长安蒋湾	2415	6213	周　俊	周　俊	丰乐社区	1707	5283	马　涵	马　涵
长安大巷	1440	3556	诸素琴	诸素琴	北庙桥社区	1193	2871	孙正新	孙正新
南田社区	709	1920	吴　松	吴　松	府东社区	791	1934	沈　虹	沈　虹
东华社区	1049	2839	张华新	张华新	府南社区	2419	5770	邹　松	邹　松

准化提质改造 8 个。保护生态环境，完成涉 VOCs 企业末端治理设施整治提升 96 家、新增餐饮店事前指导 216 家；深化“危污乱散低”治理专项行动，完成印染企业“一企一策”整改 11 家；全面疏通排查污水支管网 90 千米，完成金鸡花园、东方公寓管网整治修复；推进 15 条支流支浜消劣攻坚，向东河创成省级生态河道。推进数字化城市管理，清理“五乱”（垃圾乱丢、摊点乱摆、工地乱象、广告乱贴、车辆乱停）5.7 万处，规范非机动车停放 12.8 万辆，教育整治流动摊贩 1.8 万个，拆除违法建筑 63 处、4600 余平方米，整治整改违法用地 14 处、9300 余平方米，城市形象整体提升。

社会事业　实施公共服务扩容提质，完成四季新城幼儿园食堂改建、马杭幼儿园塑胶场地改造等项目，春秋园、弘阳园新增学位共计 390 个，托育机构新增 0 ～ 3 岁托位 200 个；开展高龄老人居家补助服务 3.5 万人次，新增适老化改造 40 户，新设养老助餐点 3 个；完成鸣凰社区卫生服务中心一楼门急诊改（扩）建，新增使用面积 1000 平方米，完成全镇老年人体检 1.8 万人，新建健康档案 4.1 万人，新签约家庭医生服务 11.1 万人。发展文体事业，深入实施全民健身、文化惠民、全民阅读和队伍建设四大工程，新建、改建体育场地 10 个，建成口袋公园 3 个、体育公园 1 个，新增省级五星级农家书屋 2 家，启动举办全民健身阳光工程和“世界读书日”最美阅读季仪式暨全民健步走活动，开展“湖塘杯”系列赛事活动、全民阅读系列活动，马杭木雕入选第五批省级非遗项目。夯实社会保障，全年发放被征地农民生活保障金、镇办企业退休职工养老金、城乡居民养老金医保金、民政各类定补、退役军人各类定补等1.65亿元。举行“居有所安·居有所美”重点民生实事项目人大代表问政会，6大类10件重点民生实事项目如期完成。

【嘉宝新能源汽车刹车组件等26个重点项目建设】 嘉宝新能源汽车刹车组件项目 由常州嘉宝服饰有限公司实施，利用自有土地，新建车间1.8万平方米，购置激光切割机、加工中心等生产设备88台（套）。于2022年5月开工，2023年5月竣工，总投资5100万元，达产后可形成年产汽车机械零部件10万件的生产能力。

思成凯业精密制针项目 由常州思成凯业精密制针有限公司实施，租用厂房13834平方米，购置冲床、五联机、十联机、压力机、抛光机、井式回火炉、超声波清洗机、真空超声波清洗机、真空涂层机等设备683台（套）。于2022年7月开工，2023年3月竣工，总投资5500万元，达产后可形成年产电脑横机、经编机、割刀配件2.76亿枚的生产能力。

时进汽车零部件项目 由常州时进精密机械有限公司实施，租赁标准厂房6172平方米，购置CNC加工中心、走心机、车床、空压机等设备71台（套）。于2022年7月开工，2023年8月竣工，总投资5000万元，达产后可形成年产汽车零部件100万件的生产能力。

新之江花汽车节气门精密模具、传感器连接器项目 由常州新之江花金属制品有限公司实施，租赁标准厂房6917平方米，并加以装修，购置切割机、车床、冲床、焊接机、自动包装设备等73台（套）。于2022年7月开工，2023年3月竣工，总投资1亿元，达产后可形成年产汽车节气门精密模具50万套、汽车传感器连接器200万套、高铁专用倒锥螺杆300万套、轨道交通预埋槽50万套、轨道交通抗震连接件500万套的生产能力。

广宇花辊非织造布纺熔复合智能装备项目 由常州市武进广宇花辊机械有限公司实施，利用企业现有厂房，购置全自动数控轧辊磨床、数控重型落地车床、定梁龙门数控加工中心、数控外圆磨床等研发及生产设备37台（套），开发生产非织造布压辊类机械。于2022年9月开工，2023年3月竣工，总投资5700万元，达产后可形成年产非织造布纺熔复合智能装备100台（套）的生产能力。

博感科技精密模切激光RFID天线、电子标签项目 由博感科技（江苏）有限公司实施，租赁厂房3000平方米，购置复合机、模切激光机、分切机、电子标签复合机等主辅设备30台（套）。于2022年11月开工，2023年3月竣工，总投资3600万元，达产后可形成年产精密模切激光RFID天线80亿张、电子标签20亿张的生产规模。

广宇精密辊筒项目 由常州市武进广宇花辊机械有限公司实施，用地面积2.32公顷，新建车间28212平方米，并利用现有车间56645.65平方米，购置镀镍线、镀铜线、镀铬线、磨床、喷漆房等主辅设备191台（套）。于2023年5月开工，计划2024年11月竣工，总投资3.1亿元，达产后可新增辊筒3.35万根、压辊类机械180台的产能。

宁美光伏太阳能组件项目 由江苏宁美新能源有限公司实施，租赁厂房16346平方米，并加以装修改造，购置太阳能电池片自动串焊机、光纤激光划片机、EVATPT高线裁切机等设备85台（套）。于2023年1月开工，7月竣工，总投资3亿元，达产后可形成年产太阳能光伏组件100万套的生产规模。

常弹航空座椅用气弹簧项目 由常州气弹簧有限公司实施，利用现有厂房1.0800平方米，购置气弹簧装配线、喷塑线等设备77台（套），淘汰原有设备34台（套）。于2023年1月开工，2023年4月竣工，总投资3800万元，达产后可形成年产气弹簧500万支、表面处理金属零部件1500万件的能力。

汉威生物检测耗材项目 由汉威（常州）生物科技有限公司实施，租用厂房4400平方米，并加以装修改造，购置注塑机、吹塑机、冷水机、粉碎机、拌料机、灌装机、贴标机等设备66台（套）。于2023年1月开工，4月竣工，总投资3500万元，达产后可形成年产离心管系列1000万支、吸头系类1亿支、冻存管系类5000万个、PCR系类1000万人份的生产能力。

华彩高档家具饰面装饰纸项目 由常州华彩顺成新材料科技有限公司实施，租用厂房4000平方米，并加以装潢，购置四色装饰纸凹版印刷机、机组式纸张凹版印刷机、复卷机、数码打印机等设备27台（套）。于2023年4月开工，9月竣工，总投资1亿元，达产后可形

湖塘科技产业园建成区域标准厂房俯瞰 （供图/湖塘镇 摄于2023年5月）

成年产家具板用装饰纸1.5亿米的生产规模。

珂耐特新能源汽车高压控制连接器项目　由珂耐特（常州）智能科技有限公司实施，租赁厂房3068平方米，购置自动剥线处理屏蔽机器、超声波焊接机、半自动压接机等设备87台（套）。于2023年4月开工，9月竣工，总投资3100万元，达产后可形成年产新能源汽车储能连接器10万台和大电流传输器10万台的生产规模。

叁零陆新能源汽车扁线电机项目　由叁零陆（江苏）动力部件有限公司实施，租用生产厂房4280平方米，并加以装修改造，购置真空浸漆机、滴漆机、绝缘涂覆机、成型设备等31台（套）。于2023年4月开工，10月竣工，总投资3000万元，达产后可形成年产扁线电机3万套的生产规模。

优耐特高端设备精密钣金件项目　由常州市优耐特精密钣金有限公司实施，利用企业现有生产车间1.1万平方米，购置数控冲床、伺服折弯机、数控激光切割机等生产设备29台（套）。于2023年5月开工，10月竣工，总投资3500万元，达产后可形成年产高精度钣金200万件的生产能力。

迈安捷新能源汽车用电池托盘、钢丝螺套项目　由迈安捷金属制品（常州）有限公司实施，租用厂房1070平方米，购置成型机、卷绕机等生产及辅助设备73台（套）。于2023年2月开工，7月竣工，总投资3000万元，达产后可形成年产新能源汽车用电池托盘10万套、新能源汽车用钢丝螺套800吨的生产能力。

索霖太阳能灯具项目　由常州索霖能源科技有限公司实施，租赁标准厂房6916平方米，并加以装修，购置自动化生产线、自动焊接机器人、永磁变频同轴螺杆机、恒温恒湿试验箱、绝缘耐压测试仪、LED灯具IEC配光等主辅设备78台（套）。于2023年6月开工，12月竣工，总投资3000万元，达产后可形成年产太阳能灯具16万套的生产规模。

可零新能源汽车用电池包配件项目　由常州可零科技有限公司实施，租赁厂房，购置超声波清洗机、抛光机等主辅设备40台（套）。于2023年10月开工，计划2024年3月竣工，总投资3000万元，达产后可形成年产新能源汽车用电池包配件500万套的生产能力。

登丰电器推杆电机项目　由常州登丰电气有限公司实施，租用厂房3.33万平方米，并加以装修改造，购置注塑机、粉碎机等主辅设备423台（套）。于2023年2月开工，10月竣工，总投资1亿元，达产后可形成年产推杆电机500万件、PCB贴片500万件、铁架500万件的生产规模。

宜顺禾轨道交通、新能源汽车配件项目　由江苏宜顺禾新材料科技有限公司实施，租用4529平米厂房，新购置数控板料开卷分条卷取生产线、数控板料开卷校平飞剪生产线、仓储管理系统、物联网定位系统等设备28台（套）。于2023年3月开工，2023年12月竣工，总投资1亿元，达产后可形成年产金属配件500万件的生产能力。

格里特医疗器械项目　由江苏格里特医疗科技有限公司实施，租用标准厂房2540平方米，购置剪板机、断料机、折弯机、数控冲床、加工中心等设备27台（套）。于2023年7月开工，11月竣工，总投资3000万元，达产后可形成年产钢针100万个、不锈钢管100万根、聚四氟乙烯管100万根的生产能力。

诺七微电子集成控制器项目　由常州市诺七微电子科技有限公司实施，租用湖塘科技产业园标准厂房D1栋6916平方米，搬迁及购置锡膏印刷机、波峰焊机、贴片机、回流焊炉、电烙铁等生产及辅助设备198台（套）。于2023年6月开工，11月竣工，总投资3000万元，达产后可形成年产电子元件1亿个的生产能力。

优磁节能电机及控制器（柜）项目　由常州优磁科技有限公司实施，租赁标准厂房7767平方米，购置四柱油压机、含漆设备、绕线机、齿轮减速机等设备55台（套）。于2023年10月开工，计划2024年4月竣工，总投资5000万元，投产后可形成年产高效、节能电机及电机控制器（柜）10000套的生产能力。

升鸿医用包装材料、医疗器械配件项目　由升鸿医疗器械（常州）有限公司实施，租赁标准厂房3458平方米，购置吸塑高速成型机、伺服负压一体吸塑成型机、螺杆注塑机、精密液压裁断机、全自动制袋机、干燥机等设备40台（套）。于2023年10月开工，计划2024年2月竣工，总投资3200万元，投产后可形成年产医用包装材料200吨、医疗器械零部件120吨的生产能力。

宏波塑业新能源汽车零配件项目　由常州宏波塑业有限公司实施，租用厂房并加以装修改造，购置注塑机、吹塑机等主辅设备62台（套）。于2023年12月开工，计划2024年3月竣工，总投资3200万元，投产后可形成年产高端塑料制品40万件的生产规模。

联东U谷·武进湖塘科技产业园项目　由常州联东经佑实业有限公司实施，用地面积3.88公顷，规划建设高标准厂房及配套用房15栋，总建筑面积88580平方米。分2期开发建设：一期建筑面积41800平方米，其中地上41300平方米、地下500平方米；二期建筑面积46780平方米，其中地上38280平方米、地下8500平方米。于2023年8月开工，计划2025年6月竣工，总投资3.28亿元。该项目专注于智能制造、电子信息的研发、生产，打造产研一体的创新智造基地。

环太湖文化主题酒店项目　由江苏环太湖文化艺术城置业投资有限公司实施，用地面积6247平方米，新建建筑面积4.7万平方米。于2022年3月开工，计划2024年10月竣工，总投资4.15亿元，建设集旅游、休闲、度假、文化中心、宴会中心等于一体的高端文化主题酒店。

【湖塘镇入选国家级专精特新“小巨人”企业2家】　7月，工业和信息化部公布第五批国家级专精特新“小巨人”企业公示名单，江苏智马科技有限公司、沃沛斯（常州）能源科技有限公司入选。

江苏智马科技有限公司　位于湖塘镇白鱼路78号，成立于2016年，是一家集装备专用伺服系统研发、制造、销售于一体的高新技术企业，与多所大学建立产学研深层次合作，共同研发中大功率伺服电机，获得江苏省专精特新企业、国家级双创示范基地等称号。2023年，完成产值25768万元。

沃沛斯（常州）能源科技有限公司　位于湖塘科技产业园，成立于2016年，是由OPES Solution德国投资的子公司，专业从事应用型太阳能组件的研究、开发、生产和销售，拥有注册商标4个和专利信息52个，具有较强的技术实力，从定制化的研发、光伏原材料的选用、组件制程的调适，以及组件配合系统的应用等方面累积丰富的实务经验，到2023年已成功交付定制化的离网光伏组件超400万个，成为离网光伏组件专业的优秀制造商。2023年，完成产值6759万元。

【湖塘镇入选江苏瞪羚企业1家】 2023年11月，江苏省生产力促进中心公布2023年江苏独角兽企业暨高新区瞪羚企业评估结果，江苏冠创医疗科技有限公司入选江苏瞪羚企业。该公司位于武进科创园，成立于2014年，是一家集外科手术器械研发、生产、销售、服务于一体的企业，拥有专业研发团队20余人，建有物理实验室、化学实验室、无菌检验室等检测处室，具有雄厚的研发能力及完善的生产、检测设备，通过ISO 13485质量体系认证、德国TÜV公司CE认证，拥有专利50余件，获得江苏省高新技术企业、苏南瞪羚企业、江苏省专精特新企业等称号。2023年，完成产值7430万元。

【湖塘镇获省级企业技术中心认定2家】 12月，省工业和信息化厅公布2023年省级企业技术中心名单，常州市武进广宇花辊机械有限公司、常州安康医疗器械有限公司名列其中。

常州市武进广宇花辊机械有限公司 成立于1986年，位于湖塘科技产业园，是一家专业研发、生产、销售各种压花压光辊筒、压花压光机械的高新技术企业。具有较强的自主研发能力，主导起草“非织造布热轧机”等行业标准，拥有有效发明专利25件、实用新型专利107件和软件著作权9件，产品占据国内中高端市场的80%以上，有业内“花辊王”之称，“花辊”商标获评中国驰名商标，公司获得江苏省专精特新“小巨人”企业、江苏省质量信用AAA级企业、国家级专精特新“小巨人”企业等称号。

常州安康医疗器械有限公司 成立于2010年，位于湖塘科技产业园，是一家集研发、生产、销售、服务于一体的高新技术企业。建有江苏省研究省工作站、大健康医疗器械研究院、江苏省微创手术器械工程技术研究中心、常州市企业技术中心等合作平台，主导品牌产品为“CAK常安康”吻（缝）合器系列以及微创外科手术器械产品，分别通过国家药监局NMPA、欧盟CE、美国FDA认证。先后获得国家知识产权优势企业、省级专精特新中小企业、省级工程技术研究中心、江苏省最具成长性高科技企业100强等称号。

【湖塘镇新增高新技术企业32家】 2023年，湖塘镇32家企业被全国高新技术认定管理工作领导小组办公室认定为高新技术企业，累计有高新技术企业122家。

2023年湖塘镇新增高新技术企业基本情况表

表58

企业名称	占地面积（平方米）	建筑面积（平方米）	产值（万元）
奥伟纳（常州）光电科技有限公司	—	880	333
博能电器（常州）有限公司	2540	2540	1680
常州艾得尔塑胶材料有限公司	1080	2160	1035
常州艾力威塑业科技有限公司	1600	4500	2786
常州彼邻自动化科技有限公司	1200	1200	1000
常州晨骄纺织有限公司	2000	6000	2000
常州纯净医药包装材料有限公司	—	1200	100
常州积善精密机械有限公司	1300	1300	970
常州京磐纺织科技有限公司	4300	4300	5000
常州凯尼特医疗科技有限公司	—	3353	74
常州朗兴涂装科技有限公司	900	1200	238
常州铭瑞环境检测有限公司	—	1600	500
常州市豪乐机械有限公司	13320	11000	6450
常州市其成电力设备有限公司	1500	800	3000
常州市武进金兴达医疗器械有限公司	6095	3207	449
常州市伊索自动化机械有限公司	1620	1620	500
常州市永锻机械有限公司	5212	3500	4433
常州市昱宏精密轴承有限公司	667	600	700
常州市振文传动设备有限公司	—	480	650
常州市紫光滚针轴承有限公司	—	3000	1450
常州同创医疗器械科技有限公司	—	4417	7082
常州新蓝智能科技有限公司	500	350	2000
常州新区盛晖针纺织品有限公司	16600	17000	8000
常州长实电力科技有限公司	550	400	700
江苏格里特医疗科技有限公司	—	7620	3000
江苏恒盈动力科技有限公司	—	6700	1040
江苏弘奇金属科技有限公司	—	2500	5000
江苏宁美新能源有限公司	—	21815	17090
帕森（常州）电气有限公司	3353	3353	413
云知枢科技（常州）有限公司	200	200	56
常州市风雷精密机械有限公司	—	5000	1000
墨克智能工业技术（江苏）有限公司	2000	2500	554

【湖塘镇东华社区股份经济合作社入选江苏百强股份经济合作社】 2023年9月，省农业农村厅公布2022年度江苏"百强股份经济合作社"名单，武进区湖塘镇东华社区股份经济合作社列江苏"百强股份经济合作社"第41名，为全市唯一进入江苏百强股份经济合作社前50名的村级股份经济合作社。该合作社成立于2005年10月，切实做好集体资产经营与管理、集体资源开发与利用、农业生产发展与服务、财务管理与收益分配等工作，实现总资产、净资产均稳健增长。至2022年年底，总资产46976万元、净资产20676万元，分别比2017年增加2993万元、1469万元，增幅分别为6.8%、7.65%，年均增长分别为1.36%、1.53%。2023年年底，该社总资产47975万元、净资产22813万元。

【湖塘镇科创企业合规研究中心揭牌成立】 2月8日，该中心揭牌成立，成为全市首个科创企业合规研究中心。该中心由湖塘镇政府与常州大学史良法学院共同设立，充分利用科创载体"一站式"企业服务平台，深度融入企业成长过程，对公司治理、合同履约、劳务用工等提出司法建议，对企业开展法律风险提示。年内，该中心围绕高端装备、智电汽车、医疗健康、纺织服装等重点产业，开展"一企一测"法律风险体检，助力企业合法合规、健康有序发展。

【常州市国家大学科技园产业基地在伊思达揭牌】 12月28日，常州市国家大学科技园产业基地落成揭牌暨签约仪式在江苏伊思达纺织有限公司（简称伊思达）举行，常州市国家大学科技园管理有限公司与伊思达签署战略合作协议，常州科教城和湖塘镇相关负责人为该基地揭牌。按照协议，双方全力建设技术创新基地、高新技术企业孵化基地、创新创业人才聚集基地和高新科技成果转化基地，助力打造新形势下的青年人才创新高地和创业热土。

【湖塘镇商会荣评全国"四好"商会】 年末，湖塘镇商会被中华全国工商业联合会认定为2023年全国"四好"（政治引领好、队伍建设好、服务发展好、自律规范好）商会，成为连续四次获评全国"四好"商会的镇级商会。湖塘镇商会成立于1994年，是武进首批成立的乡镇商会，有会员企业317家，涵盖纺织、印染、建筑、商贸、物流等行业领域。坚持"地方党委领导下的自主办会、独立运作"机制，在组织作风建设、服务会员发展、推动转型升级、建设和谐社会等方面开展大量卓有成效的工作，创成中国特色乡镇商会发展的"湖塘模式"，被全国工商联确定为"中国特色乡镇商会建设联系点"。

（唐　飞）

牛塘镇

【概况】 牛塘镇东临武进中心城区，西连西太湖科技产业园，南接武进高新区，北依常州主城区，总面积36.64平方千米，下辖行政村9个、社区6个（金东方社区暂不纳入各级考核）。2023年年末，常住人口98984人。

产业发展 全镇有工业企业1300余家，其中规模以上企业105家，全年完成规模以上工业产值83.2亿元，占全镇工业总产值的84.2%。推进项目建设，20个市、区重点在库项目年内累计总投资10.38亿元，朗矸斯微创手术器械精密组件等17个项目竣工投用，虹溪科技企业孵化器等3个项目稳步推进。培育专精特新企业，江苏新华陵汽车电器有限公司等7家企业获省级专精特新中小企业认定，常州市钧达轴承有限公司等11家企业获市级专精特新中小企业认定，全棉乐家科技（江苏）有限公

表59　2023年牛塘镇主要经济社会指标完成情况表

指　标	单　位	数　值	比2022年（±%）
地区生产总值	亿　元	125.56	5.3
公共预算收入	亿　元	5.98	36.7
农业总产值	亿　元	1.4	−1.0
多种经营产值	亿　元	—	—
粮食总产量	万千克	70	4.4
工业销售收入	亿　元	96.4	−1.4
实际利用外资及港澳台资	万美元	100	−87.4
第三产业增加值	亿　元	71.03	4.0
居民人均可支配收入	元	62720	5.3

表60　2023年牛塘镇各村（社区）基本情况表

村（社区）名	户数（户）	户籍人口（人）	党组织书记	村委（社区居委会）主任	集体经济收入（万元）
牛塘壹社区	1375	4368	贺永康	邵　强	339.92
牛塘贰社区	1616	4021	贺永康	蒋丽娜	—
竹园社区	893	2626	许　峰	贾东峰	1030.85
沈家弄村	840	1992	郭玉峰	郭玉峰	272.44
漕溪村	1076	3295	薛玉明	薛玉明	321.28
白家社区	837	2560	王　健	王　健	650.68
青云村	1039	3362	蒋文清	蒋文清	540.44
丫河村	1039	3174	张伟东	张伟东	587.65
厚恕村	936	3187	张亚平	张亚平	314.77
塘口村	905	3102	王建强	王建强	390.06
卢家巷村	2732	7282	杨国丰	杨国丰	552.24
卢家巷社区	—	—	杨国丰	王九峰	—
高家村	2314	6027	万如生	万如生	470.24
卢西村	1314	4237	徐　伟	徐　伟	593.13

司等7家企业入选区高成长企业库。推进科技创新，新增高新技术企业25家，累计84家；完成科技型中小企业入库评定95家，企业与各类科研院所签订产学研合作协议20余项、合同金额1000余万元；申报入选市“龙城英才计划”创新创业类人才项目5个、省双创博士项目1个、海外人才项目1个；建成虹溪科技企业孵化器项目基础部分，建设医疗大健康产业链主题人才公寓，打造“金牛优+”人才服务中心，助力人才创新创业。发展现代服务业，九洲金东方颐养中心获省级现代服务业高质量发展领军企业认定。

城镇建设　优化城乡布局，跟踪国土空间规划修编工作，完成开发边界、永久基本农田、生态保护红线“三区三线”划定；推进江理工新校区南部片区城市设计，完成供电所、绿和、白家工业园区地块控规调整。优化基础设施，完成新兴路（金色湖滨段）、牛塘集镇段大通西路、新民路、新乐路等道路改造提升工程，厚恕桥、亚邦桥、西王桥等桥梁护栏防撞项目和工业桥、庄桥、张家桥等小型桥梁维修工程，增设集镇片区、部分老旧小区停车位2000余个。推进征迁安置，开展常泰高铁中央车站项目、牛塘安置区项目345户民房、3家企业搬迁工作，完成牛塘新园、长虹花苑安置房不动产证集中登记519套，发放牛塘新园、长虹花苑、卢家新园、卢家花苑安置房不动产证1104本。保护生态环境，常态化开展“危污乱散低”动态出清，严格落实省环保督察反馈问题整改，完成6个行政村农村生活污水治理、卢家巷片区雨污分流改造工程、牛塘集镇区污水管网改造工程，以及完成庄桥浜等5条河道截流系统修复、雨污水管网修复；深入推进VOCs治理，集中开展印刷产业、水泥产业、涉磷企业等专项整治及98家企业活性炭入户调查；推进“绿箭2023”专项行动，开展河道水体连片治理，漕溪浜、兴隆河创成市级幸福河道；落实新一轮太湖综合治理，完成支流支浜“一浜一策”编制和小微水体综合治理95条，丫河村获评区小微水体优秀片区。推进城镇精细管理，加强文明城市创建、城市长效管理、农村人居环境“三标融合”考核，开展集镇区“一网统管”现场调研及数据采集，创设“智慧市容”特色场景模块，形成以“牛塘智理”为数字底座的平台体系，实现问题处置率100%。

社会事业　创新新时代文明实践运行模式，发挥新时代文明实践所（站）、“牛塘桥”微信公众号、道德讲堂等阵地功能，通过引进社会组织，面向群众常态化开展文明实践活动，提升文明共建综合实力。推进“书香牛塘”建设，完成镇图书馆“游塘书苑”改造提升，举办“阅”见金牛塘——牛塘镇第七届读书节，促进文化空间“从有向优”发展。优化公共服务，完成东龙实验学校新建项目、卢家巷幼儿园消防设施改造工程，牛塘实验学校挂牌江理工附属学校；完成镇级综合性养老服务中心改造提升，建成区级示范性乡村互助养老睦邻点，金东方颐养中心和牛塘镇净慧颐养中心分别通过常州市四级养老机构、三级养老机构等级评定；牛塘卫生院新建CT诊断室，引进磁控胶囊胃镜和X射线计算机断层扫描仪等设备。发展光彩事业，成立“村企同行、情暖桑梓”卢西乡村振兴百万光彩基金，年内累计募集捐款100.45万元。完成牛塘镇慈善分会换届工作，累计募集慈善资金509.85万元。保障和改善民生，坚持稳定就业与创新创业并举，形成“支持企业稳岗、创业带动就业”的长效机制，完成创业人员实名制统计663人，带动就业2325人。做好退役军人事务工作，建成全省首个退役军人主题公园。落实帮扶纾困惠民政策，全年发放各类救助补助金831.98万元，惠及群众3万余人次。

4月22日，牛塘镇第七届读书节活动现场　（供图／牛塘镇）

【朗轩斯微创手术器械精密组件等重点项目建设】 朗轩斯微创手术器械精密组件项目　由常州市朗轩斯精密机械有限公司实施，用地面积1.92公顷，新建厂房、办公楼、研发中心等建筑面积3.21万平方米，购置连续冲压、走心机、加工中心等设备308台（套）。于2022年7月开工，2023年6月竣工投运，总投资约4亿元，达产后可形成年产微创手术器械精密组件1500万件的生产能力。

虹溪科技孵化器项目　由常州虹溪科技发展有限公司实施，用地面积1.33公顷，新建车间及配套辅助用房面积3.3万平方米。于2023年9月开工，计划2024年7月竣工投运，总投资1.8亿元，达产后可用于承载众创空间、加速器等项目招引。

巳腾高端智能联轴器项目　由常州巳腾冶金机械有限公司实施，用地面积9340平方米，新建工程技术研发中心、智能车间、智慧仓库等建筑面积2.3万平方米，新增十字包智能柔性生产线、数控加工车间、鼓形齿联轴器生产流水线等主要设备88台（套）。于2023年2月开工，计划2024年3月竣工投运，总投资1.2亿元，达产后可形成年产十字轴式万向联轴器5000套、鼓形齿式联轴器8000套的生产能力。

勒捷特快递物流设备组装智能车间项目　由江苏勒捷特自控科技有限公司实施，利用原有土地，建设厂房、办公楼、研发中心等建筑面积1.7万平方米，购置摇臂钻床、台钻、锯床等设备共计10台（套）。于2022年10开工，2023年8月竣工投运，投资约5000万元，达产后可形成年产高端智能电光源280万个的生产能力。

全棉新型超净擦拭材料及医用纺纱项目 由全棉乐家科技（江苏）有限公司实施，利用原有厂房、办公楼、研发中心等建筑面积4000平方米，新增1条进口奥特发水刺无纺布生产线及专利超净水洗机处理设备、12条全自动转杯纺纱机流水线主要设备等共计164台（套）。于2022年8月开工，2023年3月竣工投运，投资1.08亿元，达产后可形成年产医用纺纱10000吨、超净无纺布4000吨的生产能力。

新民智能电网GIS组合式电力设备项目 由江苏新民电力设备有限公司实施，利用现有土地1公顷，建设厂房2.1万平方米，新增工控机、SF6气体回收和检测、高压电气试验设备等40台(套)。于2023年8月开工，计划2024年9月竣工投运，投资1.2亿元，达产后可形成年产110～220千伏罐式无间隙避雷器1000台、35千伏屏蔽式插接避雷器5000台的生产能力。

医用弹力抗菌透气面料项目 由常州市铭点双和新材料有限公司实施，利用自有土地翻建、改造厂房，新添生产设备加弹机、氨纶整经机、正经机等设备38台（套）。于2023年4月开工，11月竣工投运，总投资5000万元，达产后可形成年产医用弹力抗菌透气面料9000吨的生产能力。

新能源商用汽车VCU主控单元项目 由常州首信智能制造有限公司实施，租用标准厂房5600平方米左右，对车间加以装修改造，新增贴片设备双轨线、选择性波峰焊及EPR/MES软件系统共计71台(套)。于2023年3月开工，5月竣工投运，总投资3000万元，达产后可形成年产新能源商用汽车VCU主控单元50万片的生产能力。

新能源汽车及工程机械液压传动与控制核心零部件项目 由常州镕燊液压机械有限公司实施，利用自有土地6000平方米，新建车间、办公楼、研发中心等建筑面积8819平方米，新增数控立式加工中心、智能化机床、钻床、铣床等设备共计50台（套）。于2023年9月开工，计划2024年7月竣工投运，总投资5188万元，达产后可形成年产新能源汽车及工程机械液压传动与控制核心零部件10万套的生产能力。

新能源汽车换电站轴承项目 由常州市钧达轴承有限公司实施，利用自有厂房1500平方米，新增数控精密机床和立式加工中心及相关工装、模具共计50台（套）。于2023年3月开工，6月竣工投运，总投资3000万元，达产后可形成年产新能源汽车换电站用轴承30万台（套）的生产能力。

车用环保新材料项目 由常州华泽环保新材料有限公司实施，租用标准厂房3600平方米左右，购置EPP生产流水线、液压机等设备28台（套）。于2023年3月开工，5月竣工投运，总投资3100万元，达产后可形成年产车用环保新材料100万件的生产能力。

新能源汽车电机核心零部件项目 由常州乐腾电气股份有限公司实施，利用原有土地3000平方米，购买精密连续冲压拉伸设备、连续自动线共计42台（套）。于2023年3月开工，6月竣工投运，总投资3000万元，达产后可形成年产新能源汽车转向电机、刹车电机等核心部件500万套的生产能力。

ICU急救医疗系列用品项目 由常州鑫博瑞医疗用品有限公司实施，用地面积3553平方米，建设厂房9448平方米，新增整套挤出机、打孔机、拉杆机等主要设备205台（套）。于2023年3月开工，6月竣工投运，总投资1亿元，达产后可形成年产ICU急救医疗系列用品9000万支的生产能力。

奥普迅医用敷料及软性消毒包装项目 由常州市奥普迅医用材料有限公司实施，租用厂房4500平方米，新增原料分切机、复卷机、自动敷贴机、高速创口贴机、制袋机等生产设备41台（套）。于2023年4月开工，12月竣工投运，总投资3188万元，达产后可形成年产消毒袋3.5亿个、消毒纸1000吨、医用胶带1000万卷、医用伤口敷料贴5000万片、创口贴3亿片、运动胶带300万卷的生产能力。

羊氏工程机械轮胎模具项目 由羊氏工程机械轮胎模具公司实施，利用现有土地，改造部分车间厂房，新购数控立车、数控铣花机、数控加工中心、数控刻字机等设备23台（套）。于2023年6月开工，10月竣工投运，总投资3050万元，达产后可形成年产工程机械轮胎模具500付的生产能力。

创立康运动医学器械包项目 由江苏创立康医疗器械有限公司实施，租赁厂房5000平方米，购置五轴加工中心、ZISS三坐标、激光打标机等设备24台。于2023年7月开工，8月竣工投运，总投资3000万元，达产后可形成年产运动医学器械包1500套的生产能力。

康普瑞森车用空调压缩机项目 由江苏康普瑞森新能源科技有限公司实施，利用企业现有厂房加以改造升级，并租赁新厂房，新增全自动装配线2条。于2023年12月开工，计划2024年10月竣工投运，总投资5500万元，达产后可形成年产压缩机80万台的生产能力。

六牙五金汽车制动系统零配件制造项目 由六牙五金科技（常州）有限公司实施，租用空置厂房1702平方米，购置数控车床、影像筛选机、研磨机及空压机等设备36台（套）。于2023年8月开工，10月竣工投运，总投资3000万元，达产后可形成年产汽车制动系统零配件800万件的生产能力。

熊猫云仓常州基地项目 由常州天悦文化科技集团有限公司实施，租用厂房7000平方米，新增舞美视频设备、舞美灯光设备、高端喷画设备等500余台，打造集智慧科技研发、创意设计智造、艺术娱乐输出、舞美设备租赁、高端喷画制作等于一体的熊猫云仓常州基地。于2023年8月开工,11月竣工投运，总投资3000万元，建成后每年可举办各类大型活动200余场。

苏润机械变压器油箱配件技改项目 由常州苏润机械有限公司实施，利用自有土地及厂房，购置拆边机、剪刀车、圈圆机、油压机、激光切割机等设备50台（套），对备料工段实行技术性改造。于2023年11月开工，计划2024年7月竣工投运，总投资3000万元，达产后可形成新增变压器油箱配件200台的生产能力。

【牛塘镇新增高新技术企业25家】 2023年，牛塘镇有25家企业被全国高新技术认定管理工作领导小组办公室拟认定为高新技术企业，累计有高新技术企业84家。

表 61　2023 年牛塘镇新增高新技术企业基本情况表

企业名称	占地面积（平方米）	建筑面积（平方米）	产值（万元）
常州迁迈机械设备技术有限公司	1152	3477	3839
常州市引泉电子有限公司	574	574	470
常州市银腾机械有限公司	2850	3022	150
常州真友矿山设备有限公司	1497	1497	1048
常州市雷尔达传动机械有限公司	800	600	988
常州文盛纺织有限公司	1250	3000	2577
常州建富光电仪器有限公司	28693	1713	3970
常州首信智能制造有限公司	2000	6000	5400
常州市禾昌智能科技有限公司	900	2100	2237
常州市恒源电力机械有限公司	263	1051	872
常州智达自动化科技有限公司	1190	1190	2070
常州森源开关有限公司	2500	5340	2527
常州市惠德包装材料有限公司	2000	1800	1800
常州市天纺苑智造科技有限公司	1350	1200	960
常州市朗轩斯精密机械有限公司	19197	29668	4110
大合全（常州）电气有限公司	400	1400	2067
常州驰美展示器材有限公司	1000	500	800
常州市雷尔达传动机械有限公司	800	600	1115
常州市科红轴承制造有限公司	600	1050	717
常州市青洲工具有限公司	1100	1000	411
常州市科启新电子有限公司	2200	2200	800
常州光明灯泡有限公司	139311	15321	6833
常州瑞鼎新材料科技有限公司	4000	3000	6969
常州热盛换热器有限公司	1500	2000	450
常州尚彩科技有限公司	1500	1500	2000

【牛塘镇综合性养老服务中心启动仪式暨“医养教乐”服务项目签约】 9月19日，牛塘镇综合性养老服务中心启动仪式暨“医养教乐”服务项目签约发布活动在卢家巷花苑举行，武进区副区长朱书阳和牛塘镇党委书记黄铁梅携手为该中心揭牌，发布“花开桑榆”品牌。该中心于6月改造完成，结合卢家巷新时代文明实践站的“兜底服务、普惠服务、特色服务”三大类服务内容，通过“融合式”医疗保障满足“老有所医”需求，“专业性”养老机构优化“老有所养”服务，“厚植系”文化涵养构建“老有所教”风尚，“多样化”社会支持激发“老有所乐”活力，集“医、养、教、乐”于一体，设计分布功能区15个，承担全镇居家养老服务运营管理功能，为辖区80周岁及以上老年人按需定制居家上门服务项目。

（叶红媛）

洛阳镇

【概况】 洛阳镇位于武进区东南部，东临无锡市，西接礼嘉镇，南靠雪堰镇，北依横林镇、遥观镇，总面积55.75平方千米，辖行政村18个、社区3个。2023年年末，常住人口8.8万人。有淡水珍珠、戴溪青鱼、水蜜桃、葡萄等名特农产品。获得国家园林城镇、全国千强镇、全国群众体育先进单位、国家卫生镇、中国冷链保温装备生产基地等称号。

产业发展 发展现代农业，建设洛东村新型农业经营主体服务中心，洛阳湖滨家庭农场、洛阳周行方家庭农场获评2023年度常州市市级示范家庭农场。有工业企业2411家，其中规模以上企业146家，全年完成规模以上工业产值322.37亿元，占全镇工业总产值的75%。推进重大项目，招引落地项目18个，其中新能源产业项目9个，总投资分别为29.41亿元、24.37亿元。新增市重点项目3个、区重点项目16个，在库市、区重大项目中累计竣工项目15个。推进创新赋能，成功申报“智改数转”标杆企业2家、智能化技术改造项目补助资金1家，新增国家级专精特新“小巨人”企业2家、市级专精特新企业7家、

洛阳镇貌　（供图 / 区融媒体中心　摄于2023年2月）

市级智能车间2家，净增高新技术企业24家。新增市级“揭榜挂帅”企业1家、市级工程技术研究中心4家。推进企业股改上市，江苏华阳智能装备股份有限公司完成IPO注册。

镇村建设　优化空间格局，更新年度土地利用总体规划预支指标落地上图方案和控规修改方案，完成小留桥村实用性村庄规划、岑村村村庄提升规划编制。完善基础设施，完成云溪路、虎臣路、马驰路等道路提档升级工程和二号桥、东阳桥、张桥头桥等农桥改造工程，以及阳湖街—中兴路停车场改造、新科西路—戴洛路路口渠化工程，开展对阳光桥等9座桥梁的护栏改造、朱家桥等8座桥梁的维修。获评常州市2022年度镇(街道)自然资源执法考核“第一等次”。保护生态环境，推进大气污染防治、水环境整治、“无废城市”建设，开展洮滆片区（武进）水环境综合整治工程、入湖河道排污口及支流支浜消劣行动、涉磷涉氟企业专项整治、“小微水体”整治，建设武进区环太湖有机废弃物处理利用示范区“洛阳中心扩建项目”，完成包装印刷企业清洁原料源头替代12家、“小微水体”整治提升工程56个，实现56家活性炭吸附处理工艺企业核查全覆盖。实施乡村振兴战略，推进农房更新，友谊村自建区开展易地规划集中新建，汤墅村自建区保留村庄原址翻建，岑村村自建区启动整组推进异地新建，江苏洛凯机电股份有限公司“村企共建、和谐共赢”入选2023年江苏省“万企兴万村”行动典型项目。推进文明城市建设、城镇长效综合管理、农村人居环境整治“三标融合”，推广文明积分制，完成公厕新建、改造21座，管城村罗巷创成省级绿美村庄，镇村面貌明显提升。

表62

2023年洛阳镇主要经济社会指标完成情况表

指　标	单　位	数　值	比2022年(±%)
地区生产总值	亿　元	163.9	6.2
公共预算收入	万　元	62968	78.2
农业总产值	亿　元	5.2	3.4
粮食总产量	万千克	384.7	2.4
工业销售收入	亿　元	428.2	−0.1
实际利用外资及港澳台资	万美元	1064	4.8
自营出口额	万美元	—	—
第三产业增加值	亿　元	60.4	5.0
居民人均可支配收入	元	47300	6.8

表63

2023年洛阳镇各村（社区）基本情况表

村（社区）名	户数(户)	户籍人口(人)	党组织书记	村委（社区居委会）主任（召集人）	集体经济收入(万元)
洛阳村	844	2885	支俊杰	支俊杰	578.54
洛阳社区	—	—	支俊杰	支华娟	—
洛东社区	—	—	於志杰	朱永平	—
洛东村	1198	3691	—	於志杰	535.56
戴溪社区	—	—	张东卫	张东卫	—
戴溪村	686	2063	窦沛城	窦沛城	191.78
天井村	1011	3300	高　阳	高　阳	344.20
管城村	1312	3715	邵益斌	邵益斌	587.41
岑村村	992	3079	蒋　健	蒋　健	1487.46
东尖村	366	1080	沈建忠	沈建忠	247.65
汤墅村	777	2501	王建平	王建平	370.39
阳湖村	607	2239	费益方	费益方	191.78
朝安村	1042	2743	沈国忠	沈国忠	223.43
谈家头村	1211	3478	马晓峰	马晓峰	479.62
小留桥村	586	2241	朱金良	朱金良	232.05
圻庄村	978	3360	杨红亮	杨红亮	450.26
瞿家村	685	2365	沈朝阳	沈朝阳	422.95
民丰村	649	2090	杨迪宇	杨迪宇	413.92
马鞍村	1006	2620	郁　军	郁　军	338.63
虞桥村	944	2549	周　成	周　成	385.60
友谊村	1172	3832	上官立	上官立	486.96

社会事业　推进教育优质均衡发展，洛阳中心小学高分通过市新优质学校创建评估，洛阳初中与常州外国语学校开启城乡名校结对，洛阳高中校舍改扩建工程进入实施阶段。推进文化惠民工程，建成区级网红篮球场、洛阳休闲园体育公园，新建健身步道3千米，举办首届“品味洛阳”文化节，承办秧歌、舞龙、气排球、篮球等比赛活动，丰富群众文体生活。农村区域医疗中心建设成效显著，武进第六人民医院创成省级消化内镜诊疗中心、省级社区医院，洛阳村卫生室通过省甲级村卫生室评估。群众性精神文明建设成果丰硕，洛阳镇周维芬工作室、周维芬分获江苏省第三批群众文化“百千万”工程优秀文艺团队、优秀文艺骨干称号。镇慈善分会完成换届工作，全年募捐慈善款802.5万元。启动“‘洛’心同行、情暖夕阳”工程，汤墅村助餐中心挂牌运营，岑村村助餐点建成投用，“夕阳暖屋”项目共对47户困难老人进行房屋适老化、无障碍改造。实施兜底保障，向高龄老人和低保家庭、残疾人、困境儿童等困难群体累计发放关爱、救助资金1500余万元。

【洛阳镇新增高新技术企业27家】 2023年12月，洛阳镇有27家企业被全国高新技术认定管理工作领导小组办公室认定为高新技术企业。

表 64

2023 年洛阳镇新增高新技术企业基本情况表

企业名称	占地面积（平方米）	建筑面积（平方米）	产值（万元）
佰图实验室系统设备（江苏）有限公司	3000	2700	2500
常州津兆机电科技有限公司	4000	4500	3284
常州钜德鼎电气有限公司	1000	1500	3000
常州凯斯特制冷设备有限公司	11200	1000	11834
常州珂宸永馨精密机械有限公司	1000	2000	800
常州绿境环保科技有限公司	3600	4000	2000
常州膜达环保科技有限公司	2200	2200	680
常州瑞赛德能源科技有限公司	6000	4000	1000
常州市红园波纹管有限公司	1800	1800	650
常州市宏昱磁业有限公司	1100	1100	580
常州市华创电子设备有限公司	12600	13800	5600
常州市华东冲片有限公司	34853	16047	19272
常州市晶晓电子有限公司	5000	10000	1942
常州市联胜封头制造有限公司	15752	12000	2109
常州市千腾机械有限公司	500	500	195
常州市天之杰机械科技有限公司	1400	1400	600
常州新广运电器有限公司	7000	5000	6038
常州鑫昇隆无纺科技有限公司	2800	2800	9000
常州易苏智能家居有限公司	8000	8000	6000
常州卓毅焊接设备有限公司	2500	2500	510
江苏康佳智能电器有限公司	47240	25136	39500
江苏康频电器科技有限公司	6800	12800	3087
江苏铭星智能家居有限公司	2200	2200	13000
江苏伊维尔医疗器械有限公司	1800	1800	105
克鲁格（江苏）冷链科技有限公司	7000	5000	5070
焜月电器科技（常州）有限公司	12000	10000	3000
施德伯技术（常州）有限公司	1200	1200	1198

【洛阳镇获评国家级荣誉企业 3 家】 2023 年 7 月、11 月，省工业和信息化厅先后发布《关于江苏省第五批专精特新“小巨人”企业和第二批专精特新“小巨人”复核通过企业名单的公示》《2023 年度绿色制造名单公示》，常州多维电气股份有限公司、常州市联谊特种不锈钢管有限公司 2 家企业入选 2022 年国家级专精特新“小巨人”企业，江苏洛凯机电股份有限公司入选国家级绿色供应链管理企业。

常州多维电气股份有限公司 位于洛阳镇阳光路 158 号，创建于 2000 年，占地面积 2.1 公顷，建筑面积 3.8 万平方米。致力各类无刷直流电机、直线电机、直流伺服电机、压电电机、精密减速电机及电机驱动控制单元等微特电机的研发设计、生产、销售和技术服务，产品广泛应用于分析仪器、医疗器械、工业控制、智能装备等行业和领域，产品通过 UL 认证、CCC 认证，符合欧盟 ROHS 和 REACH 指令。拥有专利 50 余件，其中发明专利 5 件。参与制定 GB/T 7346—2015 控制电机基本外形结构型式等国家标准 7 项和机械行业标准 1 项，先后通过 ISO 9001、ISO 14001、ISO 45001 和 IATF 16949 质量（含汽车零部件）、环境和职业健康安全体系认证。获评常州市工程技术中心、江苏省民营科技型企业等称号。2023 年，完成产值 0.99 亿元。

常州市联谊特种不锈钢管有限公司 位于洛阳镇友谊村，前身为成立于 1984 年的上海钢铁研究所武进实验工厂，占地面积 5 公顷，建筑面积 4 万平方米。立足于抢占高端产品市场，在创建之初的较短时间内试制成功不锈钢小直径钢管（不锈钢无缝毛细管）和不锈钢极薄壁无缝钢管，研发生产的航天航空用管、高档汽车发动机用管生产技术和工艺在国内处于领先地位，具有国家颁发的不锈钢无缝钢管压力管道元件生产许可证，通过 ISO 9001 质量管理体系、ISO 14001 环境管理体系、IATF 16949—2016 汽车行业质量管理体系、AS9100D 航空管理体系认证。2023 年，完成产值 1.57 亿元。

江苏洛凯机电股份有限公司 位于洛阳镇永安里路 101 号，创建于 1970 年，2010 年 9 月成立江苏新洛凯机电有限公司，2015 年更名为江苏洛凯机电股份有限公司，2017 年 10 月在上海证券交易所 A 股主板上市，占地面积 6.7 公顷，建筑面积 9.5 万平方米。专注于高低压配电电器关键部附件的研发、生产、销售及服务，坚持国内外行业中高端市场的定位，主产高低压断路器及其他开关类设备（环网柜、柱上开关等）的关键部附件，拥有上海电气股份有限公司人民电器厂、德力西电气集团、许继电气、美国通用电气（GE）、法国施耐德电气（Schneider）、德国西门子电器（Siemens）等国内外知名客户，成为全球高低压配电电器关键部附件提供商，“Rocoi”品牌具有较高美誉度及知名度。2023 年，完成产值 9.79 亿元。

【洛阳镇获评省级荣誉企业 2 家】 根据省工业和信息化厅《关于 2023 年度第二批省星级上云企业名单的通知》《2023 年江苏省智能制造示范车间拟认定名单公布》，江苏南方通信科技有限公司入选省 5 星级上云企业，上药康丽（常州）药业有限公司获评省级智能车间。

江苏南方通信科技有限公司 位于洛阳镇岑村路 1 号，成立于 1992 年 7 月，是南方通信控股有限公司子公司，占地面积 3 公顷，建筑面积 2.58 万平方米。主要从事通信光缆、光纤光缆、电缆光缆、光电配件、电子元器件和通信设备的生产制造和研发，通过 ISO 9001 质量管理体系、ISO 14001 环境管理体系、OHSAS 18001 职业安全健康管理体系、两化融合管理体系、能源管理体系、测量管理体系等认证，打造以ERP及MES系统为核心的运营管理精细化、一体化管控平台。2023年，完成产值5.68亿元。

上药康丽（常州）药业有限公司　成立于1986年，2012年1月成为上海医药集团股份有限公司成员企业，占地面积6.5公顷，建筑面积3万平方米。专业从事原料药、中间体生产，有8个API品种获得国家药品监督管理局的GMP证书，部分产品获得欧盟CEP证书。质量体系通过韩国、巴西、墨西哥官方认证，于2016年7月、2017年5月先后通过美国FDA和日本PMDA认证。主要产品有核苷类抗病毒原料药（盐酸伐昔洛韦、泛昔洛韦、更昔洛韦、喷昔洛韦、阿昔洛韦）及中间体、沙坦类抗高血压原料药（缬沙坦）、拉唑类质子泵抑制剂原料药（雷贝拉唑钠）和抗真菌原料药（环吡酮胺）。2023年，完成产值2.13亿元。

【洛阳镇获评省优秀劳动关系和谐乡镇】　2023年12月28日，省人力资源社会保障厅、省总工会、省工业和信息化厅、省企业联合会/企业家协会、省工商业联合会发出《关于命名江苏省优秀劳动关系和谐企业与工业园区、乡镇（街道）的通知》，洛阳镇获评首批“江苏省优秀劳动关系和谐乡镇（街道）”称号。该镇以“洛心同行、职企同心”为主基调，围绕保障职工合法权益、着力化解劳动纠纷、护航企业健康发展，积极探索构建和谐劳动关系的新路径、新举措，形成具有洛阳特色的“永安里”工作法。以法护航，成立党委领导下的协调劳动关系三方委员会，不断完善政府、工会、商会（企业）共同参与的协商协调机制。近年未发生劳动纠纷群体性事件，劳动争议调解率达90%，仲裁结案率超过95%。以理促安，依托马鞍村“老沈工作室”、岑村村“民生茶舍”等阵地，积极构建镇、村、企业等共同参与的劳动争议多元化处理机制，镇劳动人事争议调解中心获评常州市金牌劳动人事争议调解组织。购买第三方服务，免费开展企业劳动用工诊断评估，增强企业主体意识。以情动人，推出“企业文明积分”制度，以“红榜公示”发挥优秀企业典型带动作用。开展职工子女暑托班、幸福课堂、助农送桃等活动，关心关爱职工生活，提升职工认同感和归属感。

【管城村罗巷创成省级绿美村庄】　2023年12月，管城村罗巷被命名为省级绿美村庄。罗巷自然村位于洛阳镇管城村东北角，距镇区6.5千米，东面与戴溪村相邻，东南边为锡溧漕运河，总面积3.47公顷，有村民63户，常住人口285人。主要种植水蜜桃、葡萄等经济作物，近年逐步恢复耕种水稻等粮食作物。2023年，结合管城村实际，按照省级绿美乡村创建要求，因地制宜利用村庄闲置地见缝插绿，对村组道路两边、边角地、宅前屋后种植石楠、紫薇、榉树等花木30多个品种，村庄绿化总面积1.56公顷，绿化覆盖率达45%，形成村容整洁、环境优美、景色宜人的绿色村庄。

（王玉冰）

横林镇

【概况】　横林镇位于常州经开区东部，东邻无锡市，西接遥观镇，南靠洛阳镇，北依横山桥镇，总面积46.67平方千米，辖行政村15个、社区6个。2023年年末，常住人口105200人。获得中国百强乡镇、全国小城镇综合改革试点镇、中国强化木地板名镇、中国强化木地板之都、中国强化木地板出口基地、国家外贸转型升级专业型示范基地、全国优质强化木地板生产示范区、国家卫生镇等称号。

产业发展　发展现代农业，建成高标准农田二期179.73公顷，累计高标准农田323.33公顷。推进项目建设，30个区级及以上重点产业项目总投资72.2亿元，其中12个竣工达产。深化“新槐引凤”招商行动，招引投资超亿元项目11个，储备项目7个，签约总额18.5亿元。加速园区更新，电子科创港主体封顶，绿色家居产业园一期主体施工，跨境电商产业园一期部分主体封顶，电子科技产业园二、三期全面腾空，新能源装备产业园全面签约、有序腾空。筑牢科技创新根基，新增国家级专精特新“小巨人”企业1家、省级智能车间1个、省级绿色工厂3家、省专精特新中小企业11家，省级企业技术中心3个、省级工程技术研究中心2个、省级工业设计中心1个，省三、四星上云企业22家，省级服务型制造示范企业2家、省级电子商务示范企业2家、市级智能车间1个、市专精特新中小企业10家，全镇高新技术企业累计93家。

城镇建设　延展城镇框架，打通道路交通堵点，朝阳路（南延）、漕上路（东段）、横洛东路、崔北路（园区段）9条道路竣工通车；配合312国道快速化改造、沪武高速扩建等重大交通项目，完成征地签约等前期工作；横林大道周边成片开发方案获批，全年支撑重点项目供地18.47公顷。完善城镇功能，完成新乐一村老旧小区改造、横林农贸市场外围环境提档升级；推进城镇地产开发，文濮雅苑、金茂悦一期小区交付，瑞禧花园小区主体封顶。保护生态环境，推进水域治理、大气防治，完成河道水系连通、生态整治12条和涉气企业整治551家，创成省级生态清洁型小流域1个和市、区级幸福河湖6条，五牧国考断面水质稳定达Ⅲ类水平，区域$PM_{2.5}$和臭氧浓度“双控双减”成效明显。建设美丽乡村，紧扣“乡村整治更新试点片区”建设契机，突出全域土地综合整治重点，统筹推进高标准农田建设、美丽乡村创建，狄坂集聚点一期先行区别墅分房完成，市政配套工程收尾，狄坂村获评江苏省乡村振兴示范乡镇示范村。加强城乡精细管理，优化“三标融合”（融合文明城市建设、城市长效综合管理、农村人居环境整治）城乡治理新模式，紧盯农村人居环境短板，集中开展文明实践小分队专项行动，农村“四乱”（乱搭建、乱张贴、乱堆放、乱拉线）现象明显改观。

社会事业　打造教育、卫生强镇，横林高中本科达线率、一本率保持全市第一方阵，中天、匡舍幼儿园建成开园，林南小学改造完成，横林初中创成省级青少年科技教育先进学校，江村幼儿园创成市级优质园；横林人民医院创成全市首家“二级甲等”中西医结合医院，与常州市第一人民医院建成专科医联体。深化文化建设，横林市民文化中心入选2023年度江苏省“最美公共文化空间”打造对象名单，冯仲云教育基地获评全国革命老区“老区精神教育基地”、常州市国防教育基地，廉政教育新阵地“廉享驿站”建成投用。加强民生保障，“德康驿站”、崔北村老年助餐点建成投用。全年发放低保金141万元、

2023年横林镇主要经济社会指标完成情况表

表65

指　　标	单　位	数　值	比2022年(±%)
地区生产总值	亿　元	214.36	5.3
公共预算收入	亿　元	7.74	51.4
农业总产值	万　元	9097	2.6
粮食总产量	万千克	300.5	23.8
工业销售收入	亿　元	359.84	6.1
实际利用外资及港澳台资	万美元	1359.9975	119
自营出口额	亿美元	15.05	−10.7
第三产业增加值	亿　元	108.73	13.1
居民人均可支配收入	元	61359	5.3

2023年横林镇各村（社区）基本情况表

表66

村（社区）名	户数（户）	户籍人口（人）	党组织书记	村委（社区居委会）主任（召集人）	集体经济收入（万元）
余巷村	385	1364	胡卫春	胡卫春	212
狄坂村	419	1443	吴寿波	吴寿波	798
顺庄村	428	1528	单　飚	单　飚	248
江村村	877	2799	周文俊	周文俊	539
红联村	909	2369	查栋云	查栋云	511
牛塘社区	949	2273	朱洪亮	朱洪亮	395
横林社区	1024	2723	戚晓峰	戚晓峰	268
林南村	825	2751	周秉诚	吴　芳	663
南方村	857	2676	王　超	王　超	335
新东方村	1240	3631	周立新	周立新	723
青司塘村	747	2408	赵耀祖	赵耀祖	775
镇西村	831	2432	钱孝明	钱孝明	701
崔桥村	977	2707	吴海峰	吴海峰	620
崔桥社区	—	—	—	—	—
庆丰村	1140	3675	丁卫忠	丁卫忠	761
卫星村	769	2505	许建飞	许建飞	688
双蓉村	1216	3835	谢　杨	谢　杨	664
崔北村	1001	3471	李　明	李　明	1268
昌盛社区	622	1667	钱　波	钱　波	—
下塘社区	1213	2980	金介刚	徐云华	—
瑞丰社区	2291	1843	钱文红	钱文红	—

说明：村党组织书记、村委会主任"一肩挑"

困境儿童补贴46万元、残疾人"两项补贴"298.2万元和尊老金156.9万元。

【中鑫新型环保装饰材料等工业重点项目建设】 中鑫新型环保装饰材料项目　由江苏中鑫家居新材料股份有限公司实施，新增用地面积9086.67平方米，新建厂房2.3万平方米，购置石塑地板线、混料系统、冷压机等设备371台（套）。于2022年7月开工建设，于2023年6月竣工，总投资3亿元，投产后形成年新增新型环保PVC地板3000万平方米的生产能力。

华一防静电活动地板项目　由常州市华一防静电活动地板有限公司实施，新增用地面积3.37公顷，新建车间5.6万平方米，购置网络板生产线、机器人、切边生产线等生产设备150台（套）。于2021年9月开工建设，2023年12月建成投产，总投资3.5亿元，达产后可形成年产OA型全钢活动地板1000万平方米的生产能力。

佳辰智能数据中心高端新材料一期　由佳辰控股集团有限公司实施，整合低效用地4.67公顷，新建厂房5万平方米，购置面板开平剪切生产线、四柱式全自动成型机、上下托板级进模生产线以及辅助设备等80台（套）。于2021年6月开工建设,2023年12月建成投产，总投资2亿元，达产后可形成年产硫酸钙地板500万平方米、GRC地板85万平方米的生产能力。

天润耐火装饰材料项目　由江苏天润盛凯新材料股份有限公司实施，利用存量土地，扩建厂房6.6万平方米，购置制胶设备、连续压机、多层压机、浸胶线、锯边机等设备99台（套）。于2019年8月开工建设，于2023年12月建成投产，总投资2.2亿元，达产后可形成年产耐火装饰板2200万张的生产能力。

可利夫PI聚酰亚胺薄膜项目　由江苏可利夫新材料科技有限公司实施，新增用地面积2.26公顷，新建厂房、办公大楼3.5万平方米，购置PI流延机、PI双拉机、PI分切机、高速分切机等主辅生产设施107台（套）。于2020年12月开工建设，2023年12月建成投产，总投资1.5亿元，达产后可形成年产PI聚酰亚胺薄膜200吨、PET薄膜2000吨的生产能力。

佳饰家装饰新材料项目　由江苏佳饰家新材料集团股份有限公司实施，利用存量厂房2万平方米，购置3D数码打印生产线、热压机生产线、PVC彩膜印刷生产线等高端设备57台（套）。于2022年6月开工建设，于2023年10月建成投产，总投资1.1亿元，达产后可形成年产3D数码打印饰面板1600万平方米、饰面板125万张、PVC彩膜3000吨、装饰纸1万吨的生产能力。

绿色家居产业园一期　由常州市金策常青园区发展有限公司实施，通过园区更新方式整合土地约12公顷，新建高标准厂房18万平方米。于2023年3月开工建设，总投资10亿元，助力绿色家居产业强链、补链和延链，加快产业集聚，增强竞争优势。

科维电子科创港　由江苏科维投资建设有限公司实施，通过园区更新方式整合土地4.41公顷，建设12幢4层车间、地上建筑面积9.6万平方米。于2023年3月开工，总投资3.5亿元，达产后可引进项目主要从事电子器件、通信设备配件、微电机、精密器械零部件等产品设计、制造、销售，为传统制造企业提升智能制造水平服务。

协和汽车电子智能化装备项目　由江苏协和电子股份有限公司实施，利用存量土地1公顷，新建厂房3.5万平方米，购置智能仓储设备、自动对位曝光机、贴合机等设备5台（套）。于2023年10月开工建设，总投资3亿元，达产后可形成年产高密度多层印制电路板100万平方米的配套生产能力。

布鲁新型防火装饰材料项目　由常州布鲁科技有限公司实施，租赁厂房5200平方米，购置储料仓、上料系统、自动配料系统、双轴强制搅拌机、智能制板流水线等设备105台（套）。于2023年3月开工建设，12月建成投产，总投资9000万元，达产后可形成年产新型高强纤维防火装饰板750万平方米的生产能力。

贝美新型环保装饰材料项目　由常州市贝美家居科技有限公司实施，利用存量厂房1万平方米，购置PVC挤出生产线、SPC石塑地板生产线、纵（横）向双端铣等设备100台（套）。于2023年3月开工建设，12月建成投产，总投资8500万元，达产后可形成年产新型环保装饰板2000万平方米的生产能力。

德莱墙地一体化新材料项目　由常州市德莱木业有限公司实施，利用存量厂房4800平方米，购置挤出线、自动混料机、自动UV光固化生产线共计50台（套）。于2023年5月开工建设，12月建成投产，总投资5500万元，达产后可形成年新增墙地一体化新材料1000万平方米的生产能力。

天虹新型环保装饰纸准分子高档装饰板项目　由常州市天虹装饰材料有限公司实施，利用存量厂房2.1万平方米，新增新型高档全自动印刷线、EB电子束生产线、空压机、废气治理设施等设备13台（套）。于2023年6月开工建设12月建成投产，总投资5200万元，达产后可形成新增年产新型环保装饰纸2000吨、准分子高档装饰板200万张的生产能力。

维意美嘉环保印刷装饰纸项目　由常州市维意美嘉新材料有限公司实施，租赁厂房3300平方米，购置全自动高速印刷线、智能复卷机等主辅设备31台（条、套）。于2023年6月开工建设，12月建成投产，总投资5500万元，达产后可形成年产印刷装饰纸6000万平方米的生产能力。

展硕汽车增压器核心部件项目　由常州市展硕机械有限公司实施，租赁厂房4800平方米，购置加工中心、数控车床、全自动数控珩磨机等进口设备166套。于2023年6月开工建设，12月建成投产，总投资7000万元，达产后可形成年产汽车增压器核心部件300万套的生产能力。

凯荣智能家居及汽车核心金属构件项目　由常州市凯荣机械科技有限公司实施，租赁厂房4000平方米，购置磨床、抛丸机、浸漆线、喷塑线、去锐机等设备68台（套）。于2023年7月开工建设，12月建成投产，总投资5200万元，达产后可形成年产智能家居、汽车核心金属配件200万套的生产能力。

崔桥锁业新型装饰材料产业化项目　由常州市崔桥锁业有限公司实施，利用存量房产6600平方米，购置挤出线、自动混料机、自动UV光固化生产线共计46台（套）。于2023年9月开工建设，总投资5500万元，达产后可形成年新增新型装饰材料400万平方米的规模。

美特高精密电磁阀式喷射器项目　由常州市美特精密电机有限公司实施，利用存量厂房4900平方米，购置日本自动绕线机等进口设备25台（套），自动线圈装配机、多功能数控车床、精密冲床等国产设备92台（套）。于2023年10月开工建设，总投资1.1亿元，达产后可形成年产高精密电磁阀式喷射器500万件的生产能力。

裕丰智能家具产业化项目　由常州市常州裕丰家具有限公司实施，利用存量厂房38159平方米，改造或更新机加工设备50台、焊机20台，并智能化提升改造原有的前处理线1条、喷塑线1条，合计设备72台（套），购置焊接机器人、数控激光切割机、注塑机、水性漆涂装线等主辅设备331台（套）。于2023年10月开工建设，总投资10580万元，达产后可形成年产智能沙发9万套、医养智能电动调节床11万张、智能办公家具5万套的规模。

【实施房地产开发项目3个】　文璞雅苑高端酒店综合体　位于横林镇公园西侧，由常州市天悦置业有限公司实施，利用存量厂房2万平方米，新增用地2.78公顷，总建筑面积9.2万平方米，建设住宅楼5幢、商业建筑及配套设施2万平方米。于2021年10月开工建设，2023年12月竣工交付，总投资9.6亿元。

弘元潮悦荟商业综合体项目　位于横林镇横林大道与顺通路交会处，涵盖商业MALL、星级酒店、公寓式酒店、

10月，弘元潮悦荟商业综合体项目竣工　　（供图/横林镇）

潮流商业街等多元复合型业态。于2020年10月开工建设,2023年10月竣工交付,总投资2.3亿元,建设面积57705.61平方米,充实横林地区商业模式,满足市民对餐饮娱乐、休闲购物的需求。

天禧置业安居工程　由常州市天禧置业有限公司实施,新增用地5.59公顷,总建筑面积16.3万平方米,建设住宅楼8幢、商业建筑及配套设施1万平方米。于2023年3月开工建设,总投资7.8亿元。

【冯仲云纪录片在央视《国家记忆》栏目播出】　7月6日,由常州市委宣传部、常州经开区党工委、横林镇政府共同出品,江苏恐龙园赞奇影业有限公司承制拍摄的"常州名人系列——冯仲云"纪录片《从数学才子到抗战名将》,在央视四套《国家记忆》栏目播出。该纪录片主要讲述冯仲云从清华大学数学才子到东北抗日联军著名将领的传奇历程,再现东北抗联将士为抗击外侮英勇奋斗的光辉历程和冯仲云将军鞠躬尽瘁的革命一生,兼具时代特征、中国特色、江苏特质,是一部集思想性、教育性、艺术性于一体的经典文献电视纪录片。横林镇作为冯仲云的故乡,通过打造冯仲云教育基地、将横林中心小学更名为冯仲云小学、制作冯仲云纪录片等方式,持续盘活红色资源、打造红色地标。

【横林人民医院创成二级甲等中西医结合医院】　2023年3月,横林人民医院(武进区中西医结合医院)被确定为二级甲等(简称二甲)中西医结合医院,成为全市首个二甲基层医疗机构。该医院于2019年开启二甲创建工作,围绕党建、中西医结合服务功能、综合服务功能等方面,狠抓中医内涵质量建设,持续改善医疗服务,全面提升医院管理、医疗技术水平和中医药服务能力。至2023年,拥有特色科室省级2个、市级3个,年均门急诊30余万人次,年均住院6000余人次。2021年11月,获评"江苏省农村区域性医疗卫生中心"。

【新槐社区揭牌成立】　10月27日成立。新槐社区东起顺通路,西至红丰路,南起铭宸雅苑小区,北到三观路,常住人口8000多人;社区党支部委员会、居民委员会(简称两委)成员7人,配备工作人员8人,划分网格5个。年内,坚持以解决居民迫切需求作为工作出发点和落脚点,用心倾听居民提出的问题,尽最大能力帮助居民化解矛盾、解决困难。

(李玉和)

遥观镇

【概况】　遥观镇位于武进区东南部,东临横林镇,西接湖塘镇,南靠洛阳镇,北依横山桥镇,总面积45.29平方千米,下辖行政村13个、社区9个。2023年年末,常住人口11万余人。获得国家新型工业化产业示范基地、国家卫生镇、国家生态镇等称号。2023年,名列全国千强镇排名第50位、全国镇域高质量发展第47位,获评江苏省锡剧之乡称号。

产业发展　发展现代农业,建成高标准农田74.3公顷,年华牧业生猪现代化养殖场创成省级畜禽养殖全程机械化示范场、常州市数字农业农村基地项目,常州市蒋记食品有限公司、常州骆马湖食品有限公司、常州市缘乐净菜有限公司分别为省级、市级、区级农业产业化龙头企业,拥有"蒋凤记""清道夫""品益味"等品牌农产品,其中绿色食品8个、江苏省品牌目录2个、名特优农产品4个,"蒋凤记"酱板鸭获第二十二届中国绿色食品博览会金奖。有工业企业2200余家,其中规模以上工业企业223家,全年完成规模以上工业产值451.3亿元。推进项目建设,中车、五洋新能源等14个重点项目开工建设,华联电控等17个项目竣工投产,投资完成率达96%;新增入库区重点项目10个、市重大项目4个,中车、新磁、长海3个项目入选省重大项目清单;签约投资超10亿元项目2个、超亿元项目10个。推进园区更新,宋剑湖创新智慧港一期14栋厂房交付使用,二期5栋厂房主体封顶;东方环保科技产业园工业废水预处理"绿岛"项目建成投运,循环产业园一期开工建设;新誉运河智创湾雏形初显,新华昌总部主体封顶。推进全市首批智能制造示范区建设和科技创新,哈焊所华通(常州)焊业股份有限公司、江苏宏亿精工股份有限公司创成国家级专精特新"小巨人"企业;常州东传链传动科技股份有限公司等4家企业创成省四星级上云企业,常州苏马精密机械有限公司等18家企业创成省三星级上云企业,累计星级上云企业48家;今创集团有限公司创成省级智能车间,御马精密科技(江苏)股份有限公司创成市级智能工厂,累计培育省级智能工厂(车间)5家、市级智能工厂(车间)14家;江苏长海复合材料股份有限公司获评国家级绿色工厂,光大环保技术装备(常州)有限公司获评国家级绿色供应链管理企业,480吨/天高热值固废水冷炉排焚烧炉入围江苏省首台(套)重大装备,光大环保能源(常州)有限公司获评国家生态环境科普基地;灵通展览系统股份有限公司入选江苏民营文化企业30强,新华昌集团有限公司、今创集团有限公司入选江苏民营企业200强。国家级众创空间累计入驻企业143家,获

御马精密科技(江苏)股份有限公司俯瞰　(摄影/张欣如　摄于2023年7月)

评省“双创”人才3人，常州市昊升电机股份有限公司晋升“新三板”创新层。

镇村建设　统筹推进城镇更新，组织实施《加快宋剑湖生态新城建设三年行动计划》，中吴大道片区综合开发作为启动区强势起步。完善基础设施，留道路、夏和路、华通路竣工通车，宛沿河滨湖景观公园建成开放，新增智慧停车场3个、停车位510个，遥观公交首末站完工。开展征迁安置，实施剑横路西侧地块、光电科技港一期和循环产业园一期3个园区项目，312国道快速化改造、沪武高速扩建和沪武高速扩建配套工程3个基础建设项目，完成签约民房437户、企业72家；办理半岛家园、宋剑湖家园、白塔新村、通济家园4个安置房小区大产权3892套。提升小区人居环境，实施剑苑小区和武航宿舍老旧小区改造工程，总投资约3000万元，惠及居民684户。统筹绿色发展和乡村振兴，推进VOCs清洁原料替代等大气综合治理、涉磷企业分级分类整治、土壤源头防控，实施农村生活污水治理和提升工程，完成宋剑湖、谈家圩片区、黄天圩沟和钱家浜水环境整治工程，宛沿河河道及沿河景观绿化工程、采菱港塘桥段仿木桩河坡加固及新建钢筋混凝土防洪墙工程。宋剑湖社区获评省级生态宜居美丽示范村（社区），洪庄社区获评江苏省宜居宜业和美乡村，渔庄村、勤新村获评全市生态文明建设示范村，郑村村入选市级人居环境“红榜村”，累计创成市级示范幸福河湖3条、区级幸福河湖8条，宋剑湖片区治理工程获评市生态绿城建设优秀项目；生活垃圾无害化处置实现镇域全覆盖，芳庄社区率先完成市级垃圾分类行政村提标改造，镇卫生院获评省公共机构生活垃圾分类示范点，中心街区入选全省城市户外广告和店招标牌设施设置“规范片区”典型案例。

社会事业　推进教育优质均衡发展，宋剑湖高级中学、临津小学、中天实验幼儿园、云禾幼儿园4所学校建成投用，新增学位4320个；遥观初级中学获评2023年度全国“小平科技创新实验室”拟建设学校，遥观中心小学获评省艺术教育特色学校，宋剑湖小学创成新优质学校，遥观镇获评市履行教育职责成效明显镇。深化文旅融合，举办“兰腔传锡剧、英韵展遥光”王兰英戏剧周、第三届宋剑湖马拉松、青年职工音乐节暨美食夜集等大型活动，承办“幸福江苏”十公里路跑锦标赛选拔赛（遥观站）、全市第三届星空读书节等活动，遥观镇获评江苏省锡剧之乡，玉螺泉甜白酒“常州糯米酒酿造技艺”获央视报道。优化公共卫生服务，镇卫生院门诊病房综合大楼建成投运，与市儿童医院开展医联体合作，塘桥村、新南村卫生室获评省甲级村卫生室。加强社区建设，市民中心新地标获全民健身设施补短板工程中央预算内资金支持，留道社区创成全国示范性老年友好型社区，“小窑灯”社

表67

2023年遥观镇主要经济社会指标完成情况表

指　　标	单　位	数　值	比2022年（±%）
地区生产总值	亿　元	239.7	3.5
公共预算收入	亿　元	10.35	10.5
农业总产值	亿　元	0.46	−16.0
粮食总产量	万千克	91.2	−55.7
工业销售收入	亿　元	460.59	3.5
实际利用外资及港澳台资	万美元	149.7	—
第三产业增加值	亿　元	73.07	—
居民人均可支配收入	元	60649	5.3

表68

2023年遥观镇各村（社区）基本情况表

村（社区）名	户数（户）	户籍人口（人）	党组织书记兼村委（社区居委会）主任	集体经济收入（万元）
渔庄村	385	1490	吴群峰	319.21
桥南村	719	2108	吴政国	501.66
塘桥村	686	2384	黄建国	539.64
东方村	892	3016	梅　佳	567.70
建农村	595	2028	周海良	708.89
东村村	638	2365	郑　勇	306.88
遥观村	1330	3665	刘华伟	527.57
薛墅巷村	554	2013	吴景伟	462.15
通济村	520	1941	吴南武	837.83
前杨村	666	2174	杨　军	300.48
新南村	1225	3868	王　赟	1138.04
勤新村	800	2703	周建明	1277.33
郑村村	553	1878	杜骏华	472.35
印墅社区	580	1805	戴　勤	224.09
芳庄社区	522	1448	张中海	372.53
留道社区	475	1754	戚建平	375.89
钱家塘社区	537	1571	洑忠伟	551.34
洪庄社区	480	1623	董国华	500.88
宋剑湖社区	2825	3981	邹　文	101.97
遥观社区	1026	3739	刘惠玉	—
剑湖社区	1030	2353	洑兆伟	—
剑苑社区	1066	403	沈澎澎	—

说明：村（社区）党组织书记、村委会（社区居委会）主任“一肩挑”

工服务站揭牌成立。加强民生保障，新增就业岗位4100多个，扶持各类人员自主创业628人，创业带动就业1218人；推进全民参保，实现特殊群体应保尽保；开展社会救助，发放各类慈善救助及保障金873万元，救助各类对象1620人次。镇慈善分会新募集慈善资金800万元，连续四年获得区优秀慈善分会称号。

【长海玻纤等6个重大项目建设】 长海高性能纤维复合材料智能制造二基地项目　为省重大项目，由江苏长海复合材料股份有限公司实施，新增用地面积34.67公顷，建设60万吨高性能玻璃纤维智能制造基地，新建池窑拉丝联合厂房、制品和粉料加工厂房、仓库及配套生产辅房、办公用房等建筑47.8万平方米，引进全自动丝饼拉丝机250台（套），购置耐高温单元窑、纯氧燃烧系统、自动物流及包装系统等国产设备2.74万台（套）。于2023年3月开工，达产后可形成年产高性能玻璃纤维纱及制品60万吨的生产能力。

中车大功率行星传动系统项目　为省重大项目，由中车戚墅堰机车车辆工艺研究所股份有限公司实施，新增用地面积13.33公顷，总建筑面积约12万平方米，购置风电齿轮箱试验台、齿圈感应淬火、磨齿等主辅设备671台（套），建设大功率行星传动系统项目。于2023年9月奠基，总投资10亿元。

新磁高性能钕铁硼永磁元件项目　为省重大项目，由江苏新磁材料科技股份有限公司实施，租赁厂房3万平方米，购置真空熔炼炉、连续式氢碎炉、真空烧结炉等主辅设备187台（套）。于2023年6月开工，总投资12亿元，达产后可形成年产高性能钕铁硼永磁元件5000吨的生产能力。

大众标准件新能源汽车安全系统零部件项目　为市重点项目，利用存量用地新建厂房4.9万平方米，引进网带热处理炉、井式球化炉等设备17台（套），购置零件成型机、数控攻牙机、数控车、加工中心、变压器、环保设备等国产设备245台（套）。于2023年9月开工，总投资1亿元，达产后可形成年产新能源汽车三电及安全系统零部件3亿件的生产能力。

御马高精密电机零部件项目　为市重点项目，由御马精密科技（江苏）有限公司实施，新增用地面积4.53公顷，新建厂房、研发中心等7万平方米。于2022年5月开工，2023年12月竣工，总投资10亿元，达产后可形成年产定转子电机铁芯6000万套的生产能力。

华联电控通信机柜生产基地　为市重点项目，由常州市武进华联电控设备有限公司实施，整合低效用地2.53公顷，新建厂房及研发办公楼共5.9万平方米，购置数控冲床、数控折弯机、数控剪板机、全自动上料机等国产设备209台（套）。于2021年11月开工，2023年10月竣工，总投资3.5亿元，达产后可形成年产5G通信智能装备6万套、电气控制设备用柜体6万套、机械零部件160万件的生产能力。

【遥观镇新增高新技术企业32家】 2023年，遥观镇新增高新技术企业32家。

2023年遥观镇新增高新技术企业基本情况表

表69

企业名称	占地面积（平方米）	建筑面积（平方米）	产值（万元）
常州优洁包装材料有限公司	3338	6677	4700
常州威斯敦粘合材料有限责任公司	400	787	6714
常州泰达声学科技有限公司	2666	1500	1000
常州达康健身器材有限公司	6000	6000	2124
常州恒昱机械制造有限公司	1800	1300	844
常州智宇伟业机械制造有限公司	1000	1000	260
常州市斯比泰机械制造有限公司	1666	800	580
常州市天牛传动设备股份有限公司	4000	5000	3711
常州市苏明仪器有限公司	833	833	8679
常州市吉诺装饰材料有限公司	7458	6723	4471
常州市中海船舶螺旋桨有限公司	31572	22000	40220
常州金达焊接设备制造有限公司	2566	1300	600
常州艾克特纺织科技有限公司	3297	3297	3200
常州市明武精密铸造有限公司	6833	3500	4500
常州东传链传动科技有限公司	20000	20000	4920
常州晋志德机械科技有限公司	6333	5300	2720
江苏华铁铁路机械制造有限公司	23333	10000	16500
凌跃机电科技（常州）有限公司	4092	4092	1385
江苏科萝交通科技有限公司	2000	2000	1882
常州瑞冉新材料科技有限公司	5000	3500	5823
常州丰裕特种轴承有限公司	3902	3902	3721
常州市轩朗机电有限公司	500	770	200
常州汉邦工程塑料股份有限公司	2000	1500	2394
常州煌喆新材料科技有限公司	800	1000	380
江苏苏冠公共设施有限公司	2600	2100	1086
常州市丰源微特电机有限公司	3839	9000	5869
常州市通懋新材料科技有限公司	3000	2655	480
常州东盟机械有限公司	8000	3500	1970
常州市武进红宇照明电器有限公司	13220	14778	1802
常州旻盛电子有限公司	4500	4500	4152
常州市宏汇合机械制造有限公司	18000	12530	20269
常州市福瑞得电机有限公司	820	1500	500

【遥观镇获国家级专精特新“小巨人”企业认定2家】 2023年，遥观镇有2家企业获国家级专精特新“小巨人”企业认定。

哈焊所华通（常州）焊业股份有限公司 位于遥观镇长虹东路386号，成立于1997年，占地面积26.93公顷，建筑面积18万平方米，是国家发改委国有企业混合所有制改革第四批试点单位、高新技术企业，2022年3月在深交所创业板上市。专业从事各类熔焊材料研发、生产和销售，建有江苏省首批院士工作站、省焊接材料工程技术研究中心、省企业技术中心，承担国家重点火炬计划、江苏省重大科技创新与成果转化、国家工业强基项目等重大项目，参与多项焊接材料国家和行业标准起草工作，年产各类焊接材料20万吨。2023年，完成产值10.7亿元。

江苏宏亿精工股份有限公司 位于遥观镇大明中路8号，成立于2006年，占地面积15.33公顷，建筑面积14万平方米，为国内少数拥有原材料加工、制管、热处理、机加工的汽车精密管件全流程生产企业，主要产品有精密无缝钢管、焊管以及机加工管件，应用于汽车、摩托车、工程机械等行业。

【年华牧业入选省级畜禽养殖全程机械化示范场】 2023年4月，省农业农村厅公布第二批畜禽养殖全程机械化示范场名单，常州市年华牧业有限公司（经开区、生猪养殖）入选。该生猪养殖场位于遥观镇渔庄村和东方村，由江苏立华牧业股份公司全资子公司常州市年华牧业有限公司（简称年华牧业）运营，于2020年5月实施项目建设，总投资8000万元，新建经开区年出栏3万头商品猪现代养殖项目，即商品猪楼房5层1栋及配套附属设施，总建筑面积约3万平方米。于2021年7月建成投产，成为国内现代化、自动化程度较高的楼房式养猪场和常州市“菜篮子”工程，具有节能集约化程度高、生产设备全自动化、畜禽粪污全部资源化利用、全程封闭式管理等特点。

【宋剑湖文旅融合发展】 遥观宋剑湖是常州市四大湖泊之一，拥有珍贵的湿地资源，“宋剑湖湿地公园文旅提升”项目于2021年10月被纳入常州市“532”发展战略文旅产品融合创新工程。2023年，遥观镇持续推进宋剑湖文旅融合发展，充分挖掘人文资源特色，举办“兰腔传锡剧、英韵展遥光”王兰英戏剧周、第三届宋剑湖马拉松等大型活动，承办“幸福江苏”十公里路跑锦标赛选拔赛（遥观站）、全市第三届星空读书周等活动，吸引各类游客超10万人次。举办非遗文化展，常州糯米酒酿制作技艺、遥观冰糖圆蹄制作技艺、遥观黄氏中药熬膏技法、蒋凤记酱板鸭制作技艺入选常州经开区首批非物质文化遗产代表性项目名录，玉螺泉甜白酒“常州糯米酒酿造技艺”获央视报道。

【遥观镇获评江苏省“锡剧之乡”称号】 10月12日，在常州现代传媒中心举行的“吴音雅聚、梅妍江南”锡剧发展大会开幕式上获评。遥观镇作为著名锡剧表演艺术家王兰英的故乡，一直以王兰英为文化骄傲，致力打造“王兰英”锡剧品牌。在镇全民健身中心一楼建设王兰英大剧院，总面积1300余平方米，设有现代化锡剧剧场、王兰英生平展馆、共享阅读空间等区域，单场可容纳200余人，建成投用后成为全市第一家锡剧综合体。锡剧群众基础深厚，有骨干锡剧团队5支、锡剧爱好协会组织10余个，锡剧演员、票友和爱好者近千人。组织镇级专场活动超30场、群众锡剧活动500余场，覆盖群众超10万人次。创新推进锡剧校本课程，宋剑湖小学创立“王兰英锡剧课程基地”——蓝湖锡韵，打造“承兰苑”锡剧艺术长廊，通过营造氛围、开设课程、研究读本等多种形式，激发学生兴趣爱好。坚持推进“锡剧进校园”常态开展，每年邀请常州锡剧团、武进锡剧团等专业演员走进遥观中小学开展“戏曲进校园、经典共传承”等活动，加强锡剧在青少年群体中的传播力。

【遥观镇商会获评全国“四好”商会】 遥观镇商会成立于2001年，实行动态进出机制，到2023年有会员企业118家。该商会积极开展“四好”商会建设。推动商会特色发展，向企业宣传党委政府的政策理念，了解企业对于用地、建设、环保等方面的困难和诉求，帮助协调解决问题，为区域经济社会发展贡献商会力量。深入企业调查研究，聚焦41位优秀企业家，出版发行遥观企业家精神系列丛书《窑光Ⅰ》《窑光Ⅱ》，宣传和弘扬企业家艰苦创业、开拓创新、争创一流、坚守实业、乐于奉献的精神和情怀。2023年，全镇入库税收超千万元商会企业26家，其中超亿元企业2家；参与各类慈善事业，累计为遥观慈善分会、遥观教育基金捐赠超5000万元，会员企业今创控股集团有限公司和御马精密科技（江苏）股份有限公司均获2023年度常州市红十字奉献奖一星奖。

（梅嘉慧）

横山桥镇

【概况】 横山桥镇位于武进区东北部，东临无锡市，西接潞城街道，南靠横林镇，北依天宁区郑陆镇，总面积58.23平方千米，辖行政村19个、社区5个。2023年年末，常住人口95831人。境内横山风景区形成大林寺、白龙观等景点15处，有“横山”百叶、“横山”肉松、“横山”芹菜、“常润”栝楼籽、“芙蓉”鲜螺、“芙蓉”珍珠等名特农产品。先后获评全国重点镇、全国环境优美镇、国家卫生镇和江苏省生态文明建设示范镇、江苏省健康镇，是全国小城镇综合改革试点镇、全国农业旅游示范点。

产业发展 壮大农业规模，建成高标准农田二期224.07公顷，完成小麦夏收面积206.67公顷、水稻秋种面积393.33公顷。有工业企业2134家，其中规模以上企业241家，全年完成规模以上工业产值404.1亿元，占全镇工业总产值的90.44%。推进重大项目建设，蔷巷电流故障智能自控保护器项目等11个产业项目竣工，新增省市重大项目4个，34个重点项目完成投资41.6亿元；扩大招商引资，签约项目17个，总投资近42亿元，招引投资超10亿元项目1个、超亿元项目12个。推进科技创新，新增江苏省星级上云企业17家、省市级专精特新企业27家、智能制造示范车间企业4家；江苏兰陵高分子材料有限公司入选全省首批创新管理知识产权国际标准实施试点企业，常州恒锌禹晟智能装备股份有限公司获评国家级专精特新“小巨人”企业，江苏江南实业集团有限公司连续8年入围中国制造业民

营企业500强。推进企业股改上市，常州市龙鑫智能装备有限公司等6家企业完成股改，常州科德水处理成套设备有限公司获批"新三板"挂牌，累计"新三板"挂牌企业5家。发展现代服务业，完成限上贸易销售总额38.3亿元、规模以上服务业营业收入18.7亿元。

镇村建设　强化城乡规划，完成全域乡村空间规划编制；优化国土空间规划布局，完成恒耐二期、龙潭湖等地块控制性详细规划修编及镇村布局规划更新。推进城乡路网建设，完成镇区主干道路江南路、文明路提档升级和横中路路面改造提升，顺丰产业园配套桥梁、兴庄路新建工程和奚巷线改造工程竣工通车，园东路新建工程获评市级市政优质工程。推进征迁安置，实施沪武高速扩建、剑横路西侧地块、八方工业园二期、芳茂山生态整治二期征迁，拆除民房263户、企业21家，累计面积超12.5万平方米；完成横山桥高中西侧地块、中邦地块、山水小学东侧地块出让手续，元著山居、桃源东方等品质商住项目施工建设。推进农村宅基地制度改革（简称宅改），交付原址翻建的周刘家村新农居146套，完成蓉湖东苑新农居分房71套，双庙、蓉湖一期320套新农居基本竣工。扩大保障性住房供给，建成紫霞三期、悦蓉雅苑安置房1128套，完成新庄花苑集中分房323套。保护生态环境，芳茂山生态整治一期工程全面完工，沐心园建成开放，新增绿化面积8.7万平方米；接续实施水环境综合治理三期、四期项目，完成河道消劣整治8条、河道清淤6.5万立方米、农村生活污水治理自然村33个，新建污水管网3.1千米；推进"危污乱散低"综合治理，整治出清企业24家。优化城乡管理，完善市政设施，推动镇容村貌持续好转。五一村获评省乡村振兴示范村、省生态文明建设示范村，东柳塘村、金丰村获评省生态宜居美丽示范村，星辰村获评市美丽庭院示范村，梁家桥周刘家村创成省级特色田园乡村和市级美丽乡村。

社会事业　提质扩容教育事业，山水实验小学建成投用，横山初中改（扩）建、芙蓉湖畔幼儿园新建工程顺利竣工，新增学位2490个；横山桥中心幼儿园、山水实验幼儿园分别创成省级普惠托育机构、省优质幼儿园，芙蓉初中、芙蓉

表70　2023年横山桥镇主要经济社会指标完成情况表

指　标	单　位	数　值	比2022年（±%）
地区生产总值	亿　元	216.3	5.0
公共预算收入	万　元	77906	46.4
粮食总产量	吨	4273.4	43.4
工业销售收入	亿　元	436.2	15.2
利用外资及港澳台资	万美元	25393.9	1.6
第三产业增加值	亿　元	95.7	6.3
居民人均可支配收入	元	61442	5.3

表71　2023年横山桥镇各村（社区）基本情况表

村（社区）名	户　数（户）	户籍人口（人）	党组织书记兼村委（社区居委会）主任	集体经济收入（万元）
东洲村	762	2320	张中华	427.15
横山桥村	685	2250	吴庆峰	393.33
芳茂村	628	2449	李网度（至11月） 是国炳（11月任）	912.03
西崦社区	703	2155	周耀光	422.53
星辰村	650	2215	王银瑞	678.63
省庄村	382	1863	方晓军（至3月） 韩亚伟（3月任）	1260.71
金丰村	797	2868	金文华	504.68
奚巷村	536	2056	章晓伟	1246.05
五一村	1275	4650	徐　洁	2258.76
新安村	1303	3659	刘志叶	1746.44
东城湾村	560	1316	吕　俊（至3月） 周宇清（3月任）	287.43
东风村	802	2522	丁耀强	1463.36
双庙村	768	3059	岳阳波	263.37
东周村	1216	3947	王　蓓（至3月） 钱晓峰（3月任）	455.33
东柳塘村	585	1898	单立波	257.74
西柳塘村	725	2307	刘建群（至3月） 刘韩锋（3月任）	288.37
梁家桥村	705	2281	梁晓东	309.24
芙蓉村	902	2843	汤建斌	566.53
蓉湖村	519	2911	殷文杰	329.32
朝阳村	878	2734	王　年（至11月） 吕　俊（11月任）	560.33
横山桥社区	1428	3220	刘常羽	—
山水社区	763	1623	包英华	—
新安社区	557	992	范本东	—
芙蓉社区	562	995	刘　东	—

说明：村（社区）党组织书记、村委（社区居委会）主任"一肩挑"

小学创成市新优质学校，新安小学、芙蓉小学获评市墨香校园，横山桥镇获评常州市履行教育职责成效明显乡镇。深化文化惠民工程，举办应芳文化艺术节、夏季篮球赛等文体惠民活动百余场。提升卫生健康服务能力，横山桥人民医院创成全市首家基层二甲综合医院，相关工作经验获央视报道，消化内镜诊疗中心入选省农村区域性医疗卫生中心十大相关功能中心；芙蓉卫生院完成升级改造；芳茂村、金丰村卫生室竣工投运。优化公共服务，建设为民服务阵地，完成6个便民服务站改造升级。夯实社会治理，探索乡村治理"一村一品"新路，五一村获全国乡村治理示范村称号，芳茂村创成市平安法治和谐示范点。加强民生保障，新增就业岗位4300余个，扶持创业125人，实现失业再就业305人，新增社保扩面852人，发放救助保障资金近700万元，智能装备产业园获评市创建和谐劳动关系先进工业园区。

【薛巷电流故障智能自控保护器项目等11个产业项目竣工】 薛巷电流故障智能自控保护器项目 由常州市薛巷电讯股份有限公司实施，新增用地面积3公顷，新建智能化工厂6.5万平方米，引入ERP、MES生产管理系统，购置全自动压接机、多头拉、注塑机等生产设备。于2021年9月开工，2023年9月竣工，总投资5亿元，达产后可形成年产电流故障智能自控系统1.2亿套的生产能力。

佳胜车用内饰新材料项目 由常州市佳胜无纺布有限公司实施，新增用地面积2公顷，新建厂房3.5万平方米，新增针刺、热轧、水刺生产设备和多功能无纺布性能设备等。于2022年9月开工，2023年12月竣工，总投资3亿元，达产后可形成年产高性能车用、医用新材料1万吨的生产能力。

道铖轨道交通零部件项目 由常州市道铖精密机械有限公司实施，利用自有厂房2.9万平方米实施适应性装修改造，购买清洗机、喷漆房、数控车床等生产设备。于2021年6月开工，2023年12月竣工，总投资3亿元，达产后可形成年产轨道交通精密机械零部件20万套的生产能力。

蓝天腾飞管道加油系统项目 由常州市蓝天腾飞航空设备有限公司实施，新增用地面积1.33公顷，新建厂房2.5万平方米，购置日本龙泽斜轨数控机床、韩国大宇加工中心、德国西门子激光切割等先进智能设备。于2022年12月开工，2023年12月竣工，总投资1.3亿元，达产后可形成年产飞机管道加油系统5000套的生产能力。

巧创智能抗菌净化门窗项目 由常州巧创门窗科技有限公司实施，整合低效用地0.67公顷，新建厂房1.3万平方米，购置川崎机器人、西门子激光等设备，建设标准化净化车间。于2022年5月开工，2023年12月竣工，总投资6500万元，达产后可形成年产智能抗菌净化门窗60万平方米的生产能力。

薛巷电讯高速线缆组件项目 由常州市薛巷电讯股份有限公司实施，利用原有厂房5000平方米，改建为专用无尘电子车间约3000平方米，用于高速线缆组件的生产制造，引进国外先进的信号自动测试系统、高速冲床，购置业内先进生产设备全自动产线、高速冲床等设备，规划建设智能化工厂。于2022年10月开工，2023年12月竣工，总投资5000万元，达产后可形成年产Slim SAS高速线缆组件100万套的生产能力。

顺丰（常州）智慧物流园项目 由深圳市丰泰电商产业园资产管理有限公司实施，新增用地面积13.33公顷，新建功能建筑面积13.3万平方米，包括电商企业中心、产业综合服务中心，"智慧+"高端物流服务区、分拣中心、JIT制造物流中心、电商冷链物流中心等。于2021年7月开工，2023年12月竣工，总投资11亿元。

圣健新型装饰材料项目 由江苏圣健新材料有限公司实施，租赁厂房1.2万平方米，购置压贴生产线、UV板生产线、浸胶线等设备。于2023年2月开工，9月竣工，总投资1亿元，达产后可形成年产新型装饰材料2500万张的生产能力。

包装装潢印刷品及新型高档装饰纸项目 由江苏联曦新材料科技有限公司实施，利用自有厂房6071.4平方米，购置自动化印刷线、连续化印刷机、废气废水环保处理设施等设备。于2023年7月开工，12月竣工，总投资6000万元，达产后可形成年产包装装潢印刷品6000吨、新型高档装饰纸5000吨的规模。

年产110万立方米蒸压加气混凝土制品余热利节能技改项目 由常州市江山新型建筑材料有限公司实施，对原有生产线实施自动化改造，同时新增新（蒸汽蓄能器）蒸压釜（一、二期）自动化余热回收控制系统等，减少能源消耗，做到环境保护和节能生产。于2023年8月开工，10月竣工，总投资3800万元。

年产3万台发电机组项目 由常州大道机械有限公司实施，租赁生产厂房1.32万平方米并加以装修，购置发电机组装配线、柴油机装配线、大发电机组装配线等，另配置250千伏安变压器。于2023年8月开工，11月竣工，总投资1.01亿元，达产后可形成年产发电机组3万台的生产能力。

【横山桥镇入选省级及以上荣誉企业3家】 2023年7月，常州恒锌禹晟智能装备股份有限公司入选第五批国家级专精特新"小巨人"企业。该公司成立于2012年5月，主要研发、生产涉及光学膜、锂电池、广告耗材等行业各种功能性薄膜涂布设备，具有丰富的卷材类生产、制造及研发工作经验，拥有发明专利、实用新型专利合计53件，获评高新技术企业、江苏民营科技企业、江苏省专精特新中小企业、苏南自创区瞪羚企业等称号，拥有发明专利、实用新型专利合计70余件。2023年，完成产值9214万元。

8月，江苏兰陵高分子材料有限公司入选首批江苏省创新管理知识产权国际标准实施试点企业。该公司成立于1991年5月，主要生产防腐涂料、防火涂料、工业涂料等十大类系列产品，年生产能力超10万吨。获得专精特新"小巨人"企业、专精特新重点"小巨人"企业、制造业单项冠军企业、国家知识产权优势企业等称号。公司拥有国家级博士后科研工作站、江苏省研究生工作站、江苏省钢结构重防腐防火涂料工程技术研究中心、江苏省企业技术中心、江苏省高性能防腐防火涂层材料工程研究中心等技术研发平台，具有强大的自主研发能力，拥有授权专利56件，其中授权发明专利25件，主持起草或参与制定、修订国家、行业标准30多项。

2023年，公司完成产值10.55亿元。

9月，江苏江南实业集团有限公司分别入选2023中国民营企业制造业500强、2023江苏民营企业200强、2023江苏民营企业制造业100强，并获江苏省高性能耐腐蚀家电板工程技术研究中心认定。该集团成立于1987年11月，是首批全国乡镇集团之一，主要由江南铁合金有限公司、江南创佳型材有限公司、江南精密金属有限公司及旗下各子公司组成，涵盖家电板材、合金添加剂、铝型材、房地产等板块，是集产品研发、生产、销售、服务于一体的大型综合民营企业。2023年，完成产值77.54亿元。

【横山桥镇新增高新技术企业31家】 2023年12月，横山桥镇有31家企业被全国高新技术认定管理工作领导小组办公室认定为高新技术企业，累计高新技术企业133家。

表72　2023年横山桥镇新增高新技术企业基本情况表

企业名称	占地面积（平方米）	建筑面积（平方米）	产值（万元）
常州新苑星电器有限公司	20047	16542	3201
常州市利博恩机械有限公司	2000	1000	2175
常州联翔机械装备有限公司	1100	1080	5384
江苏亚示照明集团有限公司	62546	57315	12954
常州市欧思科特种线缆有限公司	8588	5000	2610
常州恒干干燥设备有限公司	5000	3500	3575
常州绿耐环保新材料有限公司	4100	4100	2000
常州市兴通机械制造有限公司	7500	6000	3781
江苏向利防静电装饰材料股份有限公司	28000	20000	4280
常州科德水处理成套设备股份有限公司	16416	7017	6504
常州鑫邦装饰材料有限公司	7466	3456	3625
常州全一智能科技有限公司	2000	2000	1900
常州信义通机电科技有限公司	4000	4000	4935
江苏通路地板有限公司	15216	15216	14200
常州稳纳电器有限公司	800	1600	190
常州米克森搅拌设备有限公司	1500	2000	8100
常州市佳科汽车零部件有限公司	1600	1200	6100
江苏富冠金属科技有限公司	19886	22954	7652
常州益众电气有限公司	6550	6500	8232
常州东信科技有限公司	1000	1000	771
常州艾富瑞晟美包装科技有限公司	8400	8400	3897
江苏欧贸化工有限公司	7680	2800	3800
常州凯盛新材料股份有限公司	14232	7470	14381
常州自力智能装备有限公司	10799	8000	4901
常州旺阁电器科技有限公司	2000	5000	1700
常州市大森机械有限公司	5647	2326	4590
常州威图维亚电机科技有限公司	2000	4000	1678
常州恩慧金属新材料有限公司	1650	1650	1770
常州市卓赢机械有限公司	4372	6500	2412
常州新能自控设备有限公司	4180	2500	2609
常州科锐斯照明电器有限公司	3000	2000	760

【常州科德挂牌“新三板”】 2023年10月26日，常州科德水处理成套设备股份有限公司（简称常州科德）在全国中小企业股份转让系统（简称新三板）挂牌，证券简称常州科德，证券代码“874297”。该公司位于横山桥镇，成立于1998年，专业从事印染专用供水处理、污水处理、中水回用和定型机废气处理，集研究开发、设计、设备制造、成套设备供应等于一体，发展成为中国印染工程学会水处理研发基地，获得印染污水高效生物滤膜技术发明专利，并参与国家科技支撑项目——熔剂法再生纤维生产，并以污泥少、运行费用低、系统运行稳定等优点赢得用户。到2023年，拥有用户数百家。

【芳茂山生态整治工程一期沐心园建成开放】 2023年11月，芳茂山生态整治工程一期沐心园（简称芳茂山公园）建成开放。芳茂山生态整治工程由常州经开区统筹推进，东至江南路、西至232省道、南至潞横路、北至环山北路，占地面积约260公顷，于2021年10月启动，分三期建设，一期整治显山，二期生态靓山，三期综合开发，力求盘活山水资源。其中，工程一期东至西崦中心路、西至公园路、南至华喜路、北至环山南路，占地面积23.33公顷，遵循保护优先、自然修复为主的总体原则，强化远山（芳茂山）、近水（白龙湖）、中岭（黄猫岭）的自然山水格局，整合考虑大林禅寺及白龙观两大景点，展现横山桥及芳茂山地区的历史文化渊源，重塑形成白龙云影、应芳书院、芳茂灵秀、三山古渡、灵凤百草、道源鹃溪、听风翠谷、白龙飞瀑、九曲寻道、紫竹闻音“芳茂十景”。芳茂山公园开园后，迅速成为广大市民休闲游玩的“打卡点”。

【周刘家村农房翻建项目交付】 周刘家村农房翻建项目是横山桥镇农村宅基地制度改革（简称宅改）重点项目之一，按照“整宅推进、统规统建、政府配套”的原则，于2020年年底启动，规划翻建农房146套，分为宅基地面积（含庭院）100平方米（建筑面积220平方米）、140平方米（建筑面积310平方米）两种户型，总建筑面积约5万平方米；另于村庄东北侧区域布局36套、60平方

周刘家村新农居　　（供图／横山桥镇　摄于2023年8月）

米公寓房。2023年4月，周刘家村146套新农居实现高标准交付，成为全市首个原址翻建的“宅改”样板。周刘家村“宅改”于10月15日、12月15日分获央视新闻《乡村行、看振兴》特别节目、央广网报道。

【山水实验小学新建项目投用】 2023年9月，山水实验小学新建项目投用。该项目位于横山桥镇山水路南侧、兴庄路东侧，总用地3.79公顷，总建筑面积3.14万平方米，其中地上建筑面积2.34万平方米、地下建筑面积8050平方米，总投资1.5亿元。建有教学楼、综合楼、图书楼、食堂、报告厅、风雨操场等设施，同步实施水、电、气等综合配套工程，办学规模为6轨36班。

【承办第三届海峡两岸同名乡镇“横山”互动协作会议】 2023年9月6—8日，“续写山水情、美丽横山行”第三届海峡两岸同名乡镇“横山”互动协作会议在横山桥镇举行，全国台联党组成员、副会长杨毅周，常州市委常委、常州海外联谊会会长杨芬，江苏省台联会长邹振球，以及台湾新竹县副县长陈见贤出席，来自台湾新竹县横山乡、重庆市綦江区横山镇、广东省廉江市横山镇、广西壮族自治区陆川县横山镇、江西省上饶市广丰区横山镇、陕西省榆林市横山区、四川省遂宁市安居区横山镇、浙江省龙游县横山镇、江苏常州经开区横山桥镇9个海峡两岸同名横山乡镇（街道）的代表130余人参加。横山桥镇与台湾新竹县横山乡缔结友好乡镇。海峡两岸同名乡镇“横山”互动协作会议于2015年共同发起，旨在依托两岸同名乡镇乡情、亲情连接，探索海峡两岸乡镇经贸文化交流合作发展新途径，拓展深化两岸同名乡镇之间更大领域的交流合作。

【五一村获评全国乡村治理示范村】 2023年11月2日，农业农村部、中央宣传部、司法部公布第三批全国乡村治理示范村镇名单，横山桥镇五一村入选。该村位于横山桥镇芳茂山北麓，总面积5.1平方千米，辖村民小组34个。先后获得全国文明村、全国生态村、全国民主法治示范村、全国模范村民委员会，江苏省先进基层党组织等荣誉称号。《人民日报》、“学习强国”学习平台、新华网分别以《“乡村治理合伙人”拓展基层善治“朋友圈”》《法治赋能乡村治理、开启幸福生活新征程》《让“合伙人”为乡村振兴注入新动能》为题报道五一村乡村治理情况。

（杨可心）

嘉泽镇（武进现代农业产业园）

【概况】 嘉泽镇（武进现代农业产业园）位于武进区西南部，东临西太湖（滆湖），西接金坛区尧塘街道，南接湟里镇，北靠钟楼区邹区镇，总面积101.49平方千米，辖行政村19个、社区5个。2023年年末，常住人口9.18万人。239省道、金武路、长虹西路、延政西路、宁常高速贯穿境域，扁担河、夏溪河、成章河和孟津河等水道在境内形成天然良港，拥有西太湖湖岸线12千米，多为自然保护湿地。获得中国花木之乡、全国环境优美镇、全国美丽宜居小镇、全国花卉生产示范基地、全国科普示范基地、全国农业旅游示范点、省级生态文明建设示范镇等称号。

产业发展　聚焦国家农村产业融合发展示范园，推进云越花卉、森茂农业生态园、扶苏农业等重大农业项目建设，实施“一心两片”工程（以跃进村为核心，联动江南花都产业园和花木市场协同发展），注入现代数字、智能物流和网红经济等新兴元素，探索发展家庭园艺、容器苗、鲜切花等更高产值花木经济，推动花木产业转型升级。融入新能源之都和“两湖”创新区建设，成立镇新能源汽车及其零部件产业招商专班，招引空气成像、百鸿智能电气项目2个，全镇共有区级重点项目10个（续建项目4个、新入库项目6个），累计投资4.22亿元。南大未来技术创新研究院启用，长三角青年创新创业港二期项目加速建设。全区首个园区更新项目——嘉泽智造产业园落成，三鑫重工机械有限公司铸件品质提升和节能减排技改项目入选2023年度江苏省绿色化改造升级项目名单，江苏变色龙微粉技术有限公司获得市级专精特新项目，常州云帆轴承有限公司获得区级智改数转标杆项目。嘉泽镇与南京大学博士团开展政校合作，成功申报龙城英才创业项目2个。持续推进夏溪花木市场规模化建设，全年完成市场交易额198.87亿元，万臻生态科技有限公司被农业农村部评为农业产业化国家重点龙头企业。

镇村建设　推进城乡融合发展，借助“两湖”创新区建设，启动建设人才公寓，完成花海大道南延工程征地拆迁，实施大有街、嘉兴路改造提升工程。与西太湖科技产业园联合推进区镇联动发展区建设，一期启动区拆迁工作基本完成。推进安置房建设及办证工作，成交全镇首个有产权的保障性经济适用住房项目地块，完成大名嘉园、嘉泽新苑等4处安置房大产权登记及大名嘉园1378套安置房分割办证。深入实施“菜市场改造提升及规范管理三年行动”，4个片区集镇菜市场升级改造全面完成并投入使用。推进乡村振兴，深化农村宅基地制度改革，实施对姬山、闵市等农民自建区的整体风貌提升，成章、西城等4个村共计142套农民自建房建设基本完工；开展全域整治，投入3000万元用于苗木种植焕颜、重要节点扮靓、基础设施提档、人居环境改善等工程；创建“四好农村路”，完成道路维修5万余平方米和跃进桥、郯村桥、潘庄桥改造提升。跃进村创成省乡村振兴示范村，南庄塘北村创成省绿美村庄。保护湖湾生态，深入打好蓝天、碧水、净土保卫战。实施环保大气专项整治工程9项，全年空气优良天数275天；推进洮滆片区（武进）水环境综合整治，完成太湖流域入河（湖）排污口整治16个，新建污水管道197.78千米、污水提升泵站50座、污水处理设施19座；加强土壤污染风险管控、固废污染整治，土壤环境质量持续提升。强化文明城市建设、城镇长效综合管理、农村人居环境整治三大测评指标融合工作机制，开展“行走嘉泽”专项行动，深化“危污乱散低”专项治理，完成戴庄、陶家、东黄等村河道生态提升7条和小微水体整治380个，基本完成闵市村梅庄塘、周庄村凤仙塘养殖池塘标准化改造，打造“满天星”拾光小院、周庄书院、夏溪花木市场专属网格党群直通站等阵地，创成士桥村、南庄村市级小微水体示范村和丰杨村区级小微水体示范村，周庄村、捕捞村区级垃圾分类示范村。

社会事业　推进富民增收，深入开展“双百”（全面消除村级集体经营性收入低于100万元的村，新增村级集体经营性收入500万元的村100个）攻坚行动，实现村集体经济100万元以下村清零。完善花木联社服务机制，提升农村产权交易水平，镇农村产权交易服务中心于7月成交项目73宗、成交金额1476.52万元，获评2023年上半年全省乡镇街道农村产权线上交易之星。创新社会治理，全域划分微网格286个，建成“一网格一支部一阵地”，打造夏溪花木市场专属网格党群直通站，嘉泽镇“专属网格赋能跑出花木营商环境加速度”入选常州市网格化社会治理优秀案例。推进基层应急管理体系和能力建设，建成嘉泽镇专职消防站。深入实施文化惠民工程，依托嘉泽镇状元坊文化旅游区，策划开展文旅活动，嘉泽镇第八届花朝文化市集入选全国春季“村晚”示范点，姬山观湖花茶文创产品入选省乡村文创优秀案例。推进教育、医疗事业高质量发展，夏溪初中改扩建项目、嘉泽中心幼儿园改扩建项目基本完工，夏

表73　2023年嘉泽镇主要经济社会指标完成情况表

指　标	单　位	数　值	比2022年（±%）
地区生产总值	亿　元	120	4.3
公共预算收入	亿　元	2.5	11.1
农业总产值	亿　元	12.5	7.7
粮食总产量	吨	396	389.0
工业销售收入	亿　元	33.88	1.3
第三产业增加值	亿　元	79.5	8.1
居民人均可支配收入	元	61914	6.0

表74　2023年嘉泽镇各村（社区）基本情况表

村（社区）名	户数（户）	户籍人口（人）	党组织书记	村委（社区居委会）主任	集体经济收入（万元）
嘉泽村	2078	7816	索卫中	索卫中	403
观庄村	802	3000	王　凯	王　凯	101
丰杨村	995	2931	吴建林	吴建林	357
士桥村	903	2358	李向阳	李向阳	245
夏庄桥村	1380	4794	吴文龙	吴文龙	200
闵市村	1672	5002	田卫忠	田卫忠	366
西城村	1634	5284	周林峰	周林峰	282
成章村	2285	6246	庄旭东	庄旭东	300
晨山村	1913	5463	余　伟	余　伟	1513
捕捞村	166	587	沈祥根	沈祥根	248
甘荡村	941	3005	王　栋	谈　斌	151
夏溪村	2351	5850	薛哪昌	薛哪昌	253
跃进村	736	1897	毛建玉	毛建玉	590
南庄村	931	3192	高　华	高　华	246
周庄村	734	2035	江建昌	江建昌	268
三星村	648	2475	王　华	王　华	213
厚余村	1318	3413	强小军	强小军	549
朝东村	2158	5154	王　钧	—	406
满墩村	1516	3412	汤政伟	汤政伟	257
嘉泽社区	—	—	索卫中	樊　贤	—
夏溪社区	—	—	薛哪昌	徐　标	—
厚余社区	—	—	强小军	秦春霞	—
成章社区	—	—	庄旭东	金　美	—
嘉新社区	—	—	顾　晔	顾　晔	—

说明：村（社区）党组织书记、村委会（社区居委会）主任“一肩挑”，嘉泽、夏溪、厚余、成章社区的户数、户籍人口数以及集体经济收入与相应村合算在一起

溪幼儿园主体工程有序推进，夏溪村卫生室改建完成并投用，成章卫生院与常州一院专科签约组建医联体。强化民生保障，坚持稳就业与扩就业相结合，加大对大学生、退役军人等重点群体就业扶持力度，实现困难人员就业210人。落实社会救助、特殊困难群体帮扶、慈善救助等政策，向22485人次发放各类生活救助金1172万元。

【空气成像技术研发等重点项目建设】 *赵叶勤空气成像技术研发项目* 由吉世鼎（常州）光电科技有限公司实施，租用建筑面积约3200平方米，购置相关设备。于2023年11月开工，投资5000万元。

百鸿智能电气汽车充电桩及智能化电气成套装备项目 由江苏百鸿智能电气有限公司实施，用地面积2.67公顷，厂房建设（计容面积）面积不低于4.79万平方米。投资3.5亿元，达产后可形成年产汽车快速充电桩设备20万台(套)的规模。

【嘉泽镇新增省级荣誉村庄2个】 2023年，嘉泽镇跃进村、南庄塘北村分别创成省乡村振兴示范村、省绿美村庄。

嘉泽镇跃进村交通便捷、环境优美，以“绿业红心”党建品牌为引领，推动三产融合，让园艺与美学交织共舞；以“花都人家 创智田园”为主题，为居民打造宜居宜业的美好生活。2023年，该村凭借独特的“互联网＋花木”产业发展模式，在花海中育商机，以产业兴带动百姓富，成为乡村振兴的典范。

嘉泽镇南庄村将小微水体治理与美丽乡村同步推进，2022年以小微水体提升项目为契机，投入70多万元对塘北组2处小微水体实施提升整治。2023年，以打造市级小微水体示范村为目标，投入20万元对下陶塘进行提升整治，实施岸边绿化覆盖、景观平台建设、清淤等工作。通过整治，3处小微水体水环境焕然一新，周边设施配套齐全，逐步形成“河畅、水清、岸绿、景美”的宜居环境，极大提升村民的幸福感、获得感。

【嘉泽镇入选省“在你身边”文明实践巾帼志愿阳光站1家】 11月，省妇联公布第二批“在你身边”文明实践巾帼志愿阳光站，该站入选。该站成立于2023年11月，按照“凝聚群众、引导群众、以文化人、成风化俗”功能定位，发挥基层妇联宣传阵地和平台作用，依托镇新时代文明实践所，建设理论宣讲、文化、教育、科普、体育与健康、普法服务六大平台，组建以“花木兰”巾帼志愿者队伍为中心的镇村志愿队伍21个，常态化开展关爱“一老一小”、家庭赋能等志愿活动，为周边妇女儿童排忧解难，真情为民办实事。同时，推行“奉献、积累、传递”的志愿帮扶模式，发放志愿服务“小红本”，实行志愿服务积分制，提高广大志愿者参与积极性。

（王　恬）

嘉泽镇风貌　　（供图／区融媒体中心　摄于2023年2月）

湟里镇

【概况】 湟里镇位于武进区西南部，东濒滆湖，西接金坛区，南与宜兴市隔涨河港相望，北邻嘉泽镇，总面积86.10平方千米，辖行政村16个、社区4个。2023年年末，常住人口6.8万人。湟里又名杨柳埠，俗称埠头，是全国闻名的水产养殖和花卉苗木生产基地，获得第五届全国文明村镇、全国环境优美镇、国家级生态示范镇、全国科学发展千强镇等称号。

产业发展 发展现代农业，扩大高标准农田建设成果，全镇高标准农田覆盖率超90%，面积和数量均居全区前列。推进项目建设，结转区重点项目6个，新增区重点项目16个，新建项目开工率、竣工率分别达100%、160%；完成重点项目招引3亿元以上项目3个、3亿元以下项目16个。企业发展成效明显，常州东方特钢有限公司（简称东方特钢）5G智慧钢厂项目入围全国5G工厂名录，常州市武进长虹结晶器有限公司（简称长虹结晶器）获评省级工程技术研究中心，常州盈德气体有限公司获评省级智能车间，江苏凯达重工股份有限公司（简称凯达重工）自主研发的高端铁轨轧机用轧辊和新型辊环技术成为国内首创。推进科技创新，完成科技项目8项，促成海外人才项目创新计划申报4项。

城镇建设 科学规划空间布局，完成全镇“三区三线”划定，争取38.28公顷空间规模指标并完成落图方案编制；统筹交通能源水利等基础设施用地需求，以清单形式纳入国土空间规划；组织土地征收成片开发方案编制及控制性详细规划修改，为实施项目提供空间要素保障；开展村庄布局优化，整理出流量空间规模53.33公顷。优化基础设施，完成晶鑫北路及戴家村路提升工程、湟东北路环境提升工程，维修加固东安桥等桥梁6座，改造蒋堰村、西鲁村部分管线入地共计20余千米，实现花海大道南延一期工程征收和拆迁签约率、腾空拆除率均达100%；推进后坊村天然气改造工程，施工完成率93%，覆盖自然村17个、农户619户。提升集镇功能，完成东安、杜前农贸市场改造提

升工程。保护生态环境，推进污染防治、河湖治理、绿色低碳建设，实现全镇活性炭吸附处理工艺企业核查全覆盖，完成大墩浜综合整治工程，全面启动水美乡村项目建设，农村农业污染治理率提升至85%以上，凯达重工、长虹结晶器分别入围国家级、省级绿色工厂。推进乡村振兴，打造“新江南水乡”，西鲁村创成省级生态宜居美丽乡村，西墅村获评省级生态文明建设示范村，香泉村通过省级生态文明建设示范村验收，全镇累计省级生态文明建设示范村4个、市级生态文明建设示范村7个，覆盖率居全区前列。

社会事业　推进教育名镇建设，完成村前幼儿园异地新建，机关幼儿园湟里分园开工建设，全镇教师、教育管理者专业素养提升培训班开设。做优文化事业，深入实施文化惠民工程，开展“我们的节日”“幸福杨柳埠”等主题活动。打响“文明幸福里”品牌，在葛庄安全大塘湿地开办“湟里、田里、心里”文明市集，推动新时代文明实践。加强公共卫生服务，建设武进第四人民医院消化内镜诊疗中心、妇女儿童诊疗中心、中医诊疗中心三大功能中心，并按照二级甲等综合医院要求进行提升。打造15分钟社区养老服务圈，武宜村创成乡村互助养老睦邻点。加强社会保障，新增就业岗位780个，实现就业困难人员再就业171人；城乡居民医保应保尽保，参保3.4万人；发放各类社保补贴300万元，尊老金、慈善救助金、低保金以及各类补助金、慰问金共计645万元；发放优抚经费1082.52万元，惠及1200人次。湟里镇慈善分会完成换届工作，全年募集慈善资金807万余元。

表75　2023年湟里镇主要社会经济指标完成情况表

指　标	单　位	数　值	比2022年（±%）
地区生产总值	亿　元	214.8	3.27
公共预算收入	亿　元	5.47	1.41
农业总产值	亿　元	10.4	2.97
粮食总产量	万千克	26.9	10.25
工业销售收入	亿　元	412.76	17.06
第三产业增加值	亿　元	100.8	7.45
居民人均可支配收入	元	60975	5.30

表76　2023年湟里镇各村（社区）基本情况表

村（社区）名	户数（户）	户籍人口（人）	党组织书记	村委（社区居委会）主任	集体经济收入（万元）
东安村	1950	6218	陈建良	陈建良	617.88
武宜村	649	2054	曾志丰	曾志丰	261.45
西安村	756	2438	万新东	万新东	139.37
五巷村	890	2839	张树华	张树华	204.00
蒋堰村	1325	4315	许国军	许国军	337.78
香泉村	1160	3615	王永泉	王永泉	340.69
村前村	2256	6233	王金泉	王金泉	570.66
岗角村	1882	5134	沈勤军	沈勤军	329.59
西墅村	1413	4220	季文斌	季文斌	993.34
河南村	826	2719	蒋中君	蒋中君	389.60
北隍村	798	3758	吴卫忠	吴卫忠	312.85
后坊村	793	3166	陆　芸	—	408.12
西鲁村	937	2438	薛云杰	薛云杰	447.16
葛庄村	672	2215	蒋红明	蒋红明	571.63
村西村	886	2719	鞠　峰	鞠　峰	188.83
湟里村	2365	7266	周　锋	周　锋	728.77
湟里社区	—	—	姚　军	—	—
东安社区	—	—	陈建良	许逸枫	—
村前社区	—	—	王金泉	钱维力	—
湟新社区	—	—	沈丽芳	沈丽芳	—

说明：村（社区）党组织书记、村委（社区居委会）主任“一肩挑”

【力天电力保护器材项目等15个重点项目竣工投运】　力天电力保护器材项目　由江苏力天电力装备有限公司实施，用地面积6286.67平方米，新建标准厂房及研发楼7738平方米，购置锥形双螺杆挤出生产线、管材生产机组等主要设备26台（套）。于2023年6月开工，12月竣工，总投资1亿元，达产后可形成年产驱鸟器5000台、电缆保护管10万米的生产能力。

宇征汽车起动器控制电器　由常州市宇征车辆电器有限公司实施，利用企业原有车间，并利用存量土地新建车间平方米，购置自动绕线机、自动化装配线等设备84台(套)。于2023年2月开工，6月竣工，总投资6000万元，达产后可形成年产起动机电磁开关、继电器500万个的生产能力。

广林生物基新材料　由常州广林新材料有限公司实施，租用常州市武进江南管件厂有限公司车间1800平方米，购置高速IGF分散机、凸轮转子机等生产设备33台（套）。于2022年8月开工，2023年4月竣工，总投资5000万元，达产后可形成年产生物基新材料1万吨的生产能力。

腾兴汽车热系统零部件扩能　由常州腾兴汽车配件有限公司实施，购置立式加工中心、纵切数控车床等生产设备159台（套），与企业原有生产线设备配套扩建。于2022年8月开工，2023年4月竣工，总投资6000万元，达产后可新增年产汽车热系统零部件2500万套的能力。

长虹超级结晶器铜模技改项目　由常州市武进长虹结晶器有限公司实施，利用企业原有厂房并装修改造，购置五轴加工中心、大型立式液压机等主要设备28台（套），对原有铜棒进行深加工，提升产品质量。于2022年12月开工，2023年12月竣工，总投资8000万元，达产后可形成年新增高精度超级结晶器800支的生产能力。

瑞孚铝灰综合利用项目　由江苏瑞孚金属有限公司实施，租用江苏东方龙机车集团有限公司厂房6800平方米，购置球磨机、筛分机、煅烧炉等主要设备96台（套）。于2023年3月开工，12月竣工，总投资6800万元，达产后可形成年无害化处理、综合利用铝灰渣12万吨的能力。

宏耕汽车转向系统组件、动力电池包配件项目　由常州宏耕新能源科技有限公司实施，租用江苏恒德机械有限公司厂房7000平方米，购置冲床、全自动电泳生产线、底盘装甲生产线等设备174台（套）。于2023年6月开工，10月竣工，总投资1亿元，达产后可形成年产汽车动力电池包及蓄能包配件300万套、铝牌铜牌链接件100万套、汽车转向系统及悬架组件200万套的生产能力。

聚通汽车传感器、空调管路连接件项目　由常州聚通汽车零部件有限公司实施，租用常州嘉爵机械配件厂标准车间，购置车床、压力机、流水线等主要设备44台（套）。于2023年4月开工，6月竣工，总投资3600万元，达产后可形成年产汽车传感器2000万个、汽车空调管路连接件8000万个的生产能力。

圣乐低空探测设备研发及生产项目　由江苏圣乐机械有限公司实施，利用企业原有车间并进行适应性改造，购置加工中心、自动流水装配线、快速温度变化试验箱等主要设备和研发检测仪器47台（套），开展对雷达系统的研发。于2023年4月开工，10月竣工，总投资5000万元，达产后可形成年产低空探测雷达系统150台（套）的生产能力。

瑞璐PEEK精密注塑件项目　由常州瑞璐塑业有限公司实施，购买常州速派奇车业有限公司国有土地6466.67平方米及车间6000平方米，对车间装修改造，建设10万级无尘车间，购置FANUC电动注塑机、ZEISS三坐标、Sodick慢走丝等设备54台（套）。于2023年4月开工，8月竣工，总投资5000万元，达产后可形成年产PEEK精密注塑汽车变速箱、转向、车灯、医用有源设备及无源器械非植入配件1亿个的生产能力。

致臻电力保护管项目　由常州市致臻电力设备有限公司实施，改建厂房4300平方米，购置挤出机、粉碎机等设备11台（套）。于2023年4月开工，6月竣工，总投资3000万元，达产后可形成年产电缆保护管30万米的生产能力。

瑞鸿电缆填充材料项目　由常州瑞鸿塑胶有限公司实施，租用车间4000平方米，购置三螺杆挤出机、全自动密封混料机等设备103台（套）。于2023年5月开工，6月竣工，总投资3200万元，达产后可形成年产电缆填充绳1万吨的生产能力。

瑞思金传动件项目　由常州瑞思金机械科技有限公司实施，租用厂房，购置冲压机、磨床等主要设备62台（套）。于2023年5月开工，6月竣工，总投资3200万元，达产后可形成年产传动件1万吨的生产能力。

常湟称重设备及称重系统项目　由常州常湟机械有限公司实施，利用企业自有土地，新建车间11667平方米，购置折弯机、焊接机器人等主要生产设备62台（套）。于2023年6月开工，12月竣工，总投资1.5亿元，达产后可形成年产称重设备及称重系统1万件的生产能力。

强力中控包装板、航空行李车架项目　由常州市强力机械科技有限公司实施，租用厂房，购置挤出流水线、钻床、粉碎机、折弯机等设备28台（套）。于2023年7月开工，8月竣工，总投资3000万元，达产后可形成年产塑料中控包装板3000吨、钣金件800吨的生产能力。

祥安输送设备项目　由常州祥安传动件有限公司实施，租用标准厂房，购置电动螺旋压力机、冲床、抛丸机等设备39台（套）。于2023年7月开工，8月竣工，总投资3000万元，达产后可形成年产汽车自动装配线、牲畜屠宰线输送设备2万米的生产能力。

【东方特钢5G智慧钢厂获评国家级5G工厂】　内容参见“工业”类目p119同名条目。

【湟里镇2家企业分别入围国家级、省级绿色工厂】　12月，2023年度国家级和江苏省级绿色制造名单全部完成公示，江苏凯达重工股份有限公司、常州市武进长虹结晶器有限公司分别入围国家级、省级绿色工厂。

江苏凯达重工股份有限公司　位于湟里镇东安兴旺路66号，成立于2007年2月，积极拥抱智能制造技术，以数字化统揽，在轧辊、轭环的计划调度、生产作业、仓储物流、能源管理等8个环节建立16个数字化智能化应用场景，使企业核心业务数字化水平达到90%，成为新技术给常州传统轧辊产业增添新动能的极佳写照。

常州市武进长虹结晶器有限公司　位于湟里镇西墅村，成立于1996年12月，积极运用自创的大型铜管整体挤压工艺，相继制造出不同规格的超大结晶器铜管，其中直径1600毫米结晶器铜管为迄今全球最大，实现行业内的技术飞跃。同时，启动一系列技改项目，为绿色发展、高质量发展，拓展高精度、超大结晶器、超长结晶器市场再添新动能。

【湟里镇新增省级专精特新企业6家】　2023年12月，江苏省工业和信息化厅发布《2023年江苏省专精特新中小企业公示名单》，湟里镇有6家企业入选。

江苏晨光涂料有限公司　位于湟里镇里墅村，创建于1989年，占地面积8公顷，建筑面积2.5万平方米。专业从事无机全能陶瓷水漆、彩色防水涂料、水性界面剂等节能环保型涂料生产和高端涂料研发与产业化以及相关技术服务，建有江苏省纳米材料应用工程技术研究中心、江苏省博士后工作站、江苏省企业院士工作站等科研平台，获授权专利59件，其中发明专利21件、实用新型专利25件，主编国家标准1项、行业标准7项、团体标准2项，获评国家涂料（常州）基地重点骨干企业、中国涂料工业百年百强企业、高新技术企业、全国建材行业先进集体等称号。2023年，完成产值1.1亿元。

江苏新福乐威涂料有限公司　位于湟里镇东安三塘河，创建于1995年，占地面积1公顷，建筑面积3000平方米。专业从事氟碳涂料建筑涂料、胶粘剂、建筑材料的研发、生产和销售，拥有专业研发团队，获得常州市武进区环保氟碳涂料工程技术研究中心、高新技术企业认定，通过ISO 9000质量管理体系、ISO 14000环境管理体系认证。2023年，完成产值1.6亿元。

常州超峰胶线科技有限公司　位于湟里镇岗角村蒋塘村，创建于2012年，占地面积1.33公顷，建筑面积1.5万平方米。专业从事胶管纱线包括涤纶、尼龙、芳纶、维纶等材料生产，拥有专业研发团队、实验室和高效稳定的生产线，生产工艺国际领先，产品广泛应用于比亚迪、丰田、马自达、奇瑞等国内外品牌燃油车和新能源车，获评高新技术企业、江苏省科技型中小企业等称号。2023年，完成产值4000万元。

常州富桐纤维新材料有限公司　位于湟里镇东安人民路，创建于2014年，占地面积10.2公顷，建筑面积4.3万平方米。主要从事高分子新材料制造，为客户提供“色母粒—有色纺”完整产业链解决方案，色母粒应用于化纤、汽车、包装等领域，有色丝应用于汽车、家纺户外运动等有高耐晒高耐磨要求的行业。建有市级企业技术中心和工程技术研究中心，主持制定T/CIET 276—2023《熔体直纺涤纶母粒》1项，承担常州市知识产权战略推进项目1项，制备光伏胶膜用高分散白色母实现量产，获得授权专利65件，其中发明专利5件，获评高新技术企业、江苏省专精特新企业、省民营科技企业等称号。2023年，完成产值6.1亿元。

江苏双菱链传动有限公司　位于湟里镇新园路1号，创建于2000年，占地面积8.29公顷，建筑面积2.95万平方米。专业从事非标和异形输送链生产，

湟里镇风貌　（供图／区融媒体中心　摄于2023年7月）

获得采用国际标准产品标志证书，通过ISO 9000质量保证体系、ISO 14001环境管理体系、API石油链、CE认证，产品应用于钢铁冶金、有色冶炼、工程机械、运输机械、饲料机械、烟草机械、水泥制造、石油采掘等行业，在叉车链、水泥输送链、钢铁输送链等细分市场占有率名列前茅，是中国国际贸促会、中国国际商会、中国通用机械零部件工业协会、中国名牌事业促进会、中国质量检验协会和全国链传动标准化技术委员会成员单位，双菱牌链条被评为江苏名牌产品，“双菱”商标被评为江苏省著名商标。2023年，完成产值1.2亿元。

江苏东方龙机车集团有限公司　位于湟里镇东安工业园明波路，创建于2007年11月，占地面积12公顷，建筑面积10万平方米。作为提供绿色轻量化铝制零部件整体解决方案的供应商，建有常州市企业技术中心、常州市工业设计中心，构建从材料研究、产品结构优化到工艺实现“三位一体”的轻量化研发体系，获得发明专利1件、实用新型专利35件，主导产品铝合金轮圈突破大尺寸铝合金车轮制造中轻量化、高效率、高性能的强水冷成型技术瓶颈，补足产业链短板，打破欧美垄断。公司通过ISO 9001:2000质量管理体系、IATF 16949:2016汽车工业质量体系、ISO 14001:2015环境管理体系、ISO 45001:2018职业健康安全管理体系认证和国家强制性产品3C认证，与吉利、比亚迪、奇瑞等国内知名汽车企业达成战略合作关系，产品出口美国、印度等国家。2023年，完成产值5亿元。

【西墅村获评省级生态文明建设示范村】 2023年2月，省生态环境厅命名第五批省级生态文明建设示范县（市、区）、乡镇（街道）、村（社区），西墅村名列其中。西墅村位于湟里镇中部，村域总面积6.63平方千米，辖自然村19个、村民小组35个，有农户1408户、常住人口3735人。该村按照“一村一品一主题”“一点一核一中心”的规划，重点实施以工养农、以工补农、以工促农、以工惠农的产村融合发展之路，精心打造“一带（景观带）、一路（道路白改黑工程）、一水（河道水系改造）、一房（房屋形态结构改造）、一弄（巷弄景观）、一场（综合广场）、一园（文化园）”的主题景观风貌，为乡村振兴注入新的活力。

（赵　薇）

南夏墅街道

【概况】 南夏墅街道位于武进区湖塘镇南，总面积70平方千米，辖行政村12个、社区10个。2023年年末，常住人口12万余人。

产城融合　围绕城市更新，完善基础设施，分别完成建设项目、服务类项目招投标总投资2130.2万元、1017.3万元，验收工程项目63个。修复东环路、前庙路，完成西城桥重建通车。完

表 77　2023 年南夏墅街道各村（社区）基本情况表

村（社区）名	户数（户）	户籍人口（人）	党组织书记	村委（社区居委会）主任	集体经济收入（万元）
戴家村	585	2038	朱玉明	朱玉明	240.86
河东村	712	2465		朱玉峰	220.84
华阳村	745	2964	潘建卫	潘建卫	344.58
九华村	1132	3972	周　新	周　新	553.09
庙桥村	1123	3582	庄伟兴	庄伟兴	406.13
南夏墅村	700	2125	钱　辉	钱　辉	174.56
三河村	1015	3420	岳建波	岳建波	303.28
胜西村	869	2734	卞小中	卞小中	247.49
塘洋村	1110	3380	蒋雪峰	蒋雪峰	279.99
桐庄村	1018	3638	田秋兴	田秋兴	518.17
万塔村	662	2123	岳加峰	岳加峰	302.75
新联村	628	2156	杨同庆	杨同庆	297.47
庙桥社区	223	595	恽　湘		—
南苑社区	3544	6051	时进峰		—
南河社区	1868	6643	潘　林	潘　林	—
学府东苑社区	935	2708	周曙光	贺　龙	—
南湖家苑社区	386	1160	恽钰虎	恽钰虎	—
大学新村三社区	612	2233	钱　维		—
南夏墅社区	591	2186	陆　高		—
南淳社区	624	2351	刘　刚	吴　强	—
学府家苑社区	520	1524	李　健	周萍娟	—
南塘社区	631	2185	朱玉峰	胡春峰	—

说明：村（社区）党组织书记、村委（社区居委会）主任“一肩挑”

善南塘路、南河社区等路段路灯，安装、更新物联网智慧路灯控制设备，全年亮灯率超 96%。实施天然气改造，发展新联村、华阳村桥外头组天然气用户共计 388 户。推进拆迁安置，完成阳湖东路项目民房 53 户、企业 3 家，沪武高速扩建项目民房 71 户、企业 4 家，高铁城际站北侧地块企业 3 家，凤墅地块民（辅）房 9 户、企业 14 家的腾空签约；为有特殊困难的拆迁户提前分配安置房 18 套，分配南河花园四期安置房 138 套，完成安置房办证 1100 余套，全街道安置房办证率超 70%。实施“菜篮子”工程，改造提升庙桥、南夏墅消费品市场，优化南夏墅消费品市场外围设施。围绕生态宜居环境建设，实施蓝天白云、碧波清水、良田净土守护工程，完成第二批活性炭入户核查、涉 VOCs 企业末端治理设施淘汰升级、涉磷企业规范化整治和太湖流域入河排污口“一口一策”分类整治及小微水体整治，推进文明城市建设、城镇长效综合管理、农村人居环境整治三大测评指标融合，开展城市环境重点问题专项整治、住宅小区环境问题专项整治，建设宜居宜业“和美乡村”，优化市容市貌，改善村庄面貌，提升人居环境质量，南夏墅街道入选第六批省级生态文明示范街道。

社会治理　筑牢社会治理防线，优化综合网格 95 个，并创建微网格 359 个；推进“一网格一支部一阵地”建设，加强网格化体系建设，提升网格管理质效。全年开展网格走访宣传 100 余场次，实现网格各类事项办结率超 99%、“12345”便民服务平台各类事项办结率超 97%。开展出（群）租房全面排查，逐步完善“一户一档”，实行动态管理，全力消除辖区内出（群）租房屋安全隐患。织密反电信网络诈骗宣传网，在南淳社区打造反诈工作室，举办反电信网络诈骗专题讲座 200 余场次，拍摄反诈骗小视频 76 个，促使反诈工作深入人心。推进“援法议事”活动全覆盖，创成公共法律服务站点 11 个、法律援助联络点 1 个，学府家苑社区完成市级“法治小区”建设。夯实村（社区）法律顾问工作制度，成立法律服务团 5 个，全年开展现场法律服务 213 场次，成功调处各类矛盾纠纷 1087 件，调结重大疑难纠纷 63 件，调处成功率超 98%。

社会事业　推进教育高质量发展，成立武高新教育高质量发展联盟，新建新知幼儿园、滨湖幼儿园、海湖幼儿园和海湖实验学校 4 所，南夏墅中心小学创成常州市高质量教育新优质学校。实施文体惠民工程，依托新时代文明实践所、南河高铁体育公园，开展“文化引领新风尚”系列文艺巡演、“书香街道、全民阅读”读书活动，举办摄影书画展、全民健身日暨徒步大联动、篮球超级联赛等活动，丰富群众文体生活。武进国家高新区人民医院创成常州市二级医院，深化与常州二院阳湖院区的医联体合作，提供优质医疗服务。围绕民生保障，发展集体经济，全年发放耕地地力保护和一次性种粮补贴资金 94 万余元，完成村级经营性收入 8000 万元以上，化解村级债务 251 万元，股民共享集体产权制度改革红利达 6598 万元；完成 2023 年度村组资产进场交易 327 笔，实现交易金额 2230 万元；开展原市管会、农机站等国有资产清理及出租工作，每年租金收入平均增加 40 万元以上。完善小区基础设施，完成学府家苑、南夏墅社区养老服务点改造 2 个和社区停车位改造 150 个，增建电动自行车集中充电桩 29 处、充电位 300 余个，累计安装电动车电梯阻拦器 502 套。巩固社会保障，完成社会保险净增扩面 5573 人、医保净增扩面 9043 人、住房公积金净增扩面 8202 人，向重残、低保、孤寡老人和大病患者共计 868 人发放慰问金 130 万余元，发放残疾人“两项”补贴（贫困残疾人生活补贴和重度残疾人护理补贴）725 万余元、尊老金 183 万余元，

4月，南河高铁主题公园建设投用　　（摄影/陆新　徐晶玮）

发放城乡居民最低生活保障资金、困境儿童救助金和低保边缘等救助金共计172万余元。全年审核发放农村奖扶资金134万余元，登记审核发放退休职工一次性奖励金845人、306万余元。做好退役军人优抚安置工作。

【南夏墅街道入选省级生态文明示范街道】 12月，入选第六批省级生态文明示范街道。该街道围绕生态宜居环境建设，守护蓝天白云，完成第二批活性炭入户核查、涉VOCs企业末端治理设施淘汰升级，开展工业集聚区综合整治、区产业集群整治、餐饮油烟在线安装及油烟治理“回头看”，在大学城夜市全面安装油烟净化设施和油烟排放检测系统，常态化做好扬尘管控，实现辖区空气质量持续向好；守护碧波清水，完成涉磷企业规范化整治37家和太湖流域入河排污口“一口一策”分类整治14个，推进“绿箭行动”支浜消劣整治工程，常态化开展河道巡河，实施“一浜一策”整治方案，按照污水无直排、水面无垃圾、沿岸无违建、水质无黑臭的“四无”标准完成小微水体整治177个，三河村获评区级小微水体示范村；守护良田净土，严格控制耕地“非粮化”，严守耕地红线，完成永久基本农田地块整治28公顷，建设三河村高标准生态农田62.67公顷。认真做好省生态环境督察迎检工作，完成各类问题整改并销号。围绕提升城乡环境，加强“两违”日常巡查，实现控违拆违综合管理系统全覆盖；开展垃圾分类达标小区创建，桐庄村创成市级提标改造垃圾分类行政村。推进三标融合，开展城市环境重点问题专项整治、住宅小区环境问题专项整治，建设宜居宜业“和美乡村”，优化市容市貌，改善村庄面貌，提升人居环境质量。

【南河高铁主题公园建成投用】 4月，建成投用。该公园位于武进高新区南河花园小区，于2022年由沿线社区和沪宁沿江高铁施工单位共同筹建，主体依托改河、改路工程，利用沪宁沿江高铁南河段拆迁后剩余空地万余平方米，融合高铁元素和社区人文，采用“园林+小品”的形式，为周边居民打造集游玩、观赏、学习于一体的多功能休闲场所，总投资300多万元。

【南小女子曲棍球队获全国青少年曲棍球锦标赛冠军】 7月27日至8月4日，南夏墅中心小学曲棍球队（简称南小女子曲棍球队）参加第四届全国中学生曲棍球锦标赛暨2023年全国青少年U系列曲棍球锦标赛女子U12体校、俱乐部组比赛，获得全国青少年曲棍球锦标赛冠军。该小学于2015年成立曲棍球队，将曲棍球运动项目纳入学校特色校本课程，普及曲棍球运动，2021年被国家体育总局手曲棒垒中心评为“国家奥林匹克后备人才推广校”，先后向国家少年队输送队员2名。

（徐松华）

西湖街道

【概况】 西湖街道位于武进区西太湖畔，东临牛塘镇、武进高新区，西接中国花木之乡嘉泽镇，南靠西太湖，北依钟楼区邹区镇，管辖面积70.5平方千米，辖行政村2个、社区5个。2023年年末，常住人口6.7万人。

产城融合　围绕保障园区发展，推进拆迁安置，开展腾龙快速路一期、二期项目拆迁，完成拆迁签约土地面积10.11公顷，办理安置房不动产权证1187套；强化土地管理，做好常州氢湾、南医大、华师大、联德、天华等43个市、区重大项目地块前期保障工作，涉及土地面积80余公顷，开展北部片区（仕尚、长汀）土地整理195.6公顷。完善城市功能，建设星湖美丽街区，覆盖湖滨嘉园会所、星湖街、幼儿园街角公园、湖滨商铺、绿地商铺等点位，启动城市商

2023年西湖街道各社区（村）基本情况表

表78

村（社区）名	户数（户）	户籍人口（人）	党组织书记	村委（社区居委会）主任	集体经济收入（万元）
聚新家园社区	5290	9052	曹志健	曹志健	779
蠡河社区	2401	7506	钱伟明	蒋志凯	516
湖滨社区	1872	4907	邓　达	邓　达	—
塔下社区	641	2250	黄小平	王佳可	230
滆湖社区	132	379	黄　昕	—	—
长汀村	655	2135	吴　辉	吴　辉	765
仕尚村	626	2646	展　毅	展　毅	256

说明：村（社区）党组织书记、村委（社区居委会）主任“一肩挑”

业服务项目招商、漏湖菜场三星级改造。优化区域环境，补植绿化面积1.1万平方米，更换、维修人行道板、景区地面5300平方米及侧平石730平方米，打捞藻浆20万吨并处置藻泥3084吨；实行支流支浜全线管理，28条支流支浜整体水环境位列全区首位，天安河获评市级示范幸福河湖，南北十字河、扁担河创成省级农村生态河道，西湖街道生态文明示范街道建设方案通过省级评定。加强城市管理，开展多部门联合专项执法行动，完成鑫河老街、烯望家园、西湖家园等重点路段周边环境卫生专项整治，查处违法建设117起，拆除违法建筑面积3236平方米。

社会事业　建设优质教育，完成西太湖外国语学校新建、区机关幼儿园星湖实验园改造，成立西太湖（西湖街道）教育发展基金，持续发展教育事业。落实文体惠民，与区文广体旅局联合实施鑫河公园"网红篮球场"改造工程，举办第十届"鑫河杯""村BA"篮球邀请赛、"聚新杯"歌手大赛、"长汀杯"乒乓比赛等文体活动231场，受众达33.7万人次。打造"书香西湖"，贯通所辖学校与武进图书馆通借通还系统。提升公共卫生服务，社区卫生服务中心与常州市第二人民医院、武进人民医院组建医联体，与武进中医医院结成医共体，与区疾控中心成立医防体，全年完成门诊24.23万人次、住院1141人次。优化社区环境，开展"共建美好家园"专项行动，完成湖滨花苑、聚新家园、礼河新苑等安置小区环境整治；改造老旧小区，投入1200余万元，完成健身广场、立面出新、道路修缮等民生项目15个；健全便民设施，建成塔下社区党群服务中心和聚新、鑫河、塔下等社区电动车集中充电棚53个，新增汽车停车位298个、电动汽车充电桩107个。提升社会治理水平，组建江苏鑫民富投资有限公司，建成街道社会组织发展培育中心，湖滨花苑监控技防设备全面升级，湖滨法治主题口袋公园受到司法部及省、市、区领导肯定，西湖街道于8月入选全省"五社联动"机制创新试点单位。加强社会保障，新增社保扩面3000余人次，发放各类救助金、补助金累计760余万元，惠及弱势、困难人群1.8万人次。

12月29日，西太湖（西湖街道）教育发展大会召开　（供图/西湖街道）

【西湖街道2所学校建成投用】　武进区星湖实验幼儿园　内容参见"教育"类目p201相关条目。

西太湖外国语学校　位于凤苑路西侧、荷塘路北侧，占地面积约10公顷，建筑面积11.2万平方米，总投资10.05亿元，为九年一贯制公办学校，拟定为十轨制，设小学、初中两个学段共90个班级，可容纳学生4320人。该学校由星韵学校、湖塘实验中学共同承办，实行教育集团"一体化管理"运行机制，于9月开学，开设班级12个，有在校学生537名。

【2023年西太湖（西湖街道）教育发展大会】　12月29日，在西太湖外国语学校召开。大会总结西太湖（西湖街道）教育发展情况，表彰西太湖教育之星，发布西太湖未来教育规划，构建高质量教育体系，即学前教育打造一园一品、强调特色发展，义务教育追求轻负高质、力促均衡发展，高中教育强调高位特色、实现协调发展，民办教育聚焦多元融合、形成错位发展，高等教育瞄准一流国际水平、引领创新发展，教师队伍加强引才育才力度、推进高质量发展。现场，江苏省常州高级中学、常州青少年活动中心、常州老年大学入驻西太湖签约，南京大学未来技术创新研究院与江苏省武进高级中学"双高行动"结对共建签约，由苏文电能科技股份有限公司、苏澳融资租赁（江苏）有限公司分别出资1000万元组建的西太湖教育发展光彩基金揭牌成立，西太湖作为"两湖"创新区核心区、引领区、先导区，已形成学前教育、基础教育、高等教育和成人教育的全链条教育体系。

【江苏鑫民富投资有限公司成立】　10月27日，西湖街道积极汲取浙江"千万工程"经验，成立该公司，成为全区首个"区镇联动型"强村公司。该公司吸纳聚新社区、鑫河社区、长汀村、仕尚村、塔下社区5个村（社区）集体经济入股，注册资金2000万元。初创时期，以稳健收益为目的，发挥属地优势，开展土地管理、绿化养护等轻资产业务，为拆迁安置后街道富余劳动力提供更多就业岗位。年内，纳入该公司统一管护的收储土地193.33公顷。

【西湖街道第十届"鑫河杯""村BA"篮球邀请赛】　10月9日，在鑫河公园"网红篮球场"开幕。该届比赛历时26日，由武进区、溧阳市、金坛区、新北区、钟楼区、天宁区等周边地区14支球队、270多名运动员参赛，还有来自美国、俄罗斯、塞尔维亚等国家19名球员与老乡同台竞技，上演对决50场，每场直播有在线观看人数达1万多人，跻身常州"村BA"顶级赛事之列。

（是刘佳）

戚墅堰街道

【概况】　戚墅堰街道位于常州经开区中心地带，总面积4.73平方千米，下辖社区7个。2023年年末，常住人口4.9万人。

产业发展　培育壮大市场主体，新增“四上”企业（一定规模以上的工业企业、资质等级建筑业企业、限额以上批零住餐企业、国家重点服务业企业）5家、法人企业61家，累计法人企业687家、个体户3423家。发展现代服务业，推进生产性服务业项目13个，区重点项目华住集团汉庭酒店开业运营，海尔思体检中心进入外立面装修施工阶段；深耕金贸大厦楼宇经济，知名商家瑞幸咖啡于11月开业，金贸大厦获市级科技企业孵化器认定；盘活戚大街商圈，编制戚大街文化和商业复兴策划方案，申报注册“戚畔牌楼巷”集体商标，创成牌楼巷市级放心消费示范街和食品安全示范街；举办“寻味集市”活动3届，累计吸引客流8万人次。推进科技创新，组织申报高新技术企业2家、国家海外人才引进计划2个、“龙城英才计划”创业类项目1个；引入社会资本300万元，盘活民间闲置资产，建成博创人才公寓，年内入住率达73%。全年完成地区生产总值37.57亿元，实现限额以上贸易销售额5.26亿元、限额以上消费品零售额2.51亿元、规模以上服务业营业收入4.12亿元。

戚墅堰街道俯瞰　　（供图/戚墅堰街道　2023年11月）

城市建设　深化城市焕新，工房北区、延陵路片区整治提升工程压茬推进，工房南区改造提升项目于6月收尾，相关经验做法获市委书记、市长批示肯定。推进路网畅通，新建观湖路并提升沿线景观，翻建圩墩桥、观庄桥，完成先行路、环卫路局部拓宽及杆线入地，启动劳动东路改造。新建汇龙湾、戚大街社区北侧等停车场3个，增设停车位565个；新增老旧小区加装电梯4台，累计7台；延伸黑木桥天然气管道，基本实现天然气入户全覆盖。保护生态环境，加大扬尘治理，实施宛沿河综合整治、工房北区雨污分流，推进芳渚河水系连通及景观带建设，境内降尘量、$PM_{2.5}$平均值均达市空气质量考核指标，宛沿河获评市级农村生态河道，省环保督察问题全面整改完成。建设宜居环境，推进长效管理和文明创建。开展市容环境靶向攻坚行动，实施花溪公园精品化改造，拓宽护学安心通道，增设西门候学空间，源头解决东方小学门口交通拥堵问题；完成五益菜场外立面出新、东方广场驿站及公厕提档亮化，创成梅港新村、五益新村等省级垃圾分类达标小区8个；以老旧小区改造为契机，在智能充电棚营造公益氛围，将文明风尚融入生活场景，戚墅堰街道获评全市“争创全国文明典范城市重点攻坚行动先进集体”。

2023年戚墅堰街道各社区基本情况表

表79

社区名	户数（户）	户籍人口（人）	党组织书记	社区居委会主任
花苑社区	2212	4904	朱　琴	朱　琴
花溪社区	3313	8172	肖慧玲	肖慧玲
站北社区	1351	3864	曹　玉	曹　玉
东方社区	2586	5995	黄　慧	—
戚大街社区	2127	4858	陈苞芳	陈苞芳
河苑社区	3306	5574	方　雷	方　雷
圩墩社区	1597	3923	费　颖	—

社会事业　推进平安街道建设，开展打通“生命通道”等安全系列专项行动，完成东沿河、劳动东路群租房改造2处，在花溪社区建成全市首个公共安全科普街区，东方社区被列为全市“安全宣传进家庭”试点单位。建成全市首家街道级智慧消防指挥中心，实体化运行消防管理服务所，获评全市基层消防监管工作先进单位。推进社会治理，站北社区“家和”调解室获评全市优秀家事调解工作室，圩墩社区创成市级平安和谐社区示范点，《“围墩说事”议事平台》《基层智慧消防指挥平台》入选全市平安建设典型案例，《健全治理机制，筑牢平安屏障》在中央政法委“长安评论”上发表，戚墅堰街道在2023年全市群众安全感满意度测评中位居全区前列。创新退役军人事务工作，建成花溪公园双拥角，打造形成“戎耀青年汇”品牌。创新创优为民服务，实施“康养幸福城”三年行动计划，街道康养综合服务中心建成运营；推广“幸福餐桌”计划，新增社区助餐点3个，共计3个；东方社区创成省级示范性老年友好型社区。推进“晚晴”“扬帆计划”等社工站服务项目，圩墩社区“博爱家园”、街道“暖心家园”创成省级示范点，戚墅堰街道获全省“五社联动”机制创新试点单位被认定。

【工房北区、延陵路片区整治提升工程建设】　2023年，戚墅堰街道投入4.18亿元，压茬推进工房北区、延陵路片区整治提升工程，共计面积100.32万平方米，惠及居民6985户。在工房北区主要实施建筑立面出新、雨污分流、道路黑色化、杆线入地、“三网”融合（电信网、广播电视网、互联网高层业务应用的融合）等改造；在戚大街片区主要实施绿化景观织补、沿街风貌提升等改造，实现延陵东路及两侧建筑立面全新亮相；在亮化提升戚墅堰大桥的同时，串珠成链亮化东街、牌楼巷、工商银行等重要节点，打造形成戚墅堰“夜”名片。

【戚墅堰街道智慧消防指挥平台建成】 6月，戚墅堰街道智慧消防指挥平台建成，成为全市首个街道级智慧消防指挥平台。该平台在戚墅堰街道消防管理服务所内，接入烟感监测、燃气监测、消防通道占用、火点监控、电容阻断器、充电桩监测等智能消防物联设备共计362套，配备远程现场调度和视频巡查2个指挥功能，建成运行后，实现“一屏总览街道，精准防控防御；一揽无余，一网统管物联设备；一‘码’当先，快速实现问题处置；一‘键’调度，现场指挥事件处置”的四大功能。

【“741”兵团志愿服务队获评全国学雷锋志愿服务“四个100”先进典型】 2023年7月，戚墅堰街道“741”兵团志愿服务队被中央宣传部评为全国学雷锋志愿服务“四个100”先进典型。该志愿服务队成立于2018年5月，通过锻造“7”（理论戚骑兵、文艺轻骑兵、阳光帮扶兵、便民勤务兵、特战冲锋兵、铁骑救援兵、法安护航兵）支铁军、活化“4”（让志愿服务更有广度、温度、精度、深度）大维度、聚力“1”（品质宜居地、康养幸福城）个目标，以服务大局、服务社会、服务群众为宗旨，切实把开展志愿服务工作与培育和践行社会主义核心价值观相结合，为新时期社会治理工作注入时代精神和地方内涵。2023年，接续开展理论政策宣讲、便民服务、文明实践、文化惠民等志愿活动300余场。制定发布理论宣讲、教育服务、文化服务等5类城市社区志愿服务项目清单，精准招募央企退休职工、退役军人、社会组织等志愿者，注册志愿者2989名，按照职业特长和专业优势，打造7支半职业化志愿队伍。

（孙　江）

潞城街道

【概况】 潞城街道东临横山桥镇，西接天宁区青龙街道，南靠丁堰街道、戚墅堰街道，北依天宁区郑陆镇，总面积16.77平方千米，辖社区7个。2023年年末，常住人口7万余人。

产业发展　紧扣“科创智造谷”定位，推进重点项目38个，累计完成投资137.5亿元。省重大项目中车常州“三位一体”产教融合示范基地开工建设，博瑞智能电网研发及总装基地二期等11个项目竣工投产，鼎智高端微电机生产研发等4个项目主体建成。开展招商引资，招引总投资超10亿元项目1个、总投资超1亿元项目10个。推进科技创新，组织54家企业参加高新技术企业申报、复审，年末有高新技术企业84家，规模以上企业中高新技术企业占比达58%。推进企业“智改数转”，获江苏省星级上云企业认定14家，常州博瑞电力自动化设备有限公司PCS−9250−EAVD−800特高压柔性直流输电用电压高速测量装备入围省首台（套）重大装备名单，江苏鼎智智能控制科技股份有限公司获批省级工程技术研究中心，全街道累计有省、市工程技术研究中心36家。江苏星源新材料科技有限公司等4家企业获评国家级专精特新“小巨人”企业，中车戚墅堰机车车辆工艺研究所股份有限公司等2家企业入选国家级绿色制造企业。推进企业股改上市，常州迅安科技股份有限公司、江苏鼎智智能控制科技股份有限公司先后在北交所上市，常州三协电机股份有限公司晋级“新三板”创新层。建设科创载体，潞城智能制造示范区入选市级智能制造示范区名单，轨道交通产业园入围常州首批科创综合体暨人才综合体名单，创成省级现代服务业高质量发展集聚示范区。江苏省轨道交通装备标准化技术委员会成立，全省首个国家级轨道交通产业计量测试中心落户。开展招才引智，入选省双创人才项目1个、龙城英才项目5个。龙城英才·潞立方运动人才公寓启用，成为全市首个运动主题人才公寓。全年完成规模以上工业总产值247.3亿元、全社会固定资产投资137.5亿元、规模以上服务业营业收入12.97亿元、限上贸易销售总额22.92亿元，分别增长6.53%、8%、13.9%、15.2%；实际到账外资3771万美元。在第五次经济普查中，有个体工商户4138家。

城市建设　按照“活力新城区”定位，推进园区企业、潞城老街地块征迁腾空。建设项目配套工程，配合园东路等道路建设，完成杨昌线、韩区线、戚北线3条10千伏高压线迁改施工。优化区域路网，潞东线、芳蓉线有序推进，常州经开区实验初级中学配套道路、城东路（富民路—潞横路）、中海桂语江南南侧道路建成通车，山水路、园东路通过竣工验收。推进城市更新，完成东方公寓、潞城花苑老旧小区改造和潞城老街提升改造。完善城市功能配套，改造农贸市场停车场，新建立体停车库，新增停车泊位260个；以公园壹号华丰路为试点，打造市级“放心消费”“餐饮质量安全”双创示范街区，完成蔚蓝集市“三心”菜场改造。保护生态环境，推进大气污染防治，督促51家企业落实臭氧管控措

2023年潞城街道各社区情况表

表80

社区名	户　数（户）	户籍人口（人）	党组织书记兼社区居委会主任
兴东社区	820	2460	刘　栋
公园壹号花园社区	1620	4497	潘国联
潞城社区	1852	4853	曹青娣
曙兴社区	1634	5517	谢　烨
华丰社区	1045	3598	赵伟刚
青洋社区	2403	5187	陈维格
东城社区	402	864	曹继业

施，实施“一罐一策”精细化扬尘管控，完成企业 VOCs 综合治理、餐饮油烟在线安装等 7 项年度任务；开展水环境整治、精准攻坚“333”整治行动，丁横河、韩区河消劣基本完成，太湖流域 32 处问题排口整治销户完成；加强河湖管理，完成潞横河生态河道、革新河管护样板评定，草塘浜及百步塘创成 2023 年区级“幸福河湖”。全年完成覆绿面积 13.4 公顷，丁塘河湿地公园通过 2023 年三星级公园复评。潞城街道通过省级生态文明建设示范街道创建验收。加强城市长效管理，开展市容环境专项整治，建成丁塘河西路、曙兴路等 3 条市容示范道路；开展店招店牌、户外广告整治及学校、地铁站周边非机动车停放专项治理，改善中心城区市容环境；开展小区品质提升行动，连续发布文明楼道“红黑榜”17 期，完成楼道清理超 4100 个、消防设施整改 202 处。推进文明城市创建，潞城街道 2023 年度五次荣登常州市文明城市红黑榜评比红榜，长效管理及文明城市考评成绩位居全市第一方阵。

社会事业　夯实教育卫生服务基础，常州经开区实验初中新校落成，东方实验幼儿园、刘海粟幼儿园开园，东城社区卫生服务站建成投用。打造文体旅融合亮点，建成文旅新地标——潞城书院，上线青洋体育公园等户外健身场地智慧管理系统，举办“我们的节日·端午”—城事生活节、“遇见潞城·共赴秋实”市民文化节等活动，承办常州经开区第二届七人制足球赛、2023 常州社区运动会经开区分站赛等赛事，“遇见潞城”城市 IP 深入人心。实施“社区书记为民办实事”工程，投入 268 万元，优化提升小区便民设施。推进非机动车停放及充电设施改造，覆盖小区超七成。深化“一老一小”服务，实现“春晖”老年助餐点服务全覆盖，连续 3 年实施暑期职工子女爱心托管项目。

【潞城街道重点项目建设】　日盈 5G 智能网联驾驶辅助系统项目　位于常州经开区五一路以东、潞横北路以南，由江苏日盈电子股份有限公司实施，用地面积 6.69 公顷，新建厂房、办公研发等建筑面积约 16 万平方米，购置激光切割设备、插针簧片设备、智能工控主机等设备 5000 台（套）。于 2021 年 6 月开工，2023 年 12 月竣工，总投资 15 亿元，达产后可形成年产 5G 智能网联驾驶辅助系统 3350 万套的生产能力。

6 月 6 日，全市首个运动主题人才公寓潞立方运动人才公寓启用（供图 / 潞城街道）

鸿钜锂电精密结构件项目　位于潞城街道兴东路以东、东方二路以北，由苏州鸿钜金属制品有限公司实施，用地面积 5.67 公顷，建设两栋单层厂房、一栋三层厂房、一栋七层厂房等建筑面积共计 11 万平方米，动力电池金属配件自动生产线、电极自动生产线、电芯壳体自动生产线等产线数 10 条，购置注塑机、冲床等设备约 150 台（套）。于 2023 年 6 月开工，总投资 1.5 亿美元，投产后可实现为 15 亿瓦时锂电提供配套精密结构件的生产能力。

三协绿色节能智控电机项目　位于常州富民路北侧、五一路东侧地块，由常州三协电机股份有限公司实施，新增用地面积 1.5 公顷，新增建筑总面积 3.09 万平方米，购置数控自动转子磨床、液压机、钻床、攻丝机等设备 660 台（套）。于 2022 年 9 月开工，2023 年 12 月竣工，总投资 3.1 亿元，达产后可形成年产控制类电机 800 万台（套）的生产与研发规模。

鼎智高端微电机生产研发项目　位于常州经开区常青路以西、潞横路以北、潞横北路以南，由江苏鼎智智能控制科技股份有限公司实施，用地面积 3.33 公顷，建设办公楼、生产车间、研发中心等建筑面积 7.8 万平方米，其中地上建筑面积 7.2 万平方米、地下建筑面积 0.6 万平方米，搬迁利用现有生产设备，购置滚丝机、磨齿机、气相色谱仪等先进设备 124 台（套）。于 2023 年 1 月开工，总投资 3.1 亿元，达产后可新增微电机及新能源无人车电机等 79.8 万台的生产能力。

迅安高端焊接防护面罩项目　位于常州经开区潞横路北侧、园东路西侧、潞横北路南侧，由常州迅安科技股份有限公司实施，用地面积 2.59 公顷，建设研发中心、生产车间、仓储及办公场所等建筑面积 5.2 万平方米，购置过滤效率测试仪、自动贴合机、自动老化测试仪等设备 200 台。于 2023 年 2 月 16 日开工，总投资 3 亿元，达产后可新增年产焊接防护面罩 100 万个、呼吸器 4 万套的生产能力。

【潞城书院建成投用】　4 月 23 日投用。该书院位于潞城街道太平庵旧址内，前身太平庵始建于明朝嘉靖五年（1526 年），重修于清朝光绪三十一年（1905 年），后经修缮，于 2018 年被列入市级文保单位。潞城街道充分发挥太平庵传统教育载体的延续作用，将历史遗存与时尚体验有机融合，建成集“展、文、书、集”等功能于一体的潞城书院。年内，该书院常规展陈潞城历史文化展，定期开展主题展览、阅读活动、文化沙龙、剧场演出等文化活动。

【潞立方运动人才公寓启用】　6 月 6 日，龙城英才 · 潞立方运动人才公寓启用，成为全市首个运动主题人才公寓。该公寓位于东城路与龙锦路交叉口南侧，由潞城街道与常州璐嘉商业管理有限公司共同投资、建设及运营，建筑面积1.3万平方米，共有人才公寓259套，有4种户型，可容纳600人入住；配套设置健身中心、赛事观影厅、户外运动场地。年内，入住率达100%，获评常州市三星级人才公寓。

【东城社区成立】 11月30日，潞城街道东城社区成立，东城社区党群服务中心启用。东城社区辖区范围东至常青路，西至东城路，南至东方二路，北至潞横路，面积1.23平方千米，辖内有上东城、润城花园、保利大都汇等，常住人口约4500人。东城社区党群服务中心面积2200平方米，围绕服务、康养、托育、社交四大场景布局，实现党建引领多元服务、空间共享紧密邻里、助商惠民良性互动、百姓故事传递声音。

（蒋盼盼）

丁堰街道

【概况】 丁堰街道地处常州经开区中心城区，京沪铁路、沿江高速、京杭大运河横贯全境，总面积10.18平方千米，辖社区6个。2023年年末，常住人口约3万人。

表81 2023年丁堰街道各社区基本情况表

社区名	户数（户）	户籍人口（人）	党组织书记兼社区居委会主任
常丰社区	1172	4023	刘小芳
丁堰社区	1176	2803	唐　峰
梅港社区	1205	3660	吴文进
芳渚社区	1020	2836	吴志亮
蓝山湖社区	773	1913	张　丹
港龙社区	1082	3901	蒋一波

产业发展 坚持“三新经济新前沿”定位，推进项目攻坚，招引落地常宝新能源、Cu1958创意园、芬奇新能源3个投资超亿元项目，引进生产性服务业项目16个，常宝新能源项目和祥明智能电机扩建项目入库市级重大项目，22个重点产业项目超额完成年度计划投资，盛奥华、瑞昱通讯等12个项目竣工投产。深化科技创新，新增高新技术企业29家，累计51家；推进企业“智改数转”，常州合力电器有限公司等5家企业获省级专精特新企业认定，常州祥明智能动力股份有限公司创成省级智能车间，常州太宇研磨科技有限公司等7家企业获评省级“上云”企业，中车常州车辆有限公司创成省工业互联网标杆工厂，江苏常宝钢管股份有限公司、中车戚墅堰机车有限公司创成国家级绿色工厂。建设新型园区，东方数字经济产业园一期建成投运，二期开工建设，入驻企业76家。建设新潮街区，省重点文化和旅游产业项目——常青里文化旅游街区基本建成，Cu1958文化创意产业园开工建设，运河公园民国风情商业街招商完成，山水路美食街创成常州经开区“食品安全和放心消费”示范街区。全年实现地区生产总值99.07亿元、规模以上工业总产值159.14亿元、限上贸易销售额191.12亿元，分别增长6%、4.6%、4.2%。

城市建设 开展城市空间布局，大运河经开区丁堰段沿线城市设计方案通过专家评审，丁剑路南侧片区控规调整获市政府批复，收回的戚电公司震华热电地块先行启动实施方案加快推进，爱琴海南侧（西）、赛马河南侧A等地块摘牌成交。开展征迁安置专班攻坚，完成沪武高速及其扩建配套工程（丁堰段）征迁签约、高压线迁改10千伏蓝山线，政成路、丁剑路（大明幼儿园—丁堰小学）、华丰路（东方二路—丁剑路）、民泰路和延陵东路道路提升改造项目竣工，大明路、漕上路等道路沿线交通枢纽绿化一期工程和房地产项目大明丰泰苑完工，东方君开、潮起东方一期、水漾花城一期交付。优化市容环境面貌，开展住宅小区、园林绿化、市容环境等专项整治，完成运河沿线常钢宿舍、冶炼宿舍等7个老旧小区散居楼改造和青洋花苑小区基础设施整治提升，开工建

改造后的戚电公司冷却塔外壁彩绘和灯光亮化工程　（供图/丁堰街道　摄于2024年4月）

设小园、邱家巷两个城中村整治提升项目，庄基村实现天然气入户通气，运河公园、圩墩村、南秧街3个提档升级公厕建成投用。保护生态环境，推进涉气行业、涉磷企业专项整治，完善小微企业危废管理，完成赛马河南侧B地块覆绿，$PM_{2.5}$浓度、降尘量逐步下降，圩墩大桥出境断面“稳定达三”，丁塘河湿地被评为常州市小微水体优秀片区。

社会事业 推进运河文旅融合发展，推出运河公园“运河党建红色之旅”等5条工业研学线路，开展“运河智造·匠心常传”工业研学体验营活动，承办2023工业旅游暨大运河工业遗产峰会，举办第六届运河文化节系列活动，丰富运河文旅内涵，做强运河文旅品牌，提升运河文旅价值。创新社区治理，实施《社区建设和管理行动2.0“提质增效年”工作计划》，蓝山湖社区“智慧小区”全覆盖入选江苏省智慧社区建设特色应用试点单位名单，港龙社区“‘议’路‘童’心”项目获全市城乡社区治理与服务品牌展示交流活动三等奖、常州市优秀社区服务品牌，《“五燕齐飞”矛盾化解工作法》《“丁香小筑”精微网格自治生态圈建设工程》2个项目入选常州市平安建设典型案例。实施民生实事项目，经开区第二实验小学建成启用，“运河边的党课”创成省级社区教育品牌项目，丁堰、东方君开2个社区卫生服务站开诊，丁堰、梅港2个社区老年助餐点建成运营，丁堰老年大学开班。

【运河文旅融合发展】 2023年，丁堰街道坚持“运河文旅新标杆”定位，推进运河文旅融合发展。丰富运河文旅内涵，在运河南岸完成戚电公司3座冷却塔外壁彩绘和灯光亮化改造，绘就智造之塔、文旅之塔、生态之塔三幅各具特色的彩绘壁画。做强运河文旅品牌，戚机厂火车文化园、蓝豹服饰体验观光园获评“江苏省工业旅游区”，戚电厂创成首批“江苏省级工业遗产”，国棉四厂旧址（大明厂民国建筑群）入选“江苏省革命文物名录”，秋白书苑（丁堰·运河公园馆）获评“江苏省最美公共文化空间”，常州大运河（丁堰段）文旅健身步道上榜“江苏省最美跑步线路”，戚机厂、大明创意园工业文旅项目获央视《朝闻天下》报道，原创节目《大运河，请为我们喝彩》获常州市公共文化“青果奖”音乐类奖项。承办2023工业旅游暨大运河工业遗产峰会、第六届运河文化节系列活动，“追光新城·看东方”健步行、晚汀音乐会、花灯游园会亮相，暑期“运河音乐汇”演出反响热烈。提升运河文旅价值，围绕运河工业文旅研学的市场化运营，全新推出运河公园“运河党建红色之旅”、戚机公司“我在戚机造火车”、天虹纺织“织梦百年的奥秘”、蓝豹股份“米兰绅士殿堂探秘之旅”和地铁公司“未来地铁工程师”5条工业研学线路，开展“运河智造·匠心常传”工业研学体验营活动，累计接待青少年70批、2500人次，丁堰大运河工业游入选常州市第三批社区教育游学实验项目。

【常州大运河（丁堰段）工业文旅健身步道上榜“江苏省最美跑步线路”】 2023年2月，“魅力江苏、最美体育”2022江苏省最美跑步线路年度榜揭晓，该步道上榜。该步道沿大运河（丁堰段）分布，全长7千米，分为运河南岸与北岸，由工农桥相连；路面主要以苏波洛克砖、花岗岩铺就，部分道路为水泥、塑胶。路线环运河设置，沿路有运河文旅长廊、3家百年企业（大明厂、戚电厂、戚机厂）、运河公园等。其中，国家级工业遗产2处（大明厂、戚机厂）、江苏省工业旅游区1处（大明天虹1921创意园）、市级文保单位2处（大明厂民国建筑群、福源米厂），江苏“运河百景”标志性运河文旅产品，延陵东路被誉为“最美梧桐路”。历史文化氛围浓厚，有剑井的传说、爱国实业家刘国钧的创业故事、王寿生创立江苏省电力系统第一个党支部等。配备体育公园1个、体育健身路径2套，周边绿化、美化、灯光亮化工程齐全。

（李佳蔚）

武进高新区北区

【概况】 武进高新技术产业开发区北区（简称高新区北区）位于武进中心城区东北部，总面积10平方千米，辖社区10个（含涉农社区7个）。2023年年末，常住人口超10万人。

城市建设 实施老旧小区改造，完成丽华南村、古方新村老旧小区改造工程和阳湖小区弱电入地工程，以及阳湖世纪苑北苑居民楼二次供水改造、邱墅家园地下车库改造、立志苑和新苑智慧小区建设等工程，加装既有住宅电梯5台，新增电动自行车电梯阻拦器55台、充电桩150个。完善基础设施，完成菱港路（人民东路—沈家浜段）拓宽和改造提升工程、古方路路段维修和星火路绿化更新、法治公园篮球场改造和健身设施更新。保护生态环境，完成下沿浜整治涉及的排口整治、雨污管网疏通检测、雨污分流工程以及沈家浜、余家浜“消劣”整治，落实大气管控应急措施、重点行业污染治理，加强餐饮油烟监管，完成省级生态环保督察交办的信访件整改，保持生态环境持续优化。推进生

改造后的丽华南村 （供图/武进高新区北区 摄于2023年12月）

社区居家养老服务站老年人活动　（供图/武进高新区北区　摄于2023年4月）

活垃圾分类工作，创建省级生活垃圾分类达标小区13个。推进城市长效管理，开展城中村环境卫生整治、占道经营等市容环境整治，加强“两违”管控，保持城市长效管理考评较好成绩。推进文明城市建设“三标融合”，及时落实整改各级督查通报问题和自查问题，实施公益广告设置、背街小巷环境、住宅小区环境等专项整治，加强对非机动车乱停放、店外出摊、空中线缆、飞线充电等高频问题的巡查、集中整治，完成各级各类测评迎检工作。

社会治理　加强网格管理，完成“一网格一支部一阵地”建设任务，全年各类事项办结率为99.8%；实施精品化社会治理项目10个，在微网格居民议事机制、“飞地”管理模式、家庭儿童服务方式等方面取得突破，创成市级网格化社会治理“最美网事”十佳案例1个，获评市级最美网格员3人。创新物业管理，成立路劲城一期“业主治理小组”，打造“领路”议事厅党建品牌，围绕解决小区重点、难点问题，推动物业服务管理深度融入基层治理，获评常州市优秀物业管理项目。发展集体经济，涉农社区平均经济收入781万元；全年成交农村产权项目100个，成交额810万元。推进平安建设，开展治理重复信访、化解信访积案清零攻坚行动和防范电信网络诈骗专项治理，严厉打击各类犯罪活动，化解信访积案，高新区北区公众安全感测评成绩位于全区前列。

社会事业　发展教育事业，完成李公朴幼儿园基础设施提升工程，实现流动人口子女积分入学830人。实施文化惠民工程，改建社区体育场地5处，开展全民阅读系列活动、文体活动和新时代文明实践活动。发展卫生健康事业，完成东庄、邱墅2个社区卫生服务站提档升级，建成社区卫生服务站中医阁9个。加强民生保障，新增城镇再就业461人，开发公益岗位33个，助力困难群众就业；完成社会保险扩面639人，城乡居民医疗保险、长期护理保险参保人数21564人；开展社会救助，全年发放补助金382万元，为重点优抚对象发放抚恤金131万元。实施社会福利项目，全省首个福彩主题公园在马杭社区建成开放。做优养老服务，完成居家适老化改造32户；开展上门援助服务，居家养老服务站点累计服务11万人次。

【高新区北区创成省级生活垃圾分类达标小区13个】 2023年，武进高新区北区深入推进生活垃圾分类工作，推行“四分类”（设置厨余垃圾、可回收垃圾、有害垃圾和其他垃圾4个不同投放口）、“三定一撤”（居民定时、定点投放生活垃圾，社区定人分类督导、撤除小区零散垃圾桶）模式，改造提升生活垃圾分类亭84个，组建以物业管家为主的督导员队伍，达到定时投放要求；推动装备能力升级，新增智能投放箱16个，推进市级“一网统管”平台衔接，强化生活垃圾收运智能监管；加大宣传力度，组织开展主题宣传，营造人人知晓、人人参与的浓厚氛围；健全长效管理机制，加大物业服务企业履职监管力度，健全住宅小区生活垃圾网格化管理事件处置机制，加强管理和执法联动，推动生活垃圾分类工作提质增效。年内，香溢澜桥、金堤花苑、喜盈门花苑等13个小区完成省级生活垃圾分类达标小区创建，辖区33个居民小区全部创成省级生活垃圾分类达标小区。

【全省首个福彩主题公园建成开放】 内容参见“社会生活”类目p231同名条目。

2023年武进高新区北区各社区基本情况表

表82

社区名	户　数（户）	户籍人口（人）	党组织书记	社区居委会主任	集体经济收入（万元）
贺北社区	5751	4784	蒋　松	—	1203
十里社区	2203	2605	王栋梁	—	763
邱墅社区	6170	5400	华玉萍	马　益	1503
古方社区	4583	5043	周萍华	张未荣	385
龚家社区	1895	2228	龚文忠	龚文忠	843
东庄社区	7432	8581	崔　立	—	306
马杭社区	3791	2914	沈庆东	—	465
新城域社区	7052	8230	孙春玲	孙春玲	—
香溢澜桥社区	7504	8408	华建钢	孙　燕	—
喜盈门社区	6665	6300	吴寅峰	吴寅峰	—

（王伟红）

人物·荣誉

Figures & Honors

栏目编辑　陈　诚

新任区级领导

孙益锋

2023年8月，任中共常州市武进区委常委，副区长，中以常州创新园党工委书记、管委会主任。9月，任武进区政府党组副书记。

江苏常州人，1976年8月出生。对外经济贸易大学经济信息管理专业本科毕业。2006年8月加入中国共产党。1999年10月至2005年1月，历任常州市信息中心预测科科员、预测科副科长、综合科科长。2005年1月，任常州市发展计划委综合处副处长。2005年6月至2017年5月，历任常州市发展和改革委员会综合处副处长、处长。2017年5月，任常州市发展和改革委员会党组成员、副主任。2021年7月，任常州市钟楼区委常委、副区长、区政府党组副书记。2022年7月，任常州市钟楼区委副书记。

胡　泊

2023年9月，任中共常州市武进区委常委、组织部部长、统战部部长。10月，任武进区政协党组副书记，兼任武进区委党校（区行政学校）、区社会主义学院校长（院长）。

江苏泗阳人，1976年9月出生。南京师范大学文学院电影学专业研究生毕业。1998年6月加入中国共产党。1999年7月，任淮阴师范学院中文系教师。2004年9月，任上海市金山区广播电视台生活娱乐频道《百姓直通车》制片人。2005年8月至2021年8月，历任常州市委组织部科员、副主任科员、办公室副主任、人才二处处长、人才一处副处长（兼）、党员干部现代远程教育中心主任、研究室主任、干部一处（对口支援干部处）处长。其中，2019年11月晋升一级主任科员，2020年11月晋升四级调研员。2021年8月，任常州市考核工作委员会办公室副主任。2022年6月，任常州市委考核工作委员会办公室副主任。

盛世麟

2023年9月，任常州市武进区人民政府副区长，市公安局武进分局党委书记、局长、督察长，区委政法委副书记（兼）。10月，任武进区政府党组成员。

江苏常州人，1972年9月出生。中央党校函授学院法律专业本科毕业。1997年11月加入中国共产党。1993年8月至1996年12月，历任常州市公安局三井派出所办事员、副股级干事。1996年12月至2003年9月，历任常州市公安局新区分局办公室副主任、办公室主任、副主任科员。2003年9月，任常州市公安局薛家派出所所长。2004年7月至2007年5月，历任常州市公安局办公室副主任、主任科员。其中，2006年12月至2007年12月，任常州市委政法委依法治市工作处副处长（挂职）。2007年12月，任常州市公安局天宁分局副局长。2009年6月至2020年10月，历任常州市公安局指挥中心副主任、办公室主任、指挥中心政委、刑事警察支队支队长。2020年10月，任常州经开区管委会副主任，公安分局党委书记、局长。2020年12月，晋升二级高级警长。

朱小平

2023年6月任常州市武进区人民政府副区长。7月，任武进区政府党组成员。

江苏常州人，1970年6月出生。中央党校函授学院经济管理专业本科毕业。1999年4月加入中国共产党。1991年8月，任常州工商局市场管理所办公室科员。1993年8月至2001年10月，历任常州工商局新区分局注册登记股科员、副股长、股长，外资企业登记股股长。2001年10月至2005年2月，历任常州工商局企业注册分局副局长、注册处副处长。2005年2月，任常州工商局新区分局副局长、外资企业处副处长（兼）。2007年8月至2011年4月，历任常州工商局外资企业处副处长、外资企业登记管理处处长、登记注册处处长。2011年4月，任常州市金坛工商行政管理局局长、党组书记。2013年3月，任常州工商局财务处处长。2014年2月，任常州市武进工商行政管理局局长、党组书记。2015年3月，任常州市武进区市场监管局党委副书记、局长。2017年3月，任常州市武进区市场监管局党委书记，12月，任食品药品监管局局长。2019年3月，任常州市武进区市场监管局党组书记、局长，6月套转为四级高级主办。2022年6月，任常州市武进区湖塘镇党委书记，四级调研员。

朱慧峰

2023年8月任常州市武进区人民政府副区长。9月，任武进区政府党组成员。

江苏常州人，1981年5月出生。徐州师范大学资源环境与城乡规划管理专业本科毕业。2004年5月，加入中国共产党。2005年9月，任常州市武进区行政执法大队队员。2006年2月，任常州市武进区城市管理局市容管理科科员。2008年6月至2012年9月，历任常州市武进区环境卫生管理处技术科科长、副主任。2012年12月，任常州市武进区洛阳镇副镇长。2016年12月，任常州市武进区洛阳镇人大主席。2017年5月，任常州市武进区礼嘉镇党委副书记、镇长。2020年11月，兼任常州市武进区青联副主席。2022年6月，任常州市武进区洛阳镇党委书记。

王　斐

2024年4月任常州市武进区人民政府副区长。

江苏常州人，1985年4月出生。南京理工大学社会学专业本科毕业。2005年11月加入中国共产党。2009年8月至2013年4月，历任常州市钟楼区商务局科员、办公室主任助理、党政办公室（监察室）主任。2013年4月，任常州市钟楼区商务局党委委员、副局长、外事办副主任。2015年8月，任常州市钟楼区荷花池街道办事处副主任。2017年8月，任常州市钟楼经济开发区管委会副主任。2018年4月，任常州新能源汽车研究院副院长。2018年10月至2020年11月，任常州市钟楼区邹区镇副镇长（挂职）。2021年8月，任常州市钟楼区五星街道党工委副书记，12月，任常州市钟楼区五星街道办事处主任。2022年8月，任常州市统计局党组成员、副局长。

（徐　佳）

先进个人

全国先进个人

韦　明

常州市武进生态环境局二级主办，中共党员。2023年6月，被生态环境部授予从事生态环境工作三十年纪念章。

江西铅山人，1970年6月出生。在从事生态环境工作的30年中，韦明坚持“功成不必在我，功成必定有我”的工作情怀，始终冲锋在污染防治攻坚战前线，积极投身工业污染防治和执法监管、太湖综合治理等重要执法行动，在环境污染防治、环保政策宣讲、生态环境监督执法等方面做出应有贡献。

方子良

常州市生态环境综合执法局武进分局西太湖所科员，中共党员。2023年6月，被生态环境部授予从事生态环境工作三十年纪念章。

安徽黄山人，1969年4月出生。方子良先后在环境监测、生态评估、环评审批及环境执法等不同岗位上工作。在环保战线工作的三十多年里，始终勤勤恳恳、任劳任怨，时刻以共产党员的标准严格要求自己，体现共产党员的先锋模范作用，为武进生态环境事业高质量发展做出应有贡献。

朱　健

常州市生态环境综合行政执法局武进分局太湖湾所副所长，民盟会员。2023年3月，被生态环境部授予“2022年度全国环境执法大练兵表现突出个人”称号。

常州武进人，1989年9月生。朱健从事生态环境工作10年，以精湛的业务能力和敬业奉献的精神，积极参与“环保干部走千企”活动，凭借过硬的专业素质，对企业环保设施的设计、建设和运行见解独到；耐心倾听企业诉求，宣传环保法律法规，解读典型案例，以案释法，推进企业自觉守法，共同促进地方发展；参与多轮重点区域空气质量改善监督帮扶、异地实战练兵等专项执法行动，为生态环境保护事业做出应有贡献。

（周志鹏）

庄惠芬

武进区星河实验小学校长，党支部书记、校长、集团总校长，中共党员。2023年5月，被全国总工会授予全国五一劳动奖章。

常州武进人，1973年10月出生。庄惠芬从教32年，以“让更多普通百姓的子女享受优质教育”为己任，组建教育集团、成立创想教育研究院，集团内7所学校成为新优质学校，助推近二十所学校内涵发展，城乡一体推进优质均衡教育；致力“小学生创新人才早期培养”的实践探索，形成儿童创想教育育人模式，为全国提供样本；专注团队建设，担任教育部、省、市、区名校长工作室与市名师工作室，培养一大批名特优教师、十佳校长；先后获得全国优秀教育工作者、江苏省先进工作者、江苏省三八红旗手标兵等荣誉称号。

（陈　欢）

刘　丹

横林镇政法和应急管理局副局长、司法所所长，中共党员。2023年9月，被司法部授予全国模范人民调解员称号。

江苏常州人，1982年12月生。刘丹在工作中坚持和发展新时代“枫桥经验”，秉承“矛盾不上交”的初心使命，提升人民调解工作质效。创新工作方法，秉持公平正义，最大程度把矛盾纠纷防范在源头、化解在基层、解决在萌芽状态。从事调解工作18年来，累计主持并参与处理各类纠纷500余起，调解成功率超98%，履行率100%，为促进地区社会和谐做出应有贡献。

（李玉和）

刘艳艳

江苏恒立液压科技有限公司液压泵马达研究所副所长，中共党员。2023年3月，被全国总工会授予全国五一巾帼标兵称号。

河南开封人，1987年1月出生。2014年参加工作以来，刘艳艳主导和参与研发30多款液压产品，其中高压柱塞泵系列产品突破国外企业在工程机械行业领域长期以来的垄断，树立国内液压泵行业标杆，助力中国液压技术升级发展，为工程机械国产化做出应有贡献。先后获得中国机械工业科技技术二等奖、中国机械工业科技进步一等奖、全国五一巾帼标兵、江苏省五一劳动奖章等奖项及荣誉称号。

（陈　欢）

阮志华

常州市生态环境综合行政执法局武进分局高新区所科员，中共党员。2023年6月，被生态环境部授予从事生态环境工作三十年纪念章。

江苏常州人，1968年12月出生。阮志华从事环保工作30年，始终工作在生态环境保护执法监管一线岗位，尽职尽责、任劳任怨，认真完成日常环境监察、环境执法、环境信访调处等主要工作，对环境违法行为敢于亮剑。参加并践行党的群众路线教育实践活动，增强党员意识、廉洁意识、自律意识、公仆意识，始终认真履职，为群众排忧解难，受到广大干部群众和服务企业的称赞，为武进生态环境保护事业做出应有贡献。

孙再庆

常州市生态环境综合行政执法局武进分局西太湖所科员，中共党员。2023年6月，被生态环境部授予从事生态环境工作三十年纪念章。

江苏常州人，1970年11月出生。孙再庆在环保岗位上深耕30年，始终冲锋在生态环境保护执法监管一线。围绕生态环境执法中心工作，不断强化自身能力，认真履行岗位职责，勤勉务实，秉公执法，将依法行政、规范执法做到常态化，严格按照法律法规要求开展调查取证，将每个案件做到事实清楚、证据充分、程序合法、处罚公正，为武进生态环境事业高质量发展做出应有贡献。

（周志鹏）

杨美英

武进区委统战部副部长、区侨办主任、侨联主席，中共党员。2023年8月，被中国侨联、国务院侨务办授予全国归侨侨眷先进个人称号。

常州武进人，1973年7月出生。杨美英2012年从事侨联工作后，深入侨界群众，倡导“侨务进三区·服务零距离”举措，深化“春送健康、夏送清凉、秋送亲情、冬送温暖”四季四送品牌服务，开展涉侨企业人才“双百”行动、侨界大走访等活动，深受侨界群众喜爱和好评；招引海外人才，主导举办“相聚武进·共谋发展”海外高层次人才武进论坛，协助海外博士申报国家“启明计划”，创建“侨武青春”“梧桐同心·海归驿站”等品牌活动，团结凝聚海外侨青人才；积极参政议政，引导区涉侨人大代表、政协委员提交提案议案100余件、调研文章10余篇，在2022年武进区欧美同学会（武进区留学人员联谊会）在全国率先实现基层组织全覆盖中做出应有贡献。

（王　艳）

吴　城

武进区委组织部公务员科科长，中共党员。2023年10月，被中共中央组织部评为2022年度全国组织系统“优秀网宣员”。

江苏江阴人，1987年4月出生。进入组织系统后，吴城围绕时势大局，结合业务工作，撰写多篇评论文章，多篇文章被人民论坛网、《中国组织人事报》、《组织人事报》等省级、国家级平台录用，《最实就是最美》《躬行问题导向的“三种姿态”》等文章被中组部评为优秀评论文章。结合新录用公务员“新芽计划”，以写带帮，助力年轻干部成长成才。

（汤　悦）

吴向共

常州市生态环境综合行政执法局武进分局科员，中共党员。2023年6月，被生态环境部授予从事生态环境工作三十年纪念章。

常州武进人，1970年5月出生。吴向共1992年起就从事生态环境工作，多年来始终坚守在生态环境基层执法一线岗位，时时处处以共产党员的标准严格要求自己，立足本职工作，以负责的工作态度，娴熟的业务技能，从容面对执法中的困难与挑战，对待工作认真负责，踏实勤奋，事业心和责任心强，在行政审批、环境政策等方面为武进生态环境贡献力量。

（周志鹏）

闵浩焕

武进区嘉泽镇观庄村村民，中共党员。入选中央文明办2023年第三季度“中国好人榜”。

武进嘉泽人，1941年12月出生。1979年创办嘉泽第一个苗圃和花木研究所，成为当地花木产业的先驱、现代农业转型的开拓者。曾三次出席北京人民大会堂颁奖大会，分别荣获1985年全国科技致富奖、1988年全国花木行业双十佳金龙杯奖、1993年全国优秀花木企业金牌奖。1988年，偶然在苗圃中发现十几只白鹭，为了留住候鸟，闵浩焕放弃一直从事的苗木事业，花光所有积蓄，30多年如一日地守林护鸟，苗圃里鸟群由数十只壮大到三万余只，并被列为国家二级鸟类保护区、南京师范大学鹭鸟繁殖栖息生态研究基地等。2023年3月，被评为“常州好人”；2023年6月，被评为“江苏好人”。

（王　恬）

张　晖

常州市生态环境综合行政执法局武进分局城区所科员。2023年6月，被生态环境部授予从事生态环境工作三十年纪念章。

江苏常州人，1969年11月出生。张晖在环保岗位上辛勤工作30余年，深耕一线，履职尽责当先锋，为民服务解难题，具有丰富的现场检查执法经验，多次参加部、省级交叉检查。始终牢固树立为人民服务的宗旨意识，以精湛的业务能力和敬业奉献的精神，为基层执法监管、排污单位申报和促进非现场检查制度运行等方面做出应有贡献。

（周志鹏）

张正浩

武进区人社局党组成员、就业服务中心主任，中共党员。2023年1月，被人力资源社会保障部授予全国人力资源社会保障系统先进工作者称号。

江苏常州人，1968年1月出生。从事人社系统工作的三十年里，张正浩敢为人先，先后推进20余项创新工作，打造“智慧武进”、“技行武进”、长三角“百校百企”等多个就业品牌；建成全国首家技能人才服务产业园，被列为全省紧盯产业发展加快培育高质量技能人才10项措施之一，服务技能人才超10万人次；带领全体武进“就业”人攻坚克难、砥砺奋进，“智慧武进”就业工程、“一窗式”360全能经办、“就业驿站”暖心服务等工作走在全省乃至全国前列，为人社事业做出应有贡献。

（张连惠）

张晓燕

武进区档案馆副馆长，中共党员。2022年12月，被国家档案局授予全国档案工匠型人才称号。

江苏东台人，1973年11月出生。张晓燕扎根档案工作三十余年，致力全区档案馆室规范化、信息化、科学化建设，指导机关、团体、企业、事业单位建成省级档案室超300家。根据武进实际，参与制订机关、学校、企业、行政村（社区）等多个档案业务建设规范标准。服务国家强基项目、重点建设工程和重点工作，多个创新举措和优秀案例获全省推广，有20多篇档案学术论文、业务文章在全国中文核心期刊发表或全省档案学术研讨会上获奖。先后获评全省档案系统先进个人、全省档案宣传工作先进个人、江苏省档案技术能手等荣誉。

（吴　杰）

邵　敏

国家税务总局常州市武进区税务局雪堰税务分局三级主办，中共党员。2023年2月，被国家卫生健康委、中国红十字会、中央军委后勤保障部评为2020—2021年度全国无偿献血奉献奖铜奖。

江苏常州人，1966年12月出生。进入税务系统以来，邵敏始终秉持以纳税人为本的观念，工作踏实负责，同时积极投身于公益事业，连续多年自愿无偿献血。自2001年以来，累计献血超过4000毫升，为众多陌生人带去希望和健康。

（王　佳）

赵从亮

赵从亮，常州新华昌国际集装箱有限公司技改办主任。2023年4月，被全国总工会授予全国五一劳动奖章。

1975年11月出生，江苏淮安人。赵从亮秉持着对技术创新的初心，25年如一日，先后完成重点项目40多个，主持研发集装箱喷漆有机废气处理装置及编写《回收溶剂的调配配方及使用方法》，创新漆渣处理循环使用工艺，累计为企业提质增效近1.1亿元。2019年，创建常州市“赵从亮示范性劳模创新工作室”，组织开展技能讲座和交流活动26场。先后获评常州市劳动模范、江苏省五一劳动奖章、中国集装箱行业“保供应稳畅通”突出贡献等荣誉。

（梅嘉慧）

胡跃中

常州市武进生态环境局生态文明建设科科员，中共党员。2023年6月，被生态环境部授予从事生态环境工作三十年纪念章。

安徽黄山人，1971年1月出生。胡跃中在环保岗位上深耕30余年，秉持积极的工作态度和高度的责任感，积极推进区域生态环境问题解决，始终冲锋在污染防治攻坚战前线，为农村生活污水治理、畜禽养殖场整治、人居环境整治等生态文明创建工作做出应有贡献。

（周志鹏）

顾　燕

政协常州市武进区委员会办公室副主任，民进会员。2023 年 10 月，被民进中央授予民进全国宣传思想工作先进个人称号。

江苏南通人，1982 年 2 月出生。顾燕围绕中心工作，服务大局，积极履职参政。发扬“爱国、民主、团结、求实”的优良传统，深入调研，撰写的《警惕医院成为非法传教新场所》《建议采取切实措施防止粮食生产盈利收窄挫伤农民积极性》等文章先后被国务院副总理孙春兰批示、中央统战部《零讯》（专刊）采用，多篇信息被民进中央录用。

（王　勋）

徐　科

武进区市场监管综合行政执法大队湟里中队中队长，中共党员。2023 年 10 月，被国家市场监管总局办公厅授予第二届全国市场监管 12315 技能大比武活动“决赛特别奖”称号。

江苏常州人，1986 年 9 月出生。徐科坚持问题导向，自学法律知识，研究各类市监案例和先进做法，作为常州市市场监管专家智库成员，多次参加疑难问题和攻坚项目的交流探讨。创新工作方法，形成“以‘六个转变’浅议特种设备安全监管”“方便特种设备使用单位十项措施”等理论，参与制定《武进区特种设备使用单位安全自查台账》，在监管的同时关注企业经营的难点、堵点，帮助企业高质量发展。先后获得常州市技术能手、常州市五一创新能手等荣誉。

（施　渊）

徐玉峰

江苏（武进）水稻研究所所长，民盟盟员。2023 年 12 月，被农业农村部授予全国农业农村系统先进个人称号。

常州武进人，1983 年 12 月生。徐玉峰长期在农业一线从事植物保护和水稻新品种选育及推广工作。致力科技攻关，参与武运粳系列多个抗病、抗逆水稻新品种的育成，其中，武运粳 24 号、27 号被农业部认定为超级稻品种，武运粳 23 号、24 号、27 号被评为“江苏好品种”；专注试验示范，研究筛选新农药、新技术，开创应用新型虫情测报灯和性诱剂等新型测报技术，改善测报的精准度和灵敏度；大力宣传推广专业化统防统治，建立农药减量增效绿色防控综合示范区，提高防治技术到位率，保障农产品和生态环境安全。获市级及以上奖项 8 次，发表专业论文 10 余篇。

徐洁芬

江苏（武进）水稻研究所高级农艺师，中共党员。2023 年 2 月，被全国妇联授予巾帼建功标兵称号。

常州武进人，1982 年 7 月出生。徐洁芬硕士毕业后便扎根基层，从事水稻新品种选育及农技推广工作，完善武进水稻所分子实验室，结合分子标记辅助选择技术与常规育种，提升育成品种条纹叶枯病抗性和稻瘟病抗性；通过参与国家 973 计划、中科院重大专项、省重点研发等项目，加速科研成果研发，助力武字头品种从高产向优质高产多抗转型升级，累计鉴定科技成果 3 项，获省部级成果推广奖 4 项、省市级科技进步一等奖 4 项，授权和申请专利 21 项。此外，对接前黄、礼嘉、雪堰等乡镇特色村，进村入户，致力帮助农民将问题解决在田间地头，农技推广工作受到农户高度好评。先后获得全国农牧渔业丰收二等奖、江苏省农学会科技一等奖、江苏省五一劳动奖章等奖项及荣誉称号。

（祁宇豪）

桑　遥

武进区工商业联合会主席，民建会员。2023 年 10 月，被人力资源社会保障部、全国工商联授予全国工商联系统先进工作者称号。

河北衡水人，1975 年 1 月出生。围绕基层工商联工作，桑遥持续探索县区级工商联组织建设新模式，发展会员 4644 家，组建商会 48 家，获评全国、全省“四好商会”16 家，打造商会建设“武进样本”；承担全国首批县区级“两个健康”先行区建设领导小组办公室工作，实施 7 批次 61 项优化营商环境举措，推动出台近百份支持民营经济政策文件，主导建成全省首家县区级民营企业服务中心；组织开展各类培训、法律讲座、法治体检、银企对接会等活动近千场，为武进民营经济高质量发展做出应有贡献。

（许建勋）

戴佳慧

国家税务总局常州市武进区税务局一级行政执法员，中共党员。2023 年 10 月，被国家税务总局评为“全国税务系统练兵比武优胜个人”。

江苏常州人，1987 年 4 月出生。2016 年入职税务系统以来，戴佳慧立足岗位积极探索，从党建到行政，再到纳税评估，始终刻苦钻研，大胆实践，做到干一行、精一行。2023 年代表江苏省税务系统参加总局国际税收条线外语人才岗大比武，取得全国第二十九名的好成绩，受到税务总局通报表扬。

（王　佳）

全省先进个人

王华生

武进区夕阳红康乐中心员工。2023 年 11 月，被省政府授予江苏省见义勇为先进个人称号。

常州武进人，1962 年 5 月出生。王华生坚持发挥光热，日常生活中乐于助人，持续传播正能量。虽然退役多年，但军人保卫人民、救死扶伤的信念却一直深深扎根在他心中。2021 年 3 月 19 日，为了救一名不慎掉入河中的 4 岁幼童，危急之下，不顾半年前因患肺癌切除一叶肺的身体状况，奋不顾身跳进河中将幼童救起，用实际行动演绎人间大爱。

（唐　飞）

钱晓春

常州强力电子新材料股份有限公司董事长。2023 年 10 月，被省委、省政府授予江苏省优秀企业家称号。

江苏常州人，1964 年 2 月出生。2010 年以来，任常州春懋国际贸易有限公司执行董事兼经理、常州杰森化工材料科技有限公司执行董事兼经理、中国感光学会理事、中国感光学会辐射固化专业委员会副理事长。2016 年 7 月起，任常州强力昱镭光电材料有限公司董事长。钱晓春致力电子材料领域各类光刻胶专用电子化学品的研发、生产和销售，坚持“创新驱动发展”理念，依靠自主研发，实现村办“小作坊”到全球电子产业链中关键材料供应商的飞跃。

（梅嘉慧）

逝世人物

韩洪根

(1932—2023)

常州武进人，1952 年 12 月入伍，历任战士、副班长、给养员。1955 年 7 月加入中国共产党。1957 年 11 月起历任沈阳铁路局养路工，辽宁省技工教育师范学院辅导员，锦州机车车辆厂工人，奔村公社刘巷大队会计、党支部书记、大队长。1975 年 8 月至 1977 年 8 月，历任奔村公社党委副书记、革委会副主任、党委书记、革委会主任。1977 年 8 月，任中共武进县委副书记。1977 年 12 月，当选为江苏省委六届候补委员。1981 年 4 月至 1993 年 2 月，任武进县人大常委会副主任。1994 年 4 月退休，2023 年 5 月 21 日逝世。

（田扬中）

先进集体名单

表 83

武进区获得的综合荣誉（省级条线以上）

荣誉名称	授予单位
全国综合实力百强区第三名	中国中小城市发展指数研究课题组和国信中小城市指数研究院
全国绿色发展百强区第一名	中国中小城市发展指数研究课题组和国信中小城市指数研究院
全国投资潜力百强区第一名	中国中小城市发展指数研究课题组和国信中小城市指数研究院
全国科技创新百强区第一名	中国中小城市发展指数研究课题组和国信中小城市指数研究院
全国新型城镇化质量百强区第一名	中国中小城市发展指数研究课题组和国信中小城市指数研究院
2023 赛迪百强区第十一名	赛迪顾问城市经济研究中心
2023 年中国市辖区高质量发展百强（地级城市市辖区）第三名	壹城经济咨询中心
2023 年中国工业百强区第七名	中国信息通信研究院
第四批“四好农村路”全国示范县	交通运输部、农业农村部、国家邮政局
2021—2025 年度第二批全国科普示范县（市、区）	中国科协
第一批省级婚俗改革试验区	省民政厅
2022 年度全国区县体彩工作表扬	国家体育总局体育彩票管理中心
2022 年度全省基层党员冬训工作示范县	省委宣传部、组织部
2022 年度江苏省职业教育改革发展成效明显的地区	省政府办公厅
全省第三批“农村物流达标县”	省交通运输厅
2022 年废旧农膜回收工作先进县（区）	省农业农村厅

表 84

全国（条线）先进集体

荣誉名称	获得单位	授予单位
全国青少年读书教育活动特别奖	区委宣传部	全国青少年读书教育活动组委会
2022 年全省“扫黄打非”先进集体	区“扫黄打非”办	全国“扫黄打非”工作小组
全国无偿献血促进奖特别奖	区红十字会	国家卫生健康委员会、中国红十字会总会、中央军委后勤保障部卫生局
全国工作突出基层劳动人事争议调解组织	区劳动人事争议四方联合调处中心	人社部办公厅、全国总工会办公厅、全国工商联办公厅、中国企业联合会办公室
国家级志愿服务先进典型	戚墅堰街道“741”兵团志愿服务队	中央宣传部
国家级退役军人关爱青少年志愿服务队	常州经开区“经”心呵护、“戎”耀成长志愿服务队	退役军人事务部思想政治和权益维护司、国家退役军人服务中心、中国退役军人关爱基金会
全国残疾人按比例就业基地	江苏江南铁合金有限公司	中国残联办公厅
全国五四红旗团支部	江苏韮田创客空间有限公司团支部	共青团中央
全国五四红旗团支部	遥观镇钱家塘社区团总支	共青团中央
第三批全国乡村治理示范村	横山桥镇五一村	农业农村部、中央宣传部、司法部
2021—2022 年度全国法院先进集体	嘉泽人民法庭	最高人民法院
首批国家农业产业强镇	雪堰镇	农业农村部办公厅、财政部办公厅

续表 84

荣 誉 名 称	获 得 单 位	授 予 单 位
全国巾帼文明岗	武进高新区税务局纳税服务股	全国妇联
全国十大露营打卡地	江苏甲子生态旅游发展有限公司	中国旅游车船协会
2022 年度中国优质露营地全国 TOP10 营地	江苏甲子生态旅游发展有限公司	中国旅游车船协会
全国中小学生研学实践教育基地	太湖湾旅游度假区	教育部
第二届旅游出行行业创新及服务精品案例	江苏甲子生态旅游发展有限公司	中国旅游车船协会
国家五星级自驾运动营地	江苏甲子生态旅游发展有限公司	中国汽车摩托车运动联合会
五星市场监督管理所	区市场监管局湖塘分局	国家市场监督管理总局
全国“四好”商会	湖塘镇商会	全国工商联
2023 年红十字会生命教育应急救护知识竞赛单位组织一等奖	湖塘镇红十字会	中国红十字会总会办公室
全国爱心托育用人单位	江苏恒立液压股份有限公司	全国总工会办公厅、国家卫生健康委办公厅
第八批国家生态环境科普基地	光大环保能源（常州）有限公司	生态环境部、科技部
第 19 届杭州亚运会曲棍球项目国家队备战保障突出贡献单位	江苏省武进曲棍球训练基地	国家奥林匹克体育中心
2022 年绿色低碳典型案例	光大环保能源（常州）有限公司	生态环境部应对气候变化司

表 85 省级（条线）先进集体

荣 誉 名 称	获 得 单 位	授 予 单 位
首届江苏专利银奖	常州强力电子新材料股份有限公司	省政府
2023 年江苏省知识产权工作督查激励单位	区市场监管局知识产权科	省政府办公厅
2022 年度党建引领物业管理服务工作省级示范点	湖塘镇永定社区御城小区	省委组织部、省委非公有制企业和社会组织工作委员会、省住建厅党组等
2022 年度县融高质量发展综合评估优秀等次	区融媒体中心	省委宣传部
2022 年度全省基层党员冬训工作示范镇	牛塘镇党群工作岗	省委宣传部、省委组织部
第十批“省级法治文化建设示范点”	区青少年法治教育基地洛阳初中	省委宣传部、省委依法治省办、省法治宣传教育工作领导小组办公室、省司法厅等
江苏省群众文化“百千万”工程优秀活动品牌	区文体广旅局	省委宣传部、省文明办、省文旅厅、省文联
江苏省群众文化“百千万”工程优秀群文团队	湖塘镇丰乐社区马灯协会	省委宣传部、省文明办、省文旅厅、省文联
江苏省群众文化“百千万”工程优秀群文团队	洛阳镇周维芬工作室	省委宣传部、省文明办、省文旅厅、省文联
江苏省级劳务品牌	常州经开区轨道交通装备制造工匠	省人社厅
省级创业示范基地	常州经开区江苏现代轨道交通产业孵化基地	省人社厅
江苏省就业见习示范基地	中天钢铁集团有限公司	省人社厅
江苏省就业见习示范基地	尼得科凯宇汽车电器（江苏）有限公司	省人社厅
江苏省“暖心居保”服务品牌试点单位	戚墅堰街道便民服务中心	省人社厅
江苏省优秀劳动关系和谐企业	常州博瑞电力自动化设备有限公司	省人社厅
江苏省优秀劳动关系和谐企业	江苏中鑫家居新材料股份有限公司	省人社厅
江苏省 2023 年金牌劳动人事争议调解组织	横林镇劳动人事争议调解中心	省人社厅
全省宣传思想工作先进集体	区委宣传部	省人社厅、省委宣传部

续表 85

荣誉名称	获得单位	授予单位
全省法院系统先进集体	嘉泽人民法庭	省人社厅、省高级人民法院
江苏省优秀劳动关系和谐企业	嬉戏族集团有限公司	省人社厅、省总工会、省工信厅等
江苏省 2023 年“金牌劳动人事争议调解组织”	区劳动人事争议四方联合调处中心	省人社厅、省总工会、省工商联、省企业联合会、省企业家协会
江苏省 2023 年“金牌劳动人事争议调解组织”	常州经开区横林镇劳动人事争议调解中心	省人社厅、省总工会、省工商联、省企业联合会、省企业家协会
省级精神障碍社区康复服务示范点	横山桥镇德康驿站	省民政厅
省级示范性未成年人保护工作站（关爱之家）	横林镇未保站	省民政厅
江苏省示范性未成年人保护工作站	武进高新区新城域社区	省民政厅
2022 年度江苏省三八红旗集体	区人民检察院春晖工作室	省妇联
三八红旗手（集体）示范工作室	江苏省三八红旗手庄惠芬工作室	省妇联
三八红旗手（集体）示范工作室	区人民检察院春晖工作室	省妇联
三八红旗手（集体）示范工作室	江苏省三八红旗手卜雅倩工作室	省妇联
三八红旗手（集体）示范工作室	江苏省三八红旗手刘萍工作室	省妇联
第五届江苏女性融媒体创意大赛优秀组织奖	区妇联	省妇联
第二批江苏省“在你身边”文明实践巾帼志愿阳光站	嘉泽镇“花木兰”文明实践巾帼志愿阳光站	省妇联
第二批江苏省“在你身边”文明实践巾帼志愿阳光站	横山桥镇五一村文明实践巾帼志愿阳光站	省妇联
江苏省妇女“双学双比”活动示范基地——省级巾帼新业态助农创新基地	江苏嬉乐湾生态农业示范园有限公司	省妇女“双学双比”竞赛活动领导小组
美丽家园省级示范点	雪堰镇雪东村	省妇女“双学双比”竞赛活动领导小组
美丽家园省级示范点	横林镇狄坂村	省妇女“双学双比”竞赛活动领导小组
2023 年度江苏省女大学生创业就业实践基地	常州固立高端装备创新中心有限公司	省妇联、省人社厅、省女企业家协会
2023 年度江苏省女大学生创业就业实践基地	大连理工江苏研究院有限公司	省妇联、省人社厅、省女企业家协会
江苏省残联系统 2023 年度创新创优项目	常州经开区残疾人联合会	省残联
江苏省首批“美丽工坊”示范点	中淘家居用品有限公司	省残联
江苏省首批“文艺残疾人之家”	戚墅堰街道康馨“残疾人之家”	省残联
江苏省首批“文艺残疾人之家”	遥观镇德邻“残疾人之家”	省残联
江苏省“文艺残疾人之家”	遥观镇德邻残疾人之家服务中心	省残联、省文旅厅
江苏省“文艺残疾人之家”	戚墅堰街道康馨残疾人之家服务中心	省残联、省文旅厅
2022 年度全省退役军人权益维护工作先进集体	区退役军人事务局	省退役军人事务厅
2023 年度江苏省退役军人事务系统优秀退役军人志愿服务队	龙城老兵突击队经开区横林中队	省退役军人事务厅
2023 年度江苏省退役军人事务系统优秀退役军人志愿服务队	常州经开区龙城老兵突击队	省退役军人事务厅
2023 年度江苏省退役军人事务系统优秀退役军人志愿服务队	龙城老兵突击队武进支队湟里大队	省退役军人事务厅
2023 年度江苏省退役军人事务系统优秀退役军人志愿服务队	龙城老兵突击队经开区遥观中队	省退役军人事务厅
全省审计机关优秀审计项目二等奖	区审计局	省审计厅、省人社厅

续表 85

荣誉名称	获得单位	授予单位
2023 年度全省审计通联宣传工作先进单位	区审计局	省审计厅办公室
2022—2023 年全省示范性老干部活动中心(室)	区老干部活动中心	省委老干部局
2022 年度全省老干部工作部门优秀信息宣传单位	区委老干部局	省委老干部局
江苏省五四红旗团委	常州西太湖科技产业园团工委	团省委
江苏省五四红旗团支部	湖塘镇星河社区团支部	团省委
江苏省域爱心暑托班突出单位	牛塘镇团委	团省委
2023 年度江苏省海绵城市优秀工程项目一等奖	区市政公用事业管理处	省海绵城市联盟
2023 年度江苏省海绵城市优秀工程项目二等奖	区市政公用事业管理处	省海绵城市联盟
江苏省爱国卫生运动 70 周年表现突出集体	区疾控中心	省爱卫办
2023 年省健康社区	武进高新区贺北社区	省爱卫办
2023 年省健康社区	武进高新区喜盈门社区	省爱卫办
2023 年省健康社区	武进高新区马杭社区	省爱卫办
2023 年省健康社区	武进高新区古方社区	省爱卫办
2023 年省健康社区	湖塘镇湾里社区	省爱卫办、健康江苏建设领导小组办公室
2023 年省健康社区	湖塘镇三勤社区	省爱卫办、健康江苏建设领导小组办公室
2023 年省健康村	遥观镇渔庄村	省爱卫办、健康江苏建设领导小组办公室
江苏省老年友好型社区	武进高新区邱墅社区	省老龄委
第四届江苏省敬老文明号	武进高新区邱墅社区	省老龄委
第十六批江苏省“民主法治示范村（社区）”	横山桥镇东城湾村	省委依法治省办、省司法厅、省民政厅
江苏省民主法治示范社区	武进高新区新城域社区	省委依法治省办、省司法厅、省民政厅
江苏省优秀志愿服务社区	武进高新区十里社区	省志愿服务工作协调小组、省文明办
江苏省学雷锋志愿服务先进典型宣传推行活动“优秀志愿服务社区”	武进高新区十里社区	省文明办
江苏省首批“法援惠民生”服务品牌	武进高新区香溢澜桥社区	省司法厅办公室
2022 年度江苏省生态宜居美丽乡村示范	横山桥镇东柳塘村	省委农村工作领导小组
2022 年度江苏省生态宜居美丽乡村示范	横山桥镇金丰村	省委农村工作领导小组
第十二批次江苏省特色田园乡村	横山桥镇梁家桥村周刘家村	省住建厅
2022 年度省级示范物业管理项目	湖塘镇晓柳社区九熙台苑	省住建厅
2022 年度江苏省城市户外广告和店招标牌设施设置“规范片区”	遥观镇中心街区	省住建厅
第五批省级生态文明建设示范村（社区）	横山桥镇五一村	省生态环境厅
2020—2022 年全省生态环境信访工作先进集体	常州市武进生态环境局	省生态环境厅
江苏省模范职工之家	横山桥镇五一村工会联合会	省总工会
江苏省五一劳动奖状	江苏江南实业集团有限公司	省总工会
2023 年度工作成效明显的优秀县级及以下新就业形态劳动者区域性行业性工会	区道路货运行业工会联合会	省总工会
江苏省职工（劳模）疗休养基地	常州太湖湾职工休养有限公司	省总工会

续表 85

荣誉名称	获得单位	授予单位
2023 年度江苏工会爱心托管班	牛塘镇总工会	省总工会
2023 年度江苏省“最美工会户外劳动者服务站点”	遥观诚信商圈户外劳动者驿站	省总工会
2021—2022 年度江苏省五星级示范农家书屋	横山桥镇五一村农家书屋	省新闻出版局
2021—2022 年度江苏省五星级示范农家书屋	湖塘镇长安大巷社区农家书屋	省新闻出版局
2021—2022 年度江苏省五星级示范农家书屋	湖塘镇东方社区农家书屋	省新闻出版局
第三届全国报刊编校技能大赛江苏赛区初赛团体三等奖	区融媒体中心	省新闻出版局、省期刊协会、省报业协会
江苏省中小学“一校一品”党建文化品牌项目	横山桥高级中学	省委教育工委
全省法院金融审判工作先进集体	区人民法院刑庭（少年庭）	省高级人民法院
第八届“创客中国”暨 2023 年江苏省中小企业创新创业大赛优秀组织奖	区工信局	省工信厅
2022 年江苏省绿色工厂	江苏长海复合材料股份有限公司	省工信厅
2023 年江苏省智能制造示范车间	今创集团股份有限公司（城轨钣金智能车间）	省工信厅
全省深化货车司机群体党建试点工作先进集体	区交通运输局	省交通运输行业党委
2022 年度全省交通运输法治政府部门建设成绩突出集体	区交通运输局	省交通运输厅
民进江苏省委会宣传思想工作先进集体	民建武进区基层委员会	民进省委
2022 年度江苏省生态宜居美丽乡村示范镇	雪堰镇	省委农村工作领导小组
生态宜居美丽乡村示范村	雪堰镇雪东村	省委农村工作领导小组
生态宜居美丽乡村示范村	雪堰镇城湾村	省委农村工作领导小组
省级第一等次清洁生态小流域	雪堰镇	省水利厅、省财政厅
江苏省公共机构节能低碳示范单位	区委党校	省机关事务局、省发展改革委、工信厅、财政厅等
江苏省公共机构生活垃圾分类示范点	遥观镇卫生院	省机关事务局、省住建厅、省发展改革委、省生态环境厅
2023 年省级耕地保护先进单位	雪堰镇	省自然资源厅
2022 年度全省自然资源系统法治建设和普法工作成绩优秀单位	常州市自然资源和规划局武进分局	省自然资源厅
2022 年度全省系统信访工作业绩突出单位	常州市自然资源和规划局武进分局	省自然资源厅
先锋工作站	常州市武进规划勘测设计院武进区洛阳镇工作站	省自然资源厅国土空间规划局
江苏省现代服务业高质量发展集聚示范区	常州太湖湾数字文化服务业集聚区	省发展和改革委
2023 年江苏省体旅融合发展示范基地	常州太湖湾露营谷	省体育局
江苏省公共文化服务“十佳案例”	区文体广旅局	省文旅厅
江苏省文明旅游示范单位	区博物馆	省文旅厅
江苏省最美公共文化空间	区博物馆	省文旅厅
江苏省最美公共文化空间	武进第二图书馆	省文旅厅

续表 85

荣誉名称	获得单位	授予单位
江苏省最美公共文化空间	常州熹平美术馆	省文旅厅
2023 年度江苏省智慧旅游景区	常州市环球动漫嬉戏谷	省文旅厅
江苏省“最美公共文化空间”	横林市民文化中心	省文旅厅
2023 年度江苏省“最美公共文化空间”	常州熹平美术馆	省文旅厅
2023 年度江苏省文化和旅游装备技术研发中心	灵通展览系统股份有限公司	省文旅厅
江苏省科普教育基地	太湖湾青少年实践教育基地	省科协、省哲学社会科学界联合会、省科技厅、省教育厅
江苏省关工委校外劳动教育基地	常州市太湖湾教育大营地	省关工委
2022 年度江苏省生态宜居美丽示范村（社区）	遥观镇宋剑湖社区	省委农村工作领导小组
2022 年度江苏省农村产权交易市场监测评价先进单位	区农业农村局	省农业农村厅
2022 年废旧农膜回收工作成效评估先进区	区供销合作联合社	省农业农村厅
23 年度全省农业农村“两刊”宣传工作成效显著单位	区农业农村局	省农业农村厅
第二批江苏省畜禽养殖全程机械化示范场	常州市年华牧业有限公司	省农业农村厅
全省药品监管专项整治行动暨“雳剑 2022”专项行动工作成绩突出的先进集体	区市场监管综合行政执法大队	省药品监管局
江苏省水产技术推广系统先进单位	区农业综合管理服务中心	省渔业技术推广中心
2023 年全省植保植检工作先进单位	区农业综合管理服务中心	省植物保护植物检疫站
全省农作物外来入侵病虫普查先进集体	区农业综合管理服务中心	省农作物外来入侵病虫害办公室
2023 年度全省农民教育培训工作先进集体	区农业综合管理服务中心	省农业广播电视学校
2022 年度团结管湖先进集体	区农业综合行政执法大队	省太湖渔业管理委员会办公室
2022 年度太湖禁捕退捕先进集体	区农业农村局	省太湖渔业管理委员会办公室
2022 年度全省方志文化宣传工作优秀单位	区地方志办	省地方志办
2023 年度《江苏省情影像志》优秀组织单位	区地方志办	省地方志办
2023 年度优秀博爱家园	横林镇青司塘村博爱家园	省红十字会
2023 年度绿色发展领军企业	江苏长海复合材料股份有限公司	省工商联
2023 年度绿色发展领军企业	今创集团股份有限公司	省工商联
2023 江苏民营企业社会责任领先企业	新华昌集团有限公司	省工商联
2023 江苏民营企业社会责任领先企业	江苏长海复合材料股份有限公司	省工商联
2023 年江苏省“四好商会”	遥观镇商会	省工商联、省总商会
2023 年江苏省“四好商会”	湖塘镇商会	省工商联、省总商会
2023 年“爱心暑托班”省域突出单位	区卫生健康局团委	省希望工程办公室、省青少年发展基金会
2023 年“爱心暑托班”省域突出单位优秀示范班点	湖塘镇府东社区“悦·成长”爱心暑托班	省希望工程办公室、省青少年发展基金会
2022—2023 年度《档案与建设》期刊宣传工作先进单位	区档案馆	省档案局、省档案馆
江苏省档案文化精品奖三等奖	区档案馆	省档案局、省档案馆

续表 85

荣誉名称	获得单位	授予单位
2022 年度江苏省青年志愿服务行动组织奖	牛塘镇菁牛志愿服务队	省青年志愿者协会
2023 年度省级儿童早期发展建设基地	区妇幼保健计划生育服务中心	省卫健委
2023 年农村区域性医疗卫生中心十大相关功能中心	洛阳镇卫生院消化内镜诊疗中心	省卫健委
2023 年农村区域性医疗卫生中心十大相关功能中心	前黄镇卫生院消化内镜诊疗中心	省卫健委
江苏省社区医院	洛阳镇卫生院	省卫健委
2023 年江苏省老年友善医疗机构优秀单位	武进中医医院	省卫健委、省中医药管理局
2023 年江苏省老年友善医疗机构优秀单位	武进第五人民医院	省卫健委、省中医药管理局
三级甲等中医医院	武进中医医院	省中医药管理局
2023 年度全省卫生监督机构执法办案先进单位	区卫生监督所	省卫生监督所
2023 年度基层糖尿病两筛三防先进单位——优秀单位三等奖	西湖街道社区卫生服务中心	省基层内分泌特色科室孵化中心
2023 年度卫生科普先进集体二等奖	区疾控中心	省健康教育协会
2022 年度江苏省重点职业病监测先进单位	区疾控中心	省疾控中心
2023 年疟疾和重点寄生虫病监测工作先进集体、疟原虫和重点寄生虫病实验室检测工作先进集体	区疾控中心	省血吸虫病防治研究所
江苏省中小学艺术教育特色学校	区遥观中心小学	省教育厅
江苏省首批创新管理知识产权国际标准实施试点企业	常州强力电子新材料股份有限公司	省知识产权局、省工信厅
江苏省首批创新管理知识产权国际标准实施试点企业	江苏雷利电机股份有限公司	省知识产权局、省工信厅
2022 年全省文联工作创新提名奖	区文联	省文联
2023 年江苏省文艺志愿服务工作先进单位	区文联	省文联
“江苏省博物馆十大精品展览”（2019—2022 年度）	区博物馆	省博物馆学会、省博物馆学会陈列艺术专委会

表 86 市级先进集体

荣誉名称	获得单位	授予单位
2022 年度全市“实施 532 发展战略，推动高质量发展”（产业发展）先进集体	江苏恒立液压股份有限公司	市委、市政府
2022 年度全市“实施 532 发展战略，推动高质量发展”（产业发展）先进集体	瑞声光电科技（常州）有限公司	市委、市政府
2022 年度全市“实施 532 发展战略，推动高质量发展”（产业发展）先进集体	江苏车和家汽车有限公司	市委、市政府
2022 年度全市“实施 532 发展战略，推动高质量发展”（产业发展）先进集体	江苏立华牧业股份有限公司	市委、市政府
2022 年度全市“实施 532 发展战略，推动高质量发展”（龙城创新）先进集体	礼嘉镇综合保障中心	市委、市政府
2022 年度全市“实施 532 发展战略，推动高质量发展”（龙城创新）先进集体	苏文电能科技股份有限公司	市委、市政府
2022 年度全市“实施 532 发展战略，推动高质量发展”（龙城创新）先进集体	万帮数字能源股份有限公司	市委、市政府
2022 年度全市“实施 532 发展战略，推动高质量发展”（文旅融合）先进集体	江苏武进太湖湾旅游发展有限公司	市委、市政府

续表 86

荣誉名称	获得单位	授予单位
2022年度全市“实施532发展战略，推动高质量发展”（文旅融合）先进集体	常州星河协达房地产开发有限公司	市委、市政府
2022年度全市“实施532发展战略，推动高质量发展”（交通建设）先进集体	新誉集团有限公司	市委、市政府
2022年度全市“实施532发展战略，推动高质量发展”（绿色生态）先进集体	区水利局	市委、市政府
2022年度全市“实施532发展战略，推动高质量发展”（城乡融合）先进集体	区供销合作联合社	市委、市政府
2022年度全市“实施532发展战略，推动高质量发展”（城乡融合）先进集体	嘉泽人民法庭	市委、市政府
2022年度全市“实施532发展战略，推动高质量发展”（党建引领）先进集体	湖塘镇委员会	市委、市政府
2022年度全市“实施532发展战略，推动高质量发展”（民生保障）先进集体	区民政局	市委、市政府
2022年度全市“实施532发展战略，推动高质量发展”（民生保障）先进集体	区社会保障服务中心	市委、市政府
2022年度全市“实施532发展战略，推动高质量发展”（民生保障）先进集体	前黄实验学校	市委、市政府
2022年度全市“实施532发展战略，推动高质量发展”（民生保障）先进集体	常州经开区社会保障局	市委、市政府
2022年度全市“实施532发展战略，推动高质量发展”（安全发展）先进集体	区消防救援大队	市委、市政府
2022年度“常州市优化营商环境工作”（市场秩序）先进集体	区商务局	市委、市政府
2022年度“常州市优化营商环境工作”（市场秩序）先进集体	雪堰镇经济发展局	市委、市政府
2022年度“常州市优化营商环境工作”（法治政府）先进集体	区应急管理综合行政执法大队	市委、市政府
2022年度“常州市优化营商环境工作”（法治政府）先进集体	湟里镇政法和社会综合治理局	市委、市政府
2022年度“常州市优化营商环境工作”（司法保障）先进集体	区人民法院民事审判第二庭（执行裁判庭）	市委、市政府
2022年度“常州市优化营商环境工作”（“放管服”改革）先进集体	区融媒体中心	市委、市政府
2022年度“常州市优化营商环境工作”（“放管服”改革）先进集体	武进规划勘测设计院	市委、市政府
2022年度“常州市优化营商环境工作”（“放管服”改革）先进集体	横林镇行政审批局	市委、市政府
2022年度“常州市优化营商环境工作”（“放管服”改革）先进集体	牛塘镇卢家巷村委会	市委、市政府
2022年度“常州市优化营商环境工作”（“放管服”改革）先进集体	潞城街道青洋社区居委会	市委、市政府
2022年度“常州市优化营商环境工作”（深化改革）先进集体	团区委	市委、市政府
2022年度“常州市优化营商环境工作”（深化改革）先进集体	横山桥镇双庙村委会	市委、市政府
2022年度“常州市优化营商环境工作”（政策保障）先进集体	西太湖科技产业园管理委员会经济发展局	市委、市政府
2022年度“常州市优化营商环境工作”（政策保障）先进集体	常州经开区经济发展局发展改革科	市委、市政府
2022年度“常州市优化营商环境工作”（政策保障）先进集体	常州经开区税务局	市委、市政府
2022年度“常州市优化营商环境工作”（政策保障）先进集体	区供电服务中心	市委、市政府
2022年度“常州市优化营商环境工作”（政企协同）先进集体	区委宣传部	市委、市政府
2022年度“常州市优化营商环境工作”（政企协同）先进集体	区委政法委	市委、市政府
2022年度“常州市优化营商环境工作”（政企协同）先进集体	区科学技术局	市委、市政府
2022年度“常州市优化营商环境工作”（政企协同）先进集体	常州经开区工商业联合会	市委、市政府
2022年度“常州市优化营商环境工作”（政企协同）先进集体	常州经开区社会保障服务中心	市委、市政府
2022年度“常州市优化营商环境工作”（政企协同）先进集体	横山桥镇办公室	市委、市政府
2022年度“常州市优化营商环境工作”（政企协同）先进集体	区建筑业协会	市委、市政府

先进个人名单

表 87 全国（条线）先进个人

姓名	单位职务	荣誉名称	授予单位
徐洁芬	江苏（武进）水稻研究所高级农艺师	全国巾帼建功标兵	全国妇联
杨美英	区委统战部副部长、区侨办主任、侨联主席	全国归侨侨眷先进个人	中国侨联、国务院侨务办公室
张正浩	区人社局党组成员、区就业服务中心主任	全国人力资源社会保障系统先进个人	人力资源社会保障部
刘艳艳	江苏恒立液压科技有限公司液压泵马达研究所副所长	全国五一巾帼标兵	全国总工会
庄惠芬	星河实验小学党支部书记、校长	全国五一劳动奖章	全国总工会
朱健	常州市生态环境综合行政执法局武进分局太湖湾所副所长	2022 年生态环境保护执法大练兵表现突出个人	生态环境部
韦明	常州市武进生态环境局二级主办	从事生态环境工作三十年纪念章	生态环境部
方子良	常州市生态环境综合行政执法局武进分局西太湖所科员	从事生态环境工作三十年纪念章	生态环境部
阮志华	常州市生态环境综合行政执法局武进分局高新区所科员	从事生态环境工作三十年纪念章	生态环境部
孙再庆	常州市生态环境综合行政执法局武进分局西太湖所科员	从事生态环境工作三十年纪念章	生态环境部
吴向共	常州市生态环境综合行政执法局武进分局科员	从事生态环境工作三十年纪念章	生态环境部
张晖	常州市生态环境综合行政执法局武进分局城区所科员	从事生态环境工作三十年纪念章	生态环境部
胡跃中	常州市武进生态环境局生态文明建设科科员	从事生态环境工作三十年纪念章	生态环境部
徐科	区市场监管综合行政执法大队湟里中队中队长	第二届全国市场监管 12315 技能大比武活动“决赛特别奖”	国家市场监督管理总局办公厅
吴城	区委组织部公务员科科长	2022 年度组织系统“优秀网宣员”	中共中央组织部
徐玉峰	江苏（武进）水稻研究所所长	农业农村系统先进个人	农业农村部
汤泽	区畜牧兽医管理服务中心检疫科科长	全国农业行业职业技能大赛动物检疫检验员	农业农村部人事司、人社部职业能力建设司、中国农林水利气象工会全国委员会
王广波	区畜牧兽医管理服务中心牛塘分中心副主任	全国农业行业职业技能大赛动物疫病防治员	农业农村部人事司、人社部职业能力建设司、中国农林水利气象工会全国委员会
顾燕	区政协办公室副主任	民进全国宣传思想工作先进个人	民进中央
张岳	区畜牧兽医管理服务中心副主任	反映社情民意信息工作先进个人	民盟中央
刘丹	横林镇政法和应急管理局副局长、司法所所长	全国模范人民调解员	司法部
张晓燕	区档案馆副馆长、副研究员	全国档案工匠型人才	国家档案局
邵敏	区税务局雪堰税务分局一级行政执法员	2020—2021 年度全国无偿献血奉献奖铜奖	国家卫生健康委、中国红十字会、中央军委后勤保障部
戴佳慧	区税务局第二税务分局三级主办	2023 年全国税务系统练兵比武优胜个人	国家税务总局
李艳伟	武进高新区法庭二级法官	中国法学会审判理论研究会 2022 年征文三等奖	最高人民法院
薛莲	区人民法院民一庭二级法官	中国法学会审判理论研究会 2022 年征文三等奖	最高人民法院
桑遥	区工商联主席	全国工商联系统先进工作者	中央文明办
闵浩焕	嘉泽镇观庄村村民	2023 第三季度“中国好人”	中央文明办

表 88

省级（条线）先进个人

姓　名	单位职务	荣誉名称	授予单位
钱晓春	常州强力电子新材料股份有限公司董事长	江苏省优秀企业家	省委、省政府
王华生	夕阳红康乐中心保安	江苏省见义勇为先进个人	省政府
孟　瑶	区政府办公室信息督查科（政务公开科）科长	2022 年度全省政务信息工作先进个人	省政府办公厅
戴玉虎	区融媒体中心经营部副主任	第十批省市优秀援疆干部人才	新疆维吾尔自治区党委、新疆维吾尔自治区政府
庄亚娟	湖塘镇永定社区党总支书记、居委会主任	第三批全省“百名示范”村（社区）书记	省委组织部
熊思浩	区委组织部综合考核科副科长	2022 年度组织系统“优秀网宣员”	省委组织部
俞金坤	今创控股集团创始人、党委书记俞金坤	江苏“最美诚信之星”	省委宣传部
徐　洁	横山桥镇五一村党委书记、村委会主任	第九批江苏省岗位学雷锋标兵	省委宣传部、省文明办
徐丽英	湖塘镇健身秧歌协会会长	江苏省群众文化“百千万”工程优秀文艺骨干	省委宣传部、省文明办、省文化和旅游厅、省文联
周　华	湖塘镇行政审批局副局长	江苏省群众文化“百千万”工程优秀文艺骨干	省委宣传部、省文明办、省文化和旅游厅、省文联
薛平鸽	区锡剧团副团长、党支部书记	江苏省群众文化“百千万”工程优秀文艺骨干	省委宣传部、省文明办、省文化和旅游厅、省文联
张　洁	区文化馆辅导一部主任	江苏省群众文化“百千万”工程优秀文艺骨干	省委宣传部、省文明办、省文化和旅游厅、省文联
周维芬	洛阳镇东方红幼儿园园长	江苏省群众文化“百千万”工程优秀文艺骨干	省委宣传部、省文明办、省文化和旅游厅、省文联
施文雅	区融媒体中心采访部副主任	江苏省第十届“好记者讲好故事”活动“优胜选手”	省委宣传部、省委网信办、省广电局、省新闻工作者协会
俞　佳	区人民法院法官助理	全省法院“优化法治化营商环境执行年”1+4 专项行动先进个人	省高级人民法院
王志刚	区人民法院嘉泽人民法庭副庭长	全省法院立案信访工作先进个人	省高级人民法院
王梅翠	区人民法院办公室主任	全省法院办公室工作先进个人	省高级人民法院
卜　昕	区人民法院民二庭庭长	全省法院系统 2022 年度优秀案例分析评选一等奖	省高级人民法院
薛　莲	区人民法院民一庭二级法官	全省法院系统 2022 年度优秀案例分析评选一等奖	省高级人民法院
孙　琦	区人民法院办公室副主任	全省法院系统第三十四届学术讨论会论文一等奖	省高级人民法院
郁文峰	区人民法院法警队副大队长	全省法院司法警察工作先进个人	省高级人民法院
陈卫东	区人民法院刑庭四级高级法官	2021 年度全省法院“百场优秀庭审”三等奖	省高级人民法院
何家亮	区人民法院审判监督庭庭长	全省法院办案标兵	省高级人民法院
赵晋鹏	常州经开区人民法院诉讼服务中心副主任	全省法院立案信访先进个人	省高级人民法院
卞文军	常州经开区人民法院综合办公室主任	全省法院办公室先进个人	省高级人民法院
王丽佳	常州经开区人民法院刑事审判庭副庭长	全省法院打击整治养老诈骗专项行动先进个人	省高级人民法院
金　勇	常州经开区人民法院司法警察大队大队长	全省法院司法警察工作先进个人	省高级人民法院
黄文娣	常州经开区人民法院审判委员会专职委员、横山桥人民法庭庭长	江苏最美法官	省高级人民法院、省委宣传部、省文明办、团省委等

续表 88

姓　名	单位职务	荣誉名称	授予单位
唐　凯	常州经开区人民法院民事审判庭庭长	全省法院办案标兵	省高级人民法院、省人社厅
上官佳英	南夏墅司法所	“法律明白人”培育工作成绩突出个人	省司法厅
袁　也	横林镇政法和应急管理局六级岗	江苏省社区矫正业务个人实操三等奖	省司法厅
郑　喆	区司法局行政复议应诉科科长	全省行政执法监督成绩突出个人	省司法厅
邵亚治	区司法局社区矫正管理科科长	社区矫正和安置帮教工作成绩突出个人	省司法厅
巢钟如	牛塘镇政法和社会综合治理局副局长	全省百佳“法律明白人”	省司法厅
徐建龙	常州经开区社会保障局党组成员、副局长	江苏省退役军人事务厅军人就业创业工作先进个人	省退役军人事务厅
王　波	常州经开区社会保障局退役军人事务管理科工作人员	江苏省退役军人服务中心（站）优秀主任（站长）	省退役军人事务厅
恽　津	牛塘镇党委委员	2023 年度江苏省退役军人优秀志愿者	省退役军人事务厅
吴　焰	区委政法委委员	国家安全人民防线建设特殊贡献奖	省国家安全人民防线建设领导小组
潘　婷	常州经开区社会保障局劳动人事争议仲裁科副科长	江苏省仲裁员业务标兵	省劳动人事争议仲裁委员会
高文良	区应急管理综合行政执法副中队长	2023 年第二季度“重大隐患执法能手”	省应急厅
高文良	区应急管理综合行政执法副中队长	2023 年第四季度“重大隐患执法能手”	省应急厅
方　涵	区应急管理综合行政执法科员	2023 年第三季度“重大隐患执法能手”	省应急厅
朱子康	区应急管理局基础科科员	全省中小型工业企业安全生产现场管理整治提升工作先进个人	省应急厅
周小茹	区应急管理综合行政执法副中队长	2023 年度全省应急管理综合行政执法工作先进个人	省应急厅
何洁光	区税务局江苏武进经济开发区税务分局局长	江苏省税务系统争做“税务巾帼文明岗”和争当“税务巾帼建功标兵”活动表现突出的个人	省税务局
王小亭	区税务局湟里税务分局三级主办	2023 年省级比武竞赛内控管理岗优胜个人	省税务局
戴佳慧	区税务局第二税务分局一级行政执法员	2023 年省级比武竞赛外语人才岗优胜个人	省税务局
庞　莉	区税务局纳税服务股副股长	2022 年退税减税及优化税收服务攻坚工作表现突出嘉奖	省税务局
朱春艳	湖塘镇副镇长	2022 年度全省老干部工作部门优秀信息宣传员	省委老干部局
董志峰	区建管中心副主任	全省建设档案管理先进工作者	省住建厅
周　泽	区市政公用事业管理处副主任	2022 年度江苏省优质工程奖“扬子杯”称号	省住建厅
金占宝	区房地产管理中心白蚁防治科副科长	2022 年度江苏省白蚁防治行业先进个人	省房地产业协会
魏　凯	府东路消防救援站战斗一班班长	江苏省技术能手	省人社厅
顾　芳	区融媒体中心党委书记、主任	全省广电系统先进工作者	省人社厅、省广电局
李立凯	常州东方特钢有限公司炼钢厂厂长	江苏省五一劳动奖章	省总工会
徐九江	今创集团股份有限公司叉车工	江苏省五一劳动奖章	省总工会
蒋彩琴	中天钢铁集团有限公司行车培训导师	江苏省五一劳动奖章	省总工会
魏　凯	府东路消防救援站战斗一班班长	江苏省五一劳动奖章	省总工会

续表 88

姓　名	单位职务	荣誉名称	授予单位
徐洁芬	江苏（武进）水稻研究所正高级农艺师	江苏省职工理论宣讲比赛二等奖	省总工会
郑　喆	区司法局行政复议应诉科科长	2022 年度依法治省工作成绩突出个人	省委依法治省办
孔维娜	常州经开区人民检察院	2022 年度《清风苑》宣传工作先进个人	清风苑杂志社
朱晓燕	常州经开区人民检察院	全省检察机关“优秀法治副校长”	省人民检察院
虞振兴	常州市生态环境综合行政执法局武进分局高新区所副所长	江苏省十佳执法能手	省生态环境厅、省委省级机关工委、省总工会
骆冬明	常州市生态环境综合行政执法局武进分局办公室主任	2022 年度全省生态环境宣教工作表现突出个人	省环境保护宣传教育中心
徐　洁	横山桥镇五一村党委书记、村委会主任	2022 年度江苏省三八红旗手	省妇联
蒋彩琴	中天钢铁集团有限公司内训师	2022 年度江苏省三八红旗手	省妇联
卜雅倩	潞城派出所社区警务中队副中队长	2022 年度江苏省三八红旗手	省妇联
庄晓东	区市场监督管理局高新区分局副分局长	全省市场监管系统铁拳行动成绩突出个人	省市场监督管理局
束建刚	区市场监管综合行政执法大队大队长	全省市场监管系统“铁拳”行动成绩突出个人	省市场监督管理局
徐　科	区市场监管综合行政执法大队湟里中队中队长	第四届江苏省市场监管系统法律知识竞赛团体二等奖	省市场监督管理局
岳益超	区供销合作联合社合作指导科科长、常州市武进水产养殖场场长	2022 年废旧农膜回收工作成效评估先进个人	省农业农村厅
张　庆	江苏（武进）水稻研究所副所长	江苏“农技大比武”——水稻看苗诊断与决策二等奖	省农业技术推广总站
何泽新	区农业农村局农村经营管理科科长	2023 年度全省乡村振兴软科学课题研究成果二等奖	省委农村工作领导小组办公室、省农业农村厅
陆宏图	区农业农村局农村经营管理科科员	2023 年度全省乡村振兴软科学课题研究成果二等奖	省委农村工作领导小组办公室、省农业农村厅
朱建刚	区地方志办副主任	2022 年度全省方志文化宣传工作优秀个人	省地方志办
颜　赶	区地方志办地方志科副科长	2023 年度《江苏省情影像志》优秀个人	省地方志办
何泽新	区农业农村局农村经营管理科科长	2023 年度江苏省科学咨询协会科学技术奖咨询创新奖	省科技咨询协会
许雪军	区农业农村局农村经营管理科副科长	2023 年度江苏省科学咨询协会科学技术奖咨询创新奖	省科技咨询协会
张　岳	区畜牧兽医管理服务中心副主任	2022 年度民盟反映社情民意信息工作先进个人	民盟江苏省委
周旭东	区农业农村局计划财务科科员	2023 年度全省农业农村“两刊”宣传工作成效显著个人	省农业农村厅办公室
余静媛	区农业农村局科技教育科副科长	2023 年中国农民丰收节江苏活动组织实施工作中表现突出个人	省农业农村厅办公室
蒋明雷	区农业综合管理服务中心种子科科员	全省农业外来入侵植物普查先进个人	省农业外来入侵普查办公室
周　丹	区农业综合管理服务中心植保科科长	全省农作物外来入侵病虫害普查先进个人	省农作物外来入侵病虫害办公室
周　丹	区农业综合管理服务中心植保科科长	全省植保优秀论文二等奖	省植物保护植物检疫站、省昆虫学会、省植物病理学会、省农药协会

续表 88

姓　名	单位职务	荣誉名称	授予单位
邹建芬	区农业综合管理服务中心主任	江苏省农业科技奖	省农学会
钱嘉滢	区农业综合管理服务中心综合科科员	2023 年度全省农业农村“两刊”宣传工作成效显著个人	省农产品品牌发展中心
张　琰	常州经开区投资促进局招商四处处长	民盟江苏省 2022—2023 年度反映信息工作先进个人	民盟江苏省委
杨秀秀	湖塘镇南街社区居民	江苏好人	省文明办
吴　杰	区档案馆办公室副主任	2022—2023 年度《档案与建设》期刊宣传工作先进个人	省档案局、省档案馆
董其峰	区税务局牛塘税务分局一级行政执法员	2022 年度按比例安排残疾人就业工作表扬个人	省政府残疾人工作委员会
王贤方	区税务局党委委员、副局长	江苏省哲学社会科学界第十六届学术大会优秀论文一等奖	省社科联
石　剑	区税务局税政一股股长	江苏省哲学社会科学界第十六届学术大会优秀论文一等奖	省社科联
王丽旦	区税务局税政一股副股长	江苏省哲学社会科学界第十六届学术大会优秀论文一等奖	省社科联
冯　凯	区税务局礼嘉税务分局四级主办	全省团属报刊宣传工作先进个人	团省委
王孝金	遥观镇行政审批局副局长	2022 年度江苏省公益助残工作先进个人	省残疾人福利基金会
金奇玉	区融媒体中心报刊部校对	第三届全国报刊编校技能大赛江苏赛区初赛个人一等奖	省新闻出版局、省期刊协会、省报业协会
刘　康	省银行业协会办公室主任	第五届《钟山》之星文学奖	省作协、《钟山》杂志社
张彩英	区博物馆文物典藏部主任	江苏省博物馆十佳保管员	省博物馆学会、省博物馆藏品保管专业委员会
张　健	区图书馆馆员	江苏省第八届紫金山文学奖	省作家协会
张家毅	区书画院专职画师	“青美凤凰”江苏省青年美术家协会优秀青年艺术家	省青年美术家协会

表 89　市级先进个人

姓　名	单位职务	荣誉名称	授予单位
周明俊	武进高新区管委会副主任	2022 年度全市“实施 532 发展战略，推动高质量发展”（产业发展）先进个人	市委、市政府
牛　明	西太湖科技产业园管委会招商局局长	2022 年度全市“实施 532 发展战略，推动高质量发展”（产业发展）先进个人	市委、市政府
黄桂荣	江苏常发实业集团有限公司总经理	2022 年度全市“实施 532 发展战略，推动高质量发展”（产业发展）先进个人	市委、市政府
查方霞	常州顺风太阳能科技有限公司总裁	2022 年度全市“实施 532 发展战略，推动高质量发展”（产业发展）先进个人	市委、市政府
徐亚娟	江苏国经控股集团有限公司董事长	2022 年度全市“实施 532 发展战略，推动高质量发展”（产业发展）先进个人	市委、市政府
安野真佐和	安川（中国）机器人有限公司总经理	2022 年度全市“实施 532 发展战略，推动高质量发展”（产业发展）先进个人	市委、市政府
陈弈青	常州经开区投资促进局投资促进局项目总监	2022 年度全市“实施 532 发展战略，推动高质量发展”（产业发展）先进个人	市委、市政府
陈顺明	中以常州创新园管理委员会战略研究局局长	2022 年度全市“实施 532 发展战略，推动高质量发展”（龙城创新）先进个人	市委、市政府

续表 89

姓　名	单位职务	荣誉名称	授予单位
陈晓迟	常州纵慧芯光半导体科技有限公司总经理	2022 年度全市“实施 532 发展战略，推动高质量发展”（龙城创新）先进个人	市委、市政府
田涌君	中汽研汽车检验中心（常州）有限公司副总经理	2022 年度全市“实施 532 发展战略，推动高质量发展”（龙城创新）先进个人	市委、市政府
唐春玲	江苏省武进曲棍球训练基地办公室副主任	2022 年度全市“实施 532 发展战略，推动高质量发展”（文旅融合）先进个人	市委、市政府
杨华锋	区住建局城镇建设管理科科长	2022 年度全市“实施 532 发展战略，推动高质量发展”（交通建设）先进个人	市委、市政府
李利伟	区公路事业发展中心副主任	2022 年度全市“实施 532 发展战略，推动高质量发展”（交通建设）先进个人	市委、市政府
钱银山	常州东方特钢有限公司环保处处长	2022 年度全市“实施 532 发展战略，推动高质量发展”（绿色生态）先进个人	市委、市政府
徐　彬	江苏国茂减速机股份有限公司总裁	2022 年度全市“实施 532 发展战略，推动高质量发展”（绿色生态）先进个人	市委、市政府
周加清	常州百佳年代薄膜科技股份有限公司副总裁	2022 年度全市“实施 532 发展战略，推动高质量发展”（绿色生态）先进个人	市委、市政府
梁　源	区发改局副局长	2022 年度全市“实施 532 发展战略，推动高质量发展”（城乡融合）先进个人	市委、市政府
张玉倩	武进规划勘测设计院城乡用地发展研究所所长助理	2022 年度全市“实施 532 发展战略，推动高质量发展”（城乡融合）先进个人	市委、市政府
田卫忠	嘉泽镇闵市村党总支书记、村委会主任	2022 年度全市“实施 532 发展战略，推动高质量发展”（城乡融合）先进个人	市委、市政府
高　阳	洛阳镇天井村党总支书记、村委会主任	2022 年度全市“实施 532 发展战略，推动高质量发展”（党建引领）先进个人	市委、市政府
杭　琰	区人社局副局长	2022 年度全市“实施 532 发展战略，推动高质量发展”（民生保障）先进个人	市委、市政府
钱伟明	西湖街道鑫河社区党委书记	2022 年度全市“实施 532 发展战略，推动高质量发展”（民生保障）先进个人	市委、市政府
陆建明	横山桥镇行政审批局局长	2022 年度全市“实施 532 发展战略，推动高质量发展”（民生保障）先进个人	市委、市政府
周秋月	横林镇行政审批局副局长	2022 年度全市“实施 532 发展战略，推动高质量发展”（民生保障）先进个人	市委、市政府
王洪新	区卫生健康局局长	2022 年度全市“实施 532 发展战略，推动高质量发展”（安全发展）先进个人	市委、市政府
任　磊	区安委办综合协调科科长	2022 年度全市“实施 532 发展战略，推动高质量发展”（安全发展）先进个人	市委、市政府
刘旭芳	区市场监管局高新区分局副分局长	2022 年度“常州市优化营商环境工作”（市场秩序）先进个人	市委、市政府
徐　亮	区税务局征收管理股副股长	2022 年度“常州市优化营商环境工作”（市场秩序）先进个人	市委、市政府
肖　鹏	常州经开区市场监督管理局知识产权发展与保护科科长	2022 年度“常州市优化营商环境工作”（市场秩序）先进个人	市委、市政府
余　雪	武进广宇花辊机械有限公司副总经理	2022 年度“常州市优化营商环境工作”（市场秩序）先进个人	市委、市政府
汤可权	江苏佰腾科技有限公司董事长、总裁	2022 年度“常州市优化营商环境工作”（市场秩序）先进个人	市委、市政府
严　征	区委全面依法治区委员会办公室副主任	2022 年度“常州市优化营商环境工作”（法治政府）先进个人	市委、市政府
许小平	区城市管理局政策法规科科长	2022 年度“常州市优化营商环境工作”（法治政府）先进个人	市委、市政府
杨　娴	区城市管理综合行政执法大队西太湖中队中队长	2022 年度“常州市优化营商环境工作”（法治政府）先进个人	市委、市政府

续表 89

姓　名	单位职务	荣誉名称	授予单位
刘　丹	横林镇政法和应急管理局副局长、司法所所长	2022 年度“常州市优化营商环境工作”（法治政府）先进个人	市委、市政府
王文韬	区检察院第二检察部副主任	2022 年度“常州市优化营商环境工作”（司法保障）先进个人	市委、市政府
唐　凯	常州经开区人民法院民事审判庭庭长	2022 年度“常州市优化营商环境工作”（司法保障）先进个人	市委、市政府
顾　清	常州经开区公安分局副局长、交警大队大队长	2022 年度“常州市优化营商环境工作”（司法保障）先进个人	市委、市政府
陈文杰	常州经开区公安分局经侦大队副大队长	2022 年度“常州市优化营商环境工作”（司法保障）先进个人	市委、市政府
刘　洋	区委组织部办公室主任	2022 年度“常州市优化营商环境工作”（“放管服”改革）先进个人	市委、市政府
陶田恬	区财政局工贸发展科科长	2022 年度“常州市优化营商环境工作”（“放管服”改革）先进个人	市委、市政府
祁　斌	区行政审批局党组书记、局长	2022 年度“常州市优化营商环境工作”（“放管服”改革）先进个人	市委、市政府
蒋莉莉	区地方金融监管局金融工作科科长	2022 年度“常州市优化营商环境工作”（“放管服”改革）先进个人	市委、市政府
顾宏亮	常州经开区行政审批局副局长	2022 年度“常州市优化营商环境工作”（“放管服”改革）先进个人	市委、市政府
郑剑秋	常州经开区经济发展局投资科科长	2022 年度“常州市优化营商环境工作”（“放管服”改革）先进个人	市委、市政府
严方兰	湖塘镇行政审批局审批服务岗人员	2022 年度“常州市优化营商环境工作”（“放管服”改革）先进个人	市委、市政府
黄玉茹	遥观镇行政审批局局长	2022 年度“常州市优化营商环境工作”（“放管服”改革）先进个人	市委、市政府
袁　江	中以创新园（常州）发展有限公司项目经理	2022 年度“常州市优化营商环境工作”（“放管服”改革）先进个人	市委、市政府
刘晓康	区供电服务中心主任	2022 年度“常州市优化营商环境工作”（“放管服”改革）先进个人	市委、市政府
李俊亮	区委研究室改革协调科科长	2022 年度“常州市优化营商环境工作”（深化改革）先进个人	市委、市政府
王　戬	中以常州创新园管委会党工委委员、管委会副主任	2022 年度“常州市优化营商环境工作”（政策保障）先进个人	市委、市政府
姜　枫	区企业发展促进中心副主任	2022 年度“常州市优化营商环境工作”（政策保障）先进个人	市委、市政府
管志云	区投资促进服务中心招商人员	2022 年度“常州市优化营商环境工作”（政策保障）先进个人	市委、市政府
丁　晨	武进高新区管委会招商局招商六局局长	2022 年度“常州市优化营商环境工作”（政策保障）先进个人	市委、市政府
章　程	常州经开区行政审批局投资建设审批科科长	2022 年度“常州市优化营商环境工作”（政策保障）先进个人	市委、市政府
韩　烨	常州经开区投资促进局招商一处处长	2022 年度“常州市优化营商环境工作”（政策保障）先进个人	市委、市政府
薛　飞	遥观镇党委副书记、镇长	2022 年度“常州市优化营商环境工作”（政策保障）先进个人	市委、市政府
高家彦	西太湖医院院长	2022 年度“常州市优化营商环境工作”（政策保障）先进个人	市委、市政府
周　彬	区委统战部阶层联络科科长	2022 年度“常州市优化营商环境工作”（政企协同）先进个人	市委、市政府
徐曙峰	常州经开区党群工作部统战科科长、经济联络科科长	2022 年度“常州市优化营商环境工作”（政企协同）先进个人	市委、市政府
陈宇辰	礼嘉镇党委委员	2022 年度“常州市优化营商环境工作”（政企协同）先进个人	市委、市政府
符敏霞	丁堰街道党工委委员、宣传委员、统战委员	2022 年度“常州市优化营商环境工作”（政企协同）先进个人	市委、市政府

附 录

Appendices

栏目编辑 陈 诚

组织机构与负责人名录

（2023.4.1—2024.4.30）

中共常州市武进区第十三届委员会

书　　记　乔俊杰

副 书 记　恽淇丞　吴震宇　赵　钢

常　　委　（书记、副书记在常委中不重复列名）

李　皓　孙益锋（2023.8 任）　李旌巍

王照江　薛红霞※　胡　治（2023.9 任）

徐　俊（2023.6 任）　刘志峰（2023.8 止）

赵天晟（2023.9 止）　徐治国（2023.12 止）

委　　员　（按姓氏笔画为序）

王照江　王晓航（2023.8 止）　石伟东

田　华　朱小平　朱　岩※（2024.4 任）

乔俊杰　刘志峰（2023.8 止）　江春明

孙益锋（2023.8 任）　李　皓　李旌巍

吴震宇　沈　涛　宋文良　武为锋

金旭兵　赵　钢　赵天晟（2023.9 止）

胡　治（2023.9 任）　恽淇丞　贾　东

顾伟国　徐　俊　徐治国（2023.12 止）

曹雄伟　蒋　丽※　薛红霞※

候补委员　（按姓氏笔画为序）

冷亚春　张文伟　殷宏远　龚新宇

潘　林　潘英姿※

常州市武进区第十七届人民代表大会常务委员会

主　　任　石伟东

副 主 任　孙金才　刘云英※　周庆中　戴志华

委　　员　（按姓氏笔画为序）

丁文柯　丁晓瑾※　万如生

马东方（2023.9 止）　王　乾（2023.5 止）

王元兵　王中元　王腊美※　叶　平

冯　民　朱丽莎※（2022.1 任）

刘　萍※（2024.1 任）　许文涛（2024.1 任）

李国栋（2023.9 止）　杨永清　吴小铭

吴武装　何泽宇　闵贤俊

陈　鹏（2024.1 任）　陈　刚　陈炜晴※

胡文伟　贾　刚（2024.1 任）　贾少波

顾忠泽（2023.9 止）　钱　涛　徐　锋

徐玉峰　徐亚娟※　徐晓东　高国华

陶春健　黄盛英※　黄惠涛　曹志健

蒋一波　蒋中敏　蒋晓美※（2024.1 任）

储　军※　强　雨※　蔡兰芬　潘一沁※

中共常州市武进区人大常委会党组

书　　记　石伟东

副 书 记　孙金才

常州市武进区人民政府

区　　长　恽淇丞

副 区 长　赵　钢　孙益锋（2023.8 任）　张小虎

朱　岩※　盛世麟（2023.9 任）　贾　东

张征宇　朱小平（2023.6 任）

朱慧峰（2023.8 任）　王　斐※（2024.4 任）

刘志峰（2023.8 止）　徐　俊（2023.6 止）

王晓航（2023.9 止）　王　栋（2023.8 止）

朱书阳※（2024.1 止）　朱　岩※（2024.4 止）

中共常州市武进区人民政府党组

书　　记　恽淇丞

副 书 记　赵　钢　孙益锋（2023.9 任）

刘志峰（2023.9 止）

政协常州市武进区第十五届委员会

主　　席　郑政平
副 主 席　祝正庆（2024.4止）　蒋红英※　徐　宁
　　　　　朱红兴　谈　胜
秘 书 长　夷建良（2023.1任）
常　　委（按姓氏笔画为序）
　　　　　万琴凤※　马建立　王　燕※　王云芬※
　　　　　戈建鸣　方　姣※　方沛琪　计小良
　　　　　夷建良　朱红兴　朱丽娜※　庄　军
　　　　　许国大　孙　煜※　杜国栋　李　峰
　　　　　杨康健　李德森（2024.4止）　杨康健
　　　　　吴文英※　吴嘉禄　余　克　狄旭东
　　　　　汪立平　张　群※　张　影※　张兰平
　　　　　张克强　张晓宇　陆　怡※　陆　鹏
　　　　　陆惠萍※　金宏平　周　灵　周　铖
　　　　　周　敏※　周义红　周嫣倩※　郑政平
　　　　　赵丽君※（2023.12止）胡　鹤　查伟明
　　　　　闻　洁※　祝正庆　袁　涛（2023.12止）
　　　　　夏建飞　钱　臣　徐　宁　徐红秀※
　　　　　徐国忠　徐晔彦　唐昊骏　谈　胜
　　　　　桑　遥※　黄小国　萧晨凯
　　　　　梅可佳（2024.1任）　曹　金　曹　毅
　　　　　戚国强　戚清萍※　蒋红英※　蒋洁艳※
　　　　　路军方　窦　敏（2024.1任）　慧　闻
　　　　　薛红良

中共常州市武进区政协党组

书　　记　郑政平
副 书 记　赵天晟（2023.10止）　胡　泊（2023.10任）

中共常州市武进区第十三届纪律检查委员会

书　　记　李旌巍
副 书 记　王明源　莫建刚
常　　委（书记、副书记在常委中不重复列名）
　　　　　顾忠泽　窦　敏　谈亚玉※　曲义飞
委　　员（按姓氏笔画为序）
　　　　　丁文柯　王明源　叶　青（2023.4止）
　　　　　曲义飞　严晓国　何　涛　陆红林
　　　　　张乃佳※　李旌巍　周　栋
　　　　　唐家中（2022.6止）　莫建刚　顾忠泽
　　　　　钱　涛　谈亚玉※　窦　敏

常州市武进区监察委员会

主　　任　李旌巍
副 主 任　王明源　莫建刚
委　　员　窦　敏　曲义飞　陆红林
　　　　　许　明（2023.9任）

常州市武进区人民法院

院长、党组书记　宋文良
党组副书记　金　峰
副 院 长　金　峰　吴　婷※　章　毓※　郑丽艳※
政治部主任　许敏华
专职委员　吴文亮　唐蕴东

常州市武进区人民检察院

检察长、党组书记　张　娟※
党组副书记　唐黎刚
副检察长　杨康健　唐黎刚　王云涛
专职委员　秦中新　陈志东（2023.11止）
政治部主任　钱继东

中共常州市武进区委工作机构及直属单位

区委办公室

主　　任　冯　宇
副 主 任　黄晓铭　梁云波　周嫣倩※

区档案局

副 局 长　谈亚东

区委组织部

部　　长　赵天晟（2023.9止）　胡　泊（2023.9任）
常务副部长　张　群※
副 部 长　钱　涛　任　捷

区委党的建设工作领导小组办公室

主　　任　任　捷（2023.7任）
副 主 任　陈　旭

区委非公有制企业和社会组织工作委员会

书　　记　张　群※

区公务员局

局　　长　钱　涛（2023.8止）　任　捷（2023.8任）

区考核工作委员会办公室

副 主 任　宋志盛

区委宣传部

部　　长　薛红霞※
常务副部长　戚清萍※
副 部 长　周小宇　何泽宇

区精神文明建设指导委员会办公室

主　　任　周小宇
副 主 任　王　芳※

区政府新闻办公室

主　　任　何泽宇

副 主 任 俞　伟

区新闻出版局
（区版权局）

主　　任 何泽宇

区委统一战线工作部

部　　长 赵天晟（2023.8 止）
胡　泊（2023.8—2024.4）
朱　岩※（2024.4 任）
常务副部长 夏建飞
副 部 长 陈月波※（2023.7 止） 蒋金标（2024.3 止）
杨美英※ 蒋建平

区民族宗教事务局

局　　长 蒋金标（2024.3 止）

区委台湾工作办公室
区政府台湾事务办公室

主　　任 陈月波※（2023.7 止） 夏建飞（2023.7 任）
副 主 任 皇甫海鸥※

区政府侨务办公室

主　　任 杨美英※
副 主 任 许晓东 徐晓燕※

区归侨侨眷联合会

主　　席 杨美英※
副 主 席 张　茹※

区委社会工作部

部　　长 朱军华（2024.3 任）

区委政法委员会

书　　记 徐治国（2023.12 止） 吴震宇（2023.12 任）
常务副书记 朱鹏程
副 书 记 王晓航（兼）（2023.10 止）
盛世麟（兼）（2023.10 任）
巢　鹰 陈科伟
专职委员 吴　焰 徐小江

区域社会治理现代化指挥中心
（区网格化服务管理中心、区城市运行管理中心）

主　　任 朱鹏程（2023.8 任）
副 主 任 陈炜晴※（2023.12 止） 汤晓斌
田珍鑫※（2024.4 任）

区委研究室

主　　任 严　超
副 主 任 蒋云波

区委全面深化改革委员会办公室

副 主 任 王　斌

区委网络安全和信息化委员会办公室

主　　任 左燕钢
副 主 任 沈　嫣※

区委机构编制委员会办公室
（区事业单位登记管理局）

主　　任 钱　涛
副 主 任 叶彩萍※ 曹法南（2023.11 任）
副 局 长 曹法南（2023.11 止）

区委巡察工作办公室

主　　任 顾忠泽
副 主 任 张乃佳※（2023.7 止） 袁　杰（2023.10 止）
顾维娜※（2023.7 任） 王　舟※（2023.10 任）
巡察组组长 陆　浩（2023.7 止） 胡新诚 杨云飞
夏征征※（2023.7 止） 高　明（2024.3 任）
李文俊（2024.3 任）
巡察组副组长 秦黎亮（2024.3 止） 周南臣 徐寒芬※
万家东 丁映宇 郑小悟※
顾维娜※（2023.7 止） 陆维剑※
赵丽君※（2023.7 任） 谢伟洪（2024.3 任）

区委老干部局

局　　长 张　群※
副 局 长 张　宏

区委离退休干部工作委员会

书　　记 张　群※
副 书 记 纪佩来※

区档案馆

馆　　长 陶　可
副 馆 长 张晓燕※ 邹　倩※

区委党史工作委员会
区地方志办公室

主　　任 孔令君
副 主 任 朱建刚 罗　燕（2023.12 止）
陈炜晴※（2023.12 任）

区委党校（区行政学校）
区社会主义学院

区委党校校长 乔俊杰（2023.9 止）
赵天晟（2023.9—2023.10）
胡　泊（2023.10 任）
区行政学校校长 恽淇丞（2023.9 止）
赵天晟（2023.9—2023.10）
胡　泊（2023.10 任）
常务副校长（副院长） 冷亚春
副 校 长（副院长） 钱颖旦※ 陆茹英※ 刘　江

区融媒体中心

党委书记、主任 顾　芳※
党委副书记、总编辑 顾枫华
副 主 任 钱小松 杨富春 陈伟强 姚汗龙

常州市武进区人大常委会工作机构

办公室

主　　任 陈　刚（2023.3 任）
副 主 任 强　雨※ 潘一沁※（2023.9 任）

研究室

主　　任 强　雨※

财政经济工作委员会

主　　任 胡文伟
副 主 任 潘一沁※（2023.9 止） 谢淑妍※（2023.9 任）

农业和农村工作委员会

主　　任　高国华

副 主 任　张　颖※（2023.12止）　丁晓瑾※（2023.12止）

法制和内务司法（民族宗教侨务）工作委员会

主　　任　徐晓东

副 主 任　王　峰

城市建设环境资源工作委员会

主　　任　冯　民

副 主 任　唐晓明（2023.5任）

教育科学文化卫生工作委员会

主　　任　王腊美※（2023.12止）

副 主 任　任争辉

人事代表工作委员会

主　　任　黄盛英※

副 主 任　丁晓瑾※（2023.12止）　王子潇（2023.12任）

常州市武进区人民政府工作部门及直属单位

区政府办公室

主任、党组书记　田　华

副　主　任　冯冠华（兼）　程　锦※　贺　丹
王今丰　王　健　杨伟峰

区外事办公室

副 主 任　荆　成

区大数据管理局

副 局 长　管福林

区对外联络中心

主　　任　袁丽萍※

副 主 任　孙　煜※

区电子政务中心

主　　任　曾文军

副 主 任　杨　烁

区发展和改革局

局长、党组书记　夷建良（2023.10止）　祁　斌（2023.10任）

副　局　长　张庆九（2023.8止）　宦庆辉（2023.8止）
汤　焱　梁　源　邢诚渊

区人民防空办公室

副　主　任　王　伟

区委教育工委

工 委 书 记　曹雄伟

工委副书记　符一波

区教育局

局　　长　曹雄伟

副　局　长　李昇学　周　敏※（2023.8止）
翁路英※（2023.8任）　庄　骅（2023.8任）
张　颖※（2023.12任）

区科学技术局

局长、党组书记　张卫星

副　局　长　王　卿※　夏坚远　吴淑娜※

区工业和信息化局

局长、党组书记　张文伟

副　局　长　高　明（2024.4止）　陆亚健
倪文达　陈名恭

常州市公安局武进分局

局长、党委书记　王晓航（2023.10止）
盛世麟（2023.10任）

党委副书记、政治委员　张继洪（2024.3止）

副　局　长　张建伟　张冬琴※　苏建中
张立南（2023.11止）　马　承
张志伟（2023.11任）

督　察　长　王晓航（2023.10止）
盛世麟（2023.10任）

政治处主任　孙曙光

区民政局

局长、党组书记　李　荣

副　局　长　姚文虎　葛长青（2023.5任）
王鹏波（2023.5任）

区司法局

局长、党组书记　薛健峰（2023.7止）　杨红明（2023.11任）

副　局　长　沈　隽　吴晓峰　熊　琦※

法治办副主任　严　征

区财政局

局长、党组书记　汤　枫

副　局　长　单志伟　朱国栋　陈　建
张华东（2023.8任）

区政府国有资产监督管理办公室

副　主　任　毛　兴（2023.11任）

区人力资源和社会保障局

局长、党组书记　杭　琰※

副　局　长　周晓忠　毛冬霞　潘　军

区住房和城乡建设局

局长、党委书记　谈正刚

副　局　长　李　媛※　郭建军　王　韬（2023.11止）
唐昊骏（2023.5止）　鲁　东（2023.12任）

总 工 程 师　王仕满（2023.8任）

区城市资源管理研究中心

主　　任　王　韬（2023.11任）

副　主　任　包文晖　王仕满（2023.8止）

区城市管理局

局长、党组书记　殷海峰（2023.7止）
薛健峰（2023.7任）

副　局　长　周　科　卜万青　毛颖彦※

综合行政执法局副局长　凌国锋

区交通运输局

局长、党委书记　周　俊

党委副书记　凌光旭

副　局　长　凌光旭　顾　青　严伟俊

总 工 程 师　薛　飞

区水利局

局长、党组书记　周文彬

党组副书记　王卫东

副　局　长　恽文荣　庄代远　王卫东（2023.8任）

总工程师 何晓萍(2023.5任)

区农业农村局

局长、党组书记 钱勤东

副局长 符伟 蒋小刚 姚志平 朱丽娜※(2023.5止) 唐昊骏(2023.5任)

总农艺师 管红良

区委农村工作领导小组办公室

副主任 李治国

区商务局

局长、党组书记 董云峰

副局长 王保华 徐宏杰 巢云方(2023.5任)

区投资促进服务中心

主任 马洁※

副主任 巢云方(2023.5止) 张红霞※ 潘晓宇 邹蕾※

区文体广电和旅游局

局长、党组书记 居敏俊

副局长 吴海涛(2023.12止) 卞曙光 沈叶※ 叶馨远※(2023.5止) 李建林 罗燕(2023.12任) 王燕(2023.5任)

区卫生健康局

局长、党委书记 左朝辉

副书记 何东

副局长 周义红 刘利明 何东(2023.8任)

区退役军人事务局

局长、党组书记 王丹

副局长 杨育才 芮洋 赵辉(2024.2止)

区应急管理局

局长、党委书记 金旭兵

副局长 刘红玉 潘金俊 朱晓波 谢俊 宋丹峰(2023.8任)

总工程师 姜涛

安委办副主任 高军

区审计局

局长、党组书记 严晓国

副局长 毛兴(2023.11止) 周斌 曹雨桐(2023.12任)

总审计师 李达

区政府研究室

主任 陈萍※(2023.12任)

副主任 陈萍※(2023.12止)

区行政审批局

局长、党组书记 祁斌(2023.10止) 袁涛(2023.10任)

副局长 聂亚玉※ 王芳※ 顾峰(2023.5止) 王建虎

常州市公共资源交易中心武进分中心

主任 祁斌(2023.5止) 顾峰(2023.5任)

副主任 吴文英※ 潘文杰 刘欣欣※

区市场监督管理局

局长、党组书记 王勇

副局长 王金熔(2023.10止) 张宝康(2023.5止) 陆俊 张利萍※ 上官欣(2023.5任) 管军(2023.12任)

食品药品总监 余晓(2023.11任)

区统计局

局长、党组书记 陈江

副局长 谢伟洪(2024.4止) 沈勇(2023.5任)

总统计师 罗腊梅※(2023.10止) 杨瑛※(2023.11任)

区信访局

局长、党组书记 冯冠华

副局长 李俊(2023.5止) 王丽莉※ 莫春晓

区地方金融监督管理局

局长、党组书记 刘宇

副局长 王阿娣※ 邵云※

金融办副主任 顾虎清

常州市医疗保障局武进分局

局长、党组书记 周培根

副局长 秦羽 王伟庆(2024.4任)

区机关事务管理中心

主任、党组书记 王亚杰

副主任 吴奋明 李峰

区房屋征收与补偿管理中心

主任、党组书记 马东方(2023.7任)

副主任 沈轲※ 胡鹤 邵劭

区生态文明建设办公室

主任 于乐

副主任 沈惠芬※ 庄敏

江苏常州经济开发区

书记 丁一(2023.8任) 顾伟国(2023.8止)

主任 刘敏※(2024.2任) 丁一(2023.8止)

副书记 刘敏※(2024.2任) 王文一 丁一(2023.8止) 冯旭江(2023.5止)

副主任 张云逸 何勇 冯晖 江春明 乔强(2023.6任) 褚亮(2024.4任) 盛世麟(2023.9止)

纪工委书记、监察工委主任 陈新荣(2023.12任) 毛建国(2023.4止) 刘潇※(2023.4—12)

纪工委副书记、监察工委副主任 钱莉芳※ 王成

武进高新技术产业开发区

书记 乔俊杰

主任 李皓

副书记 李皓

副主任 王伟华 谢群丰 裴晓冬 恽益明

李建平　周明俊　丁亚英※（2023.12止）
纪工委书记　朱志伟（2023.6止）　沈　涛（2023.6任）
纪工委副书记　管勇钢

中以常州创新园

书　　记　刘志峰（2023.8止）　孙益锋（2023.8任）
主　　任　刘志峰（2023.8止）　孙益锋（2023.8任）
副 书 记　陈云峰（2023.12止）
副 主 任　陈云峰（2023.12止）　周立平　王　戬
　　　　　刘建堂（2023.12任）
纪工委书记　王　迪

常州西太湖科技产业园（江苏武进经济开发区）

书　　记　徐　俊
主　　任　孙　洋
副 书 记　孙　洋　徐新波
副 主 任　顾琴仙※　胡廷红※　黄哲斌（2023.11止）
　　　　　王晓东　沈立人（2023.11任）
纪工委书记　周　栋

武进国家高新技术产业开发区绿色建筑产业园管理办公室

副 主 任　贺　军（2024.3止）　谢　健　周永银

武进太湖湾旅游度假区管理办公室

主　　任　武为锋（2023.6止）　金旭兵（2023.6任）
党组书记　武为锋
党组副书记　蒋志龙
副 主 任　李文俊（2024.4止）　殷旭东　张志杰
　　　　　李云辉　吴小杰　殷正良

武进中国春秋淹城旅游区管理办公室

主　　任　薛　鑫
副 主 任　刘　坚

江苏省武进现代农业产业园区管理办公室

主　　任　张军亮（2024.3止）　蒲启城（2024.3任）
副 主 任　查亚新　叶　平

戚墅堰轨道交通产业园管理办公室

主　　任　刘　刚（2023.12任）
副 主 任　陈建波

江苏武进经济发展集团公司

董 事 长　谈　胜
总 经 理　何雪峰（2024.4止）　陈　鹏（2024.4任）
党委书记　何雪峰（2024.3止）　陈　鹏（2024.3任）
党委副书记　薛泽孟
副总经理　薛泽孟　路　锦　许红霞※　王志鸿
纪委书记　刘海琴※
总审计师　戴　敏

江苏武进先行控股集团有限公司

董 事 长　恽晓明
总 经 理　刘祝全
党委书记　恽晓明
党委副书记　刘祝全　谢　健
副总经理　诸小平　钱　岗　谢　健
纪委书记　蒋黎国
总审计师　徐静波※

江苏武进国经控股集团有限公司

党委书记、董事长　徐亚娟※
总　经　理　徐亚娟※（2023.8止）
　　　　　　周小成（2023.8任）
党委副书记　翟华萍※　周小成（2023.8任）
副总经理　王中方　卞建荣
纪委书记　翟华萍※（2023.10止）
　　　　　欧明镜（2023.10任）
总审计师　张　明

武进工贸资产经营管理有限公司

董 事 长　徐亚娟※
党委书记　翟华萍※
党委副书记　黄文耀
副总经理　卞建荣

常州滨湖建设发展集团有限公司

党委书记、董事长　申晓明
总　经　理　申晓明（2024.4止）
　　　　　　王建松（2024.4任）
党委副书记　王建松（2024.3任）
副总经理　李海标　何晓强　李珍珠
总审计师　谭　蓉※

伟驰控股集团有限公司

党委书记、董事长　王　鸣
党委副书记　王建松（2024.3止）
　　　　　　张　巍（2024.3任）
总　经　理　王建松（2024.4止）
　　　　　　张　巍（2024.4任）
副总经理　林云志　徐　庆（2023.8任）
纪委书记　赵寅洁※
总审计师　莫晓春

开放大学、国家级重点职业高中、省重点高中、医院

常州市高级职业技术学校

校　　长　李昇学（2023.7止）　李　辉（2023.7任）
党委书记　李昇学（2023.8任）

江苏省前黄高级中学

校　　长　黄惠涛
党委书记　黄惠涛

江苏省武进高级中学

校　　长　宋海永
党委书记　张国良（2023.8止）　陈雯宇※（2023.8任）

武进人民医院

党委书记　奚剑波
院　　长　金建华

武进中医医院

院　　长　曹蕊芸※

中共常州市武进区委协助管理的单位

常州市自然资源和规划局武进分局

局长、党委书记 孔和生
副局长 曹荣（2023.11止） 卢翼波 汪志南※
宰娟※ 王飞（2023.11任）

常州市住房公积金管理中心武进分中心

主任 章钧

国家税务总局常州市武进区税务局

局长、党委书记 朱小景
党委副书记 张志杰
副局长 王贤方 陆玉学
张庄（挂职）（2024.4任）
王贤方 陆玉学 张良（2021.6止）
纪检组长 陈学忠（2024.1止） 姚斌（2024.1任）

常州市武进生态环境局

局长、党组书记 于乐
副局长 林春雷 周燕琴※ 张杰
执法分局局长 于乐

常州市武进区邮管局

局长 武绍光

武进电信局

局长 陆天涛
副局长 陈永林 陈翔 张婷婷※
潘俏羽※（2024.2任）

武进烟草专卖局

局长 徐晟

常州海关驻武进办事处

主任 李博

中国人民银行常州市武进支行

行长 王勇
副行长 戴晏 张冬明
纪检组长 戴晏

注：2024.4.8后，因机构改革，更名为“国家金融监督管理总局武进监管支局”，设立筹备组

组长 王勇
筹备组成员 戴晏 张冬明 束明莉※

政协常州市武进区委员会工作机构

办公室

主任 袁涛（2023.10止） 夷建良（2023.10任）
副主任 张磊 顾燕※

研究室

主任 闻洁※

提案和委员工作委员会

主任 查伟明
副主任 何启华※（2023.7任）

教文卫体和文史委员会

主任 王云芬※
副主任 姚国强

经济科技和农业农村委员会

主任 梅可佳
副主任 陆俊阳

社法民宗和港澳台侨委员会

主任 万琴凤※
副主任 鲜艳梅※

环境资源和城乡建设委员会

主任 张晓宇

群众团体

区总工会

主席 沈涛（2023.8止） 薛红霞※（2023.8任）
党组书记 沈涛（2023.7止） 杨志明（2023.7任）
副主席 陆惠萍※（2023.5止） 张勇（2023.12止）
朱宏英※ 杨志明（2023.7任）

共青团武进区委员会

书记 蒋雨晨（2023.10止） 周钺（2023.10任）
副书记 周钺（2023.10止） 杨琳※ 冯玲※

区妇女联合会

主席 蒋丽※
党组书记 蒋丽※
副主席 赵丽君※（2023.7止） 张红梅※（2023.5任）

区科学技术协会

主席 周敏※（2023.10任）
党组书记 陶春健
副主席 陶春健 吴健

区青年联合会

主席 蒋雨晨（2023.11止） 周钺（2023.11任）
副主席 周钺（2023.11止） 杨琳※

区工商业联合会

主席 桑遥※
党组书记 蒋建平
副主席 蒋建平 莫珺※

区文学艺术界联合会

主席 龚黎※
副主席 周晓东 羌云庆

区残疾人联合会

名誉主席 薛红霞※
主席 张小虎（兼）
副主席 李洪兴（2023.5止） 赵美娟※（2023.12止）
王燕※（2023.5止） 王卫洪（2023.5任）
狄旭东（2023.5任）
党组书记 王卫洪
理事长 李洪兴（2023.5止） 狄旭东（2023.5任）
副理事长 赵美娟※（2023.12止） 王燕※（2023.5止）

区红十字会

会　　长　张小虎（兼）

副会长　狄旭东（2023.5止）　承文明　朱丽娜※（2023.5任）

镇、街道

雪堰镇

书　　记　武为锋

副书记　蒋志龙　陈世华

人大主席　许文涛

镇　　长　蒋志龙

副镇长　孙　俊　王　薇※　徐　卓　张　怡

纪委书记　符辛竹（2023.7止）　蔡　华※（2023.7任）

礼嘉镇

书　　记　丁亚英※（2024.3止）　陈　江（2024.3任）

副书记　潘宏杰　姚安华（2023.7任）

人大主席　秦能远

镇　　长　潘宏杰

副镇长　尤　敏※　何庆伟　管翼波　姚安华（2023.7止）

纪委书记　陈建纲

前黄镇

书　　记　龚新宇

副书记　葛　炎　田明江

人大主席　葛永三

镇　　长　葛　炎

副镇长　潘　艳※（2024.3止）　蒋　轩　张永相　赵匡言　金　婉（2024.3任）

纪委书记　王　懿※

湖塘镇

书　　记　朱小平

副书记　丁　涛　时培红（2024.3止）　徐　敏（2024.3任）　陶兴龙

人大主席　贾少波

镇　　长　丁　涛

副镇长　张建军　徐　敏（2024.3免）　吴旭东　王轶锋　陈一奇　朱春艳※（2023.7任）

纪委书记　杨文杰

牛塘镇

书　　记　杨志明（2023.7止）　黄铁梅※（2023.7任）

副书记　蒋雨晨　张乃佳※（2023.7任）　翁路英※（2023.7止）

人大主席　马东方（2023.7止）　王世康（2023.7任）

镇　　长　蒋雨晨

副镇长　周小成（2023.7止）　丁洪伟　冯　甦　沈　超　黄　华（2023.10任）

纪委书记　叶　天

洛阳镇

书　　记　朱慧峰

副书记　吕　威　潘　艳※（2024.3任）　薛文伟　杨红明（2023.12止）

人大主席　吴小铭

镇　　长　吕　威

副镇长　王小虎　谭文俊　邱　添※　姚洁清　吴柯含

纪委书记　许　芸※

湟里镇

书　　记　朱军华（2024.3止）　张军亮（2024.3任）

副书记　王　乾　吴　柯※

人大主席　蔡兰芬

镇　　长　王　乾

副镇长　眭岳明　张　钦　王　军　周　锋

纪委书记　杨　军

嘉泽镇

书　　记　张军亮（2024.3止）　蒲启城（2024.3任）

副书记　蒲启城（2024.3止）　贺　军（2024.3任）　樊晓斌

人大主席　丁文柯

镇　　长　蒲启城（2024.3止）　贺　军（2024.3任）

副镇长　王红明　陆霜弘　张　斌　王铁成

纪委书记　巢丽云※

南夏墅街道

书　　记　张永波

副书记　朱　敏※　雷　成（2024.3止）　陆晓忠

人大工委主任　陈　鹏

办事处主任　朱　敏※

办事处副主任　臧伟良（2024.3止）　郑　鑫　宋春花※　周　慧　庄春潮※（2023.7止）　张伟强（2023.7止）　蒋　涛（2023.7止）

纪工委书记　许　斌

西湖街道

书　　记　黄铁梅※（2023.7止）　殷海峰（2023.7任）

副书记　巢俊杰　雷　成（2024.3任）　沈立人（2023.11止）

办事处主任　巢俊杰

办事处副主任　吴　玲※　高　波　周　军　恽晨雁

人大工委主任　闵贤俊

纪工委书记　蒋轶佶

横林镇

书　　记　姚鸿波

副书记　王美姣※　孙亚明　吴志建（2024.4止）

人大主席　潘筱伟（2024.4止）

镇　　长　王美姣※

副镇长　王　红　吴寿波　承晓培　方金虎

纪委书记　郭　平

遥观镇

书　　记　王伟强

副书记　薛　飞　刘伟强　荆　涛（2024.4任）

任义权（2024.4 止）
人大主席　叶　平
镇　　　长　薛　飞
副 镇 长　邹　优　　张　波　　史俊华
许力波（2023.8 任）　沈钱巍（2023.8 止）
纪委书记　荆　涛（2024.4 止）

横山桥镇

书　　　记　赵文明
副 书 记　程　金　　张毋左　　冯越超※
人大主席　诸立群
镇　　　长　程　金
副 镇 长　缪　飞　　徐亚萍※　张祥龙
沈齐乐（2023.6 任）　庄　跃（2023.6 止）
纪委书记　魏　胜

潞城街道

书　　　记　姚　贺
副 书 记　赖岩松　　周明珠※
人大工委主任　朱丽莎※
主　　　任　赖岩松
副 主 任　夏海峰　　孙　燕※　沈齐乐（2023.6 止）
陈益伟（2024.2 止）
纪委书记　赵　飞

丁堰街道

书　　　记　蒋政剑
副 书 记　林　霄※　石剑虹
人大工委主任　蒋一波
办事处主任　林　霄※
办事处副主任　徐　熠　　高　攀　　周　莉※　马　奕
纪委书记　梁晓波（2024.4 止）

戚墅堰街道

书　　　记　潘　俊（2024.4 止）
副 书 记　姜祖胜
人大工委主任　杨永清
办事处主任　姜祖胜
办事处副主任　刘晓莲※　苏澄宇　　孙　传（2023.12 任）
黄可人（2023.8 止）
纪委书记　黄可人（2023.8 任）　王永斌（2023.8 止）

说明：①中共 ×× 镇纪律检查委员会书记，简称纪委书记。
②局和镇党委下的基层和村级党委不收其领导名录。
③各银行、保险公司、电信、税务、烟草、自然资源和规划、生态环境等部门的领导，由其上级业务主管部门任免，区委协助有关部门管理。
④右上角带 ※ 号者为女性。
⑤乡镇镇长、副镇长、人大主席、人大副主席的任职时间为提名时间。

（徐　佳　缪雨晴　李　琦　常文涛　王　佳
王　勋　田扬中　洪绯阳　周学文　陈志伟
王雪恺　杨　欣　张　钰　何凯琳　周志鹏）

文献摘要

勇挑大梁走在前，勇攀新高再出发，奋力推进中国式现代化武进新实践

——在区委十三届六次全会上的报告（摘要）

中共常州市委常委、武进区委书记　乔俊杰

（2023 年 12 月 28 日）

同志们：

这次会议的主要任务是，坚持以习近平新时代中国特色社会主义思想为指导，全面贯彻党的二十大和二十届二中全会精神，深入贯彻习近平总书记对江苏工作重要讲话重要指示精神，认真落实中央和省委、市委决策部署，总结今年各项工作，部署明年工作任务，动员全区上下以饱满的激情、昂扬的姿态、有力的举措，深入落实全市“532”发展战略，勇挑大梁走在前，勇攀新高再出发，奋力推进中国式现代化武进新实践。

根据区委常委会讨论的精神，讲四个方面意见。

一、在主题教育中感悟思想伟力，党的建设全面加强

今年以来，全区上下坚持以习近平新时代中国特色社会主义思想为指导，以开展主题教育为契机，在真学真信真用中擦亮信仰底色，在学懂弄通做实中强化实干担当，推动全面从严治党向纵深发展，汇聚起推动高质量发展的磅礴力量。

1. 以学铸魂，固本培元强根基。深入开展政治忠诚教育和党性教育，坚定信仰信念信心，锤炼绝对忠诚的政治品格。抓好“关键少数”，落实理论学习首位任务，创设“集中学、班子研、书记评”研学载体，举行理论学习中心组专题研讨会 10 场。分层分类举办“头雁领学”“基层促学”“红色研学”等活动，开设习近平新时代中国特色社会主义思想专题课程 20 堂，学习覆盖超 2 万人次。深入挖掘红色资源，江抗指挥部旧址修复工程顺利完工，文献纪录片《董亦湘》在江苏新闻频道播出。以武进区党群服务中心为枢纽，以“两带三圈”党员教育阵地集群为基础，统筹王诤故居等红色阵地，打造 6 条党员教育精品路线。深耕“听吾说”理论宣讲品牌，推出理论直播间、宣讲在线、理“响”主播团等线上传播载体，开展“党的二十大精神进万家”等主题宣讲超 3000 场，“追光”“歌声里的中国”等艺术思政课巡讲巡演超 200 场。

2. 以学增智，锤炼本领善作为。加强党的创新理论武装，从党的科学理论中悟规律、明方向、学方法、增智慧。开展“学习创新理论、感悟实践伟力”活动，组织“牢记嘱托、感恩奋进、走在前列，奋力书写好中国式现代化武进答卷”大讨论，依托“三访三问三促”“三思三到三转”，在学思践悟中探求推进高质量发展的“源头活水”。聚焦典型案例解剖式调研，区领导带头深入企业项目一线调研 122 次，形成调研报告 45 篇，谋划重点攻坚项目 58 个，各级领导干部跟进牵头重点课题 780 个，实施“书记项目”92 个，示范带动 83 家参加单位确定调研课题 512 个，力争通过“解剖一个问题”推动“解决一类问题”。开展“千名干部助千企”专项行动，实现全区 1687 家规上工业企业走访服务全覆盖，收集梳理企业诉求 2330 件，解决率达 90.2%。

3. 以学正风，勤勉廉洁葆本色。坚持把党的建设列为高质量考核重要指标，把对党忠诚列为干部选用首要标准，在廉洁从政秉公用权中树立良好形象，在践行正确政绩观中展现担当作为。严守政治纪律和政治规矩，坚决落实中央八项规定及其实施细则精神，持续深化“首位廉盟”建设，创新开展清官廉吏故事巡讲暨新时代廉洁文化讲坛，营造风清气正的政治生态，今年全区共查处违反中央八项规定精神问题 31 起 35 人，处分 33 人。推深做实“四下基层”活动，县处级干部接待信访群众 627 人，落地党建联建项目 203 个，帮助群众解决各类问题 3260 件；积极开展“践初心、做表率、建新功”活动，将“学习榜样、争当榜样”融入各领域实践，全区共推选身边榜样 71 名，获评市先进典型 3 人。

4. 以学促干，凝心聚力担使命。坚持学思用贯通、知信行统一，匡正干的导向，增强干的动力。高效率推进中央环保督察，累计完成各类问题销号 402 个，销号率超 98%。全力以赴抓好省委巡视反馈意见整改和成果运用，实行清单化管理、项目化落实、节点化推进，高标准完成省级环保督察反馈问题整改，64 件信访件、1 件督办件已全部办结。坚持把检视整改贯穿主题教育始终，构建挂钩领办、牵头承办、重点督办“三办”机制，建立 191 项问题清单，已销号 70%；形成 29 个专项整治方案，目前正全面实施，整治涉磷企业助力太湖治理、壮大集体经济谋求强村富民等具有武进特色的经验做法，分别被《人民日报》《新闻联播》、中央主题教育官网录用。充分发挥民主集中制的组织领导优势，强化力量统筹，形成干的合力。“武进云上人大”围绕服务中心大局，监督成效明显。区政协创新打造“‘两湖’创新区 · 有事好商量”协商议事平台，成立全市首家“YOUNG HOO 青年委员工作室”。不断丰富“梧桐同心”品牌内涵，扎实推进“双百计划”，全面加强党外代表人士队伍建设，有效推动“两个健康”先行区建设走深走实。群团组织优势充分发挥，国家级青年发展型县域建设试点通过中期评估，“湖湾”青年发展论坛在武进举行，政通人和、团结奋进的良好局面持续巩固。

二、在高质量发展中继续走在前，首位担当充分彰显

全区上下完整准确全面贯彻新发展理念，牢牢把握高质量发展首要任务，切实扛起在“全市挑大梁”的首位担当，经济社会发展稳中有进、稳中向好。全年预计完成地区生产总值 3240 亿元，增长 4.5% 左右；一般公共预算收入 216.2 亿元，增长 6%；规上工业总产值超 5800 亿元，增长 3% 左右；居民人均可支配收入 6.42 万元，增长 5.5%。武进区连续十年位居全国综合实力百强区第三，荣获投资潜力、科技创新、绿色发展、新型城镇化质量 4 个第一，常州经开区在“2023 中国省级开发区高质量发展百强榜”中位列全国第一。

1. 使实劲、增韧劲、蓄后劲，释放发展活力潜能。我们牢记总书记“加快构建以先进制造业为骨干的现代化产业体系”的殷殷嘱托，坚守实体经济，不断做优传统产业、壮大优势产业、培育新兴产业，为高质量发展注入强大动能。一是产业转型势头强劲。预计全年 9 大重点集群产值增长 14% 以上，十大产业链规上企业完成产值 3220 亿元、增长 22.6%。全区 534 家新能源企业预计全年完成产值超 2200 亿元、增长 30%，总量居全市第一。二是项目攻坚有力突破。成功招引理想三基地、屹创新型储能系统、普罗吉人血白蛋白项目 3 个超 100 亿元项目，入库总投资 10 亿元以上项目 16 个，新增入库省重大项目 11 个、市重大项目 43 个。全年引进外资项目 71 个，进出口总额达 978 亿元。三是企业发展量质并举。恒立液压创成全区首家国家级智能制造示范工厂，中天钢铁、晶雪节能被评为国家级服务型制造示范企业，东方特钢入围全国 5G 工厂名录，博瑞电力入选国家高新技术产业标准化试点，常发农业、万帮数字能源获国家级工业设计中心认定，35 家企业获评国家专精特新“小巨人”企业，5 年蝉联全市总数第一。新增省智能制造示范工厂 5 家、省三星以上上云企业 160 家、省工业互联网标杆工厂 2 家、省工业设计中心 4 家、省首台（套）重大装备 1 个、省服务型制造示范企业 3 家，新增上市企业 4 家，“新三板”挂牌企业 7 家，全省上市公司高质量发展现场观摩会和工作座谈会在我区召开。四是营商环境持续优化。滚动推出七批 61 项优化营商环境改革举措，“武进区‘一企来’企业服务微信小程序”获 2023 年度中国优化营商环境十佳创新案例，全省首创临广事项“极速六合一”审批，成立全市首个“两湖”创新区重大项目交易服务工作营，在全市率先开展集群注册登记改革，“放管服”改革成效彰显。加大金融政策支持，区级“领航保”等政银担产品累计放款 18.93 亿元；用好省综合金融服务平台，帮助超 1 万家企业通过平台获得授信总金额 588 亿元。

2. 重整合、抓聚合、促融合，澎湃科技赋能引擎。我们把更多精力放在“以科技创新开辟发展新领域新赛道、塑造发展新动能新优势”上，以更优平台、更强要素、更深融合，为高质量发展提供“最大增量”。一是平台载体加速成长。中以常州创新园入选省国际合作园区发展典型案例。戚墅堰轨道交通产业园创成省级现代服务业高质量发展集聚示范区。南大未来技术创新研究院建成启用，南医大常州校区、江理工绿建区协同创新园顺利推进。龙城芯谷启动建设，宽禁带半导体国家工程中心常州分中心加快建设，中科院深圳先进技术研究院—常州合成生物化学联合研究中心成功签约，全区创新布局持续优化。二是科创活力持续迸发。武进成功创建全国科普示范区，入选全省首批、全市唯一“科创江苏”试点县区。全省轨道交通装备标准化技术委员会落户常州经开区。武高新工业协作机器人产业获评省级中小企业特色产业集群。西太湖获评中国科协海智国际研发社区、省级现代服务业高质量集聚发展示范区，以及全省唯一的全国工商联民营企业科技创新园区。石墨烯小镇荣获首批省级特色小镇。创新主体加速培育，净增高新技术企业 382 家，招引科技型中小微企业 287 家，入选 2023 年省独角兽企业 1 家、潜在独角兽企业 10 家、瞪羚企业 43 家。全年新增省级工程研究中心 3 家，省级工程技术研究中心 19 家，新建市级创新联合体 4 家，新认定市级孵化载体 4 家。全区万人有效发明专利 84.8 件，连续三年获省政府知识产权工作督查激励。三是人才引育提质增效。在全市首推“企业荐才奖”，激发企业主体活力，围绕重点产业出台针对性人才政策，先后引进各类人才 3.66 万人，新增国家级博士后科研工作站 3 家、国家级人才 17 人、省科技副总项目 27 个、省“双创计划”32 个。围绕人才安居，加快构筑“国际人才社区 + 高层次人才公寓 − 蓝领菁英公寓 + 青年驿站”全域人才公寓格局，科教城金凤凰人才公寓、中以国际人才社区正式启用，累计建成投用人才公寓超 3 万套，入住率超 93%。

3. 优形态、转业态、添文态，厚植生态人文底蕴。我们坚定不移走绿色发展之路，全力以赴突破环境瓶颈制约、转变发展方式、加速文旅融合，努力将生态“好颜值”转化为发展“好价值”，持续擦亮武进高质量发展靓丽底色。一是生态环境接续向好。把良好的生态作为最普惠的民生福祉，扛起新形势下生态环境治理新任务，大力推进太湖综合治理“一号工程”，谋划部署“1+8+5”治理体系，相关工作获央视《新闻联播》栏目报道，在全省率先开展新一轮太湖清淤，洮滆片区生态保护修复、涉磷企业整治提升、污水处理基础设施建设、支流支浜治理等重点工作深入开展，国省考断面优Ⅲ类占比达84.2%。空气质量持续改善，$PM_{2.5}$平均浓度31.6微克／立方米。二是绿色低碳呈现新貌。武进国家高新区创成国家级绿色园区，长三角碳管理体系研究院、长三角绿色建筑与韧性城市联合创新中心实体化运营，绿建区获评联合国工发组织生态设计理念应用项目试点单位，绿和环境的废旧混凝土再生利用获国家科技进步二等奖。聚焦碳达峰、碳中和目标任务不动摇，全面推进传统产业绿色转型，新增6家国家级绿色工厂、7家国家级绿色供应链、15家省级绿色工厂。城乡公园绿地、生态绿道等六方面11项工程顺利完成，武进绿色发展“金字招牌”越擦越亮。三是文旅融合更显魅力。新时代江苏旅游发展论坛、大运河工业遗产峰会、锡剧发展大会等活动成功举办，太湖湾音乐节、西太湖马拉松等“文旅IP”爆火出圈。春秋淹城旅游区入选省“文旅消费人气目的地”，太湖湾国家级旅游度假区、嬉乐湾3A景区加速提档升级，一批区内景点成为近悦远来的旅游热点。捷成华视、时光科技连续两度入选“国家文化出口重点企业”；武进第三图书馆建成投用，第二图书馆、武进博物馆、熹平美术馆获评江苏省最美公共文化空间；《衣锦绣青城》等30多件创作书画作品入围入展省级和国家级展览，太湖湾教育大营地荣获“全国中小学生研学实践教育基地”称号，遥观镇被授予“江苏省锡剧之乡”称号，武进文化特质更加凸显。

4. 创居安、护心安、守平安，绘就城乡和美画卷。我们积极回应民生关切，始终坚持内外兼修，统筹推进城乡融合一体化发展，持续擦亮“十个吾优”民生品牌，城市承载力、吸引力持续提升。一是城乡建设稳步提升。沪宁沿江高铁开通运营，武进站综合交通枢纽同步投用，常泰铁路、沪武高速、312国道、232省道、腾龙大道快速路等基建设施加速推进，交通骨架加速拉开。苏澳大厦等总部项目落地推进，“两湖”核心区展现新姿。全市唯一的省级农村综合性改革试点试验落户武进，“三水一花木”特色产业蓬勃发展，中国花卉协会家庭园艺分会在武进成立。成功创建“四好农村路”全国示范县，环太湖公路获评全国“十大最美农村路”，湖塘、湟里等11个镇获评2023年度全国千强镇，雪堰镇入围省生态宜居美丽示范镇，礼嘉镇何墅村西巷头、牛塘镇丫河村强家、横山桥镇周刘家村创成省级特色田园乡村，洛阳镇岑村村、嘉泽镇跃进村等6个村创成省乡村振兴示范村，前黄镇运村村、横林镇狄坂村等16个村创成省生态宜居美丽示范村。“三定一动”宅基地资格权长效管理制度成果开创全国先河，城乡融合深度发展。二是民生福祉持续增进。新增城镇就业4.4万人，发放慈善救助金、社会公益事业补助金9000万元，社会救助更加精准。宋剑湖高中、科教城幼儿园、西太湖外国语学校等23个新改扩建重点教育项目落地，新增学位近2.3万个，教育资源不断优化。武进人民医院获评省高质量发展试点医院，武进中医医院通过“三甲”创建评估，医疗水平稳步提升。全区“保交楼、保民生、保稳定”工作有序推进，恒大、三盛等项目如期交付和办证。三是安全形势继续向好。区镇两级矛调中心全面推进，区城运中心建成投运，网格工作质效稳步提升，区信访局获评全国治理重复信访、化解信访积案专项工作优秀集体，区劳动人事争议四方联合调处中心被国家表扬为全国工作突出基层劳动人事争议调解组织，礼嘉镇何墅村、横山桥镇五一村获评全国乡村治理示范村，市域社会治理“武进模式”品牌打响。重大事故隐患专项排查整治、“危污乱散低”综合治理等工作持续加码，风险管控和隐患治理水平持续加强，区域本质安全水平显著提升，安全生产事故起数、死亡人数实现“双下降”。食品安全治理常抓不懈，武进通过省级食品安全示范区创建现场复核。此外，人武、老干部、民族、宗教、侨务、档案、党史、党校、退役军人事务、机关事务管理、群团、关心下一代、援疆援陕等各项工作都取得了显著成效，为全区经济社会高质量发展作出了重要贡献。

成绩的取得，离不开市委、市政府的正确领导，离不开全区人民和社会各界人士的同舟共济、奋勇拼搏，离不开全区各级党组织和广大党员干部的无私奉献、辛勤努力。在此，我代表区委、区政府，向在座的各位同志和全区广大干部群众，表示衷心的感谢！

在肯定成绩的同时，我们也要看到当前发展中仍存在一些突出问题，主要表现为：产业集群综合竞争力还不强，科技创新能力亟待提升；安全生产、生态环境、社会稳定、金融债务等风险隐患仍需全力防范化解；治理体系和治理能力现代化建设任重道远；“四风”和腐败问题还有发生，全面从严治党仍需纵深推进。这些问题，我们必须高度重视，以系统全面的思维、改革创新的方式、扎实有效的举措，认真研究、切实解决。

三、在中国式现代化中先行探路，展现武进生动实景

2023年，习近平总书记参加全国两会江苏代表团审议，并两次亲临江苏考察，为推进中国式现代化江苏新实践作出战略指引、注入强劲动力。市委全会发出了“万亿之城再出发，凝心聚力谱新篇，奋力在推进中国式现代化中走在前、做示范”的号召。站在新的历史起点，我们要对照总书记对江苏工作历次重要讲话重要指示精神，立足全省、全市发展大局，以“三大任务”为突破口，进一步优化现代化建设的目标和路径，更好展现中国式现代化武进实景。一是在“万亿之城再出发”中提升“贡献度”。作为全市经济体量最大、产业家底最厚的板块，武进必须时刻扛起责任担当，持续激发产业振兴之势、能级跃升之势、区位质变之势、政通人和之势，更好实现贡献与资源、地位与区位、能级与使命相匹配，不断提升经济发展的含金量、含新量、含绿量，确保武进在全市各项指标的贡献份额只升不降，充分彰显排头兵的应有作为。二是在“新能源之都”建设中扩大“首位度”。作为全市新能源产业布局的重要板块，武进要进一步巩固“发储送用网”全产业链闭环优势，下好整车配套“优势棋”、智能网联“关键棋”、氢能储能“先手棋”，聚焦规模体量、产业生态、场景应用，持续提升新能源见车率、见桩率、见板率，确保在全市产值领跑、技术领先、人才领军，努力让“新能源之都”首位区底色更亮、成色更足、观感更强。三是在“两湖”创新区发展中干出“显示度”。作为“两湖”创新区建设主力军、主战场，武进必须抢抓人才、人口向优势区域和城市集聚趋势，着力招引高质量项目、精心培育总部经济区、建设重大科创平台、推动地标性建筑落地，全面激发“最美湖湾”的枢纽价值、创新价值、生态价值，加快推动蓝图从“纸上”落到“地上”，让社会各方看到进度、看到形象。

2024年是中华人民共和国成立75周年，是全面完成“十四五”规划目标任务的关键一年，是常州万亿之城再出发的第一年，也是我区加快推进现代化强区建设的攻坚突破之年。全区工作总体要求是：坚持以习近平新时代中国特色社会主义思想为指导，全面贯彻党的二十大精神和习近平总书记对江苏工作重要讲话重要指示精神，全面落实“四个走在前”“四个新”重大任务，深入落实中央、省委经济工作会议和省委、市委全会部署要求，坚持稳中求进工作总基调，完整准确全面贯彻新发展理念，统筹高质量发展和高水平安全，聚焦全市“532”发展战略，聚力新能源之都、“两湖”创新区建设等重点工作，以“三大任务”为突破口，加快展现中国式现代化武进实景，为全市“万亿之城再出发”贡献首位力量。

明年经济社会发展主要预期目标是：地区生产总值增长6.5%左右；一般公共预算收入增长6%；实际使用外资、进出口总额高于全市平均；居民人均可支配收入与经济增长同步；社会消费品零售总额增长6%左右；生产安全事故起数和死亡人数持续下降；主要污染物减排、单位GDP能耗下降，大气、水环境质量完成市下达任务。实际工作中，要努力争取更好结果。

根据上述目标，我们要重点抓好六个方面工作：

1. 以新型工业化为牵引，推动产业结构更加高端。习近平总书记指出，以中国式现代化全面推进强国建设、民族复兴伟业，实现新型工业化是关键任务。要深化产业集群建设，强化项目和人才支撑作用，着力提升产业链供应链韧性和安全水平，加快建设现代化产业体系。一要构建高水平产业集群。深刻把握产业发展趋势，立足武进实际，一体统筹做好传统产业焕新、新兴产业壮大、未来产业培育“三篇文章”。要锚定“新能源之都”首位区建设，打造新装备、新产品、新业务、新模式、新基地，持续巩固新能源汽车整车优势，充分激发“理想”品牌号召力，精准招引更多研发设计、检验检测、销售管理、区域总部等“微笑曲线”两端的功能性机构，加快协调解决理想汽车供应物流、生活配套等需求，确保三基地明年投产，力争到2025年新能源整车本地配套率达50%，产业链完整度达70%，产值规模超1500亿元。要聚焦智能网联“下半场”，战略布局汽车电子、第三代半导体、智能底盘及车联网设施设备等重点领域，积极抢占万亿级新蓝海。要抢先布局未来产业赛道，聚焦氢能、新型储能、合成生物、先进碳材料等优势产业提前卡位，通过市场主导和政府引导相结合，全面培育创新策源、转化孵化、应用牵引的产业链条，在产业周期循环中抢占高点，力争明年氢湾国际创新社区一期投用、二期开建，国家级氢能装备产品检测中心建成投运，普罗吉、创健医疗等合成生物岛重大项目加快落地，细胞科技港存储、制备、检测“三中心”有序运营，石墨烯科技园构建“创新联合体”，全力打造“东方碳谷”产业地标。二要构建高质量项目矩阵。坚持把项目作为稳增长、促投资、强产业的重要抓手，一切围绕项目转、一切聚焦项目干。要多措并举建好招商团队，加快构建“区镇合力、部门联动、队伍专业、全员参与”的大招商格局，瞄准重点央企、实力民企和知名外企，强化链式招商、科技招商、基金招商和以商引商，加大链主项目攻坚力度，着力招引一批亩均效益高、资源整合力强的优质项目，力争明年招引100亿元或10亿美元以上项目2个、30亿元或3亿美元以上项目6个。要快马加鞭推进项目建设，聚焦三级重大产业项目，实行专班服务、闭环管理，优化“帮办代办”“信用承诺容缺受理”等举措，进一步探索试点“分阶段施工许可”，确保投资量、实物量、工作量“三量齐增”。三要构建高层次人才梯队。在“引”字上下功夫，将“人”作为发展新城市、培育新产业的核心，深入实施人才强区战略，精准升级“武进英才计划”，精心推进青年科学家“沧海计划”，持续出台“一行业领域一人才政策”，积极举办“名城名校合作行”“科技人才周”“在常高校座谈会”等特色主题活动，加快引进一批行业领军人才、专项人才和紧缺高层次人才，力争明年招引领军型创新创业人才项目130个以上、顶尖人才项目3个以上、省“登峰计划”人才1名、各类人才2.9万人以上。要在“育”字上下功夫，充分发挥我区丰富的职教资源优势，深化新时代产业工人队伍建设改革和产教融合试点，探索开展订单式培养、套餐制培训，加快培育一批大国工匠、能工巧匠。要加强“双招双引”工作队伍培养，举办全区业务大练兵，在实战中打造一支“懂产业、善识别、能洽谈、善战斗”的人才工作队伍，对表现优异的人才工作者及时给予推优、荣誉等激励。要在“留”字上下功夫，深化全国青年发展型县域建设试点，站在青年视角建设城市、着眼青年需求优化服务、突出青年个性打造舞台，持续推进长三角青年创新创业港建设，推动人才公寓高效运营、提升服务、塑造品牌，为青年人提供施展才干的广阔舞台、稳定踏实的安居生活、活力四射的城市环境。

2. 以新质生产力为导向，推动创新引擎更加强劲。新质生产力特点在“新”，优势在“质”，落脚在“生产力”，要紧扣高水平科技自立自强，充分发挥科技创新的“增量器”作用，跑出新质生产力培育“加速度”，为经济社会高质量发展注入强劲动力。一要夯实科创平台“关键支撑”。构建协同联动“大科创”格局，加快提升中以常州创新园要素承载力，深入联动常州科教城、龙城实验室，深化打造贯通“中以创新园—常州科教城—武高新—绿建区—西太湖”的科创长廊，统筹板块优质创新平台资源，让创新要素在全域范围内顺畅流通、精准对接、高效融合。要着力提升科创策源力，依托南大未来技术创新研究院、东大双碳学院、中科院深圳先进技术研究院产业技术转移基地等平台，积极探索“企业出题、高校解题、平台答题”模式，加快建立全链条科技成果转化体系，实现更多“从0到1”的关键突破。要创新成果引入模式，融入长三角、联动大湾区，建好用好长三角（常州）创新中心、上海研发公共服务平台武进科创促进中心等机构，充分运用“飞地孵化、本地落户”方式，“链”接最前沿科创资源，推动更多科创成果在武进“生根发芽”“茁壮成长”。要强化科创投融资效能，深化龙城金谷（南区）建设，以百亿级产业投资母基金为纽带，加强与头部基金、头部机构、CVC产业资本、科研院所合作，推动科研成果转化与专业基金投资“靶向式”联动，让投资基金“设到实验室门口”，力争明年龙城金谷（南区）入驻机构新增100家，新增股权投资金额超100亿元。二要突出主体培育"关键工程"。强化企业科技创新主体地位，深入实施创新型企业"育强攀高"行动、知识产权强企行动计划、高企倍增计划、企业上市行动计划，完善"雏鹰—瞪羚—独角兽"培育体系，打造一批具有生态主导力和国际竞争力的科技领军企业，力争明年新增上市挂牌企业7家、净增高新技术企业200家以上、招引科技型中小微企业180家以上，创成全省首批上市公司高质量发展示范区。要积极促进创新要素向企业集聚，支持龙头企业牵头组建创新联合体，发挥行业龙头资源配置能力，积极带动上下游企业构建优良发展生态；支持专精特新企业聚焦主业、精耕细作，努力成长为竞争优势突出、科创能力强、未来增长潜力巨大的"单打冠军""配套专家"；支持中小微企业瞄准技术进步、产品升级，持续加大投入力度，转化新成果、推广新工艺、开发新产品，打通进阶式成长"快车道"，发展为有质量、有口碑的"百年老店"。三要突出数字赋能关键变量。持续推进"智能化改造、数字化转型、网络化联接"，深化落实新一轮"十百千"行动，加快工业节能降碳先进技术研发与推广应用，为全区产业发展插上"智慧的翅膀"。要持续推动"两业融合"工作，规范开展免费诊断服务，大力培育一批满足个性化需求的工业互联网平台和解决方案提供商，带动更多中小企业"上云用数赋智"，推动集群和产业链数字化水平实现整体提升，力争明年新增5G工厂1家，新增省级智能制造示范工厂（车间）8家以上。四要突出改革开放关键抓手。持续推进集成式改革，突出系统集成、协同高效，接续谋划推进一批具有牵引作用的改革措施。要围绕产业发展全链条，持续深化自然资源要素配置、国资国企等领域改革；围绕企业发展全周期，深化新时代"两个健康"先行区建设，推出更多"一网统管、一网通办、一网协同"事项，打响"A武进"营商环境品牌。要全面做强开放型经济，推动外资外贸、内销外销、进口出口、传统模式与新兴业态齐抓并重，加速"市场采购贸易+跨境电商+海外仓+产业带"联动发展，依托武进综保区、现代物流产业园、电商产业园等平台大力发展跨境电商，探索建设数字贸易平台，加快释放"新三样"出口动能，积极抢占国际市场。要着力提高使用外资质量，加大QFLP、制造业外资等引进力度，引导外企以利润再投资、落地功能性机构等形式增资扩股，推动实际利用外资持续增长。

3. 以"两湖"创新区为引领，推动城乡发展更加协调。牢牢把握"两湖"创新区建设机遇，持续推进空间优化和形态重塑，统筹新型城镇化和乡村全面振兴，打造兼具江南韵味、现代气质的宜居宜业新家园。一要在做强枢纽上迈出新步伐。畅通综合交通网络，全力配合常州南站枢纽、常泰铁路、盐泰锡常宜铁路、宁常高速等重大工程，扎实推进地铁5号线、腾龙大道、中吴大道西延、花海大道（延政西路—湟村线）等重点项目，谋深谋细公铁路网与地方道路的衔接，加快形成以"两湖"创新区为中心、腾龙大道贯穿南北、中吴大道联通东西的智慧快速交通体系。要做优总部经济区，牢牢把握"中轴崛起"战略定位，持续优化总部经济招商政策、供地政策，加大央企区域总部、金融机构总部、民企联合总部招引力度，有力有序推进苏澳大厦建设，加快激发总部经济"强磁场"效应。要一体优化功能配套，加快推进"两湖"创新区核心区规划完善提升，重点围绕常州南站商务区等地块优化布局，进一步研究会展中心、文体中心、购物中心建设方案，大力引进国际社区、国际教育、国际医院等高端资源，力争明年南医大常州校区、江理工武进绿建区协同创新园、华师大附属西太湖学校全面出形态，环城公园示范段上半年建成投用。二要在乡村振兴上实现新突破。学习借鉴"千万工程"经验，积极开展"强村公司""飞地抱团发展"试点，深入探索村集体经济发展武进路径，激活乡村"自我造血"功能。要深刻把握粮食安全"国之大者"，守牢粮食安全基本盘，新建改造提升高标准农田0.45万亩以上，推动粮食生产向优质化、绿色化、高效化发展。要扎实推进农村一二三产融合发展，深化创建现代农业产业园，做好"新农人"和"土特产"两篇文章，建立区域特色农产品营销体系，发掘特色农产品的附加值，精心筹办首届中国家庭园艺展，全力打响"阳湖果品""滆湖鲜""夏溪花木"等"武"字号农产品品牌。要积极开展宜居宜业和美乡村建设，立足村庄肌理、现有形态，全域谋划、因村制宜、分类施策，推进集中整治片区、示范精品沿线、传统特色村落建设，优化公共活动场所、文体环卫等基础设施，推动村庄整治向功能品质提升迈进，打造一批立足武进乡土、富有地域特色、承载乡韵乡愁、体现现代文明的美丽乡村样板，明年要完成农房更新改善3500套。三要在文旅融合上塑造新格局。加强顶层设计，以产业化思路推进文旅融合，建立区级旅游服务平台和多级管理制度，积极开展文旅、体旅、农旅项目招商，一体引进品牌首店、零售总部、夜经济等项目，促进人均旅游消费、夜间消费比重、年轻客群占比等指标提升，激活文旅产业发展后劲。要拓展文旅内涵，深度融入国家大运河文化带建设，挖潜淹城片区历史底蕴，统筹谋划长沟河片区景观设计，协同推进文博街区和各类特色非遗展示馆建设，全面展现武进的历史韵味和城市品位。要打造文旅品牌，着眼群众个性化、品质化和多样性文旅需求，深化"文旅+"产业模式，重点打造西太湖—太湖湾文化产业集聚区、太湖湾文旅融合先行区，依托杨桥古村、雅浦村等原汁原味乡村生态，构建集沉浸度假、文旅休闲、田园生态于一体的复合型生态群落，展现美丽生态、美丽经济、美好生活"三美"融合的武进IP。四要在文化繁荣上描绘新图景。秉持"新城见形象、老城提品质、园区强功能"的理念，深入落实新一轮文明城市建设三年行动计划，推动"三标融合"走向"多标合一"，统筹做好城市体检、城市更新、城市精细化管理，实现人居环境和长效管理"旧貌换新颜"。要深化"书香武进"建设，实施文化惠民工程、文艺作品质量提升工程，强化对江南文化、工商文化、名人文化、红色文化的系统梳理和现代阐释，实现文化文脉与城市生活和谐相融、与高质量发展良性互动，明年武进第四图书馆建成开放，区博物馆争创国家一级馆。

4. 以可持续发展为路径，推动生态环境更加优美。深入践行习近平生态文明思想，牢固树立绿水青山就是金山银山的理念，加快建设美丽武进，全力创建国家级生态文明建设示范区。一要让绿色生态增添魅力。聚焦涉磷企业整治、污水收集处理能力提升、河道综合治理等重点任务，深入实施新一轮太湖综合治理"1+8"专项行动，全力推进一湖、一浜、一链、一网、一带"五个一"工作，确保国省考断面水质稳定达标，力争明年新改建市政污水干管5公里以上，城市生活污水集中收集处理率达到84%，农村生活污水治理率达到90%；高质量实施竺山湖清淤150万立方米，滆湖清淤500万立方米；完成滆湖水生态植被恢复1.17平方公里。要着力推进$PM_{2.5}$和臭氧浓度“双控双减”，持续推进“危污乱散低”综合治理，大力实施国土空间生态整治试点项目，加快“无废城市”建设，严格农用地、建设用地土壤污染管控，保障土壤环境安全，明年生态整治腾退土地630亩、盘活低效用地4100亩，实现亩均效益大幅提升，探索“资源优配增效、空间优化重塑”的绿色转型武进方案。要围绕中央环保督察以及省生态环保督察等交办重点问题，持续推进整改销号，确保生态环境质量只能更好、不能变坏。*二要让绿色生产全域推广。*积极稳妥推进碳达峰碳中和，加快产业结构、能源结构、交通运输结构等调整优化，促进产业绿色低碳转型，完善工业企业资源集约利用综合评价体系，强化绿色低碳技术创新和推广应用，开展重点行业绿色化、清洁化、循环化改造，持续推进工业园区提档升级，积极发展绿色低碳产业，不断培育壮大新能源汽车、分布式光伏、建筑科技等经济新增长点，持续提升发展“含绿量”。*三要让绿色生活普惠共享。*积极推动企业、机关、小区充换电设施设备建设，倡导简约适度、节俭低碳的生活方式，因地制宜建设生态绿道、口袋公园、绿化景观等，加大湿地修复力度，加快小微湿地示范点建设，持续扮靓“城在林中、路在绿中、人在景中”的绿美风貌，力争明年完成生态湿地修复500亩，林木覆盖率稳定在26.6%左右。

5. *以群众获得感为目标，推动民生事业更加厚实。*始终践行以人民为中心的发展思想，聚焦武进群众对美好生活的向往，持续增进民生福祉，努力创造更高品质生活。*一要健全就业服务体系。*深入实施就业优先战略，不断扩大就业规模和质量，持续打响“创富武进”品牌，高标准建设规范化“线上＋线下”零工市场，高水平打造集就业驿站、“家门口”就业服务站等于一体的全链条就业支持站点，分阶段、分领域、分类型推动更多劳务品牌建设，深入实施“互联网＋职业技能培训计划”，推动江苏（武进）技能人才服务产业园提档升级，加快高技能人才培养基地、实训基地、技能大师工作室等省级技能人才服务平台建设，明年采集、开发就业岗位10万个，城镇新增就业2.6万人，创业带动就业1.6万人。*二要优化公共服务供给。*以全国义务教育优质均衡区创建为契机，持续深化教育领域改革，大力推进南日中小学、西园中小学、海湖实验学校等6所学校工程建设，高质量完成礼嘉高级中学校舍改扩建工程，加快筹建省常中“两湖”校区，力争明年新增学位8190个。要持续深化卫生综合改革，扩大医防融合试点，推动优质医疗资源扩容和区域均衡布局，全面建立优质高效医疗卫生服务体系，确保明年武进人民医院南院二期项目投入运行。要全力做强基层医疗卫生机构，持续开展“优质服务基层行”活动，推进农村区域医疗卫生中心十大功能中心建设。要用心关爱“一老一小”，完善基本养老服务制度和多层次养老服务体系，深入实施医养结合机构服务质量提升行动，大力发展社区托育服务，明年新改扩建普惠托育机构2家、社区普惠托育服务设施2家，培育市级以上普惠托育机构5家以上，努力实现“老有颐养、幼有优育”。*三要兜住兜牢民生底线。*持续推进“15分钟医保服务圈”、定点单位医保服务站建设，努力实现医疗救助与基本医保、大病保险“一站式”结算。要进一步完善妇女、儿童、老年人、特困人群、残疾人关爱服务体系，全面落实城乡低保、特困人员保障标准提标政策，不断提升各项社会救助政策覆盖范围和救助力度，明年计划新建或改造保障性租赁住房2000套（间），努力绘就更有温度、更加靓丽的民生画卷。

6. *以治理现代化为保障，推动社会大局更加安定。*坚定不移贯彻总体国家安全观，全面深化平安武进、法治武进建设，加快提升区域治理体系和治理能力现代化水平，以新安全格局保障新发展格局。*一要加强民主法治建设。*坚持依法治区、依法执政、依法行政共同推进，法治武进、法治政府、法治社会一体建设，健全完善法治建设责任体系，积极开展第三批全国法治政府示范创建，持续深化镇域综合执法改革工作，强化“司法行政＋多部门多领域”联动监督模式。要着力优化公共法律服务供给，深入实施“法援惠民生”“优质公共法律进基层”等系列活动，不断完善法律援助服务体系，推进法律援助案件审查起诉阶段刑事辩护全覆盖试点。要积极构建党委统一领导、部门分工负责、全社会共同参与的“大普法”工作格局，探索建立媒体普法任务清单制度，整合各大普法新媒体平台和各类媒介，建立全域普法传播体系，推动“八五”普法规划走向深入。*二要深化社会治理创新。*践行新时代“枫桥经验”，健全完善“一站式”矛盾纠纷多元预防化解机制，深化“非诉服务”专项行动，积极打造区镇村三级联动、分层过滤的多元解纷体系，确保到2024年底，村（社区）矛调工作站实现实体化建设全覆盖，全力攻坚信访积案和群体性矛盾问题。要持续发挥“武进之治”品牌效应，推进村（社区）网格党群直通站提档升级，全面实施“个十百千万”工程，升级打造网格示范链项目3.0版，加快完善区级“一网统管”要素组建，优化城运中心流程再造，梳理建立区级特色场景建设“二零四零计划”，全面推动网格中心建设镇级全覆盖，着力实现“一心十联新机制、一网统管新格局”。要深化平安武进建设，常态化开展扫黑除恶，严厉打击电信网络诈骗等突出违法犯罪，让群众安全感更加充实、更有保障。*三要坚守安全发展底线。*以推进统筹发展与安全示范区建设为抓手，全力推动安全生产治本攻坚三年行动，紧盯危化品、城镇燃气、交通运输等重点行业领域，持续深化重大事故隐患专项排查整治、专项整治巩固提升、基础建设强化推进行动成效，进一步增强应急救援和防灾减灾能力，加快建立大安全大应急框架，完善公共安全体系，推动公共安全治理模式向事前预防转型，坚决防范遏制重特大事故发生，全面提升本质安全水平。要积极防范化解食品药品、金融、房地产、政府性债务、大型企业债务、非法集资等领域风险隐患，扎实做好应急物资储备、防灾减灾等工作，健全突发公共事件预警管理制度，坚决防止各类“黑天鹅”“灰犀牛”事件发生。

四、在全面从严治党中砥砺初心，凝聚团结奋进力量

把推进中国式现代化作为最大的政治，必须坚持党的统一领导。我们要始终保持“赶考”的清醒和定力，以走在前、做示范的担当作为，纵深推进全面从严治党，不断增强党的政治领导力、思想引领力、群众组织力、社会号召力，把中国式现代化宏伟蓝图一步步变成美好现实。

1. *要锤炼党性铸忠诚。*习近平总书记强调，对党忠诚，是共产党人首要的政治品质。要坚持不懈用习近平新时代中国特色社会主义思想凝心铸魂，坚定拥护“两个确立”、坚决做到“两个维护”，坚决推动习近平总书记重要指示批示精神和党中央重大决策部署在武进落地生根、开花结果。要认真总结主题教育的成功经验，建立常态化、长效化制度机制，不断巩固拓展学习教育成果。要持续擦亮党委（党组）理论学习中心组省级示范名片，扎实推进“听吾说”理论品牌塑造，引导党员干部更好地将党的创新理论转化为坚定的理想信念、正确的政治立场、科学的思维方式和有效的政策举措。要与时俱进做好新形势下意识形态工作，加强社科理论、新闻传播、网络信息安全建设管理，坚决防范化解重大舆论和意识形态事件风险，不断巩固壮大奋进新时代的主流思想舆论。

2. *要建强队伍固根本*。党的力量来自组织，党的全面领导、党的全部工作要靠党的坚强组织体系去实现。要坚持把抓基层打基础作为长远之计和固本之举，纵深推进基层党建提质增效五大工程，充分发挥“一枢纽两学院三中心”政治引领、党员教育、载体赋能作用，以党建助推乡村振兴、引领基层治理、赋能新兴领域，以“红色引擎”驱动产业强链补链延链，切实把党的政治优势、组织优势转化为发展优势、制胜优势。要坚持正确选人用人导向，持续完善年轻干部选拔培育机制，全面加强干部队伍思想淬炼、政治历练、实践锻炼、专业训练，推动各级干部牢固树立和践行正确政绩观，不断提升领导班子和干部队伍建设水平。要突出抓好考核机制“指挥棒”，创新延伸“三项机制”运用，做到工作上支持、待遇上保障、身心上关怀，旗帜鲜明地为真抓实干的干部撑腰鼓劲。

3. *要正风肃纪树形象*。党风政风关系人心向背，关系党的生死存亡，关系党和国家事业的兴衰成败。要坚持把加强纪律建设作为全面从严治党的治本之策，始终把严明政治纪律、政治规矩摆在首位，把全面从严治党“两个责任”扛在肩上。要一着不让加强作风建设，精准运用监督执纪“四种形态”，切实强化纪律教育和警示教育，驰而不息纠“四风”、树新风。要始终保持高压惩腐态势，坚持以“全周期管理”方式一体推进不敢腐、不能腐、不想腐，为实现风清气正的良好政治生态提供坚强纪律保证。要紧盯“一把手”和基层领导班子，聚焦“关键领域”，管住“关键少数”，形成知责明责、履责尽责、督责问责的工作闭环。要扎实做好巡视“后半篇”文章，坚持对标对表、从严从实抓好巡视反馈问题整改，努力把巡视整改成果转化为推动高质量发展新成效。

4. *要民主团结增合力*。人心是最大的政治，共识是奋进的动力。要充分发挥区委牵头抓总、协调各方的领导核心作用，支持人大及其常委会依法加强法律监督和工作监督，支持政协发挥协商民主重要渠道和专门机构作用，更好地协调关系、服务大局。要全力做好统战群团工作，不断巩固和壮大新时期爱国统一战线，以“梧桐同心 2.0”品牌为载体，充分发挥各民主党派、工商联和无党派人士的参政议政作用，以及工会、共青团、妇联等群团组织的桥梁纽带作用，统筹做好民族、宗教、港澳台、侨务、新阶层等工作，推动军民融合深度发展，汇聚起推进改革发展、维护和谐稳定、全面建设社会主义现代化的磅礴力量。

同志们，击鼓催征稳驭舟，奋楫扬帆启新程。让我们更加紧密地团结在以习近平同志为核心的党中央周围，坚持以习近平新时代中国特色社会主义思想为指导，在省委、市委的坚强领导下，开拓创新、锐意进取，团结拼搏、攻坚克难，以高质量发展的过硬成果为常州“万亿之城再出发”贡献武进力量！

政府工作报告

——在常州市武进区第十七届人民代表大会
第三次会议上
区长　恽淇丞
（2024 年 1 月 4 日）

2023 年工作回顾

刚刚过去的 2023 年，是全面贯彻党的二十大精神的开局之年，是三年新冠疫情防控转段后经济恢复发展的一年，也是武进奋勇争先、再创佳绩的一年。一年来，我们坚持以习近平新时代中国特色社会主义思想为指导，以习近平总书记对江苏工作重要讲话重要指示精神为遵循，在区委坚强领导下，与全区人民并肩同行、与广大企业家携手共进，深入贯彻“532”发展战略，聚焦新能源之都及“两湖”创新区建设，经济社会各领域取得了崭新的成绩，在推进中国式现代化武进实践的征程中迈出了坚实的一步，为常州高质量迈入 GDP 万亿之城提供了有力的支撑。预计完成地区生产总值 3240 亿元、一般公共预算收入 216.2 亿元，居民人均可支配收入增长 5.5%。武进位居全国综合实力百强区第三，荣获投资潜力、科技创新、绿色发展、新型城镇化质量百强区四项第一。常州经开区荣登 2023 中国省级开发区高质量发展百强榜首位。

一年来，我们坚定不移、全力以赴强产业，发展根基持续加固。工业经济量质齐升。“95X”现代产业体系加快构建，规上工业产值突破 5800 亿元。传统产业底盘稳固。高端装备、绿色精品钢等产业稳中向好，瑞声、国茂、新誉、今创、柳工等龙头企业支撑有力。战略性新兴产业逐步壮大。新能源汽车及零部件产业加速崛起，产值规模首破千亿、达 1600 亿元，整车产量超 36 万辆、占全省产量近 40%。集成电路产业蓄势发力，龙城芯谷启动建设，承芯半导体、纵慧芯光等重点企业质态良好。医疗健康、机器人、新型碳材料稳步发展。未来产业持续布局。常州氢湾、合成生物创新产业园相继起航。项目工作再获突破。签约理想汽车三基地、普罗吉创新生物医药、屹创新型储能 3 个百亿项目，引进 1 亿元以上项目 110 个、总投资超 900 亿元。省市重大项目入库、开工数均居全市第一。太阳诱电一期、移远通信制造基地、豪森润博智能装备等一批重大项目投产。企业发展亮点纷呈。恒立液压创成全区首家国家级智能制造示范工厂，东方特钢入选全国 5G 工厂，35 家企业获评国家级专精特新“小巨人”，创历史新高，11 家企业上市挂牌。现代服务业不断提质。常发农业、万帮数字能源获国家级工业设计中心认定、实现该领域零的突破，中天钢铁、晶雪节能获评国家级服务型制造示范企业。现代农业加快发展。建设改造高标准农田 2.23 万亩，14 个水稻新品种通过省级以上审定，立华股份“华东优质禽育种实验室”创成农业农村部企业重点实验室，中国花卉协会家庭园艺分会落户武进。

一年来，我们步履坚实、蓄势提能促创新，转型动能更加强劲。平台“矩阵”持续壮大。南京大学未来技术创新研究

院建成启用，南京医科大学常州校区、江苏理工学院新校区顺利推进，宽禁带半导体国家工程中心常州分中心开工建设。重点园区支撑有力。中以常州创新园获批省级功能园区，入选全省国际合作园区发展案例，创新港二期主体封顶，广以常州研究院、跨境技术交易平台高点建设。武进国家高新区创成国家级绿色园区，工业协作机器人产业跻身省级中小企业特色产业集群，理想汽车零部件产业园加快建设，芯砺车载中央计算平台芯片等重大项目落户。西太湖科技产业园获评全省唯一“全国工商联民营科技企业创新园区”，“一高四新”产业体系加快构建，常州细胞港、氢湾国际创新社区一期等有序建设。绿建区获评联合国工业发展组织生态设计理念应用项目试点，创成省级绿色生态城区高品质建设示范区。创新主体动能充沛。新认定独角兽及潜在独角兽企业11家、省级瞪羚企业43家，净增高新技术企业382家、总数突破1800家。万人有效发明专利达84.8件，连续三年获省政府知识产权工作督查激励。引才聚才成效显著。引进各类人才3.66万人，新增国家级博士后科研工作站3家、国家级人才17人，建成人才公寓1.6万套。青年发展型县域建设试点纵深推进。武进创成全国科普示范区。

一年来，我们敢闯敢试、善作善成抓改革，内生动力加速释放。营商环境持续优化。“A武进”品牌正式发布，3批优化营商环境举措高效落实，“拿地即开工”“信用承诺容缺受理”等工作拓面推进，“信用＋审批”获评全国“新华信用杯”优秀案例，“一企来”微信小程序入选中国优化营商环境十佳创新案例。农村改革蹄疾步稳。入选新一轮农村集体经营性建设用地入市试点和省级农村综合性改革试点试验，高标准完成宅基地制度改革五项国家重点任务。要素配置不断增效。紧扣“4个5000亩”，完成低效工业用地再开发1.18万亩，盘活更新产业用地5028亩。金融工作成效显著。本外币各项贷款余额增长15%，全省首单“央地合作”增信债券成功发行，领航保Ⅲ和Ⅳ、外贸护航保等相继推出。基金运作更加高效。区产业投资基金加速壮大，新参股基金8只、规模达300亿元，跻身清科、投中等权威榜单全国引导基金前列，3只QFLP基金落地。对外开放稳步深化。武进（上海）国际创新中心启用，引进BHS造纸机械等71个外资项目，完成进出口总额978亿元。国企三年改革圆满收官，国有企业积极参与城市发展各项工作。

一年来，我们高位统筹、加压奋进优生态，环境质量稳步向好。太湖治理“一号工程”大力推进。坚持“1+8+5”治理体系，启动新一轮太湖综合治理三年行动，相关工作获央视《新闻联播》报道，太湖湖心区首次达到Ⅲ类水标准。洮滆片区（武进）水环境综合整治一期完工，滆湖退田还湖二期稳步推进，实施太湖清淤150万立方米、滆湖清淤500万立方米。支流支浜治理有序开展，新沟河武进段、新孟河漕桥河武进段获评全省幸福河道建设示范样板。武南二厂中水回用工程、武高新污水处理（一期）投用，阳湖生态净水厂、滨湖污水处理（二期）加快建设。完成池塘标准化改造1.2万亩。生态绿城加速呈现。生态廊道等11项工程顺利完成，南夏墅街道创成省级生态文明示范街道。绿色转型高效推进。“危污乱散低”综合治理有序开展，玻璃钢、铸造等重点行业整治稳步实施，新增国家级绿色工厂6家、绿色供应链7家，入围全省绿色制造典型地区。完成中央和省级环保督察反馈问题整改工作。

一年来，我们驰而不息、精益求精提品质，城乡面貌绽放新姿。“两湖”核心区呈现新气象。苏澳大厦开工，江南银行总部大楼签约，西太湖外国语学校等项目投用，医药国际创新中心顺利推进。交通枢纽功能实现新突破。沪宁沿江高铁开通，武进站综合交通枢纽投用，武进迈入高铁时代。地铁5号线武进先导段开工，花海大道（南沿江城铁段）交工验收，常州南站、常泰铁路等前期工作稳步推进。城市更新取得新进展。长沟河片区整体规划及重点项目设计加快推进，徐湖滨公园建成投用，“长沟流樱、文脉诗心”愿景逐步呈现。菜市场改造提升三年行动顺利完成，空中线缆等重点攻坚行动有效开展，新增公共停车位超2300个、口袋公园8个。乡村振兴收获新成果。创成“四好农村路”全国示范县，入选省农村物流达标县、省数字乡村特色试点地区，环太湖公路获评全国“十大最美农村路”。礼嘉镇何墅村、横山桥镇五一村获评全国乡村治理示范村，雪堰镇入围全省生态宜居美丽示范镇，创成6个省级乡村振兴示范村、3个省级特色田园乡村，建成现代宜居农房4210户。

一年来，我们躬身力行、笃行不怠惠民生，民生福祉可及可享。积极回应群众关切，民生实事项目全面完成。社会保障稳步夯实。新增城镇就业4.4万人，完成公积金扩面5.2万人，落实慈善救助、公益事业补助金9000万元。公共服务扩容提质。新增学位近2.3万个，5项教学成果获基础教育国家级教学成果奖、数量居全省前列，获评全省职业教育改革发展成效明显地区，前黄高级中学通过省高品质示范高中验收。武进中医医院通过“三甲”创建评估，武进人民医院南院二期主体封顶，雪堰镇、西湖街道创成“15分钟医保服务圈”省级示范，在全省率先开展医防融合探索。困难老人家庭适老化改造、养老助餐、困境儿童帮扶等有效开展，新增2个全国示范性老年友好社区、3家国家级普惠托育机构。第三图书馆投用，3家单位获评江苏最美公共文化空间，“馆校共建”工作入选省公共文化服务十佳案例，太湖湾露营谷创成省体旅融合发展示范基地，春秋淹城旅游区入选省文旅消费人气目的地。社会治理更加高效。重点行业领域安全风险专项整治巩固提升年、基础建设强化推进年行动扎实开展，安全生产事故起数和死亡人数分别下降51.5%、25%。食品安全形势稳定，通过省级食品安全示范区创建现场复核。信访问题源头治理三年攻坚有效开展，一批重点积案得以化解。城运中心正式启用，区镇两级矛调中心有序建设。“平安武进”“法治武进”建设高效推进。第十一批援疆工作全面启动。退役军人事务、机关事务管理、工会、妇女儿童、关心下一代、红十字、残疾人、档案、地方志等工作取得新的进展。

一年来，常州经开区发展迈上新的台阶。围绕“勇当先行奋进年”主题，推动经济社会各项事业稳步前行。产业转型纵深推进，“四特三新三潜”产业体系加速构建，轨道交通产业园创成省现代服务业高质量发展集聚示范区。项目攻坚连续突破，长海二期、中车产教融合基地等项目顺利开工。园区更新全面提速，数字经济产业园一期、东方三新产业科创园等园区建成投运。中心城区建设全面发力，文化活动中心正式投运，常青里文化旅游街区主体完工，中天、江南等总部大厦高标准推进，3平方公里商务区加快落地，312国道、232省道快速路工程正式开工，4个农民自建区项目启动建设。大运河工业遗产峰会、锡剧发展大会等活动高水平举办。

一年中，我们更加重视政府自身建设，努力建设适应时势之变、回应发展之问、顺应群众之需的人民政府。我们坚持把政治建设摆在首位，扎实开展主题教育，以最坚定立场、最鲜明态度，推动党的决策部署高质量落地。我们坚持依法行政、阳光用权，持续推动法治政府建设，深化行政执法体制改革，严格落实重大行政决策程序，实施审计项目21个，有序推进“五经普”工作，高质量办结人大代表建议134件、政协提案207件，主动公开政府信息3378条。我们坚持勤俭务实、节用裕民，严控一般性支出和“三公”经费，把更多财力用到民生上。

各位代表，回望2023年，我们一路栉风沐雨，一路勤耕不辍，有爬坡之艰，有闯关之难，收获丰硕成果，再添城市新彩！成绩的取得，离不开习近平新时代中国特色社会主义思想的科学指引，离不开上级党委、政府和区委的正确领导，离不开人大、政协的监督支持和社会各界的共同努力，更离不开每一位武进人的拼搏奋斗。在此，我代表区人民政府，向全区人民致敬！向给予政府工作大力支持的人大代表、政协委员和离退休老同志，向各民主党派、人民团体和各界人士，向各驻武单位同志、海内外朋友，致以崇高的敬意和衷心的感谢！

肯定成绩的同时，我们也清醒地看到，武进发展还面临诸多困难和制约：以科技创新引领现代化产业体系建设还要进一步加快，传统产业转型任重道远，战略性新兴产业和未来产业布局仍需加力；承载高质量发展的城市能级还要进一步提升，空间布局、功能品质等方面仍有短板，对于高端要素的吸引力有待彰显；保障高质量发展的治理体系还要进一步优化，部分领域风险隐患依然突出；推动高质量发展的干部队伍建设还要进一步强化，少数干部的思维理念、专业素养和担当意识不能完全适应新形势新要求。对此，我们必须高度重视，加快解决。

2024年工作安排

伴随常州高质量迈入万亿之城，城市能级完成历史性一跃。武进发展走到关键节点、迎来重大机遇。我们有责任把机遇转化为发展的势能、把势能落地为实在的业绩，在全新起点加速奔跑，在更大平台勇攀新高，在武进发展历史上留下属于我们的厚重一笔！我们将持续提振在全市挑大梁、在全省做示范、在全国走在前的争先之志。传承阳湖精神、提振大干之志，知重负重、担责尽责，能快则快、多作贡献，让敢于担当、善于破局成为政府工作鲜明标识，厚植发展优势，制胜区域竞争。我们将更加突出产业强区、创新驱动、绿色转型的发展导向。坚定不移打产业牌、走创新路、补生态账，持之以恒提升产业竞争力、城市创新力、生态治理力，以产业固根本、以创新向未来、以绿色得永续。我们将匠心塑造精品城区、精美乡村、精管善治的城市格局。坚持空间、规模、产业三大结构同步优化，规划、建设、治理三大环节协同发力，生产、生活、生态三大布局高效统筹，以高能级城市支撑高质量发展、创造高品质生活。我们将牢固树立根植于民、依靠人民、履职为民的价值追求。始终同人民群众站在一起、想在一起、干在一起，以人民诉求标定工作方向，以群众评价检验工作成效，办实每件事、赢得万人心。

2024年是中华人民共和国成立75周年，是全面完成“十四五”规划目标任务的关键一年，是常州万亿之城再出发的第一年，也是武进加快推进现代化强区建设的攻坚突破之年。今年政府工作指导思想是：以习近平新时代中国特色社会主义思想为指导，全面贯彻党的二十大精神和习近平总书记对江苏工作重要讲话重要指示精神，坚持稳中求进工作总基调，完整准确全面贯彻新发展理念，聚焦“532”发展战略，围绕在“万亿之城再出发”中提升贡献度、在新能源之都建设中扩大首位度、在“两湖”创新区发展中干出显示度“三大任务”，坚持以科技创新引领现代化产业体系建设，系统推进城乡建设、生态治理、民生改善等各项工作，奋力推进中国式现代化武进新实践。支持常州经开区创建国家级经济技术开发区。

综合考虑各方面因素，经济社会发展主要预期目标为：地区生产总值增长6%以上，一般公共预算收入增长6%左右，规上工业增加值增长7%，固定资产投资增长6%左右，社会消费品零售总额增长6%左右，居民人均可支配收入增长高于地区生产总值增幅，安全生产形势稳定向好，外资、外贸稳中提质，能耗和环境指标完成上级下达任务。实际工作中，我们将努力争取更好结果。

重点做好六方面工作：

一、坚定不移深化产业转型，让“智造”名片更加闪亮

牢牢把握产业这一发展命脉，坚持走工业立区、产业强区之路，持续推动产业结构向新处布局、向高处攀登、向深处拓展、向前端延伸，构建面向未来的现代化产业体系。

聚力强链补链延链，优化产业体系。推进传统产业强链、新兴产业拓链、未来产业建链，持续优化“95X”现代产业体系。稳住传统产业基本盘。坚持“强龙头、稳链条、促转型”，深入推进传统优势产业升级，加快向价值链高端迈进。乘势做强战略性新兴产业。推动新能源汽车及零部件产业建圈补链、生态优化，全力保障理想汽车重大项目及相关配套建设，支持理想扩产能、提效益，强化关键零部件项目招引，以整车带动零部件集聚、以零部件支撑整车生产，打造国内领先、国际一流的产业集群。加快集成电路产业布局，聚焦化合物半导体、车规级芯片等领域，建好用好龙城芯谷、宽禁带半导体国家工程中心常州分中心，支持承芯半导体、纵慧芯光等加速发展。壮大机器人产业规模，加快高端整机项目招引，着力补齐核心零部件短板。稳步提升医疗健康、新型碳材料等产业竞争力。推动未来产业蓄势突围。拓展氢能、合成生物等领域布局，推动普罗吉等重大项目落地，发挥常州氢湾、合成生物创新产业园等载体作用，培育创新策源、转化孵化、应用牵引的产业链条。扎实推进“智改数转网联”。优化普惠性上云、用数、赋智服务，加快工业互联网建设，新增省级以上智能制造示范工厂（车间）超8家。提档升级现代服务业。壮大信息技术、研发设计、检验检测、节能环保等生产性服务业，提升现代商贸、文化旅游、健康养老等生活性服务业，更好满足产业升级和居民消费需要。

坚持高质高效高新，攻坚产业项目。牢固树立“项目为王”理念，聚焦重点产业赛道，健全“大招商”机制，统筹开展产业链招商、基金招商、科技招商、平台招商，引进一批具有支撑性和牵引性的重大项目，集聚一大批掌握关键核心技术和自主创新能力的“小而优”“小而美”“小而强”项目。招引总投资100亿元或10亿美元项目2个以上、30亿元或3亿美元项目6个以上、10亿元或1亿美元项目18个以上，新增外资项目76个以上。进一步提升项目“招推服”效能，完善项目审批“一件事”全链条服务体系，常态落实信用承诺预审、“拿地即开工”等举措，深化“用地清单制”改革。强化重大项目空间保障能力，坚决打好低效工业用地腾退攻坚战，改造低效工业区块24个。

瞄准最高最优最好，优化营商环境。全力打造市场化法治化国际化一流营商环境标杆城市，滚动推出优化营商环境举措，不断彰显“A武进”品牌内涵。深化“一网通办”“跨省通办”，强化审批监管执法联动，高质量推进“一件事一次办”改革，实现流程更优化、程序更简便、办事更便捷。优化惠企政策“直达快享、非申即享”实现路径，完善“管家式”企业信用修复服务体系。加快内外贸一体化服务体系建设，落实外资企业国民待遇，加快补足跨境电商产业链上下游环节，优化涉外法律服务，更大力度支持企业拓市场、抢订单。

二、全面系统优化创新生态，让发展动能加速转换

把创新作为引领发展的第一动力，构建支持全面创新的生态体系，激活创新强引擎，开辟发展新空间。

全方位激活创新主体。优化科技型企业全周期成长路径，形成以领军型企业为龙头、高新技术企业为骨干、科技型中小企业为主体的创新集群，净增高新技术企业300家以上、力争有效高企数量突破2100家。引导广大中小企业走专精特新道路，在产业链创新链关键环节“卡位入链”，确保各级专精特新企业新增数量保持全市首位。支持引导企业与高校院所、科研机构组建创新联合体，面向新能源、集成电路、智能网联汽车等领域，强化前沿技术研发和应用推广，力争在更多重点领域、关键环节实现自主可控，组织重大技术攻关项目8个以上。

全域化做强创新园区。激活园区内生动力和辐射能力，为全域创新提供有力支撑。中以常州创新园加快基础设施建设，加速构建核心区“一轴三线”框架，发力双创载体建设、国际资源导入、标杆项目引进等工作，争创国家级改革试点，打造更有影响力的开放创新示范园区。武进国家高新区做强新能源汽车及零部件产业链，做大机器人产业规模，强化集成电路技术攻坚及成果转化，提档国家骨科与运动康复产业常州创新中心等平台，当好产业发展及科技创新排头兵。西太湖科技产业园深耕“一高四新”产业领域，构建“一谷一港一湾一岛”平台体系，布局建设高端教育、医疗、商贸、文体等城市配套项目，加快打造产业新地标、城市新中心。绿建区紧扣“绿色建筑+”发展方式，做强中欧（常州）绿色创新园、长三角碳管理体系研究院，放大在建筑科技、国际合作等方面带动作用。津通工业园、工研荟、湖塘科技产业园等特色园区持续优化运营模式，加大资源集聚力度。加快建设龙城芯谷、长三角青年创新创业港。

全要素健全创新体系。坚持“一个重点产业、一系列科创平台、一揽子人才政策、一套金融产品、一批产业合作基金”思路，推动产业链创新链人才链资金链深度融合，打造最优创新生态。强化平台支撑，加快南京大学未来技术创新研究院、南京医科大学常州校区、江苏理工学院新校区等院校建设，发挥细胞治疗研究院等平台作用，推动氢能装备产品检验检测中心创建国家级平台。提升人才引力，深化全国青年发展型县域试点，构建人才友好发展生态，新增领军型创新创业人才130人以上。畅通金融服务实体、赋能创新渠道，高新技术企业贷款增速保持在12%以上，新增上市挂牌企业10家以上，争创全省首批上市公司高质量发展示范区。放大产业基金“支点”作用，深化投招联动，拓展“基金＋基地－城市”实践，引导更多资本流向新赛道新领域，链接更多资源赋能创新转型。

三、更强担当扛起生态重任，让美丽武进加快呈现

统筹高水平保护和高质量发展，全力攻坚水环境治理，协同推进污染防治和绿色转型，积极创建国家级生态文明示范区，绘就美丽武进新画卷。

唱响新时代“太湖美”。坚持“1+8+5”治理路径，推动水环境质量实质性好转，以两年苦干、让碧水再现。突出“一湖一浜一链一网一带”五个一治理重点。“一湖”即滆湖治理，推进太湖新一轮生态清淤二期、滆湖生态清淤及修复二期三期项目，完成滆湖近岸带武高新、嘉泽片区生态修复，实施国家级水系连通及水美乡村建设县项目。“一浜”即支流支浜治理，逐条制定水质长效达标方案，完成洮滆片区（武进）水环境综合整治二期工程。“一链”即湿地链建设，建立环滆湖生态湿地链，实施湖心区湿地等3个项目、修复生态湿地3700亩以上，推进6个城区湿地、10个乡村湿地项目。“一网”即污水管网建管，健全城乡污水收集处理“五个统一”工作机制，确保城乡污水收集处理率持续提升。“一带”即农业绿色发展示范带建设，开展太湖一二级保护区、环滆湖及主要入湖河道周边农业面源污染治理，系统推进池塘标准化改造、农田排灌系统生态化改造等工作。

打赢污染防治攻坚战。持续改善大气质量，强化挥发性有机物、工地扬尘等重点污染源管控，实现$PM_{2.5}$和臭氧浓度“双控双减”。加快生态基础设施建设，提升污染治理能力，基本建成滨湖污水处理厂二期、武南路调度管网，加快阳湖生态净水厂及人民路、火炬路调度管网前期建设，实施老旧管网排查修复50公里以上。深化“无废城市”建设，压降一般工业固废、危废产生强度，加快推进生活废弃物收运处置一体化项目，提升固体废物安全处置和综合利用水平。做好各级生态环保督察反馈问题整改工作。

走好绿色低碳转型路。落实能耗强度约束性指标要求，遏制“两高一低”项目盲目发展。继续推进“危污乱散低”综合治理，加快表面处理中心建设，深化涂料等重点行业整治。发挥智能微电网产业联盟引领示范作用，开展“光储充售”智能微网先行先试和商业模式推广，探索建设（近）零碳工业园，培育绿色制造示范企业，新增省级以上绿色工厂6家。探索生态保护补偿、生态产品价值实现机制，提高点“绿”成“金”、增值变现水平。倡导绿色低碳生活方式，扩大出租、环卫等公共领域新能源汽车应用规模，新建公用充电桩1000个以上。

四、久久为功统筹城乡建设，让城市能级稳步提升

把握“两湖”创新区纵深推进机遇，统筹新城崛起与老城更新、现代都市与和美乡村、精品化建设与精细化治理，驶上城市品质攀升、能级跃升“快车道”。

打造拥湖发展新标杆。立足“城市新中心”定位，加快完善“两湖”创新区核心区整体形态，提速总部经济区、能源中心、常州南站商务区等重点区块规划建设。优化外快内畅交通网络，深化常州南站枢纽、常泰高速规划研究，开工建设“四高两铁一河”项目，加快推进地铁5号线、腾龙大道智慧快速路、中吴大道西延、花海大道、前寨路、武南路东延及朝阳路南延等交通工程。丰富城市功能配套，及早建成中央公园一期、环城公园示范段，加快推进苏澳大厦、江南银行总部大厦、华师大附属西太湖学校等重点工程，推动更多优质教育、文化、医疗等资源向“两湖”核心区布局。

*塑造品质城区新格局。*以高水平规划引领城市建设，完成区级国土空间规划报批工作。加快重点片区更新步伐，大力推进长沟河景观打造，提速建设儿童体育公园、儿童艺术中心、科技馆等重点项目，打造“儿童友好、生态友好”城区新地标。加快江理工等片区建设，探索推进“城中村”改造。提升城市安居水平，完成老旧小区天然气立管改造124公里以上、既有住宅电梯加装14台以上，新增公共停车泊位2500个以上。提升城区环境面貌，建成美丽街区4个以上、城市公园9个以上。全面推进新一轮文明城市创建，持续深化精细治理，纵深推进背街小巷、菜市场周边等重点领域攻坚。

*谱写乡村振兴新篇章。*集成推进农村改革。深入开展集体经营性建设用地入市试点、农房集中更新等工作，积极推进省级农村综合性改革试点试验。高效发展现代农业。加快滨湖现代农业产业园等园区建设，积极创建省级现代农业产业高质量发展示范园，完成耕地和永久基本农田核实处置5000亩以上，扛牢粮食安全政治责任。统筹建设宜居农村。加快打造立足乡土、富有特色、承载乡愁、体现现代文明的美丽乡村“武进样板”，创建省级特色田园乡村3个以上、省级绿美村庄8个以上、农村人居环境整治达标村庄90个以上，创建省农村人居环境整治提升示范区。稳步推进“两湖”创新区北部片区、雪堰镇新康楼村片区更新。持续拓宽增收路径。学习运用“千万工程”经验，探索“飞地抱团”“强村公司”等模式，增强村集体经济发展动能。

五、毫不动摇站稳人民立场，让幸福指数持续攀升

坚持心向人民、依靠人民、造福人民，推动更多政策向民生倾斜、更多财力向民生集中、更多精力向民生聚焦，让人民群众看到变化、见到实效，让人民生活更有品质、更加幸福。

*推动社会保障更加公平、更可持续。*突出就业优先导向。打造集就业驿站、技能人才公寓、零工市场、“家门口”就业服务站于一体的公共就业服务体系，采集开发就业岗位10万个以上、职业技能培训惠及3.5万人次以上，推动江苏（武进）技能人才服务产业园创建国家级技能人才实训基地。兜牢社会保障底线。发展多层次多支柱养老保险体系，开展灵活就业人员参加住房公积金制度试点，完成公积金扩面5万人以上。优化“一老一幼”服务体系。深化医养融合改革，建设农村养老睦邻点13个以上、老年助餐点12个以上，升级镇（街道）综合性养老服务中心5家以上，完成困难老人家庭适老化改造400户以上。深化困境儿童“主动发现”机制，推进省“苏童成长”协同关爱机制建设试点工作，创建省级普惠托育机构4家以上。

*推动公共服务更加优质、更为均衡。*提升教育发展水平。扩容教育资源，建成西园路中小学、南田路中小学等教育项目。以创建全国义务教育优质均衡区为引领，深化教育教学改革，新增省市优质幼儿园7所以上、市新优质学校7所以上。优化医疗卫生服务。建成武进人民医院南院二期，深化县域医共体改革和医防融合探索，全面落实跨省异地就医直接结算政策，新增农村区域性医疗卫生中心功能中心5个以上。加快文旅深度融合。持续提档太湖湾、春秋淹城等旅游板块，精心打造太湖湾音乐节、西太湖马拉松等品牌，建成第四图书馆，稳步推进淹城文博区建设，推动文旅资源串珠成链、文旅产品提档升级、文旅业态丰富多彩。

*推动社会治理更加高效、更现代化。*毫不松懈抓好安全生产，加快安全生产治理模式向事前预防转型，加强基层应急管理体系和能力建设，进一步压降安全生产事故起数和死亡人数。深化道路交通安全特别是农村道路交通安全治理，守护群众出行安全。压实“两个责任”，巩固食品安全良好形势。强化政府性债务和平台经营性债务管控，守住不发生区域性金融风险底线。开展重点领域信访问题专项攻坚，维护社会和谐稳定。常态化推进扫黑除恶，严厉打击治理电信网络诈骗等新型违法犯罪，深入推进“平安武进”“法治武进”建设。加快矛调中心建设，打造区镇村联动、分层过滤的纠纷调解体系。推动城运中心流程再造，完善“一网统管”要素组建，构建“一心十联”新机制、“一网统管”新格局。

六、持之以恒强化自身建设，让实干担当蔚然成风

大道之行，始于足下，成于实干。我们将坚决落实习近平总书记关于“不折不扣抓落实、雷厉风行抓落实、求真务实抓落实、敢为善为抓落实”的要求，扛起重担重责，干出实绩实效。

*突出政治建设，坚定对党忠诚之心。*坚持用习近平新时代中国特色社会主义思想凝心铸魂，巩固深化主题教育成果，坚定捍卫“两个确立”、坚决做到“两个维护”，不断提高政治判断力、政治领悟力、政治执行力。时刻牢记“党委定方向、政府抓落实”，自觉在全局中谋划工作、在大局下推动工作，全面贯彻落实上级党委政府和区委决策部署。

*突出效能建设，弘扬务实高效之风。*增强识变之智、应变之方、求变之勇，在多重目标中强统筹、在多重考验前善突围、在多重约束下敢破局。健全重点工作“攻坚专班制、任务清单制、责任闭环制”的推进机制，拿出“事事落实到位”的执行力，确保工作定一件、干一件、成一件，以高效率换取高效益、以快节奏赢得快发展。

*突出作风建设，绷紧清正廉洁之弦。*加强重点领域、关键环节、重要岗位廉政风险防控，切实强化政府系统“一把手”和领导班子监管。深化法治政府建设，用法治给行政权力定规矩、划界限。落实“习惯过紧日子”要求，加强预算约束和绩效管理，提升行政事业单位资产管理效能。强化财政监管、审计监督，让权力始终在阳光下运行。

各位代表，潮头登高再击桨，无边胜景在前头！我们相信，武进人民敢闯敢干，武进干部能拼能胜，武进未来可期可成！让我们更加紧密地团结在以习近平同志为核心的党中央周围，在区委坚强领导下，坚定信心、同心同德，勇担使命、勇毅前行，全力开辟武进高质量发展新境界，奋力推进中国式现代化武进新实践！

文件选录

武进区关于加快打造新能源之都首位区的实施意见

武办发〔2023〕7号

为更好贯彻落实《江苏省碳达峰实施方案》和常州市《关于加快新能源之都建设的实施意见》，提前布局“碳中和”战略决策，推进我区新能源产业升级，围绕绿色化、数字化、生态化，优化电力能源的生产、储存、输送、使用等各环节，打造新能源“发、储、送、用”新装备、新产品、新业务、新模式、新基地，把武进建设成常州新能源之都首位区，提出如下实施意见。

一、总体要求

以习近平新时代中国特色社会主义思想为指导，全面贯彻党的二十大精神，坚定不移落实新发展理念，围绕“532”发展战略，聚焦“95X”产业体系，以做强现有优势产业、打造未来支柱产业、引导创新模式应用为引领，高质量推进太阳能光伏、动力及储能电池、新型电力装备以及智电汽车等产业链的优化转型，高效率打造新能源“发、储、送、用”各环节融合发展的创新业务模式，实现全社会各领域新能源应用渗透率在全国领先，将新能源之都首位区建设融入“两湖创新区”及核心区建设大局，将武进打造成绿色低碳可持续的“最美湖湾城”。

二、发展原则

全面融入全市新能源之都建设工作大局，坚持以产为先，壮大构筑布局完整、优势集聚、配套成熟的地标产业；坚持重点突破，培育技术完备、产品领先、带动明显的龙头企业；坚持优势互补，建设合理布局、多域联动、区域协调的特色基地；坚持基建带动，打造特色明显、功能完善、价值驱动的场景模式。

三、建设目标

武进建设全市新能源之都首位区，分两步实施。

到2025年，产业规模超3000亿元，资本市场新能源武进板块市值超3000亿元，形成1个1500亿元以上、1个500亿元以上，空间高度集聚、上下游紧密协同、供应链集约高效的优势产业链。到2025年，累计招引30个新能源产业重大项目，引进领军型创新创业人才项目30个、高层次人才团队3个，新增授权发明专利700件以上，实施技改投资超3000万元项目150个，力争创成1个国家级创新载体，高质量打造5家境内外上市企业，培育5家百亿企业和20家具有产业链关键环节掌控力的国家制造业单项冠军和国家级专精特新“小巨人”企业，推广“光储充售”一体化新模式试点场景100个以上。能源生产布局持续优化，智电汽车渗透率显著提升，建成省级数字能源信息技术创新应用先导区1个，建成长三角区域领先的氢能装备及核心零部件研发与制造基地1个，将武进打造成全国知名的智电汽车及核心零部件生产基地，全球领先的动力及储能电池生产装备制造基地，全球首创的“光储发售充”数字能源管理生态应用基地，初步建成全市新能源之都首位区。

到2035年，产业规模在2025年的基础上再翻一番，“发、储、送、用”四大环节实现深层次、高浓度的融合发展，新能源在生产、生活中的渗透率处于全国领先地位，基本形成以龙头项目为引领，技术体系、功能体系、应用体系为支撑的新能源生态系统，建成产业融合度高，基础设施完善的新能源之都首位区，创成具有代表性的常州“新能源之都”地标展示窗口。

四、主要任务

（一）布局地标产业，创造发展新优势。

1. 打造优势产业链条。聚焦新能源“发、储、送、用”各领域核心产业链，着力锻造长板，补齐短板，聚焦“强链、补链、延链”，推动智能化改造和数字化转型，鼓励专精特新发展，开展产业链精准招商，不断提升产业链供应链现代化水平和抗风险能力，每年引进或实施10个以上新能源领域重大项目，到2025年，打造太阳能光伏产业链、动力储能电池及装备产业链、智电汽车及核心零部件产业链等3条地标性新能源领域优势产业链。太阳能光伏产业链：支持现有电池片、组件产能提升改造，加快分布式光伏发电覆盖，以高转换效率、高功率为方向，加快高效光伏电池新技术研发，突破新型高效大尺寸电池组件、高效光伏逆变器、高效导电银浆（银粉）制备等技术等。动力储能电池及装备产业链：做精做强动力电池智能产线和装备产业，巩固锂电池防爆盖帽、动力电池软包铝塑膜等优势产品，加快动力电池、储能电池重大项目建设，以长续航、高安全、全气候为方向，优化高比能正负极材料、耐高温隔膜、耐高压阻燃电解液等关键材料技术，加快固态电池、钠离子电池、无钴电池等新一代电池技术研发及产业化，建设完善动力电池回收利用体系。智电汽车及核心零部件产业链：围绕增程式和纯电动，继续做大智电汽车产业，打造生态主导型智电汽车企业，持续做强汽车核心零部件产业，加快发展智能网联汽车产业，完善充换电网络，发展智能路网、加氢体系等基础设施，努力打造国内领先的智电汽车产业高地。（责任单位：工信局、发改局、科技局、商务局，各镇、开发区）

2. 支持产业集聚发展。基于我区现有产业空间布局，凸显区域优势、优化资源配置，围绕“发、储、送、用”差异化实现产业集聚。发电环节：以武进高新区为重点发展风光发电产业；储能环节：以武进高新区、西太湖、礼嘉镇为重点发展动力电池及储能产业；输送环节：以武进高新区、西太湖、洛阳镇为重点发展新型电力装备产业；应用环节：以武进高新区、西太湖为重点发展智电汽车和智能交通产业。优先支持产业集聚发展的地区申报国家和省各类载体、示范、基地等项目。鼓励以园区为载体，积极融入全球科技创新体系，打造具有国际影响力的创新型产业集群。（责任单位：发改局、科技局、工信局、商务局，各镇、开发区）

3. 加强创新体系建设。加强产业共性技术创新平台建设，依托江苏中科院智能科学技术应用研究院、机械科学研究总院江苏分院、中汽研（常州）汽车工程研究院等研究机构为产业提供科技创新支撑，解决行业基础研究关键共性问题。积极向上对接，争创以“发、储、送、用”四大环节融合发展为核心的国家级和省级产业创新平台。提升企业自主创新能力，支持江苏国创新能源汽车能源与信息创新中心创建国家级制造业创新中心，优先支持新能源企业“三站三中心”建设，对新能源企业建立的符合政策条件的新型研发机构，给予前期运营经费支持。到2025年，力争创建1个国家级创新载体，建设25家省级以上“三站三中心”等高水平的企业研发机构。（责任单位：科技局、发改局、工信局、财政局、市场监管局，各镇、开发区）

4. 科学布局未来产业。科学布局智能网联汽车和氢能产业。锚定新能源汽车智能化、网联化发展方向，依托理想汽车及其供应链，聚焦感知系统、控制系统、车联网等领域，加强传感器、线性控制、激光雷达、摄像头和智能车灯、智能座舱等方面的技术储备、产品研发和转化，逐步导入整车供应链体系。加强自动驾驶道路基础设施建设，加大研发创新机构的引育力度，适时引进自动驾驶领域企业，拓展智电汽车产业发展维度。积极探索氢能产业发展，加大氢能装备制造项目招引力度，在制氢、储氢、运氢、氢燃料电池及核心零部件等环节招引国内外优势企业，逐步形成产业集聚。（责任单位：发改局、科技局、工信局、公安分局、交通运输局、商务局，各镇、开发区）

（二）培育龙头企业，激发发展新活力。

5. 培育龙头骨干企业。加快推进理想新能源汽车零部件产业园、铭纳阳新能源汽车电驱动系统、泛亚氢燃料电池质子交换膜等在建项目投产，形成新的增长点。支持专精特新、（潜在）独角兽等优势企业通过上市、并购重组等方式延伸产业链，加快企业集团化、国际化进程，打造具备较强国际竞争力的企业集团。到2025年，在新能源领域形成一批既能组织中下游产业链水平分工、又能实现垂直整合的链主企业，培育5家营业收入超百亿元的龙头企业，培育20家具有产业链关键环节掌控力的国家制造业单项冠军和国家级专精特新“小巨人”企业，高质量打造境内外上市公司5家。（责任单位：工信局、科技局、财政局、地方金融监管局，各镇、开发区）

6. 支持企业技术改造。支持企业采用新技术、新工艺、新设备，围绕“高端化、智能化、绿色化、品牌化”对生产各个环节进行技术改造，全面推动产业转型升级，企业降本提质增效。将数字化转型作为稳链、保链、强链的重要支撑，通过链主企业带动协同强链、领军企业示范引领、应用场景案例推广，推动传统产业模式变革，厚植产业数字化新优势。在新能源领域，每年实施投资超3000万的技术改造项目50个以上，对符合条件的项目给予最高12%的设备补助，对获得智能化技术改造专项贷款的企业予以贷款贴息。到2025年，争取创建省级智能（工业互联网标杆）工厂5家、省级智能制造示范车间30个，打造行业典型应用场景50个。建设国家级绿色园区1个，省级以上绿色工厂30家，开发5个以上国家绿色设计产品，创建1家以上国家绿色供应链管理示范企业。（责任单位：工信局、发改局、财政局，各镇、开发区）

7. 加快核心技术攻关。瞄准企业面临的技术难点，重点遴选出对产业发展影响力大、带动作用强、应用面广的产业共性技术、关键核心技术，通过“揭榜挂帅”科技攻关等方式，支持企业结合自身优势，整合多方创新要素和资源，共同开展关键核心技术研究，推动科研成果转化、产业化。支持龙头企业积极承担国家产业基础再造等重大项目，解决行业的卡脖子难题。加快建设战略人才力量，打造一支由战略科学家、领军型创新人才、青年科学家等组成的高端科技人才队伍。到2025年，引进领军型创新创业人才项目30个、高层次人才团队3个；新增授权发明专利700件以上，R&D研发投入强度高于全区平均水平1个百分点。（责任单位：科技局、组织部、发改局、工信局、人社局、市场监管局，各镇、开发区）

8. 推动创新成果应用。优先支持新能源企业参与常州市高新技术产品、创新产品和首台（套）重大装备认定，对新认定的省级创新产品推广应用以及首台（套）重大装备按照相关政策给予扶持，在政府工程、项目中支持首购首试首用。支持新能源领域新技术新产品进入省重点推广应用的双新目录，组织新技术新产品与应用场景对接，对当年度新列入江苏省重点推广应用目录的新技术新产品及优秀应用场景给予政策支持。（责任单位：工信局、科技局，各镇、开发区）

（三）建设特色基地，积聚发展新动能。

9. 促进区域协同发展。统筹各板块立足资源优势和产业基础，以“产业公地”的视角优化产业布局，强化区域分工协作，协同联动推进产业链和产业集群建设。鼓励地区之间通过股权分配、税收分成等方式，创新合作方式，共招共建重大项目，鼓励有条件的乡镇通过连片整治等方式，建设为开发区专题配套优势产业副中心，通过产业集群（产业园区）间的合作共建，实现要素资源共享。推动龙头企业对接优势零部件企业，引领产业链供应链上下游企业协同发展。建设本地配套新能源产业的供应链体系，组织本地产业链供需对接。对本地化配套率超50%的链主（骨干）企业及其配套企业建设的协同设计、协同制造、协同供应、协同运维和金融服务等平台，按政策规定给予支持。（责任单位：工信局，各镇、开发区）

10. 推进服务平台建设。积极推动中汽研汽车检验中心（常州）有限公司、UL常州动力电池检测实验室、国创移动能源创新中心（江苏）有限公司等产业协作、产品检测公共服务平台能力水平建设，持续提升平台服务产业的时效性和精准度。筹建新能源产业技术创新联盟，面向国内外新能源领域产业链上下游企业、高校、科研院所、事业单位以及知识产权保护服务机构等征集成员单位，打造具备国际水准的新能源发展智库，支持全区新能源产业高质量领先发展。（责任单位：工信局、发改局、科技局、市场监管局）

11. 创建数字能源信创先导区。积极推进武进高新区以数字能源为方向，创建江苏省信息技术创新应用先导区。根据地区数字能源产业发展优势和信创产品开发替代需求，通过政府引导、企业主导、广泛参与、创新模式、试点先行、逐步推广，形成具有武进特色的数字能源信创建设模式。以武进国家高新区为试点范围，促进产用深度融合，协同发展，加快构建武进高新区信创领先优势，汇聚供给侧、需求侧、科研机构、金融机构等多方资源，打造全国领先的数字能源信创产业集群，到2025年，支持武进高新区成功创建江苏省信创先导区。（责任单位：工信局、武进高新区）

12. 推进常州氢湾建设。积极探索氢能产业发展，加快编制《常州市氢能源产业发展规划》，推动常州“氢湾”建设，支持常州西太湖氢能研究中心、常州氢科学与工程研究院等平台基地建设，加快引进同济大学燃料电池复合电源研究所、东南大学氢能研究院等院所机构。结合我区装备和材料产业的优势，打造武进氢能产业集群，在长三角地区形成引领示范效应。到2025年，引育氢能产业链企业20家以上、上市企业1家以上，累计产业投资超过200亿元，氢能及相关产业年产值突破100亿元。探索工业领域氢能替换示范应用，全区氢能供应能力达到10万吨／年以上，力争建成加氢站5座，全区基本形成完备的氢能产业链。（责任单位：西太湖）

（四）鼓励模式创新，打造发展新生态。

13．加快基础设施建设。编制太阳能光伏等新能源推广应用规划，加快推动新能源在不同领域的应用。在“两湖”创新区、武进高新区数字能源信创先导区等重点区域探索建设光伏一体化建筑、光储直柔建筑、光储充一体化充电站、虚拟电厂和氢能综合应用等绿色能源示范工程。在工业园区、物流园区和美丽乡村建设中，强化新能源推广和应用。推动分布式光伏、用户侧储能以及工业绿色微网规模化应用，积极推动既有建筑物光伏改造和实施新建建筑物光伏建设；做好智能化配电网建设工作，切实保障分布式光伏试点项目大规模接入需求；推动太阳能光热、光电、浅层地热能、空气能等新能源在建筑中的综合利用。到2025年，可再生能源替代建筑常规能源比例达到8%。（责任单位：发改局、工信局、住建局、农业农村局、供电服务中心，各镇、开发区）

14．加强电池梯次利用。积极参与国家和省动力电池回收利用试点示范，鼓励新能源汽车企业、动力电池企业开展动力电池回收、梯次利用业务和商业模式创新布局，提高废旧动力蓄电池综合利用水平，新增1家以上企业进入国家新能源汽车废旧动力蓄电池综合利用行业规范名单。建设2个以上动力电池梯次利用试点项目，引导梯次利用电池向工业备用储能和居民侧储能等应用方向拓展，建立对动力电池生产销售、使用维修、报废回收等环节全生命周期溯源动态管理体系，提高动力和储能电池全生命周期管理水平。（责任单位：工信局、商务局，各镇、开发区）

15．推广使用智电汽车。大力推进全区党政机关、事业单位带头使用智电汽车，从2023年起，原则上新增及更新公务用车全部使用新能源汽车。扩大出租、环卫、物流、通勤等公共服务领域新能源汽车应用规模。到2025年，主城区新增公交车基本实现电动化，出台政策鼓励城区新增或更新的出租车辆使用智电汽车，并且比例不低于80%。加快提升新能源汽车配套基础设施服务保障能力，编制完成《武进区公共充换电设施建设规划方案（2022−2025）》，实现全区中心城区服务半径在1公里以内、外围乡镇服务半径在3公里以内；新建住宅小区停车位要立足新能源汽车安全特性100%预留充换电设施接入条件，老旧小区改造时，应因地制宜同步进行充换电设施改造。（责任单位：工信局、发改局、财政局、住建局、城管局、交通运输局、机关事务管理中心等，各镇、开发区）

16．打造“光储充售”一体化新模式。以光储充智能微网+数字能源云管平台的组合方式，创新打造“光储充售”一体化的数字能源管理新模式。以工业互联网为骨架，大数据为工具，研发生产“光储充”一体化能源终端，以应用为核心构建云管平台，建立能源管理模型，进行用能行为分析，监控能源供给，控制能量转换，完成能源调度与管理，实现泛能网的优化光储充智能微网解决方案。到2025年，打造“光储充售”一体化新模式试点场景100个，建设3个以上“光储充售”一体化为数字能源解决方案的工业集中区。（责任单位：工信局，各镇、开发区）

五、保障措施

17．强化组织领导。成立新能源之都首位区建设领导小组，由区委、区政府主要领导担任双组长，制定新能源之都首位区建设方案，明确建设路径与责任。组建推进新能源之都首位区建设工作专班，制定年度发展目标，建立重点企业库、项目库。定期组织召开协调推进会议，研究产业培育和项目建设等重大事项，推动产业发展重点任务和责任落实。各镇、开发区应建立和完善工作机制，成立相应工作机构，制定具体实施计划。各责任单位应制定三年实施计划。统计部门应专设地方性的产业分类和统计口径，定期发布全区新能源产业运行情况。（责任单位：工信局、发改局、科技局、统计局等，各镇、开发区）

18．强化政策支持。用足用好上级政策，围绕常州氢湾等重点平台出台专项政策，针对新能源领域，构建包含产业、创新与人才全覆盖政策体系。突出金融支持新能源行业快速壮大，加大区级产业投资基金与科创基金投向新能源产业力度。突出公共服务平台、重大创新平台的支撑，对引进的国家级新能源公共服务平台、重大创新平台，鼓励实行事业法人与企业法人同步运作，支持引进两院院士设立领衔并长驻武进的工作室（站）。支持新能源应用场景推广，鼓励各板块统筹各级资金支持新能源基础设施、新能源汽车推广、工业园区、物流园区等光伏应用与乡村光伏推广。（责任单位：发改局、科技局、工信局、财政局、人社局、住建局、交通运输局、商务局、机关事务管理中心等，各镇、开发区）

19．强化金融资源对接。深入实施“双百行动”和“倍增计划”，加快推动企业股改上市步伐。引导金融机构加大信贷支持力度，特别是加大绿色信贷产品的开发和推广。在探索绿色金融发展模式、提升绿色金融服务效能的基础上，引导金融机构加大创新用能权、合同能源管理收益权等抵质押贷款产品的推广。支持符合条件的新能源企业发行绿色企业债、公司债、债务融资工具、资产支持证券等业务。依托区级百亿母基金招引新能源赛道领域头部机构在武进设立产业投资基金，聚焦新能源主导产业引进优质创新项目。助力行业龙头企业围绕核心产业优势，设立产业链协同创新基金，聚力强链补链延链。（责任单位：地方金融监管局、发改局、财政局、人行武进分行、国经集团）

20．强化人才保障。强化产才融合，常态化举办异地邀请赛，深化“揭榜挂帅·全球引才”行动，助力本地企业重点引进新能源领域高层次专业人才；支持新能源龙头企业与高校院所结对共建，组建人才攻关联合体，集聚科技领军人才和创新团队开展科研攻关；在武高校院所加快建设符合产业技术需求的专业人才培养体系；加快建设各类公共实训基地，鼓励企业与职业院校通过订单培养、现代学徒制等方式，联合开展职业教育和岗位技能培训，培养产业发展急需的高技能人才。经认定的新能源重点企业，对入选国家级重大人才工程、省“双创计划”人才、“龙城英才计划”领军型创新创业人才，年薪

30万元以上的纳入常州高薪酬人才奖励政策予以扶持。积极争取各类国家级新能源领域赛事落地武进，加快推进青年人才友好型城市建设，构建“非武不栖”的一流人才生态。（责任单位：组织部、教育局、科技局、人社局、商务局）

21．强化知识产权保护。加大与常州市知识产权保护中心合作，充分发挥其在新能源产业领域专利预审服务的作用，更好地服务产业、支撑产业发展。不断完善知识产权保护司法与行政衔接协调机制，以知识产权保护激发创新活力。构建企业知识产权全面保护机制，鼓励企业进一步完善自主创新机制，加速专利转化运用，推进涉外维权，营造知识产权协同保护环境。（责任单位：市场监管局、科技局）

22．强化宣传推广。充分发挥广电、报纸、网络等全媒体的作用，全方位、多角度、深层次地宣传新能源之都首位区建设。加大与国内外主流媒体对接力度，将新能源之都首位区作为武进区城市名片宣传推广。拍摄专题宣传片，展陈产业成果，展拓应用生态，展现带动效应，不断提升武进区勇挑常州新能源之都建设工作大梁的担当和作为，将“两湖创新区”核心区打造成更高水平“新能源之都首位区”的展示窗口，全面展示“最美湖湾城”的美好形象。（责任单位：宣传部、工信局、文体广电和旅游局）

附件：建设新能源之都首位区目标任务分解表（2023—2025年）

表90

序号	指标	牵头单位	时间	细化指标（亿元、项、个、家）	中以园	高新区	西太湖	绿建区	雪堰镇	前黄镇	洛阳镇	礼嘉镇	湖塘镇	牛塘镇	嘉泽镇	湟里镇	合计
1	规上工业产值	工信局	2023	—	—	800	200	—	75	75	200	150	60	40	20	180	1800
			2024	—	—	1225	245	—	90	90	245	185	75	50	25	220	2450
			2025	—	—	1500	300	—	112	113	300	225	90	60	30	270	3000
2	上市企业培育	地方金融监管局	2023	上市企业市值	—	1250	200	—	100	—	—	50	—	—	—	—	1600
			2024		—	1800	300	—	100	—	—	200	—	—	—	—	2400
			2025		—	2000	400	—	100	50	50	200	50	50	50	50	3000
			2023	上市后备企业数量	—	4	2	—	—	1	—	1	—	—	—	—	8
			2024		—	4	2	—	—	1	—	1	—	—	—	—	8
			2025		—	4	2	—	1	1	1	1	1	1	1	1	14
3	重大企业培育	工信局	2023	百亿企业	—	1	—	—	—	—	—	—	—	—	—	—	1
				30亿企业	—	2	1	—	—	—	—	—	—	—	—	—	3
			2024	百亿企业	—	1	—	—	—	—	—	—	—	—	—	—	1
				30亿企业	—	2	1	—	—	—	—	—	—	—	—	—	3
			2025	百亿企业	—	2	1	—	—	—	—	—	—	—	—	—	3
				30亿企业	—	2	1	—	1	1	1	1	1	1	—	1	10
4	高端人才引进	组织部、科技局、工信局、人社局	2023	领军型创新创业人才项目	1	4	3	1	—	—	—	—	1	—	—	—	10
				高层次人才团队	—	1	—	—	—	—	—	—	—	—	—	—	1
				海外人才（QM、HJ）	2	4	3	1	—	—	—	—	1	—	—	—	11
				引进产业人才	30	600	400	100	150	120	170	150	200	180	80	150	2330
			2024	领军型创新创业人才项目	1	4	3	1	—	—	—	—	1	—	—	—	10
				高层次人才团队	—	1	—	—	—	—	—	—	—	—	—	—	1
				海外人才（QM、HJ）	2	4	3	1	—	—	—	—	1	—	—	—	11
				引进产业人才	30	600	400	100	150	120	170	150	200	180	80	150	2330
			2025	领军型创新创业人才项目	1	4	3	1	—	—	—	—	1	—	—	—	10
				高层次人才团队	—	—	1	—	—	—	—	—	—	—	—	—	1
				海外人才（QM、HJ）	2	4	3	1	—	—	—	—	1	—	—	—	11
				引进产业人才	30	600	400	100	150	120	170	150	200	180	80	150	2330

续表90

序号	指标	牵头单位	时间	细化指标（亿元、项、个、家）	中以园	高新区	西太湖	绿建区	雪堰镇	前黄镇	洛阳镇	礼嘉镇	湖塘镇	牛塘镇	嘉泽镇	湟里镇	合计
5	创新平台建设	发改局、科技局、工信局、市场监管局	2023	检验检测机构	—	1	—	—	—	—	—	—	—	—	—	—	1
			2024		—	—	1	—	—	—	—	—	—	—	—	—	1
			2025		—	—	—	1	—	—	—	—	—	—	—	—	2
			2023	省级工程研究中心、工程技术研究中心、企业技术中心	—	6	5	—	—	—	—	—	—	—	—	—	11
			2024		—	6	5	—	—	—	—	—	—	—	—	—	11
			2025		1	7	6	—	—	—	—	—	—	—	—	—	14
			2023	专精特新企业培育	—	4	2	—	—	—	1	1	—	—	—	—	8
			2024		—	6	3	—	—	—	1	2	—	—	—	—	12
			2025		—	8	4	—	—	—	1	2	—	—	—	—	15
6	重大项目招引	商务局	2023	引进或实施超亿元新能源领域重大项目	—	7	3	—	—	—	争取1	争取1	—	—	—	—	10
			2024		—	8	4	争取1	争取1	争取1	争取1	争取1	争取1	争取1	—	争取1	12
			2025		—	9	4	争取1	争取1	争取1	争取1	争取1	争取1	争取1	争取1	争取1	13
7	发明专利授权	市场监管局	2023	授权发明专利	10	30	20	12	12	12	12	15	15	8	2	10	158
			2024	授权发明专利	20	40	30	22	15	15	15	20	20	10	2	12	221
			2025	授权发明专利	30	60	50	35	20	20	20	30	30	10	2	14	321
8	典型应用场景	工信局	2023	创建省级智能（工业互联网标杆）工厂	—	1	—	—	—	—	—	—	—	—	—	—	1
			2024		—	1	—	—	—	—	—	—	—	1	—	—	2
			2025		—	1	1	—	—	—	—	—	—	—	—	—	2
			2023	打造行业“智改数转”典型应用场景	—	8	2	—	—	—	—	—	—	—	—	—	10
			2024		—	9	4	—	1	1	1	1	1	1	—	1	20
			2025		—	9	4	—	1	1	1	1	1	1	—	1	20
			2023	申报认定首台（套）重大装备	—	3	1	—	—	—	—	—	—	—	—	—	4
			2024		—	3	1	—	—	—	—	—	—	—	—	—	4
			2025		—	3	1	—	—	—	—	—	—	—	—	—	4
			2023	“光储充售”一体化场景建设	—	10	2	1	2	2	2	2	2	2	2	2	29
			2024		—	12	2	1	2	2	2	2	2	2	2	2	31
			2025		1	17	5	1	2	2	2	2	2	2	2	2	40
9	绿色制造体系	工信局	2023	国家级绿色园区	—	1	—	—	—	—	—	—	—	—	—	—	1
				省级以上绿色工厂	—	5	1	—	1	—	1	—	1	—	—	1	10
				国家级绿色供应链管理	—	—	—	—	—	—	—	—	—	—	—	—	0
				国家级绿色设计产品	—	1	—	—	—	—	—	—	—	—	—	1	2
			2024	国家级绿色园区	—	—	—	—	—	—	—	—	—	—	—	—	0
				省级以上绿色工厂	—	6	1	—	—	1	—	1	—	1	—	—	10
				国家级绿色供应链管理	—	1	—	—	—	—	—	—	—	—	—	—	1
				国家级绿色设计产品	—	—	—	—	—	—	—	—	—	—	—	—	0
			2025	国家级绿色园区	—	—	—	—	—	—	—	—	—	—	—	—	0
				省级以上绿色工厂	—	4	1	1	1	—	1	1	1	—	—	—	10
				国家级绿色供应链管理	—	—	—	—	—	—	—	—	—	—	—	—	0
				国家级绿色设计产品	—	—	—	1	—	—	—	—	—	—	1	—	2

常州市武进区乡村建设行动实施意见（2023—2025年）

为扎实推进乡村建设行动，进一步提升乡村宜居宜业水平，按照《中共中央办公厅 国务院办公厅印发〈乡村振兴责任制实施办法〉》要求和《省委办公厅省政府办公厅关于印发〈江苏省乡村建设行动实施方案〉的通知》《常州市委市政府关于印发〈乡村建设行动实施方案〉的通知》精神，结合我区实际，现制定如下实施意见。

一、总体要求

（一）*指导思想*。以习近平新时代中国特色社会主义思想为指导，全面贯彻落实党的二十大精神，紧扣市委“532”发展战略，全力推动“两湖”创新区建设、聚力打造“一园一城一示范”，坚持农业农村优先发展，把乡村建设作为实施乡村振兴战略的重要任务，摆在社会主义现代化建设的重要位置，坚持农业现代化和农村现代化一体设计、一体推进，以城乡基础设施一体化和基本公共服务均等化为发展目标，科学编制乡村规划，积极推进乡村基础设施建设、完善公共服务、改善人居环境，促进城乡融合发展，努力建设宜居宜业和美乡村，为加快打造具有江南韵味的新时代鱼米之乡奠定坚实基础。

（二）*工作原则*

坚持规划引领。统筹县域城镇和村庄规划建设，科学布局乡村生产生活生态空间，促进县域整体提升和均衡发展。

坚持农民主体。尊重农民意愿，建立政府、村集体、村民等各方共谋、共建、共管、共评、共享机制，增强群众参与乡村建设行动的积极性、主动性、创造性。

坚持城乡融合。打造以县域为龙头、镇为节点、乡村为腹地的发展新格局，促进人才、土地、资本等要素在城乡间双向流动、平等交换。

坚持循序渐进。聚焦阶段任务，找准突破口，排出优先序，严格规范村庄撤并，保留乡村特色风貌，不搞大拆大建。

坚持建管并重。坚持先建机制、后建工程，统筹推进农村公共基础设施建设与管护，健全建管用相结合的长效机制，确保乡村建设项目长期稳定发挥效用，防止重建轻管、重建轻用。

坚持绿色建设。树立绿色低碳理念，促进资源集约节约循环利用，推行绿色规划、绿色设计、绿色建设，实现乡村建设与自然生态环境有机融合。

（三）*行动目标*。到2025年，全区乡村建设取得实质性成效，农村人居环境持续改善，农村基础设施更加完备，农村基本公共服务水平稳步提升，农村精神文明建设显著加强，农民获得感、幸福感、安全感进一步提高。

二、重点任务

（四）*强化党建引领乡村建设作用*。实施抓党建促乡村振兴“富民兴村”行动，健全“党委抓支部、支部管党员、党员带群众”工作机制，扎实推进“一网格一支部一阵地”建设，完善“镇（街道）—村—网格（村民小组）—党员中心户”四级组织架构。深化村党组织评星定级，推进软弱涣散党组织集中整顿、动态清零，实现基层党组织全面进步全面过硬。落实“农村基层干部乡村振兴主题培训计划”，区级每年至少对村书记培训1次，镇（街道）党（工）委每年至少对农村党员集中培训1次。全面推行镇党委书记“市县共管”，选优配强镇领导班子特别是党政正职，推动镇管理体制改革落实到位。深化村干部专业化管理，持续优化村“两委”班子特别是带头人队伍，实施村干部学历“8090”计划，到2025年，村干部、村书记大专以上学历占比分别达到80%、90%以上。健全从区机关、国有企事业单位常态化选派第一书记工作机制，实现对乡村振兴重点帮促村、乡村振兴任务重的村、党组织软弱涣散村全覆盖。加大在青年农民特别是致富能手、农村外出务工经商人员中发展党员力度，原则上每个村每2年至少发展1名党员，每年新发展农村党员35岁以下的不低于50%。实施党建引领村级集体经济发展“双百”行动，到2025年，全面消除村级集体经营性收入100万元以下行政村。完善党组织领导的乡村治理体系，健全网格事项准入、反馈机制，配强“网格长＋专职网格员、党员兼职网格员、微网格联络员＋网格志愿者”的“1+3+N”网格力量。推进更高水平的平安法治乡村建设，依法严厉打击农村黄赌毒、侵害农村妇女儿童人身权利等各种违法犯罪行为，切实维护农村社会平安稳定。（区委组织部牵头，区委政法委、区委编办、区委农办、区民政局、区司法局、区公安局、区农业农村局、区社治中心、区妇联按职责分工负责）

（五）*加强乡村规划建设管理*。落实“三区三线”划定成果，强化县域规划统筹，优化布局乡村生活空间，严格保护农业生产空间和乡村生态空间，牢牢守住耕地红线。有序开展镇村布局规划修编工作，结合近远期乡村人口流动情况和家庭结构发展情景，进一步优化完善村庄分类和布局，因地制宜引导乡村建设发展。严禁随意撤并村庄搞大社区、违背农民意愿大拆大建。积极有序推进“多规合一”实用性村庄规划编制，全域全要素统筹安排各类设施和用地布局，加强规划发展类村庄规划设计，保护传承乡村风貌和历史文化，确保乡村各项建设依规有序开展。对暂时没有条件编制规划的村庄，严格按照区镇两级国土空间规划中确定的用途管制和管控要求进行建设。接续开展规划师下乡活动，共同提升乡村规划建设管理水平。依法依规做好乡村建设规划许可核发和农村不动产登记工作。到2025年，全区规划发展村庄所在的行政村村庄规划编制全覆盖。（市自然资源和规划局武进分局牵头，区住建局、区农业农村局等按职责分工负责）

（六）*整治提升农村人居环境*。深入实施以“一美、三清、四治、五有”为重点的农村人居环境整治提升五年行动，聚力打造生态美、环境美、人文美、管护水平高的“三美一高”生态宜居美丽乡村，积极争创省生态宜居美丽乡村示范县（区），到2025年末，全区起到示范带动作用的镇、村覆盖率达30%。深入推进农村“厕所革命”，巩固农村无害化户用厕所全覆盖成果，推进新建户厕由室外向室内转变、由厕所向卫生间转变，强化户厕长效管护，加大人口较多、群众有需求的自然村公共厕所建设力度，合理配建乡村旅游厕所。统筹治理农村生活污水，与村庄规划、供水设施建设、农民群众住房条件改善同步谋划，与厕所革命、黑臭水体治理、国省考断面水质改善有效衔接，因地制宜采用接管、小集中、分散处理和资源化利用等技术路线，优先治理影响水环境质量的村庄生活污水。持续推进农村河道疏浚及生态河道建设，加强水系连通。健全城乡统筹的生活垃圾收运处置体系。加快推进农村生活垃圾源头分类减量，推进“户分类投放、村分拣收集、镇回收清运、有机垃圾生态处理”的分类收集处理体系建设，完善城乡再生资源回收利用网络，减少垃圾出村处理量。深入实施村庄清洁行动，加大乡村公共空间治理。加强农村电力线、通信线、广播电视线“三线”线路维护梳理，整治农村户外广告。实施美丽乡村建设，统筹推进省级特色田园乡村、省生态宜居美丽乡村和市美丽乡村建设，推动美丽乡村从点向面延伸拓展，培育形成一批特色田园乡村示范区（带）。到 2025 年，力争建成省特色田园乡村 15 个、绿美村庄 20 个。（区委农办牵头，区农业农村局、区生态环境局、区住建局、区城管局、区水利局、市自然资源和规划局武进分局、区妇联等按职责分工负责）

（七）提高农村公路畅通水平。推进“四好农村路”高质量发展，争取创成“四好农村路”全国示范县。优化农村公路路网结构，持续改善农村公路路况和路域环境，加快形成布局合理、安全畅通、优质便捷、舒适美丽的农村公路网络体系，推动城乡客运服务均等化、农村物流服务便捷化。推动农村公路提质增效，推进农村公路通往规划发展类村庄和农村地区重要产业、旅游、物流等节点的等级公路提升建设。加强农村公路与国省干线公路的路网连接，推进农村路网与交通主骨架高效衔接。加大预防性养护和大中修工程实施力度，确保县道、乡村道好路率不低于 95%、90%。全面打造平安放心路，对事故多发、易发的平交路口、桥梁、急弯陡坡、临水临崖等重点路段加快推进农村公路安全生命防护工程建设。加大农村公路危桥改造力度，现存农村公路危桥基本实现动态清零。强化消防车道建设管理和林区应急道路等建设。全面推进城乡公交一体化，努力构建“畅联城乡、便捷高效、智慧安全、便民惠民”的公交服务体系。到 2025 年，实现全区各镇 100% 一级公路通达，规划发展村庄 100% 等级公路通达，全区 100% 实现城乡公交一体化，行政村和集中居住点到区域中心的公交直达率不低于 70%，铁路客运站、AAA 级以上景区公交通达实现全覆盖。（区交通运输局牵头，区公安局、区财政局、区城管局、区农业农村局、区应急管理局等按职责分工负责）

（八）强化农村防汛抗旱和供水保障。实施农村防汛抗旱和供水保障工程。充分发挥骨干水利工程防灾减灾作用，扎实推进农村防汛抗旱基础设施建设，强化塘坝、中小河流、低洼圩区等治理，加强引排水工程配套建设，提高农村防汛抗旱能力。不得随意填埋农村河网水系，村庄选址专虑防洪安全问题，排查整治阻水障碍、违法违规建筑物、河道淤积等妨碍行洪的突出问题。加强农村地区气象防灾减灾能力建设。提升城乡一体化供水服务水平，进一步优化管网布局，更新改造一批老旧供水工程和管网。结合管网改造和供水入户，同步推进消防取水设施建设。按照“补偿成本、公平负担”原则，健全农村集中供水工程合理水价形成机制。到 2025 年全区供水保证率达到 97% 以上，城乡供水管理体制进一步理顺，基本实现城乡供水管理服务一体化。（区水利局牵头，区发改局、区财政局、区住建局、区农业农村局、区卫健局、区应急管理局按职责分工负责）

（九）加快农村住房条件改善。加强乡村风貌引导，加快建设现代化宜居农房，有序引导农民集中居住，2023 至 2025 年全区改善农村住房 12000 户。着力推动农村低收入群体等重点对象危房改造和地震高烈度设防地区农房抗震改造，健全农村低收入群体住房安全保障长效机制。大力推进老旧农房改善，重点推进 1980 年之前建的农房改造改善，支持鼓励 1981 年至 2000 年新建的农房改善，对有安全隐患的优先及时改造。严格按照基本建设程序管理统一代建的农房，强化对农村自建房的技术指导和服务。完善农村房屋建设标准，推进绿色农房建设，因地制宜推广装配式钢结构等安全可靠的新型建造方式。加快推进行政村集体土地上的农村危房整治，按照“谁拥有、谁负责”的原则，落实产权人（使用人）责任，消除安全隐患。建立常态化农村房屋建设管理和农村宅基地、农村房屋安全巡查监管以及信息共享制度，按照国家和省有关规定规范农村房屋改扩建和用作经营等变更用途行为，探索建立农村房屋定期体检和质量保险等制度。以农村房屋及其配套设施建设为主体，完善农村工程建设项目管理制度，统筹建立从用地、规划、建设到使用的一体化农房建设管理制度，并按照“谁审批、谁监管”的要求落实安全监管责任。积极开展各类历史文化资源调查，加强历史文化遗产的保护与利用，提升防火、防震和绿色等性能。保护民族村寨、特色民居、文物古迹、农业遗迹、民俗风貌。（区住建局、区农业农村局牵头，区财政局、市自然资源和规划局武进分局、区应急管理局、区文体广旅局按职责分工负责）

（十）开展数字乡村建设行动。推进数字技术与农村生产生活深度融合，鼓励拓展乡村数字经济、智慧绿色乡村、乡村数字生活服务、乡村数字治理等数字化应用场景，做好省级以上数字乡村试点工作。推动农村信息基础设施优化升级，持续推进乡镇千兆网络全覆盖，推动乡村 5G 网络建设，实施智慧广电乡村工程，提高网络性能和服务能力。优化完善常州市农业农村大数据平台功能和性能，推动涉农数据资源的归集和共享。加快数字农业技术创新，以农业优势产业、园区为载体推动农业生产数字化改造。深入实施“互联网 +”农产品出村进城工程，推动特色农产品全产业链数字化建设。提升乡村管理数字化效能，推动数字技术在教育、卫生、养老、助残、防灾等领域广泛应用，推动更多涉农服务事项“网上办、掌上办”。深化推进农村“雪亮工程”建设。（区委网信办、区工信局、区农业农村局牵头，区发改局、区科技局、区公安局、区民政局、区文体广旅局、区应急管理局、区大数据管理局、区残联等按职责分工负责）

（十一）推进乡村清洁能源建设。进一步巩固提升农村电力保障水平，开展农村地区配套电网改造，构建网架逐步加强、供电能力稳定提升、分布式新能源接入能力显著增强的农村配电网。发展太阳能等清洁能源，在有条件的区域探索建设多能互补的分布式低碳综合能源网络。支持农民利用自有建筑屋顶建设户用光伏。推进燃气下乡，因地制宜实施农村“瓶改管”工程，推动农村能源消费升级。（区发改局牵头，区财政局、区住建局、区农业农村局、供电部门等按职责分工负责）

（十二）加快农产品仓储保鲜冷链物流设施建设。依托家庭农场、农民合作社等农业经营主体，建设产地农产品冷藏保鲜设施。引导各类市场主体在产地重要流通节点，建设改造产地冷链集配中心，打造支撑农产品上行的产地综合服务平台。加快完善农产品流通体系，完善农产品市场骨干网络和冷链物流基础设施，提升农产品流通现代化水平。完善农产品产地批发市场。推动实施区域商业体系建设，新建和升级改造一批乡镇商贸中心、集贸市场、乡镇农贸市场、新型乡村便利店，完善区域商业网络体系，提升农村市场供给能力。加快农村寄递物流体系建设，提升区级处理场所电商仓储、加工包装、冷藏保鲜等一体化服务能力，依托乡镇客货运场站、邮政局所、快递网点建设改造一批镇级寄递物流配送中心，统筹利用邮政、快递、电商、社区以及村集体闲置用房等资源，建设“多点合一、一点多能”的村级寄递物流综合服务站，到2025年建设寄递物流综合服务站10个以上。（区农业农村局、区商务局牵头，区发改局、区财政局、区交通局、区邮政管理局、区民政局按职责分工负责）

（十三）完善村级综合服务设施。完善村级综合服务站点布局建设，支持党建服务、基本公共服务和公共事业服务就近或线上办理，提升农村社区“3公里生活圈”建设水平。持续加强村级综合服务设施建设，新建和改扩建的村党群服务中心建筑面积不低于600平方米，到2025年，全区村级综合服务设施达标率以县域为单位达到90%以上。统筹推动村党群服务中心和网格党群直通站、网格工作站等“一中心多站点”建设，在行政村（涉农社区）党群服务中心（综合服务中心）叠加寄递服务功能，到2024年，网格党群直通站覆盖率达到80%以上。到2025年，全区村党群服务中心规范化建设实现动态100%达标。推进公共照明设施与村内道路、公共场所、建设场地一体规划建设，加强行政村村内主干道路灯建设。加强农村基层文化综合服务中心和全民健身场地设施建设、管理与维护。统筹规划建设抵御突发公共事件的基础设施及避难场所，切实提高农村社区应急保障能力。加强农村公共服务设施无障碍建设和改造。（区民政局牵头，区委组织部、区委政法委、区住建局、区农业农村局、区应急管理局、区文体广旅局、区体育局、区医保局、区邮政管理局、区社治中心等按职责分工负责）

（十四）持续优化农村基本公共服务。持续提升教育现代化水平，推进义务教育城乡一体化发展。实施学前教育发展提升行动计划，多渠道增加农村普惠性学前教育资源供给，提高农村幼儿园保教质量。巩固提升高中阶段教育普及水平，积极发展涉农职业教育，争取涉农领域产教融合型试点企业。稳步发展农村地区继续教育，增强职业院校服务乡村振兴能力。改革完善乡村医疗卫生体系，科学规划设置乡村医疗卫生机构，补齐公共卫生服务短板，加强农村疾控机构能力建设。推进医共体建设，积极培育农村区域性医疗卫生中心、乡镇卫生院特色科室、甲级村卫生室。因地制宜实施农村特困供养服务设施提升改造工程，通过国资投入、公建民营、联合经营等方式，推动农村敬老院改造提升，建设标准化农村区域性养老服务中心，具备条件的可向社会拓展托养功能。提升乡村公益性殡葬服务设施建设和管理水平。（区教育局、区卫健局、区民政局牵头，区发改局、区财政局、区人社局、区医保局、区农业农村局、区残联等按职责分工负责）

（十五）深入推进农村精神文明建设。深入学习宣传贯彻党的二十大精神，全面开展习近平新时代中国特色社会主义思想主题教育，广泛开展中国特色社会主义和中国梦宣传教育，加强思想政治引领。弘扬和践行社会主义核心价值观，推动融入农村发展和农民生活，办好道德讲堂，大力选树宣传道德模范、身边好人、最美人物等先进典型。建好用好新时代文明实践中心、所、站，广泛开展文明实践志愿服务。因地制宜推进乡村文化体育设施、文化礼堂、乡村戏台、非遗传习场所等主题功能空间建设。深化文明村镇创建，到2025年实现区级文明村占比75%以上。深化党建引领、自治法治德治智治融合、村级集体经济充分发展的“1 + 4 + 1”乡村治理，加强民主法治示范村建设和管理。开展“治理高额彩礼减轻人情负担推进移风易俗”行动，健全道德评议会、红白理事会、村规民约等机制，推广积分制、清单制、数字化等做法，促进形成文明乡风、良好家风、淳朴民风，焕发乡村文明新气象。深入开展农民丰收节活动。（区文明办牵头，区委农办、区民政局、区司法局、区农业农村局、区文广体旅局按职责分工负责）

三、强化政策支持和要素保障

（十六）加强投入保障。建立健全实施乡村振兴战略财政投入保障机制，确保公共财政投入力度向“三农”倾斜，区财政每年预算安排专项资金5000万元，作为增量纳入区级乡村建设行动专项资金，资金向美丽乡村建设、农村人居环境整治、乡村产业发展、村级集体经济发展、乡村人才引育、新时代文明实践提升等重点领域聚焦，强化政策推动和示范带动，不断提高财政政策支持乡村建设的精准性、协调性和有效性。积极做好政策、资金向上争取工作。推动镇级按规定统筹使用相关资金推进乡村建设。支持各类金融机构探索农业农村基础设施中长期信贷模式。充分发挥农业基金、政策性农业信贷担保和农业保险等财政金融政策作用，引导金融社会资本参与乡村建设。支持政策性银行加大转贷资金对我区乡村建设的投入力度。鼓励商业银行在依法合规前提下量身定制乡村建设金融产品和服务，稳妥拓宽有效抵质押物范围，积极探索保险资金参与乡村振兴基础设施建设。（区财政局、区发改局、区农业农村局、区地方金融监管局、人民银行武进支行按职责分工负责）

（十七）完善用地政策。完善节约集约用地政策，加强年度新增用地计划和存量建设用地盘活利用规模的统筹，鼓励在完成年度目标任务的基础上增加盘活利用，各地多完成的处置量核定计划指标全部留于地方，并可结转使用。探索针对乡村建设的混合用地模式。认真落实农村宅基地改革试点和集体经营性建设用地入市试点任务，统筹开展国土空间全域综合整治，整体推进农用地整理、建设用地整理、生态保护修复和公共空间治理等，盘活农村存量建设用地，推进低效用地再开发，腾挪空间用于支持乡村建设。（市自然资源和规划局武进分局牵头）

（十八）强化人才支撑。深化实施“百名现代农业精英人才培养计划”“龙城英才农业乡土人才选拔培养计划”，进一步加强对“土专家”“田秀才”的选拔、培养和使用。健全以高素质农民为主体的乡村实用人才培养支持机制，组织实施高素质农民培育工程，通过院校定向培养等方式就地就近培养具有农业中高等职业教育学历的高素质农民。完善农村实用人才带头人示范培训机制，充分挖掘农村中有胆识、有魄力的乡贤能人，使其成为乡村发展的“领头雁”。完善多方参与的“订单”式人才培养体系，大力推行“学历 + 技能 + 创业”立体化培育模式。（区农业农村局、区委组织部、区人社局等按职责分工负责）

（十九）引导农民参与。健全完善党组织领导的村民自治机制，发展共享共治的乡村建设群众参与体系，完善执行“四议两公开”制度，引导农民群众成为乡村建设行动的参与者、建设者和监督者。扎实开展“万企兴万村”行动，引导和鼓励社会力量投入乡村建设。对经营性建设项目，规范有序推广政府和社会资本合作模式，切实发挥运营企业作用。将乡村建设行动纳入富民强村帮促重点支持领域，鼓励村民投工投劳、就地取材，加大公益性岗位开发力度，积极推广以工代赈，扩大低收入群体就近就业，积极推行村民认领、定额包干、门前“三包”、组建协会等方式，提升乡村建设全要素、全周期建设水平。（区农业农村局牵头，区委组织部、区发改局、区财政局、区民政局、区工商联按职责分工负责）

（二十）落实长效管护。开展农村公共基础设施管理养护工作改革试点，清单式公示明确村庄公共基础设施管护主体、责任、方式和经费来源等。鼓励有条件的地区推进公共基础设施城乡一体化管护。健全完善农村人居环境整治长效管护，积极探索农户合理付费、村级组织统筹、政府适当补助的运行管护经费保障制度。供水、供电、供气、环保、邮政等基础设施运营企业应认真落实普遍服务要求，全面加强乡村基础设施管护。推行经营性、准经营性设施使用付费制度，鼓励通过购买服务等方式，支持市场主体提供质量有保障、价格可负担的农村公共基础设施管护。（区农业农村局、区发改局、区财政局及相关行业主管部门按职责分工负责）

四、强化组织领导

（二十一）强化统筹协调。区委农村工作领导小组统筹组织实施乡村建设行动，建立专项推进机制，协调推进重点任务。各镇（街道）要落实乡村建设主体责任，把乡村建设行动作为实施乡村振兴战略的重要内容，切实担负责任，细化具体措施，主要负责同志当好一线总指挥，选优配强基层干部队伍，推动各项建设任务落到实处。结合省“百县千乡万村”乡村振兴示范创建，统筹开展省特色田园乡村、省生态宜居美丽乡村示范创建。（区委农办牵头，区委组织部、区住建局、区农业农村局等按职责分工负责）

（二十二）强化任务落实。严格落实一项任务、一个推进方案要求，筹建区级专项任务工作专班，建立健全联合办公机制，明确部门承担具体工作，细化推进措施，统筹做好上下衔接、定期会商、部署任务、督促检查等工作，有效推进任务落实。结合我区实际和省、市任务要求，统筹制定任务清单。各镇（街道）和区级单位要综合考虑乡村建设进展情况和年度任务完成情况等，动态调整下一年度任务清单，优先将群众需求强烈、兼顾农业生产和农民生活条件改善的项目列入清单。各镇（街道）和区级单位要加强统筹协调，推动共建共管共享。（区农业农村局牵头，相关行业主管部门按职责分工负责）

（二十三）强化考核评估。把乡村建设行动实施情况作为乡村振兴督查考核的重要内容，纳入区镇党政领导班子和领导干部推进乡村振兴实绩考核，考核结果作为干部综合考核评价的重要内容。区委农办要将乡村建设重点任务分解为可评估指标，开展统计监测。积极引入第三方评估、群众满意度调查等方式，加强评估、调查成果应用，确保各项工作全面落实。（区委农办、区委组织部、区农业农村局按职责分工负责）

（二十四）强化宣传引导。深入宣传乡村建设行动成效，推介创新做法，发挥示范带动作用。加强舆论引导，及时回应社会关切。开展形式多样、生动活泼的宣传教育活动，增强乡村建设的社会认知度，形成全社会关心、支持和监督乡村建设行动的良好氛围。（区委宣传部、区农业农村局等按职责分工负责）

重要文件题录

表 91　　区委文件题录

编号	文 件 标 题	编号	文 件 标 题
2	关于认真组织开展 2022—2023 年度基层党员冬训工作的通知	20	关于印发《常州市武进区乡村建设行动实施意见（2023—2025 年）》的通知
3	关于通报表扬 2022 年度经济工作先进集体和先进个人的决定	24	关于印发《2023 年武进区生态文明建设工作方案》的通知
5	关于表扬武进区第三届优秀中国特色社会主义事业建设者的决定	28	关于印发《武进区“532”发展战略 2023 年重点项目（工作）清单》的通知
6	关于对我区荣获中国工业大奖和表彰奖企业给予配套奖励的通报	30	关于表彰 2022 年度全区“争当现代化建设标杆突出贡献奖”先进集体和先进个人的决定
7	关于对我区获 2022 年国家企业技术中心认定的企业给予配套奖励的通报	31	关于成立新能源之都首位区建设领导小组的通知
9	关于印发《2023 年武进区民生实事项目责任分解落实方案》的通知	33	关于印发《武进区推进新一轮太湖综合治理“1+8”三年行动计划》的通知
10	关于对 2022 年度“阳湖先锋”进行通报表扬的决定	40	关于进一步优化武进区“两湖”创新区建设推进机制的通知
18	关于印发《中共常州市武进区委常委会 2023 年工作要点》通知	42	关于成立区金融风险化解委员会的通知
19	关于做好 2023 年全面推进乡村振兴重点工作的实施意见	43	关于成立常州市武进区儿童友好工作领导小组的通知

表 92

区政府文件题录

编号	文件标题	编号	文件标题
1	关于印发《2023 年政府工作报告》目标任务分解落实方案的通知	65	关于公布行政规范性文件和政策措施类文件清理结果的通知
4	关于印发《武进区加快推动氢能产业发展的实施意见》的通知	67	关于印发《常州市武进区创建食品安全示范城市实施方案》的通知
6	关于印发《常州市武进区生态文明建设规划（2022—2026)》的通知	71	关于授予潘东力等 9 位同志“常州市武进区见义勇为先进个人”荣誉称号的决定
7	常州市武进区 2022 年度法治政府建设情况报告	80	关于印发赋予经济发达镇和培育镇政务服务事项清单的通知
13	关于发布 2022 年度武进区区长质量奖评审结果的通知	88	武进区政府关于发布部分武进区河道和水利工程管理范围的通告
15	关于做好第三次全国土壤普查工作的通知	98	关于印发《关于促进体育消费推动体育产业高质量发展的实施意见（2023—2025)》的通知
20	关于成立武进南大未来技术创新研究院的通知	108	关于印发《武进区加快构建新能源汽车零部件产业生态工作方案》的通知
27	关于公布 2023 年武进区重点企业、高成长企业名单的通知	135	关于公布武进区第七批非物质文化遗产保护项目名录的通知
42	关于切实做好第五次全国经济普查工作的通知	171	关于授予秋本欣男等 12 人武进区荣誉市民称号的决定
58	关于印发《常州市武进区创新信用管理与服务试点工作实施方案（2023—2025 年)》的通知		

表 93

区委办公室文件题录

编号	文件标题	编号	文件标题
1	印发《关于深化武进区产教融合的实施意见》的通知	23	印发《关于在全区各级党组织和广大党员干部中大兴调查研究的行动方案》的通知
6	关于成立武进区数字乡村建设领导小组的通知	24	关于印发《2023 年度中共常州市武进区委与各民主党派政治协商计划》的通知
7	关于印发《武进区关于加快打造新能源之都首位区的实施意见》的通知	26	关于印发《武进区 12345 政府公共服务平台诉求处置问题线索联动机制（试行)》的通知
8	关于印发《2023 年区级重点产业项目投资计划》的通知	27	关于印发《中共常州市武进区委全面深化改革委员会 2023 年工作要点》的通知
12	关于转发《2023 年全区干部（人才）教育培训工作要点》的通知	29	关于印发《2023 年全区督查检查工作计划》的通知
13	关于印发《武进区政协 2023 年工作要点及年度协商计划》的通知	32	关于印发《2023 年度武进区全面从严治党责任清单》的通知
14	关于印发《常州市武进区第二轮中央生态环境保护督察反馈问题整改方案》的通知	36	关于加强“两湖”创新区档案工作的通知
15	关于印发《2023 年全区主要经济社会发展预期目标任务分解表》的通知	37	关于印发《武进区新能源产业高层次人才引进政策（试行)》的通知
17	关于转发《武进区关心下一代工作委员会 2023 年工作意见》的通知	38	关于在全区各级党组织和广大党员干部中开展“学思想见行动 五先行五示范”活动的通知
18	关于成立省生态环境保护例行督察协调联络组的通知	41	关于成立武进区房地产风险（问题）项目协调领导小组的通知
19	关于成立武进区省级农村综合性改革试点实验工作领导小组的通知	45	关于印发《深入实施新时代人才强区战略 加快建设长三角重要人才中心和创新高地的实施办法》的通知
22	关于成立武进区农村集体经营性建设用地入市试点工作领导小组的通知	46	关于在全区开展“新产业新担当新形象”——民生幸福光彩行动的实施意见

续表 93

编号	文件标题	编号	文件标题
49	关于举办第十一届市民艺术节的通知	64	关于转发《常州市党政领导干部防范和惩治统计造假、弄虚作假责任制实施细则》的通知
51	关于印发《武进区 2023 年打造一流营商环境重点任务清单》的通知	65	关于深化开展村企结对共建助力乡村振兴的实施意见
53	关于成立武进区矛盾纠纷多元化解“一站式”平台建设工作领导小组的通知	66	关于印发《武进区执法机关和司法机关向纪检监察机关移送问题线索工作实施办法》的通知
54	关于武进区农村生活污水治理工作领导小组的通知	68	印发《关于学习运用“千万工程”经验 加快推动集体经济高质量发展的指导意见》的通知
56	关于成立武进区城市运行“一网统管”工作领导小组的通知	71	印发《关于进一步激励广大干部在“六个现代化强区”建设中担当作为的若干举措》的通知
57	关于印发《武进区推进长三角一体化发展 2023 年工作要点》的通知	73	印发《关于加强新时代离退休干部党的建设工作的实施办法》的通知
58	关于印发《武进区推进长江经济带发展 2023 年度目标任务清单》的通知	74	关于印发《常州市武进区农村集体经营性建设用地入市净收益管理办法（试行）》的通知
59	关于印发《武进区省级农村综合性改革试点试验实施方案》的通知	75	关于印发《武进区农村集体经营性建设用地土地增值收益调节金征收使用管理办法（试行）》的通知
60	关于印发《常州市武进区推进实施乡村建设行动扶持办法（2023—2025 年）》的通知	76	印发《关于统筹国有经营性建设用地入市收益的通知》的通知
62	印发《关于促进全区律师行业高质量发展的若干意见（试行）》的通知	77	关于印发《常州市武进区农村宅基地档案管理办法》的通知

表 94　区政府办文件题录

编号	文件标题	编号	文件标题
2	关于公布调整后各镇（开发区）相对集中行使的行政处罚权目录清单的通知	20	印发《关于支持集成电路产业发展若干政策》的通知
3	印发《关于支持武进区氢能产业发展的若干措施》的通知	23	关于印发《2023 年武进区太湖滆湖安全度夏应急防控实施方案》的通知
5	关于印发《武进区“十四五”太湖流域水环境综合治理规划》的通知	26	关于印发《武进区 12345 政府公共服务平台运行管理办法》的通知
8	关于印发《常州市武进区加快推进“四好农村路”高质量发展服务乡村振兴实施方案》的通知	27	关于成立区政府深化税收征管改革暨税费征管保障工作领导小组的通知
9	关于印发《2023 年武进区金融工作要点》的通知	28	关于印发《武进区税费征管保障工作意见（试行）》的通知
10	关于征集 2023 年度区政府重大行政决策事项的通知	29	关于 2022 年度武进区人民政府网站内容保障工作先进单位和个人的通报
12	关于印发《武进区关于推进上市公司高质量发展的实施意见》的通知	30	关于印发《“消费提振年”2023 武进区新能源汽车展销活动方案》的通知
13	关于调整常州市武进区农村公路工作领导小组成员的通知	31	关于印发《2023 年度常州市武进区人民政府行政规范性文件制定计划》的通知
15	关于做好《武进工业志》编纂工作的通知	32	关于印发《2023 年常州市武进区法治政府建设工作要点》的通知
16	关于印发《武进区关于加强存量工业用地改扩建项目审批管理实施办法（试行）》的通知	33	关于印发《武进区支流支浜整治“绿箭 2023”专项行动工作方案》的通知
18	印发《关于切实做好 2023 年全区自然资源和规划工作的实施意见》的通知	34	关于印发《武进区“危污乱散低”综合治理规划引领行动方案》《武进区工业用地二级市场规范行动方案》的通知
19	关于印发《武进区工程建设项目“拿地即开工”实施方案》的通知	35	关于调整武进区生活垃圾分类和治理工作领导小组成员单位的通知

续表 94

编号	文件标题	编号	文件标题
36	印发《关于进一步加强全区老年人体育工作的实施意见》的通知	62	关于公布《常州市武进区行政许可事项清单（2023 年版）》的通知
37	关于表扬 2022 年度全区政务信息工作先进单位和先进个人的通报	64	关于印发《武进区统筹整合财政资金优先支持农业农村重大项目建设意见（2023—2025 年）》的通知
38	关于印发《2023 年常州市武进区城乡生活垃圾分类工作实施方案》的通知	65	印发《关于进一步推进基层应急管理体系和能力建设的实施意见》的通知
39	关于开展行政规范性文件和政策措施类文件清理工作的通知	66	关于印发《武进区金融服务科技创新工作实施方案》的通知
40	关于印发《武进区重点行业领域安全生产风险专项整治巩固提升年行动实施方案》的通知	67	关于成立武进区加快构建新能源汽车零部件产业生态工作领导小组的通知
41	关于印发《2023 年武进区统计工作要点》的通知	68	关于成立“阳湖水蜜桃”品牌培育和保护工作领导小组的通知
42	关于印发《2023 年各镇、街道和开发区管委会及区消防安全委员会成员单位消防工作任务清单》的通知	69	印发《关于促进武进区建筑业可持续发展三年行动计划的若干意见》的通知
43	关于印发《常州市武进区 2023 年度地质灾害防治方案》的通知	70	关于印发《武进区住宅小区消防安全专项整治方案》的通知
44	关于印发《武进区“十四五”规划中期评估实施方案》的通知	72	关于印发《2023—2025 年武进区引导涂料生产企业（项目）转型发展的若干政策》的通知
45	印发《关于开展“争当现代化建设标杆”活动的实施意见》的通知	74	关于印发《滆湖片区（武进）水环境综合整治工程建设管理办法（试行）》的通知
46	关于印发《常州市武进区防汛抗旱应急预案》的通知	75	关于转发常州市武进区农村水利工程项目建设管理办法的通知
47	关于印发《常州市武进区城市供水突发事件应急预案》的通知	76	关于转发《常州市武进区幸福河湖建设资金奖补办法》的通知
50	关于成立沪宁沿江高速铁路武进站站区综合治理领导小组的通知	77	印发《常州市武进区关于进一步加强全区河道长效管护工作方案》的通知
51	关于印发《武进区普惠托育服务三年行动方案（2023—2025 年）》的通知	81	关于在全区推广数字人民币应用的通知
53	关于加快 2023 年度“四上企业”培育增强经济发展后劲的通知	82	关于印发《常州市武进区突发环境事件应急预案》的通知
54	关于进一步优化武进区营商环境工作机制的通知	83	关于印发《常州市武进区集中式饮用水源突发污染事件应急预案》的通知
56	关于建立区供水安全保障联席会议制度的通知	84	关于认定乐贝豆电子商务（常州）有限公司等 11 家企业为常州市武进区农业产业化龙头企业的通知
57	关于建立区最严格水资源管理考核和节约用水工作联席会议制度的通知	85	关于印发《常州市武进区政务信息化项目建设管理办法》的通知
59	关于印发《常州市武进区农村集体经营性建设用地入市管理办法（试行）》的通知	86	关于印发《常州市武进区基层审批监管执法协调联动暂行办法》的通知
60	关于印发《武进区深化农村集体经营性建设用地入市试点工作实施方案》的通知	87	印发《关于促进中医药传承创新发展的实施意见》的通知
61	关于公布 2023 年度常州市武进区人民政府重大行政决策事项目录的通知		

调研报告选编

关于推进“青年发展友好型示范城区”建设的调研与建议

建设充满活力的青年发展型城市，吸引和凝聚更多青年参与推动城市经济社会发展，是推动城市高质量创新发展的重要着力点。2022年6月，武进被确定为国家级青年发展型县域建设试点，在推动青年和城市共生共荣的道路上迈出了坚实步伐。3月以来，区政协调研组赴“金凤凰”人才公寓等地开展现场调研，全面了解“青年发展友好型示范城区”建设情况；邀请相关职能部门、政协委员、青年代表进行专题座谈交流、广纳群言；开展“‘两湖’创新区 有事好商量”——“推进‘青年发展友好型示范城区’建设”专题协商议事活动，进一步集思广益、拓宽思路。在认真调研、集思广益、深入分析的基础上，结合武进发展实际，形成报告如下。

一、武进“青年发展友好型示范城区”建设成绩斐然

近年来，武进抢抓全国首批青年发展型县域建设试点机遇，顺应“长三角中轴枢纽”的区位质变优势，锚定市委“青年之城、未来之城”目标，围绕区委打造“一园一城一示范”部署，率先出台《武进区建设“长三角青年发展友好型示范城区”实施意见》，制定“汇智”“优创”“乐享”“港湾”“国际”5大行动25条重点举措，形成了“朝阳红、活力橙、温暖黄、生态绿、奋斗青、创新蓝、成熟紫”七色工作法，完善了青年“引得进、育得好、留得住、用得活”生态闭环，努力打造成为青年创新创业最向往标杆区、天下英才干事创业首选地。

1. *青年友好政策务实丰富。*探索打通吸引青年人才来武模式，营造青年人才“与武共进”的良好氛围。*全面落实创新政策。*聚焦集成电路、机器人、生物医药等青年密集型产业，创新出台“一行业领域一人才政策”，集成18项人才专项政策。推动组建高层次人才服务联盟，汇聚19个政府部门和26家市场主体，提供30项精细化、多元化、专业化的“十全”服务项目菜单。*优化升级招引渠道。*常态开展“武进学子回乡行”“名城名校合作行”“海外名校优生江苏行走进武进”“海峡（长海）两岸青年创新创业大赛”“武进英才异地邀请赛”等活动，持续深化常武籍在外大学生联络站点建设，聘请19名“校园引才大使”，全方位宣传推介武进。成功挂牌苏港澳（国际）青年创新创业基地，推介“两湖”青年创新中心。承办RoboMaster2022机甲大师·东部区域赛，面向全国42所高校、近千名青年工程师发放“YOUNG HOO青年友好礼包”。*加速集聚优势资源。*依托常州科教城、滆湖科学城、中以（常州）创新园等优势园区平台，大力招引南大未来学院、南医大常州校区等知名高校院所、重点实验室。精心打造龙城金谷，率先成立政府直投、总规模1亿元的科创人才基金，为青年人才创新创业注入“金融活水”。

2. *青春建功平台优质广阔。*厚植青年人才成长沃土，构建“人人皆可成才、人人尽展其才”的良好生态。*赋能青年创业。*推进长三角青年创新创业港建设，布局研发实验，孵化生产，共享办公，公寓酒店，生产性服务配套和生活性服务配套等，打造区域性现代化青年人才综合服务平台。成立全省首家“两湖”青年发展研究中心，重点导入省内外知名高校、研究机构、两新组织的学术资源，为推进武进青年工作提供决策参考。*助力青年就业。*实施大学生见习“扬帆计划”，为毕业生提供就业见习岗位926个。新建成恒立液压等5家就业见习基地，提升多产业领域岗位锻炼覆盖面。面向“双一流”高校和海外名校开展2轮“菁选计划”，共选聘59名优秀青年人才来武工作。开展8轮直播荐岗招聘活动，为1000多家企业和120多所省内外高校毕业生架起就业“云桥梁”。精心设计“武青柠”职场游学活动，推出新能源、未来产业、乡村振兴等5条体验路线，让广大学子走进产业、走进实景，感受职场氛围和产业需求。

3. *青年服务链条高效贯通。*聚焦青年急难愁盼问题，提供全方位贴心服务，让青年才俊在武进安业更安心。*办好青年人才安居“头等大事”。*积极推进“青春留武”计划，全面落实青年人才“生活居住双资助”政策，2022年发放生活补贴3.1万人次，资助额度超过1000万元。持续完善“国际人才社区—高层次人才公寓—蓝领人才公寓—青年驿站”格局版图，探索驿站临时周转与人才公寓长租的无缝转接服务，现已建成5家精品青年驿站，接待180余名青年入住，人员涵盖硕士、博士、港澳台侨等不同层次及类型群体。*做优青年人才服务“关键小事”。*全市首创青年版政务服务自助一体机，设置住房、教育、医疗、文体等110项高频率个性化青年政务服务事项。成立“青武创客帮帮团”队伍，打造“武青柠”青年服务站，完善人才落户、就业创业、子女入学、社会交往等全方位服务，累计开展“陪伴式”创业辅导50余场，服务创业青年600余名。串联青年中心、青年驿站、青年之家等青年阵地，打造5公里青年生活服务圈。迭代升级“武小栖”服务管家小程序，组合推出“政策计算器”“岗位推介”“智游武进”等服务矩阵，实现人才公寓“一张网”、求职就业“一点通”、城市生活“一站达”。

4. *青年发展空间有效拓展。*以青年视角融入城市规划建设，用创新思维优化城市内容供给，为青年发展赋能增效。*创优品牌矩阵。*将每年5月设立为“YOUNG HOO青年主题月”，集中推出30个涵盖思想引领、创新创业、青春建功等主题活动。在“两湖”创新区核心区建成“YOUNG HOO”青年中心，打造政策咨询、服务链接于一体的青年友好示范窗口，目前承接青年活动15场，接待服务各类青年群体500余人。*激发内生动力。*在人才公寓、孵化载体、楼宇商圈等青年密集区全域布局8家“武青柠会客厅”，精心设计“智核梦工厂”“梦想创造营”“海派圆桌会”等5大社交场景，常态开展“城市体验官”“青年邻里节”等品牌活动。实施“城市唤青”计划，邀请73支青年设计师团队参与老旧小区改造，让青年群体参与城市治理，增强对武进的精神归属。*引领城市潮流。*高标准建设武进图书馆总馆、长沟河体育公园等文体设施，重点打造太湖湾音乐节、淹城古风夜市、西太湖马拉松等文旅IP，精心点缀“花YOUNG PARK”青年口袋公园、淹城青年篮球公园等青年主题坐标，用心满足青年喜闻乐见的高品质生活。

二、武进“青年发展友好型示范城区”建设面临的困难和挑战

“青年友好城”作为中长期青年发展规划背景下的全新价值理念，目前尚未形成相对成熟的理论体系和实践框架，武进在具体的实践过程中也面临着一系列困难和挑战。

1. *推进合力仍需加强*。青年发展型城市建设涉及政策设计、地方治理和城市空间规划建设等方面，具有全局性、系统性、整体性等特点。我区虽然颁布了《武进区建设“长三角青年发展友好型示范城区”实施意见》，但总体上看，部门协作、政策协同等方面偏弱，不同政府部门之间存在职能交叉或空白，存在一定程度的信息壁垒。

2. *人才引力尚显不足*。我区地处长三角地理中心，与上海、南京、杭州等距相望，独特的区位在发展中带来了便捷和大都市圈的辐射红利，但在人口吸引力方面却处于上海、南京、杭州三地高端人才和企业的虹吸效应中。同时，我区与周边大量城市存在同构竞争现象，本地缺乏优质高校资源，青年人尤其是青年人才外流现象较为明显。最新数据显示，深圳的平均年龄32.5岁，14岁至35岁的青年人口超过800万人，占全市常住人口比重超50%，厦门青年比例为39.2%，武进现有14岁至35岁的青年有23万人，青年比例为13.53%，远低于深圳、厦门等城市。

3. *青年需求亟待关注*。由于青年被普遍认为具备良好的身体和智力优势，政府工作通常更着力优化“社会普遍需求”，或者更加关注残疾人、老年人、儿童等弱势群体，对青年的需求关注较少。青年发展政策关注高端人才较多，大多数普通青年易被忽略。教育医疗、住房保障、生活环境等公共服务供给不平衡不充分的问题仍然突出，乡镇层面公共资源配置与青年密度不够匹配，普惠性政策落地实施的呼声较高。针对体制外青年群体（含新业态青年群体）、特殊困难群体等的政策储备及实践探索略显不足，青年获得感有待增强。

4. *城市气质不够鲜明*。武进具有强劲的发展实力，但一直以来缺乏叫得响、有共识的城市气质，尚未形成如“上有天堂、下有苏杭”“魔都上海”“巴适成都”等全国范围有影响力的城市IP。青年生活文化服务设施解决了“从无到有”的问题，整体品质不优，且较为分散，与青年需求的匹配度不高，在吸引青年方面还未形成独特的核心竞争力。

三、推进武进“青年发展友好型示范城区”建设的对策建议

共筑青年友好的示范城区，是武进赢得新一轮发展先机的“助推器”。必须提高目标站位，持续优化青年发展环境，全面提升城区发展与青年发展契合度，推动青年和城市实现双向奔赴、共同成长。

1. *坚持高起点谋划，凝聚青年发展工作合力*。“青年发展友好型示范城区”建设是一项系统工程，需要全区各级各部门通力合作，社会力量加以补充。*一是构建协商合作运行模式*。用好党委领导下的青年工作联席会议机制，调动各方资源和力量，实现横向跨部门的协同合作、纵向对口部门的联动支持。发挥共青团作为联席会议协调统筹单位的枢纽作用，强化各职能部门的互动沟通、协同共进。用活区政协“YOUNG HOO青年委员工作室”等平台，引导青年政协委员发挥联系广泛、信息前沿、视野宽阔的优势，借助“青少年模拟政协提案征集”和“共青团与人大代表、政协委员面对面”活动，当好社情民意的收集员、政策法规的宣传员、青年群体的服务员、矛盾纠纷的调解员和产业发展的联络员，让青年群体在参政议政中进一步增强制度自信，为“青年发展友好型示范城区”建设提出更多金点子。*二是强化政策体系衔接融合*。以《武进区建设“长三角青年发展友好型示范城区”实施意见》等政策文件为牵引，相关职能部门要注重政策的衔接、融合和优化，尽快编制实施具有前瞻性、指导性、操作性的具体细化政策措施。要做好与新型城镇化战略、乡村振兴战略的有效衔接，围绕建设宜居、绿色、韧性、智慧和人文城市的目标，找准青年衣食住行娱教医养等方面痛点，明确政策切入点和落脚点。*三是建立科学高效监测机制*。发挥“两湖”青年发展研究中心优势，构建以政府为桥梁、高校为主阵地、企业为主战场，以开放、共建、协同为主要特征的合作新格局，围绕区委、区政府关注、青年关切的实际发展问题开展调查研究，对武进当前青年状态和青年发展工作进行量化分析和监测评价，尽早编制完成《“湖湾”青年发展型城市指标体系》，为加强武进青年发展型县域建设提供专业科学支撑。

2. *坚持多渠道引育，实施青年人才集聚行动*。全面打响人才引育留品牌，营造“近悦远来”的青年人才发展生态。*一是拓宽渠道广泛引才*。大力实施“武进英才计划”“引才合伙人计划”等项目，根据青年群体诉求和个体差异，持续推行“一行业领域一人才政策”，进一步夯实武进人才方阵。实施“青才风筝线计划”，聘请“校园引才大使”，让大学生成为武进的城市推介官与青春代言人，激发以才荐才、以才引才的“链式效应”。系列化举办“武进人才周”“青眼看武进”“名城名校合作行”等活动，深化常武籍在外大学生联络站点建设，以“强力磁场”汇聚“智力资源”。*二是多元培养精心育才*。构建与青年高度融合的未来产业体系，突出“两湖”创新区、中以常州创新园等平台牵引作用，促进教育、科技、人才融合发展，引领高校毕业生、产业青年在十大先进制造业集群和八大高成长性产业链中深度融合。构建青年动能激发的创新创业体系，加快建设长三角青年创新创业港，打造多层次青年创业赋能平台，集聚高端创新资源、布局重点未来新兴产业、培育地标创新产业集群、吸引优秀青年创新创业人才。*三是做优服务真情留才*。进一步梳理吸引外地青年人来武工作、定居的现有政策，提供发展机会，积极提供就业机会、创业机会、创新机会和学习交流的机会，丰富文化生活，提炼厚重文化底蕴，增强文化时代气息，从青年友好型城市建设的角度，打造更好的适合外地青年人在这个城市落户的软环境。

3. *坚持全方位服务，构建青年权益保障体系*。聚焦青年生活所需，优化安居服务体系，提供全方位、全要素、全链条的贴心服务。*一是强化住房保障*。一体化推进人才公寓与青年驿站建设，支持国有企业作为投建和经营青年人才公寓的主体，完善高品质人才社区的保障性服务；制定青年驿站建设规范标准，兼顾各地青年驿站个性特色，融入青年视角精心设计，贴合青年需求布局功能。迭代升级“武小栖”服务管家小程序，集成更多功能矩阵，实现一键申请、无感入住、成长跟踪。*二是强化教育保障*。推进高水平教育公共服务体系建设，增加普惠性学位供给；发展职业技能教育，建设青年终身学习城市；围绕青年自我提升需要，建设开放大学和全民学习体系，加快推进“互联网＋继续教育”，打造继续教育新平台。*三是强化育养保障*。健全“一老一小”服务体系，在“一小”方面，建立健全生育支持政策体系，大力发展普惠托育服务，加强托育服务设施规划布局，依托社区开办爱心暑托班、四点半学堂等，缓解青年育幼之忧；在“一老”方面，健全基本养老服务体系，完善“15分钟”社区养老服务圈，努力减轻青年赡养压力。*四是强化平安保障*。注重青年维权工作，制定青年权益维护政策措施，确保青年的各项权益在区级层面得到明确的细化的保障。设立“青年权益维护站”，为青年初创型企业提供“法律顾问增值服务”，开通青年法律维权线上咨询服务，提高青年对自身权益的认知和维权能力。引领青年有序参与社会治理，畅通青年诉求表达渠道，确保“青年发展友好示范城区”的建设更加符合青年群体的实际需求。

4. 坚持特色化发展，满足青年美好生活期盼。让城市气质散发独特魅力，让城市温度吸引青年驻足。*一是丰富文旅消费场景*。升级青春商业模式，推进青年消费服务多样化，推出一批青年喜爱的网红打卡地。构建淹城春秋乐园“古城夜宴”、太湖湾露营谷“荧光山谷”等时尚文旅场景，举办太湖湾音乐节、西太湖半程马拉松等潮流文体赛事，让阳湖文化吸睛吸粉，让“YOUNG HOO”IP成功出圈。*二是构建多元社交模式*。统筹青年驿站、青年之家、联青服务站等阵地，建优用活集社交、分享、服务于一体的“武青柠会客厅”，为青年提供城市融入、婚恋交友、文化生活等的综合服务平台和共享空间。常态化围绕青年成长发展组织开展“YOUNG HOO青年主题月”系列活动，定期举办学术论坛、文化沙龙、公益志愿等活动，扩大青年参与“朋友圈”。推进西太湖国际人才社区氛围提升，构建国际化、多元化社交参与模式，打造国际融合社区示范。*三是推动中外青年交流*。倡导“来了就是武进人”理念，增强青年城市文化认同感。通过选树青年先锋、青年先锋团队，吸引更多海内外优秀青年来武留武。依托中以（常州）创新园、中欧（常州）绿色创新园等平台，加强国际青年合作，举办国际青年文化交流活动，吸引国外青年来武发展。常态化开展“歪果仁在YOUNG HOO”系列活动，推动在武外籍人士文化交流、融入武进。

（课题组成员：闻　洁　李　莹）

“双循环”新发展格局下武进民营企业高质量发展路径研究

新时代推进民营经济高质量发展，本质上是如何立足于新发展阶段。在当今国际形势日趋复杂的情况下，不稳定性和不确定性因素明显增强，特别是新冠肺炎疫情使国际经济贸易原有矛盾集中显现，也使全球供应链布局面临重大调整。面对全新的国内外发展环境，武进民营企业要想实现高质量发展必须统筹国内国际两个大局，聚焦“双循环”新发展格局这个重要着力点，不断增强民营经济的生存力、竞争力、发展力和持续力，在“双循环”新发展格局下实现自身向高质量发展阶段迈进。

对此，武进区工商联调研组以机械装备、纺织、电子信息及医疗器械四个行业为样本，对武进民营企业“双循环”发展情况进行调研，并在此基础上有针对性地提出推进民营经济“双循环”的提升策略，为新时代武进民营经济高质量发展提供新思路。

一、“双循环”背景下武进民营经济发展情况

调研组对机械装备、纺织、电子信息及医疗器械4个行业87家代表性企业进行调研，分析了2023年1—7月企业销售额、订单数量、企业利润及利润率等经营情况。总体上看，受到经济形势下行影响，各行业外贸出口贸易偏弱，国内市场需求回落，主要表现为销售增速放缓、产品利润下降、企业订单下滑、经营预期偏弱。

从内贸情况看，受累于房地产行业影响，短期内市场需求低迷，机械装备、电子信息、纺织行业增速下降，部分企业对市场前景反映不乐观，出现订单减少，开工不足等情况。疫情防控放开后，医疗器械行业保持稳定，行业竞争加剧，利润下降明显。

表95　各行业订单情况

行业	企业数量（家）	订单充足（笔）	订单持平（笔）	订单减少（笔）
机械装备业	42	16	14	12
纺织业	17	1	2	14
电子信息业	20	2	18	6

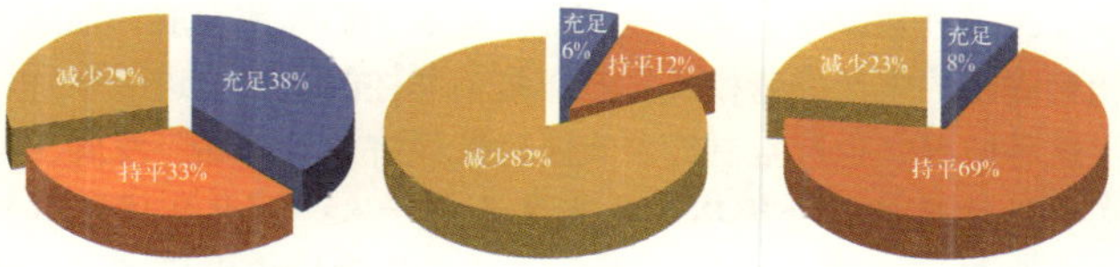

机械装备行业　　纺织行业　　电子信息行业

图1：各行业订单情况图

从外贸情况看，受到欧美市场需求不振、全球“去中国化”加剧等影响，机械装备、电子信息、纺织行业的海外销售额、订单数量，产品利润率明显下降。医疗器械行业外贸销售持续增加，保持良好的发展态势。同时，由于半年来美元持续走强，外贸利润下降幅度相对较小。

表96　各行业外贸销售情况

行业	企业数量（家）	销售额变化情况（±%）	订单数变化情况（±%）	利润变化情况（±%）	利润率变化情况（±%）
机械装备业	42	−20	−30	−4	−15
纺织业	17	−40	−50	−3	−10
电子信息业	20	−15	−20	0	−10
医疗器械业	8	20	15	8	5

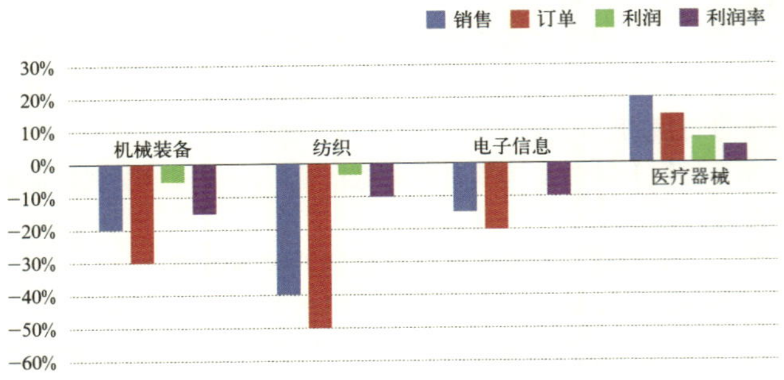

图 2：各行业外贸情况图

具体行业分析：

（1）机械装备业：行业发展进入平稳期，除新能源汽车产业相关产品有所增长，其他需求持续下降。

（2）纺织业：欧美市场需求持续下降，2022、2023 年圣诞季、新年季出货明显下降。加之买方占绝对市场优势，海外客户将订单转移其他国家或地区，企业内外受挤压出口盈利趋难。

（3）电子信息业：国外市场需求降低，外贸订单大幅减少，加之运输价格上涨，外贸利润继续下降。国内空调、电视等传统电子产品趋于饱和，消费类电子出货量下降，影响电子元器件企业生产和销售。

（4）医疗器械业，国内销售主要通过医用器材耗材集中采购发售，销量基本保持平稳，但利润下降明显。外贸利用成本优势，主要销往拉美、东南亚、非洲等发展中国家，销售逐年上涨。

二、“双循环”背景下武进民营经济发展面临的挑战

改革开放以来，武进民营经济业长期的高速发展，形成了相对固化的生产经营模式。三年疫情防控的影响，进一步加剧了这种情况，也严重制约着我区民营经济“双循环”发展。

1. 过度依赖外循环导致发展受制于人。近几年国际局势动荡和新冠疫情叠加的冲击，国际贸易和投资大幅萎缩，外部需求急剧减少，这使得以“出口导向型”为主、“两头在外”的武进民营企业面临空前的生存压力。以纺织行业为例，武进纺织企业主要出口产品为色织布、牛仔布等纺织面料，对外贸依存度超过 90%。自 2008 年世界金融危机以来，外贸订单逐年下降，原料成本逐年提升，企业利润率持续下滑，部分企业就有意转向国内市场。但在疫情中前期，由于国外产业链中断影响，企业订单集中增长，大部分纺织企业依然保持了外贸为主的经营思路。直到 2022 年下半年起，国际纺织市场受到产业链迁移、欧美市场需求下降影响，我区纺织业外贸订单量、利润率、开工量等指标明显下降，整个行业发展陷入困境。

2. 路径依赖导致内循环发展进程受阻。武进企业出口产品大多属于零部件配套，普遍存在产业层次低、产业链条短、缺乏终端产品等短板，在实现“出口转内销”过程中，面临多项问题。一是开发国内新渠道成本压力大。因为内贸与外贸在销售模式、渠道等存在很大区别，大部分外贸企业需要承担极大的风险来开发新的国内营销渠道。如部分纺织企业探索过直播带货等网络销售模式，由于产品结构、前期投入、分成比例等问题，多数企业表示难以进入国内消费品市场。同时，与外贸销售较为稳定的回款方式相比，大部分企业需要在内循环中承担更大的资金压力。二是原有产品不被国内市场接受。大部分企业的外贸订单质量要求和产品利润高，受经济下行影响，国内消费品市场需求存在消费降级的情况，企业表示短期内无法适应国内市场。如某金属加工企业对美国出口的烧烤架，价格在 200 ～ 1000 美元／付，在淄博烧烤火爆时，企业考察国内市场，价格普遍在 80 元／付左右。三是难以融入国内高端供应链。武进民营企业原有出口产品主要是针对国际单一客户群体，面对近期国内火爆的新能源汽车、5G 通信技术等行业，尽管企业主动接触，但近期很难进入其供应链体系。如理想汽车常州生产基地，对武进本地机械装备、电子信息等产品采购量较小，未能起到产业集群带动效果。四是行业政策制约发展。近年来，全国和地方出台多项行业发展政策，在扶持民营企业发展的同时，也对部分行业产生负面影响。如医疗器械耗材集采政策，极大地压降了 95% 以上企业的国内产品利润，企业不得不放弃部分国内市场，并开辟以发展中国家为主的国外市场，以维持企业的生存。

3. 产业能级低导致外循环发展提升乏力。除个别龙头企业外，我区民营企业大多属于劳动密集型企业，主要从事纺织品、零配件、日用品等低附加值制成品的生产，产业层次低、产业链条短，在国际产业链条中不可替代性和核心竞争力弱，严重阻碍了我区民营企业的国际化发展进程。随着产业链转移，我区“轻、小、集、加”型出口产品仅有的成本优势正在逐渐消失，以熟练纺织工人工资（中位数）为例，湖塘为 7500 元／月（不含社保）、越南为 3500 元／月、孟加拉为 800 元／月。

4. 产城能级熵导致产业转型升级发展。随着我区城市化水平的提高，城（镇）核心区面积不断扩大，“民居包围工厂”的现象已经成为常态，以机械、纺织、电子等代表的武进传统产业，在城市发展的大背景下，转型升级面临的区域受限、行业受限、方向受限等多方面影响。如牛塘镇某机械装备企业产品汽车空调压缩机市场反映良好，但企业周边被小型企业围绕，发展空间受限；湖塘鸣凰模具产业集聚，却缺少专业产业园区，整体始终处于“散、小、弱”的发展态势；湖塘的纺织印染行业转型意愿明显，但政府对企业缺乏有针对性转型升级指导，部分企业处于“缩小规模、出租厂房、停滞发展”的阶段。

三、“双循环”新发展格局下推动武进民营经济高质量发展的建议

从调研情况分析，武进民营企业的“重外贸，轻内销”外向型发展模式，是普遍存在且有其客观原因的。在适应并融入“双循环”新格局过程中，武进民营企业必须更积极实施“对外开放、对内融合”的发展战略，通过持续加速转型升级，持续提升自身实力，一方面，充分利用国内超大规模市场优势，使生产、分配、流通和消费等环节更多地融入国内市场；另一方面，实施更加主动的开放战略，探索更高水平的开放途径，有效化解现有结构性矛盾，更好融入“双循环”发展大环境，实现武进民营经济健康发展、高质量发展。

1. 营造更好的营商环境。深入贯彻落实中共中央、国务院《关于促进民营经济发展壮大的意见》等相关文件精神，坚持全领域、全流程优化营商环境。一是营造公平参与市场竞争的环境，全面落实民营经济准入的政策措施，系统清理各种显性和隐性的壁垒，在准入、许可、经营运行方面要一视同仁。二是营造平等使用生产要素的环境，着力解决民营企业要素保障、金融融资等问题，为民营经济发展奠定强有力的物质基础。三是营造“亲清”政商交往环境，通过深入企业调研、面对面沟通等方式增进政商关系，探索包容审慎的执法监管新模式，对民营企业真正做到有求必应、无事不扰。

2. 融入国内发展大市场。抓住“以国内大循环为主体”战略机遇，扩展国内新型消费市场，助力武进民营经济抢抓“双循环”新机遇。一是加大招引力度。发挥武进在高端装备、智电汽车、新一代信息技术、新材料、新能源、医疗健康等九大产业集群优势，加大对高科技企业、龙头企业、终端消费品企业招引力度，完善“内循环”核心产业链，推动制造业“两头在外”向“内外协同”转变。二是加力本地民企培育。重视对本地民营企业政策扶持，加强要素、服务保障，培育引导本地民营企业深度融入重点产业链，放心投资，放手发展。三是加强龙头引领。按照强龙头、稳链条、聚集群的发展定位，充分发挥本地重点企业引领带动作用，促进产业链本土化，形成优势互补、产品互供、互利共赢的产业链条，助推企业更好融入“内循环”发展体系。

3. 推进高水平开放战略。高效整合武进民营企业资源，畅通国内国际双循环。一是协助企业开拓国际市场。由区商务部门牵头组织，组建外贸商务团，赴西欧、东盟等我区重点外贸区域，帮助企业开拓市场、争取订单。同时，政府对企业参加境外实体展会提供政策、资金、服务支持，助力企业拓展市场空间，提升全球竞争力。二是引导企业创新外贸模式。由商(协)会牵头，探索推动海外仓主体高质量发展，鼓励企业在一带一路、丝路电商、RCEP 国家等新兴市场国家设立海外仓；推进“互联网 +”跨境电商融合，加强海外智慧物流平台应用，搭建外贸企业线上供需对接渠道，提升全球资源配置能力，助力企业提升融入“外循环”发展体系。

4. 推动民营企业加速转型升级。对标“双循环”的战略要求，遵循“量质并行”的战略目标，提升企业内在实力，实现高质量发展。一是加快科技创新，提升产品的科技含量。深化企业在传统产业尤其是在低端制造业上的供给侧改革，不断增强企业的自主创新意识和能力，加大企业在科研经费及人员上的投入，大力开发高质量新产品，持续提高企业供给端产品的质量。二是加速智改数转，提升生产过程的科技含量，引入数字化智能机器人等方法，缓解目前日益短缺的劳动力问题，加快数字新经济与制造业的深度融合，使企业向智能和网络制造升位。三是强化内部治理，提升企业管理的科技含量，加快股改上市步伐，加速集聚资金、资本、资源，引进优秀职业经理人，打破民营企业的“家族式”管理模式，提升增强企业内部治理效能。四是精准升级指导，提升企业转型的技术含量，正视城市化过程中企业发展的“困局”，加强对企业特别是传统制造业中小企业的指导，帮助企业寻找转型升级的有效途径，提供企业转型升级的切实帮助，帮助企业在“双循环”发展中有所作为。

5. 提振民营企业家的积极性。进一步坚定发展信心，弘扬优秀企业家精神，引导企业家打破自身格局，从容应对“双循环”的发展趋势。一是提升民营企业家对未来发展的信心，加强重视对企业特别是中小企业的走访调研，加强惠企政策宣传力度和政策适配性，特别加大对“双循环”新发展格局的宣传力度，鼓励企业家在新格局中找到发展的新思路与新机遇，激发企业家的投资信心与热情，推动民营企业加快融入“双循环”并在其中积极作为。二是大力宣传民营企业家精神。发挥新时代“两个健康”先行区阵地优势，持续开展武商荣誉工程，做好武商服务卡发放工作，通过典型示范引领，激发武进企业家创新创业活力，营造尊商重商安商的良好氛围。三是加强年轻一代企业家教育培养。落实《武进区年轻企业家培养工作方案》，拓展年轻一代企业家“1+3+X”培养机制，帮助青年企业家提高理论素养、提升业务能力、拓展眼界思路，引导企业家更好融入“双循环”新发展格局。

（课题组成员：桑 遥 蒋建平 莫 珺 许建勋）

缩略语注释：

[1]“一高四新”：即高端医疗健康、新能源、新材料、新智造、新经济。

[2]“4 个 5000 亩”：即通过国企参与低效集体工业用地腾退、企业自主更新、工业园区自主改造、片区整体更新，盘活土地 2 万亩。

[3] 医防融合：即强化医疗机构、公共卫生机构融合合作，组建医防联合体，强化对常见病、多发病的预防、筛查和干预，推动医疗服务从“以治病为中心”向“以健康为中心”转变。

[4]“四特三新三潜”：即绿色优特钢、轨道交通、绿色家居、智能电机四大特色产业，汽车电子、光电材料、新能源装备三大新兴产业，关键战略材料、生命健康、安全应急装备三大未来潜力产业。

[5]“用地清单制”改革：即政府在供应土地前根据区域评估情况，形成涵盖评估（普查）及事项审批监管要求、政府公共服务事项、收费标准等内容的“用地清单”，交付用地单位，为用地单位减时间、减成本、减环节。

[6]“一谷一港一湾一岛”：即东方碳谷、细胞科技港、常州氢湾、合成生物岛。

[7]“五个统一”：即城乡污水收集处理统一推进、统一规划、统一建设、统一运营、统一监管。

[8]“四高两铁一河”：即锡宜高速扩建、沪武高速扩建、丹金高速、宁常高速、盐宜铁路、地铁 6 号线一期、京杭运河三级航道改二级航道工程。

[9]“一心十联”新机制：即以区城运中心为全区综合指挥调度中心，落实部门联合、数据联通、指挥联动、隐患联处、安全联防、矛盾联调、问题联治、重点联管、法治联宣、平安联创“十联”工作机制。

统计资料

表 97

2023 年武进区国民经济主要指标统计表

指　标	单位	2023 年	2022 年	指　标	单位	2023 年	2022 年
年末户籍总人口	万人	100.75	100.25	工业利税总额	亿元	575.94	494.88
年末常住人口	万人	172.41	172.15	工业利润总额	亿元	380.46	335.69
国内生产总值	亿元	3222.84	3100.06	年末工业固定资产原值	亿元	2604.55	2177.35
第一产业增加值	亿元	42.91	41.21	社会消费品零售总额	亿元	931.02	847.45
第二产业增加值	亿元	1716.20	1688.36	实际利用外资	万美元	59827	71896
工　业	亿元	1594.30	1569.20	自营出口总额	亿元	723.30	793.53
第三产业增加值	亿元	1463.73	1370.49	一般公共预算收入	亿元	216.31	203.93
人均国内生产总值	元	187070	180303	一般公共预算支出	亿元	227.71	207.46
粮食总产量	吨	57851	56954	金融机构年末存款余额（本外币）	亿元	4952.96	4506.70
肉类产量	吨	8032	9274	个人存款（本外币）	亿元	2387.64	2050.25
水产品产量	吨	32367	35745	金融机构年末贷款余额（本外币）	亿元	4599.66	3978.22
农机总动力	万千瓦	22.07	23.09	全体居民人均可支配收入	元	63955	60894
工业总产值	亿元	6865.86	6505.51	城镇居民人均可支配收入	元	74630	71505
工业销售收入	亿元	7054.56	6688.85	农村居民人均可支配收入	元	42668	39952

注：资料来源为《武进统计年鉴（2024）》

表 98

2023 年武进区社会发展主要指标统计表

指　标	单位	2023 年	2022 年	指　标	单位	2023 年	2022 年
科技项目及经费*				影剧院	个	19	19
国家级项目立项	项	6	2	剧团	个	1	1
资助金额	万元	363	65	文化馆	个	2	1
省级项目立项	项	88	65	图书馆	个	4	3
资助金额	万元	8240	12299	博物馆	个	1	1
市（地）级项目立项	项	208	122	新华书店	个	10	16
资助金额	万元	10337	19153	电视台	座	1	1
区级项目立项	项	70	46	广播电台	座	1	1
资助金额	万元	3585	3031	有线电视用户	万户	24.1	26.7
高新技术产业				区属卫生机构合计*			
国家认定的高新技术企业	家	1836	1452	机构	个	44	40
知识产权				床位	张	8291	7399
专利申请及拥有情况				卫生从业人员	人	11494	11100
当年授权	件	16371	20461	诊所、卫生室、医务室、门诊部*			
年末有效发明专利拥有量	件	15128	12210	机构	个	319	248
学校	所	248	226	卫生从业人员	人	1842	1226
教职工教职工数	人	20030	19316	社区卫生服务站（村级卫生组织）*			
在校学生在校学生数	人	237465	237747	机构	个	151	150
幼儿园（注册）	所	133	123	卫生从业人员	人	322	335

续表 98

指　　标	单位	2023 年	2022 年	指　　标	单位	2023 年	2022 年
体育场*	个	1	1	城镇职工医疗保险			
室内游泳池*	个	46	46	年末已参保人员	人	771960	737997
全民健身工程（点）*	个	956	924	基本医疗保险费实际收缴额	万元	334340	341780
年末等级社会体育指导员*	人	6851	5848	基本医疗保险费支出额	万元	249355	234595
业余体校*	个	1	1	城乡居民医疗保险			
专职教练*	人	14	15	参保人员	人	474250	474530
企业养老保险				合计筹资（包括市级财政投入）	万元	92034	76709
已参保单位	个	45794	43304	失业保险			
已参保职工	人	562526	546079	参加失业保险职工人员	人	473736	464292
基本养老保险费实际收缴额	万元	792504	722265	失业保险费实际收缴额	万元	32111	29428
基本养老保险费支出额	万元	482380	441537	失业保险费支出额	万元	29970	49544
机关事业养老保险				工伤保险			
年末参保单位*	个	522	510	参加工伤保险职工人员	人	634921	599574
年末参保职工*	人	17052	17113	年内工伤保险费实际收缴额	万元	26161	23355
基本养老保险费实际收缴额	万元	70795	65133	工伤保险费支出额	万元	31786	26227
基本养老保险费支出额	万元	110130	104705	生育保险			
城乡居民社会养老保险				参加生育伤保险职工人员	人	519848	499782
年末参加城乡居民社会养老保险人员	人	50091	38560	生育保险费实际收缴额	万元	25234	23738
年末领取基础养老金人员	人	143777	144166	生育保险费支出额	万元	19825	15142

注：资料来源为《武进统计年鉴（2024）》，带"*"数据不含常州经开区

表 99 武进的一天统计情况表

指　　标	单位	2023 年	2022 年	指　　标	单位	2023 年	2022 年
一、综合				光缆	芯千米	20186	24263
地区生产总值（当年价）	万元	88297	84933	工业机器人	套	51	70
第一产业增加值	万元	1176	1129	新能源汽车	辆	929	377
第二产业增加值	万元	47019	46256	自来水	万立方米	48	47
工业增加值	万元	43679	42992	三、每天其他经济活动			
第三产业增加值	万元	40102	37548	粮食产量	吨	158	156
一般公共预算收入	万元	5926	5587	社会消费品零售额	万元	25508	23218
全社会用电量	万千瓦时	5941	6091	实际利用外资	万美元	164	197
工业用电量	万千瓦时	4697	4893	自营出口额	万元	19816	21742
二、规上工业产品产量				专利授权数	件	45	56
粗钢	吨	20058	29777	发明专利授权数	件	9	8
钢材	吨	26009	34346	四、每天户籍人口变动			
电动机	千瓦	1448	1494	出生人数	人	15	16
光伏电池	千瓦	6139	4400	死亡人数	人	26	21
液压元件	件	8061	8932	迁入人数	人	32	32
液晶电视机	台	329	627	迁出人数	人	9	8

注：资料来源为《武进统计年鉴（2024）》

（印柳平）

索 引

Indexes

栏目编辑 颜 赶 陈 蓉 张怡菁 陈 诚 周 蕾

说 明

1. 本索引采用主题分析方法，按主题词汉语拼音顺序排列。
2. 标引词后的数字标示内容所在页码，字母 a、b、c 分别标示左栏、中栏、右栏。
3. 栏目、分目、子分目标题款目用小五号黑体标示，正文款目用小五号书宋标示。
4. 本索引编有附见系统和参见系统，附见款目放在主款目下行缩 1 字编排；第二个页码开始为参见位置。
5. 索引标引词采用中心词简称，武进区区级党政机关、社会团体名称采用通行简称。

条目主题索引

A

B

C

D

E

F

G

K

L

R

S

T

表格索引

随文图片索引

Q

R

S

T

W

X

Y

Z

人名索引

A

C

D

F

书名索引